《思与行——民族文化宫60年论文集》编委会

思与行

民族文化宫60年论文集

1959—2019

民族文化宫 编

辽宁民族出版社

图书在版编目（CIP）数据

思与行：民族文化宫60年论文集 / 民族文化宫编. — 沈阳：辽宁民族出版社，2019.11

ISBN 978-7-5497-2143-6

Ⅰ. ①思… Ⅱ. ①民… Ⅲ. ①少数民族 — 民族文化 — 中国 — 文集 Ⅳ. ①K28-53

中国版本图书馆CIP数据核字（2019）第247531号

思与行

SI YU XING

出版发行者：辽宁民族出版社
地　　址：沈阳市和平区十一纬路25号　邮编：110003
印 刷 者：辽宁鼎籍数码科技有限公司
幅面尺寸：185mm×260mm
印　　张：45.5
字　　数：780千字
印　　数：1-1000
出版时间：2019年11月第1版
印刷时间：2019年11月第1次印刷
责任编辑：张学林
封面设计：杜　江
责任校对：杨　顺

标准书号：ISBN 978-7-5497-2143-6
定　　价：80.00元

网　　址：www.lnmzcbs.com　　邮购热线：024-23284335
淘宝网店：http://lnmz2013.taobao.com
如有印装质量问题，请与出版社联系调换　联系电话：024-23284340

前　言

光阴荏苒，岁月如歌。

2019年，在中华人民共和国迎来70华诞之际，民族文化宫也迎来建宫60周年。

60年来，素有“民族文化宫殿”“民族典籍之宫”“民族之家”美誉的民族文化宫紧跟时代的步伐，不断充实、完善自己的职能，成为中国少数民族文化活动中心，宣传党和国家民族政策和民族区域自治制度、展示少数民族和民族地区发展成就的窗口，保护、研究少数民族历史文化遗产、进行爱国主义教育和民族团结教育的基地，少数民族文化对外交流的平台，成为中国56个民族平等、团结、互助、和谐、繁荣、进步的伟大象征，充分体现了党和国家民族政策的伟大胜利。

60年来，几代民族文化宫人以为民族工作服务、为民族文化事业服务、为民族团结进步服务的宗旨，紧紧围绕民族工作大局，兢兢业业、奋发有为，在宣传党的民族政策、弘扬少数民族优秀传统文化、促进民族团结、保护研究民族文物古籍等方面取得了应有的成绩，为铸牢中华民族共同体意识做出了积极贡献。

为了更好地发挥民族文化宫的职能作用，激发广大干部职工，特别是专业技术干部在做好本职工作的同时，加强学术研究，提升科研能力，宫党委决定出版一部反映民族文化宫60年科研成果的文集。

本文集遴选了60年来民族文化宫几代人所取得的科研成果。既有几十年前发表的论文，也有新近刊发的文章。由于时间跨度较大，一些文章的观点难免有一定局限，为了尊重作者和文章的本义，所选文章内容未作任何删节。

文集共收录91篇文章，分为7个板块。第一板块13篇，以博物馆工作为主题，涉及博物馆展览、民族文物搜集、界定、分类以及馆藏文物管理等方面内容；第二板块6篇，是作者在陈列展示和社会服务方面的思考；第三板块有7篇，主要是围绕民族文化宫博物馆馆藏文物开展的系列研究；第四板块13篇，是以民族文化宫中国民族图书馆研究与文献资源建设为主题的论文；第五板块15篇，是民族古籍整理与研究方面的成果；第六板块15篇，主要是民族文献研究与读者服务的内容；第七板块22篇，涉及民族历史文化、档案、民族美术等方面内容。

成绩属于过去，未来更需砥砺前行。

当前我国正处于全面建成小康社会的决胜阶段和社会主义文化大发展、大繁荣的时代。适逢盛世，千载机遇，民族文宫要挺立时代潮头，坚定“四个自信”，铸牢中华民族共同体意识，在科研领域，着力发挥自己的资源优势，以期取得更大更好的成绩，为我国的民族团结进步事业、民族文化发展事业注入新活力。

谨以此书向新中国70华诞和民族文化宫建宫60周年献礼！

2019年5月18日

目　录

博物馆建设与工作

陈列展示与社会服务

民族文物及藏品研究

图书馆与文献资源建设

民族古籍整理与研究

民族文献研究与读者服务

民族历史文化研究

博物馆建设与工作

对民族文化宫展览问题的一些思考

张甫民

2012年对民族界来讲是一个不平常的一年，学术界在大半年的时间里都在讨论何为“第二代民族政策”的问题。2012年11月8日召开的党的“十八大”明确提出：贯彻党的民族政策要“全面正确”，为我国民族工作指明了方向。同时由于受到习近平总书记提出的“顶层设计”等科学思想方法及在全党开展的群众路线教育实践活动的启示，我对民族文化宫的展览问题做了一些思考。民族文化宫的展览究竟该怎么办？这是摆在人们面前的新问题，其实这也是个老问题，现仅着重展览内容的有关问题提出一些想法与同志们商榷。

一、新形势对民族文化宫提出了新要求

民族文化宫于1959年国庆10周年时建立，象征国家统一、民族团结进步，是首都10大建筑之一，标志性、纪念性很强。

建宫初期，对民族文化宫的定位是“各民族进行文化交流的场所”，改革开放后被认为是“民族文化中心”。因为民族文化宫的主角是少数民族，也被少数民族亲切地称为“民族之家”。究其根本，还是要以国务院于1958年11月21日发出的《关于搜集民族文化宫所需展品和图书的通知》中对民族文化宫提出的“主要任务”为准。概言之，即是向国内外宣传我国是统一的多民族国家，介绍我国各民族，宣传党和国家的民族政策及成就，进行社会教育，并负责向有关民族工作单位和个人提供资料。近年来国家民委在几十年实践经验的基础上，对民族文化宫“一个窗口、一个中心、一个基地”与“五项功能”的定位，进一步细

化了民族文化宫的任务，明确了完成任务的途径，再次肯定了它是公益性的文化事业单位。

博物馆是民族文化宫的重要组成部分，在实现民族文化宫“主要任务”方面具有突出的重要作用。建宫初期，为清除旧制度在民族问题上遗留下来的遗毒，着重介绍中华人民共和国的民族观及其民族政策，在民族文化宫举办了“民族工作成就展”。展览在社会上产生了良好影响。令人遗憾的是展览在“文革”中遭到“极左”的践踏与破坏，终被拆除。改革开放后，在20世纪80年代初，调整了民族文化宫的展览体制，从固定单一的政策成就展转向了展览的多样化。各民族的大量文化展览在民族文化宫展出，受到各族各界的欢迎。不尽如人意的是随着展览馆有偿接待部分社会展览有了一定收入后，民族文化宫在财政上实行自收自支，经济压力不断增大，严重挤压了民族展览，同时也损害了民族文化宫的社会形象。对这种情况社会上早有要求改变的呼声，但多年未得到解决。直至2008年中央领导同志鉴于当时民族文化宫由于经济压力不能正常发挥社会教育功能，曾明确指示，财政上的问题不能影响民族文化宫的正确方向，要停止所谓“商展”活动，尽快恢复民族文化宫原有功能，在民族宣传事业和国家政治生活中发挥应有的作用，并采取了一系列措施加以落实。中央决定拨正了民族文化宫发展方向。几年来民族文化宫虽在财政上存在一些困难，但仍配合形势需求，举办了一系列在社会上有较大影响的展览，展览工作有了新的起色。

党的“十八大”及其“三中全会”的召开是我国政治生活中的一件大事，是堪与党的“十一届三中全会”相匹配的历史丰碑。会议对我国全面深化改革做出了新的战略部署。全面深化改革是在我国发展起来的基础上的再出发，是实现中国梦进程中的一个重要里程碑。深化改革的总目标是完善和发展中国特色社会主义制度，推进国家治理体系和治理能力现代化。全面正确贯彻好党的民族政策是贯彻落实“三中全会精神”凝聚中国力量的重要内容之一。“圆好民族团结、追寻发展梦，是我国各族人民和民族工作的根本追求”，宣传落实党的“十八大”及其“三中全会精神”与民族政策，是民族文化宫展览义不容辞的义务与责任。

随着改革开放的深入，社会在转型过程中，各类社会矛盾凸显，民族问题尤为引人关注。所谓“第二代民族政策”对我国民族识别、民族政策的某些质疑，也反映了在社会上的一种思潮在民族问题上的反映。为排除在贯彻党的民族政策上的干扰、消除在民族问题上的思想混乱、抵制民族分裂主义分子与国外敌对势力利用民族宗教问题西化分化我国的图谋，为在人民群众中增强国家统一、民族团结的思想基础和法制观念，全面系统地加强马克思主义民族观和民族政策教育势在必行。

2013年4月，国家民委领导来民族文化宫调研时，要求民族文化宫以“国家队”的水平，“高起点地打造和宣传民族文化事业，要高水平地研究民族文化，要高质量地建设和管理民族文化宫”。这是领导对我们的信任和期待。

二、为打造展览的“升级版”而努力

民族文化宫博物馆几十年来举办了数百个各种展览，在社会上曾产生良好的影响，成绩必须予以足够的肯定。但与国务院在建宫时明确的“主要任务”相比，特别与当前增强深化改革的系统性、整体性和协同性的要求相比，还有不小的差距。不足之处主要是缺乏集中反映我国多元一体国情和我国民族政策的展览，缺乏博物馆界通行的最能体现本馆特点的基本陈列。基本陈列是一项具有长远性的打基础的基本建设。为弥补这个历史的缺陷，面对当今形势，应当与时俱进，勇于突破历史的局限，以改革创新的精神，使民族展览无论在广度和深度上都有一个新的跨越和进步。

鉴于展览是国家民委对外的重要窗口，内容涵盖广，综合性强等特点，展览顶层设计范围应是对我国“民族事项”的全覆盖，从学术角度讲，就是搞“大民族学”。进而言之，就是充分运用我国民族工作成就和民族理论、民族政策、人类学、民族学、民族史、民族语言文字等学科的研究成果，对我国多元一体国情、我国少数民族的历史与今天、中华民族形成的历史与今天、中国特色解决我国民族问题正确道路的形成与发展等问题，经博物馆方法与手段的再创造，做出系统、完整、科学的反映，以“升级版”的展览予以展示，展示过去，关注当下，面向未来，使展览真正发挥“思想引领、舆论推动、精神激励、文化支撑”的作用，为教育和鼓舞各族人民为实现“两个一百年”奋斗目标、实现“中国梦”做出贡献。在进度上，要本着“因事而动，顺势而行”的精神，争取在近几年内第一个百年建成小康社会前分阶段有序推进，推出几个最能代表本馆特点、有分量的可长期保留的展览。

（一）各民族共同缔造了伟大的祖国

“今天的中国是历史中国的一个发展，我们是马克思主义的历史主义者，我们不应当割断历史”。

这个题目在“文革”后期就曾提出，但因当时禁区较多，加之研究成果不足等原因以夭折而告终。现在情况已有很大改变，过去遇到的障碍已不复存在，我们已有较充分的条件深入历史探索究竟。展览可通过各民族的起源、分布、迁徙等演进历史，反映好我国各族人民怎样在不同的自然条件与历史条件下创造了自己独特的历史文化，并在不断往来和交流中得到发展和进步；各民族怎样在政治、经济、文化、社会、生态等方面对祖国的形成和发展做出了可贵的贡献；各民族在历史上怎样形成“谁也离不开谁”的亲密关系，使我国成为统一的多民族国家，等等。总之，展览要反映我国民族史的概貌。

对这一问题在展览中如何反映可以单个民族为单位或以多个民族为单位，也可采取中国通史体与民族史相结合的方法，即在中国的不同历史时期中反映我国各民族历史及他们在我国历史上所起的作用，这样既可反映多元民族史，又能使一体的历史得到更完整的反映。选择何种方式，在实践中解决，有关这一课题可参考的文章、著作颇多，如《民族团结教育通俗读本》的有关章节，王钟翰主编的《中国民族史》，陈连开、杨荆楚等人主编的《中国近现代民族史》等等，也可请有关专家出招儿，或与他们共同筹办。

（二）中华人民共和国民族理论政策的发展

过去的展览对我们党在历史上曾提出的“民族自决”、实行“联邦制”等主张一般是回避提起。现在情况不同了，客观地反映历史变迁，把话讲明会更有说服力。现在的展览对党的民族政策的形成与发展要客观全面地予以反映，不仅要说明是什么，也要说明为什么。展览要反映党怎样将马克思主义与中国实际相结合，创立了具有中国特色的社会主义民族理论政策，怎样创造性地建立了各民族真正平等团结的人民共和国。根据历史发展与现实情况怎样实事求是地将民族自治与区域自治相结合，实行民族区域自治制度。我国现行民族政策怎样在与时俱进中不断发展完善，在实践中显示出怎样的优越性，获得各族人民的衷心拥护。我国的民族政策不仅正确解决着我国的民族问题，而且在国际上也产生着重要影响。

展览可以历届党中央制定的具有中国特色的社会主义民族理论政策为主线，反映民族政策的各个组成部分的历史与现实。这个课题可以参考民族文化宫原《民族工作成就展》“综合馆”的做法及金炳镐主编的《中华人民共和国民族政策60年》等著作。

这一课题的展出也可积极创造条件向中国历史与国际上的民族政策拓展。

（三）我国各民族跨越式发展

突出反映中华人民共和国成立以来，我国少数民族和民族地区在党的领导下，在具有中国特色社会主义道路上，贯彻落实民族政策，实现当家做主的权利，经过民主改革、社会主义改造，积极开展现代化建设，特别是改革开放以来，由于党和国家对少数民族和民族地区采取了一系列特殊政策，在政治、经济、文化、社会、生态等方面所取得的伟大成就。在党的“十八大”精神的指引下，牢牢把握“两个共同”主题，不断解决和克服前进道路上的问题和困难，为实现更美好的生活，为把我国建设成为富强民主文明和谐的社会主义现代化强国，实现中华民族伟大复兴的“中国梦”而奋斗。

（四）不断举办各项专题展览

党的“十八大”提出在社会主义文化强国建设中要繁荣少数民族文化事业，这是对我们的极大鼓舞。我国少数民族历史悠久、文化灿烂，各民族都有自己独特的物质文化和精神文化，有些可以继承和发展，有些可以成为文化产品走入市场，丰富各族人民的生活，在我国现代化建设中继续发挥重要作用。我国少数民族的文化财富是专题展览取之不尽的源泉。专题展览一般具有单一、细化、深化、易操作等特点，不仅要为保护和传承传统文化做出贡献，同时也要扩及其他领域，例如，对我国少数民族逐个或成组地予以展出，对“兴边富民行动”“扶持人口较少民族”、不久前起动的国家对连片特困地区的扶贫开发及其成就以及民族地区治沙、太阳能风能利用等也值得展出。总之，要不拘一格，灵活选题。

（五）着手介绍我国人类学、民族学

中华人民共和国成立后，在民族工作的推动下，民族研究虽经历了一条曲折发展的道路，但在民族识别、少数民族社会形态、实行民族区域自治政策、社会改革、生态人类学和现代化建设研究等方面均取得了丰硕成果。我国人类学、民族学不仅在国内发挥着重要作用，而且已成为国际上令人赞誉的中国民族学派。特别令人鼓舞的是，在党和政府的倡导下，在老一辈专家学者的带领下，培养和造就了一大批中青年马克思主义人类学、民族学工作者，在“全面正确贯彻落实党的民族政策”“深入开展民族团结进步教育”事业中发挥着重要作用。为普及人类学、民族学知识，博物馆也应考虑设一专题予以介绍。

2009年7月27日至31日，国际人类学与民族学联合会第16届世界大会在昆明隆重召开，会议期间有一个“中国人类学、民族学百年展”深受各国学者关注，并被瓦格斯主席称为最好的展览，我们也可以考虑向其学习。

上述设想内容，有的已展出过多次，有的是过去想做未做成，有的则是新提出的。所提各点，不企望为展览出题、列纲，只想提出展览的几个方面就这些问题进行探索，企望民族博物馆的同志能通过实践有所创新。

三、有关展览的其他问题

（一）筹展工作的实施

1. 首先应依靠民族文化宫博物馆和全宫的力量来办。民族文化宫举办展览有有利条件，有不断改善的展览设施，有不断增加的民族文物、图片、视频等资料，有几十年的办展经验，更有不断充实的专业队伍，其中不乏有学士、硕士、博士等高学历人才。这些同志年轻进取，专业基础较好，思想敏锐，视野开阔，有独立工作能力，能够为展览事业做出自己的贡献。

2. 鉴于展览内容丰富、涉及面广、工作量大，是一项较大的系统工程，民族文化宫除充分挖掘和发挥自己的潜能外，在组织工作上，要打开门户，积极争取民族界有关方面的大力支持和配合。过去民族文化宫举办民族展览一向有中央

与地方相结合的优良传统。有些全国性的项目除由民族文化宫承担外，大量的民族展览则须由民族地区来承担，我们在提供场地、展览设施等方面尽量予以方便。各民族和民族地区欢迎我们这样做，我们可考虑与民族地区建立稳定的联办展览机制。

3. 民族文化宫是国家民委对外的一个重要窗口，在确定民族文化宫展览的选题等重大问题上，须有“问题意识”“大局意识”，要积极主动取得国家民委的领导与支持。博物馆通行的“基本陈列”，是体现本馆特色的陈列，展出内容相对较稳定，展出时间较长，但也不是一成不变，它也受“形势”的制约而调整，或修改或更换。我们如能按照“问题倒逼”论的逻辑行事，展览必将永盛不衰。

（二）重视做好观众的工作

1. 随着国民文化水平的提高，观众对民族文化宫的期望值也在提高，我们的展览，除展出内容过硬外，形式也要多样化和艺术化。要妥善运用声光电等手段，尽量做到观众喜闻乐见，雅俗共赏，增强吸引力。特别是在当今视听媒体空前活跃的时代，更要注重改善观众参与的环节，为不同的观众群提供不同的参与途径，创造其他行业无可替代的博物馆环境，使观众的文化生活更加丰富多彩。笔者曾在美国某小镇参观了一个玻璃博物馆，该馆除有陈列外，还有实际制造玻璃器皿表演。同时还让观众亲自动手制造纪念品带走，活跃了气氛，增强了与观众的亲和力。

2. 观众的多少与对展览的反应如何，是检验我们工作成功与否的试金石。再好的展览如果没有相当数量的观众就很难维持，就有被挤掉的危险。我国各级学校都有民族团结课，我们应主动沟通关系，做到相互配合，取得更好的社会效益。民族团结教育也要从儿童抓起，对这一部分观众要给予特殊的关照。为了增强我们与观众的联系，应多设一些与观众联系的渠道，不仅要设签名簿，还应有留言簿，也要提供展览介绍材料，让观众带走。特别要建立研究人员亲临展厅与观众进行面对面的互动制度，以密切博物馆与社会的联系，以利于扩大宣传效果，收集反映意见，改进工作。

3. 关于民族文化产业开发问题，我们应在真正“文化”的开发上下功夫。民族文化遗产转化为文化产业，既可增加收入，也能活跃展览，同时对少数民族和民族地区也会有一定的帮助。我国民族文化资源极为丰富，只要有决心，用心地开发，定会有许多能适合市场需要的好产品问世。我在参观美国一些博物馆时感到，他们在这一方面确实做得不错，每个博物馆都有反映该馆特点的文化产品商店。如华盛顿印第安人博物馆，当我们参观完展览后，很自然地就进入了博物馆商店。在他们的商店中，各种各样印第安人的陶制、木制、纺织等各种产品琳琅满目，给人以深刻印象。

（三）建议民族文化宫设立咨询机构

2013年7月30日国家民委成立了决策咨询委员会，是国家民委领导下的高级咨询机构，是做好民族工作的思想库和智囊团。工作重点是谋划解决我国民族问题的“长远之策、治本之策”等重大问题。这个机构的成立对所属单位当然也是一个好消息，但难以完全满足各单位的具体需求。据考察，日本民族学博物馆、民俗博物馆等均设有在馆长领导下的评议员、运营协议员、企划委员等制度。机构成员均由有关单位的行政领导与专家学者10几人组成，以备馆长咨询有关事项。民族文化宫过去也有过林耀华、宋蜀华等教授做宫顾问的先例，今后是否也可考虑设立某种咨询机构为民族文化宫建设服务。

只要民族存在，民族问题也将长期存在，敌对势力的捣乱也不会很快消失，人民内部某些民族主义的思想行为倾向也将长期存在。因此，民族方面的宣传教育工作也必须长期坚持，马克思主义民族观需要普及大众化。民族文化宫博物馆在历史上曾发挥过很好的作用，但也多经曲折，例如，建宫初期，名为博物馆，改革开放后改称展览馆，后改回叫博物馆，2012年，博物馆又更名为陈列室与展览馆。但是笔者认为，博物馆在民族文化宫占有重要地位，肩负着宣传民族事业的重任，收集文物的工作不能停，没有文物就没有基础，没有深入的研究就谈不上水平，没有陈列就没有社会教育的基本条件。不论其名称如何变化，仍应按照博物馆的标准来办，否则就没有出路。为了做好今后的工作，最重要的是加强学习，我们要把自己在使命面前本领不足的危机感化为学习的动力，学政治、学专业知识，使民族文化宫成为具有浓厚学习氛围的学习型单位。教育者首先应该受教育，只有自己认识了、体会了、感动了才能影响和扩及别人。生活在延续，时代在前进，只有始终站在历史航船的前沿不断改革创新才能与时俱进，走向未来。笔者坚信民族文化宫在几十年奋斗的基础上，继续沿着党指引的方向，以奋发图强的精神与时俱进，在深化改革的征途上，定会将民族文化宫建设成真正具有深邃民族文化内涵、很有社会影响的我国民族文化中心，为国家统一、民族团结、实现中国梦、人民幸福做出贡献，以不负建宫初衷、不负各族人民的期盼。

（本文原载《中国民族文博（第五辑）》辽宁民族出版社2014年4月）

西藏博物馆事业之探讨

刘志清

建设一个团结、富裕、文明的社会主义新西藏，一靠中国共产党的领导，二靠科学文化知识和人才。而后者是需要采取得力措施予以保证实现的。博物馆作为现代化科学文化教育机构，应视为措施之一。党的十二大报告指出："文化建设指的是教育、科学……图书馆、博物馆等各项文化事业的发展和人民知识水平的提高，它既是建设物质文明的重要条件，也是提高人民群众思想觉悟和道德水平的重要条件。"五届人大五次会议《关于第六个五年计划的报告》提出：到1985年，全国"基本上做到市市有博物馆"的要求。遵照党和国家的指示，从我区历史和现状出发，建立社会科学和自然科学的西藏自治区博物馆，发展西藏地区的博物馆事业，是具有重要现实意义和深远历史影响的。

我们党一贯重视博物馆事业。早在1932年中央苏区时，曾筹建革命博物馆。在抗日战争时，于延安建立了民众教育馆。解放战争初期的1946年，在陕甘宁边区提出建立陕甘宁边区革命历史博物馆的建议。至于各种军事、财政、文教、卫生等展览会更是常办常新。

新中国成立以后，在马列主义、毛泽东思想的指导下，博物馆事业取得了明显的进步。经过对原有博物馆的整顿改造，建立一批新的博物馆，于1957年，除了青海、西藏，每个省、市、自治区都有了博物馆或筹备处，全国已有72个馆了。1978年底，党的十一届三中全会以后，通过对"十年内乱"的拨乱反正，博物馆事业不仅得到了迅速的恢复，而且真正开始了自己的春天。到1980年底，全国各行各业共有400来个博物馆棋布于祖国大地。其类型有革命、军事、历史、地志、自然、艺术、医药、科技等。同时，全国和一些省、市的博物馆学（筹）会，如中国博物馆学会，中国自然科学博物馆协会以及江苏、黑龙江、山东、辽宁、吉林等省的博物馆学（筹）会都先后成立了。北京、上海创办了《博物馆》《中国博协通讯》《大自然》《博物》等刊物。在南开大学、杭州大学、复旦大学分校等高等院校，相继设立了博物馆专业，为培养博物馆专业人才开辟了途径。这些都是旧中国无法比拟的，是我们开创博物馆事业新局面的良好基础。

一

由于历史的原因，西藏是我国博物馆事业未开垦的处女地。建立西藏自治区博物馆，发展西藏的博物馆事业，显得十分必要，势在必行。这是因为：

第一，是发展全国博物馆事业的需要。新中国成立后，在党和国家的领导下，我国博物馆事业有了明显的发展。但是，与国外一些博物馆事业发达的国家比较，还有一定的差距，同我国是一个有10亿人口的社会主义大国的地位和社会的实际需要很不相称。所以，胡乔木同志在中国博物学会1983年座谈会上说："我们的博物馆事业需要逐步有一个大的发展，范围要扩大，品种要增多，这是中国人民政治教育、文化教育的迫切需要，也是社会主义现代化建设的迫切需要。"西藏地区的博物馆，是全国博物馆事业的重要组成部分。发展西藏地区的博物馆事业，既为提高我区各民族人民的科学文化知识水平开拓了一个新领域，又为全国博物馆事业的发展做出了自己的贡献。

第二，是普及科学文化知识的需要。周恩来同志曾在《关于知识分子问题的报告》中指出："为了实现向科学进军的计划，我们必须为发展科学准备一切必要的条件。……必须加强图书馆、档案馆、博物馆的工作。"我区现代科学文化水平不高，大家都深有感受，这是历代反动统治阶级和西藏的旧制度本身所造成的。解放30多年来，党领导各族人民为扫除文盲，提高民族科学文化水平，进行了艰苦卓绝的工作，取得了可喜的成就。目前，自治区党委和人民政府为了逐步改变仍然存在的落后状态，继续采取着切实可行的措施。博物馆作为科学文化教育机构，一方面可与我区的高等院校、教育部门、科研单位共同承担大力发展科普事业，提高文化知识水平，培养具有共产主义觉悟和各种专业知识的人才的使命；另一方面，又为这些单位和其他领域提供教学、科研资料和场所。

第三，是建设高度精神文明的需要。1980年以来，由于全区军民认真贯彻中央关于西藏工作的重要指示，使西藏的政治、经济和文化生活都发生了巨大的变化。1984年6月，区党委又提出了“力争三年一小变，五年一中变，十年一大变”的行动纲领。在这个“变”字里，包含着建设高度物质文明和精神文明的极其丰富的内容。关于物质文明和精神文明的含义，党的十二大文件中作了科学的论述，指出：精神文明“表现为教育、科学、文化知识的发达和人的思想、政治、道德水平的提高。”为了逐步实现这种要求，就要动员全党和全社会的力量，充分利用宣传、教育、科学工具，开展多种形式的活动。博物馆作为上层建筑，通过陈列展览，用实物直观教育这一特殊手段，引导人们去认识世界改造世界，同时也改造人们的主观世界，陶冶人们的思想情操，不断提高政治觉悟和道德水平。由此看来，精神文明的建设，向我国的博物馆事业提出了更高的、带有方向性的要求，应当努力把我国的博物馆办成为建设社会主义高度精神文明的一个重要阵地。这也正是需要把西藏的博物馆事业搞起来的客观要求。

第四，是执行民族政策，加强民族团结，进行革命传统教育的需要。党中央在1980年关于西藏工作的重要指示中强调指出：“坚决执行党的民族政策，密切各族人民的关系，加强民族团结，始终是西藏必须非常重视的大问题，是我们各项工作成败的关键所在。”区党委遵照这个指示，拨乱反正，肃清“左”的影响，使民族关系由于十年内乱造成的创伤得到医治，民族平等团结事业得到巩固和发展，民族区域自治政策得到了恢复和充实，“汉族和少数民族谁也离不开谁”的思想观点，正在被越来越多的干部和群众所认识和掌握。藏族、门巴族、珞巴族等各族人民热爱祖国，富有革命传统，在长期历史发展中，与各兄弟民族同呼吸，共命运，共同缔造了我们伟大的祖国。历史早已作出了结论。共同的根本利益，把汉族、藏族和其他少数民族的命运紧紧连在一起，休戚与共，相互依存，谁也离不开谁，在进行社会主义现代化建设的今天，我们更需要维护民族团结，坚持“两个离不开”的思想，博物馆能够运用生动活泼的形式，向我区军民大力宣传党的民族平等团结、区域自治政策，进行革命传统教育，使“两个离不开”的思想深入人心，影响和教育后代。

第五，是帮助人民了解历史、认识自己、热爱西藏、建设西藏的需要。勤劳、智慧、勇敢的西藏各族人民，千百年来，在“世界屋脊”创造了人类绚丽多彩的历史文化，成为中华民族文化宝库中一颗光彩夺目的明珠。博物馆通过陈列展览传播各族人民的生产活动、生活状况、科学技术、文化艺术、风俗习惯等社会和自然历史发展的具体知识，使广大人民群众在直接观察过程中，认识自己过去创造的历史文化和今天的现实，既帮助人民了解了自己是历史发展的动力，又知晓今天在建设社会主义新西藏和整个国家四化建设中的地位和作用；既赞美了富饶美丽的西藏，又激发了人们“热爱西藏，建设西藏”的热情。正如毛泽东同志在1958年视察安徽省博物馆时指出的：“一个省的主要城市都应该有这样的博物馆。人民认识自己的历史和创造力量是一件很要紧的事”。

总之，西藏地区博物馆事业的建立和发展，是西藏社会发展的需要，也是西藏社会历史发展的必然产物。

二

在我区发展博物馆事业，不仅是必要的和迫切的，而且，也具备了逐步予以实现的基本条件。

首先，自1960年民主改革基本完成后，自治区建立了文管会、档案局、展览馆和拉萨市文管会等文物、展览工作机构。在西藏自治区的领导下，这些单位认真地贯彻了原西藏工委制订的集中起来，保管好文物（含历史档案）的工作方针，征集、收藏了一大批珍贵的历史、革命文物和文献资料，并进行了初步的整理和分类。同时注意了对全国、全区公布的重点文物保护单位的管理和维修工作，几个有名的大庄园的规模轮廓尚存，通过文物考古的若干普查，个别遗址的试掘，获得了从旧石器到新石器时代有关反映原始社会贵重的考古材料，这些都是我们筹办博物馆的物质基础。

其次，文管会、档案局、展览馆建立以来，通过对文物、文献资料的调查征集、收藏保管、整理研究、陈列展出、宣传教育等活动，特别是先后举办了《西藏是祖国不可分割的一部分》《被推翻了的西藏封建农奴制社会》《从猿到人》，以及庆祝自治区人民政府成立10周年取得的成就等陈列展览活动，不仅积累了不少的实践经验，初步掌握了带有博物馆性质的工作程序，更为重要的是培养和锻炼了一批以藏族同志为主的专业人员，他们是文物、展览工作战线的骨干力量。这些都是发展我区博物馆事业的重要的条件。

再次，现在各方面的藏族老人、老专家、老学者和“老进藏”、老干部都健在。他们对西藏的过去和现在很了解，他们有丰富的革命经验、渊博的知识，对为社会主义现代化建设服务的文物、文献、展览工作很热心，很关心。这是进一步搞好我区文博事业的指导力量。我们要趁这些前辈们健在，把建立我区的博物馆提到近期日程上来。

特别是党中央、国务院非常关怀我国博物馆事业的发展。全国五届人大五次会议，已把发展博物馆事业，写进了《中华人民共和国宪法》，国务院文化部文物局也正在采取有力措施认真贯彻执行。区党委一向非常重视西藏的文物工作，关心博物馆的筹建问题。早在1960年，就以“中共西藏工委文物管理委员会”的名义，在全国文物、博物馆工作会议上提出了“西藏地区文物、博物馆事业八年规划”。其中包括筹建西藏地志博物馆、农奴主庄园博物馆、宗教博物馆等以及组织机构、培养专业人员等设想。党的关怀，人民的希望，是我们开创、发展西藏博物馆事业的最可靠的保证。

三

我们讨论了发展西藏博物馆事业客观必要性和实现的可能性。下面就提出如何使这项事业得以实现的具体设想。

（一）建立“西藏自治区博物馆”。这是一个包括社会科学、自然科学在内的综合性地志博物馆。它的基本陈列包括：西藏社会历史发展部分（即原始社会、奴隶社会、封建农奴社会、社会主义社会——含民主改革、社会主义革命和建设）；自然科技部分（包括自然概貌、自然资源及其开发利用、科技发展史、现代科技成就，高原动物、植物、矿物、地质等标本，起着自然博物馆的作用）；民族民俗部分（藏族、门巴族、珞巴族、回族、夏尔巴人、僜人的生产方式、生活习惯、风土人情，如衣、食、住、行、家庭、婚姻、丧葬等，实际上是西藏地区的民族博物馆）。

除了基本陈列外，经常举办小型多样、时间短、题材广泛、内容丰富的专题（或临时）展览，是把博物馆办活的重要手段。

西藏自治区博物馆，要有鲜明的民族特点和地区特色。要从西藏的实际出发，有什么就陈列什么，不能照搬内地博物馆的内容和形式。在陈列内容上，要做到雅俗共赏，深入浅出；形式上，形象、生动、活泼、鲜明，为广大群众所喜爱。在一个较长时间内，以普及科学文化知识为主要任务。

博物馆的机构，可设文物保管、陈列展览、群众工作、资料研究四个部和总务办公室。

成立“博物馆之友”的组织。聘请馆外一些专家、学者为馆员。根据西藏的实际情况，馆员可以是高等院校讲师、科研单位的助理研究员、农牧工业生产部门的农艺师、工程师以上者。实行例会制，讨论和研究有关博物馆建设、陈列、科研等重大课题。

（二）建立宗教博物馆。包括在拉萨建立一个“西藏宗教艺术博物馆”“桑耶寺红教博物馆”“萨迦寺花教博物馆”“哲蚌寺黄教博物馆”。除了“西藏宗教艺术博物馆”需要建筑馆址以外，3个教派馆，均在原寺主要建筑和内部陈设基础上，经过必要的调查、考证和研究，按照原来面目复原起来。

宗教艺术博物馆和宗教博物馆的任务和作用是不同的。前者主要是通过寺院建筑、塑像、绘画、雕刻、冶金实物（包括供器、法器）等工艺品的陈列，从一个侧面反映藏族人民富有聪明才智，创造了灿烂的民族文化，说明藏族是一个具有悠久历史的优秀民族，为人类的文化宝库做出了出色的贡献。同时，为国内外研究宗教艺术提供一个内容丰富、生动和具体的重要基地。宗教博物馆则是集中表现西藏宗教的起源、发展和教派演变过程，剖析寺院在旧西藏的政治、经济和文化中处于至高无上的地位，揭示旧西藏封建农奴社会政教合一以及寺院上层的阶级实质，反映新中国解放后贫苦喇嘛和寺院所辖庄园农奴的新生。当然，这两种博物馆还带有保护文物古迹的性质。

（三）建立“江孜帕拉庄园”“山南克松庄园博物馆”。其目的，一方面从一个侧面揭露反动、黑暗、残酷、野蛮的封建农奴社会的本质，对人民群众，特别是青少年以及子孙后代进行对比教育，激发人民群众更加彻底地批判旧世界，加倍努力创造更加美好的新世界。另一方面，领主庄园也为研究农奴制这一特殊社会历史发展形态提供了模式。

（四）于小昭寺内建立“藏汉关系历史博物馆”。这是一个纪念性的博物馆。

这个馆的作用不仅使参观者能在脑海中再现历史的情景，并能使观众理解在这里曾发生过的那些事件的意义。现在的小昭寺虽非唐时全貌，但确实具有发人思绪的作用。1000多年来，藏汉两族人民在政治、经济和文化各方面的密切交往中，遗留下许多珍贵的文物、文献和古迹。这些都是藏汉两族人民相依为命的历史见证，是巩固和发展平等、团结、互助的社会主义民族关系的有力工具，是进行“两个离不开”思想教育的生动教材。陈列可以按照唐宋、元明、清民国、中华人民共和国的历史顺序，设置5个陈列室。

（五）在黑河专署所在地，建立“藏北高原畜牧业博物馆”。这是一种专业性博物馆。这个馆以藏北高原的自然风貌、资源、畜牧生产为主，辅以牧民生活习俗风土人情的内容，这个馆若能建立起来，将是一个引人入胜的专业性博物馆。

此外，还可以在现在的藏医院筹建“西藏藏医博物馆”以及建立“阿里古格王国遗址博物馆”“江孜抗英纪念馆”“泽当烈士纪念馆”“罗布林卡高原植物动物园”等纪念性、专业性的博物馆。这样，在我们伟大祖国的西藏，将有品种多样，类型有别，布局合理，内容丰富的博物馆网了。

四

建立西藏自治区博物馆，发展西藏地区的博物馆事业，是一项艰巨的工程，较为长期的任务。但应本着先易后难，从少到多，积累经验，逐步实施的原则。分三个阶段，到20世纪末完成。

第一阶段，预计在1985年内，将“西藏自治区博物馆”建成雏形，正式挂出该馆的牌子。目前暂时以1980年至1985年，以全面贯彻执行了党中央关于西藏工作重要指示后，西藏社会所发生的巨大变化作为博物馆社会主义陈设这一主题陈列内容，突出地予以反映，作为向西藏自治区成立20周年献礼。社会发展通史，自然科技和民族民俗的详细内容，到1990年全部完成陈列。

1985年前，将“哲蚌寺黄教博物馆”“江孜帕拉庄园博物馆”“泽当烈士纪念馆”建成并公开开放。

第二阶段，1985年至1990年，在进行自治区博物馆陈列的同时，完成“藏汉关系历史博物馆”“藏北高原畜牧业博物馆”“克松庄园博物馆”等馆的筹备工作。

第三阶段，1990年到2000年，办好“西藏宗教艺术博物馆”“桑耶寺红教博物馆”“萨迎寺花教博物馆”“阿里古格王国遗址博物馆”“江孜抗英纪念馆”和“罗布林卡高原植物动物园”等的陈列并开放。

为了逐步实现上述任务，目前，组织、培养和训练博物馆业务干部队伍，是当务之急。可以采取“请进来”“走出去”并以“请进来”为主的办法，切实抓好这件工作。“请进来”就是从内地请数量很少的专家、学者及有丰富实践经验的博物馆工作者，到藏举办博物馆训练班，通过讲授文博工作的基础知识，培训一批文博业务技术骨干力量；“走出去”，即是选派极少数业务骨干赴内地某些省区市作必要的考察，同时选送具有大专文化程度的藏汉同志到天津南开大学等高等院校进修博物馆专业，培养博物馆理论工作者或研究人员。

我区军民，向有自力更生，艰苦奋斗的光荣传统，这是办好博物馆事业的可贵的精神力量。今天，正处在伟大的改革时代，更可以充分发挥国家、集体和个人的积极性，发动社会力量，共同创办西藏的博物馆事业，如采取捐献、募捐、公办私助等办法，筹集资金，征集文物、文献和标本。当然，也不排除内地在人力、物力和财力上的必要支援。

继续抓紧抓好文物、文献、标本、科技成果的调查、征集和研究工作。对全国、全区公布的重点文物古迹保护单位、自然保护区，或被认为可作博物馆的建筑物，要继续进行重点保护和维修。

开创、发展博物馆事业，对我们西藏来说，是破天荒第一次。这是为祖国四化建设、为西藏更加幸福美好的明天进行的智力投资。要把这件好事办好，必须自始至终地在党的领导下，以马克思列宁主义、毛泽东思想为指导，坚持为人民服务，为社会主义服务的方向，贯彻“古为今用”“百花齐放”的方针，执行党的民族、宗教、统战以及文物政策，达到广泛传播历史和科学文化知识，提高各民族的科学文化水平，达到爱国主义、历史唯物主义教育的目的。

（本文原载《西藏研究》1985年第1期）

民族文物“内含”之我见

宋　军

在我国各族人民努力建设物质文明和社会主义精神文明的今天，民族文物工作也被提上了重要日程。但是民族文物工作作为社会科学的一种专业，还很年轻，还处在努力实践、总结经验、探索其前进道路的发展过程中。有关民族文物的收藏、保管、陈列等学术研究还有许多问题，还有不少空白需要通过我们的工作与研究加以填补。例如什么叫民族文物？民族文物之“内含”如何划清等，就明显地存在着理解上的含混不清。近几年因工作需要，我对民族文物工作有所接触，对“什么是民族文物”也有一些粗浅的看法，在这里提出来供专家和同志们评论，以求澄清观念，订正科学定义。

首先，我认为民族文物和一般文物的“内含”有紧密的联系，但又必须加以区分。一般文物的概念人们比较清楚。文物一词，在我国早见于春秋时代，“文物以纪之，声明以发之”(《左传·昭公二年》是指统治者用来格制万民，声教文明的礼乐典章制度。随着社会的发展，生活内容的扩充和文化水准的高涨，文物的“内含”也不断地变化。现在它既包括一切传世于地上的文化之物，也包含一切埋藏于地下的文化遗存。它们是不能再生产的历史同类物的幸存者。在建设精神文明中它们所发挥的认识作用、教育作用、公证作用是任何其他东西所不能比拟的。一般文物的特点为人们所熟知，一般文物的概念已经被提炼凝集于多种词书中，是人们不难理解的。至于民族文物一词，目前仍未有准确的解释，甚至未作为词条列入任何辞书，而散见于书刊、文字资料中的某些提法，往往把民族文物仅仅局限于民族现代之物。所以如此，原因主要是没有把一般文物和民族文物之间既有内在联系又有区别的关系理清楚。我认为，其联系在于两者都是人类文化之物。因为每件文物都有其民族属性。可以说文物都是民族的。从民族文物角度看，它包括历史文物，更包括大量的民族“现代之物”。后者是其主要区别。应该首先强调，民族文物不能割断历史。如果把民族文物仅仅理解为直接观察到的民族现时之物，仅仅理解为新中国成立前后这个历史横断面之物，割去了漫漫历史长河文物，丢掉了一个广大地下博物馆之源，那岂不十分可惜吗？民族文物当然也包括汉族文物。但是结合我国的具体情况，目前应主要着眼于少数民族文物的研究。因为从历史上看，相比之下，对少数民族文物的研究太落后了。我们应该承认这种不平衡，我们的任务是着力消除这种事实上的不平等。从这个意义上说，少数民族历史文物的研究尤为紧迫。设想，如果在一部有关民族文物概论的著作中没有历史的篇章，在未来的民族博物馆陈列中，不著各民族历史（包括实物、文献）部分，怎么证明我国自古以来就是一个多民族的国家呢？事实上无论考古发掘，还是文献记载，已经发现大量有关55个兄弟民族及其先民们所创造的文化遗迹。例如大同云冈石窟壁画、广西花山崖壁画都保存着北方或南方一些兄弟民族的智慧和创造。南方民族的铜鼓，它是民族乐器，又是象征政治权威的重器，又是冶金科技、花纹图案艺术的珍品，它把南方若干古代民族的政治、科学、艺术熔铸一体，不愧是民族历史文化的瑰宝。考古发掘的北方游牧民族的马鞍具、佩饰既属生活资料，也是生产资料，它的花纹图案装饰堪称民族艺术之佳作，也是世代继承下来的民族物质文化、精神文化的典型代表。谁能设想在民族文物的宝库中能不给这些民族历史文化的形象以应有的地位呢？

但是，民族文物的确应该包括大量的反映民族现代生活、文化之物。日本民族学博物馆一般不使用文物一词，而使用实物资料这一概念。我认为这样区分是很有道理的。如果我们对民族现代之物也使用民族学实物资料这一概念，那么我们的民族文物实际包括民族历史文物和民族学实物这两部分。其中民族学实物资料所占比重可能会更大些。我国民族社会实际是，至新中国成立前或民主改革前，有的民族还保留着原始社会制度的残余；有的保存奴隶制度；有的处于封建农奴制；有的和汉族一样进入封建、半封建半殖民地社会。就是说，时至20世纪四五十年代，在我国还保留着一个偌大的活而生动的“民族学博物馆”。实物资料丰富，包括社会组织，生产工具，衣、食、住、行的生活用品以及一切有社会历史、科学技术、工艺美术价值的实物资料都还比较完整地展现在我们眼前。

这个社会横断面为我们提供的科学实证资料的丰富性和完整性是一切地下发掘所无法比拟的。还可同意这种看法，认为民族学实物资料的时间上限有长有短，而下限应有所延伸，即不仅包括今天之物，甚至包括明天之物。因为有显著民族特点，有科学价值，有独特民族工艺价值之物，它虽然不是历史的幸存者，也不是不能再生产者，但它们确有比较理想的民族学资料价值。蒙古族的套马杆，赫哲族的打鱼船，维吾尔族的绣花帽，壮族的织锦，藏族的糌粑碗和酥油筒以及某些民族曾经用过、甚至还在用着的牛皮筏、溜索桥等等，虽然都不一定是历史的幸存者，又是可以再生产的，但作为民族文物的收藏、陈列是不能缺少的。作为民族文物的组成部分——民族学实物资料具有现时直观性、完整性和丰富性，这构成民族文物的特点，也是民族文物的优势所在。

总之，我认为，凡是表现民族文化的实物，不论是物质的或精神的，古代的或现代的，传世的或地下发掘的都是民族文物这个概念所能够容纳的。如果按学科分，凡是表现民族文化的，不论是民族学、人类学、民俗学、语言学、社会学等各科实物资料或者是民族史学、民族考古学等各科的文物，也都是民族文物这个概念所能够包含和应该包含的。所以，我认为民族文物的“内含”不是狭窄，而是相当广泛。

（本文原载《民族学博物馆学散论》中央民族大学出版社 1994年8月）

漫谈摄影与民族工作展览

龙光茂

我从事民族工作摄影、民族工作展览数十年，在长期的工作实践中有如下一些体会，即：摄影用于民族工作展览，使各族人民更好地认识自己、了解各方，增长知识、奋勇进取、团结进步、提高精神境界，为物质文明建设和精神文明建设作出贡献。

从事民族工作摄影，既与其他摄影或别类艺术有异，但在造型、抓取现实生活的典型性及表达思想感情上是相同的，有个性也有共性。斯大林说过，民族是："人们在历史上形成的，一个有共同语言，共同地域，共同经济生活以及表现于共同文化上的共同心理素质的稳定的共同体。"①斯大林这一论述，说明不同的民族文化有其特性，有自己的民族风格。而摄影也应从民族工作情况出发，表现和反映民族特点、民族风格，使之具有民族特色。具体到我来说，我的第一张摄影作品就是《北京民族文化宫全景》。它是怎样产生的呢？实际上是实践和认识的结果，当我分到民族文化宫工作后，首先对民族文化宫建筑感兴趣，它是一座具有民族风格的高塔式建筑，"团结""进步"4个金色大字，嵌在金、红色大门上方，象征着我国各民族的美好前程。整个建筑，造型别致，富有民族特色，被各族人民亲切地称为"民族窗口""民族之家""民族文化中心"。

由于认识到民族文化宫是我国各民族进行文化交流的中心，它的建筑体现了党和国家民族政策的伟大胜利，标志着我国各民族平等、团结、互助、友爱的社会主义民族关系。它由展览馆、图书馆、文娱馆等部门组成，先后举办了各种民

① 斯大林全集（第二卷）. 1953：294.

族题材展览、提供了各民族的专业图书资料、进行了丰富多彩的民族文化艺术活动、召开了多种重要会议，这对增进民族团结，促进各民族的文化学术交流，以及扩大国际间世界各民族的友好往来，都起了重要作用。正因民族文化宫这一建筑上的民族特色和它反映在内容上的特点，所以它激发着我如何用好相机摄下这一典型场景，它鼓励着我怎样在摄影艺术上通过一瞬间的纪实性，把思想性与艺术性有机统一在作品上。通过构思，明确主题，在构图、光线、影调等方面要有所变化，于是我就根据民族建筑的独特形式和审美观的实际情况，以美学原则组成画面，选择角度、拍摄了《北京民族文化宫全景》，并在春节的鞭炮声中摄取了《北京民族文化宫夜景》，继而又拍摄了节日的《天安门夜景》。此张作品既体现中华民族的民族建筑特色，更再现了各族人民心向天安门的意境和时代的特征。以上两幅作品曾在北京影展中展出，中央电视台也转播过，它是两幅具有典型性和代表性的作品。只有摄取这样的题材，才能使摄影作品赋有思想深度及典型意义，也只有摄取民族工作海洋中的浪花，摄取民族工作展览江河中的波浪，才能把具有民族特色、民族风格的瑰丽画面奉献给各族人民。

民族文化宫展览馆是具有博物馆性质的展览馆，它既有基本陈列，又有民族题材的专题展览和社会展览，通过陈列展览，向国内外宣传我国55个少数民族的历史文化，宣传党的各项政策，尤其是三中全会以来党的路线、方针、政策；反映各族人民在“一个中心、两个基本点”的方针指导下，在执行党的基本路线的原则下所取得的巨大成就。因此，在摄影和摄影艺术方面要体现民族特色，要把摄影的重点放在以下几个方面。一是深入实际，奔赴民族地区采访调查，摄取第一手照片资料；二是静物摄影，主要是翻拍已展出的展品及馆芷（藏）民族文物；三是展览开幕式、外事活动等资料照片；四是各种类型民族画册及馆藏民族文物图册。从民族工作展览表现在摄影方面的要求上看，“抓”与“摆”这两种摄影方法都需要，因抓拍具有现场摄猎自然美，摆拍具有创造人工修饰美的特殊职能。一般在采访调查中用抓拍的方法，在翻拍馆藏文物及报照（刊）、图表等用摆拍的方法。静物摄影的布置，是一种组织加工的方法，是以不违背生活真实为前提的。静物中的摆拍，也是一种艺术构思、集中概括。至于人像摄影多以“抓”为宜，也可既“摆”又“抓”，“摆”为“抓”创造条件，在“摆”中去“抓”，处理好“抓”与“摆”的关系，是使作品体现拍摄方法更好地为题材服务的道理。

静物摄影是文博事业的一项重要工作，我在20多年的摄影实践中，体会较深的有以下几点，即：

一、翻拍文物及其他实物展品，一般选用散射光或直射光。前者光柔和、明快、阴影淡；后者光强、阴影浓。则常用散射光为佳，因它光线均匀，可消除画面凹凸不平的痕迹。

二、翻拍的灯光或反光伞一般要与相机位置呈45度角左右，两边的光度、灯位要一致，若能在变压器上连接两把反光伞则照明更为理想。摄时要注意大致相等，以免光线反射到镜头；同时，还要关闭所有灯光，使原件色彩不受杂光影响。

三、翻拍文献、图表、书籍、报纸、杂志等黑白线条原件，宜用密度差高的低速度感光片，或用色盲片，使之达到影像清晰、黑白分明、反差较大的效果。如果翻拍邮票、绘画等，由于层次较丰富，有色调变化，因而要选密度正常的感光片，使之达到反差适中，形态自然地再现。

四、拍摄展厅的场面、版面及展柜中的实物、镜框中的画或照片，要以变换灯位和相机角度来避免反光，根据情况使用偏光镜，这样就可消除投影。也有的时候为了不失真，要突出表现其自然、立体感等，还要有意留下一定的投影。在曝光时，黑白误差不超过两级以上，彩负误差不超过一级，彩正误差不超过半级以上光圈。

五、在静物摄影中，通常要把握住并经常运用的大致有5种光效可供采纳。这就是主光、补助光、轮廓光、背景光、装饰光。适时运用上述光效、就能拍摄出较好的摄影作品及摄影艺术作品。

采取上述方法拍摄民族文物、民族展品，用在民族工作展览及民族画册、民族简介、民族图录上效果较好。如《三中全会以来民族工作展览》《全国民族服饰展览》《中国少数民族乐器展览》《中国苗族服饰展览》《中国少数民族传统文化艺术展览》（基本陈列），以及《民族文化宫简介》《中国苗族服饰画册》《中国彝族服饰画册》《湘西民族画册》等等，均具有民族特色的摄影作品或摄影艺术作品。

生活是摄影、摄影创作的源泉。从事民族工作摄影，只有深入民族地区和各族人民打成一片，既是一条采访路线，也是一条创作道路，更是为办好民族工作展览提供照片资料的重要途径。由于注意到第一手资料的拍摄，不仅要拍好各民族服装，尤其要拍好各民族的直爽、热情、开朗、诚实、奔放的性格特征。因而照片的运用率是较高的。例如《三中全会以来民族工作展览》选用了60多张，《中国苗族服饰展览》选用40余张，《中国少数民族乐器展览》选用20来张，《中国彝族服饰展览》选用70张左右，《中国少数民族传统文化艺术展览》选用50多张，已出版的民族画册，其中包括出国展出的也选用了数百张。从摆拍和抓拍的整个摄影情况来看，也有不少废片，是需要不断总结经验，以利提高自身的摄影技巧和摄影艺术修养。

关于典型人物、典型事件、典型场景等问题，现实主义不仅真实地再现生活，尤其要注重典型地反映生活。恩格斯说："现实主义的意思是，除细节的真实外，还要真实地再现典型环境里的典型人物。"[①]我拍摄下述几张作品现作些扼要分析，如"思"作品（傣族姑娘）的爱情，形象的反映是含羞的，它体现了中华民族传统性爱情的流露，如以西方的"吻"代替东方的爱慕情，是不符合东方人性格特征的。"苗族母子情"作品，是一幅典型性的特写镜头，它不仅再现了苗族妇女的衣着，而且典型地反映了心理特征，表现了流露深情的瞬间神态，凝练真切感人之意境。"跳板"作品（朝鲜族妇女），适时地、真实地、生动地捕捉一瞬间腾空的优美动作，给人以美的享受。"苗族鼓舞"作品（苗族传统节日四月八）由于对景深的运用，使处于前景中的树叶成为绿沙般的朦胧影子，这影子与中间的鼓舞场面及远景的树叶形成了虚实对比，以绿荫渲染主体的暖色调，就自然地形成作品一种动静结合的意境，给人以美的精神享受。"国家森林公园张家界"作品，是运用影调的节奏、线条的韵律、空间的透视及角度的集中等等，表现出层层的险峰所集中展现的浩大的空间感和立体感，它是一种壮丽的美。我摄取这幅作品是以绿树红花为前景，云雾缭绕其间，奇峰耸立云雾之上，似如仙女下凡，在有限的空间里含有无限的意境，给人更多的联想和诗情画意的回味。前面说到的"苗族母子情"作品，我是在苗族传统节日四月八这一天于现场抓拍的，这就是选择现实生活中的典型瞬间来表现生活中的典型人物、典型性格、典

① 给约翰·迪茨的信．马克思论艺术（二卷）：474．

型事件、典型场景的，并以该族喜爱影调和谐、光线柔和等特点，揭示母爱的实质。当时我注意到小孩的手正指着他母亲的嘴，其食指插在其母的嘴唇，特写镜头中的手势在画面中突出，这只手的特点宛如在“说话”，其食指正指着他母亲嘴唇的形态，体现了“此时无声胜有声”，它把母子的话语用传神的手势在画面中烘托出来，小孩在不会说话或刚会说话之时，以手势表达他的内心世界，这种动态的手形成了意境，它揭示了母子的思想感情和精神面貌，起到了传神的作用。这幅作品表现了民族心理素质，具有民族特色，它能吸引你的视线，促使你去遐想。《无声胜有声》这幅作品，是我在“中国苗族服饰展览”开幕现场中抓拍的，当时摄取回族老人与苗族老人的拥抱形象，它蕴寓画外之意，在“无声”之处摄取有声之情、画面之音，使之表现了言有尽而意无穷的境界，达到了既写实又写意的意境。特写照片上的视觉形象是全神贯注地凝视着、静听着、思索着，构成了看、听、思的意境，传达了人物的内在感情，反映出思维过程的心理状态，它能使人共鸣，发人深思。上面，这几幅有关特写镜头，虽然只见事物的细节和局部，但能起到以小见大、以局概全的作用，能使你感到在小小的特写以外呈现有广阔的画面，活跃着人物的精神世界。

从上可知，在摄影过程中，要结合被摄体的特征，选用不同的摄影方法和照明效果，以摄取理想的人或物的摄影作品，特别是民族形象、民族文物、民族展品等。同时，还要依据各个民族对审美观的不同要求和爱好，以及各民族的心理素质、民族习俗等特征，要有选择地安排好画面和采光效果。比方说，有的要影调和谐、有的要较大反差；有的要光线柔和，也有的要强烈对比。只有从不同的实际情况，拍摄不同的作品，才能创作具有民族特色的摄影作品和摄影艺术作品，使之达到以实教人、以情感人的境界。为了真实记录各族人民在改革开放中的前进步伐，对事物的发展要有超前认识，要抓住情节发展的高潮，越抓住高潮，其形象就越生动、越有强大的感染力，就越能拨动人的心弦，产生联想，创作出栩栩如生的具有民族特色的健康的艺术形象。一般来说，凡是好的作品，应是结构严谨、主次得体、立意新颖、布局巧妙、层次丰富、质感强烈、采光合理及具有浓郁的生活气息。

民族文化宫展览馆馆藏民族文物4万多件，图片资料5万多张。拍好馆藏民族文物及其他资料，是从事民族工作摄影者的一项主要任务；搞好实地采访工作，拍好有关民族地区的风土人情等照片，同样也是项重要任务。开馆30多年的实践证明，民族工作摄影要充分为民族工作展览服务，摄影者要摄取富有民族特色的佳作，更好地反映和丰富民族工作展览内容。把政治的鼓动、改革开放的加速、民族工作的宣传、艺术的感染和事实本身的说服力紧密地结合起来，就是民族工作摄影的特性，更是民族工作展览的特色。

由于水平有限，如何使民族工作展览的摄影工作更上一层楼，有待于和国内同行们不断切磋探索，共同进步。

（本文原载《民族学博物馆学散论》中央民族大学出版社1994年8月）

也谈民族文物的分期问题

秦晋庭

有位先生（以下简称“分”文作者）在论述民族文物的分期时，认为民族文物应分为近代民族文物、现代民族文物、当代民族文物“三个阶段”。尤其是对“新中国成立后的民族文物定为当代民族文物”的分期，角度新颖，理论扎实，令人佩服。[①]我比较同意这种分期的方法。但是，遗憾的是，在“分”文的大作中，古代民族文物却难寻踪影了。古代民族文物[②]，在概念上、内涵上、理论上、实践上真的不存在吗？这值得商榷。

一、从概念看古代民族文物

首先从概念看，古代民族文物一词是客观存在的。因为民族文物是伴随着民族的产生而产生的。众所周知，中国作为一个统一的多民族国家，是从秦汉时期开始的。我国各民族的历史，绝大多数都可以追溯到遥远的古代。譬如蒙古族，仅从成吉思汗统一各个部落，于13世纪初建立统一的奴隶制政权——“大蒙古国”，作为蒙古族形成的标志算起，也有将近800年的历史了。如果根据文献记载，从发源于今额尔古纳河东部一带的蒙兀室韦部落向前追溯，可以追溯到公元7世纪，那就有1300多年的历史。藏族，仅从松赞干布统一各部，建立吐蕃奴隶制政权，作为藏族形成的标志算起，也有1300年的历史了。如果根据藏文文献

① 陈睿．民族文物分期之我见．中国博物馆，2002（3）.
② 秦晋庭．民族文物学初探．中国博物馆，1989（4）.

记载，从“五赞王”时代向前追溯，可以追溯到公元3世纪，那就有1700多年的历史。满族，仅从努尔哈赤统一女真各部，于17世纪初建立后金地方政权，作为满族形成的标志算起，也有将近400年的历史了。如果根据文献记载，从明代的女真、隋唐时代的靺鞨、北朝时代的勿吉、汉代的挹娄、周代的肃慎等向前追溯，可以追溯到公元前11世纪西周初年肃慎向周王进献“楛矢石砮”的史实，那就有3200多年的历史。不可否认的是，在我国55个少数民族中，的确有若干少数民族形成的时间不是很长。但是，其历史文化也是源远流长的。

在悠久而又漫长的历史长河中，我国各民族创造了灿烂的物质文明和精神文明，为丰富中华民族文化宝库做出了不可磨灭的贡献。其中遗留下来的、考古出土的以及从民间搜集来的具有历史、艺术、科学价值的实物（包括历史遗物和文化遗物），一般称之为民族文物。从我国各少数民族遗留下来的历史遗物和文化遗物看，既有近代、现代、当代之分，也有古代之别。由此可见，民族文物既然有近代、现代、当代之分，那么就理所当然地应有古代之别。因此，古代民族文物这个概念是客观存在的。

中国历史博物馆研究员、我国著名民族文物专家宋兆麟先生在《西部开发与民族文物》[①]一文中指出民族文物是自民族产生以来所创造的、具有一定历史价值、学术价值和艺术价值的文化遗物。从时代上划分可包括古代民族文物、近现代民族文物。由著名考古学家穆舜英、王明哲主编的《新疆古代民族文物》（图录），是为了总结新疆维吾尔自治区成立30年来在民族考古方面的工作成就和研究成果，促进新疆文物考古事业的进一步发展，由新疆维吾尔自治区社会科学院考古研究所编辑而成的。全书共收录了347幅文物图片，1985年10月由文物出版社出版。《新疆古代民族文物》（图录）的出版，也可以作为一个佐证。由此可见，在现代汉语中，古代民族文物一词作为一个特定的文物概念至迟在20世纪80年代已经形成。

① 宋兆麟.西部开发与民族文物.中国民族，2001（5）.

二、从内涵看古代民族文物

其次从内涵看，古代民族文物一词的含义是特定的，不是可有可无的。古代民族文物，一般指我国古代少数民族人民在历史长河中创造的物质文明和精神文明的历史遗物，以及反映我国古代各民族关系的历史遗留物。其历史源远流长，内容丰富多彩，范围广泛，种类繁多。古代民族文物，不仅凝聚着我国古代少数民族人民的聪明智慧和丰硕的劳动成果，而且也是我国历史上中华各民族人民共同缔造统一的多民族国家的真实写照。

中国五千年的文明发展史，是中华各民族共同创造的。少数民族的今天，是从历史上的昨天发展而来的。对于近现代少数民族的研究，从民间现存的反映少数民族物质文化和精神文化的代表性实物着手，仅仅是入门的开始。而深入的研究，必须与历史学、考古学、社会学、语言学、人类学、地理学等众多学科密切结合。历史上少数民族的社会制度、社会生产、社会生活是什么样子的呢？已经消失了的古代少数民族的社会制度、社会生产、社会生活究竟如何？通过阅读古代文献可略知一二，或者说是一个必不可少的开端。因为古代文献尤其是汉文古代文献，对于边疆少数民族的社会历史状况，不可能全貌地反映，换言之，就是由于文献记载的挂一漏万，支离破碎，只能作为参考。但是，历史的文化的遗物——古代民族文物，在很大程度上弥补了文字记载的空缺和不足，为历史上少数民族的社会历史包括已经消失了的古代少数民族社会历史的研究提供了形象直观的珍贵实物资料，因此而有“社会的活化石”之称。

关于古代滇王国，史学家们常常引证《史记·西南夷列传》中的记载。然而，史书的文字记载，其真实性往往是难以印证的。1955年至1960年间，云南省的考古工作者在晋宁县石寨山滇王族墓群进行了科学考古发掘，共发掘古墓50座，出土4000多件古代滇王国的重要民族文物。其中的六号墓的随葬品，总数有240多件，更为重要的是发现了“滇王之印”一件。这颗金制官印的印钮是一条昂首盘绕的蛇，印文是汉字篆书“滇王之印”4字。滇王金印的出土，雄辩地证实了《史记·西南夷列传》记载的真实性，同时也说明这个墓的主人就是一代滇王，时代为公元前2世纪，整个墓群就是古代滇王及其亲族的墓群。该墓群的发掘，揭开了湮没于地下2000多年的古代滇王国的奥秘。[①]古代民族文物，对于印证历史具有强有力的雄辩性。

"夜郎自大"的故事是妇孺皆知的。然而，夜郎古国的社会历史状况到底是什么样子的呢？史学家们常常引证《史记·西南夷列传》中的记载，"西南夷君长以什数，夜郎最大；其西靡莫之属以什数，滇最大；自滇以北君长以什数，邛最大。此皆椎结、耕田、有邑聚"。"西南夷君长以百数，独夜郎、滇受王印"。从文献记载中可以得知，夜郎古国在西南夷中是最大的，其王被汉武帝拜为夜郎王，并封赐金质官印。除此之外，成了千古之谜。从20世纪70年代末以来，贵州省的考古工作者在赫章县可乐村发掘了夜郎时期古墓100余座，获得重大收获。但是，夜郎王族的墓葬和遗址至今尚未发现。尽管如此，人们相信，夜郎考古的黄金时代一定会在不久的将来不期而至，这个消逝了的古代民族的社会历史必将被重新认识。这个信心不是凭空产生的，而是依靠着科学考古发掘出来的古代民族文物来印证的。这正是古代民族文物的珍贵性之所在。[②]

研究古代民族文物，在笔者看来，除了遗留于民间的、收藏于博物馆的外，还有五个领域必须引起高度重视：第一，昔日的皇宫是我国古代民族文物的收藏中心。第二，考古出土中包含有我国古代民族文物的珍品。第三，宗教寺庙收藏着我国古代民族文物的瑰宝。第四，石刻（铜柱）中蕴藏着我国古代民族文物的奇葩。第五，少数民族建筑遗物，是古代民族文物的重要组成部分。[③]这几个方面总和，基本上囊括了我国古代民族文物的概貌。

三、从理论看古代民族文物

再从民族学的理论上看，古代民族文物也是一个不可随意舍弃的研究范畴。民族学是"一门以民族为研究对象的社会科学。主要研究民族共同体发生、发展、分化和融合的规律；研究各个国家和地区的民族成分、起源、分布和关系，

① 王大道．云南铜鼓．云南出版社，1986.

② 梁太鹤．还原夜郎．李飞．寻找夜郎．文物天地，2002（4）.

③ 秦晋庭．试论中国古代民族文物．日本国立民族学博物馆调查报告（8），1998.

以及各族人民的生活方式、社会状况和文化特点等。主要研究方法是实地调查，并广泛利用文献资料以及其他有关学科的研究成果。与历史、考古、社会、语言、人类、地理等学科关系密切”。①民族学“研究民族共同体的发生、发展、分化和融合的规律”，也就是从“整体上”对民族开展研究。尽管在“人类的发展史上经历了氏族、部落、部族、资产阶级民族和社会主义民族五个发展阶段”，但仍然是一个不可分割的整体。尤其是在我们中国，绝大多数民族的历史都是源远流长的，不可截然断开的。那么，仅仅将“资本主义和社会主义两个发展阶段”作为“研究范畴”，无论针对哪一个民族而言，都不是从“整体”上研究。而且更不可能“研究民族共同体发生、发展、分化和融合的规律”。由此可见，“研究民族共同体发生、发展、分化和融合的规律”，就应该是从古代、近代、现代直到当代一贯到底。一个民族的历史是一个不可分割的整体，如果割裂了古代，那么怎么能够“研究民族共同体发生、发展、分化和融合的规律”呢？这应该是不成问题的问题。譬如研究蒙古族的历史，假如只研究其中一部分，那么只能是断代史，不可能是蒙古族的通史。同于此理，蒙古族的文物，是包括从古到今的所有民族文物才是一个整体。假如只研究近代部分，那么其研究范畴就是近代民族文物。只研究现代部分，那么其研究范畴就是现代民族文物。但是，从整体上，蒙古族的历史是包括古代、近代、现代、当代四个“阶段”的，蒙古族的文物也是包括古代、近代、现代、当代四个“阶段”②的。只有“整体”地研究四个“阶段”，才能全面地研究蒙古族的历史，才能客观地研究蒙古族的民族文物，才能整体地研究蒙古民族“发生、发展、分化和融合的规律”。

在中国55个少数民族中，有民族文字的仅有20多个。对于有文字的民族开展研究，可在实地调查的基础上，“广泛利用文献资料以及其他学科的研究成果”。而对于没有民族文字的少数民族，只能从历史的文化的遗留物——民族文物着手开展研究，在实地调查的基础上，“与历史、考古、社会、语言、人类、地理等学科关系密切”，并充分利用这些学科的研究成果，从而为编纂民族历史提供珍贵的资料。但是，在“分”文作者的“研究范畴”里，却将“氏族、部

---

① 陈永龄．民族词典．上海辞书出版社，1987．

② 盖山林．蒙古族文物与考古研究．辽宁民族出版社，1999．

落、部族所遗留下来的文化遗产”——古代民族文物划定为“考古学研究范畴”。岂能推得如此干净利落？民族学对于古代民族文物的研究也有独到之处，最起码也能够从已掌握的现存的民族学资料中得到珍贵的启示。即使是考古学研究的范畴，民族学也要从中吸取研究成果不断扩展研究领域，不断拓宽研究思路。

在笔者看来，地下埋藏的古代民族文物，“属于考古学研究范畴”，是言之有理的。而从古代遗留下来的、已从地下考古发掘出来的，尤其是收藏于博物馆的古代民族文物，已不仅仅“属于考古学的研究范畴”了，还属于历史学、社会学、语言学、人类学、地理学以及声乐学、铸造学等众多学科的研究范畴，也属于文博工作者的研究范畴。不论是哪种学科，只要是研究成果，民族学都要认真地加以吸纳。而且还要与众多学科密切配合，对古代民族文物开展“会诊”性的综合研究。只有这样才能不断地从层次上深入、从广面上拓展，从而取得广泛的研究成果。从以上的论述中不难看出，民族学不可能不研究“氏族、部落、部族所遗留下来的文化遗产”——古代民族文物。就是民族博物馆对“氏族、部落、部族所遗留下来的文化遗产”——古代民族文物也负有不可推卸的研究、保护、管理的义务和责任。

四、从实践看古代民族文物

再从民族博物馆的实践看，古代民族文物也是不能视而不见的。民族博物馆，尤其是民族地区的民族博物馆，都是作为地方综合性博物馆而建立的，不仅承担科学考古发掘任务，而且还承担着保护管理古代民族文物的责任。也就是说，民族博物馆，尤其是少数民族地区的民族博物馆，不可能置古代民族文物于不顾。就“分”文作者所在的地方性民族博物馆而言，也是如此，该馆的古代民族文物即是一个不可或缺的系列。无论从民间搜集来的，还是考古发掘获得的，只要是可以确认为古代民族文物的，都应包括在内。譬如以收藏有大批古代铜鼓而闻名海内外的广西壮族自治区博物馆，在民族文物的分期上，无疑应将古代铜鼓列为古代民族文物这一“阶段”（系列），否则，将难以自圆其说。内蒙古自治区博物馆从成立以来素以收藏有北方游牧民族的古代民族文物而著称于世，早在

1983年10月就以《中国内蒙古北方骑马民族文物展览》为名，赴日本东京、大阪、名古屋、北九州等城市巡回展出，长达8个月之久，创下了古代民族文物出国展览历时最长的纪录。此展览展出了东胡、匈奴、乌桓、鲜卑、突厥、契丹、女真、党项和蒙古等民族的古代民族文物。这正是此展览深受日本人民欢迎之所在。在1997年国家文物局首次举办的全国博物馆界“十大陈列展览精品”评选活动中，该馆又一举以《大漠春秋——驰骋北方的中国古代游牧民族》大型展览荣登榜首。此展览突出展现了东胡、匈奴、乌桓、鲜卑、突厥、契丹、党项、女真和蒙古等中国古代北方游牧民族悠久的历史文化，集中展示了内蒙古自治区近几十年来出土的300多件古代民族文物。这正是此展览一举夺魁的魅力之所在。据笔者所知，古代民族文物，在内蒙古自治区博物馆是文物藏品中的重中之重，是一个必不可少的“阶段”（系列）。相对而言，国家级民族博物馆尤其是在北京的民族博物馆，无论从古代民族文物的数量上还是质量上都不能够与民族地区的民族博物馆相提并论。因为这些民族博物馆没有承担考古发掘任务。当然，这并非说，这些民族博物馆没有保护管理古代民族文物的义务，恰恰相反，正因为或多或少都有收藏，而肩负有保护管理、陈列研究古代民族文物的责任。譬如北京民族文化宫博物馆，在1958年正在兴建之时，国务院于11月21日发出了《关于搜集民族文化宫所需展品和图书的通知》。全国有关省、市、自治区根据《通知》精神送交了一大批展品，其中包括有为数不少的传世的或出土的古代民族文物。在1959年即将落成开馆前夕，经国务院批准，由故宫博物院拨交了一大批古代民族文物。这两大批古代民族文物奠定了该馆的藏品基础。40余年来，该馆收藏了全国55个少数民族的民族文物近5万件，馆藏民族文物数量之多、种类之全，在全国同类民族博物馆中名列前茅。[①]其中在民族文物的分期上，古代民族文物，也是一个不可或缺的“阶段”（系列）。

结语

古代民族文物，无论从概念上、内涵上，还是从理论上、实践上看，都是客

① 民族文化宫博物馆．民族博物馆的理论与实践．民族出版社，1999.

观存在的。因此，没有“古代民族文物”的民族文物分期，是不全面的、不客观的。换言之，在民族文物的分期上，毫无疑问，应该将古代民族文物列为一个必不可少的“阶段”。在“分”文中，如果将民族文物列为“古代”“近代”“现代”“当代”四个阶段，那么，就比较完善了。以上所谈， 只是本人拜读了著名民族文物专家宋兆麟先生的大作、拜读了海南省民族博物馆陈睿先生的大作之后的一孔之见，敬请专家学者斧正为盼。

（本文原载《北京市博物馆学会第四届学术会议论文集》北京燕山出版社2004年9月）

关于《馆藏民族文物界定、分类、定级》课题工作的意见

李铁柱

由中国博物馆学会民族博物馆专业委员会承担的国家文物局《馆藏民族文物界定、分类、定级》课题（以下简称《课题》）已正式启动。该课题包含《馆藏民族文物界定、分类、定级办法》的拟定和相关理论研究两方面主要内容，涉及面广、相关环节较多且责任重大。要确保《课题》达到预期目的，我们应该就课题工作的相关问题了然于心，既要努力站到时下历史的制高点，做到站得高，看得远，胸有全局；又要善于以辩证的、发展的眼光来看待工作，处理好宏观与微观、继承与发展、理论与实际等多方面的问题。为此，笔者提出以下意见，以求抛砖引玉。

一、充分理解《课题》的重要意义，实现《课题》研究目标

充分理解《课题》的重要意义，认真思考如何实现《课题》研究目标，对于做好该项工作具有重大意义，或说是其重要前提，对于做好后续的工作具有内在的逻辑关系。以怎样的视野、眼界和素养来做才能更加充分地体现其重要意义实现其价值目标？我想是否可以从以下几个视角来思考。

（一）从课题来源来看。该课题系国家文物局课题，是国家文物主管部门依法加强民族文物规范管理的重要举措，具有国家文物主管部门行政立法的性质与意义。

（二）从课题立项依据来看。民族文物抢救、保护工作形势严峻，科学而有

效地管理馆藏文物势在必行。对民族文物的界定、分类、定级国家尚没有统一的法规，国家文物局正是从全国文物工作的高度来面对、解决这一突出问题。

（三）从课题范畴来看。该课题涉及民族文物界定、分类与定级这样一个系统性工程。它是一个内在关联密切的系统，又是民族博物馆学、文物学和民族文物工作这些大系统中的一个子系统。具有系统工程学的特征。

（四）从课题内涵来看。该课题内涵既属于民族学、民族博物馆学、文物学、文物分类学的理论问题，也是民族博物馆工作特别是民族文物工作亟待解决的实际问题。兼具理论问题与实际工作的特征。

（五）从课题目标、任务来看。该课题是以适应相关需要而开展，又要以服务好、实现好这些需要并最终推动其相关工作和理论建设、促进民族文博事业持续健康发展为依归。具有明确的目标和多重任务。

（六）从课题任务服务对象来看。一是服务于我国民族文化遗产保护与我国多元文化的继承和发展；二是服务于我国民族团结进步事业；三是服务于我国博物馆规范管理；四是服务于我国文物学的构建；五是服务于民族博物馆学的构建。具有广泛的关联性、渗透性和延展性。

从以上几个视角来理解和思考，我们大致能得到这样几点认识。首先，《办法》拟订工作是国家文物局依法保护、管理民族文物的重要举措；是国家加强文物的科学化、规范化管理的重要举措；是相关法律法规的自然延伸。其次，《办法》拟订工作是针对我国民族文物抢救、保护的严峻形势，服务于我国馆藏民族文物的科学管理、有效管理的急迫需要而开展的。第三，相关理论研究是《办法》拟订乃至未来《条例》制定的理论支撑，应给予高度重视。第四，《办法》拟订及其相关工作的开展应该也必将在我国民族团结进步事业、民族文化事业和科学研究等方面发挥积极而重要的作用。

为此，我们首先要有国家意识、责任意识、服务意识、科学创新意识和科学管理与有效管理意识。要充分重视《办法》拟订的严肃性、严谨性、科学性、创造性、前瞻性、权威性和可操作性。其次，要以广阔的视野与前瞻性的姿态深入体会我国民族文化遗产、民族文物的丰富内涵和社会价值、文化价值及科学艺术价值。在充分重视我国作为统一的多民族国家的现实和我国多元文化成果的同时，要充分重视我国各民族人民的友好交流、共同发展的历史事实，重视“中华民族”多元一体的社会结构和同生共荣的发展历史。第三，在充分调研的基础上，注意汲取已有法规精神和相关理论营养，积极总结汲取博物馆同仁已有工作经验。第四，要强调理论性与实用性并重的原则，要有利于解决我国民族文物抢救、保护相关理论与实际问题，满足民族博物馆工作在理论指导和实际操作中的需要，促进民族文博事业持续健康发展。第五，要注意将宏大的、持续的目标任务与各阶段性任务有机结合，深度推进，持续发展。

总之，《办法》一定是要有用、要好用，并且要尽可能有大的用处，有相对持久的广泛的用处。相关理论研究一定要反映实际工作的发展与进一步发展的需要，一定要照应更加广阔的多学科的理论天空，以使我国民族文博物馆事业的天空更加辽阔，民族文博物馆事业的发展之路更加宽广。

二、要全面把握民族文物界定工作的相关问题

在现阶段给民族文物一个科学的界定，极具理论价值和现实意义，同时，也是一件困难的工作。为保证我们所给出的界定，既能满足实际工作的需要，又具有高度的理论概括。我们应该深入思考、全面把握界定工作所涉及的相关问题。

（一）为什么要区分民族文物，区分、界定民族文物的意义何在。此一问题要点有四。首先，将我国各少数民族文物统称为“民族文物”是我国学术与文物工作传统的自然延续。我国文物学有着悠久的历史渊源和传统。而相对来说，民族文物这个概念的提出则要晚得多。只是到了近代随着西方民族学、人类学在中国的传播和发展，民族学标本、民族文物这些概念才日渐丰富并逐渐成为我国文物工作和博物馆工作的重要组成部分。其次，我国各少数民族文物具有鲜明的文化个性。我国是一个统一的多民族社会主义国家，中华各民族在长期的共同发展过程中，形成了一体多元的文化。中国各民族文化既具有中华文化的共性，又具有鲜明的民族特性，自成一个文化单元。第三，民族文物工作是我国文博工作和民族研究工作的重要组成部分。新中国成立后，中国共产党以马克思主义民族理论为指导，创造性地制定了一系列方针政策，开展了民族识别认定工作，弄清了“我国是一个统一的多民族国家”的基本结构，构建了民族平等、团结、互助、进步、和谐的社会主义新型民族关系。中国各民族人民共同缔造了伟大祖国的历

史得到根本尊重和更为充分的研究，中国各少数民族优秀传统文化得到根本尊重和弘扬发展。作为国家民族工作和民族文化事业重要组成部分的民族与民族地区文博事业得到了空前的发展，已经成为我国文物和博物馆工作的重要组成部分。第四，民族文物的区分、界定是我国民族博物馆学理论研究、民族博物馆工作和我国民族文物抢救、保护工作的需要。我国少数民族文物馆藏量相对较少，民族博物馆与民族地区博物馆发展还不充分，民族文物抢救保护形势更加严峻。因此，国家文物主管部门在民族文物工作方面采取一些有区别的特殊政策，是必要的和适当的。此外，民族文物抢救、保护、管理和民族博物馆工作的深化，也都需要我们认真审视民族文物的意义、范畴等。

（二）界定的具体含义、任务是什么。民族文物在不同的学科理论和工作范畴里，呈现出多重价值和意义。我们的任务是要将其从大文物的概念中界定出来；是要从他民族文物中界定出来；是要从更为宽泛的博物馆藏品中界定出来；是要将其从更加丰富的民族物质文化中界定出来，给予它清晰的内涵与外延，以为民族文物的鉴定、定级和科学管理等工作服务。同时，界定应该与民族理论、民族学、文物学等相关理论和法规精神相照应。

（三）认真审视民族文物概念所依存的学科理论基础的丰富与发展。民族文物的界定涉及民族与文物两个基本概念与学科范畴。因此，认真学习马克思主义民族理论、历史学、民族学、文化学、文物学、博物馆等科学理论和方法，是我们深入准确认识民族文物内涵、外延所必需的。同时，民族学、文物与博物馆学的理论和任务又是不断丰富、发展的，认真审视、体会其历史发展进程，汲取其最新成果，对于界定工作就显得十分必要。

（四）认真体会民族文物在我国文物工作体系中的历史发展与现实机遇。民族文物工作历经数十年的积蓄、发展，已经粗具规模。相关理论与实际问题得到更广泛的关注。作为中华民族优秀历史文化遗产的重要组成部分，民族文物的物质文化遗产和非物质文化遗产意义、内涵得到进一步的揭示。这就为我们今天的界定工作提供了难得的理论视野和机遇。

（五）重视民族文物特性研究，注重把握民族文物特点。“民族文物”与我国“文物”概念之间的边界根本上说是由民族文物的特性决定的。我国各少数民族文化都具有鲜明的个性特色。要深入认识各民族形成、发展的历史过程，全面把握每一个民族、民族区域的文化特点。同时，要认真研究民族文物的物质构成，充分把握民族文物历史、艺术、科学价值和作为文化载体的意义。

（六）馆藏民族文物与可移动民族文物。我们将民族文物划分成可移动民族文物与不可移动民族文物。“馆藏民族文物”就其文本意义特指那些已纳入博物馆、图书馆、文化馆、文管所等机构收藏的可移动的民族文物。这一切都有利于抓住要害、服务根本，是实事求是的具体表现。但是，就本课题研究及其任务而言，就我国博物馆等文博机构实际有限收藏民族文物的现实情况而言，辩证地看待馆藏民族文物与可移动民族文物的关系就成为必需。馆藏民族文物都是可移动民族文物；可移动民族文物在理论上都可以是馆藏民族文物。为更好、更全面地实现本课题的价值目标，本课题研究的“馆藏民族文物”概念在其外延上宜与可移动民族文物外延等同。

三、要重视馆藏民族文物的分类研究

民族文物的分类研究，同样是以更好地保护、研究和利用为原则。保护的要义是延长文物的自然寿命，保护工作的核心是通过人为因素的介入，迟滞文物的自然损毁过程。不同质地的文物对于保存环境的要求是不同的，因此本着抢救第一，保护为主的工作原则，在馆藏民族文物的分类工作中，要特别重视对质地分类原则的研究应用。当然，民族文物质地本身也应该纳入我们研究的视野。因为我国幅员辽阔，自然生态环境多样，物种资源丰富多样，民族文物的质地也就具有不同的地域特点。而重视对我国各民族人民利用自然、改造自然的研究，正是民族文化研究的应有之义，正是中华文化丰富多样性的自然基础，也正是我们民族博物馆的一个优势。

文物也是物，是物最终都会消亡。所以从这个意义上说，文物保护的根本目的还是在研究和利用。通过研究以深入认识我们民族文化的根脉，研究以丰富学术思想，研究以认识社会的、文化的发展规律。研究也是为了利用，是利用的前提。无论是以学术成果的形式，还是以文物的展览陈列、开发等形式，根本目的都是为了将文物固有的历史价值、科学价值和艺术价值予以发掘和利用，以丰富和提高人们的精神生活，服务于文化的传承、发展与繁荣，服务于社会的进步。

因此，民族文物的分类工作也应该充分重视为研究和利用服务的原则。要做到有利于研究、方便利用。一般说，按族属分类少有分歧。只是具体做来也并不简单。一种情况是某民族文物代表了该民族全民特有的文化；一种情况是它所代表的文化仅为该民族某区域文化；一种情况是它所代表的文化为多个民族所共有或多个民族局部性共有。其中颇为复杂的情形正是民族文物民族的与区域的文化属性辩证统一的体现，是各民族文化长期相互交流、影响的结果。至于由他民族成员专为本民族所生产的具有本民族文化传统和风格、形式的民族文物的归属，也是一个值得研究的问题。

民族文化的丰富性决定了馆藏民族文物在民族类别下还可以进一步分类。比较好的选择是按文物的功能属性分类。如：生产工具、生活用具、服装服饰、宗教用品等等。这里的问题是一些民族文物具有多重功能属性。如：一把户撒刀，既是生产工具，又是护身兵器，还是男子服装佩饰的一部分，彰显男子汉的英武之气。对于此类问题，我们的看法是以其基本的、主要的功能来类分。当然，在实际的科研、展览工作中可以也应该根据具体需要有多种分类。

四、要重视馆藏民族文物定级工作的持续推进

在国家文物局、中国博物馆学会的领导下，在全国民族与民族地区博物馆领导和同仁们的大力支持下，《课题》条文的拟定及相关理论研究正顺利开展。做好这项工作，我们是有信心的。当然，我们不是为了《课题》而《课题》，根本的任务还是为了国家依法保护、管理民族文物工作服务。为此，我们民族与民族地区博物馆人责无旁贷，应该认真思考如何将该项工作持续推进的相关问题，如何为馆藏民族文物定级工作的实际开展做好必要准备的问题。

民族文物定级工作自然也包括鉴定、定级两个主要内容。鉴定是定级的前提。鉴定的要义一是辨别真伪，二是鉴定时间、清理流传，三是弄清意义。定级的要义是价值判断。依据什么样的价值标准和如何掌握这些标准都很重要。有比较才有鉴别，比较的前提是全面掌握情况。这一系列工作的开展都需要组织、需要专家、需要一个全国性的专家团队。民族博物馆专业委员会成立以来，十分重视民族博物馆专家库建设。随着相关科研、学术工作的开展，全国民族博物馆专

家在民族博物馆专业委员会这个平台实现了历史的汇聚；民族博物馆工作和相关理论问题得到了广泛的讨论。民族博物馆专业委员会将继续做好这方面的工作，为全国民族文博专家聚集、成长发挥更加积极的作用。此外，各馆也应该积极创造条件，进一步加大人才培养力度，为未来民族文物鉴定定级工作的开展培养充足的人才。这是从人才培养角度上来说。从工作任务角度上来说，一方面要尽快摸清家底，完善文物档案资料工作；另一方面要开展本馆馆藏文物的鉴定工作，将每一件民族文物的意义、价值弄清楚；第三个方面是要进一步加强相关理论、法规研究，促进各项具体工作的深化和民族博物馆理论建设迈上一个新的台阶。

（本文原载《中国民族文博（第二辑）》 辽宁民族出版社 2007年12月）

民族文物界定三议

雍继荣

民族文物界定涉及多学科理论知识和我国文博实际工作的多个方面，具有较强的理论性和实践性，对于民族文物保护、民族博物馆学学科建设与民族博物馆工作的深化，都具有十分重要的意义。为此，笔者仅就其相关问题略抒己见，以向方家请益。

一、文物意义与文物内涵认识

深入体会文物对人与人类社会发展进步的重大意义，认识文物内涵的历史发展与丰富，对于我们在新时期、新条件下探讨民族文物界定问题，具有重要的指导意义。

我国是一个具有悠久历史和灿烂文化的文明古国。数千年来，中华民族文脉昌盛，多民族文化交相辉映，成就了博大精深的中华文化，中华民族因之赫然屹立于世界民族之林。这些文化成果书之于典籍，载之于文物，传之于父老，授之于师长。我们因循之，传承之，丰富弘扬之。我们也因之识我们所来，辨我们所往。文物就是如此的重要。那么，什么是文物，文物与文物工作究竟具有怎样的意义和内涵呢?

文物者，文化之物也。其根本意义在于文化。就是其物的意义也为文物之文化意义所覆盖，物是载体，物是文化化了的物。由此，我们可以说，文物工作的根本着眼点也应该是文化，其根本的意义是保护文化之物，发掘、研究、传承和弘扬物所承载之文化与精神。以此为出发点来认识理解文物意义、内涵等问题，我们就不会跌进文字的陷阱，为某些具体的意见所羁绊，而是更加重视文物的文化内涵，更加重视文化内在的规律和价值，更好地认识、理解文物所承载的多层次的丰富的意义。

人类关注自身的文化创造物，有其理性的、感情的深刻缘由。人总是生活在具体的生态环境、社会环境里，生活在一定的文化中，人的社会化过程也就是文化化育的过程。人是文化的创造者也是享用者，人们创造丰富自身文化，也分享文化。作为一个个体生命，人是有许多需要的。大而言之，人的需要：一是生存，二是发展，三是精神满足与个性丰富。都需要处理人与人、人与自然的关系问题，都需要有个活着的理由、活着的方向与目的，都有追求幸福、丰富发展自己的权利，都需要具有一定的知识和生存技能，都需要学习。人又是以群体性形式存在的，社区的、民族的、国家的等等。共同的文化成为共同体成员心灵的家园，成为共同体凝聚力的源泉。人类文化从起源到发展又是多元的，文化的交流与沟通既是不同文化主人之间相互了解、相互尊重和信任的必须和必然，也是人类创造力的源泉活水。多元文化对人类社会发展进步所具有的重大意义，已经得到国际社会更加广泛的认同。文化又是发展的也必须要发展。发展既是文化内在规律的要求，也是人的、国家的意志使然。要发展离不开继承与创造，要发展需要我们去学习、去研究。向自身优秀传统文化学习，向一切人类优秀文化成果学习，于研究、学习、继承、创新中不断丰富、发展、繁荣自身文化。这既是国家文化战略，是国家、民族文化权益，是国家文化安全和社会发展进步的必须，也是文化、文博工作意义所在。

我国党和政府高度重视文物、文化遗产的保护利用工作，赋予文物、文化遗产工作崇高的使命和重大职责。相关法规也都做出了具体的规定和阐释。

《中华人民共和国宪法》[①]第一章总纲第二十二条规定：“国家发展为人民服务、为社会主义服务的文学艺术事业、新闻广播电视事业、出版发行事业、图书馆博物馆文化馆和其他文化事业，开展群众性的文化活动。国家保护名胜古迹、珍贵文物和其他重要历史文化遗产。”

---

① 1982年12月4日第五届全国人民代表大会第五次会议通过，1982年12月4日全国人民代表大会公告公布施行。后根据历次修正案修正。

《国务院实施〈中华人民共和国民族区域自治法〉若干规定》[①]第二十五条规定："上级人民政府支持对少数民族非物质文化遗产和名胜古迹、文物等物质文化遗产的保护和抢救，支持对少数民族古籍的搜集、整理、出版。"

《中华人民共和国文物保护法》[②]在第一章第一条宣示了这样的立法主旨："为了加强对文物的保护，继承中华民族优秀的历史文化遗产，促进科学研究工作，进行爱国主义和革命传统教育，建设社会主义精神文明和物质文明，根据宪法制定本法。"

《国务院关于加强文化遗产保护的通知》[③]中作了这样深刻的阐述："我国文化遗产蕴含着中华民族特有的精神价值、思维方式、想象力，体现着中华民族的生命力和创造力，是各民族智慧的结晶，也是全人类文明的瑰宝。保护文化遗产，保持民族文化的传承，是连接民族情感纽带、增进民族团结和维护国家统一及社会稳定的重要文化基础，也是维护世界文化多样性和创造性，促进人类共同发展的前提。加强文化遗产保护，是建设社会主义先进文化，贯彻落实科学发展观和构建社会主义和谐社会的必然要求。"

面对这样一项意义重大的社会事业，以及党和政府的重托，我们文化工作者唯有用心领会，并更加努力。

文物无论是作为一个文化概念还是工作概念，它应该有个相对确定的内涵，以更好地服务于保护与研究、利用之目的和工作开展。作为一个专门概念，文物在今天的国际社会并无一个被各国共同确认的统一的定义。我国文博界普遍认为："文物是指人类社会发展过程中，由人类创造及与人类活动有关的具有历史、艺术、科学和纪念价值的古代、近代乃至现代的物质文化遗存（如遗物、遗迹）的总称。"[④]其内涵可参照《中华人民共和国文物保护法》第二条规定受国家保护的文物包括五个方面。即："（一）具有历史、艺术、科学价值的古文化遗

① 2005年5月19日中华人民共和国国务院令第435号颁布，自2005年5月31日开始实施。

② 1982年11月19日第五届全国人大常委会第二十五次会议通过，2002年10月28日第九届全国人大常委会第三十次会议修订。

③ 国发〔2005〕42号，2005年12月22日。

④ 吴诗池．文物学概论．上海：上海文艺出版社，2002：22.

址、古墓葬、古建筑、石窟寺和石刻、壁画；（二）与重大历史事件、革命运动或者著名人物有关的以及具有重要纪念意义、教育意义或者史料价值的近代现代重要史迹、实物、代表性建筑；（三）历史上各时代珍贵的艺术品、工艺美术品；（四）历史上各时代重要的文献资料以及具有历史、艺术、科学价值的手稿和图书资料等；（五）反映历史上各时代、各民族社会制度、社会生产、社会生活的代表性实物。”

此外，《中国文物古迹保护准则（附：关于〈中国文物古迹保护准则〉若干重要问题的阐述）》①《中共中央办公厅国务院办公厅关于转发〈中央宣传部、国家教委、民政部、文化部、国家文物局、共青团中央关于加强革命文物工作的意见〉的通知》②《国家文物局国家民族事务委员会关于加强少数民族文物工作的意见》③《关于印发〈近现代文物征集参考范围〉和〈近现代一级文物藏品定级标准（试行）〉的通知》④《国务院关于加强文化遗产保护的通知》等文献，对相关类型文物内涵与工作意义也都作了进一步的阐述与丰富。

二、民族文物内涵的丰富与发展

文物是由自在之物与文物意识同构的辩证统一体。这就决定了我们对文物内涵的认识也必然是个发展的、动态的过程。我国学术与文博工作界对民族文物内涵的认识，同样是经历过一个长期的历史过程。回顾总结这一过程，有利于我们更全面地探讨、把握民族文物界定主题。

民族文物作为民族文化的物化形态，其现实存在具有与民族同样古老的历史。但是，初具文物学意义的民族文物，却要晚得多。我们知道，中国文物学的萌芽较之世界其他国家都要早，一般说可上溯到春秋时期。我国作为统一的多民族国家，民族文物同样是很早就为人们所认识。方国、民族地方政权敬献中原王朝和中央政府的“方物”“贡品”，就具有民族文物的意义。如孔子所考察过的我

① 国际古迹遗址理事会中国国家委员会制定，国家文物局推荐，2000年10月。

② 中办发〔1998〕2号，1998年1月20日。

③ 文物博发〔1998〕54号，1998年9月29日。

④ 文物博发〔2003〕38号，2003年5月13日。

国古代民族“肃慎”所献贡品——“楛矢”等。当然，现代民族文物概念在中国的确立，还是自上个世纪初随着西方民族学、人类学和博物馆学引进中国后的事情。

1916年，蔡元培先生在北京通俗教育会上发表演说，大力提倡发展中国的博物馆事业。他除了提到科学、自然历史、历史、美术几类博物馆外，还特别指出，人类学博物馆是社会美育的重要专设机关，人类学博物院陈列的各民族的日用器物、衣服、装饰以及宫室的模型、风俗的照片，“可以作文野的比较”[①]。1928年6月，国立中央研究院成立后，蔡元培先生就提出建立中国民族学博物馆的建议。认为“标本之采集为民族学组重要工作之一。因标本不但可供组内职员之研究，将来搜集既多，便可成立民族学博物馆，以供外界人士之参观，而为社会教育之一助也。”[②]蔡先生对人类学博物馆展品和民族博物馆标本的科研和教育意义的认识，在民族博物馆孕育发展阶段的民国时期，颇具代表性。应该说，这一时期的“民族学标本”与今天我国文物界所说的民族文物一词的涵义并不完全等同，其标本范畴更为宽泛，既包括中国少数民族，包括汉族和世界上其他一些古老民族，也包括一般性文化之物和自然标本。

1949年，民族文物工作得到前所未有的重视。1950年8月30日，文化部文物局召开了专以讨论兄弟民族即少数民族文物搜集范围为主题的座谈会。是年10月，便以“中央民族博物馆筹备处”名义专册刊印了《对于国内各兄弟民族文物的搜集范围》。它将搜集范围分作八类，即“生产工具”“生产成品（附原料）”“关于生产的其他资料”“人民生活资料”“社会组织资料”“关于语言文字、艺术、教育、科学、宗教等资料”“特殊个人物品——例如历史名人遗物、现代劳动英雄、战斗英雄所有物等”“各民族的体质、历史及所在环境的资料”。其文末注称：“以上八类，悉以各兄弟民族所特有为主，和汉人的相同的东西，只宜择少数重要的和必需的搜集……”

尽管这只是国家主管部门针对我国少数民族文物搜集这一具体工作而拟定的

---

① 蔡元培．何谓文化//蔡元培全集（第4卷）．北京：中华书局，1984.

② 国立中央研究院社会科学研究所．国立中央研究院社会科学研究所十八年度报告．国立中央研究院十八年度总报告．国立中央研究院印，1930.

一个工作性指导文件，但其影响却甚为广泛和深远。一方面，过去统称的“民族学标本”上升到“文物”工作和保护层面。另一方面，具有纪念价值的文物被纳入民族文物的范畴，内涵更为丰富。第三，我们今天的“民族博物馆”工作范畴仅限于关注中国少数民族的传统，“民族文物”特指中国少数民族文物的传统，博物馆民族文物征集实际工作范畴，也都造端于此。

1957年8月，国务院在为即将修建的民族文化宫“设计图和说明”的批文中称：“民族文化宫博物馆是陈列40多个少数民族历史文物的陈列馆（原文如此——笔者注）；经常展出少数民族地区经济、文化建设成就展览。”①

1958年11月21日，国务院下发《关于征集民族文化宫所需展品和图书的通知》。通知中将民族文化宫博物馆、图书馆的任务表述为：“主要是宣传党的民族政策的伟大胜利和10年来民族工作所取得的辉煌成就，反映少数民族在党的领导下，政治、经济和文化各方面的成就，特别是全面大跃进以来的伟大成就……介绍我国少数民族人民勤劳、勇敢和富有智慧的优良传统及其对祖国的历史文化、革命斗争和社会主义建设事业的贡献，为广大人民群众和全国民族工作者及有关部门提供民族问题方面的研究参考资料，并且通过展品陈列展览和图书，对各族人民进行爱国主义和国际主义的教育，以及巩固祖国统一和加强民族团结、建设社会主义的教育，从而提高各族人民参加建设伟大的社会主义祖国大家庭的积极性。”②

上述国务院的批文与所转发的通知精神，虽然只是针对民族文化宫博物馆的功能任务提出的，但是，鉴于民族文化宫博物馆这一在很长时间里事实上的国家民族博物馆的历史地位，并结合后来全国民族博物馆实际工作常态——即“少数民族历史文物陈列馆，经常展出少数民族地区经济、文化建设成就展览”。来看，完全可以理解为这是新中国赋予我国民族博物馆新的阶段性职责和任务。民族文物内涵进一步丰富，少数民族文物、展品范畴进一步拓展。

“三中全会”以后，我国文博事业发展进入到一个新的阶段。博物馆工作和

---

① 刘志清．民族文化宫博物馆的功能及其特征//民族博物馆的理论与实践．北京：民族出版社，1999：20.

② 段梅，白宝坤．民族文化宫博物馆民族文物收藏与利用//中国民族文博（第一辑）．北京：民族出版社，2006：260.

理论得到进一步的总结和深化，长期的文物保护工作实践，形成了符合中国国情的保护理论和指导原则。国家颁布了《中华人民共和国文物保护法》和其他相关法规。这些重要法规文献也都同时反映了时下我国政府和文博工作者、民族工作者对文物、民族文物内涵认识的拓展和深化。

1998年9月29日，《国家文物局国家民族事务委员会关于加强少数民族文物工作的意见》颁发。该文件第一条以“少数民族文物是中华民族优秀历史文化遗产的重要组成部分”为题，全面论述了民族文物的历史意义和现实意义：

“我国是一个统一的多民族国家，各族人民在缔造祖国的历史进程中，共同造就了光辉灿烂的中华文化。各民族在各个历史时期所创造和留存下来的文物，是我国优秀历史文化遗产的重要组成部分。

由于历史原因，我国各民族社会发展形态是不平衡的，代表不同社会发展阶段和反映各自独特的生产生活方式和风俗习惯的少数民族文物，是探索和研究人类社会发展的重要资料。

少数民族文物以其丰富的内涵和独具的特色，记载了各族人民在中华五千年文明的历史长河中，以坚忍不拔和百折不挠的英雄气概，生生不息，创造历史，推进社会的进步，发挥了巨大作用；反映了各民族之间长期以来和睦相处、友好往来、共同抵御外侮、反对分裂、反抗压迫、维护祖国统一、追求平等与幸福、争取民族振兴和昌盛的光辉历程；体现了各民族的命运与祖国的兴衰荣辱息息相关、紧密相连的血肉关系。少数民族文物作为历史的产物，凝聚了各族人民的勤劳勇敢和聪明才智。

少数民族文物以其生动直观的形式，让各族人民认识自己的历史和创造力量，增强民族自尊心、自信心和自豪感，弘扬民族优秀文化，振奋民族精神，凝聚民族力量，激发各族人民的爱国热情，鼓舞各族人民为建设社会主义物质文明和精神文明而努力奋斗。”

这一关于民族文物意义全面而深刻的阐述，是对过往认识的一次系统的、科学的总结，对于我们今天认识民族文物内涵同样具有重要的指导意义。

三、民族文物与民族文物范畴探索

《中华人民共和国文物保护法》以及相关法规文献所规定的文物保护范畴，自然是可以理解为包括我国各民族文物在内的文物范畴。但是，无论从文物工作还是科研工作的需要来说，文物是应该也必须要做进一步的分类，以便深化研究、方便管理。对此，民族学、文博学界和文博工作界，都曾做过广泛探索和讨论。其中，吕济民先生的意见尤其值得重视。1985年，时任国家文物局局长的吕济民先生就曾将可移动文物分为革命文物、历史文物、民族文物、外国文物四类。他说：

1. 革命文物：革命文物是指我国在旧民主主义革命和新民主主义革命以及社会主义时期的具有一定价值的实物。中央人民政府1950年《关于征集革命文物的命令》中明确指出："革命文物之征集，以五四以来新民主主义革命为中心，远溯鸦片战争、太平天国、辛亥革命及同时期的其他革命运动史料。"凡一切有关革命之文献与实物。……。

2. 历史文物：凡是历史上遗留下来的具有历史、艺术、科学价值的实物，都可称为历史文物。历史文物所反映的历史，包括我国原始社会、奴隶社会和封建社会三个阶段的历史，即从开始有人类的旧石器时代直到清代鸦片战争以前的我国整个古代史。历史文物作为有一定含义的专用名词提出来，是中华人民共和国成立之后，为了与革命文物区别，历史文物与革命文物只是相对而言，历史文物目前一般都按质地分类，……。

3. 民族文物：民族文物一词也是与历史文物、革命文物相对而言的。根据我们目前的习惯说法，民族文物指我国汉族以外各少数民族的民族文物而言。或者说，即近、现代我国少数民族的文物。因为一般说来，民族文物也应该包括历史文物和革命文物，但是为了把这三者之间区别开来，因而民族文物应该是那些最有代表性和最能反映这个民族的生活特点和文化特点的各种文物。为了突出这个特点，1840年以前的古代少数民族文物，应当归为历史文物类。我国有55个少数民族，不能说各少数民族的一切生活用具、生产工具、工艺品等全是民族文物，因而要有一个选择标准。这个标准不能从考古学和历史学出发，要从民族学观点出发，即民族文物要有民族特点，要最能反映这一民族文化生活的最有代表性的实物。民族文物的代表性在各个民族中却不相同。有的民族是以某一工艺擅长，有的民族却以某种生产工具或生活工具而具有特点，有的民族又以服装或乐器为其代表。因而在搜集和分类时就要考虑到这些因素，才能达到搞好民族文物的要求。根据我国的实际情况，民族文物一般可以按照生产工具、生活用具、科学技术、文化艺术等分类，至于是否也按历史文物那样分类，可视各地具体的情况而定。

4. 外国文物：外国文物一词的概念是清楚的，即外国制造之后运来中国的物品（其中包括外国人仿造我国产品制造的）。外国文物有两种情况，一是古代运来中国后被埋藏在地下，我国在考古发掘中出土的外国文物，为了考古研究，应该归入历史文物考古发掘品中；二是凡古代或近、现代由外国传入中国的，具有一定价值的文物，都应按其国别进行归类。”①

这样大段地引述吕先生在1985年授课讲稿的内容，不仅是因为吕先生的意见在我国文物界极具代表性，更难得的是吕先生的意见涉及民族文物界定的几乎所有方面的问题，是我们今天探讨民族文物的基石。特别是吕先生关于将民族文物界定为近、现代少数民族文物的阐述，说明这一区分的相对性和基于便利行事原则的应用，给予今天的我们在更广大的视野下探讨民族文物性质和范畴的勇气。

自1982年《中华人民共和国文物保护法》颁布以来，我国文博事业又经过了25年的发展。生态博物馆、新博物馆和文化遗产保护理论和文博实际工作的拓展，进一步丰富了我们对文物和民族文物的认识。继承前辈勇于探索的科学精神，深入体会文物意义和“文物”“民族文物”“文化遗产”内涵的丰富发展，以及文博工作实践要求，在新时期、新条件下确立“民族文物”概念的内涵和范畴，是我们民族文博工作者应该积极面对的课题。

那么，何为民族文物？民族文物是一个民族历史以来所创造的物质文化结晶和非物质文化的重要载体；是考古学、历史学探讨中华各民族形成发展史的物证；是民族学深入研究、认识中华各民族传统文化的标本；是文物学的研究保护

---

① 吕济民．文物工作概说//博物馆暨文物工作论丛．文物出版社，1992.

对象；是博物馆工作范畴的藏品、展品与研究、教育资料；是观众眼中的学习资料与审美物象；是中华民族优秀历史文化遗产的重要组成部分；是社会主义先进文化建设的宝贵资源。在不同的学科理论、工作范畴和事业层面中，民族文物呈现出多重价值和意义。但是从根本上来说，民族文物无非是从民族的视角来界定文物，它具有两个基本的属性，即：民族的；文物的。那么何为民族？斯大林在《马克思主义和民族问题》著述中，根据马克思和恩格斯关于民族问题理论，完整地、系统地对民族下了定义："民族是人们在历史上形成的一个有共同语言、共同地域、共同经济生活以及表现在共同文化上的共同心理素质的稳定的共同体。"[①]1929年，斯大林在《民族问题和列宁主义》一文中又说："民族是人们在历史上形成的有共同语言、共同地域、共同经济生活以及表现于共同的民族文化特点上的共同心理素质这四个基本特征的稳定的共同体。"[②]这两个说法并无本质的不同。在这篇文章中，斯大林在提到现代民族要素时还指出："语言、地域、文化共同性等等——不是从天上掉下来的，而是还在资本主义以前的时期逐渐形成的。"[③]尽管斯大林的民族定义指的是资本主义产生后的资产阶级民族和社会主义民族，也就是现代民族。但是，这一科学论断为我们解决中国的民族问题提供了坚实的理论基础。中华人民共和国成立后，在中国共产党和中央人民政府的领导下，在马克思主义民族理论指引下，我国民族工作者和民族学、历史学家们集中开展了我国民族识别认定工作。自1953年至1990年我国第四次全国人口普查时，已基本完成了全国民族识别认定工作，弄清了我国56个民族单元的基本结构。[④]此外，我国通用的"民族"一词，指的是所有历史时期的民族共同体。它包括：原始民族（表示处于原始时代的民族共同体）、古代民族（表示处于奴隶制与封建时代的民族共同体）、现代民族（表示处于资本主义与社会主义时代的民族共同体）。我国民族学研究任务和范畴在今天已经恢复到包括我国汉族和世

① 斯大林全集（第2卷）. 北京：人民出版社，1953：294.
② 斯大林全集（第11卷）. 北京：人民出版社，1955：286.
③ 斯大林全集（第11卷）. 北京：人民出版社，1955：289.
④ 黄光学，施联朱. 中国的民族识别——56个民族的来历. 北京：民族出版社，2005.

界上其他民族。①

由此看来，就以我国而论，民族文物应该包括汉族在内的我国56个民族共同体的文物；应该包括我国所有历史时期的民族共同体的文物，即原始民族文物、古代民族文物、近现代民族文物；也应该包括个别待识别民族的文物。当然，在待识别民族称谓上要遵循相关政策。这是从理论层面来看。

从我国学术的、文博工作的历史传统与现实情况来看。又习惯性地将"民族博物馆"视为有关少数民族的博物馆；将"民族文物"视为有关少数民族的文物，甚至更狭义地界定就仅限于近现代少数民族文物。而汉族民俗文物被纳入民俗学研究和民俗博物馆工作范畴。这一区别与分工的功过得失以及整合的必要性，可以留待以后讨论。

通过上面简要的回顾，并结合我国文物概念内涵、范畴与表述形式，我们是否可以给民族文物这样一个较为宽泛的定义，即：民族文物是指在民族形成发展过程中，由其民族成员创造或与之活动有关的具有历史、艺术、科学和纪念价值的古代、近代以及现代的物质文化遗存的总称。它具有鲜明的民族特性和丰富的历史文化内涵，一般包括五个方面。即：（一）具有历史、艺术、科学价值的古文化遗址、古墓葬、古建筑、石窟寺和石刻、壁画；（二）与重大历史事件、革命运动或者著名人物有关的以及具有重要纪念意义、教育意义或者史料价值的近代现代重要史迹、实物、代表性建筑；（三）历史上各时代珍贵的艺术品、工艺美术品；（四）历史上各时代重要的文献资料以及具有历史、艺术、科学价值的手稿和图书资料等；（五）反映历史上各时代、各民族社会制度、社会生产、社会生活的代表性实物。鉴于我国文博工作和学术传统，民族文物又特指中国少数民族文物。

给民族文物概念这样一个文本性的表述，似乎有取巧的嫌疑。同行们一看就觉着与我国通常的文物概念的文本表述形式一样，不同的只是从"民族"而非"人类"历史的视野来关照文物，不同的是强调文物的民族特性和文化内涵。至于说它包括的五个方面的表述则完全与《中华人民共和国文物保护法》所列保护范畴等同。这样做首先因为它至少是在理论上符合我国共有56个民族的实际和

① 林耀华. 民族学通论（修订本）. 北京：中央民族出版社，1997.

同样符合民族文物内涵范畴的实际。此外，也有我们积极与民族学理论和相关法规精神相适应，避免将民族文物概念表述在理论上矮化、在范畴上窄化趋向的考虑和努力。至于说“民族文物又特指中国少数民族文物”的表述。一是尊重民族文物特指我国少数民族文物的传统；二是尊重我国民族学界将学术研究范畴、任务恢复到包括汉族在内的中华各族的现实；三是尊重部分民族与民族地区博物馆根据其任务已经将汉族文物特别是汉族民俗文物纳入本馆文物与展览、科研工作的实际情况。这里还要强调一点的是，理论来自于实践又服务于实践，实践常新，理论常新。当前，无论是相关学科理论研究和文博实际工作开展，可谓发展迅猛，成绩显著。但是从另一方面看，它们还都是处在一个不断丰富和发展的进程中，仅以我国博物馆数量和馆藏文物数量论，就远远落后于发达国家，与我们这样一个文明古国丰富的文化遗产和大国地位还很不相称。至于说我国民族文物理论研究与文博实际工作开展情况，就更不乐观。因此，我们不应该抱残守缺，更不应该自缚手足。

上述民族文物概念自然包含我国汉族和各少数民族文物，也可以特指我国少数民族文物。就以其特指意义而言，其内涵、范畴至少在理论上可以进一步地多层面展开研判。民族文物作为一个综合性的概念，从其外化边缘来看，它首先是区别于我国汉族文物，以汉族文物为自己的外在边缘。从其内在涵义、范畴来看，于民族发展阶段论，它包括原始民族文物、古代民族文物、近现代民族文物；于文化主体论，它包括历史上已经消亡的民族、我国55个少数民族和极少数待识别民族文物；于文化背景论，它包括各少数民族各单元独具特色文化的文物以及多元文化交融荟萃共享共有的文物；于历史学范畴论，它包括关乎各少数民族形成、发展的各历史时期的文物；于文化学范畴论，它包括关乎各少数民族物态文化、制度文化、行为文化、心态文化等多层面文化的文物；于民族学、人类学范畴论，它包括关乎我国各少数民族各文化形式的文物；于大文物概念论，它包括可移动民族文物和不可移动民族文物；于我国文物工作范畴论，它包括文物古迹、历史文物、近现代文物、革命文物、社会主义时期文物、民俗文物、外国文物；于文物定级保护工作论，它包括一级文物、二级文物、三级文物和一般文物；于非物质文化遗产保护范畴论，它包括与我国各少数民族传统文化表现形式和文化空间相关的文物。于文物价值属性论，它包括具有历史价值、艺术价值、科学价值、纪念价值，情感价值、经济价值、社会价值以及民族文物特殊价值的文物；从某一具体民族来看，民族文物范畴首先是区别于他民族文物，以他民族文物为自己的外在边缘。其内在构成则以本民族社会历史与文化为经纬，以各形式文物为内涵。

这样的铺张，并不是试图得出个更为全面的具有结论性的界定意见，恰恰是因为任何界定性意见的局限性，促使我们努力展开一个更加广阔的视野，确立具体问题具体分析的态度。比如我们上面说：民族文物作为一个综合性的概念，其外化边缘首先是区别于我国汉族文物，以汉族文物为自己的边缘。从某一具体民族来看，民族文物又首先是区别于他民族文物，以他民族文物为自己的外在边缘。作这样的界别在理论上是讲得通的，于人们认识把握民族文物意义、范畴也有其实际作用。但是，如果我们不能辩证地理解其绝对性与相对性关系，不是具体问题具体分析，没有一个全面的、分析的观点，那么，我们在实际工作中就会误入歧途。就会因为一些民族文物与汉族或与其他民族文化的渊源关系、共生同质关系而进退失据。

（本文原载《中国民族文博（第二辑）》 辽宁民族出版社 2007年12月）

民族非物质文化遗产与民族博物馆

们发延

中国是一个统一的多民族国家，各民族人民在缔造祖国的历史进程中，共同创造了光辉灿烂的中华文化。抢救、搜集、收藏、保护、研究和展示民族文物，弘扬优秀民族文化，宣传党的民族政策，进行爱国主义教育和民族团结教育，是民族博物馆的基本任务。因此，在博物馆界对文化遗产议题广泛关注的今天，民族博物馆界也不能等闲视之，而要从自己的业务特点和基本任务出发，加入到这场讨论中，并用文化遗产理念为民族博物馆事业服务。本文拟从民族非物质文化遗产的概念、民族非物质文化遗产的现状和民族博物馆在民族非物质文化遗产保护中的作用等几个方面，阐述“民族非物质文化遗产与民族博物馆”这一议题，以便求教于各位前辈、各位专家学者。

一、非物质文化遗产与民族非物质文化遗产

非物质文化遗产是文化遗产的重要组成部分，是以非物质或通过物化形式表现出来的人类传统文化。2001年5月16日，联合国教科文组织的第161次会议文件中对非物质文化遗产的定义是：“人们习得的过程，这些过程涉及他们创造的产品，涉及资源、空间，以及与他们的持续发展有关的社会及自然关联因素。这些过程使现存的社会具有继承前代的观念，对其文化特性有重要意义，并对保护文化多样性和人类创造力有重要意义。非物质文化遗产包括口头文化遗产、语言、表演艺术和节庆活动宗教仪轨和社会活动、宇宙观和知识体系、关于自然的信仰和活动。”

2003年10月17日，联合国教科文组织第32届大会通过的《保护非物质文化遗产公约》（也译为《保护无形文化遗产公约》）中，发布了非物质文化遗产的最新定义，即非物质文化遗产是指："被各社区、群体，有时为个人视为其文化遗产的各种实践、呈现、表达、知识和技能，以及与之相关的工具、实物、手工制品和文化空间。各社区、群体为适应他们所处的环境，为应对他们与自然和历史的互动，不断使这种代代相传的非物质文化遗产得到创新，同时也为他们自己提供了一种认同感和历史感，由此促进了文化多样性和人类的创造力。"公约还从概念框架上对此定义作了具体的说明，指出"非物质文化遗产"涉及以下五个方面的内容：（1）口头传承，包括作为非物质文化遗产媒介的语言；（2）表演艺术；（3）社会实践、仪式礼仪、节日庆典；（4）有关自然界和宇宙的知识和实践；（5）传统的手工艺技能。

从以上的描述不难推断出民族非物质文化遗产的概念和内涵，即：民族非物质文化遗产主要是指各民族的传统习俗活动，它基本属于精神文化范畴。民族非物质文化有许多自己的表现形式，如富有民族特色的音乐、舞蹈、口头文学、传统体育、婚恋习俗、礼仪庆典、民族工艺、生产技能、语言文字、图画符号等，如纳西族大型古典乐曲《白沙细乐》、维吾尔族的集歌、舞、乐为一体的套曲《十二木卡姆》、摩梭人的"阿注婚"，以及举世瞩目的三大英雄史诗：藏族的《格萨尔王传》、蒙古族的《江格尔》、柯尔克孜族的《玛纳斯》等。民族非物质文化遗产历史悠久，丰富多彩，大多是研究民族历史、文化不可多得的珍贵"活化石"。

民族非物质文化遗产大致分为三种类型：一种是通过人的身体表现出来的文化形式，如民族民间舞蹈、宗教仪式、生产技艺等；另一种是不需要通过人的身体形式表现出来的个体或集体的文化形式，如民族语言文字、口头文学、民间音乐等；再一种是通过物化的形式表现出来的象征和寓意，如民族服饰花纹图案、民族吉祥物、仪式道具等。这种非物质文化的象征物同时具有自然属性和物的寓意两种属性。而往往是物的象征意义高于其形状、尺寸和结构等自然属性。

民族非物质文化遗产像其他文化遗产一样，除了有丰富的内涵外，还有着许多特点。概括起来主要有如下几种：民族性、地域性、物质性、精神性、时代性、时间性、不可再生性、不可替代性、价值的客观性以及作用的永续性等。

民族性是指民族非物质文化遗产的所属族别。任何民族非物质文化遗产都有自己的所属民族。它离不开所属民族的生产、生活方式，离不开具体的民族历史和社会环境。地域性是指民族非物质文化遗产处于或来自于什么地理区域。任何民族都有自己的活动区域，都有自己的历史创造，因此，凡是有民族活动的地区，都会有民族非物质文化遗产。不同民族不同地区的民族非物质文化遗产大多有区别，通过它们可以去研究和探索某民族某地区的民族历史和文化。

民族非物质文化遗产的物质性和精神性指的是民族历史、文化在物的象征和精神生活上的反映，是有形的物化形式和无形的精神文化遗产，是历史、文化"活"的再现，是通过一定仪式和活动表现出来的文化形态。

民族非物质文化遗产都有一定的时代特点和时间跨度，即带有某个时代的历史特征。任何一项民族非物质文化遗产都有其发生、发展和被淘汰的过程，时代性和时间性显而易见。另外，民族非物质文化遗产与物质文化遗产一样，是历史的产物，是不能再生和不可替代的。消失的民族非物质文化遗产不能重返，也不能用其他遗产或其他方式代替和弥补。所以民族非物质文化遗产的不可再生性和不可替代性是非常明显的。

民族非物质文化遗产种类繁多，内涵丰富，博大精深，是各民族勤劳智慧的结晶，是中华民族的珍贵文化遗产的重要组成部分。其价值是客观存在的，是不以人的意志为转移的，而且，随着社会的发展和时代的推移，其价值将会得到越来越大的体现。

民族非物质文化遗产作用的永续性主要表现在民族非物质文化遗产是认识和研究民族的历史、政治、经济、军事、科学技术、文化艺术、宗教信仰、风俗习惯以及人类社会发展的重要资料，是宣传党的民族政策，弘扬优秀传统文化，振奋民族精神必不可少的财富。通过对民族非物质文化遗产的深入研究，可以加深了解各民族文化演变发展的历史，加深了解中华民族的传统文化和多元一体格局的全貌。其作用还在于能够帮助各民族人民认识本民族的历史、文化和创造力量，提高和增强民族自信心和自豪感，激发各族人民的爱国热情，从而有利于各民族的团结和维护祖国统一，有利于改革开放和现代化事业的发展。民族非物质文化遗产的这种作用是持久的，一贯的，其永续性也是显而易见的。

二、民族非物质文化遗产保护的历史和现状

民族非物质文化遗产是各民族的宝贵文化遗产，是中华民族文化的重要组成部分。新中国成立以来，经过几代人的共同努力，民族非物质文化遗产的抢救、保护和整理工作取得了一定成绩，但是从总体而言，仍存在着许多现实的问题。

（一）民族非物质文化遗产得到了初步调查、保护和整理

中国政府在民族文化遗产的调查、整理、研究、保护和发展方面都投入了大量的人力、财力，取得了相当成就。中华人民共和国成立以来，国家设立了许多研究机构，组织力量对民族民间的音乐、戏曲、文学等民族非物质文化遗产进行收集、整理和研究。新中国成立初期，文物、民族等工作部门密切协作，共同开展了大规模的民族非物质文化遗产调查征集活动。如结合少数民族社会历史调查和民族识别工作，中央派往各民族地区的慰问团、访问团和调查组，收集了大量包括民族非物质文化遗产在内的价值很高的民族文化遗产。仅1949—1966年的17年中，就初步完成了40多个民族的文化遗产的收集和初步整理工作。编写了几千万字的调查报告和资料，为我国社会主义改造和对民族地区实施民主改革及民族区域自治制度的实施，提供了科学的依据和理论政策。

1979年，国家民委组织重新编写了《中国少数民族》《中国少数民族简史》《中国少数民族自治地方概况》《中国少数民族语言简志》和《中国少数民族社会历史调查资料丛刊》即“民族问题五种丛书”。此外，还对三大史诗即藏族的《格萨尔王传》、蒙古族的《江格尔》、柯尔克孜族的《玛纳斯》，以及维吾尔族的大型传统音乐经典套曲《十二木卡姆》进行了收集、整理和出版。改革开放以来，中国政府在全国范围内开展了一项浩大的民族民间文艺十大集成的收集、整理、编撰、出版工作，目前已出版165卷，预计将出版300卷。不少地方也都建立了专门的民族博物馆或民俗博物馆。国家于1979年以来还先后评选了四批204名国家级工艺美术大师。一些省、市、自治区地方政府和社会各界也开展了很多工作，抢救、保护和传承当地民族民间文化，出现了很多形式和做法。例如云南的民族村、民族文化传习馆、大研古乐会，贵州的民族文化生态博物馆等等。

（二）民族文化遗产的法律体系基本形成

新中国成立以来，我国制定了一系列的文物保护法律、行政法规、地方性法规和行政规章，它们大都有民族文化遗产保护的相关内容，民族文化遗产保护有了一定的法律依据。如宪法规定“国家保护名胜古迹、珍贵文物和其他重要文化遗产”。1990年，内蒙古自治区人大常委会审议通过的《内蒙古自治区文物保护条例》明确规定：“在自治区境内具有民族特色、历史特点和研究价值的反映北方少数民族的社会制度、生产方式、生活方式、文化艺术、宗教信仰、节日活动等代表性的实物或场所，与少数民族的重大历史事件、革命运动和重要历史人物有关的建筑物和纪念物，有重要价值的少数民族文献资料等，均属民族文物，应予保护”；“对目前处于狩猎经济、游牧经济的各少数民族有代表性的实物，要加强搜集、整理和保护。”2000年5月26日云南省第九届人民代表大会常务委员会通过的《云南省民族民间传统文化保护条例》，对云南省省内包括民族非物质文化遗产在内的民族民间传统文化的保护作了明确的规定。

（三）民族非物质文化遗产在迅速失传

人类社会飞速发展，民族非物质文化遗产所赖以生存的自然环境和社会环境发生了翻天覆地的变化。不断向前发展着的生产力在改变着人们的生产生活方式，也改变着民族非物质文化遗产的环境，民族非物质文化遗产在快速消失。许多民族的能反映本民族历史文化特点的传统生产技艺，已经被现代化的技术手段代替。如佤族使用的锯木取火、黎族的钻木取火、拉祜族的擦竹取火，景颇族压击骨木取火等各种取火器已经被火柴、打火机等现代化的取火技术所代替。许多口头流传的民间文学作品、史诗及传统技艺已经濒临绝迹。如哈尼族能诵唱万行史诗的民间艺人故去了，带走了这个民族曾经灿烂的史诗篇章；赫哲族能说唱古老英雄史诗《伊玛堪》的最后一位传人已经去世；鄂伦春英雄史诗《摩苏昆》的说唱者也只剩下一位；阿昌族的创世史诗《遮帕麻和遮米麻》是靠阿昌族的经师“活袍”世代传唱而流传下来的，现在随着经师的故去而濒于失传。赫哲族的鱼皮制作工艺、鄂伦春族的狍皮制作工艺、门巴族的木碗制作技术已经消失。黎族流传了600多年的棉纺织技艺、水族传统的银器制作工艺正在消失等。这样的实例不胜枚举。可见，民族非物质文化遗产消失现象是很严重的。

（四）民族非物质文化遗产外流现象严重

许多民族非物质文化遗产集民族历史、文化和工艺于一身，它早就受到国外有关文化机构和商人们的青睐。许多民族非物质文化遗产在新中国成立前就已经流入了西方国家以及日本等地的博物馆、研究所及私人收藏者手中。新中国成立后，特别是改革开放以来，以民族非物质文化遗产为对象的商业活动十分活跃，许多民族地区都出现了专营民族文化遗产买卖的小商贩，大量的珍贵民族文化遗产流入了欧美及日本等发达国家。文物贩子深入民族地区，以低价收购，高价向国外贩卖珍贵的民族非物质文化遗产如民族古籍、唐卡、经卷，织、染、绣工艺品等，造成民族非物质文化遗产的大量外流。据了解，最近法国人、德国人和境外的文物商贩坐镇广州，支使内地的文物贩子大量收购从南宋到清朝时期，湖南西南部一带的土家族、苗族古代民俗艺术品，使得大量珍贵的民族非物质文化遗产流失国外。

三、民族博物馆在民族非物质文化遗产保护中的作用

如前所述，民族博物馆是抢救、搜集、收藏、保护、研究和展示民族文物，弘扬优秀民族文化的文化事业机构。是宣传民族文化遗产的重要窗口，是系统研究展示各民族物质文化和非物质文化遗产的组成部分。它对于保护民族非物质文化遗产起着特殊的作用。

（一）作为民族文化遗产收藏保管、展览宣传和研究利用的场所，各民族博物馆收藏的民族文化遗产，既是物质的，又是精神的，既是物质的文化遗产，也包含着大量非物质文化遗产的因素

据不完全统计，我国各级民族博物馆或民族文化村等收藏有各民族文物数十万件（套），仅国家民委系统的民族博物馆就收藏有近10万件的民族文物。这些民族文物内容涉及全国各地各民族的生产工具、生活用品、宗教用品、工艺美术、礼器乐器、钱币印玺、文书封诰、服装服饰、文字古籍等等，作为一种文化

遗产，这些民族文物产生流行于不同的历史时期，是各民族不同时代社会生产、社会制度、社会生活的直观反映。它既是物质的，又是精神的，既是物质的文化遗产，也包含着大量非物质文化遗产的因素。此外，还收藏有大量的直接反映各民族语言文字、文学艺术、节日庆典、婚姻家庭、宗教仪式等非物质文化遗产的录音、录像、照片和文字描述资料等。随着文化遗产保护范围的扩大，非物质文化遗产理念的不断深入，民族博物馆非物质文化遗产的收藏作用会越来越突出。

（二）民族博物馆是抢救和保护民族非物质文化遗产的重要机构

抢救和保护民族文化遗产是民族博物馆的重要职责之一，各级博物馆始终坚持“保护为主，抢救第一”的方针，对民族文化遗产进行抢救性调查和搜集，取得了一些成绩，然而，民族社会在不断向前发展，工业化、城市化程度越来越高，民族地区的改革开放进一步深化。另外，我国已正式加入世界贸易组织，并正在实施西部大开发战略，加上对民族文化遗产没有一个统一界定标准。因此，民族文化遗产的抢救、搜集、保护工作又一次面临着新情况、新问题，许多民族文化遗产，尤其是民族非物质文化遗产，已经濒于消失。如许多民族的语言在现代文明的冲击下，其特色优势正逐步消亡，许多无文字的民族，其文化精髓需口传心记来完成。随着语言文化习俗的丧失，其文化特点也随之消失。一个民间老艺人的去世，相当于埋葬了一座非物质文化遗产博物馆。因此，民族博物馆人的高度责任感、神圣的使命感、强烈的紧迫感，将抢救与保护文化遗产的工作放在突出位置。许多专业人员上高原、下海岛、走戈壁、进草原、钻森林、串山寨，用有限的资金开展对各民族的物质文化遗产和非物质文化遗产进行调查、搜集、记录和拍摄，从而抢救和保护了一大批民族非物质文化遗产，其保护作用显而易见。

（三）民族博物馆是宣传民族非物质文化遗产的重要阵地

博物馆具备宣传教育的职能。抢救和保护民族非物质文化遗产的目的是为了研究、开发和利用。民族博物馆通过其宣传教育的职能，对民族非物质文化遗产进行广泛深入的宣传，使广大群众加深对民族非物质文化遗产的了解，从而，增加对保护非物质文化遗产的重要性和紧迫性的认识。目前，许多人包括一些民族工作和民族文化工作的管理者和研究人员，对文化遗产，特别是非物质文化遗产还缺乏了解，对其价值的认识还不够深刻。许多公众对民族非物质文化遗产保护重要性和紧迫性的认识也只能说是处于起步阶段。所以，民族博物馆要充分利用其宣传教育的职能，加强对民族非物质文化遗产的保护宣传，唤醒全民族、全社会对民族非物质文化遗产的保护意识，要使大家，特别是那些拥有遗产的民族地区和民族人士，使他们认识民族非物质文化遗产的价值，达到自觉地去保护它的目的。同时，民族博物馆还通过展示、出版研究成果，制作录音、录像等多种宣传手段，把民族非物质文化遗产充分挖掘、整理出来。通过广泛的宣传和传播，为让更多的人了解民族非物质文化遗产做贡献。

（四）民族博物馆是从事民族非物质文化遗产保护的人才的摇篮

拥有一批从事民族非物质文化遗产保护的人才队伍是充分发挥民族博物馆对民族非物质文化遗产保护作用的重要因素，在这方面民族博物馆具有得天独厚的优势，这为民族非物质文化遗产的抢救和保护提供了便利，与其他文化机构相比较，民族博物馆汇集了一大批具有民族学、文物学、博物馆学、历史学、考古学、民俗学、社会学、美学等相关学科知识和工作经验的专业人员，他们中有的本身就是某个民族的专家学者，他们熟悉本民族的语言，会使用本民族的文字，了解本民族的文化和生态环境，加之又有训练有素的田野调查、征集工作经验，容易与掌握民族非物质文化遗产的民族人士沟通，保证了他们能够具有开展这项工作所必需的思想和理论素养，并懂得如何使用最先进的方法和技能来完成这项工作。随着民族非物质文化遗产理念在民族博物馆的逐步深入和对其保护机制的逐步完善，民族博物馆的人才优势在对民族非物质文化遗产保护中的作用将更加突出。

（本文原载《亚洲博物馆馆长和人类学家论坛文集》 云南教育出版社 2007年）

浅谈民族文物的搜集

马旭铭

少数民族文物是反映少数民族的物质和精神文化，具有历史、艺术、科学价值的实物资料。搜集、保护、研究和宣传展示这些民族文物，能够帮助各民族人民认识自己的历史和创造力，反映中华民族文化的多元性，激发各民族人民的爱国热情，对加强民族团结、维护祖国统一都有极其重要的意义。以林惠祥、杨成志、费孝通等为代表的一大批老一辈民族学工作者，从20世纪二三十年代到60年代，奔赴民族地区进行民族学研究，吃尽千辛万苦，搜集了大批民族文物，为民族文物的保护工作做出了巨大贡献。但由于当时条件所限，特别是五六十年代，对民族文物的利用多局限在研究民族的社会形态、阶级斗争等方面，与此有关的文物搜集也就较多，但对反映整个少数民族的社会和物质文化方面的文物搜集则存在不足。这也是现在和将来我们从事民族文物工作的后继者所要完成的重任之一。笔者较长时间地从事民族文物的搜集、保护和研究工作，曾多次深入民族地区调查、搜集民族文物，在此我想结合自己的工作实践，谈几点现阶段在文物搜集工作中的体会，就教于专家、同仁。

一、国家有关方面对民族文物界定不清，给文物的搜集、保护工作带来困难

从1982年11月全国人大颁布的《中华人民共和国文物保护法》、文化部1987年2月颁布的《文物藏品定级标准》来看，都没有对少数民族文物有一个专门的界定和定级标准。这就使得长期以来对民族文物的搜集、保护及研究等工作

无法可依，无章可循。有些保护民族文物的地方性法规和政策，虽说对这些地区的民族文物起到了积极的保护作用，但这些法规和政策具有很大局限性，在法律的约束力及范围上也无法和《文物法》这样的国家法律相媲美。而且有些地方性法规标准不一，极易引起混乱。例如唐卡是藏族杰出的文化艺术和宗教艺术的代表作品之一，古旧唐卡具有较高的文物价值。但古旧唐卡的买卖，20世纪80年代初期在国内有西藏拉萨、甘肃夏河、四川成都以及北京四个市场，现在由于地方性法规的保护，古旧唐卡买卖在拉萨和夏河被禁止。在成都和北京却是合法的，这种标准上的混乱，不仅严重妨碍了民族文物的搜集保护工作，还给一些文物贩子倒买倒卖民族文物以可乘之机，造成许多珍贵民族文物的流失，损失无法估量。

由于民族文物的界定不清，对少数民族文物的宣传不够，在实践中我们发现许多少数民族自身也意识不到，在他们身边就拥有民族文物。例如我们到内蒙古的鄂尔多斯市所属的各个旗去搜集文物，当地的少数民族同胞仅把民族文物理解为“古董”，后经我们再三解释，他们才弄清我们搜集的是不是“文物”的文物。而由于长期以来，他们对民族文物的狭义理解，导致对许多民族文物的熟视无睹，不加保护，致使许多的民族文物都几乎消失殆尽。在伊盟我们就发现，由于牧民生活的现代化，他们的生活与城市相差无几，能反映传统游牧文化的文物已是凤毛麟角，殊为可惜。

故要做好民族文物的搜集保护工作，国家有关部门应对民族文物给予高度重视，针对民族文物的特殊性，对民族文物的界定和保护制定一个具体的标准。民族文物中不乏大量的遗迹、遗址、遗物，如新疆库车的克孜尔千佛洞，西藏古格王朝遗址、南方百越文化遗址等等。但现今都被归入到考古学的范畴中去。而通常我们所指的大量的民族文物是指传世的或是近现代制作使用较长时间的，能反映各少数民族的生产生活，社会历史文化各个方面的典型的实物资料。这些实物资料大多是有机质，本身就很容易腐烂，加之使用过程中的自然损坏，所以一个显著的特点是流传至今的往往本身历史都不会太长，但它使用的历史却很悠久，本身所含有的文化信息异常丰富，这也是民族文物的一个显著待征。藏族使用的渡河工具牛皮船，以及赫哲族的鱼皮服饰，其制作和使用都有上千年历史。对这些民族文物要用一个严格的时间标准去界定，就失之偏颇了。

二、经费缺乏，导致搜集工作中的困难

20世纪80年代以来，随着改革开放的深入，民族博物馆在全国雨后春笋般地发展起来。这些博物馆对民族文物的搜集和保护都起到了积极作用，但由于经费缺乏，许多民族博物馆只能勉强维持，更无经费用于民族文物的搜集和保护。所以只能眼睁睁看着民族文物的自然消失和流失。针对这种情况，我们一方面要呼吁各级政府有关方面加大对民族博物馆的投入，为抢救和保护民族文物提供部分资金；另一方面各个民族博物馆在现阶段也不能安于现状，无所作为，必须发挥主观能动性，创造条件来做一些力所能及的工作。例如民族文化宫博物馆，就利用自身人员等方面优势和日本国立民族学博物馆进行了10多年的合作，并利用日方资金优势，深入到许多民族地区，进行了大量的田野考察，搜集了大批的民族文物，和日方资料共享。这种合作丰富了自己的藏品，又锻炼了队伍，提高了整个队伍的业务素质。当然，也许这种例证有其特殊性，但事在人为，只要发挥主观能动性，就一定会有所作为。

三、地方保护主义作祟，不利于民族文物保护

在搜集民族文物的工作中，我们还发现有的地区地方保护主义猖獗，严重阻碍民族文物的搜集保护工作。有一次，我们到贵州某地去搜集铜鼓，该地区铜鼓分布较广，由于当地的民族博物馆没有经费搜集保护，走私铜鼓十分严重。当我们博物馆拿着政府部门的介绍信去欲对散落在民间的这些民族瑰宝进行搜集保护时，却受到地方有关各方面的压力。其理由是：铜鼓是我们某民族或某地方的，你们不能买走。由于多方反对，给我们的工作带来重重困难，使我们的这一计划几至流产。可见地方保护主义对民族文物保护危害之烈。

四、文物走私猖獗，大批精品流失海外

由于对民族文物没有一个明确的界定，又缺乏有力的保护措施，致使大批民

族文物除自然湮没外还大量流失海外。例如在法国有一条街就专门经营中国藏族的唐卡、铜佛像和其他民族文物。在香港、台湾等地区也有大量的古旧卡垫、地毯、挂毯、服装服饰等民族文物买卖。许多外国收藏家和商人大量涌入贵州、西藏、青海、云南等民族文物丰富的地区，大肆收购，将这些文物的价格哄抬得很高，给我们正常的搜集工作带来很大困难。对于这种现状，我认为国家必须制定严格的法律，对铜鼓、古旧唐卡、铜佛像等文物价值高的民族文物给予保护，坚决堵住流失渠道。另外对一些民族生产生活用品中价值较为一般的民族文物，在国家暂时无力大量投资保护的情况下，各民族博物馆不妨利用多种渠道，如与外方合作，利用外资进行收购保护，实行资料共享。因为对这部分民族文物来说，最大的危险是被替代、淘汰而自然消失。实际上，目前民族文物搜集中所遇到的问题和困难远远不仅限于以上几个方面，例如还有搜集人员的素质不高、各地区民族博物馆条块分割等问题，限于篇幅，笔者也就不在此一一论述。

（本文原载《民族博物馆的实践与理论》 民族出版社 1999年9月）

摄影图片在民族博物馆工作中的作用

张丹波

随着我国经济改革与科学技术的发展，文化事业的日趋繁荣，摄影以其直观的视觉表现、科学的物质手段，创造了独具特色的摄影作品，丰富了人们的审美活动，反映了社会生活，越来越为当今各个领域所重视和广为利用。

由于摄影作品的纪实性能够增强观众的信任感与真实感，在摄影手段应用于博物馆工作以后，它以逼真、精确、可信等特点，成为博物馆工作不可缺少的组成部分，并且贯穿于博物馆的各项工作之中。笔者结合工作实际，以探讨摄影图片在陈列展览、田野调查、藏品保管和学术研究等工作中所具有独特优势及重要作用。

一、摄影图片在展览中的运用

博物馆向人们提供的是一种较高层次的文化熏陶和艺术享受，使人们在这种熏陶中提高文化素质和精神境界，并潜移默化地感染、影响和教育观众。博物馆的陈列展览以实物为主，运用多种辅助展示手段，通过特定的艺术表现手法，形象地展示人类历史或自然发展的某些侧面，向观众传达陈列文物中丰富的历史文化内涵。陈列展览能否使观众受到强烈的感染和留下深刻的印象，所陈列的展品固然是主要的，但运用摄影等艺术表现形式，能够充分扩展展品的感召力，也同样具有不可估量的作用。

（一）摄影图片在常设展览中的作用

常设展览是博物馆自身功能的集中体现，有自己独有的展品和陈列体系，展览内容详尽完整，是与本馆性质、任务相适应，内容相对比较固定，常年对外开放的展出形式。在陈列展览中，摄影作品可以弥补展品的某些不足和单调，使其更加具有说服力，也更加饱满，增强了陈列展览的文化氛围与艺术感染力。

1. 生活中真实场景的再现

运用陈列这种特殊手段进行直观的历史科学教育，展出的文物固然是其主要内容，但若没有辅助展品，展览不能称其为完整。在一个陈列展览中，要想具体表现人类活动以及相关的文化背景资料作为展示辅助依托，例如人们的居住与生活场景、自然环境、古老典型建筑等，但要把这些搬进展厅是很困难的。而利用摄影手段拍摄出的照片，则能够将这些场景和景物比较完整地表现出来。例如20世纪90年代在民族文化宫举办的《中国少数民族传统文化陈列展》，展柜中除展示很多珍贵文物外，展览中还使用了中国56个民族形象的巨幅照片作为展览装饰，以及中国55个少数民族当地传统建筑、地理风光、民俗生活、传统民族服饰等场景照片加以衬托和说明。例如，在介绍展柜中云南少数民族生活陶器时，除在陈列柜内直接展出不同形状的生活陶器外，在所摆放陶器后面用巨幅彩色照片表现当地人们用稻草来烧制生活陶器的场面。人们很难想象这样一个其貌不扬的生活陶罐，是当地聪慧的少数民族先民们在地上挖一个坑，用烧稻草的方式制作出来的，其制作陶器的过程使观众感到非常的震撼。通过这样强调式的形象展示与说明，使整个陈列展览更加形象与饱满，更加逼真，观众从中深刻体验到中国少数民族传统文化的精髓与丰富。

2. 增加艺术气氛与烘托主题

博物馆就是要千方百计地使观众产生深刻的印象与共鸣，使展厅里的陈列品尽可能地产生鲜明、生动且令人深刻的效果。在很多展览的展品柜中，下面陈列展品，上面装裱照片，除此之外在展览的说明板面上、展览的展线上，照片的使用量更大，这些照片一方面起着引导观众观赏，表述展品内容的作用，另一方面则是增加展览的艺术表现效果。展览照片利用得恰如其分，不仅能够突出展览主题内容，调整展览版面的构图与美感，而且能极大地烘托出展览的主题气氛。例如从20世纪90年代到21世纪初，北京民族文化宫博物馆曾先后举办了《中国少数民族面具文化展览》《仪式与传奇——中国面具展》。展览全面展示了中国少数民族的面具珍品，而且根据展示面具的不同功能，按跳神面具、节祭面具、生命礼仪面具、镇宅面具和戏剧面具五大类别展示，每一个类别的面具展板上都有相应的实景照片加以衬托。比如在所展示的镇宅面具实物后面的展板上，就配以少数民族家中对于镇宅面具的实际摆放照片和制作镇宅面具过程的照片；在戏剧面具后面配以贵州安顺地区唱地戏和西藏拉萨地区唱藏戏的实景照片。观众可以从中观赏到以萨满文化为背景的萨满面具，分布广泛的傩面具，流行于青藏高原、充满神秘色彩的藏传佛教面具以及中国南部山区的原生与次生态面具等等。通过面具实物与实景照片的相互作用与交融，观众仿佛能听到制作面具的敲击声，少数民族那种栩栩如生的、原生态的、神秘悠扬的唱腔和鼓声，感受到强烈的少数民族文化气息，从而了解到中国少数民族面具文化，体验到中国少数民族宗教信仰与民俗风情文化，使观众对少数民族文化产生无限的遐想和好奇。由此可见，照片不仅对陈列展览主题起到了烘托作用，而且强化了展览的艺术性。

（二）摄影图片在专题展览中的作用

专题展览是指主题思想明确，内容特定专一，时间上有一定期限，更多是根据社会形势发展需要而举办的展览。这种展览一般都有它特定的目的和内容，具有较强的典型性和深刻的教育意义。

在反映社会历史文化发展的专题展览中，如果需要对历史发展、历史事件、历史人物，以及相互之间的关系等予以说明和相互印证，展览中的历史照片则起到不可忽视的作用。例如，2008年由中共中央统战部、国务院新闻办、国家民委、西藏自治区四家主办单位在北京民族文化宫举办的《西藏今昔》大型主题展览。在反映西藏历史与封建农奴制展览中，就大量使用了许多鲜为人知的西藏历史黑白照片对展览内容加以说明和衬托，其中有关农奴被农奴主毒打致残和受各种刑罚的图片近30幅。通过这些真实的历史照片，使人们真切地看到旧西藏广大农奴们所遭受的苦难生活。展览中对一些重要的历史照片制作成巨幅画面，用于展览单元中的重点介绍，使人们在参观时产生一种强烈的视觉冲击感，用以加深观众对旧西藏历史的了解和认识。2009年在民族文化宫举办的《西藏民主改革50年大型展览》，通过500多幅图片和180多件实物和文献档案，展示了民主改革50年来，西藏各族人民在中国共产党的领导下，促进经济发展、推动社会进步、发展人权事业取得的巨大成就。所展示的历史时间上跨度较大，在其整个展览展示中，摄影图片特别是历史照片占有相当大的比重和分量，而且展览还对一些具有很高历史价值的展品，不惜用大量巨幅历史黑白照片和彩色照片做进一步阐述与说明，使观众感受到强烈的视觉冲击力和震撼力。

（三）摄影图片在巡回展览中的作用

为扩大博物馆对外的影响力，更好地发挥馆藏文物的宣传和教育作用，巡回展览是一种有效的方式。巡回展览与在博物馆馆内举办的展览相比，因其相对的流动性、展览经费和展览时间等问题，展览场地相对比较复杂或简陋，有时还会缺乏一些必要的展柜或安全保障措施，一些珍贵文物也因为路途、安全和资金等各种原因不便携带外出展示。在这种特定情况下，展览图片就会发挥重要作用，可弥补一些珍贵文物的缺少和展品的不足。

博物馆在筹备巡回展览阶段，对于一些特殊文物或不便外出的文物，一般就会采取拍摄大量精美文物照片而加以解决，这些文物照片一部分用于当地媒体的宣传和展览介绍，但更多的是用于展览本身的需要。将大量精美文物照片和民族形象照片，以及相关景物照片装裱或喷涂在轻质展览版面上，而且照片与展板的大小可以人为进行控制，特别适合营造出符合展览主题的氛围，利用这种方法对展览主题和展览文物加以诠释，这样一来，展出的文物虽然不多，但却成为展览中点睛的一笔和亮点而被人们所关注。如2007年为迎接香港回归10周年，由香港各界青少年庆回归10周年系列活动委员会主办、香港特区政府民政事务局与国家民委港澳台办公室合办，由民族文化宫博物馆具体承办的《美丽的家园——中国少数民族和民族地区图片展览》在香港会议展览中心成功展出，其中就利用近200余幅摄影图片向香港观众展示了祖国的大好河山，少数民族地区优美壮丽的景色，以及浓郁的少数民族风俗文化和场景，博得了观众们的喜爱和欢迎。

二、摄影图片在民族文物征集中的作用

田野调查和文物征集是一种科学研究工作，二者是相互联系的。调查是征集的准备工作，为确定征集地点和如何进行征集，需要对所前往的民族地区文物情况和特点进行调查了解，查阅大量文献资料，确定调查与征集的地区和民族。在具体实施此项工作中，摄影与照片是田野调查和文物征集工作中一种简洁、准确的记录手段和载体。

在田野调查中，就所发现的各类少数民族及分支的服饰、民族形象、传统文化、生产与生活资料、生活习惯及环境、传统建筑等，均需要真实而科学地拍摄下来，以形成调查的第一手资料。田野调查和文物征集中更是需要摄影者身不离现场，把田野调查和文物征集地点的民俗风貌、调查与征集的过程、现场工作人员的情况等，随时拍摄记录下来，以便与田野调查报告、征集的实物和文字材料综合起来，形成一套较为完整的田野调查和文物征集的科学材料，为今后进一步的民族研究工作打下基础。

在近代中国，对于民族考察拍摄者中大师级的人物，不得不提到庄学本先生。他被誉为中国影像人类学的先驱，纪实摄影大师。自20世纪30年代开始，作为当时最具影响力的《良友》画报特约记者的庄学本先生，历经近10年的时间，先后走遍了当时中国的四川羌塘地区、西康地区、凉山地区、青海、甘肃及藏北等少数民族地区，拍摄了大量当时中国少数民族地区的风土人情、民族形象、僧侣寺庙、贵族头人等照片，以及当时国民政府护送九世班禅进藏的过程和场景照片。在考察过程中拍摄了万余张照片，写了近百万字的调查报告、游记以及日记。庄先生拍摄的照片让我们第一次看到中国20世纪30年代少数民族地区情况，当时少数民族的精神风貌，通过黑白照片，看到了人物的丰富，看到了一种优雅、美丽与尊严，无论贫穷与富有。应该说，庄先生为研究中国少数民族史留下了一份可信度极高的视觉档案与调查报告。庄学本先生给后人们留下的这些少数民族历史照片异常珍贵，为我们今天少数民族文化学者们研究和了解当时羌族、彝族、土族、藏族等少数民族的风俗文化，以及当时宗教寺庙和僧侣的情况提供了令人惊叹、文化背景非常殷实的历史资料。依据这些珍贵历史照片，研究

者就可以追溯到这些少数民族地区原来的风貌情景，还原出少数民族文化历史发展与演变过程，这些历史照片在今天看来，无论任何人看后都会留下极其深刻的印象。因此，在田野调查中的摄影工作，必须把现场第一手材料和场景人物及时摄取下来，否则就会时过境迁，造成无法挽救的遗憾。

三、摄影图片在藏品管理中的作用

博物馆的藏品是自然界和人类发展的历史证物，具有相当的历史价值、科学价值和艺术价值，是博物馆的各种业务活动的物质基础。因此，有些较为珍贵藏品往往被称之为该博物馆的镇馆之宝和“重器”。文物一旦进入博物馆收藏，立即就会进行整理、照相、记录造册等相应的工作程序，以确保文物的完整、安全和价值。这其中，文物摄影图片就是极其有效的保管手段之一。

文物由于经历了历史长河的冲刷与磨砺，有些文物质地本身就很脆弱，极易损毁，比如一些古画、古籍善本、丝绸等等。倘若发生意外损失或破坏，就不能再造。但是，如果因为某些客观原因发生了这类事情，博物馆所保存的摄影图片记录虽然不能完全实现挽救的目的，但却略可弥补损失。依据文物的原始照片给与适当的修复和重塑，把文物的损失情况降到最低。文物藏品照片在博物馆工作中的作用主要有两个方面：

1. 档案留存与填补缺失

博物馆在藏品保管过程中，由于文物自身的原因，再加上保管条件、光与大气的污染、微生物的侵蚀等，多少对文物本身都有不同程度的损伤和破坏。而文物藏品照片则真实记录着藏品进入博物馆时的各种情况，便于工作人员日后与文物进行比对分析，解决问题与分清责任。由于文物本身就是人类历史发展中文化的精髓，是一种人们喜爱的物质。从某种意义上讲，在当今世界，拥有一些珍贵历史文物是代表着文化素质与财富的象征，因此具有相当高的艺术价值与经济价值。所以，在世界各地的博物馆成为广大观众乐于前往之处，同时也成为歹徒觊觎之所。一旦发生意外和破坏，文物照片即成为博物馆协助警方搜寻与追回文物的唯一参照物，文物照片同时也是博物馆文物修复人员最好的间接实物参照物，保卫部门查询、补救的准确依据。

2. 用于研究与查阅

文物摄影照片展现的文物形象准确、逼真，看见照片如见其物，文物照片与文字叙述说明和描图绘图相比，更能较为直观地显示出文物的形状、特点以及色彩等文物特征。文物藏品由于其珍贵性和唯一性，几乎所有博物馆的文物保管库房都有严格的出入库制度，不可能让研究人员随意随时地抚摸和翻看。就目前来讲，文物照片就成为相关业务人员研究工作中最为常见的一种资料和依据。因此，文物照片被博物馆的研究人员反复、广泛地运用，成为最便当的查阅工具与学术研究成果中的佐证资料。而且，当今许多博物馆进行的馆与馆之间的业务往来、信息共享、交换文物展品、筹备展览等工作中，文物照片也往往是工作洽谈的重要基础资料。

四、摄影图片在学术研究中的作用

开展科学研究是博物馆的重要职能，通过对收藏的大量藏品资料进行整理研究，向社会提供科学文化咨询，向人们传递有关宇宙、自然、人类生活遗传和生存环境及各方面的知识与信息。博物馆的科研活动在博物馆工作中有着重要意义，它不仅可以保证博物馆的搜集、保管、陈列和宣传教育工作的质量，而且可以锻炼培养博物馆的专业人才，提高他们的工作能力和学术水平。因此，没有扎实的学术研究工作，博物馆的文物征集、陈列展览和宣传教育工作也就失去了基础。

上面提到，摄影图片是研究人员必不可少的科学材料之一，为他们的研究工作提供了除文物实体以外的最真实的、准确的形象资料。摄影图片在向社会提供科学情报、科研成果、科学咨询同样起到了重要的作用。我们看到在各类文博刊物中，常常配以大量的文物照片或遗址照片，这样给咨询者、阅读者提供了诸多方便。通过照片，读者可以更清楚地掌握文物的形制、颜色等一系列信息，使文章内容更容易、更深刻地传达给读者。

摄影图片的运用在博物馆研究中同样具有重要作用。以北京民族文化宫博物馆为例，自1959年建立以来，民族文化宫博物馆逐渐形成了一批在研究中国少数民族文化方面颇有建树和影响的专家学者，带领博物馆的业务科研团队，在其馆藏中国少数民族文物近5万件的优势基础上，充分利用馆藏文物图片出版了众多反映少数民族传统文化的画册与专辑，取得了骄人的科研成果。例如，1985年由北京民族出版社出版的《中国苗族服饰》画册；1990年由北京工艺美术出版社出版的《中国彝族服饰》画册；1999年由北京朝华出版社出版的《中国少数民族面具》画册；1999年由北京朝华出版社出版的《珍宝——历代中央政府册封达赖班禅史料文物及历世达赖班禅敬献中央政府礼品精粹》大型画册；2009年由中央文献出版社出版的《西藏民主改革50年》大型画册；2009年由辽宁民族出版社出版的《中国少数民族文物图典—民族文化宫博物馆卷》画册；2011年由中央民族大学出版社出版的《各族人民心向党—建国初期少数民族敬献礼品》画册等，就从一个侧面反映出博物馆科研能力和业务水平，利用众多的文物图片，形象而又准确地向读者阐述画册中或书籍中所要表达和说明的文物特征及相关的文化背景。

摄影作为科学与艺术的结合体，在博物馆各项业务工作中占有重要地位，为博物馆的事业做出了重大贡献。随着社会的发展，博物馆事业的进步，博物馆的专业摄影者，需要千方百计地提高业务素质和艺术修养，将摄影水平更高、图像质量和艺术水准更好的摄影作品提供给展览陈列、文物保管、业务科研等部门，充分发挥摄影图片在博物馆中的作用，为社会主义精神文明建设做出贡献。

（本文原载《中国民族文博（第五辑）》 辽宁民族出版社 2014年4月）

民族文物搜集工作初探

白宝坤

民族文物是民族博物馆业务活动的物质基础，所以民族文物的搜集就成了民族博物馆的一项经常性的重要业务工作。本文试图结合自己近几年来从事民族文物搜集、保管工作实践的体会，就民族博物馆搜集工作的地位和作用、传统做法以及应注意的问题，做初步总结探索，以便求教于各位专家同行。

一、民族博物馆搜集工作的地位和作用

民族博物馆是民族文物的主要收藏机构、宣传教育机构和科学研究机构，是展示和宣传党和国家的民族政策、弘扬优秀民族文化的重要场所，也是我国社会主义科学文化事业的重要组成部分。民族博物馆的业务活动离不开民族文物的搜集工作，因此，其地位和作用是显而易见的。

首先，从民族博物馆的性质看，民族博物馆是民族文物的主要收藏机构，民族文物是民族博物馆的物质基础。只有民族文物藏品不断增加，才能使民族博物馆的物质基础不断加强和扩大。另外，衡量一个民族博物馆工作成绩大小的主要标志之一，就是看这个民族博物馆通过搜集工作积累了多少藏品，以及这些藏品质量的高低。“一个博物馆不但藏品数量很多，而且还拥有相当数量的具有重要历史价值、艺术价值和科学价值的珍品，就必然引起学术界的广泛关注，受到社会各方面的普遍重视，从而享有较高的声誉”。[①]为了使馆藏民族文物的数量和质

① 文化部文物局．中国博物馆学概论．文物出版社，1985：56，70.

量不断增加和提高，必须做好民族文物的搜集工作。

其次，民族博物馆是民族政策、民族工作和民族文化的宣传教育机构，其宣传教育的方式，主要是以馆藏民族文物组织陈列展览，给观众以形象化的直观教育，这样所取得的教育效果是别的教育方式所不能代替的。因此，只有加强民族文物的搜集工作，才能使陈列展览的内容得到不断的充实和丰富。

再次，民族博物馆是民族科技文化的科学研究机构，其科研活动应当结合馆藏民族文物的实际进行，这样得出的科研成果才更有意义。因此，只有加强对民族文物的搜集工作，才能为民族博物馆的科研工作提供更多更好的实物资料。

从以上可以得出：民族博物馆收藏、教育和科研等各项业务活动都要靠搜集工作为它们创造条件，由此可见民族文物的搜集工作在民族博物馆工作中占有着非常重要的地位。搜集工作的好坏决定着馆藏民族文物增加的快慢和馆藏民族文物质量的高低，也在一定程度上决定着一个民族博物馆发展的速度和规模。因此，搞好民族文物的搜集工作，对于民族博物馆事业的建设和发展具有重要的意义。

二、民族博物馆开展搜集工作的传统途径

民族博物馆开展馆藏民族文物搜集工作的传统途径主要有民族学调查搜集、专题调查搜集、收购、接受捐赠、馆际交换和调拨、接收和移交等等。

（一）民族学调查搜集

民族学调查是搜集民族文物的主要传统途径之一。从历史上看，中国的民族文物搜集工作是伴随着民族学在中国的兴起和发展而逐步展开的。20世纪开始至30年代以前，民族学主要是介绍西方民族学各流派的著作、观点，对民族文物可以说是还未注意到。30年代以后，中国的民族学者在着重调查研究我国少数民族的基础上，对民族文物开始注意起来。林惠祥、凌纯声、芮逸夫、陶云逵等早期中国民族学者，先后到高山、赫哲、苗、畲、黎、彝等民族地区开展民族学调查，并搜集少数民族文物。在蔡元培先生的倡议和领导下，中央研究院设立

了民族文物陈列室。[①]但是，当时的民族学研究主要是与国民党政府强调边政研究相结合，所以，不仅民族学的发展带有局限性，而且民族文物的搜集工作也相当艰难。

新中国的建立，为民族文物的搜集工作创造了一个良好的环境。为结合少数民族社会历史调查和民族识别工作，中央派往各民族地区去的慰问团、访问团和调查组，搜集了大量价值很高的民族文物。仅中央民族学院在1949—1966年的17年中就搜集了40多个民族的文物达23000多件，照片资料10000多幅。这批文物中包括台湾高山族500多件文物珍品。1956年，少数民族地区进入了社会主义改革的高潮，毛主席、周总理批准在全国范围内“抢救”少数民族的文化、社会、历史资料。1960年和1961年，国家文物局组织人员到鄂伦春、德昂、独龙、傣、佤等许多民族地区，搜集到了20000多件民族文物。据有关部门统计，中华人民共和国成立之后搜集的民族文物已达20多万件，是中华人民共和国成立之前的200倍。这些民族文物都有较高的研究价值，如果当时不进行搜集抢救，那么必然会造成不可弥补的损失。

（二）专题调查搜集

民族博物馆为了取得陈列展览、科学研究所缺少的某些方面的实物资料和填补某项藏品的空白，派专业人员就某一专题，有目的有计划地进行民族文物的搜集工作。这种专题搜集的特点在于目标明确具体，工作主动深入，力量集中，因而常常能够较快地完成任务，收到明显的效果。它也是民族博物馆开展馆藏民族文物搜集工作的主要传统途径之一。专题调查搜集往往与专题展览结合起来进行，如北京民族文化宫博物馆举办《中国苗族服饰展览》和《中国彝族服饰展览》时，就曾分别围绕着苗族服饰和彝族服饰这两个专题调查搜集到不少珍贵文物，使馆藏的苗族服饰和彝族服饰文物的数量和质量，在全国均名列前茅。

---

① 陈永龄，王晓义．二十世纪前期的中国民族学//中国民族学会．民族学研究（第一辑）．民族出版社，1981：273.

（三）收购民族文物

收购是民族博物馆以一定的经济代价，换取私人或文物市场的民族文物的所有权，是“国家保护文物标本，积累博物馆藏品必不可少的一种手段”[①]。这里所指的收购是指不经过深入民族地区做民族学调查，而在地方旧货市场、旅游点、文物商店或文物游商中购买民族文物的做法。由于民族文物的特殊性，多年来，许多珍贵的民族文物一直被作为商品在买卖着，特别是近些年来，许多地方旧货市场十分活跃，有的旅游城市满街都在抛售民族民俗用品。所以，民族博物馆可以继续利用经济手段，在这些地方直接购买所需的民族文物，来达到积累藏品的目的。

（四）接受捐赠

民族博物馆接受捐赠是馆藏文物搜集的又一传统途径。这种捐赠可以是来自机关团体的，也可以是来自私人的。这类捐赠品一般都是与收藏者本人或机关团体有某种特殊关系，大多在其收藏过程中就经过鉴选，所以捐赠品中往往有较高价值的文物，甚至稀世珍品。我国的不少民族博物馆由于接受了捐赠而极大地丰富了藏品。如北京民族文化宫博物馆从1959年建馆起，就不断接受机关团体和个人的捐赠，据不完全统计，所接受的民族文物达数千件。捐赠者有国家机关、民族宗教团体、外国文化社团、民族领袖、宗教上层人士、知名的民族艺术家等。他们热爱祖国，热爱民族大家庭的高尚行为，受到了社会的广泛尊重。他们的义举将永载民族博物馆史册。

（五）馆际交换和调拨

交换是民族博物馆与其他博物馆之间在自愿互利的原则下，双方开展的馆藏品的以有易无活动。它一般以本馆藏品中的重复品或与本馆业务性质不相适合者去换取本馆所需的藏品。调拨一是指上级主管部门按各馆的性质与需要，有计划地拨给有关文物；二是指馆际之间，一方无条件地支援另一方，拨给对方有关藏

---

① 文化部文物局．中国博物馆学概论．文物出版社，1985：56，70.

品。"调拨不同于交换，是无代价的收入或拨出"[①]。如北京民族文化宫博物馆建立伊始，故宫博物院及各地方民委等单位就奉上级指示，无代价地向其拨交了一批有较高价值的民族文物。这些民族文物是北京民族文化宫博物馆业务发展壮大的物质基础。

（六）接收和移交

接收和移交是指民族博物馆接收有关部门交给的民族文物藏品的工作。其目的是为了使这些文物得到妥善保护、管理和利用，以满足博物馆各项业务活动的需要，丰富民族博物馆的馆藏。它是民族博物馆馆藏民族文物搜集的又一重要传统途径。北京民族文化宫博物馆就曾接收了国家礼品局、中央统战部、国家民委接待处等部门交来的许多珍贵民族文物。这些有着连城之价的民族文物不但丰富了馆藏，而且有的还成为"镇库之宝"。

三、民族博物馆开展搜集工作应注意的问题

为了更好地进行民族博物馆的民族文物搜集，丰富馆藏和提高民族博物馆的声誉，在搜集工作中应注意以下问题：

（一）搜集的内容和方向应与民族博物馆的性质相适应

无论哪一级的民族博物馆，在开展民族文物搜集工作时，都要有目的、有计划地搜集与民族博物馆性质相适应的民族文物，而不能盲目地追求大而全，把一切物品都搜集来。这样既浪费了搜集工作的人力和物力，又给保管工作带来了负担，是得不偿失之举。

（二）搜集工作既要从本地的实际出发，又要从本馆的需要出发

地方各级民族博物馆由于地理位置的限制，大多只收藏展示本区域民族文物，这是其不可替代的优势，所以它的搜集工作也应该立足于本地区，从本地的

---

① 王宏钧．中国博物馆学基础．上海古籍出版社，1990：176.

实际出发，搜集民族文物。使自己地区的民族博物馆的藏品既有地区特色，又可以在质和量上高人一筹。各级民族博物馆在搜集工作中，还要注意从本馆的需要出发，不能盲目地搜集民族文物，这样也会造成人力物力的浪费。

（三）搜集工作应与民族调查相结合

在这里，民族调查的含义包括实地调查和书本调查两方面。书本调查是对民族文物知识、理论的再认识过程，它往往指导着实地调查；而实地调查则是书本调查的具体实施和升华，二者相辅相成，互相补充，与民族文物搜集工作密不可分。有的民族博物馆人员，在开展民族文物搜集时，不做书本和实地调查，搜集到的物品名称不清，甚至不知道所属民族，这样的搜集工作是不完善的，应该引起注意。

（四）应注意经常性地开展搜集工作

民族博物馆离开了民族文物就成了无源之水，无本之木。而且民族“博物馆的陈列和科学研究，只有在征集到足够数量和较高质量的文物和标本的基础上才能拓展。同时，陈列的内容充实、更新和陈列质量及科研水平的提高，也必须由征集工作为其不断提供更多、更好的文物和标本”①。因此，应当注意经常性地开展民族文物的搜集工作。

（本文在写作中承蒙们发延先生指导，特此致谢。）

（本文原载《民族博物馆的实践与理论》 民族出版社 1999年9月）

① 木基元．民族文物征集抢救工作刍议//中国博物馆学会．中国博物馆，1998（1）．

馆藏文物数字化管理

李永平

馆藏文物保护管理是博物馆工作的重要组成部分，是一个博物馆立足的根本。虽然近几年馆藏文物管理工作取得了较大成绩，但传统的馆藏文物管理运行模式陈旧，不能适应博物馆事业发展的需要，存在着底数不清、建档工作不完备、保护设施不达标、文物描述与本体不符等诸多问题，特别是筹备文物展览，用人多，时间长，工作效率低。随着数字化信息技术的全面发展，与时俱进，全面实现馆藏文物数字化管理势在必行。于2013年11月6日重新开馆的南京博物院增设了数字博物馆，通过运用全新的数字化信息技术展示馆藏文物，这必将对我国博物馆的数字化建设产生深远影响。

一、馆藏文物数字化管理对我国文物保护管理具有十分重要的意义

（一）有利于馆藏文物的保护

馆藏文物数字化管理是文物保护的一次革命。建立馆藏文物数字化系统，有利于博物馆正确履行《中华人民共和国文物保护法》赋予的各项职责，不断提高馆藏文物保护、管理水平。馆藏文物由于其自身的稀缺性必然成为博物馆最为珍贵的资源。传统的馆藏文物保护管理仅限于死看硬守，费时费工，保护效果差。实施馆藏文物数字化管理，可以利用先进技术科学地记录馆藏文物的原始数据，当馆藏文物意外受损、被盗时，可以通过调取馆藏文物的原始数据进行修复、重建，使馆藏文物恢复原貌。

馆藏文物作为物质形态传承历史，依照自然法则其寿命终将消亡，如果实现馆藏文物数字化，让馆藏文物以信息形态传承历史，即使文物作为物质形态不复存在，其所蕴涵的信息生命仍然延续流传。因此，采用数字化技术复制文物信息，既是传承历史文明的重要方式，也是重要的馆藏文物保护工作。

另外，利用馆藏文物数字化系统举办展览，可以省去入库查阅、提取实物、装箱运输、摆放设计等烦琐手续与繁重劳动，避免因上述活动可能带来的馆藏文物受损。

（二）有利于馆藏文物的管理

传统的馆藏文物保管方法是手工记录，纸质账簿存档。在实际操作中，手工记录费时费工、效率低下，且文物账目一旦损坏、丢失，就失去了原始资料。采用馆藏文物数字化管理，通过三维扫描和高清照相等科技手段采集文物的三维数据和色彩纹理信息，不仅可以生动、科学地记录馆藏文物，还可以利用数字化管理系统实现馆藏文物三维信息的自动管理、检索、报表及展示等功能，大大提高博物馆的工作效率。

馆藏文物数字化管理，便于各级管理部门及时了解和掌握各种馆藏文物数据信息及馆藏文物保护与管理状况，为科学决策提供依据。

馆藏文物数字化管理，可以高效完成馆藏文物复制工作。传统的馆藏文物复制工作，工艺复杂、精准度差、制作周期长。利用数字化技术可以快速、精准复制部分馆藏文物。另外，还可以通过数字化技术制造衍生产品，如画册、文物艺术品、文物旅游品等，为博物馆创造良好的经济效益。

（三）有利于馆藏文物的宣传

馆藏文物数字化管理，可以全方位展示馆藏文物，扩大馆藏文物影响力。与观赏实体文物相比观赏数字化文物更具有知识性和趣味性。由于受到时空、技术、经费等条件的限制，博物馆不可能一次展出全部馆藏文物，数字博物馆可以弥补这样的缺憾，不仅可以深度挖掘、拓展馆藏文物的利用价值，还可以最大限度地利用博大精深的馆藏文物资源弘扬传统民族文化。

（四）有利于馆藏文物的经费管理

馆藏文物数字化管理，便于财政部门及时了解和掌握各种馆藏文物基础数据，为财政决策及经费的预算、审核、支出、使用、管理等提供数据支持，保证馆藏文物保管经费准确、及时到位，避免造成经费浪费。

二、我国馆藏文物数字化管理的起源与现状

20世纪80年代中后期开始，我国博物馆就揭开了技术进化的序幕。上海博物馆开展了馆藏文物管理信息系统的研制和应用，基于Basic程序，利用串口对录像机控制，进行图像存储和检索。南京博物院在该时期也开始了馆藏文物管理信息系统的建设。

20世纪90年代中后期，我国博物馆开始了工程技术的进化，网络技术的应用是该时期的代表。博物馆建立起局域网，通过局域网与广域网、互联网连接。同时，楼宇自控、安防系统、通信与网络系统、结构化综合布线系统等纷纷应用到博物馆之中。此外，针对面向博物馆公众服务和展览的多媒体技术也开始广泛应用。至此，文博业已经步入了广泛的信息化建设阶段，主要集中在京、沪两地，如上海博物馆、南京博物院、故宫博物院等。

从21世纪初开始，我国博物馆进入了形式与内容建设并重的时期，技术应用在多个方面展开，如网络技术、多媒体技术、虚拟现实技术、自控技术等等，一大批高科技技术争先恐后进入博物馆建设中，通过对内容的建设、对公众服务和展示系统的建设，博物馆馆藏文物焕发了新的生命。信息中心的业务开始向博物馆各个基础业务部门渗透，由此信息中心开始转变为博物馆内部的基础业务部门。2013年内蒙古博物院流动数字博物馆、南京博物院数字化博物馆陆续启用上线，将对我国博物馆的数字化建设产生深远影响。

虽然我国博物馆已进入了数字化信息时代，但仍有相当一部分博物馆停留在传统的管理模式状态。目前我国已有少量博物馆实行馆藏文物数字化管理，其中大部分还处于尝试和初始阶段，有些设计考虑不够周全，在实际操作中出现一些新问题，以下环节有待于改进升级。

1. 及时建立馆藏文物动态信息内容的管理。根据博物馆借用、陈列展览的需要，馆藏文物出入库频繁，有些数字化管理系统尚未及时启动馆藏文物出库入库动态信息操作程序，有待于在今后工作中改进完善，以便及时反映馆藏文物管理状况，为博物馆馆藏文物保护和利用提供更详细的数据。

2. 馆藏文物的照片拍摄质量有待进一步提高。少部分博物馆拍摄的馆藏文物照片是采用扫描仪和数码相机直接输录存入数据库，但由于环境设备所限，所拍照片只能供浏览和档案资料打印等基本用途，对于出版书籍之类的印刷拍摄照片还不能一步到位，有待于今后不断改善条件，添置必要的摄影器材。

3. 馆藏文物底片资料管理有待数字化。过去博物馆保存了一批老底片，采用手工整理效率低，查阅速度慢，容易出差错，且带来诸多不便。采用馆藏文物数字化管理以后，就要保证使这些馆藏文物底片资料及时得到科学管理、有效利用。运用数字信息技术，把馆藏文物底片资料纳入馆藏文物数字化管理系统中，进一步完善馆藏文物数字化管理工作。

4. 拓宽馆藏文物资源信息的利用形式。馆藏文物的保管是为了能更好、更长久地对其加以利用，实现馆藏文物资源信息化，将为今后馆藏文物资源的管理、研究与宣传提供方便快捷的服务。

5. 馆藏文物数字化管理软件系统有待更新，硬件设备维护有待进一步加强。由于相当一部分管理软件开发较早，有些已不能适应现在的管理需要，为保证系统正常运行，需逐步更新换代。另外，对电脑等硬件设备也要定期进行维护，为软件系统运行提供保障。

三、馆藏文物数字化管理应做好下几个方面工作

（一）建立健全组织机构

要做好馆藏文物数字化管理工作，首先，各级领导要高度重视，选派专业知识强、工作经验丰富的精干人员，组建专门机构负责项目实施，明确各级负责人，层层把关。其次，应制定组织机构工作规划，划定各机构权限，相互协调，相互制约，保证这项工作科学、规范、有序地开展。最后，要将工作目标落实到

人，确保各项工作任务优质、高效地完成。

设立资料、保管、陈列、信息等部门，分别负责文物文献资料的数字信息采集、编目整理、阅览保管工作；馆藏文物数据信息登记、建立文物电子档案、文物摄影及电子扫描、完成实体文物与信息文物的入库出库及保管、修复工作；馆藏文物展览平面及多媒体设计工作；馆藏文物数据库系统框架设计、系统功能模块开发、系统运行、系统维护工作。

（二）制定馆藏文物数字化管理工作规范

博物馆应在严格执行《中华人民共和国文物保护法》等法律法规的基础上，通过制定馆藏文物数字化实施方案、3D数据操作流程、目标管理、工作规范、技术标准等一系列科学有效的规章制度，保证馆藏文物数据采集、整理编号、科学分类、查询检索、入库出库、数据统计等各项工作合法有序地进行。

（三）建立一支业务水平高、综合素质强的文博管理队伍

培养一批掌握计算机基础知识，具备馆藏文物管理专业水平的文博工作者。鼓励文博工作者积极学习新知识，掌握新技术，不断探索馆藏文物的现代化管理模式，并在馆藏文物数字化建设实践中，不断解放思想，更新观念。博物馆应定期组织专题讲座或举办培训班，不断提高文博工作者的理论基础，引导文博工作者在馆藏文物管理实践中积累丰富的专业知识，成为馆藏文物管理专家。博物馆还可以通过引进优秀人才、破格选拔业务尖子，完善文博队伍建设。

（四）完善馆藏文物基础资料建设

馆藏文物基础资料建设是实现馆藏文物数字化管理的前提。博物馆馆藏文物基础资料数字化建档需要遵循信息化、科学化、专业化的要求，采用先进的激光扫描测量、近景摄影测量、三维动画、数字化加工编辑处理及3D数据等技术，全方位地展现馆藏文物的真实原貌，为实现馆藏文物数字化管理中的文物分类、统计、查询、展示、研究奠定基础。

依照《馆藏文物登记账》全面清理馆藏文物，逐一核查登记，在摸清馆藏文物家底的同时完成馆藏文物数字信息采集和基础资料建设工作。

（五）建立馆藏文物数据库管理系统

为解决馆藏文物基础资料搜集、整理和利用相对滞后的状况，应加强馆藏文物数据库管理系统建设，开发馆藏文物管理软件，以采集、存储、传输、管理等硬件设施为基础，通过网络平台建设，构建馆藏文物数据库管理系统。广泛利用信息数字化技术，切实提高馆藏文物管理水平。

建立馆藏文物数据库管理系统的原则是合法性、科学性、完整性、可操作性和可扩展性，确保在我国法律、法规及相关国际条约的框架内合理配置、精准编辑，建立方便操作、可持续使用的馆藏文物数据库管理系统。

馆藏文物数据库管理系统应具有藏品入库出库、查询检索、数据统计、工具及系统设置等功能。首先应具备科学的“模糊检索”功能，可按编码、名称、级别、质地、用途、方位、来源、馆藏文物年代、馆藏文物入库时间等条件检索，便于馆藏文物的管理与研究。其次要分清科目，设置等级、口令及权限，明确馆藏文物的建档登记、注册入库、出库提取、文物修复、文物复制、文物注销等操作流程及各级审核权限，动态地反映馆藏文物保管状况，自动生成月、季、年统计报表，保证数据库管理系统安全运行。最后是为系统更新、升级改造留有余地，延长系统使用寿命，有效降低系统改造成本。

馆藏文物管理软件通过对用户口令加密处理，将用户界面设计为方便灵活的人机交互的图形界面，并设有扫描仪、数字摄像机等硬件接口和PHOTO数字摄像机的软件接口功能。具体分为馆藏文物内容管理、馆藏文物借用及陈列展览管理和馆藏文物检索管理三个模块，通过后台数据库将三个模块结合在一起。

馆藏文物内容管理模块主要完成对各类馆藏文物进行数字化处理，包括馆藏文物账册数据、馆藏文物档案文字资料的录入处理；馆藏文物图片资料扫描处理；馆藏文物三维扫描测量处理；馆藏文物文字录入数据资料、馆藏文物图片扫描数据资料、馆藏文物摄影数据资料、馆藏文物三维扫描测量数据资料的数字化应用处理，为实现馆藏文物数据库管理提供基础保障。

馆藏文物的借用及陈列展览管理模块主要完成馆藏文物借用和归还、出库和入库情况的数据处理。制作《馆藏文物交接清单》《馆藏文物展览清单》提取馆藏文物，完成馆藏文物的出库和入库数据操作程序，实时、动态地反映馆藏文物的保管、使用状况。

馆藏文物的检索管理模块，主要完成馆藏文物总账、分类账、馆藏文物档案及统计报表的查询及打印。

馆藏文物数据库管理工作包括系统管理、初始化管理、新征文物登记入库、馆藏文物利用及馆藏文物档案管理。

系统管理分为：1. 用户管理。从列表中可以增添本系统用户名，同时还可以更改其密码和其他设置；2. 日志管理。选定日期，查询用户操作时间和内容；3. 数据备份。

初始化管理主要完成系统使用前必要码表内容的设置，以方便日常的使用。内容主要包括类别码表、级别码表、年代码表，其功能主要为管理馆藏文物的分类信息、级别信息和年代信息，可增、删、改。其特点主要是人机界面美观易学，规范精确，自动切换中英文，方便用户输入。

新征文物登记入库主要分为三部分：1. 文物登记。选择文物分类编号，输入序号，总登记号按入库先后自动生成，登记日期自动生成亦可修改。文物名称、级别、质地、物主、数量、年代、来源、完残、规格和备注等栏目填写输入，完成后保存。2. 文物入库。按文物类别输入入库年度号、文物总件数、起始分类号、结束分类号、编目卡数、照片数、底片数、发掘报告数、鉴定报告数、其他材料、部门负责人、交接人、入库日期等，完成后生成馆藏文物登记的信息内容，保存并可打印。3. 信息查询。主要为登记账信息和入库信息的查询。登记账信息的查询，可自由选择馆藏文物分类号、总登记号、文物分类、文物级别、馆藏文物名称、作者姓名、馆藏文物年代、登记日期等栏目的信息内容分类查询，并可自动生成报表打印。入库信息查询，可自由选择馆藏文物分类号、凭证号、交接收人、日期等栏目信息内容，查询馆藏文物入库信息资料。

馆藏文物实物管理主要分为四类：1. 借用管理。包括借用和退还信息登记、修改、作废等信息内容，并可打印相关凭证。2. 注销管理。主要包括馆藏文物的注销登记、修改和作废，并可打印相关的凭证。3. 查询管理。对借用和归还有关信息内容的查询、注销信息内容的查询、文物级别调整信息的查询等。4. 统计管理。统计内容分为馆藏文物分类数量统计、级别数量统计和汇总统计，另外还包括注销数量的统计。其查询可按馆藏文物年代、日期等栏目进行查询，其操作可点击各项按钮，方便切换各项内容。统计数量快捷，准确无误，操作方便。

馆藏文物档案管理主要分为四类：1. 馆藏文物档案管理。包括馆藏文物档案各类信息内容的录入和登记卡的建立、修改。主要完成馆藏文物档案中的各种文字资料的输入，包括馆藏文物名称、文物级别、总登记号、分类号、档案编号、原名、年代、物主、制作时间、数量、质地、色泽、用途、来源、尺寸重量、附属物、入库时间、形状内容描述、鉴定意见、各种相关记录、备注等。通过本功能模块中数据的录入，将逐步形成一个馆藏文物档案数据库。2. 馆藏文物图片管理。主要完成各种馆藏文物图片的扫描处理，对馆藏文物照片根据实际情况，进行彩色扫描，把扫描结果保存在相应的文件中，最终可根据扫描质量选择一个文件链接到馆藏文物档案数据库中。其画面设置分为三块内容：第一是可以打开已有电子文档，从中查找相关图片内容并选择保存。第二是可选择扫描仪，直接进入图片信息的扫描生成图片文档。第三是可选择数码相机所拍摄的馆藏文物信息内容直接输入并生成图片文档，处理完的结果保存回本系统。通过压缩和图像格式的转换完成馆藏文物图片和图像信息数字化的管理。3. 摄像信息管理。主要通过数字摄像机，对各种实物藏品的摄像进行数字化处理，摄制结果保存在相应的文件中，最终可根据摄像质量选择一个文件链接到馆藏文物档案数据中，并把摄像信息刻录成光盘保存。4. 信息查询管理。查询内容包括馆藏文物档案信息内容、馆藏文物图片信息内容、馆藏文物摄像信息内容的查询，除摄像信息内容外，其余都可生成报表打印，其图片色彩清晰，真实。信息内容查询的方式可输入藏品分类号，点击查询，即可查到相关藏品信息资料内容。

虽然馆藏文物数字化管理是一项较为复杂的系统工程，但随着数字化信息技术的不断发展，馆藏文物数字化管理已形成势不可挡的发展潮流。实现馆藏文物数字化管理对提高馆藏文物管理水平具有十分重要的意义。未来博物馆的发展和竞争，比的就是信息化和数字化的质量。博物馆只有利用先进的科技手段不断创新，才能提升吸引力，占领传承历史文明的制高点，创造出良好的社会效益和经济效益。

参考文献

[1] 尹一捷. 博物馆文物的数字化重生 [N]. 计算机世界报. 2009（36).

[2] 蒋明明. 加强数字化建设提升文物库房管理水平 [J]. 文物工作. 2005（9).

（本文原载《中国民族文博（第五辑)》 辽宁民族出版社 2014年4月）

浅析现代科技在展览中的运用

陈　红

近年来，我国各地投入巨资建了不少展览场馆，但遗憾的是，成功的展览并不多，大部分展览观众较少，社会反映并没像我们期待的那样好。怎样才能做好一个展览呢？这个问题值得我们认真思考。

今天的展览已远非过去的展柜、照明加文字说明的简单模式，而是各种艺术与科技手段的高度结合体。展览的思想和内容只有通过完美的艺术形式设计，才能得以准确、生动和鲜明地表达。

笔者在北京各展览场馆进行了调研工作，通过对博物馆展示方式和展厅陈列自身建设等方面的研究，针对现代科技在展览中的运用谈一些粗浅认识。

一、现代科技手段在展示中的应用是当代展览展示的需要

随着21世纪科学技术的快速发展，当代展览展示已迈入一个崭新的历史发展阶段。展览规划应根据表现内容的需要，适应社会发展的形势，不断地运用各种新工艺、新技术和新材料，发挥现代科学技术的作用，使之更好地为陈列服务，满足广大观众不断增长的知识和欣赏要求。即已由过去单一的通过视觉形象使观众得到感受，逐步发展为通过现代科技技术，如增设多媒体设备和互动设备，通过感官刺激将展览信息传递给观众，获得的知识信息大大超越了展室空间的限制。

静止的展品，会令人乏味。运动的展品，最容易吸引观众，给人以深刻的印象。现代科学技术在展示中的应用，使传统展品与现代科技手段结合起来，增加

了陈列展中的现代科技含量，扩展了传统陈列所包含的信息，提高了观众欣赏和学习的兴趣，实现了知识性、趣味性、参与性的有机结合，使原来静态的陈列变为动态的展示。在动态陈列中，展品所附载的信息，需要观众触摸展品、操纵展品，参与其中，实现与展品互动，使“请勿动手”变为亲手操作，“物与人”得到更好的交流，展品亦发挥了最佳的效果，为增强展览馆的吸引力创造了条件。在动态陈列中，观众不再是客观的旁观者，而是陈列的主动参与者，其主动性、爱好和兴趣被调动起来。现代科技技术能使展示的空间拓展，信息量加大，趣味、参与性提高，进而增强了展厅的吸引力，因此，现代科技手段在展示中的应用是当代展览发展的需要。

二、现代科技手段的应用创新了展览展示的途径

科技技术发展迅速，展览所采用的展示表现方法也日新月异，除了简单陈列的普遍应用外，还出现了一些高新技术的应用。这些现代科技展示技术与整体展览展示紧密结合，被合理地应用于展览馆陈列中。

笔者以民族文化宫、首都博物馆、中华世纪坛纪念馆等场馆为例，针对展览陈列展示的新途径浅谈几点认识。

（一）多媒体触摸屏系统

多媒体触摸屏系统是现今众多展览场馆中运用最多的电子系统。触摸屏具有信息表现形态丰富、交互性强、观众操作简单快捷等特点和优势，是展览导览信息采用的新手段，是展览陈列展示的重要辅助手段。笔者认为该系统是展览陈列中必不可少的展示应用，能大大提高与观众的互动性，像民族文化宫展览馆在展览中多次运用，它能通过把展览基本情况、展览内容及展品信息等多种与展览相关的信息进行数字化处理，把重要文物、历史事件以图文并茂的形式存储在多媒体中，仅利用较小空间，将展板上无法一一详细介绍的内容，采用图像、文本、声音、动画、视频等手段，让观众自己在触摸屏上查询，大大提高和方便了观众对展览信息全面系统的了解，使观众任意了解感兴趣的内容，在浏览中产生互动。通过设置触摸屏，将视觉语言转换成听觉或触觉语言，激发了观众的求知欲

望和参观兴趣，使展览形式更加生动活泼，满足了各个层次观众的参观、娱乐和研究等方面的需要，是展览陈列展示形式的有益补充。

（二） 多媒体手写留言系统

中华世纪坛世界艺术馆设置了多媒体手写留言系统，参与者可以在展览现场的手写屏上书写寄语，这些寄语将显示在现场的多媒体大屏幕上，形成一面寄语墙，为观众抒发观感提供了便利，把群众的留言第一时间展现给大家。该系统使技术与艺术巧妙融合，创造了新的视觉空间，提高了灵动性与观赏性，既恰当地表现了主题，又营造了陈列中的看点与亮点，并且激发了观众的参与性，使科技手段在展览馆展示中发挥得淋漓尽致，给大家带来前所未有的观展体验。

（三）多媒体电子设备

在传统展览中，展示空间受到展厅大小的限制，与展览相关的信息无法展示。现今，众多展览场馆都在基本陈列展示中增添了多媒体电子设备。展厅利用现代虚拟技术和视听技术的成就，通过录音、录像、电影幻灯等多媒体设备，将语言、音乐等信息进行集成，在有限的场景和一定范围内，使一台LED仅用较小空间，即可播出无数的图片和动态画面，在同样大小的空间中形成了不同的展示效果，大幅度提高了观赏性并加大信息的容量，将静态的场景演绎成一个充满活力的展示。[1]

这种陈列完全不同于传统意义上的陈列，它是展览馆的一种新型陈列手段。这种陈列展出的不是实物，而是动态的形象。它采用现代信息技术成就，充分发挥视听技术的作用，代替具体的实物，主要用来表达一些不能用具体实物来表现的内容。例如民族文化宫展览馆举办的“中国少数民族概览”中，将民族民俗、民族传统艺术、民族传统工艺技术、民间文艺等多项宜于在运动中展示的内容通过电子设备，生动、直观和深刻地展示其内涵，取得更好的展出效果，加大了展厅内容，使整体展览有声有色，内容充实，辅助静态陈列，更好地烘托陈列主题，增强陈列效果。例如，中华世纪坛纪念馆利用场地特点，营造了360度超大型环幕屏空间，具有强大的视觉冲击力，使得整体展览艺术性极强，增添了观展者的兴趣。

多媒体电子设备特点：1.将视频影像叠加进场景构成动静结合的场景画面。2.利用较小空间展示大量信息，打破展示空间的限制。3.按照展览内容需要，可设计不同屏幕造型，产生直观生动的视觉效果，大大提高观众的参观兴趣。4.采用视频等设备播出的画面和影片可与时俱进，现代科技手段的应用满足了展示内容及时更新的需要。

（四）场景复原　模拟陈列

场景复原即指以“情景再现”的形式来展示。这种新型陈列手段可以营造令人可信的环境和背景，营造出真实的效果，使展品回到其所属的历史环境氛围中，让观众全方位感知展品蕴含的丰富的历史文化信息。

中华世纪坛“一切为了人民”北京市纪念中国共产党成立90周年展览，按照实景恢复了北京老“筒子楼”，实物展品还原了“筒子楼”里的三开门衣柜、飞鸽牌自行车、缝纫机、简陋的桌椅和厨房、挂在墙上的老照片等，真实地还原了人们曾经的生活场景。建国初期的家庭用品生动地再现了当时人们的生活状态，让观众真正近距离触摸到那个时代，让观者有种似曾相识、身临其境的感觉。

首都博物馆新馆的“京城旧事——老北京民俗展”，通过对北京各领域全方位、多角度的展示，以历史文化为视角，把胡同人家、景德街牌楼、门墩、对联搬进了展厅，配合场景的嵌入式表现给观众营造了一个既真实又深邃的意境。这个展览生动全面地再现了北京波澜壮阔的历史画卷，阐释了京城文化的独特韵味。

（五）虚拟电子书

电子书犹如一本打开的书籍，里面可以记载视频、动画、图片等资料，并伴有辅助解说、旁白等语音效果。[2]通过虚拟翻书的演示手段，参观者在空中挥动手臂“翻阅”书籍，自由了解相关信息，快速查阅内容，就像翻阅一本普通杂志一样。这种虚拟翻书形式新颖，栩栩如生的动态翻页效果给人以神奇感，视觉冲击力强，配有的图片或插入的视频增加了展示内容的趣味性，展示的信息量大，内容可随时更改，方便展示内容的升级更新。例如在民族文化宫展览馆举办的

“各族人民心向党——建国初期少数民族敬献礼品展”中，观众凭借自身喜好可随意阅览电子书籍，增添了观众的能动性与自主性。

（六）全息成像

全息成像是高端科技的一种产品展示，分为180度全息投影和360度全息投影和幻影成像。180度全息投影适合单面展示，一般在3D成像面积较大场合使用，并且可以与观众进行互动；360度全息投影适合展示单件的贵重物品，可四面都可以看到3D的影像。[3]这种全新的互动展示技术将装饰性和实用性融为一体，在没有图像时完全透明，给使用者以全新的互动感受。该技术可以将人物、文物、场景、事件的多种信息溶于真实的场景之中。例如可以把历史事件、重要人物、古代文明运用虚拟全息成像技术在展厅展出，为其赋予了鲜活的生命，使其在特定的现代艺术和高新技术相结合的状态下重现出来，大放异彩，生动再现了历史氛围。

三、总述

根据展览性质与内容的不同特点，需要选择最优、最适合的展示手法来表达。陈列设计要追求人与物的和谐，动态与静态的结合，审美与休闲的统一，相得益彰，做好适当安排，避免杂乱，就要利用各种现代科技手段，使观众融入其中，参与并互动。本文只是笔者的一些粗浅看法，作为抛砖引玉，还有赖于广大展览工作者的不断实践和探索。笔者认为随着科学技术快速发展，我们应开阔眼界，扩展思路，借鉴多种展示手法，打破原有设计的偏见和框框，以新的面貌面对广大观众，更好地为观众服务，为他们提供质量高、内容丰富、形式多样、寓教于乐的好展览，并希望展览能跟上时代发展的需求与步伐，发挥其应有的社会作用。

参考文献

[1] 王宏钧. 中国博物馆学基础（修订本）[M]. 上海：上海古籍出版社，2010.

[2] 钟长永. 论科技手段在当代博物馆展示中的应用//康熙民，孟庆金. 在传播科学中传承文明——博物馆研究论文集. 北京：文物出版社，2007.

[3] 范荣静. 弘扬古代农业文明 传播现代农业科技——中国农业博物馆陈列设计理念与特色 [J]. 中国博物报，2010（4）.

（本文原载《内蒙古民族大学学报（社会科学版）》 2014年 第6期）

陈列展示与社会服务

我的设计思想

——谈《中国体育博物馆·中华民族传统体育展览》的民族特色

杨以中

为了迎接十一届亚运会的召开，在国家奥林匹克体育中心的东南角，新建了中国体育博物馆。受国家体委文史办和国家民委文化司的委托，我承担了“中华民族传统体育展览”总体设计的任务。

我国是一个多民族国家，传统体育的内容十分丰富。既要全面表现各民族的传统体育活动内容，又要避免重复和雷同。这在如何选取体育运动项目和划分类别上，确有较大的难度。在宫、馆领导的主持下，经过大家认真研究、反复讨论，最后作出了比较妥善的处理。所以，在内容编排上，我不拟加以论述，现在仅就有关艺术形式的设计方面，谈谈我的一些想法。

中国体育博物馆是一座新建筑，外形犹如一个大蜗牛。其中共有六个展厅，呈螺旋状排列，从左到右，由低到高，由小到大，由200多平方米依次增到近620平方米。中华民族传统体育馆是其中最高、最大的一个展厅。厅内全部是中央空调和人工照明，每厅平面基本都是扇面形，具体到民族厅，其特点是跨度大、空间高，整体墙面没有窗洞，空间内没有立柱，适宜布置三度空间的展品。从展览布置来讲，这些都是比较有利的条件。

面对这样一座条件较好的现代化建筑，面对要把全国各民族传统体育项目集中反映的新课题，我感到有些压力。因此接受任务后，在与有关部门的接触中，我争取尽量摸透其意图。同时我还深入了解、熟悉展览内容等方面的要求，从而深切体会到：一定要使自己的展览设计思想和表现手法具有强烈的时代感。而且还要充分体现艺术形式上的新风格、新面貌。创作中一定要突破框框，大胆创新，形式风格要力求朴素大方，干净利落，重点突出各地区丰富多彩的民族风格和特色。

现在，这个展览已展出很久了，回顾总体设计的过程，在艺术形式、思想和实践的体会上，我把它大致归纳为特、新、实三点。

1. “特”。当我拿到展厅的建筑平面图时，把民族厅与其他几个厅的位置、面积、空间等做了认真详细的比较，首先抓住了它的最大特点，即民族厅的进深大，纵深感特强，因此明确了要充分利用这一建筑环境的优势，突出中轴主线的布置。我把最能体现民族厅特色的中国56个民族形象摆到主线两边的重要位置上。凭借多年搞民族宣传工作的体会，民族不分大小，一律平等，是我们的基本国策。在这样一个全国性展览中，一定要以同样篇幅，让每个民族都占有一席之地。而且这还可以解决有些民族体育活动占比分量较轻，不易平衡的难题。

当我在了解了其他各厅的平面布局之后，发现各厅都以“影壁”形式作为进门的布置。为避免雷同，我就在厅的进口处设计了一座中间敞开、留出大门洞的牌楼。这样做，一是使观众进入展厅大门，就能直接透视民族厅中轴线上的全貌，领略到整个展厅的纵深气势，取得震撼心灵的效果。二是彩画牌楼本身就是我国传统的民族文化形式，因而也更加突出了民族厅的特色。

在安排平面布局的过程中，我也紧紧抓住展厅“空间高，跨度大”的特点，设计出多层次、多方位的立体交叉及着重加强展示空间等布展手法，这些都分别体现在展厅上部壁面饰带、空间悬挂、图片支支架等等方面的设计实践中，取得了较好的效果。

2. “新”。为了适应体育活动“敞开、参与、有动态、有变化”的精神，我在平面布局上打破展览常规，不采用以段墙隔断分割成小开间的封闭形式，而是敞开地形成左、中、右可以同时进出的灵活路线，使观众可以任意从不同位置、不同角度，较为轻松地浏览展出内容。我之所以采用这种形式，说来也是源于偶然受到的一种启迪；在刚接受任务时，为了了解与勘测展厅情况，我曾几次进入正在紧张施工中的现场。有一次当我头戴安全帽，穿行在厅内支满施工的脚手架中时，我突然发现，透过林立的铁管支架间隙，能从不同的角度，看到四周的整片墙面。这种有线条、有块面，高低错落、疏密有致的场景犹如一幅新颖的构图，确实是展厅环境设计的很好借鉴。为此，我在后来的布局处理上运用了这种视觉效果。这种“瞬间感受”，也可以说是我的一种“创作灵感”吧!

同时，也由此而产生了以铁管装配的展架来替代老一套的板墙结构的做法。至于展架上的展示面，为什么采用网格片，也是基于多种考虑。我是想采用铁管、网格片等材料可以多少与体育场地、体育器材等产生直觉的联系，使之要符合体育形式的要求。也可以说，我是力图在材料设备上摈弃习惯使用的木料、布料，采用多样化手段，尝试引用科技新工艺、新质材以求展览表现手法上有新的突破。

这次展览不用大块实墙版面，一律用网格片来作展示面，主要也是为了在整个展示上有新的改观。因为，透过网格片，可衬现出背后平整漂亮的大块实体墙面，这种白、绿色彩相间，加上虚实的对比效果，也可以说是种很现代化的“新意”。还有一个更重要的原因是：由于当时离展期很近，而收集以及各民族地区选送的图片资料又不足，有些地区路途遥远，什么时候拿到这些图片资料，很难估计。所以，在这种情况下，如果还按照过去的办展常规，根据手里的图片进行排版设计，然后再制作版面和放大照片等做法，肯定会使展览落空，至少也会出现“开天窗”的情况。为此，在一次与制作方研究讨论方案的会上，我毅然决定采用网格片的展示形式。因为我认为，唯有这种形式才能有很大程度上的灵活挂装、随时调整织织空间的可能。事实证明后来正是通过这个办法，保证了展览正常如期展出。

通过这个事例，我体会到，总体设计实际上是综合设计。除了在艺术形式上的追求探索，还必须从实际使用功能需要出发来考虑，这样才是比较完美成功的设计。

3.“实”。一切从实际出发，是设计思想的基本出发点，反映了设计者的求实态度即科学态度。我们所展示的民族传统体育器械，从外观，根本比不上现代体育器材那样光彩夺目，然而，它们却独具一格，有其古朴，独特的风格。所以，我认为更应该不夸张、不渲染地把实物按其真实面貌展示出来。就是说，只有这样处理，才能让这些还在民间使用着的，带有浓郁乡土气息的实物给观众一种真实感、亲切感和新鲜感。所以，在展品陈列布置上，必须遵循的基本原则就是从实际效果考虑：该悬挂的就挂上；该直接落地就摆在地上；小件及低矮的展品一般陈放在简洁的台座上，不做过多的铺设和装饰。

图片方面，也要求反映生动、质朴的真实形象，绝对避免做作、装摆、搞花架子一类华而不实的形式主义，更不要戏剧舞台的程式化的东西。

总之，只有在形式上坚持朴实无华的艺术风格，才能给人自然、清新的感受。最后，我想谈的也还是一个“实”字，就是说，通过实践的检验，也还有些地方是不能令人满意的。此展览的设计之不足的地方，当然主要是由于我个人设计水平不高所致，加上部门之间配合不够，比如，有的模型制作，事先不按要求申报规格，而是先斩后奏、木已成舟，送来了事。结果是，形体大小不匀，艺术形式档次不高，机动部分质量不过关，机而不动，无法正常运转。这些问题都严重影响了展出效果。作为总体设计，我不能不深感遗憾。

（本文原载《民族学博物馆学散论》 中央民族大学出版社 1994年8月）

浅谈民族博物馆陈列展览的设计

计红梅

陈列展览设计是一项综合平面与立体的空间形态设计。陈列展览设计更注重其自身的独立性与广告效应，并选用、简便的材料及工艺来完成，所以，陈列展览设计又是用少而精的手法造就独立、完善、自我宣传效果的空间艺术。从效果上看，陈列展览设计又是一件完整的艺术品，其内容、图片资料及平立面构思、巧妙设计的综合体，赋予展览以生命。同时，陈列展览设计是依托展览内容而存在的艺术形式，服务于陈列展览内容。而陈列展览内容则要靠设计得到充分的展示，达到最佳效果。这是内容与形式的关系，因此，在考虑展览设计的时候，首先要对陈列展览内容、陈列展览思想理解，根据展览内容而设计出陈列方案。

近几年来，随着博物馆举办展览的品位越来越高，展览的设计也越来越讲究。作为展览组成的设计越来越受到重视。怎样在有限的空间范围里，合理地安置所要表现的展品内容，使展品都能显示出自己的特性、风格、品位，使得观众在艺术的享受中有所学、有所获、有所悟。

设计在一定意义上是指有针对性地表现或创造某种事物某种形态所经历的内心活动到外在表现形式的过程。不同类别自有其不同的表现特征。但总的来讲，陈列展览设计的流程为：

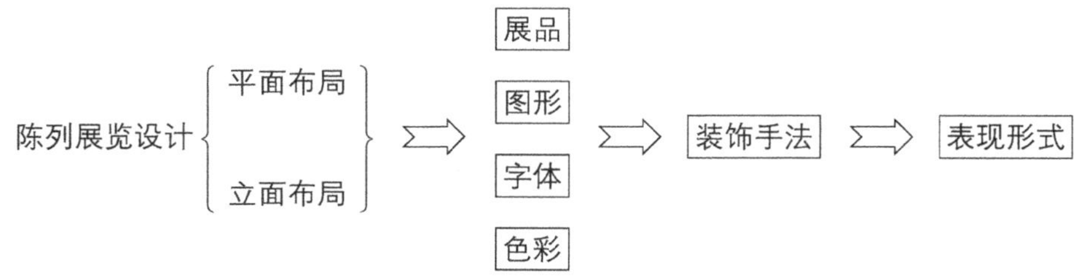

一、装饰语言

装饰在陈列展览设计中是整个创造的有机组成部分。在陈列展览环境中，展示艺术的主题形象和风格品位，除了依赖于空间的处理和陈列的表现之外，还需要独具匠心地渲染与烘托。当然，装饰要依展览内容而定，通过对展览的理解而采用最佳的装饰方式。例如：在《历世达赖、班禅敬献中央政府礼品展览》中，以黄色为基调来烘托藏传佛教的气氛，并以藏族传统图案为依据，经过提炼、升华运用到展览中去，以“意”生“象”，以“象”表“意”，得到“意”的内涵，但决不是对“意”的简单陈述，而是对其升华和提取，是一种再创造的过程。这种暗念“意”的艺术形式，在中国传统艺术发展的历史长河中，始终是起主导作用的，这也是中国传统文化的一个重要特征。装饰的本意，无论是平面、立面，还是图形及文字，都是实现其调和为目的的，即装饰为促进美观的手段，只为强调展示功能和空间形态而存在。“必要的装饰” 和“多余的装饰”是两种概念。例如：在《饰与美——中国少数民族佩饰展》中，为了渲染五光十色、工艺考究、造型别致的头饰、项饰、腰饰及腿饰等饰品文化，在设计形式上，通过“全面性”的装饰手法与“辉点强调”的装饰手法，既有简约的整合与完形，亦有繁杂的整合与完形。在展示艺术空间彼此过渡的空旷地段和墙面上，放置适当的盆景、壁挂等，它们与物品或空间浑然一体，朴雅大方，可谓“装饰本天成，妙手偶得之”。通过装饰，充分表现展览主题“饰与美”，衬托出“饰”与“美”的关系。

在展示艺术的链条里，不能没有装饰的地位。装饰不能漫无限制，只是需节制到完善展示系统和突出展示功能而已，这也是展示艺术装饰的“金科玉律”。在实践中深刻体会到：陈列展览中的某个装饰、某个文字的安排，某件展品的位置，都丝毫马虎不得。民族博物馆中展品的陈列本身就是艺术装饰。精美的展品，必须通过精美的陈列形式和手段将其展现在观众面前，而这一形式和手段正是体现了陈列展览的艺术格调。

在考虑平面的布局时，设计师的主要着眼点当然在于空间分割、群组巧妙的组合，在陈列展览中更要科学地考虑到展品分类的合理，使其陈列展览既充实又精美，有层次、有节奏、有变化，使陈列展览中的每个装饰、每个色块、每根线条、每行文字，都与展出内容融为一个有机整体，它们既和谐统一又富于变化。

二、色彩艺术

在展示艺术中，色彩在展示空间中也是一个重要因素。它对空间感、环境气氛及人的心理和生理均有很大影响。在一个固定环境中，最先闯进我的视觉感官的是色彩，而最有感染力的也往往是色彩，不同的色彩映入人们的眼帘，可以引起不同的冷暖感、轻重感、距离感及时间感。

色彩的视觉感应，包括的内涵是多种多样的。同样的色彩，因不同的展览空间条件、不同的文化心态、民俗习惯等，而有不同的视觉感应。因而，要求设计者对展出内容要有较深的理解。如在粉色的空间里，青年人认为温馨、青春，有些人则认为缺少感染力；在黑白装饰空间中，有人会觉得雅致而富于现代感，而有的人又会觉得单调而缺乏生机。色彩的视觉感应，既存在共性，也存在个性。一般说来，展示空间应适应大多数人的文化心理，为大多数人所接受，所欣赏，所以我们也称之为开放型空间。《饰与美——中国少数民族佩饰展》在高大宽敞的展示空间中，因其以饰品为主，整个空间采用的是淡雅素洁的绿调，大面积的同类色相的明度变化及其绿色基调与白色相互交融的变化，使之既不失典雅丰富之感，又有统一宁静之功效，同时饰品本身的光泽又增添了几分豪华气派。总之，色彩只有完全符合功能性需要时，才能真正体现其内在美的价值，体现其商业性、效率性、公众性等，由物质变精神，由精神变财富这样一个积极向上的视觉感应效果。

在我国悠久的传统文化中，不同地区、不同民族在长期的历史发展中形成了不同的习惯和民俗；而不同的历史时期，也有不同的色彩，显示着其时代特色。如：红色在中国是象征吉祥喜庆的色彩；唐宋崇尚青色；明代则恢复汉制，崇尚传统的黄色，并提高了其尊贵的色彩地位，使之成为帝室的专用……色彩不只是一种物质性质，也不只是一种艺术形式，还是象征因素联想作用所赋予的对感觉色彩的知觉力。随着时代的发展、生活的丰富，色彩在人的生活中赋予了更大的艺术魅力。

三、设计的民族化

不同的民族在经济文化、生活习俗和生活方式上存在着差异，在其审美情趣上更充分地体现出了不同文化的积淀。设计的民族化，即是使这些积淀充分展示出来。

我国不仅是具有悠久文化历史的国家，而且是有着56个民族的多民族国家。各族人民从自己的民族特征和生活习俗出发，发挥聪明才智，就地取材，因材施艺，世代相传，相互媲美，精益求精地创造了绚丽多彩的民族文化，故在民族文化展览的设计形式上，除物质的使用功能外，就精神的审美因素来讲还在于其艺术风格和样式的个性化，千篇一律的设计形式是艺术创作的大忌。我们不能不看到，由于整体文化素质的差异，人们对展示设计的理解，远未达到相应的高度。要想从根本上提高水平，还必须认真思考一些问题。只有上升到理论的高度，取得社会的共识，同时大力宣传设计思想，普及设计教育，才能使展览设计从根本上得到提高。

展览设计是融合平面、空间、色彩等多种视觉艺术形式的综合艺术。在我国，它还是一门新兴的、潜力很大的艺术。提高展览设计水平，强调设计的民族化是一方面，更重要的是博采众长，学习别人的先进手法。民族博物馆的陈列展览，要有质的飞跃，设计水平的提高是必不可少的。因此，展览设计需要不断提高。

（本文原载《民族博物馆的理论与实践》 民族出版社 1999年 9月）

博物馆教育与中小学教育的整合实例

王　毅

早在1996年，国际21世纪教育委员会向联合国教科文组织提交的报告《教育——财富蕴藏其中》中指出：面向21世纪教育的四大支柱，就是要培养学生学会四种本领：学会认识、学会做事、学会合作、学会生存。博物馆作为重要的教育资源与学校承担着共同的教育使命，对受众或学生有着共同的培养目标。因此，博物馆教育就要与学校的教育课程相辅相成，与学校教育完成共同的培养目标。

一、从课程整合走向教育资源的整合

课程整合，是时下我国教育理论界探讨的比较多的一种教育理论。这一理论及其概念虽为舶来，但完全可以作为“他山之石”，以克服和解决因为精细的社会分工所导致的教育因素发展的片面化。

课程整合可分为广义的课程整合和狭义的课程整合。狭义的课程整合通常指，考虑到各门原来相互分裂的课程之间的有机联系，将这些课程综合化；而广义的课程整合是指课程设置的名目不变，但相关课程的课程目标，教学与操作内容（包括例子、练习等）、学习的手段等课程要素之间互相渗透，互相补充。课程整合不是与各个学科课程分化相对立，而是与各个学科课程分化相对应并相互包含的课程发展过程，即相互补充、共同发展的关系。课程整合由于是舶来品，在本土化过程中，受到各种因素的影响，人们对课程整合概念的理解也就各有不同，如：“课程整合实质是把学生在校内的学习同校外生活及其需要和兴趣紧密结合的整体化课程”；“课程整合又称课程一体化，是指把分门别类的课程或学习科目，以及特定的一系列学习活动紧密联结在一起，构成具有整体效应的课程结构”；“课程整合是使分化了的学校教学系统的各要素及其各成分形成有机联系，成为整体的过程”；“课程整合强调科目与科目之间的联系或融合，强调生活与学习能力的整合”。上述观点从各自不同的角度对课程整合给出了较为合理的描述，通过梳理、归纳、扩充、辩证吸收和适当延伸，可以给出以下描述：课程整合就是使分化和孤立了的教育系统各个部分形成有机整体的教育思想和理论的实践过程，其内涵可理解为以学生的学习和生活实际为出发点，以文化价值整合为核心，以真实、全面培养学生的素质为目标，在时空结构上对已有教学内容与方法的重构性的一体化整合，形成适应时代需求的相对完善的整合课程的过程。但课程的整合并不是整合的完结，在当前的社会发展和教育理念不断更新、教育模式不断进步的条件下，尤其需要教育过程、教育资源的整合，以更好地实现现代社会的教育目标。博物馆作为重要的教育资源与中小学学科教育的整合就不失为一个值得探讨的方向。

二、博物馆教育与中小学学科教育的整合

博物馆完成教育功能主要以展览的形式来实现，在展览过程中，通过实物（实物标本）、图片、文字、声音（包括讲解员的讲解和讲解员与受众的互动）、动画、影视等多媒体手段来展示。而中小学的教育主要是通过学校的课堂教学来完成，二者虽然在教育方式上不同、方法上各异，但都共同承担教育的职责，所要达成的教育目标也一致。基于这个原因将博物馆教育与中小学校学科教育进行整合不但是可能的，也是可行的，同时也是现代教育发展的一种必然要求。

教育有各种不同的教与学的方式，博物馆展览是诸多教学方式中的一种。一个展览不仅要精心设计展陈内容、展览方式，更要有目的地密切关注教与学的过程。中小学校的课堂教学过程也是一样的。因为关注过程，就是关注学习者对教学的情感体验和精神领域；关注过程，就是关注学习者如何发现问题、调查研究、表达与交流、学法和习惯；关注过程，就是关注学习者是否尊重伙伴、是否能与他人合作；关注过程，就是给学习者留有充足的发展时间和空间。这一点也

与学校教学方式中的教学过程是一致的，只有做到如此的关注，才能真正体现一个展览的真谛。这个过程也就与本文开头所提的教育的四大支柱，培养学生学会四种本领相吻合。

三、一个关于博物馆教育与学校课程教育整合的举例

博物馆在举办有关昆虫的展览时，学科上可以是科学学科和语言文学的整合，教学上则是博物馆教育与学校学科教育的整合，最后要完成一个共同的教学内容：了解昆虫，也可以称为透视昆虫。博物馆在承办展览之前，博物馆工作人员要与学校任课教师合作，针对不同的年龄段，设计不同的教学目标，从而共同完成教学任务。此展览如果面对的是小学生，则可与小学的自然科学结合起来；若面对的是中学生，则可以与中学的生物课程结合起来；也可以是高中学生研究性学习的课题内容。博物馆展览的主题是昆虫，学校的课程设置也是昆虫，这样就可以做到展览内容与学校的教学内容相统一。展览与课程的主题都是进行一个关于昆虫的科学探究。

在学校教育教学中，学生可以分成小组进行探究，假如要研究蚂蚁、蟑螂、蜜蜂、白蚁等昆虫，就可以分组从这几种昆虫中任选一种进行探究。

各个小组的教学过程即探究过程是：

1. 选择一种昆虫（从4种昆虫中任选一种）

2. 各小组对所选昆虫进行研究，可以从以下几个方面着手：昆虫的栖息地、昆虫以什么为生或它的食物是什么？昆虫的生命周期、对人类或自然界有什么帮助和需要（益处和必要性）以及昆虫有什么害处等等。

3. 进行讨论，讨论的主题是你是否喜欢昆虫？我们人类或自然界是否需要昆虫？你认为你研究的昆虫是否应该被消灭？

4. 写出一份报告，将你所做出的探究结果总结出来，（报告内容可以根据不同的年龄段要求各不相同，如果是小学生，可以让学生自己假设成是一只昆虫，向人类写一封信，表述自己不被消灭的理由；如果是中学生，则可以从昆虫对人类与生态环境的关系方面入手，从而了解自然界生物多样性的意义。）然后各个小组再进行交流与演讲，最终使每一个学生对4种昆虫都有所了解以及你所在小

组对昆虫的观点。

而在博物馆的展览中，有关展览的内容也要与学校的教学（课程）内容相配合。同样是昆虫，博物馆可以将以上4种昆虫的内容都以图片、文字、实物标本、多媒体展示等相结合展示出来。

博物馆的展览内容是：全世界的昆虫可能有1000万种，约占地球所有生物物种的一半。但目前有名有姓的昆虫种类仅100万种，占动物界已知种类的2/3—3/4。我们人类赖以生存的地球上有如此多的昆虫，昆虫无处不在，我们可以在世界上任何角落发现它们——从陆地到水中，从山顶到沼泽。在这个世界上你喜欢昆虫吗？你了解昆虫吗？你认为我们人类需要昆虫吗？你认为昆虫是否应该被消灭吗？下面就蟑螂这一昆虫为例，对蟑螂这一昆虫的知识点进行分解，这一点与学校教学内容相一致。

1. 蟑螂的栖息地：蟑螂无处不在，世界上每一个角落都能发现它们的身影。它们生活在户内，如厨房、教室或任何温暖之处；它们生活在户外，如森林中，接近于水或热带地区；它们生活在墙纸中、衣服中、墨水中、纸盒中，从中可得到蛋白质和淀粉的地方；它们藏于盒中，然后在装满食品的小船和马车中，找到温暖的生存地点。

2. 蟑螂吃什么？蟑螂喜欢吃任何东西；蟑螂喜欢吃淀粉类，它们吃粘贴墙报的浆糊、涂料、装订线和纸；蟑螂也喜欢吃我们人类剩下的残渣；蟑螂的生存能力极其顽强，在恐龙盛行时期，它们就存在；蟑螂在石炭纪（大约350百万前）非常强大，它们可能是第一个会飞的动物。

3. 蟑螂的生命周期：雌性蟑螂产一次卵，大约有14个（一个卵壳中）；雌性蟑螂将卵放在裂缝中，如公文包、口袋或抽屉中；蟑螂卵大约1至2个月出壳；蟑螂在6至12个月中蜕皮13次，才能成为成虫；蟑螂喜欢温暖的6月、7月和8月，它们能够生存2年。

4. 蟑螂的益处：压碎的蟑螂粉末可用在刺激的伤口上，减少疼痛；蟑螂吃臭虫、有蟑螂的地方没有臭虫，这样可以让我们人类安详睡眠，免去被臭虫叮咬之烦恼；蟑螂现在已被应用在医学研究中。

5. 蟑螂的害处：蟑螂吃过的食物并造成污染；蟑螂分泌一种令人讨厌的气味；许多人对蟑螂过敏，症状是打喷嚏；蟑螂在最有害的家族中被昆虫学者尊重；许多人认为蟑螂传染疾病，但这并不是真的，它并不传染疾病。

博物馆的展览内容与学校教学内容相同，同样是以上几个方面，不过比学校教育教学过程中多了蟑螂（昆虫）的实物标本、运用多媒体播放出各种昆虫的叫声，展览的同时还可以播放有关昆虫的教学片（纪录片），只有这样做，博物馆展览内容与学校的课堂教育内容才能相互整合在一起，博物馆教育起到了对学校教育教学的辅助作用，也起到了教育的第二课堂的效果，与学校共同完成教学的最终目标：了解昆虫对人类与生态环境的意义，而我们教育最终目的是让学生能够运用所学的知识自如地解决问题。加涅（美国教育心理学家）认为“教育课程的重要的最终目标就是教学生解决问题——数学和物理问题、健康问题、社会问题以及个人适应性问题”。

（本文原载《中国文物报·博物馆周刊》第6版 研究专栏 2014年5月28日）

对博物馆展陈文字翻译的思考

吴家鹏

博物馆肩负着文物征集保护、研究展示和社会教育等职能，是一个地区、民族和国家的历史、文化的展示宣传平台。近年来，国内博物馆对公众实行免费开放，更多的观众走近了博物馆。同时，博物馆作为文化交流的重要载体与国外博物馆的互动往来增多，博物馆的文化交流、社会教育职能在向国外传播中国文化和向国内介绍外国文化的双向活动中日益凸显，博物馆也成为国家和民族之间多样文化交流交融的舞台。因此，对于博物馆而言，规范的展陈译文是外国观众了解展览以至中国历史文化的重要途径，担负着实现跨语言文化交流的重要职责。为了更好地实现博物馆文化传播的社会功能，满足国内国际双向文化交流的需求，一个博物馆必须在有一个好的基本陈列文本的基础上，建立一支专业性强的展陈文字翻译队伍，或是外聘兼具较高博物馆专业水平和翻译水平的翻译人员，这对于提高博物馆自身建设和推进业务工作发展都显得意义重大。

博物馆展陈文字翻译工作是一项具有一定专业性和应用性的业务工作，目前学者对于博物馆展陈译文翻译进行的专题研究不多，大部分研究成果关注于博物馆展陈文字翻译所出现的具体错误，对于翻译方法和翻译原则等方面较少涉及。本文通过介绍展陈文字翻译的基本理论原则和策略方法，指出在翻译过程中容易出现的错误问题，提出博物馆翻译人员应具备的相关素质要求，以期在推动博物馆展陈文字翻译工作上提供些许思路。

一、博物馆展陈文字翻译的一般原则

历代翻译家对待“翻译”都有各自的标准和看法。唐代玄奘认为，翻译“既须求真，又需喻俗”，意为翻译不但要准确，又要能通俗易懂。清代新兴资产阶级启蒙思想家严复在《天演论》中提到“译事三难：信、达、雅”。何为信、达、雅？“信”就是准确，要忠于原文内容；“达”是指在忠于原文的基础上做到语句用词通顺流畅；“雅”则提出了更高层次的要求，希望译文的行文用词优雅，同时又要有译者自己的风格特色。

对应于严复的“信、达、雅”，师新民认为博物馆文字翻译应该依次注重忠实准确原则、通顺流畅原则和风格得体原则，而在对文物名称进行翻译时，他提出了要注意民族性原则、简洁性原则、信息性原则及回译性原则。其中，值得注意的是“回译性原则”强调的是译名和中文名要在结构和形式上保持一致，认为结构和形式上的一致性能让观众很容易在源语和目的语之间产生自然联系。但也有学者对“回译性原则”提出了质疑，认为在翻译过程中一味追求与原文形式的一致，很容易造成字字对应的“死译”，反而影响翻译效果。

关于文物名称翻译的忠实性和通顺性问题，1991年穆善培先生也提出了“要重视译文的准确性，不能望文生义”的翻译原则。以“陶俑”为例，一般译为“pottery figures”，而“秦始皇兵马俑”则要翻译为“Terra-Cotta figures of warriors and horses of Qin Shi Huang”。

郦青、胡雪英和贾晨星在各自文章中都提到了博物馆展陈文字翻译“一致性”原则的重要性。“一致性”特别是指同一件文物在同一家博物馆或是不同博物馆之间的译名都要保持一致，不能出现多种译法。此外，译文格式如文物说明牌上面译文的字母大小写、字体、行距等也必须做到统一。在翻译时，要尽量靠近国外博物馆展陈文字的表达方式或严格按照国内已有的翻译标准，才能保证译文的一致性。

卡塔琳娜·赖斯（K. Reiss）是德国功能翻译学派代表人物之一，她将文本划分为信息型（informative）、表情型（expressive）和操作型（operative）三种类型。[1]博物馆通过文物说话，以不同的展览形式将馆藏文物的文化信息、历史信息或功能信息等传递给观众，博物馆展陈文字与信息型文本的特点完全一致，简洁性、逻辑性和直观性明显，因此博物馆展陈文字的翻译应当遵循信息型文本翻译的基本原则和理论方法。

二、博物馆展陈文字翻译遵循的理论方法

博物馆展陈文字翻译是应用文体翻译的一种，在熟练运用源语和目的语的基础上，需要注重博物馆展陈文字翻译的目的和受众对象，即需要强调译文的目的性和实用性。

（一）翻译功能理论

德国学者汉斯·弗米尔（Hans Vermeer）在卡塔琳娜·赖斯的观点上，发展创立了“翻译目的论（skopos theory）”，也叫“翻译功能理论”。认为目的是翻译的主导思想，根据翻译目的来决定采用何种翻译策略和方法，打破传统翻译讲究“对等”和“忠实”等特点。功能学派认为，由于不同的文化和语言存在着差异，译文很难做到与原文在内容、结构上的完全一致，若盲目追求“对等”和“忠实”的话，势必会造成信息传达的缺失而影响翻译效果，应重视翻译的目的需求和读者的知识背景，在首先满足翻译需求的基础上来采取不同的翻译策略。

就博物馆展陈文字翻译的目的而言，它更多体现在表达和传递文物、展览乃至整个文化的信息，翻译时应注重信息的传递。罗新璋在其《翻译论集》中也提到这一点，只要译文的意思表达到位，漏译几个字或者几句话甚至采用变译都是无关宏旨的。

（二）“归化和异化”的翻译理论

1813年德国学者施奈尔马赫（F. Schleiermacher）在名为《论翻译的方法》

---

① Munday Jeremy. Introducing Translation Studies. Theories and Applications：London and New York：Routledge，2001：108-109.

的演讲中提出了著名的“归化和异化”的翻译理论。他指出：“真正的译者只有两条途径可以选择：一是他尽量不打扰作者而将读者移近作者，二是尽量不打扰读者而将作者移近读者。这两条途径彼此迥然不同，译者必须步步为营，尽最大努力紧紧沿着其中一条途径前进，否则，如将两者混用，就会出现令人不快的结果，作者与读者恐怕永远无法走在一起。”①1995年美国学者维努迪（Venuti）在施奈尔马赫所提出的理论的基础上正式将归化（Domestication）和异化（Foreignization）的概念进行了准确定义和归纳梳理。一般来说，归化和异化是完全不同的翻译思路。异化翻译以源语为归宿，有利于保留源语文化的风格，在一定程度上保持了原文的异域性特点，例如将源语文化中有特色的词汇、句式、文化因素等加入到目的语之中；归化翻译以目的语为归宿，是尽可能在译文中采用流畅易懂、自然流畅的句式风格，目的是减少陌生感和异域性。在博物馆展陈文字翻译工作中，要根据展览的既定目的来灵活运用归化翻译或异化翻译。有学者认为中国的博物馆展陈文字中的解说词和文物名称翻译主要是给外国观众看的，因此归化翻译有利于策展时沿用国际通用的博物馆文本翻译的范式撰写展陈文字，也有利于外国观众按照自己的思维方式和阅读习惯去理解展陈信息；但是更多的学者从文化传播和文化多样性的角度提出，如果一味为了满足外国观众理解展览内容而采用归化，实质上并不利于文化的交流和传播。如中国传统文化中的“土地神”一词，如用西方的“God”来代替的话，就丧失了中华文化的特有文化形象。而异化翻译更利于文化多样性的发展和融合，异化翻译可将源语中的文化因素融入目的语的文化中，如“沙发”“巧克力”“鳄鱼的眼泪”等来自西方文化的词语现在已经在我们的生活中经常使用。又如在翻译展览中某些藏品如“噶布拉碗”“擦擦”“爵”“钺”等文物名称时，国外观众对其理解的难度肯定较大，因此，异化翻译对民族文化因素及特色的保存具有十分重要的作用。

通过总结梳理，博物馆展陈文字翻译在“翻译目的论”和“归化异化”理论的指导下，可以运用“直译和意译”和“翻译补偿和摘译”等具体方法进行翻译。

① 丁宁．浅谈博物馆文字翻译的归化异化［J］．中国科教创新导刊，2009（10）．

1. 直译和意译

直译和意译是两种最基本的翻译方法。直译顾名思义“直接译”，译文要尽可能地与源文的内容和形式一致，特别是源文所使用的一些形象比喻、习惯用法或赋有民族或地方特色的词汇要在译文中有所体现；意译是强调把意思传达到位，重在表达源文的蕴意，而对是否保持原文形式或是表达方法并无特别要求。对于博物馆展陈文字而言，重在信息的表达和传递，在翻译过程中还是要在“翻译目的论”的前提下，以目的和需求为重。同时，由于汉语和英语等语言存在着语言和文化的巨大差异，要做到译文和原文在各方面完全一致十分困难，因此翻译时对源文内容的取舍和变动都要视翻译目的而定，如文物展品信息等部分该直译的地方要直译，如文物背景内涵介绍或通过直译难以表述清楚的部分则要意译，但全文不能违背忠实和通顺的原则。

2. 翻译补偿和摘译

在翻译博物馆展陈文字时，除了在直译和意译的基础上也要注重使用翻译补偿和摘译两种翻泽方法。翻译补偿是一种解释性的翻译方法，又称“增补法”。国外学者很早就提出了这种翻译方法，伽达默尔提出了诠释学理论，奈达提出了翻译补偿理论，乔治·斯坦纳也撰写了关于翻译补偿理论的经典著作《通天塔之后》。在国内关于这方面的研究，主要体现在由夏廷德先生撰写的《翻译补偿研究》一书以及其他一些相关论文。在博物馆文字翻译过程中，在解说词或文物说明中经常会出现一些国人较为熟知的人名、地名等知识点，在翻译过程中应该增加相关背景知识说明，方便国外观众理解。翻译补偿就是通过增加文物或展览的相关背景知识来补偿在翻译过程中遇到的文化差异而造成的文化因素缺失的一种翻译方法。国外的博物馆的展陈文字就十分注重文物展品文化背景知识的介绍。在我国的博物馆特别是民族博物馆中，很多文物展品是带有浓厚地方特色或少数民族特色的文化符号，很多文物名称是由少数民族语言转音过来或是少数民族当地特有的物品，如“嘎乌”“察尔瓦”“曼扎”等，如果直接英译或拼音拼读的话会使不熟悉我国少数民族文化的观众一头雾水，因此需要在文物译名后面适当增加一些解释性文字。

与补偿相对应的就是摘译，又称“减译法”，也是博物馆展陈文字翻译时比较常用一种策略。有学者认为摘译就是“将材料中重要并且对己有用的部分摘录出来加以翻译。[①]也有学者认为："摘译应指译者根据特定的服务对象的需求，摘取原文的特定部分进行翻译的一种跨文化传播活动。"[②]博物馆展陈文字在摘译时，也要根据展陈文本以目的为出发点，很多国内博物馆的展陈文字特别是前言和结语文字都会写的文采飞扬、辞藻华美、工整对仗，让国内观众能有意境的美感和情感的升华，但对于国外观众来说则显得毫无实际意义，甚至干扰了对原文的理解，因此国外博物馆的展陈文本风格大多都是平铺直叙、简洁明了，因此适度摘译有所必要。以文物说明文字为例，为了达到信息传递明确，译文直观简洁的效果，文物名称、年代时间、尺寸大小、使用功能、基本特征等重要信息必须保留翻译之外，对反映其历史文化内涵的内容可进行适当的删改，一些别称、重复或不重要的细化说明则可略译或不译。

总的来说，在博物馆文本翻译过程中，要使用直译或是意译、补偿还是摘译，都要从展陈文字的预期目的出发，根据不同目的而采取不同的翻译策略。

三、博物馆展陈文字翻译过程中出现的问题

国内很多博物馆的展览文字都是兼有中英文，但是包括某些国家级博物馆的展览译文都会出现一些错误。目前，关于国内博物馆展陈文字翻译的相关研究文章也多集中于探讨具体错误的分析上，很多学者就某一个博物馆的翻译文本做个案分析，指出错误，分析错误原因，并提出修改意见。例如，金晶和高丽华在通过大量问卷调查后指出浙江某博物馆在外宣资料翻译工作中出现翻译过于书面化、过于死板或是忽略文化差异而较多使用直译或字字翻译的问题；徐晓艳和田昌以湖北某博物馆的翻译文本为研究对象，指出在其英译文本的错误主要集中在拼写错误、语法错误、文化差异造成的误译、词意混淆、译名不统一、词语累赘六个方面；赵丹晨对陕西的某些博物馆译本特别是文物说明牌、展览宣传册和出版物的解说词进行分析后，指出其中的错误主要集中在语法错误和印刷错误、使用习惯不当、词意混淆、信息缺失、取代原词、词语过时、形近意远、文化差异

① 许建忠．工商企业翻译实务［M］．北京：中国对外翻译出版公司，2002．
② 文军．翻译能力及其培养［J］．上海科技翻译，2004（3）．

这几个方面。郦青、胡雪英主要关注于博物馆文物展品名称的翻译问题，以浙江某博物馆展品英译为研究对象，指出出现的错误主要集中为文字拼写、词语选择、语法错误等方面；俞川对一些省级及以上的博物馆的展陈文本译文进行分析总结，发现其出现的错误主要表现在拼写和语法错误、遗漏信息、译名不统一、中式英语、语言表述重复啰嗦和衔接生硬等方面。

博物馆特别是民族博物馆，作为对外交流和展示我们各个民族历史文化的重要窗口，对博物馆展陈文字翻译的质量水平应有更高要求，这不仅仅关系到我国博物馆整体形象问题，更是推动中华优秀民族文化走出去的重要举措，肩负着中外文化交流的重任。因此，博物馆从事展陈文字翻译人员从自身来说，首先要从思想上认识到这项工作的意义和重要性，要多有一分责任心和使命感，尽量避免拼写错误、语法错误和格式错误这些本应该可以避免的问题；同时，自身要不断加强母语和目的语的学习，一方面要有深厚的中文功底，另一方面还要了解中西文化背景、文化传统和思维方式的差异，熟练驾驭博物馆展陈文字翻译的各种原则和策略，这样才能在两种语言之间进行熟练转化，才能更好地表达出文物和展览所要表达出的文化信息。除此之外，作为文博工作者，更要有一个宽泛的知识面，特别是作为民族博物馆的翻译人员不仅要掌握博物馆和文本英译的专业知识，大量阅读国内外博物馆的出版物和考古方面的图书资料，经常去国内外博物馆参观学习其展览文字和文物说明的英译内容、常用或固定的博物馆专业词汇和表达方法之外，还要认真学习补充少数民族历史、民族文化知识，否则在面对“嘎乌”“朵帕”“察尔瓦”等富有民族特色的文物时将一筹莫展。著名的翻译理论家奈达曾指出：对于真正成功的翻译而言，熟悉两种文化比掌握两种语言更为重要，因为词语只有在其作用的文化背景中才有意义，脱离了文化背景，翻译无法达到真正意义上的忠实通顺[①]。总之，高度的责任感、扎实的中文功底、丰富的词汇量和翻译技巧、宽泛的专业知识面是做好博物馆展陈文字翻译工作的必要保证。在文博界，懂点英语的人不少，熟悉英语的人不多，掌握英语的人极少，各个博物馆应该重视博物馆展陈文字的翻译工作，鼓励培养博物馆翻译才人，建立起传、帮、带的人才培养机制，多与国外博物馆建立起互派相关工作人员学习

① 何跃奇. 英汉互译中文化信息的传递 [J]. 边疆经济与文化，2007（3）.

交流项目，这样才能进一步推动我国博物馆翻译事业的发展，进而更好地发挥博物馆宣传教育和文化交流的作用。

（本文原载《中国民族文博（第六辑）》 辽宁民族出版社 2017年5月）

中国民族文化展览品牌化发展思考

蒋书婷

在当代，会展业的发展已由数量增长型向质量增长型转变，因此发展品牌展览已成为发展会展经济、提高展览市场竞争力的战略任务。伴随现阶段我国文化创意产业的空前发展，民族文化展览也开始逐步向产业化发展转变。而我国民族文化展览的现状是品牌意识淡薄、基础薄弱，无法与国际品牌展会相提并论，在市场上极度缺乏竞争力，在社会上极度缺乏影响力。因此重视我国民族文化展览品牌的培育与打造，走品牌化的发展道路具有战略性的意义。然而，民族文化展览的品牌建设不是一朝一夕的事，是需要不断培养与维护的。我们必须清晰地剖析我国民族文化会展产业的现状，认识到民族文化展览品牌建设的必要性，认真分析和总结打造民族文化展览品牌的基本要素，才能逐步做大做强我们的民族文化展览品牌。

一、我国民族文化会展产业现状分析

现阶段，正是我国文化创意产业大发展大繁荣的时期，民族文化会展产业作为文化产业的重要组成部分在这一时期也得到了空前的发展。以上海世博会为代表的各种文化展览如雨后春笋般不断地涌现出来。但在这些展览的背后我们不难发现一个问题，能留给我们深刻印象的民族文化展览少之又少，且几乎都似昙花一现。即便是看过展览的观众也不能十分准确地说出展览的主题、名称、特点，甚至转眼之间就已对展览印象模糊，说明这些民族文化展览在观众心目中并没有留下丝毫的品牌印记。这与世博会、德国汉诺威消费电子信息及通信博览会、法国巴黎国际时装展、意大利米兰国际家具展、美国拉斯维加斯国际消费电子展等这些国际大型展览品牌在观众心目中根深蒂固的影响形成了强烈的对比。目前国内民族文化展览的筹办往往是临时独立的项目，没有考虑到长远的发展，没有走品牌化建设的道路。各展览之间存在着不少的雷同性、复制感，这必然会导致观众有似曾相识的感觉，产生审美疲劳。品牌特色不鲜明、识别度不高，缺乏品牌经营的意识，是我国民族文化会展产业的现状。因此，没有展览品牌的树立和形象的传播，就不能带来公众认可度、客户忠诚度，无法对观众形成强有力的吸引力，必然会在日渐白热化的会展产业市场竞争中迷失发展的方向。

二、民族文化会展产业展览品牌建设的必要性

品牌是企业赖以生存发展的根本。品牌竞争是企业竞争三个阶段：价格竞争——质量竞争——品牌竞争中的最高级阶段。没有品牌的意识，必然会在激烈的市场竞争中失去竞争力。如今，“苹果”早已是街头巷尾、妇孺皆知的著名品牌，然而美国苹果电脑公司的成功并非一帆风顺，曾经也一度陷入绝境。在常人看来，电子消费品只是无天然垄断优势可言的普通行业。然而从乔布斯1997年回归奄奄一息的苹果算起，苹果仅仅用了短短14年时间对产品和品牌进行优化打造，就转而成为世界上最强大的公司。苹果的股价已从1997年低谷时的3.18美金上升超过了百倍，前两年的发展更是突飞猛进。2011年击败IBM，登顶《Davis Brand Capital 25》排行榜榜首，成为年度品牌排行榜冠军。ZDNet根据各大厂商发布的最新财报，对2011财年IT业十大利润最高的厂商进行了排序，苹果以259.2亿美元的利润排名十大最赚钱IT厂商首位。由此可见，品牌的影响力是巨大的，一个好的品牌可以救活一个企业，并为企业的发展推波助澜，可以引领产业的最新潮流，甚至是创造一个新的市场蓝海。

品牌建设是提升展览市场竞争力的必要且有效的手段。在激烈的市场竞争中，观众的眼光和品位越来越高，越来越挑剔甚至专业化。要想在竞争中立于不败之地就必须不断地提升展览的品质，创造出与众多展览不同的特质，逐渐树立和建设品牌。我国的商业展览已经有部分开始向品牌化方向发展并取得成功，如中国出口商品交易会（广交会）、北京国际汽车展、深圳高交会、厦门“投洽

会”等。但在民族文化会展产业范围内品牌的发展还没有被充分地重视，缺乏提得起、拿得出的响当当的品牌。

有品牌就有市场。品牌会使展览收获更大的经济效益和社会效益。知名的品牌展览能吸引更多更优秀更有实力的参展商来参展，获得较高的市场占有率。知名的品牌展览能迎来更多国内外知名媒体的关注从而得到更有效、更广泛的报道和传播。知名的品牌展览对观众更有召唤力，能吸引大量的观众前来参观。观众希望并能够从这些优秀的品牌展览中看到、感受到与其他展览所不同的独特的、崭新的展示内容、视觉形式、人文文化、特色商品等等，这样展览的经营就会进入良性循环。会有更多的企事业单位愿意加入有品牌、人气高的民族文化展览来参展，借助品牌展览宣传民族文化，提升企业的品牌知名度，推广民族文化产业的相关文化产品。

三、民族文化展览品牌打造要素

（一）强化品牌战略意识，制定总体长远规划

要建设民族文化品牌展览，最重要的一点就是展览的组织、主办、经营与管理者要具有卓越的品牌理念，并制定长远的品牌发展战略规划。政府在整个民族文化会展产业的品牌建设过程中要起到引导、支持、管理等作用。各级政府、各行业协会、民族文化会展产业相关的企事业单位及从业人员都应当强化品牌战略意识，提高对品牌的认知，充分意识到要想在当今国际会展业激烈的市场竞争中争取到一片天地就必须实施品牌战略，打造自己的民族品牌。

苹果成功背后的品牌战略规划：

灵魂—品牌文化：苹果的前CEO乔布斯提出的“与消费者产生情感共鸣”和“制造让顾客难忘的体验”的品牌文化，在苹果走向成功的道路上发挥了决定性的作用。苹果公司还有一个贯穿企业文化的口号——Switch（变革），坚持在把自主创新作为企业发展动力源泉的同时，更注重以用户体验来为品牌保驾护航，或许这正是苹果一直被模仿，从未被超越的真正原因所在。

基础—产品：苹果在打造品牌时所考虑的关键第一步，是设计开发出来的产

品是否有市场需求，投入市场后能否得到消费者的认可，否则再有实力的品牌也会因为没有受众而无法落地。正是基于不断跟进消费者日益增长的需求而开发出来的一款又一款跨时代产品，苹果才能在成功之路上大步飞奔，把其他竞争者远远地甩在身后。

核心一营销：苹果的营销体系，不论是品牌推广、销售渠道或是标新立异的营销手段都令人望尘莫及。苹果的品牌推广实际上是在进行一种品牌文化的推广和时尚文化的推广，这样全方位、创新、时尚的营销体系和手段让其迅速超越行业内所有其他品牌，进入了一片全新的蓝海之中。

关键一定位：苹果每进入一个产业都将自己定位为产业的领跑者，苹果深知，作为领跑者要尽市场领跑者的义务，要想把蛋糕做的更大就需要不断地去拓展这个市场的边界。作为市场的领跑者，要永远比竞争对手快一步，持续不断地进行产品创新，引领消费潮流，促进产品的升级换代。苹果做到了。

从苹果卓越的品牌战略规划我们可以看出，其成为全球市值第一名的公司完全在情理之中。

（二）策划优秀的展览主题和内容

众所周知，文化产业是“内容为王”，即文化产业要以内容为主。没有内容，就无物可传播，有了内容，文化产业才能有效地运作，才能朝着一个健康、良性的方向持续发展。电影需要好的内容即故事，旅游需要好的内容即优美的风景和深厚的人文，展览需要好的内容即优秀的展览主题。内容是展览是否精彩，是否能留得住观众和消费者的关键。现在多数民族文化展览的内容做得比较弱、大而空、缺乏新意，就难以形成品牌。因此在策划一个民族文化展览的时候首先要做好充分的市场调研，选择独具视角和观赏性强的展览主题，并要考虑到内容多层次，多方向的延展性，以便今后在这一大的品牌主题下内容可以有系列化、深入化的发展。

2009年12月在北京民族文化宫举办的“台湾少数民族历史文化展”大型综合性展览是近些年来为数不多的内容策划俱佳的民族文化展览之一，它全方位、大规模、高水平地展示了台湾少数民族的历史文化。展览的主题是揭开台湾少数民族神秘面纱，展现丰富多彩人文内涵，密切两岸同胞感情联系，促进两岸关系和平发展。展览的内容共分历史、文化、生活三个方面，对象囊括了阿美、排湾、泰雅、布农、太鲁阁、鲁凯、卑南、邹、赛德克、赛夏、雅美、撒奇莱雅、噶玛兰、邵等台湾少数民族现存的14个族群。通过图片资料上万幅、影像资料40多部、器物400多件和大量的文字说明、配合现场歌舞表演等，呈现了台湾少数民族的社会制度、家庭组织、生命礼俗、信仰祭典、音乐舞蹈、部落建筑、渔猎器具、服饰、工艺、饮食文化等。其中，历史馆介绍了荷兰、西班牙占领时期，明朝郑成功时期，清朝统治时期，日本占领时期，台湾光复和当代面貌等多个历史时期与台湾少数民族有关的重大事件。文化馆展示了现存于各族群的社会组织、岁时祭仪、服饰文化、音乐舞蹈等传统习俗，包括了带有浓厚台湾特色的出草猎头、祭奠巫术等引人入胜的奇异风俗。生活馆则展示了台湾少数民族刀耕火种、狩猎渔捞、屋舍建筑、工艺制作等方面的生活器物，以及阿里山、日月潭、太鲁阁、鹅銮鼻等地秀美的部落风光。[①]特别值得一提的是，展览期间一批台湾少数民族表演艺术家献上的原生态歌舞把展览气氛不断推向高潮，绚丽的服饰、古朴的歌调、原汁原味的祭典仪式、奔放的舞姿、明快的步伐，淋漓尽致地展现了台湾少数民族同胞们火热的性格和多彩的生活。他们独具特色的演出形式和舞蹈内容深深吸引了现场观众，让人耳目一新、回味无穷，仿佛亲临充满民族风情的台湾少数民族部落。有幸到场观看的观众纷纷表示，通过展览近距离、生动地了解到了台湾少数民族同胞的文化和生活，也引起了他们对台湾少数民族的浓厚兴趣。希望今后能去台湾旅游，更深入地体验那里的生活和文化。这个展览的内容策划让人深受启发，丰富的就如同在看一部台湾少数民族百科全书，应有尽有。展览的表现形式丰富多彩，从平面到立体到互动，静动结合，系统全面地呈现了展览的主题，成功地宣传了台湾少数民族历史文化并收获了展览的附加价值，即促进了台湾地区旅游市场的繁荣，推广了台湾当地特色的文化产品。

（三）提高展览的服务水平

要想树立优质的民族文化展览品牌，还需要提升展览的经营服务理念。服务是否专业化，是展览是否有文化内涵、有品质，是否具有品牌化发展潜力的一个

---

① 聚焦台湾少数民族历史文化展.http：//tw.people.com.cn/GB/26741/177500/.

重要标志。因此，首先要树立明确的服务目标。“服务至上”的理念在民族文化展览进行品牌化经营时，必须贯彻始终，将展览所能提供的服务视作展览品牌策划中一项独特的“产品”去经营。专业化的展览服务涵盖展览运营的方方面面和全部过程。包括市场调研、会务接待、商务谈判、物业管理、会场安排、观众组织、现场调度、危机公关、后期跟踪服务等等，服务的内容庞大且具体、繁杂。全面提高展览的服务质量，提供高效、优质、差异化的服务，可起到扩展品牌附加功能、增加品牌美誉度、培养客户忠诚度、优化客户关系等的作用。

被称为“世界第一会展强国”的德国，就拥有一套非常成熟的展览服务运作理念和模式。主办方以服务客户的身份出现，按照市场化、商业化、专业化的要求进行运作。想客户之所想，急客户之所急，提供全程一站式服务。整个展览服务贯穿于展会的前、中、后等各个不同阶段。展览会承办方提供的配套服务也都非常到位，从展览的设计、搭建与布置到交通、物流、通讯、住宿、餐饮、旅游和咨询等服务项目，为参展商与观众提供了极大的方便。许多展览城市在解决展会期间的停车和交通拥堵问题及吸引企业和专业观众参展等方面积累了丰富的经验，观众甚至仅凭展览会门票就可免费乘坐火车和公交。一流的服务，不仅使参展商成功参展、满意而归，更为展览会培养了顾客忠诚度，树立了良好的品牌形象。

（四）注重专业化人才的培养

人才匮乏是现在文化及会展产业中面临的最普遍的问题，是否拥有足够数量的专业人才，也是民族文化展览品牌化发展能否取得成功的关键。专业化的人才是保持产业持续发展的原动力，他们充满活力，不断创新，是价值创造的源泉。专业化的人才能够提供全面系统的服务、技术、知识及管理，可以为展览在品牌化的发展方向上铺平道路，进而使民族文化展览在品牌化建设的过程当中可以更高效更科学地大步迈进。

德国会展业的蓬勃发展也与其专业人才的培养密切相关。在德国，大专院校都设有会展专业，系统地向学员讲授会展理论知识。同时，更有一些行业组织积极参与到会展人才的培养中来。德国的AUMA等建立创造了一套系统完整的专业人才培养计划和内容，分别通过课堂学习、工作实践、参与协会活动和考试等方式给予被培训人员各种机会。严格、系统、实战化的人才培训为会展业的健康发展奠定了坚实的智力基础，使其在世界会展业的竞争中始终占有绝对的优势。

我国文化和会展产业都起步较晚，各大专业院校也是近几年才开始设立文化及会展专业，开设相关课程，这与市场不断扩大的需求严重不平衡。目前我国文化、会展产业的从业人员多数是半路出家，他们在这些年来工作的过程中逐渐摸索出一些经验。但光靠这些仅有的实践经验去在白热化的市场中竞争未免显得有些苍白无力。因此各级政府、各行业协会应该积极引导民族文化会展产业相关的企事业单位加强与各大专院校的合作，多开设民族文化、会展产业方面的专业和课程，为用人单位量体裁衣，定制人才。或者用人单位可以直接派遣人员到学校进行定向培养、学习。这样可以达到互惠互利的目的，学校可以提高学生的就业率，专业的招生率，用人单位也得到了十分有针对性的人才。民族文化会展产业相关的企事业单位还可以在单位内部办培训班，聘请行业内的专家、教授、高级管理者定期或不定期地到现场进行培训、开设讲座，为单位的发展培育人才、出谋划策。

（五）注重品牌形象的策划及传播

品牌形象主要包括品牌的名称、标志形象和标识语等。它是一个品牌、一个企业区别于其他品牌、企业的视觉传播要素。许多民族文化会展产业的领导者并没有认识到其重要性，认为就是使用一个随意的图形符号代表企业品牌而已。但实际上品牌的形象必须经过专业人员系统而全面的设计，将企业的行业特征、品牌名称、企业文化等因素融入其中，针对不同使用场所、渠道、实物进行延伸应用设计。无形的品牌形象定位必须通过一系列的有形展示才能更好地传播到目标受众那里并被他们所接受。展览的品牌名称、LOGO、标识语以及色彩等既是展览品牌形象有形展示的主要载体，也是传播展览品牌形象的主要载体。真正的品牌展览，在进行品牌形象推广及市场宣传方面需做到无论展览场地在何处，其内在的装修、展馆的陈列、形象的展示以及主题的宣传、图形图像的应用均要做到统一，所有的外围设置都要以突出品牌形象、传播品牌文化、提升品牌影响力、建立品牌美誉度为核心。良好的展览品牌形象的树立还要靠广泛有效到位的传播手段来进行宣传。在新闻媒体、电视广告、报纸杂志、网络等媒介打广告、做活动、介绍展览的品牌文化或者进行适当的炒作等，不断地借助公共平台将展览品牌形象强化、放大，使其真正成为公众心目中知名的展览品牌形象。

还以“中国台湾少数民族文化展”为例。该展览的整体传播形象都经过精心而系统的设计，表现出高度的和谐统一。无论是展览的平面装饰元素、立体结构框架、开幕式背景板、展览宣传册、纪念品等都在视觉传达上采用一致的色调、形式、图片、纹饰来设计。设计元素中台湾各地的风光图片，少数民族人物、服饰照片，传统民族纹样装饰，原木搭建的体现当地民居特色的瞭望台、舞台、展台、展柜等展览结构都具有极高的识别性，完全区别于其他民族文化展，具备了品牌化运作的基础。

在展览的宣传造势上，全国政协副主席、台盟中央主席林文漪，全国人大常委会委员、全国台联会长梁国扬等出席开幕式并为开幕式剪彩。来自台湾的少数民族民意代表以及14个族群的50多位长老和族长亮相开幕式，这也是台湾少数民族代表首次成规模地到大陆参访。展览期间全国台联还举办了“台湾少数民族历史文化展”新闻会、台湾少数民族历史文化学术研讨会、台湾少数民族歌舞晚会等活动来进行多方位的推广。另外全国台联还将在上海、福建、贵州等地举办巡回展。这样如此系统、大规模、隆重的宣传台湾少数民族历史文化的阵势在台湾都不曾有过，在世界上尚属首次。

在媒体传播上，于开幕式前一天专门设立媒体开放日，请媒体提前采集信息、报道新闻，向社会公众传播。人民日报社、新华通讯社、中央电视台、中央人民广播电台、中央国际广播电台、香港文汇报、台声杂志社、北京交通台、北广传媒城市电视作为此次展览的官方媒体支持单位，全程跟踪报道。人民网台湾频道与全国台联联合推出专题页面进行宣传。北京卫视、东南卫视、中国民族宗教网、新浪网、搜狐网、凤凰网、网易、腾讯、台湾“中央社”、你好台湾网、香港文汇报、香港大公报等两岸三地的主流平面、电视、网络媒体争相报道转载。如此声势浩大的宣传力度，为这次展览迎来了大量的观众。通过这次“中国台湾少数民族历史文化展”我们可以清楚地看到，专业的形象策划设计及全方位多渠道的宣传推广可以广泛、迅速、有效地推进展览品牌的传播，使展览品牌得到全社会的广泛关注，提高展览品牌的社会影响力和知名度。

四、结语

综上所述，品牌的树立与民族文化会展产业的发展是相辅相成的。民族文化展览的组织策划者在创立展览品牌形象的过程中，既要树立起对品牌的正确认识，又要真正重视品牌战略工作。要将长远的战略规划、多元化的文化内容、差异化的配套服务、专业的从业人才、卓越精准的品牌形象策划营销等几大要素综合运用，依据市场规律准确把握信息，才能制定有效的市场策略，逐步创立自己独特的品牌。打造具有广泛知名度的民族文化展览品牌，才能培养客户忠诚度，提高展览附加值，以求在激烈的市场竞争中生存下去并不断发展，带来良好的经济效益与社会效益，为我国民族文化宣传、建设做出贡献。

参考文献

[1] 杨志慧，彭圣文.论会展品牌的形象定位和形象塑造 [J]. 特区经济，2005（5）：347-348.

[2] 周志平. 如何培育会展品牌 [J]. 北方经济，2006（10）：34-35.

[3] [美] 沃尔特·艾萨克森. 管延圻，等译. 史蒂夫·乔布斯传 [M]. 北京：中信出版社，2011.

[4] 王方华，过聚荣. 中国会展经济发展报告（2010）[R]. 北京：社会科学文献出版社，2010.

（本文原载《中国民族文博（第五辑）》 辽宁民族出版社 2014年4月）

跨界融合
——民族博物馆主题酒店可行性研究

张斯齐

民族博物馆酒店概念的提出源于我国丰富的少数民族历史文化资源，是在综合了民族学、博物馆学、美学、文化遗产学等学科基础上发展起来的，蕴含了博物馆管理和酒店运营的跨界融合理念。民族博物馆主题酒店从建筑外观、园林设计到内部装修、实物展陈以及非物质文化遗产展示，都是以保护和传承少数民族传统文化为立足之本。对于我国少数民族地区的民族民间文化传承、经济发展与文化遗产保护之间的关系有许多建设性意义，对于地方政府文化宣传、经济发展、农民增收、社会进步具有深远的影响，是博物馆发展和酒店建设模式的有效探索。本文中所提到的民族博物馆主要指少数民族地区的民族博物馆。

一、民族博物馆主题酒店创意理念的理论基础

近年来，随着社会的变化，民族学理论不断发展，已由原来对于少数民族的生活习惯、生产关系、历史文化的研究更多地向民族区域经济发展、民族间文化交流与融合、全球化对民族发展的影响等方面深入。理论研究的深入将进一步推动民族博物馆建设与发展，为民族博物馆文化酒店提供理论支撑。

（一）民族学理论为民族博物馆主题酒店提供理论支撑

1. 文化功能主义提供大的理论背景

英国功能学派创始人马凌诺斯基认为，文化实际上是满足人类需要的手段，

文化是一种物体、态度和活动的体系；它是一个整体，其中的各个组成部分都是互相依存的①。在全球化的大背景下，少数民族文化受到以汉文化为主体的外来文化的影响，其发展不再是独立的、不受外界影响的自主的缓慢变迁。研究少数民族文化，应该把它放在整个大的社会环境中去研究，以动态的眼光去看待它的发展。

2. 象征符号学将民族学理论与传播学相结合

在英国人类学家阿伯纳·科恩的象征符号学中，象征是自然地代表具有类似性质的或在思想上或在实际上有关联的事物，包括一切物品、动作、关系、语言等，它可以唤起人们的情感冲动，驱使人们采取如典礼仪式、礼物交换、宴饮酬酢、社交礼节等行动。在科恩看来，符号是传播的重要元素。如果没有符号的介入，人们就无法认识、理解和掌握文化；没有符号，文化就不能生存，也就更无从谈及传承、交流、蓄存和增值。

民族博物馆主题酒店从外在的建筑外观、园林设计到内部装饰、展品设计以及酒店服务人员的服饰作为鲜明的视觉符号无时无刻不在传递给客人浓厚的民族文化信息，而非遗展示的音乐、舞蹈、诗歌等听觉符号则带给客人浓郁的民族文化氛围。

（二）博物馆学与其他学科的跨界融合将给民族博物馆的发展提供更多可能性

博物馆学本身就是一个涉及考古学、人类学、美学、信息技术、传播学、管理学等多学科的综合性学科。随着各学科的发展，学科间你中有我，我中有你，互为推动的趋势更加明显。在民族博物馆文化酒店的建设和运营过程中，将会出现更多可以借鉴的成果。民族博物馆是征集、收藏、陈列和研究少数民族物质文化和精神文化的实物，为公众提供知识和欣赏的一种文化机构。它将民族文物中所蕴含的传统文化和少数民族的现代化借助现代展陈手段表现出来，统一在博物馆的展览之中。

---

① 林耀华. 民族学通论［M］. 北京：中央民族大学出版社，1997：127.

（三）美学在民族博物馆主题酒店发展中的重要性日益凸显

美学教育是指通过提高人们辨别美丑的能力，培养对各种美的感受能力，发展创造美的能力来塑造美丽的心灵，达到个人的全面发展。美育的特点在于：寓教于乐、怡情养性和潜移默化。首先，美育是寓教于乐的教育。它通过运用各门类艺术的审美功能，实现美的集中概括，达到内容与形式、主观和客观的统一，以情感感染受教育者，使受教育者产生情感触动，从而实现最充分、有效的教育。其次，美育是怡情养性的教育。它通过情感作用于受教育者的心灵，最大限度启发人的自觉性、能动性和创造性，从而形成受教育者自我教育的强大内驱力，这种强大的内驱力无论对于正确的世界观和价值观的树立，还是科学文化知识的掌握，都有着事半功倍的效果。再次，美育是潜移默化的教育。不同于一般的说教式灌输，纪律约束等强制性手段来实现的教育，美育通过具体的、感人的、美的形象，以情感为媒介激发受教育者的心灵，通过受教育者对美的事物的主动接近，在耳濡目染过程中陶冶情操，形成持久而稳定的审美心境，借助于心境的弥散性使情感、认识和意志协同活动，培养和提高审美能力，完成教育过程。

民族博物馆展陈的都是具有浓厚民族特色的文物，是地地道道原生态的美。随着大众审美意识的不断增强，脱离意识形态的纯美学追求将会大大提升民族博物馆的美学层次。观众对博物馆的要求不再仅仅局限于简单的陈列与展示，对于更高层次美学的心理感受的要求会更高，观众更倾向于那些能够打动他们心灵的博物馆。

二、建立民族博物馆主题酒店的现实依据

（一）少数民族地区丰富的历史文化资源

千百年来，各少数民族孕育创造了丰富多彩的物质文化和精神文明。从考古学的角度看，少数民族文物主要包括以具有历史、艺术、科学价值的古建筑、古墓葬、石窟寺和石刻等为代表的不可移动文物和以出土的、传世的、馆藏的民族

文物为代表的可移动文物。以古建筑为例，宁夏同心清真大寺、西安清真寺等是我国信仰伊斯兰教的少数民族的建筑艺术代表作；西藏的布达拉宫、青海的塔尔寺等均为我国藏传佛教建筑艺术代表作；云南景洪县的曼飞龙塔、勐海县的景真八角亭，是傣族地区佛教建筑艺术的珍品。各少数民族在发展过程中还积累了大量的文学艺术作品，如蒙古族的史诗《江格尔》、藏族的《格萨尔王传》、柯尔克孜族的《玛纳斯》等，这些都是丰富的历史文化资源。

（二）现代博物馆运营模式的多元化

传统的博物馆都秉承政府出资的运营模式。如今，世界各国政府都在减少政府对博物馆的投入，许多博物馆开始尝试新的运营模式。这其中包括在原有展览的基础上加大临展的比重；通过借展等方式加强馆际交流，各种资源和方式越来越多地被各博物馆尝试，宽松的发展环境也为博物馆的发展提供更多的可能。

（三）世界各地的博物馆主题酒店

近年来，随着经济、文化、社会的发展，世界各国的博物馆事业与酒店业蓬勃发展，各行业间的跨界融合日益频繁，博物馆主题酒店也应运而生。意大利米兰的长廊酒店坐落于米兰杜奥莫广场北方，酒店的创意来自于 AlessandroRosso 集团的老板，其建造长廊酒店的初衷来源于他想把自己的酒店开到世界上每一座世遗建筑的大胆构想。杜奥莫广场的埃玛努埃莱二世长廊拥有拱形的屋顶和马赛克图案拼成的地面，AlessandroRosso 集团就在这座长廊里盖了精品酒店，让住客不仅能享受到舒适的客房，还能推开窗就欣赏到长廊绝美的玻璃拱顶；美国路易斯维尔21C博物馆酒店是一家充满文化气息的博物馆主题酒店，酒店里随处可见的吉祥物红企鹅是酒店的一张艺术标签。作为一家向公众免费开放的艺术酒店，酒店经常邀请世界各地艺术家前来办展，不论是雕塑、摄影、影像，21C博物馆酒店都以自己敏锐的艺术嗅觉为公众提供具有浓郁艺术特色的展览。除此之外，酒店经常举办音乐会、电影放映会、诗歌朗诵会，每周还有一次瑜伽课。在固定的时间内，有专门的讲解人员为大家做与艺术相关的解说；土耳其卡帕多西亚博物馆酒店坐落在土耳其卡帕多西亚地区，占地面积约为5000平方米。酒店的老板奥莫尔·图桑将收藏的塞尔柱、奥斯曼帝国、罗马和赫梯时期的各种藏品置于博物馆内，所有的客房、餐厅、接待区和外部空间都装饰了在内夫谢希尔博物馆注册过的价值连城的古董，酒店因此就自然而然地成为讲述卡帕多西亚文化的活生生的一座博物馆。

三、民族博物馆主题酒店创意的主要内容

（一）建筑设计

1. 建筑主体外观

少数民族聚居区广泛分布着具有强烈排他性特征的极具民族特色的民居建筑和宗教建筑。民族博物馆主题酒店建筑主体外观的设计立意之一就是要凭借浓郁的民族特色形成强烈的视觉冲击力，使之与其他普通商业酒店的建筑外观产生明显的差异，成为该地区展现地区民族特色风貌的地标性建筑。在酒店的主体建筑风格上，考虑将少数民族建筑元素大量应用到外观设计上，通过建筑外观具有浓郁民族特色的外在特征，将该地区民族文化的内涵展现出来。

民族博物馆主题酒店的建筑主体是实用性和审美性的统一。对于建筑来说，实用性是基础，审美性要附着在实用性之上，并受实用性制约。所以，在建筑主体外观设计上需要考虑到地区的地理气候特点，建造符合当地自然情况的建筑。建筑的审美性主要体现在它的形式美方面。形式美的法则和构成条件在建筑艺术中体现得最为明显。任何建筑都必须注重形状色彩、质感等物质因素，遵守比例、节奏等形式美内部构成的法则。

民族博物馆主题酒店的建筑主体是技术性与艺术性的统一。中国现代建筑学家梁思成说过：“建筑是有双重性或者两面性的：它既是一种技术科学，同时往往也是一种艺术。”[①]建筑的艺术性在很大程度上受到技术性因素的制约。现代科技的发展，为建筑的艺术性开拓出更为广阔的空间。根据一些少数民族地区光照资源丰富的特点，建造时充分利用自然光源，通过玻璃幕墙和太阳能电池板等建筑材料的运用可以补充建筑物采光途径，减少人工采光，既增添了建筑物活力，

---

① 梁思成．梁思成文集（四）[M]．北京：中国建筑工业出版社，1986：252.

又实现了节能降耗，体现了节能建筑的生态理念。

民族博物馆主题酒店的建筑主体是形式美和周围环境的和谐统一。酒店在设计之初就以突出民族特色、建设民族地区的地标性建筑为立意出发点，在注重实用性的基础上突出观赏性，实现形式美与周围环境的整体协调。根据目前城市建设的情况，大多数城市的扩容都采取在老城区外另建新城区的方式。这样，酒店的建筑用地就可以得到保障。在酒店选址过程中，尽量选择在文化功能区等与周围环境整体协调的区域，彰显酒店以宣扬民族文化为核心理念的文化定位。在所有艺术中，建筑艺术品最具稳定性、长久性，一旦建成，往往可以保存千年。建筑以它那巨大的体积，与人们日常生活的密切联系而分外引人注目。因此，建筑不但要注重自身的完美，还需注意它同周围环境的协调，构成一种建筑群体的整体美。这要求在建筑设计时，必须有长远的、整体的全局观念，切不可急功近利，孤立地进行。

2. 园林设计

在传统的酒店中，受限于建筑面积，园林设计没有受到过多的重视，同样，在传统意义上的博物馆建设中，更不可能与园林设计产生任何交集。在民族博物馆主题酒店中，园林设计与建筑主体被放在同等地位予以突出强调。与传统的中国园林设计以追求意境为目的不同，酒店的园林设计是以民族传统文化为核心表达元素，通过现代园林规划设计手段，创造出符合现代人审美取向的具有少数民族特色的园林艺术。另外，我国少数民族群众长久以来顺应自然形成了一套完整的建筑生态体系，里面蕴含了丰富的人与自然和谐共生的生态理念。一套完整的体现少数民族智慧与特色的园林系统，可以使宾客更加直观、深刻地体会到少数民族的自然观和文化精髓。

为了节约用地、减少对原有生态系统的破坏，降低运营的能耗和成本，酒店园林建设的基本原则本着依托现有园林资源，在现有资源的基础上进行规划整合，条件好的地区可以充分利用自然的山水树木进行设计，条件受限的地区可以利用假山、浅池、花卉、小径仿造出类似真实湖山的效果，除此之外，还可以通过“远借”“邻借”“仰借”“俯借”等借景手段将园林四周的自然风光纳入园林的视野。

3. 室内装修装饰

在酒店室内装修设计上，秉承与主体建筑和园林设计风格整体性、一致性的原则，在和谐的基础上突出民族文化特色，将一切有民族特色的元素渗透在室内设计的各个方面。如果说园林系统是整个建筑系统的神韵，其余的室内设计、家具软装就是建筑体系中的一个个点亮人眼睛的亮点，在不经意的抬头低眉之间给人意外的惊喜，感受到浓郁的民族文化。

我国各少数民族大多精于刺绣，民间有大量绣品传世。这些绣品蕴含了绚丽多彩的民族文化和巧夺天工的纺织技艺，运用在酒店的布艺装饰中，一方面实现了其美学价值，另一方面也使一些濒临失传的手工技艺得以保存下来，通过酒店这个对外宣传的窗口加以展示，作为鲜明的视觉符号随时随地传递给客人浓厚的民族文化信息。

（二）实物展陈

1. 陈列是衡量博物馆工作的重要标志

陈列是一种展示手段，是博物馆工作的中心环节，是衡量博物馆工作质量的重要标志。实物展陈历来在博物馆工作中都占有非常重要的地位。与传统的博物馆陈列方式不同，民族博物馆主题酒店的陈列是嵌入式陈列。具体做法是将展品根据自身材质、温湿度、感光要求等特点融入整个建筑系统中，实现观众在酒店中“五步一赞叹，十步一惊喜”移步换景的展示效果。

2. 展品的选择

民族博物馆主题酒店以本地区的民族文物为主，选择具有浓郁民族特色的民族生产生活用具、文化艺术作品、宗教法器等在酒店中展示，营造出浓厚的民族文化氛围。代表性实物主要指在少数民族群众衣食住行的物质生活和宗教仪式的精神生活两方面具有代表性的文物。在我国各少数民族中，服饰是最富有民族特色的，是在适应自然环境和原材料制约的基础上体现各少数民族历史文化和审美观念差异的产物。酒店中的服务人员的服饰选择独具特色的少数民族服饰，根据工作人员职能划分的不同，选择不同支系的民族服饰，“将展品穿在身上”一方面可以给宾客耳目一新的视觉冲击，一方面又将民族文化元素浓缩在服饰中加以表达，使民族文化的影子在酒店中随处可寻，营造了良好的文化氛围。

在饮食用品方面，餐具、茶具、酒具及烟具等均可作为文化载体在酒店的日常运营中加以使用。从酒具到饮酒礼仪，少数民族的饮食文化在整个仪式中得以表现，使宾客切身体会到少数民族的文化。

除此之外，能够反映历史上各少数民族不同发展阶段工艺美术的代表性实物也是酒店实物展陈的首选。我国少数民族许多民间工艺世代相传，纺织、蜡染、挑花、刺绣、绘画和雕刻、编织、打制、铸造等历史悠久、独具特色的民间工艺品技艺精湛，是不可多得的艺术品。通过实物反映少数民族的物质文化和精神文化，有助于各族人民认识本民族的创造力量和聪明才智，提升民族自信心和自豪感。

3. 复仿制品在民族博物馆文化酒店中的文化价值

长期以来，人们仅把博物馆里的复仿制品看成宣传品和陈列品，认为没有特定的文化价值。但随着社会经济的发展，作为人们生产生活资料的实物更新换代的频率加快，民族传统器物逐渐被现代器物取代，这是历史发展的必然。在久远实物难觅的情况下，复仿制品的替代发挥了重要作用，而且，考虑到民族博物馆主题酒店的服务性特征，根据用途不同，选择一些复仿制品也具有一定的现实意义。

4. 藏品的防护和保养

因为不同于普通博物馆的展陈条件，民族博物馆主题酒店的藏品防护与保养工作更加具有特殊性。首先在展品的选择上就需要选择适合当地气候的器物；其次，由于民族博物馆主题酒店的展陈理念是实现宾客与展品的无障碍接触，所以历史价值、学术价值高、易损易坏的文物也不适合被选作展品；再次，由于民族博物馆文化酒店的定位是展示当地民族的物质文化和精神文化，所以在展品的选择上应以当地少数民族群众日常生产生活用具为主；此外，在选定了适合展陈的展品后，需要经过专业培训的工作人员定期对展品进行清洁，并针对展品的情况，对于损坏的展品采取及时、有效的修复措施。

（三）非物质文化遗产展示的平台

民族博物馆主题酒店为少数民族非物质文化遗产的保护和传承工作提供了新的思路。酒店中，将民族文化资源加以整合与挖掘，通过服饰、餐饮、歌舞、节日等多种形式进行展示，是宾客了解地方民族文化的一个重要窗口。

非物质文化遗产的载体大多是民间个体，整体发展水平良莠不齐、势单力薄。政府的介入在客观上对部分非物质文化遗产的保护起到了一定作用，但一些地方也存在着诸如申遗成功后，地方政府缺乏持续的重视，具体保护工作开展起来力度不够等问题。以民族博物馆主题酒店作为平台，让适宜在酒店中展示的非物质文化遗产以常态形式在酒店中展示，客观上有助于促进非遗保护工作的持续进行，防止“非遗保护工作停止在申遗成功之后”这种情况的发生。

（四）酒店服务

服务是博物馆的一项重要功能，也是衡量一家酒店的重要标准。民族博物馆主题酒店的服务无论是从服务人员民族服装饰品，服务人员与顾客打招呼时用到的民族语言，还是到酒店餐厅中少数民族原生态演出，酒店时刻都在营造浓郁醇厚的民族文化氛围。酒店的工作人员除核心工作人员由专业的博物馆工作人员和酒店管理人员组成外，其他服务人员的选择上均秉承因地制宜的原则，根据所需职能的不同，挑选具备相应技能的当地少数民族群众。通过专业的岗位培训，使其既成为一名合格的酒店服务人员，又是一名优秀的博物馆讲解员，更是一名出色的民族文化的传播者。对于客人每一个关于博物馆酒店建筑、装饰、展品、地方风景名胜、风土人情、地方史志的疑问的专业解答都在无时无刻传递出深厚的民族文化信息，使酒店中的每一个人成为介绍当地历史文化的一扇窗口。在此过程中，工作人员本身加深了对本地区、本民族文化的理解，增强了民族自信心和自豪感，启发了民族自觉。根据文化传播的辐射性特征，在这些工作人员影响下，他们的家庭会发生潜移默化的变化：首先，在进行工作技能培训的过程中，由于酒店所运用的是现代酒店管理思想，这些思想涵盖了礼仪学、旅游学、心理学等学科，通过酒店工作人员自身素质的提高，形成对周边人群的辐射从而促进当地群众整体素质的提升；另一方面，由于民族博物馆主题酒店的核心灵魂是传承民族文化，服务于酒店的当地少数民族群众在工作过程中对于“生于斯，长于斯”的本土文化有了新的认识，所激发出来的文化自觉有利于增强年轻人对本民族文化的认同感从而实现主动的文化传承。

（五）民族博物馆主题酒店的运营管理

不同于传统的博物馆、政府宾馆的所有权和管理权均属于政府，在管理上，政府为民族博物馆主题酒店提供政策上的支持，负责项目落地后的征地、拆迁、安置工作，由博物馆专家学者和酒店管理人员组成专业的管理团队对酒店进行日常运营管理。其中，博物馆人负责酒店的文化建设部分，酒店人员负责酒店的服务和运营部分。整个民族博物馆主题酒店将以民族文化为内核，以专业的现代化服务为主导，是传统文化与现代文明、文化与商业的有机结合，是少数民族文化传承与发展的大胆尝试和探索。

四、民族博物馆主题酒店的学术和现实意义

（一）学术意义

1. 新时期民族融合、文化多元化形势下民族传统文化保护与发展的探讨

民族文化保护、传承与发展的终极目标在于通过对民族文化的研究，发掘我国少数民族文化的深厚内涵，使丰富多彩的少数民族文化在保护的基础上得以传承发展。民族传统文化的保护不是一个封闭的过程，是在与外来文化的互动融合基础上开放性的发展，核心是保持民族传统文化的灵魂，而不是外在表象的简单复制。民族博物馆主题酒店是民族学、博物馆学、美学、传播学、非物质文化遗产保护以及酒店管理等多学科理论的融合，在此过程中民族传统文化势必会与其他学科发生碰撞，给民族传统文化带来深刻的冲击，从而推动民族文化的发展。同时，外来文化所带来的影响也将潜移默化地改变少数民族传统文化。在两种文化互动过程中，既要保证传统文化不被同化，又要实现传统文化去粗取精向前发展，是民族文化发展亟须解决的问题。

2. 博物馆发展可能性的拓展

随着社会的发展，人们对于文化多元化的需求对博物馆的社会功能和文化功能提出了更高的要求，博物馆原有的格局和理念已经远远不能满足需求，需要在继承的基础上有所突破。

传统意义上的博物馆主要以静态实物图片为主，辅以现代多媒体技术加以展示。而以跨界融合为核心理念的民族博物馆主题酒店为博物馆发展提供了新的思路。民族博物馆主题酒店是融合了民族学、博物馆学、美学、文化传播理论、非物质文化遗产保护以及酒店管理等多学科知识的综合产物，旨在通过酒店这一载体实现少数民族文化的保护与传承，提高少数民族人民群众文化水平，最终实现精神文明与社会的长足发展。

3. 非物质文化遗产保护手段的新的尝试

联合国教科文组织在2003年10月17日颁布的《保护无形文化遗产公约》中指出："所谓无形文化遗产，是指那些被各地人民群众或某些个人视为其文化财富重要组成部分的各种社会活动、讲述艺术、表演艺术、生产生活经验、各种手工艺技能及在讲述、表演、实施这些技艺与技能的过程中所使用的各种工具、实物、制成品及相关场所。无形文化遗产具有世代相传的特点，并会在与自己周边的人文环境、自然环境甚至是与已逝去的历史的互动中不断创新，使广大人民群众产生认同，并激发起他们对文化多样性及人类创造力的尊重。"

因为经济利益的驱使，参与民族博物馆主题酒店的当地群众的文化自觉性被激发出来，人们更加积极主动地投入到少数民族传统技艺的研习中，形成一种常态的文化传承，与短期的比赛和展演相比，更能发挥文化传承机制的长效作用。通过以人为本、激发文化自觉的方式推进非物质文化遗产保护工作，从根本上确保了非物质文化遗产保护工作的扎实、长效推进。

4. 促进文化软实力的传播

软实力是与经济、科技、军事实力等硬实力相对应的国家综合国力的范畴，包括政治的导向力、文化的吸引力、国民精神的凝聚力、国际关系的影响力、制度的感召力等。其中文化的软实力是民族凝聚力和创造力的重要源泉，与政治意义和外交价值相比，其作用更为基础但又最为深厚持久。

少数民族文化是文化软实力的重要组成部分，在塑造国家软实力方面具有重要意义和深远影响。这种影响从内在层面上分析，一方面可以更好地贯彻执行国家的民族政策，推动民族地区的经济文化建设，实现国家的长治久安；另一方面，民族文化的繁荣发展以事实向世界展示中国在推动少数民族发展方面所做的努力和成绩，符合中国的大国形象。从外向层面上来看，我国是一个多民族国家，文化的保护和发展所取得的成绩和经验为世界各国处理民族问题和民族文化保护与发展有着积极的建设性意义。

民族博物馆主题酒店因其自身特点使其在国家形象塑造和国家文化“软实力”建设方面起着以点带面的作用。多彩生动的少数民族文化在民族博物馆主题酒店中以活态形式向来自四面八方的宾客展示，以客观存在向世界昭示中国“和而不同”、灿烂悠久的历史文化和长期以来少数民族文化对世界文化所做出的卓越贡献，在对外交流方面向世界证明中华文明是一个兼收并蓄的多元文化体系。这些，在中国以和平发展为诉求的当下，对于软实力的传播有着重要而深远的意义。

（二）现实意义

1. 地方政府的宣传平台

自古以来，宾馆、客栈就是外地宾客了解当地风土人情的重要窗口。民族博物馆主题酒店作为极具地区文化特色的窗口，是地方政府进行自我宣传的重要平台。无论是从民族博物馆主题酒店的建筑外观还是里面的非物质文化遗产，浓郁的少数民族文化氛围都无时无刻不在向宾客展示其卓而不同的文化特色，进而激发宾客的兴趣，产生深入了解该地区、该民族的意愿，在加深理解的基础上实现文化交流、经济合作。在此过程中，地方政府通过确定宣传导向，制订宣传计划，从政策方面对酒店的发展给予支持，打造具有民族地区特色的文化品牌，将文化战略落到实处。

2. 民族博物馆主题酒店有助于促进文化产业的发展，拉动地方旅游经济

民族博物馆主题酒店的建立，客观上促进了民俗艺术、少数民族文化的传播，一系列的文化品牌有机会被打造，形成从创意到制作再到展演的文化产业链条，为民族地区文化产业的发展提供助力。民族博物馆主题酒店通过建筑、展品和非物质文化遗产的展演集中向宾客宣传了地区的风景名胜、风土人情和风俗习惯，通过大众传播的途径将当地的旅游资源向外界宣传，吸引更多的人来当地旅游，拉动地方旅游经济。

3. 促进民族地区群众增收新途径

人是文化传承的载体，无论多么辉煌灿烂的文化要传承下去最终都会落实到

个体的人。只有切实保护了人民群众的切身利益，做到文化发展与居民的经济生活共惠共赢，才能增强群众参与文化保护的自觉意识，使民族传统文化在传承中发展。

民族博物馆主题酒店项目初期的基础设施建设、园林绿化、室内装修和投入运营后酒店的食品供应、日常维护及非物质文化遗产展演等可以带动当地建筑业、农业、种植业、养殖业、手工业和服务业的发展，解决当地群众就业问题，拓宽群众增收途径，激发群众自觉参与文化传承与保护的积极性。

（三）发展前景

根据十八大最新精神，各地要在发展文化产业方面突出特色，体现差异，民族博物馆主题酒店符合国家的产业政策。主题酒店以其突出的文化特色带来新的文化增长点，对于改善地区文化环境，树立地区形象有着积极的建设性意义。并且，因为是以文化为增长点拉动内需，没有任何污染和治理的成本产生，实现了绿色GDP的目标，对于其他地区的文化建设与经济发展具有借鉴意义。

目前，对于民族博物馆主题酒店这种非传统事物只是一种概念上的设计，真正付诸实施的话其中各个方面的深入细致程度远非文中粗浅几笔所能涉及，尤其是在管理和运营过程中，还会出现很多问题，有许多困难需要克服。民族博物馆主题酒店不同于传统意义上的博物馆，也不同于一般的酒店，它是综合了民族博物馆与酒店的多功能一体化的新生事物。目前世界上与之相类似的酒店并不多见，所以民族博物馆主题酒店对于我国民族博物馆和文化主题酒店的发展具有一定的探索性与前瞻性意义。

参考文献

[1] 夏建中. 文化人类学理论学派——文化研究的历史 [M]. 北京：人民大学出版社，1997.

[2] 石建中. 民族博物馆学教程 [M]. 北京：中央民族大学出版社，2006.

[3] 胡惠林. 论中国文化产业发展的“走出去”战略 [J]. 思想战线，2004 (3).

[4] 郝朴宁，叶朗，欧阳宏生，等. 民族文化遗存形态的产业社会化与生态

文化创建［M］. 北京：科学出版社，2010.

［5］顾军，苑利. 文化遗产报告［M］. 北京：社会科学文献出版社，2005.

［6］张玉能. 美学教程［M］. 武汉：华中师范大学出版社，2002.

［7］许自强. 美学基础［M］. 北京：首都经济贸易大学出版社，2003.

［8］于学斌，焦芳梅. 略论民族文化的保护［J］. 民族博物馆学研究，2001（10）.

［9］［美］珍妮特·马斯汀. 新博物馆理论与实践导论［M］. 南京：江苏美术出版社，2008.

［10］杨正文. 民族文化生态村——传统文化保护的云南实践［J］. 中国民族文博（第三辑），2010（12）.

［11］农学坚. 广西民族生态博物馆的实践与探索［J］. 中国民族文博（第三辑），2010（12）.

［12］黑少荣. 民族博物馆在民族文化建设中的作用［J］. 民族博物馆学研究，2001（10）.

［13］辛宇玲. 略论中国少数民族服饰中的意象世界［M］. 中国民族文博（第三辑），2010（12）.

［14］谢沫华，杨松海. 云南民族文化传承与保护［M］. 中国民族文博（第三辑），2010（12）.

［15］杨晓. 浅谈民族博物馆教育功能中的讲解工作［J］. 民族博物馆学研究，2001（10）.

［16］林耀华. 民族学通论［M］. 北京：中央民族大学出版社，1997.

［17］秦晋庭. 民族文物的界定——民族文博研究［M］. 沈阳：辽宁民族出版社，2003.

［18］阴淑梅，闫亚男. 民族民俗博物馆与文化多样性的保护［M］. 中国民族文博（第三辑），2010（12）.

［19］冯博. 浅谈博物馆与非物质文化遗产保护［M］. 中国民族文博（第三辑），2010（12）.

［20］陈永龄. 民族节日文化与民族节日博物馆试析［J］. 民族博物馆学研究，2001（10）.

[21] 蒋伯宁，莫海量. 地域性建筑风格的体现——记广西民族博物馆方案创作 [J]. 广西城镇建设，2005 (12).

（本文原载《中国民族文博（第六辑）》 辽宁民族出版社 2017年5月）

民族文物及藏品研究

思与行——民族文化宫60年论文集

辉煌璀璨的造像艺术

——民族文化宫博物馆馆藏藏传佛教金铜造像研究

段 梅

中国佛教造像主要分为汉藏两大系统，藏传佛教造像作为中国佛教造像艺术的重要组成部分，以其悠久的历史，恢宏的数量，独特的风格著称于世，其影响不仅在青藏地区，而且广泛流传到内地，并对汉地佛教造像艺术产生了巨大的影响。民族文化宫博物馆收藏有大量的藏传佛教文物珍品，大部分原为爱国人士、藏族女收藏家益西博真和故宫博物院所收藏，也有一些是历代班禅及达赖献给中央人民政府的礼品和博物馆历年征集的藏品，其中包括相当数量的藏传佛教金铜造像。这些造像举凡上师、诸佛、菩萨、本尊、护法、空行与地方诸神等多种品类，产地多为西藏，间有中国、尼泊尔、印度等地，时间跨越元、明、清三个朝代600多年，大体涵盖了藏传佛教金铜造像的各个时期和地区的基本特征，为藏

明 释迦牟尼佛（尼泊尔）

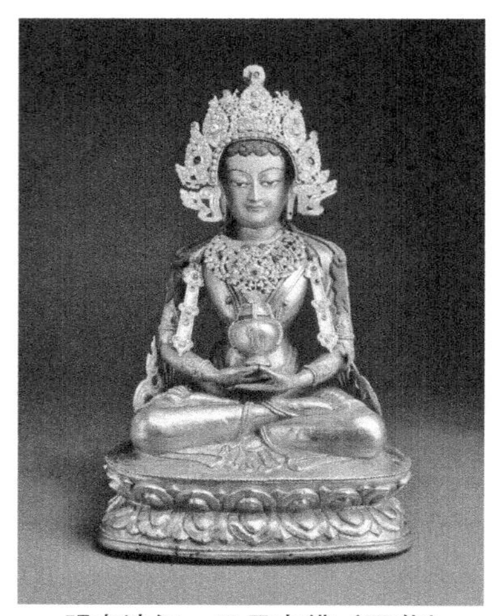
明末清初 无量寿佛（西藏）

传佛教金铜造像的纪年分期、题材内容、姿态样式与艺术风格等诸方面的研究提供了重要实物史料。

一、造像的分期

藏传佛教造像艺术是藏传佛教文化的重要组成部分，其发展和藏传佛教的传播紧密相连。藏传佛教造像的分期，大致与西藏佛教的发展相一致，总体可分为初始传入、交汇融合、兴盛辉煌和渐趋衰落四个时期。

初期传入时期，公元7—9世纪，即西藏的吐蕃时期，也就是佛教的前弘期。

吐蕃王朝第一代赞普松赞干布为了密切和泥婆罗与唐朝的友好关系，先后向泥婆罗和唐朝求婚。泥婆罗国尺尊公主和唐朝文成公主分别携带释迦牟尼不动佛和觉卧佛像进藏，被视为佛教造像传入西藏的先驱，为后世造像艺术的传播开辟了通道。据藏文古籍记载这个时期印度、尼泊尔、克什米尔、斯瓦特、于阗和汉地的工匠都曾来到西藏，将各地造像技术和风格带入西藏。但由于9世纪中叶吐蕃最后一位赞普朗达玛推行毁佛灭法，使寺庙、佛像多被摧毁，遗存甚少。

交汇融合时期，公元10—13世纪，即西藏佛教后弘期前期。

佛教在经历了近百年的禁佛磨难后再度复兴，并在传播的过程中吸纳了西藏本地原始宗教苯教的一些仪轨习俗，形成了具有鲜明地域色彩的藏传佛教。这时

释迦牟尼佛

胜乐金刚

期的造像多模仿印度、克什米尔、尼泊尔和汉地艺术风格，呈现出多文化交汇融合的特征。例如约为13世纪末的释迦牟尼佛立像，铜质，产地尼泊尔。底座长7.6厘米，宽5.3厘米，高18厘米，重645克，采用的是尼泊尔造像惯用的萨尔纳特式简洁风格。13世纪四臂观音，铜制，底座长12.3厘米，宽8.9厘米，通高20.3厘米，重810克，产地西藏。眼睛嵌银，项链衣边镶嵌红铜，是仿照克什米尔、东北印度帕拉艺术形式。13世纪胜乐金刚，通高48厘米，宽24厘米，重5950克，产地西藏。是受印度影响的东印度造型，这些都是这个时期造像艺术风格的体现。

辉煌发展时期，公元14—16世纪。

中国的佛教发展到元代，由于社会经济，尤其是社会思想意识的转变，人们的宗教信仰发生了很大的变化，其势力已渐趋衰落，脱离了鼎盛时期。但在西藏，由于元明两朝统治者的大力推崇和扶持，藏传佛教得到了空前的发展，佛教艺术也随之出现了空前繁荣景象，造像艺术的风格和手法较前世有了根本改观。西藏本地的风格业已成熟，特别是到15世纪，进入了一个新的兴盛辉煌时期。首先在造像的风格上一改全盘效仿吸收域外文化的模式，更多地融入了藏民族自己的审美情趣和艺术手法，实现了艺术风格的民族化。再有就是在造像的塑造上，藏族艺术大师们在融入自己对佛像艺术新的理解和审美意识的同时，都十分注意按照《造像量度经》的规定对不同类别的造像分别加工塑造，因而使不同类别的造像在身体量度、面相、衣着以及装饰等方面既相互区别，又自成一体，各自形成了十分规范统一的艺术模式。元朝在宫廷内设立了“梵像提举司”佛像制造专门机构，并请来当时著名的尼泊尔艺术大师阿尼哥及其门徒，塑造了大量的藏式佛像，但可惜存世不多。明朝廷也效仿元朝在宫廷内设立造像专门机构，制作藏式金铜佛像，用于赏赉西藏上层僧俗。在造像理论上，15世纪西藏著名艺术大师门拉顿珠所著《造像量

明　弥勒佛坐像（西藏）

宝生佛

阿閦佛

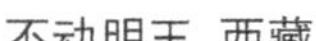

不动明王 西藏

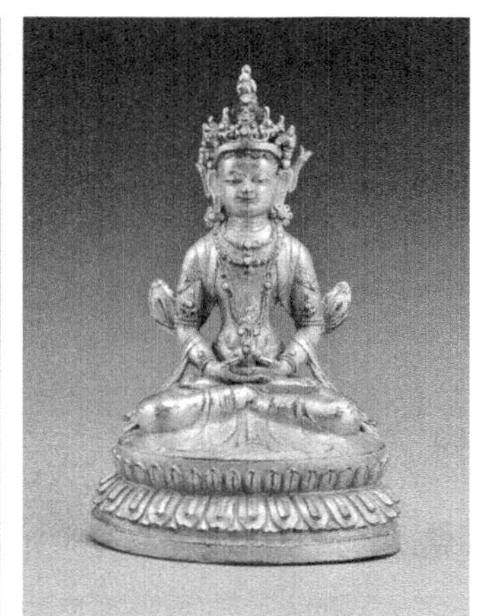

无量寿铜佛像

度如意宝》对各类佛像都作了明确细致的规定，为藏传佛教造像理论发展，奠定了基础。明代汉藏文化交流更加频繁，这种交流在永乐和宣德时期达到了高潮。从这个时期不同题材的造像中可以了解其发展脉络。14世纪早期的西藏造像多用黄铜，极少镀金，佛像的面相丰圆，身躯饱满，上身袒露，下身仅刻衣纹，脐窝深陷，富于弹性或着袒右肩大衣仅在边缘处刻画出两道边线，以示其存在，这些都是受尼泊尔风格的影响和承袭了印度萨尔纳特式基本不刻衣纹造像方法的表现，约为14世纪初的宝生佛，铜制，产地西藏。底座长14厘米，宽8.8厘米，通高21.5厘米，重1080克。十四世纪初的阿閦佛，铜制，产地西藏。底座长30厘米，宽21厘米，通高44厘米，重6930克。稍晚些时候的忿怒相护法神不动明王，古拙质朴。其底座长8.5厘米，宽4厘米，通高12.5厘米，重460克，产地西藏。形象为裸身壮汉，双目圆瞪，右手高举降魔宝剑，左手拿着两头分别系有钩和杵条索，项挂蛇项链。右腿后屈，左腿前伸，脚踩大象，虽然造型简略，工艺稍显粗糙，但其舒展的身姿，短粗的四肢，带有强烈的律动感，反映了当时西藏西部的艺术风格。15世纪西藏造像艺术发展达到了高峰，馆藏15世纪明代初至中期无量寿佛，底座直径10.6厘米，宽8.2厘米，通高 16.7厘 米，重560克，产地西藏。整体造型优美，做工细腻规矩，装饰复杂华贵，体现了当时西藏中部的造像风格。

渐趋衰落时期在公元17—19世纪。

藏传佛教金铜造像艺术发展到清代，开始出现下滑，整体上处于一个衰落的时期。清朝统治者为了适应蒙藏地区人民宗教信仰的需要，加强清政府对这些地区的管理和联系，大力推崇藏传佛教。这本应成为藏传佛教造像艺术的继续发展的契机，但封建统治者在艺术上的繁缛规定和严格要求，束缚了造像艺术的向前发展，造像艺术创造仅限于表面的精细做工，规整造型，缺乏内在的神韵和生气，显得呆板僵硬，趋于形式，程式化痕迹很重，从而使造像艺术从前代形成的巅峰跌落下来。总体风格西藏造像崇古仿古，偏重对东印度、尼泊尔、斯瓦特、克什米尔等外来风格的模仿，如17世纪大白伞盖佛母，底座直径11.2厘米，通高16.5厘米，重2125克，其造型风格明显受尼泊尔的影响。空行母，底座长31厘米，宽

大白伞盖佛母

空行母

10厘米，通高40厘米，重3950克，西藏制。从其显现的高乳、细腰、大臀、尖腭等特征来看，明显带有尼泊尔艺术风格的痕迹。内地造像注重写实、偏好装饰，表现出自然主义的倾向。引人注目的是清代康熙、乾隆时期的造像成就。康熙乾隆两代统治历时120余年，可谓清朝的盛世。藏传佛教造像艺术顺应潮势，也达到了相当规模和水平。在这以后，国力渐衰，江河日下，以往的光辉已不复存在。今天所见到的清代造像绝大多数都出自康、乾这两个时期。康熙朝（1662—1722）宫廷造像技法上依然深受明代造像影响，造型端庄匀称，比例舒适，注重写实技法，技术上精益求精，可以说代表了清代造像的最高工艺水准。乾隆朝（1736—1795）的佛像数量远远超过康熙朝，至今遗留下的西藏式佛像多数铸于乾隆时期。由于数量较多，故工艺水平虽然精工，但为了大量生产，在工艺上就有所简略，细部的纹饰已不如康熙时那样精益求精，衣纹、帔帛等织物的质感也衰退，逐步为装饰性和象征性的技法所代替。

清乾隆　文殊菩萨（左）

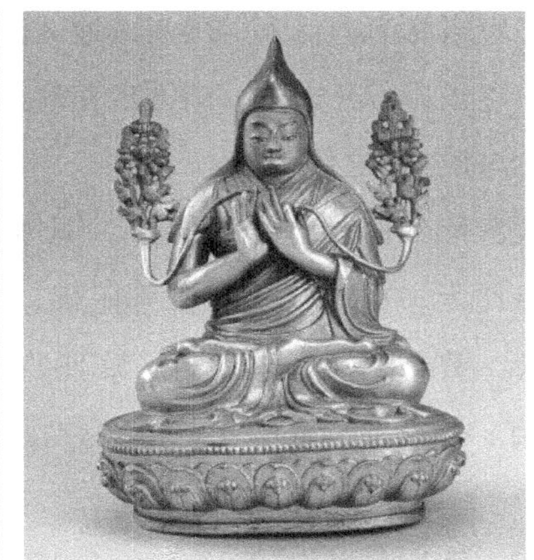

清　宗喀巴（右）

二、造像的题材与特征

丰富的造像题材，提供了广阔的研究空间，分析这些造像的题材内容和样式特征，可以大体探寻到藏传佛教造像艺术的发展脉络。

1. 释迦牟尼佛

佛教“以像设教”，利用生动的雕塑和多彩壁画宣传教义，争取广大众生。大乘佛教中的佛，地位极为崇高。释迦牟尼佛已升到天国的“色究竟天”的境界，具有至高的德性，其造像普遍供奉在佛教寺庙中，所以在各个时期的众多的造像当中，释迦佛像的数量还是占居首位。释迦牟尼佛立像，着通肩袈裟，跣足直立。其薄衣透体，隐现出优美的体态，颇具“曹衣出水”之感。这种施无畏印和与愿印释迦牟尼立像，又叫“旃檀佛像”。传说释迦牟尼在世时，优填王曾按照释迦的形象用旃檀木也就是檀香木为他塑成立像，由此这种立像就被称作旃檀佛像。优填王所造的旃檀佛像是佛教史上出现的第一尊佛陀造像，最初产生于印度，约东晋十六国时期传入中国，在佛教艺术史上具有广泛和重要的影响。

释迦佛像在佛像系统中具有典范意义，其他如阿閦佛、阿弥陀佛、药师佛等在面相、服饰、佛座、都与释迦佛像极为相似，这主要是受到造像仪轨三十二相、八十种好的相好庄严的规范所限制。其螺发式样是中印度秣陀罗佛像的特征，首先经南海诸国传入中国南方地区，继而影响到中原北方，随着天竺式佛像的传入而逐步流行开来的。南方现存最早的实例是浙江绍兴博物馆所藏齐永明六年（公元488年）之维卫佛。

清代康熙年间释迦牟尼佛像，铜体镀金，底座直径13.3厘米，宽10厘米，通高16.8厘米，重1510克；阿弥陀佛，底座直径13.3厘米，宽10.3厘米，通高16.7厘米，重1705克；药师佛，底座直径13厘米，宽10厘米，通高16.6厘米，重1600克，均产地北京。

释迦牟尼佛

阿弥陀佛

药师佛

16世纪释迦牟尼佛，通体鎏厚纯金，底座直径43厘米，宽30.5厘米，通高51厘米，重21300克，产地尼泊尔，堪称上乘佳品。其衣纹自然流畅，螺髻上有宝石装饰，符合佛教经典《造像量度经》所言“作麻尼珠顶严亦得”的摩尼珠之规范。其双目细长，头微下颔，呈俯视状，面相浑圆，体态丰满，神态静谧，造型端庄。从佛像的宽额、宽肩及手脚等处的造型上看，代表了尼泊尔艺术风格的典型特征。此尊佛像是1995年12月十一世班禅进京时敬献中央人民政府的礼品。

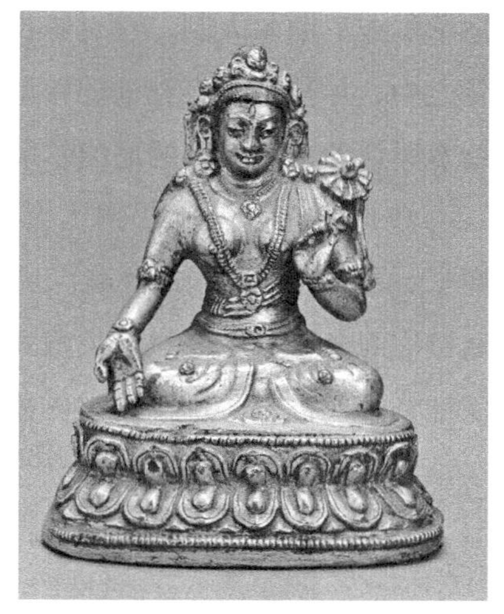

明　白度母（西藏）

2. 阿弥陀佛和无量寿佛

阿弥陀佛又名接引佛，梵文原意有“无量光”和“无量寿”两种意思，是指阿弥陀佛一身兼备的空间和时间两种性质。但在藏传佛教中将无量光和无量寿当作两尊佛供奉。认为无量光佛是原生的，无量寿佛是无量光佛的化身。在藏传佛教寺院中，无量光佛比较少见，而无量寿佛普遍供奉。无量寿佛通常和白度母、尊胜佛母一起供奉，称为“长寿三尊”，也有的单独供奉。《卫藏道场胜迹志》记载西藏拉萨布达拉西南侧的药王山上供奉有“成就大德汤东杰布监制的珊瑚的无量寿佛”。五世达赖在所著《西藏王臣记》卷首赞颂辞说：“寿命智慧，不可计量，三世诸佛赞遍主。聚宝寿树，时至请赐，悉地妙果能成熟。”在对无量寿佛大为颂扬的同时，还祈祷佛圣，让自己能延年益寿完成著述。这些史料说明藏传佛教对无量寿佛的供养由来已久。馆藏的阿弥陀佛和无量寿佛像表现了鲜明的时代和地域特征。

无量寿佛

14世纪佛装无量寿佛，底座直径10.7厘米，宽7.2厘米，通高15厘米，重570克，产地尼泊尔或尼泊尔人制。身材修长合度，姿势自然优雅，整体佛身映衬在火焰形光背之中，尽显其增寿和福德智慧之神威。重视装饰，佩戴宝冠、钏环、璎珞，莲瓣宽厚伏地，为典型的尼泊尔风格。

15世纪无量寿佛，铜体镀金，底座直径10.6厘米，宽8.2厘米，通高 16.7厘米，重560克，产地西藏。头戴五佛宝冠，佩戴项链、璎珞，项饰、臂钏、宝瓶镶嵌绿色松石，明显可见藏式风格。衣纹写实流畅，帔帛飘逸飞动，无疑又是汉地特征的体现。佛像的整体造型优美，做工细腻规矩，集中了尼泊尔、中国西藏和汉地三方面的基本特点，具有当时西藏中部造像的特色风格。

阿弥陀佛

16—17世纪阿弥陀佛，底座直径9.3厘米，宽6.1厘米，通高14厘米，重475克。铜体镀金，1930年从西康省靖化县（今四川省阿坝州金川县）内的甘泉寺收集。 面庞呈明代汉地流行的“国”字脸形。衣纹简洁，衣缘处錾刻花纹，整体显现出当时内地佛像风格。

17世纪菩萨装无量寿佛，底座直径8.6厘米，宽6.3厘米，通高16厘米， 重840克，产地西藏。头戴嵌珊瑚、松石天冠，佩戴璎珞、臂钏、手镯、脚镯。身后飘带呈镂空光背状，飘带下端向上轻扬。整体造型优美，做工细腻规矩，洋溢着浓厚的藏民族特色。

无量寿佛

3. 五方佛

佛教密宗崇奉五方佛，藏传佛教寺庙中，有五佛并坐的造像。据唐不空译《菩提心论》记载，密宗大日如来为教化众生，将本具有的五智，变化为五方五佛。五佛又称五智如来。五佛中央毗卢遮那佛，东方阿閦佛，南方宝生佛，西方阿弥陀佛，北方是不空成就佛。宋、辽古刹遗构之中多供奉五佛，如大同华严寺、泉州开元寺。著名的河北正定隆兴寺毗卢殿内供奉的五方佛为明朝万历年间（1573—1628）的作品。北京的著名古刹法源寺毗卢殿内供奉的五方佛也铸造于明代。密教经典《守护经》记载，宝生佛左手持衣脚当心，右手仰掌，象征“满足众生所求”的本愿。通常的身相有单体和双身两种，双体宝生佛一面二臂，怀抱明妃。馆藏13世纪末14世纪初的宝生佛，铜制，产地西藏。底座长14厘米，宽8.8厘米，通高21.5厘米，重1080克。头戴五佛冠，佩戴项链、手镯、臂钏。阿閦佛，宽额，脑门镶嵌珍珠，双目低垂，面相端庄，神态安详。这两尊佛像都是元代西藏作品，铜质，整体造型、平贴写实性衣纹和装饰风范体现了在尼泊尔艺术模式的基础上融入的藏民族独特审美情趣。

4. 三方佛

藏传佛教寺庙中，有三尊并坐、按所处的空间方位横向排列之佛，即位居中央的婆娑世界教主释迦牟尼佛，左边的东方药师琉璃光如来，简称药师佛，右边的西方极乐世界主宰阿弥陀佛，被合称为横三世佛，又叫三方佛。阿弥陀佛的信仰，很早传入中国。东晋高僧慧远在庐山邀集僧俗18人结为“白莲社”，发愿往生西方净土，被后人尊为净土宗初祖。北魏时就已出现了阿弥陀佛的造像，据《无量寿经》《观无量寿经》记载，阿弥陀佛如来在极乐净土中，高坐于莲台上，左右分别为观世音菩萨和大势至菩萨。药师佛又称大医王佛，据《药师经》说，他曾发十二大愿，为众生医治病苦，消灾延寿，所以在藏传佛教寺庙的医学殿内也常供奉此像。在《佛说灌顶拔除过罪生死得脱经》中还专门记载了药师佛救助病人的方法。此三方佛为清代康熙年间（1662—1722）北京宫廷制。汉化了的三方佛神态像极为相似，给人的感觉如同一个模子刻出来的一般，区分他们要根据各自的位置、手印和持物。释迦佛持钵；药师佛，右手掌心向外，拇指和食指之间捻一枝吉祥药草；阿弥陀佛双手脐前结禅定印。三尊佛都为铜体鎏金，造型端庄，比例舒适。宽额大耳，双目俯视，面呈微笑，神态安详。着袒右肩袈裟，覆盖双腿，领口及腿部衣纹自然流畅，衣褶折叠自然曲复，富于雕塑感。莲座花瓣饱满，花瓣纹饰起伏，内层突起，上饰3朵卷云，外缘当中翘起呈三角形，这些写实技法和精细工艺都是清代造像最高水准的实例。

5. 菩萨像

观音，全称“观世音”。观音菩萨是佛教大慈大悲的象征，他以慈悲济世著称，据说众生危难之时称念他的名号，他就会立刻循声解救。《法华经》上说，观音有“三十三身”，是说观音济事或说法时随缘应化的示现的33种变身。明末五世达赖所著《西藏王臣记》中在论述吐蕃王朝前期历代先王历史中又称：“圣者持白莲花手从其大悲事业之光芒，永不熄灭，照耀藏土有情之莲园而使其盛开也。”此处的圣者持白莲花手即是观音菩萨的别号。

四臂观音像 西藏

莲花手观音

西藏吐蕃第一代赞普松赞干布时期，印度密教处于初期阶段，盛行的是事、行二续，因此西藏当时提倡只以观音为本尊，以诵持六字大明咒为行持，是想借对观音这样单一的神的崇拜来统管苯教的鬼妖精灵，是最早传入西藏的一种简单易行的密宗法门，在藏地传播极为广泛普遍。四臂观音在藏传佛教中较为常见，是藏密大悲观音的主尊，代表大悲、大智、大力，与文殊菩萨、金刚手菩萨合成为“三组性尊”，是藏密和藏地的首位保护神。据1388年萨迦喇嘛索南坚赞所著《吐蕃王朝世系明鉴》记载“雪域之化身菩萨，两足作金刚正坐，一头四臂，前两手合掌当心，后右手持水晶念珠，后左手持白莲花，曲达耳旁，作开放状。菩萨相好庄严，以诸种珍宝为饰，诸种绸绢为衣，身色洁白，如日照雪山，左肩披热拉耶兽皮，遮及乳部，具五发髻，头顶复以珠宝严饰，面含微笑，如意美妙，白毫光像，遍照十方”。此描绘与馆藏13世纪西藏制四臂观音像相差无几，只是面部缺少白毫，右手持念珠（已佚），衣饰略有区别。

莲花手观音，底座直径10厘米，宽7厘米，通高14.2厘米，重780克，产地北京。头戴天冠，冠缯带垂肩，佩戴璎珞、项饰、手镯，肩披帔帛绕双臂自然垂于莲花座前，衣褶自然流畅，织物有较强质感。右手抚膝，左手持莲花。值得注意的是一般莲花手观音为双腿垂下脚踩莲花，但此像为一腿蹬莲座作休息状，呈游戏座，且用两种镀金，比较少见。整体做工精细，表现出清代康熙造像的典型特征。

文殊菩萨，梵文意为文殊师利，意为妙德、妙吉祥，因出生时家中出现吉瑞祥光而得名。菩萨在佛教中仅次于佛的阶次，是辅助佛弘扬教化的。藏传佛教菩萨为天男相或天女相，面目清秀，头戴宝冠，装饰华丽。文殊以“司一切如来之智慧”而著称，在众多菩萨中是集诸佛智慧于一身的菩萨，也是藏传佛教极为推崇的菩萨之一，作为辅佐佛祖弘法的上首菩萨，多与弥勒菩萨一起协侍佛的左右，也有的单独供奉。藏密中文殊形象有多种，分为寂静相和愤怒相。14—15世纪文殊菩萨底座直径8.5厘米，宽6.5厘米，通高11.5厘米，重375克，产地西藏。造型标准，头戴五髻冠，《大日经疏》有载“首有五髻者，为表如来五智久已成就”。其双目俯视，两眉之间有白毫。佩戴项饰、臂钏，左右肩各有莲花，莲花之上各置经箧和表示智慧能杀一切烦恼之贼的利剑。整体做工细致，尤其是双脚做的生动传神。

文殊菩萨

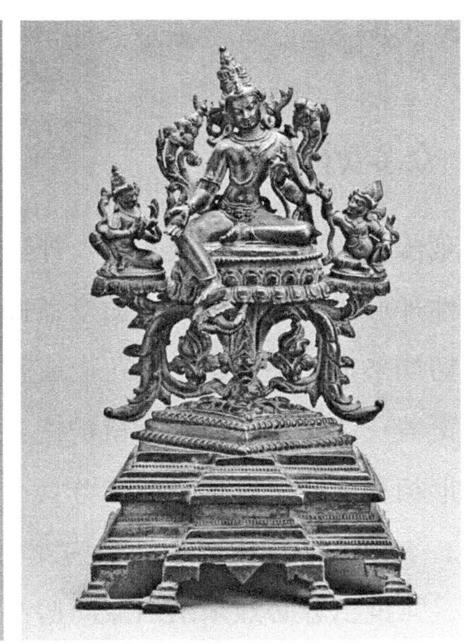
元　绿度母（印度风格）

三、藏传佛教造像的特点

1. 极重祖师题材

祖师像　西藏

藏传佛教以祖师地位为最尊，因此在藏佛中祖师肖像是重要的题材。藏密修持最重师承，故有“事师如佛”“佛法僧师四皈依”之说，这与藏密师徒口耳相传的秘密修持方式有关。祖师像又名高僧坐像，在藏传佛教寺院中多有供奉。15世纪祖师像，铜体镀金，底座直径10.2厘米，宽8.2厘米，通高16厘米，重800克，产地西藏。头戴通人冠，仪态庄严，身着僧衣，僧氅宽大遮双膝，跏趺端坐于三层卡垫上。卡垫的层数象征祖师的级别和学问。从这尊祖师像的面相上来看，已经由早期印度式长圆丰满变得消瘦清癯，近似藏族的脸型。

2. 众多女神形象

在藏传佛教造像中，众多的女神形象占据了重要地位，这与汉地佛像中几乎没有女性神形成鲜明对照。大白伞盖佛母，据《大白伞盖总持陀罗尼经》说，该尊为一切如来顶髻中放出之光芒而成就的佛母身，具大威力，放大光明，能以佛的净德覆盖一切，众生得到无量护持。其多头多手多足，有忿怒形相，三头六臂半忿怒形相和佛经所说“一面二臂具三目”温柔形相。大白伞华盖是七珍八吉祥宝之一，表佛之净德覆盖一切，为元朝皇室极力推崇。《续通鉴》记载，元七年（1270），元世祖忽必烈采纳西藏高僧八思巴的建议，在大明殿御座上安置一顶大白伞盖，上面用泥金写着梵文，用以镇伏邪魔，护国安民。17世纪大白伞盖佛母，此尊像底座直径11.2厘米，通高16.5厘米，重2125克。红铜制，从风格上看，是受尼泊尔影响，也许为尼泊尔人所制。佛母身饰多种瓔珞，佩戴臂钏、手镯，双乳突出。右手施无畏印，左手持白伞盖当胸，金刚跏趺坐。此像制作精细，堪称佳品。

空行母是女神，是生于净土的天母，祖籍古印度，为密教沿袭古代南亚次大陆先民原始信仰尤为崇尚的女神，也有少数是西藏本土的女神。18世纪空行母为西藏制，铜体镀金。头戴五骷髅冠，示所具有的五佛性能。佩戴五十骷髅项链，耳环、手镯、脚链。右手持金刚弯刀，示清净实有无事之意。左手捧盛满血液的头颅碗，仰面朝天呈饮血之势。上身裸露，系骨饰物裙，双腿右伸左屈，威立于莲花座上，极富动感。从其显现的高乳、细腰、大臀、尖髎等特征来看，明显带有模仿尼泊尔艺术风格的痕迹。

观世音菩萨的化身很多，《大日经》上说，从他的眼睛可变化为21位救度母，女性化的菩萨。白度母据说是观音悲心显现的增寿救度佛母，身如皎月，具有救度狮难、象难、火难、蛇难、水难、牢狱难、贼难、非人难八难之威德。又说为阿弥陀佛左眼所化，故额头、脸上、手心、足心共有7目，称作“七眼女”“七眼佛母”，象征能够观照一切众生。在西藏，传说她是松赞干布的王妃尼泊尔尺尊公主的化身。19世纪白度母胎制，铜体镀金。底座直径31.5厘米，宽20厘米，通高46.5厘米，重5750克，产地内蒙古或青海。头戴宝冠，高发髻。佩戴

白度母

明　胜乐金刚（西藏）

项链、手镯、臂钏。长眉细目，神情慈祥。右手膝前施接引印，左手当胸以三宝印捻乌巴拉花，上身向前微探。从莲座莲瓣一目了然的图案和其大脸、大眼、大脑门等造像特征上看，应为蒙古风格。此尊像是1996年9月，十一世班禅向国务院敬献的礼品。

3. 大量的凶忿像和男女双身像

藏传佛教中的大量忿怒形的佛像都是佛菩萨为了吓唬驱除邪恶魔障而变化成的护法神，究其来源，大多可从印度密教中找到原型。

胜乐金刚又名上乐金刚，上乐眷属，是所谓五部金刚大法本尊即大威德金刚、胜乐金刚、时轮金刚、密集金刚和欢喜金刚之一。藏密认为西藏阿里地区的神山岗底斯山是胜乐大尊的圣地，传说从前雪山被群魔占领，胜乐赶来降伏了魔怪并在此修行，开演佛法，解救众生。胜乐金刚有72种身相，常见的多为双身四面十二臂像。主臂两手持金刚杵和金刚铃，拥抱金刚佛母明妃。13世纪胜乐金刚，底座周围雕刻有猕猴献密等许多佛教故事图案花纹，底座中央烘托出一朵盛开的八瓣莲花，主尊金刚怀抱明妃站立在莲芯之中，因此有开花现佛之称。

清代由于乾隆皇帝对藏传佛教的浓厚兴趣，在皇宫内外广建寺院、佛室，大造佛像。大量的密宗像是乾隆造像中的主要题材。在藏传佛教中，大威德金刚是阿弥陀佛的忿怒身，也有说是文殊菩萨的忿怒身，是一尊重要的护法神，要以威猛忿怒之相吓退降伏恶魔。其形象有多种，常见的有两臂、4臂、18臂、34臂形象，有单体和双身之分，其中最具代表性的是9头34臂16条腿双身形象。馆藏大威德金刚，底座直径13.7厘米，宽7厘米，高15.7厘米，重1520克，产地北京。工艺复杂精湛，是清代宫廷制皇家礼品。金刚为9头18臂16腿双身像，每头有3只眼睛，代表能够洞察过去、现在和未来。中间主身是大水牛造型，头长两角，戴五骷髅冠，头冠背后是冲天火焰。中间两臂抱明妃，两侧16臂向外伸展，手中各

大威德金刚像

持兵器。左8腿弯曲，右8腿直立，足下踩着象征邪魔愚昧的众生。其威武庄严极富动感的造型，显示出强悍的震慑邪恶的巨大力量。

毗沙门天，亦称多闻天王或毗沙门天王，在佛教中是镇守北方的财神形护法天王，与东方持国天王、南方增长天王和西方广目天王一起，合称为四大天王或四大金刚，一般依其方位合供于寺庙的天王殿。今四川石窟之中多保存毗沙门天王造像，可得以了解自唐玄宗以来，唐五代之际四川民间供奉毗沙门天的盛况。

藏传佛教也对毗沙门天颇为偏爱，常将他独立塑像或画于唐卡上单独供奉。 乾隆初期毗沙门天，底座长14.3厘米，宽8.3厘米，通高21厘米，重2070克，北京制。造型受汉地影响，身穿甲胄。头戴五佛冠，双目圆瞪。袒腹、蓄须，颇有西域人味道。他身骑绿鬃卷毛狮，右手持伞，据说转动此伞，即生宝珠；也有说表示降伏魔众，护持众生。左手握猫鼬或叫银鼠，鼠口中吐宝珠，象征拥有、掌管财宝。

六臂大黑天（玛哈嘎拉） 西藏

大黑天，梵文名玛哈嘎拉，也有称六臂护法，古印度视为军神或战神。在藏传佛教中是众护法神之首，又认为他是大日如来降伏恶魔时呈现出的忿怒形。元朝时期，大黑天受到蒙古皇室的尊崇，被视为蒙古人的战神，常逢战事祭祀。其造型有多种，常见的有2臂、4臂、6臂3种。乾隆初期六臂大黑天，底座长13.8厘米，宽7.1厘米，通高17.5厘米，重1590克，北京制。其6只手臂，身披白象皮，头戴五骷髅冠，头冠背后是冲腾的火焰。鬃毛直立，3眼呈忿怒

毗沙门天

状。中间右手拿金刚杵，左手拿骷髅鼓，其余4手持法器。青蛇缠颈，配戴骷髅穿成的项链。双腿右屈左展，脚踩一仰卧象头人身，白象右手拿萝卜，左手拿骷髅碗，示白象被军神降伏向他贡献方物，象征降服魔障。 莲座上莲珠均匀，整尊像制作生动传神，是清乾隆时期的精美之作。

黄财神

欢喜金刚

藏传佛教各大教派还普遍供奉财神，黄财神是五姓财神之一，因其身相为黄色而得名。他是东方持国天王、南方增长天王、北方多闻天王和西方广目天王四大天王中北方多闻天王分化而来的，其他还有黑财神、白财神、红财神等。15世纪黄财神，铜制，底座直径9.2 厘米，宽7.5厘米，通高12厘米，重500克，产地西藏。头戴五佛花冠，头顶发髻，身材矮粗，上身袒露，肚大臂壮。佩戴珠宝璎珞为饰，胸前挂念珠。右手置膝前持如意宝珠，左手捉猫鼬鼠，鼠口中含宝珠，象征财宝。右脚踩宝瓶，如意姿势安坐于单瓣莲花座上。头冠、项饰、胸饰、臂钏等处镶嵌红、绿色松石，项链嵌红铜，代表了西藏西部阿里一带风格。

根据佛教密宗义理，密宗修行的最高阶段必须有女伴合作才能修法，因此不少忿怒形的造像都拥抱着女性，男女相合是调伏魔障引向佛智的象征。14世纪欢喜金刚，又称欢喜佛。铜制，底座直径5.9厘米，通高9.2厘米，重225克，产地西藏，是形象怪诞的男女拥抱双身像。8面16臂，各面3眼，斑杵及五骷髅头作头饰，头后有红色火焰。中央两手持颅碗拥抱明妃，其余手皆持装神物颅碗，明妃一头三目，右手持弯刀，左手持颅碗，左腿屈立，右腿缠主尊腰部。双尊皆为裸身，动态优美。此尊像为20世纪50年代初，藏族人民敬献给毛泽东主席的礼品。

清乾隆　双身金刚萨（左）　　清乾隆　财神（右，北京）

4. 显著的地域风格

西藏地处雪域高原，连接中亚、印巴次大陆，与古代于阗（今新疆地区）、阿富汗、巴基斯坦、克什米尔、印度、孟加拉、尼泊尔等地区和国家相邻，这些地区和国家的文化都对藏传佛教造像艺术产生了深刻的影响。西藏保存有大量的外来佛像，这一方面是因为长期以来外来佛像的不断流入，再有就是外国工匠来西藏直接的制作技艺传授。西藏造像最初都是来源外国或模仿外国模式，后来才发展形成了自己的艺术风格，因此可以说是多元文化的汇合交融，如果说汉地造像主要以时代为鲜明特征的话，那么藏传佛教造像则更多地表现出显著的地域风格。

藏传佛教造像制作极重规范，严格依照《造像量度经》的比例尺寸，因为他们认为如果出现错误就会使善业功德损失，失去神灵的佑护。严格依照固定程式重复制作的结果，必然会束缚艺术家的创作灵感，作品使人感到千佛一面，往往一种样式延续几个世纪，只有工艺上的变化，很少表现时代风格。

5. 少有纪年题款

汉地佛教造像，多有纪年、供养人姓名等，但藏地佛像却极少发现题记铭文，有纪年者则更为罕见。这是因为历代藏族艺术家们受藏传佛教学说的教诲，将制作佛像作为积聚功德，均不在作品上题款。直接纪年等资料的缺乏，给造像的断代分类和相关研究造成了困难。所作的分析大多只能依据造像本身的题材造型、装饰纹样、工艺技法和艺术风格等进行考察，许多方面还有待进一步的研究。

（摄影：张丹波）

（本文原载《东南文化》 2003年 第2期）

新疆维吾尔族农民
库尔班·吐鲁木给毛泽东主席的信

热汉古丽

现收藏在民族文化宫博物馆的库尔班·吐鲁木给毛泽东主席的信，是新疆和田地区于田县农民库尔班·吐鲁木在新中国成立后专门给毛主席的一封感谢信。写于1954年12月9日，信纸长62厘米，宽33厘米，信是用察合台文书写。信的主要意思是：库尔班·吐鲁木老人自幼父母双亡，一直生长在地主的牛圈里，过了33年长工、佃农生活，饱受地主、富农的剥削压迫。土改时已经60多岁的他翻了身，分到了14亩土地和房子。他深知这些幸福都是共产党、毛主席给他带来的，每年秋收时节他都从自己亲手种的地里选出最好的葵花籽和葡萄干，希望能带给毛主席，表达感激之情，并先后给毛主席寄去了7封信表达他的思念之情。

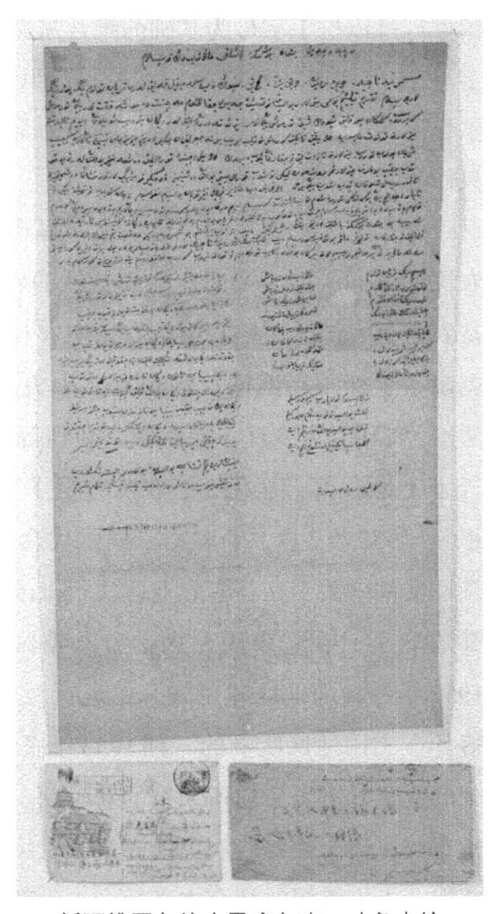

新疆维吾尔族农民库尔班·吐鲁木给毛泽东主席的信

新中国成立前新疆维吾尔族大都使用察合台文，也称为老维吾尔文。察合台文是13世纪至20世纪30年代操突厥语的民族使用的文字。它是采用阿拉伯字母拼写突厥民族语言的音素文字，因通行于察合台汗国而得名。这种文字采用了28个阿拉伯字母和其他一些辅助符号，并从波斯文中借用了4个字母。行文由右往左横写。字母分单写、词首、词中、词末4种形式。现存文献资料十分丰富，包括文史哲、政法、医药、天文、地理等方面内容，对研究维吾尔、乌孜别克等突厥民族的历史和文化有重要价值。中国维吾尔族现在使用以阿拉伯字母为基础的拼音文字。现行的维吾尔文是在晚期察合台文的基础上参照其他突厥语民族的文字改进而成的。1937年对察合台文进行改革，制定出以32个阿拉伯字母组成的字母表。遂使一个字母代表一个音位，言文趋于一致。1954年再次改革，制订了正字法。这套字母共有30个，其中4个圆唇元音由2个字母表示。1965年开始推行过以拉丁字母为基础的维吾尔文，有33个字母，其中元音字母8个，辅音字母25个。1976年开始正式使用，其后两种文字并用。1982年9月，新疆维吾尔自治区决定全面使用阿拉伯字母为基础的文字，而以拉丁字母为基础的文字则只作为一种拼音符号保留。

库尔班·吐鲁木老人给毛主席写感谢信代表了新中国成立后翻身当家做主的农民的共同心愿。当时广大解放区的农民仍然受着封建土地制度的束缚，地主、富农占有大部分土地，而贫农、中农和雇农占有少量土地，终年辛勤劳动，受尽剥削，生活不得温饱。1950年，中央人民政府颁布《中华人民共和国土地改革法》，到1952年9月，除西藏，新疆等少数民族地区和台湾以外，全国普遍地实行了土地改革，全国3亿农民分得了7亿亩土地和大批生产资料，免除苛重地租。 1952年7月，新疆第二届党代会会议通过了在新疆地区进行土地改革的纲领性文件《关于在新疆农业区实行土改的决议》。至1952年底，全疆81个县、市都建立了县委、市委，大部分县辖区建立了区委，部分乡建立了支部。直到1952年冬新疆地区才正式开始进行减租土改运动。新疆土地改革的冲锋号是从喀什、和田地区吹响的。到1953年底，新疆土改基本完成，它使新疆发生了深刻的变化，进入了前所未有的新时期。废除了封建土地所有制，实现了农民土地所有制，使全疆各族农民能和全国农民一道经过互助合作的道路，逐步走向大家富裕，人人幸福的社会主义社会，为新疆地区实现长治久安做出了不可磨灭的历史贡献。像库尔班大叔这样的各族农民翻身做了土地的主人，提高了他们的生产积极性，也增强了民族团结，使亿万个库尔班大叔从内心深处对共产党、毛主席产生了感激和爱戴之情。

库尔班大叔的故事感动了几代人，也一直流传至今。1952年底新疆土改开始，60多岁的库尔班第一次种上了属于自己的土地。库尔班望着丰收的粮仓，他知道多亏了毛主席，才有了耕地和粮食，他发自内心地产生了去看毛主席的念头，希望毛主席能尝尝他亲手栽种的丰收果实。1954年12月9日，库尔班·吐鲁木给毛主席寄去了第一封感谢信表达了感激和思念之情。1955年2月5日中共中央办公厅秘书室回复了库尔班·吐鲁木的信，信的内容是："你寄给毛主席的信收到了，兹寄去毛主席的照片1张，请你留作纪念。"收到回信更坚定了库尔班大叔去看望毛主席的想法。他决心骑毛驴到北京去看毛主席。乡亲们劝都劝不住，县里的干部亲自赶来告诉他于田县离北京太远了，骑毛驴根本走不到。他就到公路上拦汽车说要到北京见毛主席。用他的话说："能让我亲眼见见毛主席，我这辈子也就心满意足了。"

不久，库尔班·吐鲁木渴望见毛主席的事传到了新疆维吾尔自治区党委领导那里。党委领导们到南疆时，专程看望了库尔班，鼓励他好好生产，有机会一定让他去北京。从此，库尔班生产更勤奋努力，并被评为全国劳动模范。不久，这件事就传到新疆维吾尔自治区党委书记王恩茂那里，为了满足库尔班大叔的心愿，特批他随国庆观礼团乘飞机来到北京。1958年6月28日下午，库尔班同全国劳动模范一起，在北京中南海受到毛泽东主席的亲切接见，完成了心愿。库尔班大叔亲手栽种和制作的葡萄干、葵花籽等礼物也转交给了毛主席。这两件既普通又实在的礼品在民族文化宫博物馆保存，它表达了库尔班大叔所代表的各族人民对党和人民政府，对毛泽东主席的衷心感谢和深厚感情。

参考文献

陈冠任，治国录．毛泽东与1949年后的中国［M］．中共党史出版社，2014．

（本文原载《典藏择粹》 辽宁民族出版社 2017年12月）

西藏扎什伦布寺敬献清乾隆皇帝的呈文

罗吉华

收藏于民族文化宫博物馆的这封呈文是西藏扎什伦布寺敬献给清乾隆皇帝的，纸质，纵55厘米，横58厘米，用藏文书写，内容为："在皇帝神威及大军威风震慑之下，来犯之敌廓尔喀望风披靡，狼狈逃回。因大军所耗之费用具由国库支付，所到之处没有骚扰地方。感此无量之德，敬献佛像、藏红花、氆氇等礼品。"

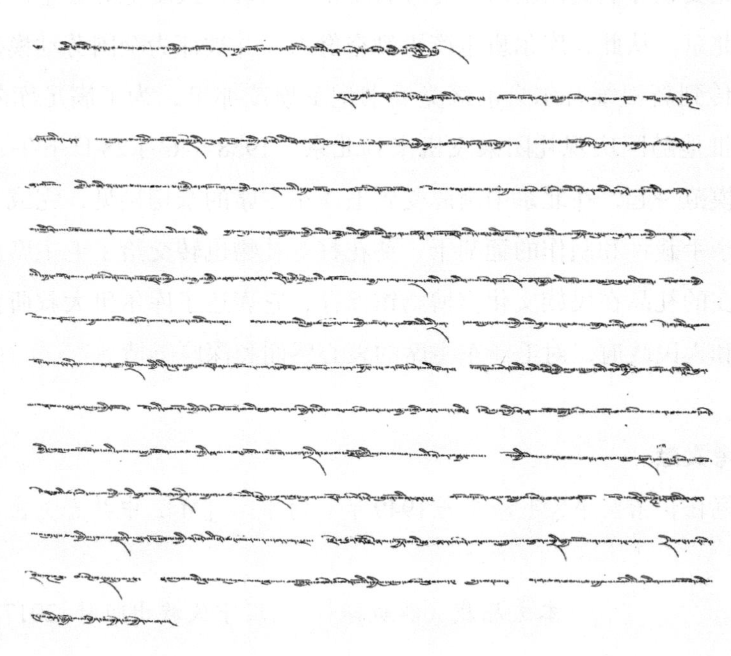

西藏扎什伦布寺敬献清乾隆皇帝的呈文

这封呈文的撰写，发生在清乾隆五十七年（1792）清廷军队击败廓尔喀第二次入侵西藏之后。看完呈文，知道这是书写者对清廷军队击退入侵者廓尔喀所表达的无限感激之情。那么，廓尔喀是谁？与扎什伦布寺发生了什么？皇帝为何要不计远途的危险和庞大的军费支出派大军入藏？扎什伦布寺作为一座地方寺院，远在西藏日喀则，何以要直接向皇帝表达谢意？

将呈文置于当时的环境中，看到的是一段惊心动魄的历史。

一、廓尔喀是谁

廓尔喀原本是尼泊尔的众多部族之一。18世纪前期的尼泊尔分为数十个互不统属的部族。居住在加德满都谷地的阳布（今尼泊尔首都加德满都）、廓库穆（巴德岗）、叶楞（帕坦）三部落于清雍正年间入贡中国，清人依藏语读音称之为“巴勒布”。18世纪后期，居于巴勒布西北的廓尔喀部族兴起，后来趁巴勒布内乱，侵夺了三部落，并逐步征服了周遭部落。1769年，廓尔喀迁都至阳布，形成了统一的尼泊尔王国，又称廓尔喀王国。

但是，廓尔喀境内多高山，地狭人稠，这种难以自给的现状使得廓尔喀急于向外发展。从地理位置上来看，廓尔喀疆土与我国西藏西南交错，两地宗教关系密切，商旅往来不绝，而印藏之间的货物运输也多由此中转。因此，廓尔喀强大后向外侵略扩张的首要目标便是西藏。

二、廓尔喀为何两次入侵西藏

清乾隆五十三年（1788），廓尔喀以贸易和边界纠纷为由，调动军队侵扰中国边境，以至占领了西藏的聂拉木、济咙、宗喀等边界重镇。清廷随即调兵进剿。但是西藏噶厦地方政权官员及地方高僧等私自与廓尔喀议和，允诺向廓尔喀偿银赎地，每年许给元宝300个，合银两1.5万两。而驻藏大臣巴忠带兵入藏后，又并未认真剿办，而是急欲完事。最终廓尔喀在得到一纸赔款字据后，才撤出了占领的地方，而驻藏大臣巴忠却向朝廷谎报已收复失地，奏凯班师。这就为廓尔喀第二次入侵西藏留下祸根。

乾隆五十五年（1790），廓尔喀派人入藏讨要赎地钱财，噶厦地方政权官员拒绝支付，并遣使谈判，要求撤回合约，遭到廓尔喀的拒绝。次年（1791）夏，廓尔喀以藏官违约为由，再次入侵后藏，悍然发动了第二次侵藏战争，此次廓尔喀军来势凶猛，不仅很快占据了西藏边境的聂拉木、济咙、宗喀等地，还侵占了扎什伦布寺，将扎什伦布寺劫掠一空。

三、扎什伦布寺为何遭致横祸

扎什伦布寺，是西藏日喀则地区最大的寺庙，也是后藏地区的宗教文化中心，兴建于1447年，为四世班禅额尔德尼·罗桑确吉坚赞之后历代班禅喇嘛驻锡之地。它与西藏拉萨的“三大寺”甘丹寺、色拉寺、哲蚌寺以及青海的塔尔寺和甘肃的拉卜楞寺合称藏传佛教格鲁派的“六大寺”。这样一个圣地遭此大劫，竟是起于一位活佛的贪念。这还得从乾隆皇帝的70大寿说起。

乾隆四十五年（1780），六世班禅额尔德尼罗桑·贝丹益希应乾隆皇帝之请，率众离藏东行，为之诵经，并祝贺70大寿。乾隆皇帝极为重视，亲自安排了六世班禅朝觐的路线及接待事宜，不仅在北京为班禅修建了行宫（今北京西黄寺），还在承德仿效扎什伦布寺建了须弥福。乾隆皇帝对六世班禅倍加礼遇，赏赐不断。王公贵族及祝寿的各国使节的“施舍”亦是络绎不绝，海溢山积。不幸的是，六世班禅进京朝觐祝寿事毕，欲返回西藏之际，却突发疾病，圆寂于北京。乾隆皇帝不胜痛惜，百日诵经祈祷灵魂升天完毕，命六世班禅之兄扎什伦布寺总管仲巴呼图克图护送灵柩返藏，并赐“无虑数十万金，而宝冠、璎珞、念珠、晶玉之钵、镂金之袈裟，珍宝不可胜计”。可是，仲巴呼图克图将许多珍贵财产据为己有，而六世班禅的另一位同母异父兄弟沙玛尔巴，是噶玛噶举派红帽系活佛，因为教派之别而分文未得，十分愤懑，遂萌投敌的恶念，于乾隆四十九年（1784） 以朝拜佛塔为名潜往廓尔喀。沙玛尔巴向廓尔喀国王告密，说西藏防务空虚，扎什伦布寺财富甚多，怂恿出兵西藏，抢劫扎什伦布寺。1788年廓尔喀第一次侵藏可以说是一次试探性的行动，第二次入侵时则进行了一次彻底的洗劫。

乾隆五十五年（1790）八月十六日，战火逼近扎什伦布寺时，年方10岁的七世班禅额尔德尼携带皇帝所赐前辈的金印及珠宝细软等物被护送到拉萨避战。4日后，廓尔喀军入侵扎什伦布寺。当时清军在后藏边界人数极少，难以击敌。而扎什伦布寺的喇嘛们，闻知廓军来犯的消息，已慌乱一团，高层喇嘛在吉祥天母像前问卜，得到的结果却是“不可与贼作战”。3000喇嘛全无斗志，纷纷逃散。仲巴呼图克图放弃职守，携带细软及班禅所余贵重物件，先行逃出。廓尔喀军进入扎什伦布寺肆行劫掠，将寺内金银佛像、供器，佛塔上镶嵌的珍珠、珊瑚、松石以及仓库贮藏的银器绸缎等宝物抢劫一空，还把乾隆皇帝赐给六世班禅的金册也掠走了。

四、乾隆皇帝如何派大军进藏御敌

后藏地区的要塞失守、扎什伦布寺的横遭抢掠、廓尔喀军分三路进攻前藏的虚声恫吓，极大地震惊了清廷中枢。乾隆皇帝大为震怒，称：“至贼匪来藏侵扰，若不过因索欠起衅，在边境抢掠，原不值兴师大办。今竟敢扰至扎什伦布，则是冥顽不法，自速天诛。此而不声罪致讨，何以安边境而慑远夷耶？……况该处为历辈达赖喇嘛、班禅额尔德尼驻锡之地，蒙古番众素所崇奉。若任小丑侵凌置之不问，则朕数十年来所奏武功，岂转于此等徼外幺麽不加挞伐？”清王朝极力扶持藏传佛教格鲁派在藏区的地位，而扎什伦布寺又是格鲁派历代班禅驻锡地，又因六世班禅圆寂于京的缘故，遭此大劫，乃至于皇帝御赐六世班禅的金册也被掠走，皇帝自然大怒。

乾隆皇帝派两广总督福康安、参赞大臣海兰察等领兵由青海入藏征讨廓尔喀。福康安得令后，带领部队60天徒步急行军4600里入藏。乾隆五十七年（1792）五月，清军收复济咙，随后攻入廓尔喀境内。六七月间，清军逼近廓尔喀都城阳布，廓尔喀遣使求和，归还所抢金册及其他财物，许诺永不侵犯藏境。八月，福康安准许廓尔喀归降，启程返回西藏，史称“平定廓尔喀”。从乾隆五十六年（1791）十一月清军进藏到凯旋，共16 个月，清廷调动东北、西北、西南兵力1.3万余人，支出军费超859 万两白银，越过喜马拉雅山，胜利完成对中国边境的保卫。此战之后，廓尔喀遣使赴北京朝觐，成为入贡属邦。

五、结局：一个教派的覆灭和一部法典的诞生

廓尔喀第二次侵藏战争爆发后，乾隆皇帝下令严厉查办第一次战争期间办事不当的大臣。当获知所谓的和议实际为“赔银赎地”，且沙玛尔巴在其中挑唆，再加上一些喇嘛竟然向侵略者投递哈达，本来就对和议不满的乾隆皇帝对此“叛国行为”更是震怒，要求严厉查处各派喇嘛在廓尔喀战争中的不当行为。沙玛尔巴在战争期间虽已畏罪自杀（也有说是病死），但还是命令廓尔喀交回其尸骨，并在前后藏及察木多一带通衢大站地方悬挂示众以示警告。沙玛尔巴家产被查抄，其所属寺庙僧人一律改宗为格鲁派，而且沙玛尔巴被禁止转世，从此噶玛噶举派红帽系的传承终止。一位活佛就如此导致了一个教派的覆灭。

平定廓尔喀，体现了清王朝坚决捍卫国家主权的决心和能力。通过廓尔喀战争，清政府看到了治藏政策中存在的诸多弊端，趁此次出兵西藏之际进行了卓有成效的改革和创新，例如在战后颁布了历史上著名的法典《钦定藏内善后章程二十九条》，确立了西藏的政治、军事、赋税、宗教等制度，对藏传佛教活佛转世提出并实施的“金瓶掣签”制度就始于此。这些改革措施和规范制度的实施，加强了清中央王朝对西藏的有效治理，使西藏作为中国领土一部分的地位更为巩固，并为此后中央政府的治藏政策奠定了基础，对后世影响极为深远。

这就是扎什伦布寺给乾隆皇帝所写这封呈文的前因后果。呈文短短数语，彰显了乾隆盛世的国力雄厚，道出了清廷军队的法纪严明，也是清王朝宣扬主权和一次卫国之战的明文见证。

参考文献

[1] 陈庆英，高淑芬．西藏通史［C］．郑州：中州古籍出版社，2003.

[2] 邓锐龄．乾隆朝第二次廓尔喀之役（1791—1792）［J］．中国藏学，2007（04）．

[3] 高晓波．乾隆朝第二次廓尔喀之役兵源及军费考略［J］．西藏研究，2013（02）．

[4] 周燕．浅谈乾隆皇帝治藏的宗教政策［J］．西藏大学学报（社会科学

版），2012（03）.

［5］李然．六世班禅朝觐与廓尔喀入侵［J］．承德民族师专学报，2004（03）.

［6］牙含章．班禅额尔德尼传［M］．拉萨：西藏人民出版社，1999.

（本文原载《典藏择粹》 辽宁民族出版社 2017年12月）

清代达赖、班禅敬献中央政府的礼品

辛宇玲

历世达赖、班禅敬献中央政府的礼品主要珍藏在北京的故宫博物院、民族文化宫和雍和宫。礼品数量巨大，种类繁多，仅民族文化宫就珍藏有各类礼品800余件（套），其中清代礼品有40余件，它们既有反映藏传佛教文化艺术博大精深的宗教器物，也有雪域高原丰富物产和反映人民勤劳智慧的生产生活用品。今天，这些礼品已成为见证历史的最好的文物精品。

藏传佛教兴起于公元10世纪。在我国主要流传于藏、蒙古、门巴、裕固、土、纳西、普米等民族地区。达赖喇嘛和班禅额尔德尼是藏传佛教格鲁派的两大活佛，经历代中央政府册封，确立其在政治、宗教中的地位。

达赖喇嘛和班禅额尔德尼是藏传佛教格鲁派（黄教）创始人宗喀巴的两大弟子。公元15世纪格鲁派形成后，经过几个世纪的发展，成为藏传佛教中实力最强的教派。达赖、班禅世代以活佛转世传承延续，形成了格鲁派中两大活佛系统。“达赖”是蒙古语，意为“大海”，“达赖喇嘛”意为“德智广深如海无所不纳之上师”，在藏传佛教界被认为是观世音菩萨的化身。“班”为梵文“班智达”（学者）的略称，“禅”，藏语意为“大”，“班禅”即大学者之意，“额尔德尼”，满语，意为珍宝，在藏传佛教界被认为是无量光佛的转世。清统一全国后，第五世达赖喇嘛罗桑嘉措于顺治九年（1652）进京朝觐，次年返藏途中，清廷正式册封他为“西天大善自在佛所领天下释教普通瓦赤喇怛喇达赖喇嘛”，并赐以金册、金印（金册、金印现藏西藏拉萨罗布林卡）。清康熙五十二年（1713），第五世班禅罗桑益西被康熙帝正式册封为“班禅额尔德尼”，亦赐金册、金印（现藏西藏扎什伦布寺）。自此，清朝中央政府正式确立了达赖、班禅在西藏的政治、宗教地位，以后历世达赖喇嘛、班禅额尔德尼的封号和地位，必须经中央政府册封才得以确认，成为一项历史定制。公元1792年，乾隆皇帝为体现中央权威，维护国家统一，清除在确认活佛转世灵童上的种种弊端，特别创立“金瓶掣签”制度，特颁赐金瓶二尊于拉萨大昭寺（后移布达拉宫）和北京雍和宫。规定凡西藏、蒙古大活佛圆寂后对寻访到的若干候选灵童，要由各呼图克图和驻藏大臣在大昭寺释迦牟尼像和僧众面前举行掣签仪式，从中选定一名作为转世灵童，再经中央政府审查批准后，依宗教仪轨举行坐床典礼，这一制度颁行后成了一项必须遵行的历史定制，得到历世达赖、班禅及各大活佛僧众的衷心拥护。

达赖、班禅的地位和权力是经中央册封赐予的。作为地方领袖，为了表示对大皇帝的恭顺臣服，他们每年都按例向皇帝上书请安谢恩，汇报自己的从政从教及执行中央政令的情况，并沿袭元、明两朝的做法，派遣使团向皇帝进贡。清初期，这种进贡的次数并无定制，直到清雍正初年方规定达赖、班禅分两班隔年轮流遣使进贡，后又改为各隔两年派使进贡一次。遇有朝廷庆典、皇帝万寿等节日，还要特别呈进丹书克贺礼。他们以敬献礼品的方式来增进西藏上层人士与皇帝的感情和对国家的认同感，密切了君臣关系。

西藏宗教领袖们所进贡品、礼品，大多为藏传佛教器物，间有土特产品，如五色哈达、银曼达、七珍八宝、八吉祥、佛像、金字经、银塔、银轮、杵、瓶、红花诸物。贡使堪布亦附贡哈达、铜佛、数珠、红花、藏香、氆氇等物。

银茶壶是五世达赖喇嘛阿旺·罗桑嘉措敬献清朝政府和顺治皇帝的众多礼品的代表。五世达赖喇嘛阿旺·罗桑嘉措（1617—1682），西藏琼结人。1622年经四世班禅额尔德尼洛桑·却吉坚参主持，确认为转世灵童。清顺治九年（1652）进京朝觐，受到清世祖的隆重接待。次年，清廷正式册封他为“西天大善自在佛所领天下释教普通瓦赤喇怛喇达赖喇嘛”，并赐金册、金印。1682年圆寂。

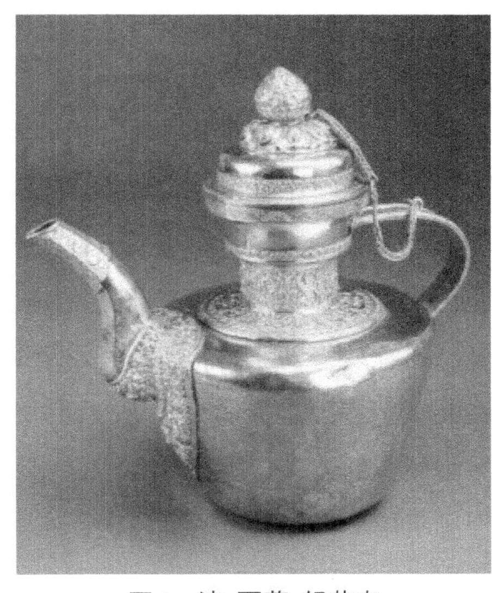

图1　清 西藏 银茶壶
高30厘米 宽29厘米 重1525克 银质

五世达赖喇嘛阿旺·罗桑嘉措敬献清朝中央政府礼品。银茶壶的盖、颈、嘴、把等处镶镀金镂花图案，是西藏高僧的生活用具。

六世班禅额尔德尼罗桑·贝丹益希，是西藏历史上一位杰出的藏传佛教领袖和政治家。他于藏历第十二绕迥之土马年（清乾隆三年，1738）出生在襄地扎西则（今后藏南木林宗扎西则）地方，清乾隆六年（1741）入扎什伦布寺出家，乾隆三十年（1765）十二月，受赐了金册和金印。乾隆四十三年（1778），章嘉国师奏称，班禅额尔德尼希望朝觐皇帝。乾隆皇帝认为，六世班禅额尔德尼跋涉万里，为他的七旬万寿节祝寿，是清王朝“吉祥盛世”的象征。乾隆四十四年（1779），驻藏大臣留保住通知六世班禅额尔德尼，谕旨允准他由后藏日喀则扎什伦布寺启程“谢恩进佛”。而乾隆皇帝不惜动用朝廷大量的人力和物力，为六世班禅额尔德尼的到来做了周密的迎接工作。

乾隆四十四年（1779）六月，六世班禅额尔德尼率领三大寺堪布及僧职人员百余人开始离藏赴承德，当时，护送的僧俗官员和马队多达2000人，盛况空前。六世班禅额尔德尼成为第一个到祖国内地的班禅喇嘛。乾隆四十五年（1780）七月二十一日，班禅一行到达承德，在皇六子永瑢和章嘉国师、尚书永贵的陪同下至避暑山庄的澹泊敬诚殿朝觐乾隆。乾隆离开宝座亲手扶起，操藏语问佛安：“长途跋涉，必感辛劳。”班禅答：“远叨圣恩，一路平安。”乾隆与六世班禅额尔德尼的日常对话完全使用藏语，如谈及经文典籍，由章嘉国师翻译。就乾隆帝使用藏语这一点，使六世班禅额尔德尼倍加感激和崇拜不尽。六世班禅额尔德尼在承德一个多月的时间里，乾隆为他在避暑山庄的万树园举行了4次大型的野宴，期间还有相扑、杂技、赛马、什榜（音乐舞蹈）等活动，并在东宫的清音宫（大戏楼）连续演戏至十日。八月二十五日，六世班禅额尔德尼离热河经古北口至北京，先后在圆明园、白塔寺、紫禁城的中正殿、宁寿宫等处，会晤讲经、拈香熬茶、开光诵经、授戒摩顶等。然而，十一月二日，六世班禅额尔德尼在北京黄寺因患疾病治疗无效而圆寂，其遗体置于由乾隆皇帝御赐的用7000两黄金制造的天降金塔里，次年二月，灵塔运往西藏扎什伦布寺。为了纪念六世班禅额尔德尼，乾隆皇帝特命在班禅生前住过的黄寺西侧，建立了一座宏伟的清净化城塔，俗称西黄寺。

六世班禅额尔德尼觐见的背景是清王朝国力达到鼎盛的时期，其朝觐巩固和提升了中央政府统一领导的地位和威望，加强了中央政府与西藏地方的政治、经济、文化诸方面联系，巩固了中华民族大家庭特别是汉、藏、满、蒙古族之间的团结和谐，功德圆满，泽被千秋。他分别在不同场合、不同地点多次向乾隆皇帝呈进礼品，包括宗教用品、地方特产和生活用具，如佛像、念珠、哈达、曼扎、唐卡、佛经、藏香、藏药等。

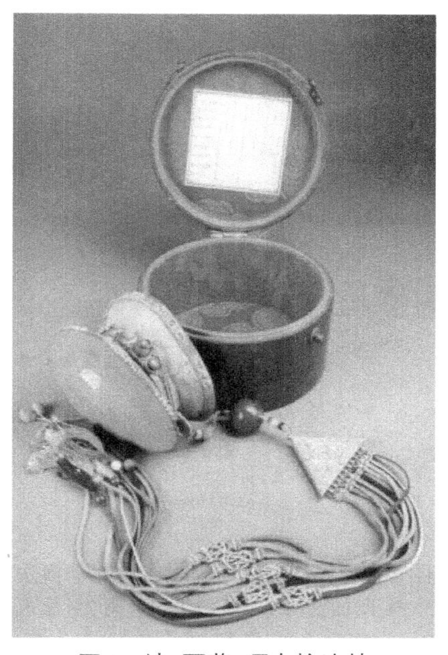

图2　清 西藏 嘎布拉法鼓
鼓长15.2厘米 宽13厘米 高8.4厘米
坠带长77厘米 重595克 骨质 银质

其中民族文化宫博物馆珍藏的几件嘎布拉鼓和嘎布拉碗尤显璀灿华丽，十分珍贵。“嘎布拉”亦称“尕巴拉”，藏语音译，为人头骨之意。在修密宗的最高密法无上瑜伽密，举行灌顶仪式时，用于盛酒等。关于嘎巴拉碗的起源，文献记载相当稀少。通常情况下可以将《圣祖仁皇帝御制文集》中的这样一段文字视为其出现的主要线索：“我闻在昔，佛月光明，以头施檀，普度众生，左旖檀涂，右利刀割，于此二人，不分别拨。五印三藏，古德多有，用是义例，自施其首。十方十色，一以化之，同凡悲抑，共圣慈悲。是真供养，无供养者，作赞饶舌，波罗般若。”这段话的意思是说，月光明佛悲悯苍生，为了普度众生，最后连自己的头颅都施舍出去了。于是，印度、藏地的高僧大师们都纷纷沿用此例，死后将自己的头颅施舍出去，作为宗教仪式上的法器以使用。

图3　清 西藏 嘎布拉法鼓
长13.2厘米 宽11.9厘米
高5.9厘米 重175克 骨质

清乾隆四十五年（1780），六世班禅额尔德尼罗桑·贝丹益希敬献清乾隆皇帝礼

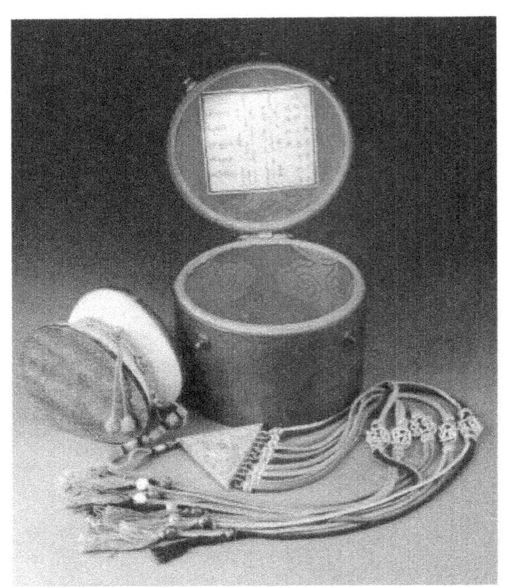

图4　清 西藏 象牙制嘎布拉扎穆鲁法鼓
鼓长12.2厘米 宽11厘米 高7.8厘米
坠飘带长85厘米 重415克 象牙质

品。此鼓的鼓腔以人头盖骨制成，鼓箍为银质镂花，其上嵌镶大宝石9颗，小宝石26颗，下坠1颗大蜜蜡珠和1个三角形镂花镶宝石金质装饰品。装饰品下，坠有10股金丝编吉祥结穗。在装鼓的包锦彩漆木盒盖里贴着锦签，用汉、满、蒙、藏4种文字写着“乾隆四十五年八月初七日六辈班禅额尔德尼恭进”。

清乾隆四十五年（1780），六世班禅额尔德尼罗桑·贝丹益希敬献清乾隆皇帝礼品。此鼓鼓身为人头盖骨，鼓箍为银质镂花镶宝石，鼓身镶有5朵花、24颗小绿松石，下坠1颗蜜蜡珠。

清朝乾隆年间，六世班禅额尔德尼罗桑·贝丹益希敬献乾隆皇帝礼品。鼓身为象牙制，鼓箍为金质镂花镶绿松石，下坠有1个金质三角形镂花镶宝石装饰品，其下坠有10条彩色丝带，每条缀1颗宝石。

图5　清 西藏 嘎布拉碗
长20厘米 宽19.5厘米 高21厘米
重3940克 骨质 银质

清乾隆四十五年（1780），六世班禅额尔德尼罗桑·贝丹益希在乾隆70大寿时敬献乾隆皇帝的礼品。此嘎布拉碗由镀金压花长方形银底座、三角形底镀金压花银碗托、镶金边银衬里人头盖骨碗和镀金压花镶绿松石银碗盖四部分组成。碗底座上用汉、满、蒙、藏四种文字写着“乾隆四十五年班禅额尔德尼进”。碗内刻梵文六字真言。碗盖上镂花，镶绿松石26颗，碗上镶绿松石花6朵，三角形座上镶绿松石36颗。此嘎布拉碗做工精细，为清代珍贵贡品代表着乾隆时期西藏制作工艺的最高水准。

清乾隆四十五年（1780），六世班禅额尔德尼罗桑·贝丹益希敬献清朝乾隆皇帝礼品。此为六世班禅额尔德尼罗桑·贝丹益希所用铃杵。柄上端为五股月牙形，中间为一尊半身佛像。在佛教密宗中，金刚杵象征着所向无敌、无坚不摧的智慧和真如佛性，它可以断除各种烦恼、摧毁障碍修道的恶魔，为密教诸尊之持物或瑜伽士修道之法器。

图6　清　西藏　五股佛像柄铜铃和双头五股金刚杵
铃直径7.2厘米　高15.4厘米　杵长11.5厘米　铃重250克　杵重100克　铜质

清乾隆四十五年（1780），六世班禅额尔德尼罗桑·贝丹益希敬献清朝乾隆皇帝礼品。钵，又称钵盂、应法器、应量器等，是僧人随身携带的吃饭食器。此钵采用珐琅工艺所造，即以硅、铅丹、硼砂、长石、石英多种矿物质和金属氧化物为原料，经焙烧磨碎粉状彩料后，填嵌或绘制于金属表面上。此工艺最初在唐宋时期由阿拉伯国家传入中国，在清朝康、雍、乾三朝得以发展，康熙时期的珐琅器釉色亮丽洁净，纹饰以写生花卉及图案式花卉为主。

图7　清　西藏　镀珐琅铁钵
直径18.5厘米　高16.5厘米　重375克　铁质

八世达赖喇嘛和七世、八世班禅额尔德尼给清廷敬献的礼品也是精美绝伦，是佛教艺术品中的经典之作。八世达赖喇嘛绛贝嘉措（1758—1804），后藏托布加（今西藏南木林）人。廓尔喀事件后，与清军统帅福康安共同拟定《藏内善后章程》并颁布施行。七世班禅额尔德尼罗桑·丹白尼玛（1782—1853），后藏吉雄

图8　清　西藏　嘎布拉法鼓
全长92.5厘米　鼓长13.7厘米　宽12.6厘米　高8.2厘米
重315克　骨质　银质

图9　清　西藏　双头五股镀金银金刚杵
长21厘米　重600克　银质

图10　清　西藏　双头五股镀金银金刚杵
长21厘米　重500克　银质

人（今西藏仁布境内）。清乾隆四十九年（1784）被迎入扎什伦布寺，1844年至1845年，代理摄政职务，1853年圆寂。八世班禅额尔德尼丹白旺修（1855—1882），后藏托布加谿卡人。1857年布达拉宫举行“金瓶掣签”仪式，认定其为八世班禅，取法名为曲结扎巴丹白旺修贝桑布，简称丹白旺修，28岁时圆寂于后藏托布加谿卡。

八世达赖喇嘛绛贝嘉措敬献清乾隆皇帝的礼品。藏传佛教法器。“嘎布拉”藏语音译，意为“人头盖骨”。嘎布拉鼓藏语称“扎玛如”，是藏传佛教密宗的一种法器。此嘎布拉法鼓的鼓腔，以人头盖骨制成。鼓箍为银质镀金镂花，镶3朵绿松石花，并镶有39颗绿松石。下坠1颗大蜜蜡珠和1个葫芦形织锦装饰品上缀米粒珍珠。装饰品下有2颗红珊瑚珠和5条彩色飘带。此法鼓上系黄签，写有：“乾隆六十年十一月十四日收达赖喇嘛进嘎巴拉鼓一件，银镀金嵌松石腰箍、珊瑚珠二个、密蜡结子一个、子飘带五条，锦套”。

清同治元年（1861），八世班禅额尔德尼·丹白旺修敬献清政府礼品。金刚杵，梵名“瓦支拉”，藏语称“多吉”，原为古代印度之武器。由于质地坚固，能击破各种物质故称。在佛教密宗中，金刚杵象征着所向无敌、无坚不摧的智慧和真如佛性，它可以断除各种烦恼、摧毁障碍修道的恶魔，为密教诸尊之持物或瑜伽士修道之法器。

清道光十七年（1837），七世班禅额尔德尼丹白尼玛敬献清政府礼品。金刚杵，梵名“瓦支拉”，藏语称“多吉”，原为古代印度之武器。由于质地坚固，能击破各种物质故称。在佛教密宗中，金刚杵象征着所向无敌、无坚不摧的智慧和真如佛性，它可以断除各种烦恼、摧毁障碍修道的恶魔，为密教诸尊之持物或瑜伽士修道之法器。

图11　清 西藏 镀金镂花银曼达
直径39厘米 厚8厘米 重1100克 银质

清同治十三年（1874），八世班禅额尔德尼丹白旺修敬献皇帝礼品。曼达又名曼陀罗，梵文Mandala的音译。曼达分内供曼达、外供曼达、神供曼达和真如曼达4种。藏传佛教供器，即以世间一切珍宝，包括日月四大洲，结成坛城，用以供养诸佛，是须弥山的象征。此曼达四周有镀金镂花和梵文咒语。

此外，九世班禅却吉尼玛和十三世达赖喇嘛土登嘉措敬献清朝政府的礼品，也很丰富。十三世达赖喇嘛土登嘉措（1876—1933），西藏拉萨人，1877年被选为转世灵童，1895年亲政，总理西藏地方政教事务，世寿58岁，1933年12月被国民政府追封为“护国弘化普慈圆觉大师”。九世班禅额尔德尼却吉尼玛（1883—1937），西藏塔布人。1937年12月1日圆寂。12月23日，国民政府追封其为“护国宣化广慧圆觉大师”。

礼品中以“宝瓶”、银曼扎和银法轮最具特色。“宝瓶”，藏语称“本巴”，形

图12　清 西藏 银宝瓶
底直径15.9厘米 高36厘米 重1455克 银质

图13　清 西藏 银曼扎
直径23.5厘米 厚4.5厘米 重375克 银质

状呈瓶形。藏传佛教用它表示聚满千万甘露，包罗善业，满足愿望。既是净瓶，也是藏传佛教密宗修法灌顶时的法器之一。僧人除了在念经诵咒或灌顶等宗教活动中使用外，也用来为神像沐浴或为人沐浴时盛圣水。寺院中的宝瓶内，常装有净水，象征甘露，瓶口插有孔雀翎或如意树，象征吉祥清净和财运，即福智圆满，具空无漏。有的宝瓶还供放在寺院等建筑物的屋顶和屋脊之上，起装饰作用。

十三世达赖喇嘛土登嘉措敬献清朝中央政府礼品。银宝瓶，宗教用品，是喇嘛给信徒灌顶时用的法器。此瓶底座和瓶盖上镀金，瓶盖上镶4颗绿松石。瓶盖中心附一件银筒，直径3.5厘米，长24.8厘米，使用时里面插孔雀翎，瓶身套布套，瓶内盛净水。这件银瓶系有黄签，上写："前藏达赖喇嘛呈进丹书克贡物。银瓶一个，镶嵌松石，连缎套。"

清光绪二十一年（1895）慈禧太后60大寿时，九世班禅额尔德尼曲吉尼玛敬献的祝寿礼品。曼达又名曼陀罗，梵文Mandala的音译，为藏区佛寺所用供器。曼达分内供曼达、外供曼达、神供曼达和真如曼达4种。此银曼达呈圆盘形，用纯白银打造而成，顶部光洁发亮，四周压铸有吉祥花纹图案。此曼达系有黄签，上写："班禅额尔德尼恭祝慈禧端佑康颐昭豫庄诚寿恭钦献□□□万寿呈进银曼达一个，拴五色哈达。光绪二十一年九月十五日收首领郭双喜交。”

清光绪二十四年（1898），十三世达赖喇嘛土登嘉措敬献清朝中央政府礼品。法轮，梵文Dharcakra的意译，藏传佛教法器。其寓意一是说佛法能摧破众生烦恼邪恶，如转轮王转动“轮宝”摧破山岳岩石一样；二是表示佛之说法，如车轮辗转不停。也常用于寺庙、宫殿屋脊或牌坊上作装饰品，左右分别应有牡丹祥麟各一个，称为祥麟法轮。此法轮工艺精湛，底座上端和法轮中部为压花镀金，两面中心镶红、蓝、绿3颗宝石，并镶有一圈绿松石，两面共32颗。

图14　清 西藏 银质法轮
高41.5厘米 轮直径2.5厘米 重1750克 银质

图15　清 西藏 金边银酥油灯
高14.5厘米 最大直径12厘米 重215克 银质

十三世达赖喇嘛土登嘉措敬献清朝中央政府礼品，为供佛器物。此灯的底座外圈及灯口边沿均镶有镀金雕饰。

达赖喇嘛和班禅额尔德尼敬献清中央政府和皇帝的礼物工艺精湛，寓意深刻，是反映西藏和清朝中央政府关系的宝贵实物资料，是具有极高艺术鉴赏价值和研究价值的文物珍品。

（本文原载《文物天地》 2015年第7期）

《吐蕃三法王像》唐卡

炬 华

现珍藏于民族文化宫博物馆的“吐蕃三法王像”唐卡，绘制于清代，布本，彩绘，纵123厘米，横161厘米，画芯纵85厘米，横134厘米。这种彩色布画也称唐卡，是藏族文化中一种独具特色的绘画艺术形式，题材内容涉及藏族的历史、政治、文化和社会生活等诸多领域。“三法王”指的是西藏历史中吐蕃王朝时期3位著名的赞普：第三十三代赞普松赞干布、第三十八代赞普赤松德赞和第四十一代赞普赤热巴巾。“赞普”为吐蕃最高统治者的称号。赞，雄强之意；普，男子之意。藏族人认为他们分别是密乘三怙主（佛部文殊菩萨、莲花部观世音菩萨、金刚部金刚手菩萨）的化身，被尊为三大法王。以他们为主题的画作或雕塑作品等通常被称为“祖孙三法王”。

图1 “吐蕃三法王像”唐卡

“吐蕃三法王”唐卡以红色、蓝色绸缎装饰，人物造型独特。在画中居中的是法王松赞干布，他面相丰满，体形魁伟，仪态威严，气宇轩昂；头戴白色缠头高冠，顶部露出红色的阿弥陀佛头像，表明他是观音菩萨在人间的化身，是护持佛教的一代法王。左手结禅定印，托金色法轮，右手结触地印，执乌巴拉花蔓（乌巴拉本是“盛开”之意，在梵文中表示“夜莲花”），双足半跏趺坐于宝座上。图中的松赞干布身着红衣白氅，绿色的飘带恣意翻飞，诠释着松赞干布的威严与洒脱。唐卡中飘带一般有5种颜色：白色用于安抚或抚慰；黄色用于增长或招财；红色用以招神或降伏；蓝色用以强力或恐怖；绿色可用于一切目的或一般的活动，5种颜色与五方佛密切相关。

图2　第三十三代赞普松赞干布（617—650）

位居左侧的是法王赤松德赞，他面色严肃，剑眉微蹙，头戴白色缠头高冠，身着橙衣红氅，绿色的飘带规

图3　第三十八代赞普赤松德赞（742—797）

图4　第四十一代赞普赤热巴巾
（815—838）

整、服帖地垂于身侧，显示出他严谨、坚毅的性格。赤松德赞双手当心，结说法印，右手执红色乌巴拉花，花蕊中有一把宝剑。左手执红色莲花，上面有般若经函，双足半跏趺坐于宝座上，表明赤松德赞是文殊菩萨的化身。

位居右侧的是赞普赤热巴巾（又称为赤祖德赞），“热巴”在藏语里是长头发或辫子的意思。据说赤祖德赞须发茂盛，所以被称为赤热巴巾。与前两位赞普威严、庄重的仪容不同，图中的人物浓眉重髯，头戴白色缠头高冠，身着蓝衣橙氅，红色的飘带随意地搭在身上，表露出其随性、不重仪表的性格。赤热巴巾左手结说法印，执橙色莲花，花蕊中是一枚金刚杵，右手结施予印，双足半跏趺坐于宝座上，他被视为金刚手菩萨的化身。

三法王宝座前的供案上摆放着鲜花、青稞、谷米和瓜果等，象征着耕种的富庶和吉祥；摩尼宝珠、象牙和法轮象征着财富、富贵和秩序；金色的狮子印表明对军队的绝对控制权。

在供桌两旁站立的是松赞干布最得力的两位大臣，左侧是聪明的土弥·桑布扎，右侧是智慧的噶尔·东赞（又称禄东赞）。土弥·桑布扎是吐蕃王松赞干布的大臣，是吐蕃早期对促进社会发展有贡献的7位大臣——“七良臣”之一。“土弥”是氏族名，桑布扎意为西藏学者，是印度人对他的敬称。土弥·桑布扎早年奉松赞干布之命赴印度留学，潜心研究梵文和佛学，返回吐蕃后参照印度迦什弥罗文字字形，结合吐蕃语音创制了拥有30个辅音字母和以“啊”音为首的4个元音字母的吐蕃文字（藏文），同时撰写了8部语法书。藏文的发明，使吐蕃跨入新的文明时期，从公元7世纪中叶开始，吐蕃已经有能力或条件从事佛经的翻译，为佛教正式传入吐蕃奠定了基础。因为他的主要贡献是创制了藏文文字，所以他的形象在艺术作品中多是手捧经书的形象。

图5　吐蕃大臣土弥·桑布扎和噶尔·东赞

噶尔·东赞（？—667）也是松赞干布时期的大臣，在汉文史籍中被称为以禄东赞、论东赞、大论东赞。他曾奉命为赞普赴长安向唐太宗请尚公主，并迎护文成公主入藏，此外他还帮助藏王制定法律、划分千户和四翼，以及区分奴隶为生熟两类等等。晚年多活动于吐谷浑和吐火罗地区，公元667年卒于日布。他是吐蕃著名政治家、军事家和外交家，曾担任过大论之职，《旧唐书 吐蕃传》载："相为大论、小论，以统理国事。无文字，刻木结绳为约。虽有官，不常厥职，临时统领。"在吐蕃王国时期，这个职位相当于首相，有代替赞普行使行政管理之权，亦可行使点集兵将、征集粮食、核定劳役等行政管理权。后因权限过大而被拆分，形成多人同时担任大论的内阁制，内阁集体对赞普负责。噶尔·东赞在建立吐蕃政治、经济制度方面多有建树，在此唐卡中他的形象为拄杖的一位老者。

唐卡的下方是三尊护法神像，居中的是西藏的保护神——吉祥天母，她骑在一匹黄色的骡子上，周围烈焰腾飞，表示驱魔驱邪，征服和战胜，为密乘中妙音天女化现忿怒相形的一尊女护法神。

居于唐卡左下角的是乃琼护法，也被称为白哈尔神，是藏传佛教格鲁派所奉世间护法神的主神。但在其他教派里，他的地位仅为从属神。如在宁玛派里，他被列为宁玛派九组护法神第五位。藏文历史文献中记载，白哈尔神原为巴达霍尔地方的保护神，在西藏建成桑耶寺后，成了桑耶寺保护神。到五世达赖喇嘛时，从桑耶寺转至哲蚌寺供奉，从此成为格鲁派的主要护法神。

右下角的是孜玛尔护法，是继乃琼护法王之后守护桑耶寺的护法神，是西藏最重要的护法神之一。孜玛尔护法为众生命主，特别听从于莲花生大师的教导，坚守誓言。

唐卡四角分别绘有大鹏金翅鸟、龙、雪狮、虎，象征能够战胜四面八方的所有敌人，在藏传佛教绘画作品中比较常见。

松赞干布、赤松德赞、赤热巴巾三大法王在吐蕃历史上政教功绩突出，为西藏社会历史的发展做出了突出贡献。

松赞干布（617—650）是吐蕃王朝第三十三代赞普。公元629年，当松赞干布刚满13岁的时候，统一的吐蕃王朝遭到沉重的打击，国王朗日松赞被人毒死。与此同时，父王诸臣和母后诸族一起举兵叛变，工布、达波、娘波等地尽为叛乱者所占据。不仅如此，西部的羊同部落乘势入侵，雅鲁藏布江北的苏毗旧贵族也图谋“复国”，这些势力纷纷向吐蕃进兵发难。松赞干布继承父位后，依靠新兴势力，经过3年征战，终于平定了内乱，稳定了局势。公元632年，松赞干布把都城由泽当迁到逻些（今拉萨），建宫室于布达拉山。之后，松赞干布发兵苏毗、羊同，最终建立了统一的吐蕃。松赞干布在位期间，佛教正式传入吐蕃。他派遣大臣土弥·桑布扎赴印度留学，学成归来后，仿造印度文字创制了藏文，制定了藏文文法，在赞普的主持下还翻译佛经。松赞干布在位期间先后迎娶了泥婆罗（尼泊尔）尺尊、唐朝的文成二公主为妃，当时的泥婆罗是佛教国家，唐朝的佛教也极其兴盛。信仰佛教的两位公主，先后将佛像、佛经、法物等带到吐蕃。松赞干布在拉萨修建了大昭寺、小昭寺，以供养尺尊公主和文成公主分别带来的释迦牟尼8岁等身像和12岁等身像，同时还修建了镇压魔煞的魔胜寺等多处寺庙。

吐蕃赞普松赞干布不仅建立了统一的吐蕃王国，确立了吐蕃的政治、军事、经济及法律等制度，而且还从天竺和唐朝引入佛教，至今备受藏族尊崇。

赤松德赞是吐蕃王朝第三十八代赞普。赤松德赞执政时期，吐蕃的国力达到鼎盛。然而关于他的身世却是扑朔迷离，一说他是金城公主所生，在藏文史书

《巴协》中就有记载。另有《西藏王统记》《贤者喜宴》《西藏王臣记》《红史》等书也多从此说。其中，在《巴协》中记载着一个故事：金城公主生下赤松德赞后，皇后纳囊氏诡称怀孕，用药敷在乳房上使乳汁流出，令国王和群臣无法辨识。赤松德赞满周岁，其父赤德祖丹令他在2人中辨认自己的母亲，最终赤松德赞认金城公主为自己的母亲。但是，据敦煌发现的藏文文献《大事纪年》记载，金城公主于公元739年去世（《新唐书》记载吐蕃于公元740年遣使向唐朝报丧）。而赤松德赞于公元742年诞生于札玛。根据敦煌藏文文献《赞普世系表》记载，赤松德赞是赤德祖丹与纳囊妃芒波杰喜登所生的儿子。因此，在藏学界，关于赤松德赞的身世一直争议不断。

公元755年，13岁的赤松德赞继承赞普之位。赤松德赞成年后，为了引入佛教，杀了禁佛崇苯的大臣玛祥·仲巴结，并派遣益喜旺波前往天竺迎请寂护到吐蕃弘扬佛法，寂护的传法遭到苯教反佛势力的阻挠，赤松德赞派人将寂护送回印度。吐蕃的反佛浪潮逐渐平息之后，赤松德赞再次邀请密宗大师莲花生和寂护，一同赴吐蕃弘法。在赤松德赞的主持下，寂护同支持苯教的恩兰·达扎路恭等人进行了辩论，结果寂护获得了胜利。赤松德赞下令全国废除苯教信仰，废止苯教的祭祀并将苯教的经书丢入河中，改信佛教。在寂护和莲花生的主持下，吐蕃于公元775年开始以古代印度波罗王朝高波罗王摩揭陀所建的欧丹达菩黎寺为蓝本建造桑耶寺，公元787年建成并开光，成为吐蕃第一座剃度僧人出家的佛教寺院。赤松德赞指定了7位吐蕃贵族小孩出家为僧，史称“七觉士”，成为藏传佛教僧团之始。与此同时他还在桑耶寺设立译经院，将大量的梵文佛经翻译成藏文；命令群臣在吐蕃各地广建佛寺、佛塔；要求群臣发誓永远信仰佛教。各项弘扬佛法的举措使得佛教在吐蕃扎下根来，并逐渐成为吐蕃主要的信仰。

随着佛教在吐蕃传播，出现了天竺（主张渐悟的一派，称为“渐门”）与大唐（主张顿悟的一派，称为“顿门”）因两个派别修行方法不同而产生的纷争，达到水火不相容的程度。最后在赤松德赞介入下得以平息。赤松德赞将天竺一系的佛教定为国教，制定每一名僧人由3户属民供养的“三户养僧制”，为佛教在吐蕃的发展奠定了坚实的基础。

赤松德赞即位之初，唐朝发生了“安史之乱”。公元763年，吐蕃乘唐朝日渐衰弱及其西部边境的空虚，发兵20万攻打唐朝，夺取了陇右地区，联合吐谷浑和党项，攻破唐朝的都城长安。并拥立金城公主的侄儿广武王李承宏为唐朝皇帝。滞留了15天之后，吐蕃军撤离长安。公元764年，吐蕃联合唐朝的叛将仆固怀恩以及回纥、吐谷浑、党项、奴剌等国入侵唐朝，包抄长安，因回纥倒戈，联军为唐朝所败。此后，吐蕃与唐朝或是交战，或是会盟。

赤松德赞晚年将王位让与其子牟尼赞普，自己专注修习佛法。公元797年赤松德赞示寂。

第四十一代赞普赤热巴巾，真名为赤祖德赞，是赤德松赞之子，于公元815年继赞普位。在位期间他秉承父亲遗志，除了大力支持译经、礼拜僧侣、用玉石修建佛寺之外，还把大小政事托付于僧侣。为表示他对僧人的尊敬，当喇嘛讲经时，他坐在中间，头发编成两条辫子，束以长绫，伸展两旁至喇嘛的座位上，令他们坐在上面。谓之“头顶二部僧伽”。由此得名“热巴巾”（藏语中“热巴”是辫子或长头发的意思，“赤”对国王尊称。）

公元821，唐朝和吐蕃双方派使节，先在唐京师长安盟誓。次年又在吐蕃逻些（拉萨）重盟。公元823年，将盟文刻石立碑，用汉藏两种文字对照，树立于拉萨大昭寺门前公主柳下，即历史上有名的甥舅和盟碑。碑文重申了唐太宗以文成公主嫁给松赞干布和唐中宗以金城公主嫁给赤德祖赞，唐蕃素相亲厚、和同一家的舅甥情谊，表示今后“扫彼旧怨。泯其嫌隙”，共崇旧好，永息争端，以达到“两界烟尘不扬，罔闻寇盗之名”，“和叶社稷如一统，融熙情谊如一家”的局面。从此唐蕃纷争基本结束，边境安定。唐蕃之间“金玉绮绣，问遣往来，道路相望，欢好不绝”，两族人民的友好关系得到了进一步发展。史称这两次会盟为“唐蕃会盟”，亦称“长庆会盟”。

公元8世纪中叶以后，由于穷兵黩武导致了吐蕃的财库耗损，阶级矛盾也日益激化。赤热巴巾执政期间，修正经典，开办律仪学院，建立三十法部喇嘛的学习组织，大力支持佛教在吐蕃全境传播，人民能够休养生息，后人遂将他与松赞干布、赤松德赞并列，尊称他为吐蕃王朝的第三位“法王”。

公元841年，信仰苯教的大臣韦·甲多热等3人发动了政变，用绳子缢杀了赤祖德赞，时年赞普仅36岁。

在吐蕃王朝历史上共产生了42位赞普，其中松赞干布、赤松德赞、赤热巴巾三位赞普被称为“三法王”，藏文史书中写作“祖孙三法王”，但在现存的吐蕃时期的石碑及敦煌文献中均未发现，直到藏传佛教后弘期“祖孙三法王”的称呼才出现。这是因为后期藏传佛教信徒为了怀念3位赞普的政教贡献，宣扬三法王的历史功绩，奉3位赞普为神灵，成了藏族百姓瞻仰和朝拜的对象。

馆藏唐卡“吐蕃三法王像”，与通常所见的唐卡不同。作品反映的主题是历史人物，而非神祇。记录了7—9世纪吐蕃王朝松赞干布、赤松德赞、赤热巴巾三位赞普在位期间，与唐朝会盟、仿效唐朝治理吐蕃，并大力扶持和尊崇佛教，为藏传佛教的发展发挥重要作用的历史事实。且在尺寸上一改竖长条形的款式，是现存的唐卡艺术作品中难得的作品，弥足珍贵。

参考书目

［1］白寿彝. 中国通史（第六卷 中古时代 隋唐时期）[M]. 上海：上海人民出版社，2015.

［2］布顿·仁青珠. 布顿佛教史［M]. 北京：中国藏学出版社，1988.

［3］尕藏加. 吐蕃佛教：宁玛派前史与密宗传承研究［M]. 北京：宗教文化出版社，2002.

［4］罗桑开珠. 藏传佛教文化概论. 北京：中国藏学出版社，2013.

（本文原载《典藏择粹》 辽宁民族出版社 2017年12月）

明英宗皇帝敕封朵儿只领占为“辅善翊教国师”诰命

王佳炎

此封诰是明英宗天顺四年十二月初四日（公元1461年1月15日）敕封朵儿只领占为“辅善翊教国师”的诰命。封文用红、黄、白3色缎书写，长120厘米，宽30厘米。右边用汉文书写，左边用藏文书写。封文内容：

“天承运，皇帝制曰：朕惟佛氏之道，以慈悲为用，以寂灭为宗，上以阴翊皇度，下以化导群迷，有能承其教者，朝廷必褒荣之尔，朵儿只领占，夙承梵教，恪守毗尼，化诱善类，良足嘉尚，兹特封尔为辅善翊教国师，尔尚宏宣妙范，丕振宗风，永笃清修，式光宠命，钦哉。天顺四年十二月初四日”

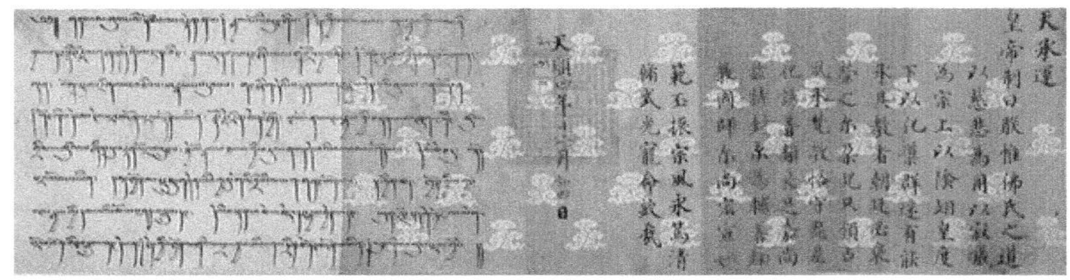

封文落款处盖有“制诰之宝”（篆体）红印，印面长13厘米，宽12厘米。现封诰藏于民族文化宫博物馆。

封诰，原指中国传统命理学的紫微星斗之一，被誉为封章之星和主稳定之星。所谓封章之星，象征为封赏、表彰、佳评、名声。主稳定之星，意为台辅阳土，专辅左辅，封诰阴士，专辅右弼。至明清时代，封诰演化为帝王对一定品秩官员（五品及以上）及其前代和妻室授予封典的诰命。《明史》有“皆特赐封诰”“即予封诰”“三代封诰”等语。《清史稿》有“予其母封诰”“文武职官应得封诰”等语。“明英宗敕封朵儿只领占为‘辅善翊教国师’的封诰”是明英宗天顺年间给藏僧朵儿只领占颁发的封授诰命。作为文物，它见证了明朝皇帝对藏族僧人敕封的历史事件，也见证了明朝中央政府“多封众建，因俗而治”的治藏历史时代。

公元1368年，明代元而立。历经元末战争的洗礼，国家百废待兴，明朝初期统治者在国家治理方面态度积极，也十分重视对西藏边疆地区事务的管理，并根据当时藏区教派林立，势力此消彼长的实际情况，改变了元朝主要扶植并倚重萨迦一派的治藏方略，放弃了武力攻打的方式，采取了“多封众建，因俗而治”“优厚回赐，贡市羁縻”等政策，在藏区设置卫所委任藏族僧俗首领为官员的基础上，对各派宗教首领和人士大加封授，通过对宗教势力的控制加强朝廷对广大藏区的统治和影响。

明朝的治藏方略经历了确立、强化和发展成熟的阶段。公元1369年（洪武二年），明太祖朱元璋称帝不久，就两次派遣官员持诏谕前往藏区，招抚各部归顺明朝。公元1371年（洪武四年），世袭藏区的元世祖忽必烈第七子西平王奥鲁赤的五世孙镇西武靖王卜纳剌携带元朝颁发的印信，到南京向明朝纳款，表示归顺。1373年（洪武六年），元朝最后一个“摄帝师”朗喀贝桑波（明史称“喃加巴藏卜”），应明朝之诏谕入朝归顺，被封为炽盛佛宝国师，明太祖赐以玉印，并对其举荐的100多名卫藏元朝旧员加以封授。随后，卫藏和其他藏区各地僧俗首领也争相入朝朝贡请封，“多封众建”的制度开始建立起来。明成祖即位后，加强了对藏区事务的管理，强化了这一例制。从明成祖起，明朝中央政府先后分封噶玛噶举派、萨迦派和格鲁派的领袖人物为三大法王（大宝法王、大乘法王、大慈法王，三大法王的封号，均由师徒或转世相传承，无须再听朝命），还敕封了5个宗教地方首领为王（阐化王、赞善王、护教王、阐教王、辅教王，5位王的承嗣须上报朝廷，由朝廷再次册封），使得明朝中央政府与藏传佛教首领和地方领袖的关系进入一个新的阶段。三大法王地位最高，5位王地位次之，除此之外还封授了大批的藏族僧人为大国师、国师、禅师等。明朝对藏族僧人的封授在宪宗成化年间、孝宗弘治年间、武宗正德年间达到高峰，提名方式和条件逐渐放宽，封授数量大为增加，“众封多建”的治藏方略已经非常成熟。

明朝的治藏方略在执行过程中，对藏区发挥了重要的政治经济文化影响，强化了藏区和内地的政治经济文化纽带关系，有效地实现了明朝对藏区的统治。藏区各派重视明朝中央政府政治作用，如永乐年间萨迦派的大乘法王贡噶扎西利用朝觐的机会，向明成祖请求下令帕竹第悉把占据达半个世纪之久的萨迦大殿交还给萨迦派，明成祖下达诏书使萨迦派和帕竹派之间的长期争执成功得以解决。明朝在“众封多建，因俗而治”政策的同时，更宽宏地实施“优厚回赐，贡市羁縻”政策。一般情况下，明朝所封授的大国师、国师等职，不仅仅是一个名号，而且还对应着相应的官职品级，一般大国师为秩四品，国师为五品。除了享受相应的官职俸禄，受封者还按照例制在规定的时间里向朝廷朝贡牲畜、皮毛、氆氇、药材、藏香、佛像、唐卡等土特产品和手工艺品，朝廷则沿袭惯例，以数倍于贡物价值的金、银、钞、绸、缎、布匹、茶叶、粮食等优厚回赐。根据明朝礼部统计，公元15世纪20至40年代，藏区各地每年进京朝贡人数不过三四十人，50年代增至300人，至60年代竟多达二三千人。明代天顺年间（公元1457—1464），出现了朝贡者“络绎不绝，赏赐不赀”的现象。往来于畅通无阻的驿路上的朝贡者，实际上形成了大规模的贸易团体，在茶马专营的时代，明朝政府对藏区来朝的僧俗官员给予了宽厚的放行优惠。这种特殊经济往来，为明朝中央政权推行治理藏区的施政措施起了重要作用。

明英宗朱祁镇（公元1427—1464），是明朝的第6位、第8位皇帝，先后两次在位，使用正统（公元1436—1449）、天顺（公元1457—1464）两个年号。天顺四年十二月初四日，朵儿只领占被敕封为“辅善翊教国师”，虽只是被当时敕封的众多藏族僧人中的一个，但此封诰历史文物成了明朝时期国家统一和民族团结的见证。

（本文原载《典藏择粹》 辽宁民族出版社 2017年12月）

鄂尔多斯蒙古族妇女盛装头饰

彤丽格

藏于民族文化宫博物馆的鄂尔多斯蒙古族女头饰征集于内蒙古伊克昭盟乌审旗乌兰陶勒盖乡（现内蒙古鄂尔多斯市乌审旗乌兰陶勒盖镇），一套两件，总重3715克，是件新娘头饰，嵌有红珊瑚、玛瑙、松石、银饰等，头饰选料珍贵，工艺精湛，制作精美，显得雍容华贵。头饰主要以“希布阁”和“达如拉嘎”两大部分组成。

鄂尔多斯蒙古族妇女盛装头饰

希布阁，汉语称“连垂”，是系在胸前左右辫发上的美丽的发饰，有的旗称“敖尔雅德克”。希布阁是用布和棉絮缝制而成的两个扁圆形物和其下伸出的两截约5寸长的木棒。这两根木棒必须截取于蒙古包的两根椽子。人们在小木棒上制作的精致的圆锥形外套，上面还绣有各种美丽的花纹图案，缀上金、银、珊瑚，使其成为精美的装饰。在希尔布格勒下沿垂下很多金银制作的穗子，每个穗子下面各有一个小巧玲珑的金银小铃铛。身子轻轻一动，小铃铛便发出悦耳的声响。

达如拉嘎，汉语称“头戴”。它是由“额箍”“后大片”“两侧小片”“挂串”“两侧穗子”“额穗子”“坠饰”等组成。其中额箍固定着整个头戴，它是由镶半球形珊瑚松石的9至10个“固（银座）”组成的布底套圈。固有圆、方两种，精致的额箍非常对称而精美。“阿如布其”是头戴的后大片，它像凸字形，上半部珊瑚是竖串，下半部珊瑚是横串，上面共有4个精致的固。“扎马尔嘎”是耳后的两块半圆形珊瑚片，中间各有一块美丽的固，它与后大片和前部挂串相辅相成。挂串是头戴的最华丽壮观部分，也是靠两鬓垂至两肩的最华美装饰。它是各由6串大粒的青金石或珊瑚、绿松石组成。绿松石有方有圆，下边各接3个圆形镶有珊瑚的银质花环，环下又各接3串由小珠和珊瑚组成的穗子，下端有9个口含桃形绿松石的银质蝙蝠，其每一个蝙蝠口下又坠有4个小铃铛，共坠36个小铃铛。在额箍的前面，坠有额穗子，也称流苏。它主要由大小珠子、珊瑚、玛瑙、绿松石、青金石组成。中间约一寸多长，两边稍短一点，每串穗子下面垂一颗绿松石或红珊瑚、宝石垂子，中间最大者正垂于鼻梁上部眉心之处。鄂尔多斯妇女头饰除了连垂和头戴之外还有坠饰这种头饰，有些地区往往把坠子混同于挂串，其实不然。它从前是在耳垂上戴的小巧玲珑的耳坠子，后已演变成从额箍挂的约8两重的大坠子。坠饰是两鬓各戴一个，形如问号“?”的穿串珊瑚珍珠的装饰，它由坠钩、坠心、坠鼓等组成。佩戴这种华贵头饰必须戴绣有龙凤图案的圆顶立檐帽或罩头巾。

鄂尔多斯头饰在蒙古族头饰中极具代表性，也最复杂，有其独有的特点。“鄂尔多斯”一词是蒙古语汗尔朵（官帐）的意思。早在成吉思汗时期，就有四大汗尔朵。成吉思汗过世后，守护大汗官帐的近卫军又专职守护成吉思汗陵寝。到14世纪时，守护成吉思汗陵寝的卫士将自己“艾马克”（部）的名称，改称鄂尔多斯部，由此得名鄂尔多斯。因此鄂尔多斯头饰既保留了宫廷服饰高贵与华丽的气质，又体现了守陵人服饰独有的庄严与肃穆的风格。

鄂尔多斯市由达拉特旗、准格尔旗、伊金霍洛旗、乌审旗、杭锦旗、鄂托克旗、鄂托克前旗7个旗组成，在鄂尔多斯头饰式样较多，每个旗县都略有不同，多达十几种。例如有无后屏和有后屏的，有大后屏和小后屏的，小的后屏垂于肩上，大的后屏光珊瑚珠就得上万颗，一个个穿起来，有顺序地排列，整个披挂在后背上，长穗子垂于胯下，随人的行走而飘逸，远远望去，像流动的瀑布。还有的头饰，面颊两侧的垂链有长有短，制作工艺十分复杂，也有轻重、大小之分，有的华丽，有的简洁，鄂尔多斯妇女戴上这样贵重的饰物，特别夺目。

鄂尔多斯妇女头饰作为蒙古族头饰的一部分，在历史和环境的影响下，逐渐形成了具有独特的地域特征的蒙古族头饰。由于游牧的生产和生活方式制约，为了迁徙的方便，蒙古人继承了游牧民族长衣盛饰，将财富——金银珠宝全部佩戴在身上的传统，而鄂尔多斯人更是如此。除此以外，头饰对鄂尔多斯妇女来说，也不单纯是装饰，因为在鄂尔多斯地区有个传统，头饰是姑娘结婚时娘家给她的嫁妆，而在地广人稀的草原，当时姑娘往往都嫁得很远，再加上交通不发达，嫁出去的姑娘要回一趟娘家是非常不易的。因此，过去鄂尔多斯妇女把她的嫁妆即头饰看做是自己唯一的娘家人，寄托着对亲人的全部感情及思念。

鄂尔多斯妇女头饰是鄂尔多斯文化的重要组成部分之一，是鄂尔多斯蒙古族人的物质与精神财富的一个具体表现。蒙古族人民的生活习俗、审美情趣、色泽爱好、文化心态等，在头饰文化中都有体现，头饰不仅是鄂尔多斯蒙古族社会生活中不可缺少的重要饰品，而且是民族文化的载体与传承。

（本文原载《典藏择粹》 辽宁民族出版社 2017年12月）

图书馆与文献资源建设

浅议振兴和发展民族地区图书资料工作

李久琦

民族地区图书馆是我国图书情报事业的重要组成部分。建国以来，在党的民族政策的指导下，我国的民族地区图书馆从小到大，从弱到强，获得巨大发展。据1992年年底统计，民族地区图书馆已达573所，从业人员7024人。随着西藏自治区图书馆的落成，省、区级图书馆覆盖率已达100%。仅内蒙古、广西、宁夏、新疆、西藏五大自治区图书馆馆舍即达86772平方米，藏书508.8万册。目前已基本达到县县都有图书馆之目标。但是，由于我国地域辽阔，经济、科学、文化事业发展很不平衡，与沿海内地相比，少数民族地区仍然落后。本文仅就民族地区图书资料事业今后的振兴和进一步的发展，发表一些看法。

一、进一步明确民族地区图书馆深化改革的路向和目标

（一）牢固确立社会主义市场经济体制的思想，进一步解放思想，更新观念，促使我国民族地区图书资料工作登上一个新台阶

在民族地区，图书情报事业发展受民族地区经济、科技和文化、教育诸社会因素之制约。长期以来，民族地区仍以农牧业为主，工业、科技基础相对薄弱，第三产业更为落后，外向型经济比重很小。此外，由于文化教育平均水平较低，致使人们的思想观念较为保守，商品经济意识淡薄。这些深层次原因，严重影响了人们对于情报的多方面需求，制约了图书情报事业深化改革的进程。因此，要振兴和发展民族地区的图书情报事业，就必须明确深化改革的路向和目标，牢固

树立社会主义市场经济体制的思想，更好地为建立社会主义市场经济体制的各种需要服务。

（二）充分利用现行有效的法规和经济杠杆，调动民族地区广大图书情报工作者的积极性、创造性，加强信息服务工作

现代图书馆的最大功用是其直接为用户服务，也就是说，图书馆或其他情报机构都必须进入直接为人们提供信息服务的渠道之中才有意义。因此，必须充分利用现行有效的法规和经济杠杆，调动民族地区图书情报工作者的积极性、创造性，在建立市场经济体制，发展商品经济过程中提供各种信息服务。

（三）搞好有偿服务，强化自我生存和发展的能力

为了摆脱民族地区图书馆的困境，自然要尽量争取国家的投入。但是事实证明，“等、靠、要”的日子再也没有了。现在，只能抓住有利时机和政策，积极开展各种形式的有偿服务，根据“一馆两制”的原则，统筹安排基础业务、信息开发和经营活动，以强化自我生存和发展的能力。

二、调整业务范围，延伸服务领域

我国图书馆，特别是公共图书馆的管理体系和服务模式，基本上是在适应计划经济体制的需要和纯手工式劳动方式的基础上形成的。所以，许多人不适应各项改革接轨转向。在这种情况下，研究影响服务模式的社会环境，决定业务范围的依据，既是理论工作的重要课题，也是从事图书资料实际工作者的迫切任务之一。

决定现代图书馆业务范围的主要依据是：（1）社会需求。图书情报工作之所以能够长期存在，而不被其他事业所替代，且随着社会的发展而发展，其最根本的原因是社会政治、经济、科学、文化、教育发展的需要。因此，在深化改革图书馆工作的今天，必须研究现实社会对它需求的程度。（2）新技术的广泛应用。科学技术的迅速发展需要情报资料的服务；而科学技术在图书资料工作中的广泛应用，又为图书情报工作的服务提供了新的保证。

随着市场经济体制的建立，一切社会经济、科技和文化等活动都无例外地受价值规律的制约和支配。随着经济市场的发展，科技市场、教育市场和文化市场都日益成熟和发展，图书情报工作面向市场，并且有计划地走向市场已是大势所趋。而任何市场的繁荣和发展，又无不与信息相关。因此，在人们的效益观念、经济观念、竞争观念日益强化，工作节奏日益加快的情况下，也越来越重视图书资料和信息服务的“针对性”和“有效性”；也越不满足于以往的服务方式。希望扩大业务范围，延伸服务领域。

鉴于民族地区图书馆的特殊性和民族地区发展经济，加强科技和文化教育活动正在提到重要日程上来的现实，各民族图书馆应该根据社会需求，大幅度调整业务结构，延伸服务领域，逐步建立新型服务体系。

在建立民族地区图书情报服务体系过程中，应该充分考虑到那些较深层次的工作，逐步树立和塑造图书馆的“知识信息库”“信息收集与交流中心”的良好社会形象，特别是在“老、少、边、穷”地区，现代图书馆大有用武之地。

三、关于振兴民族地区图书情报工作的具体建议

（一）积极探索，大胆试验、筛选和推荐一批典型经验和典型单位

在民族地区图书情报工作的直接主管部门，建立专门研究基金，根据实事求是的原则，筛选和推广一批适合本地区图书情报工作发展需要的典型经验和先进单位，引导大家尽快走出一条适合于“老、少、边、穷’地区图书资料工作发展的新路。

（二）多方开辟经费来源

由于现代图书馆社会职能的变化，以及计算机、光盘技术的广泛应用，有偿服务与无偿服务并存的局面已经成为世界各国图书情报界存在的主要方式。无论是在发达国家，还是发展中国家，有偿的信息服务正在进一步发展，其所占比例也不断提高。

根据科技市场、文化市场日益成熟和繁荣的发展趋势，我国的信息产业和咨

询产业将有一个长足的发展。因此，图书情报界宜根据国家有关法规，充分利用各种有利条件积极组织信息咨询、文献开发、技术中介等产业实体。对已办的各种信息、咨询公司或其他开放机构，给予充分的自主权或经营权，调动各方面的积极性，不断提高经济效益和社会效益。凡具备条件的图书馆，均可根据“两制”的原则，建立与科学技术发展相关的经济实体，以增加自我发展之能力。

（三）改革劳动人事制度，逐步建立一支有活力的专业队伍

事业成败的关键是“人才”。不管哪种类型的图书馆，只要有那么几个“能人”，局面就打开了。在目前情况下，我们主张少背包袱。根据国家有关政策及图书情报工作的特点，最好执行多种形式的用人制度，即固定编制、流动编制、事业编制、企业编制相结合的灵活的劳动人事制度，逐步建立一支结构合理，充满活力的专业队伍。逐步建立有利于图书情报工作特点的竞争机制与激励机制。

（四）增加经济收入，改善工作与生活环境

图书馆工作是一种清贫的公益性劳动，或者说是一种服务性的学术活动，不可能得到丰厚的待遇，特别是民族地区的图书馆，更是清苦。因此，在力所能及，国家政策允许的情况下，应多开辟一些经费来源，增加专业人员的经济收入，改善他们的工作和生活环境。

在图书馆切实贯彻奖勤罚懒、“按劳付酬”的原则，拉开档次距离。根据分类管理的办法，使那些从事采、编、阅业务的人员与工作数量、质量挂勾；从事实体经营的人员与经济效益、创收成绩挂勾、以确定其工资和奖金额度的分配办法，使各类人员各得其所。

（五）完善奖励制度，建立专门基金

除自治区首府图书馆外，其他民族地区图书馆一般规模较小，地域差别较大，困难较多。对于在民族地区长期坚持图书资料工作，并为当地脱贫致富服务做出突出贡献的同志，给以适当的奖励是非常必要的；另外，由于历史、自然或交通方面的原因，有些民族地区尚未解决温饱问题，亟待脱贫致富的各种支持，因此，筹集和建立专门基金以支持那里的图书情报事业亦属当务之急。为此，我

们建议，由国家民族事务委员会、文化部会同农业部、国家科委等国务院领导主管部门共同主持协商此事。当然，也欢迎海内外的仁人志士或企业家支持赞助。

我们建议文化、科教系统的领导部门，在贯彻有关法律、规章制度时适当地向图书馆事业，特别是民族地区的公共图书馆给以适度倾斜和优惠，以调动在这条战线上奋斗的人们的积极性和创造性。

（六）切实抓好民族地区图书情报工作者的继续教育

继续教育在科学技术急速发展进入“信息社会”的今天，更加显得重要。为了解决一些同志的学历问题，花费一定的财力和时间，是必要的。更为重要的是，应该为所有工作人员，根据其原有基础和新的岗位要求，提供一个更新专业知识和新的工作技能的机会，酌情以举办进修班、研究班、研讨会等方式，提出硬要求。这个问题我们主张在图书馆司、科技信息司的规划和领导下，充分发挥已有校、系和各级图书馆学、情报学学术团体的积极作用。

（七）加强民族地区图书情报工作的理论方法研究

“在建立充满生机和活力的社会主义经济体制，相应地改革政治体制和其他体制”的过程中，不可避免地要涉及诸如图书情报工作的性质、地位、内容、作用和自动化过程等理论方法问题，不可避免地要突破图书情报工作原有的格局、制度和模式，以新的理论、新的思维方式来考虑和处理服务和管理过程中出现的各种新问题。因此，加强有关民族地区图书馆事业发展的理论和方法是非常重要的。我们建议，国家民委、文化部有关领导部门规划一些研究项目，以研究课题立项方式下达，委托较有基础的单位负责组织和完成；另外，要充分利用自治区已有的几种图书情报专业刊物，有计划有组织地刊载一些重要研究成果，及时交流报道有关学术观点和经验，根据理论联系实际的原则，发动群众共同探讨与解决深化改革和自动化建设过程中的理论与实际问题。

（本文原载《情报资料工作》 1994年第2期）

民族典籍文献殿堂中的人文眷顾与积淀

刘泽石

1959年10月6日，在民族文化宫落成庆典之日，中国民族图书馆（原民族文化宫图书馆）正式对外开放。历经45载春秋，跨越世纪之门，成就了初始传统图书馆的建成，正实现着向现代图书馆的转变。在她的行进轨迹中，铭刻着时代发展的印记，折射出博大厚重的人文精神。本文试从人文眷顾的角度做鉴故知新的审视。

一、民族典籍文献殿堂是各民族多元文化汇聚的结晶

灿烂悠久的中华文化，由各民族共同缔造，多元的民族文化通过种种物质媒介，更集中的是通过抄写或印刷着文字符号的书籍流传下来，由于“文献是指记录有知识的一切载体”，因而在民族典籍文献中，凝聚着巨大的历史和现实信息。中华人民共和国成立后，在毛泽东主席和周恩来总理的深切关怀下，经过7年酝酿，一座由博物馆和收藏各少数民族文字图书资料的图书馆等组成的民族文化宫，自1957年开始筹建，定址在首都北京神州第一街——长安街旁。1958年11月21日，国务院为搜集民族文化宫所需展品和图书向各省、自治区、直辖市发出通知。为在全国的政治中心、经济中心、文化中心首都北京建立一座民族典籍文献的殿堂，各地相关部门迅速组织力量搜集所属地区少数民族有关的（包括汉文及少数民族文字）图书。短短数月，反映各地区民族特色的民族典籍文献满载着各民族人民的深情厚谊，汇集北京。政府民族工作的管理部门中央民族事务委员会，倾其图书室所藏转给民族文化宫图书馆。这样，上承党和国家领导层的

关怀，下系少数民族同胞的真诚，横连兄弟图书馆人员的支援，不到一年时间，从无到有，一座拥有20万册以民族专业图书为主的中型规模图书馆建成开放。这一举措，汇聚了各地、各民族典籍文献的精粹，奠定了中国民族图书馆的基础馆藏，积淀了这座全国唯一民族专业图书馆的永久资源，初步形成了民族工作和民族研究的文献保障体系，弘扬了“人本意识”所代表的中国文化之人文精神，体现了对少数民族典籍文献创造者的尊重，增强了各民族之间文化上的相互了解和交流，对实现各民族的共同发展繁荣具有深远的现实和历史意义。

二、建筑特色中寓含深刻的人文理念

世界建筑师大会《蒙特利尔宣言》中指出：建筑是人文的表现，它反映了一个社会的形象。民族典籍文献殿堂及其所在建筑同样呈现出文化上形之于外，藏之于内的人文性。与我国的故宫博物院图书馆、英国的大英博物馆图书馆类似，中国民族图书馆也是处于体现某一时代、某一特定文化背景的整体建筑群落中的一部分。作为民族文化宫两大重要组成部分之一的图书馆，位于民族文化宫主楼北隅。民族文化宫坐北朝南，矗立于长安街西端北侧，由当代著名建筑大师张镈先生主持设计。主楼为高层塔式建筑，中楼两翼延伸相拥，中央塔楼突起13层，高67米，与当时北京城内最高建筑——北海公园白塔等高。中楼两翼借鉴故宫太和殿、天坛祈年殿重台效果，逐层收缩，廊榭油漆彩绘。重檐宝顶所覆孔雀蓝琉璃瓦与楼体墙面的白色釉砖相衬，清新开朗。绕过楼前广场的喷水池，沿着宽宽的花岗岩台阶拾级而上，通过彩色玻璃镶拼、民族花饰衬托着“团结”“进步”大字的镏金大门，进入富丽气派的中央大厅，大厅南北两端，镶嵌着4幅高达6米的大型汉白玉浮雕，在这由著名现代雕塑艺术家王临乙先生主持创作名为《民族大团结》的组雕中，73个栩栩如生的人物向人们展现了那一时代从北国到南疆，从农牧到渔猎的祖国大家庭各族人民的生产生活和欢歌乐舞的场景。大厅顶部淡蓝底色绘有白色花饰的斗八藻井给人以舒广、深远的感觉；藻井中垂下的水晶吊灯熠熠闪光，似瀑布飞溅四射的水珠，滋润着满铺丹东绿大理石的地面……这绿野、蓝天、白云、流水，与浮雕中神情毕现、呼之欲出的少数民族人物共同渲染出浓郁民族风情和氛围，置身于此的人们，都会受到民族文化殿堂中人文精神的感召。

穿过民族文化宫中央大厅转而沿着北侧通往图书馆的台阶向前，便步入自古即是“知识殿堂”的图书馆。在民族文化宫建筑的整体布局中，图书馆的位置显示其积淀有丰富民族典籍文献的厚重性以及探寻民族典籍文献知识宝藏所需要的深入性。进而也揭示了民族典籍文献资源在民族文化殿堂中的基石作用。中国民族图书馆地上一层，地下一层，建筑面积2700平方米，中央是国内少有的封闭式书库，特点是可避免阳光和外界气候的直接影响，防晒、防尘、防潮有利书籍安全。围绕书库四周是目录厅、借阅台、阅览室及工作区。专业图书馆这种围绕中心区书库开展读者服务工作的设计布局紧凑，于来馆读者及馆员工作流程而言，路径相对简捷，节省空间，同样体现了对图书馆服务主客体的人文关怀。该作建成40年后，被国际建筑师协会第十二届大会评为当代中国建筑艺术精品之一。

三、民族典籍文献保护、整理工作中贯穿和谐、互动的人文精神

民族文化宫图书馆开馆至今，已收藏有文献50万册。我国55个少数民族中近半数有自己文字的民族的典籍文献在这里都有一定的收藏，文种上有：蒙古文、藏文、维吾尔文、哈萨克文、朝鲜文、彝文、壮文、傣文、景颇文、拉祜文、傈僳文、佤文、布依文、锡伯文、满文、哈尼文、侗文、苗文、塔塔尔文、乌孜别克文、柯尔克孜文、水文、黎文、东巴文等24种。古代的民族古文字如契丹文、西夏文、八思巴文等文献，这里也有少量收藏。从版本上看，既有卷轴装的《赵城金藏》、经折装的《汉满蒙古西番合璧大藏全咒》、线装的《西南彝志》（彝文）、《水书》（水文），也有金、银写本、硃砂印本的《大藏经》（藏文）、彩绘菩提叶经、傣文和印度梵文贝叶经写本还有硃墨套印的殿本书《避暑山庄诗》，甚至不乏朝鲜、日本、越南等国刊印的汉文古籍善本书，此外还有舆图、金石拓片等。所藏2000余种边远省区的县志和国内一般图书馆都少见的地方志，约占《中国地方志联合目录》所录8200种的1/3。

如此珍贵丰富的馆藏，展示了博大精深、和而不同、源远流长的中华文化历史长卷，从尊重的态度、重视的程度、搜集的广度、保护的力度、整理的深度来看，人文精神始终是倾注于多个角度、不同层面的。

在馆藏民族典籍文献特藏中，有8000余包、16万种来自川、甘、青、藏等地的藏文典籍文献，内容涉及哲学、语言、历史、地理、天文、医学、绘画等方面，是祖国文化宝库中光辉灿烂的一部分，其中抄本、稿本约占1/3。从20世纪60年代之初深入细致的编目整理，跨越到80年代之后《馆藏藏文典籍目录》1—3卷的陆续出版，先后有于道泉、黄明信、木雅贡布、郭和卿、洛桑·东嘎赤列、才旦夏茸等专家、学者参与，数十位藏文工作者倾心尽力。在整理过程中，这部分特藏受到高度重视，得到了有效保护。三年自然灾害时期，棉布供应紧缺，国家特拨数千米棉布，图书馆依照传统的颜色、样式，制成藏文长条书包布，对书包布已破损的藏文长条书加以精心保护，并在书库为这些藏文典籍文献特制了专门的书架。

1980年前后，中国藏传佛教的杰出领袖十世班禅大师来民族文化宫图书馆查阅资料，这位佛学精深、造诣高广的大师看到镶有象牙雕刻、紫檀木夹板金写《大藏经》等珍贵的藏文典籍在此得到丝毫无损的妥善保管时，由衷夸赞道：你们立了大功。数日之后，班禅大师派员给民族文化宫图书馆工作人员送来藏族人民的传统食品酥油、青稞炒面和肉干，体现了班禅大师关爱民众的风范，也传递了藏族人民对珍爱藏文典籍文献的图书馆人的深情厚谊。

有学者提出，1979年以来的20年以来，是我国图书馆事业蓬勃发展的一个重要阶段。民族文化宫图书馆这座民族典籍文献殿堂也在这一时期得到了长足的发展，由最初的重收藏，发展到致力于民族典籍文献的保护整理，进而跨入到文献的信息加工阶段，她在民族典籍文献藏用结合领域里不可替代的作用，得到社会的认同。伴随时代发展的需要，民族文化宫图书馆自身功能定位不断完善与提升。1984年4月，经国家民族事务委员会批准，民族文化宫图书馆改称“民族图书馆”，成为全国性的民族专业图书馆。1989年4月，经国家民委和文化部同意，民族图书馆对外称“中国民族图书馆”。著名国学和东方文化大师季羡林先生题署了馆名。

四、发挥图书馆功能作用的核心是人

图书馆本身是文化设施，从它的生存意义上看，必须通过人——馆员的服务来实现。中国民族图书馆需要一定数量通晓民族语言的馆员，为此建馆以来，专门选拔并培养有蒙古族、藏族、维吾尔族、哈萨克族、朝鲜族、彝族、壮族等多名高、中级专业技术人员。全馆现27名工作人员中，有博士1人，研究生2人，高级专业技术人员6人，中级专业技术人员14人。

服务是一种文化，在图书馆里，作为信息载体的图书并不直接就是信息，图书所承载的信息只呈现于搜求信息的读者。正如有专家所言：真正当有的图书馆意识不是从狭隘的认知出发把图书馆所可能提供的东西仅仅归于知识，而是以敞开的人文眼界去发现各种图书以不同方式蕴藏的“知”“情”“意”等方面的价值。因此在该专业图书馆里，馆员以具备相应的专业知识不断提升读者服务工作水平为己任。

20世纪60年代前期，著名剧作家曹禺先生接受周恩来总理的嘱托，创作历史剧《王昭君》，曾到民族文化宫图书馆查阅文献。当时馆里为满足专业工作者从事某项研究创作需要参考阅读有关方面大量图书资料而专辟了参考研究工作室，安排专人为他提供文献资料。前后近3个月时间，曹禺先生查阅了大量有关的历史文献。十几年后，在1978年剧本发表之时，他从曾阅读过的文献中，开列了参考书目26种，共29篇文章，帮助导演和演员理解剧本和人物。由此可看出，通过准确、及时、便捷、周到的服务，尽量使读者的个性化需要得到满足。今年，一位舞蹈学院的教师前来查阅有关少数民族舞蹈艺术方面的书籍，熟悉馆藏的馆员在提供了读者本人索要的书籍以后，又向他推荐了几种相关参考书籍。这位读者在此感受到“至尊”的礼遇，当场结合舞蹈的肢体语言，讲述了他正在从事的研究，这位馆员也以熟谙的民族学知识，追述“巫”“舞”同源的简意。读者在这里颇有“他乡遇故知”的感觉。“以人为本”的服务理念不仅令馆员不断积累的相关知识在服务过程中释出，通过读者的满意度使自身的价值得到提升，也让看重专业图书馆文献资源的读者同时看重这里弥漫着浓郁情愫的人文环境。馆员所提供的深层次顾问式服务超出了读者预想目的，读者因受到超值的服务而喜出望外，这是服务发挥到极致的一种境界。

越是民族的，越是世界的。随着物质文明程度的不断提高，越来越多的人们关注到人类和自己的过去、现在和将来，对社会学、民族学、历史学、地理学、生态学等精神方面的信息需求不断增加，利用民族文献信息寻求知、情、意、趣……，读者在线实时查询、阅读对个性化的服务提出了更高的时效性要求。对此，作为文献信息与读者的中介，人格化信息服务要求服务主体的馆员与读者、用户间形成平等融洽的朋友关系，主动贴近读者，与他们的工作和研究领域相融，提供即时、对口的信息服务，创设出富有亲和力的、体现对人本身发自内心的人文关怀的、让读者、用户舒心、难忘的人格化环境。当前中国民族图书馆延续以往成功的服务理念，并将其体现到网页制作和在建的特色数据库中。

五、文献信息资源开发

文献的价值以社会利用为前提。经过20年的实践，通过整理和输出，馆藏典籍文献的潜在价值成为一种现实。对馆藏珍本、孤本的影印出版，是保护民族古籍、实现资源共享的必要措施。1980年以来，中国民族图书馆复印、影印出版民族古籍数十种30余万册，其中最具代表性的有：由赵朴初先生题写书名、季羡林先生作序的珂罗版影印梵文贝叶写本《妙法莲华经》问世，其中一部在1984年国家主席李先念出访尼泊尔时，作为国礼赠送给比兰德拉国王；影印藏文金写本《甘珠尔》被国内外多家藏学研究机构收藏；2001年，由费孝通先生题写书名的彩绘《百苗图》豪华影印本出版。为进一步揭示文献内容，便于读者查找利用，还为一些古籍编制了相关索引，配套影印出版，主要有《国朝耆献类征人名索引》《皇舆表地名索引》《乾隆府县州厅志地名索引》等。利用馆藏为民族文化、民族工作、民族研究、民族团结进步服务是近年中国民族图书馆文献二次开发利用所致力的一种尝试。1984年所编《中华人民共和国民族工作大事记（1949—1983）》成为检索新中国成立以来民族工作较重要资料的工具。1995年，开始编撰反映55个少数民族及各民族自治地方在社会经济各领域发展情况为主要内容的百科全书式大型民族文献信息检索工具书《中国民族年鉴》，著名社会学家费孝通先生亲笔题写书名，对这一工作给予重视和支持。

民族典籍文献中蕴含的丰富信息使图书馆成为信息的集散地，从而图书馆工作也成为社会信息工作的一部分。目前，中国民族图书馆部分特藏文献已完成数字化加工，馆藏编目数据库、少数民族作者数据库、民族期刊目次数据库等在建之中，本馆网页亦在制作充实之中。

六、开放的内外交流，促进了事业的发展

中国民族图书馆的建设是社会性的，读者服务工作也是社会性的。在全国各族人民、社会各界的关心支持下，建成了这座民族典籍文献殿堂。这种深厚的相互平等的人文关怀又是相互紧密相连的，从20世纪60年代初赠书给黑龙江新建安达市图书馆，到80年代以至今日向西藏拉萨，内蒙古通辽、赤峰、鄂尔多斯，甘肃肃南，贵州安顺，河北丰宁等少数民族地区图书馆捐赠图书；涉及更广的还有2001年向全国5个自治区、30个自治州、119个自治县（旗）图书馆寄赠《中国民族年鉴》；自1983年，倡议发起，先后在北京、新疆乌鲁木齐、云南大理、内蒙古通辽、西藏拉萨、吉林延边、贵州贵阳，与全国民族地区图书馆界共同就推进民族图书馆事业发展等问题进行的学术交流研讨会，并编辑出版了有关的论文专刊、专集；与日本大正大学共同开发出版梵文贝叶经《声闻地》；与中央民族大学韩国文化研究所和韩国暻园大学共同开发出版《奉使图》。派员赴澳大利亚、苏联和土耳其出席国际图联大会。组团出访日本、蒙古、印度，架构让世界了解这座中国少数民族典籍文献殿堂的桥梁。

发展中的中国民族图书馆是传统的，又是现代的。与社会的经济发展、各族人民精神文化需求的不断增长相适应，在这一创新知识基地中，丰厚的人文底蕴，似长存的源头活水，承载并传递着民族的希望，生生不息，蓬勃向前。

参考文献

[1] 王 涛. 图书馆之人文向度刍议 [J]. 情报资料工作，2002（1）.

[2] 程亚男. 书海听涛 [M]. 北京：北京图书馆出版社，2001（4）.

[3] 中国民族图书馆. 中国少数民族图书馆概况 [M]. 北京：民族出版社，1989.

[4] 沙振江. 论图书馆人格化信息服务 [J]. 图书馆建设，2003（2）.

[5] 柳小望. 图书馆人文关怀的理论研究与实践 [J]. 图书馆工作与研究，2004（1）：7–9.

（本文原载《图书馆工作与研究》 2004年 第5期）

中国民族图书馆目录状况的调查与分析

谢元安

中国民族图书馆是民族专业图书馆，是专门为我国55个少数民族及汉族的民族、宗教、历史等研究工作者服务的，馆藏图书绝大部分属社会科学范畴。目前本馆收有汉文和24种少数民族文种书刊及英、日、俄、德、法、塞尔维亚、波兰、缅甸、泰、蒙古等外文图书，藏书约有50余万册。

中国民族图书馆目录体系的设置状况如下：

一、按文献类型分为：

1. 新书（1949年10月以后的出版物。）

2. 旧平装书（1949年10月以前解放前的出版物）

3. 线装书（包括1949年10月前、后的出版物）

二、按文种分为：

1. 汉文

2. 少数民族文种（蒙古、藏、维吾尔、哈萨克、朝鲜、满、彝、傣、水、壮……等）

3. 外文（英、日、俄……等）

三、按使用对象分为：

1. 公务目录

2. 读者目录

四、按目录类型分为：

1. 书名目录

2. 分类目录

3. 著者目录

五、按载体形式分为：

1. 卡片目录

2. 书本目录

中国民族图书馆原是两种分类法并用（人大法和中图法），就发展方向来说，全部改用中图法势在必行。目前汉文新书及部分民族文字图书和外文书已改为使用中图法。各文种图书应逐渐全部按照国家标准进行著录，这样有利于今后使用计算机管理图书，并能顺利地实现联机检索。

现就汉文新书的目录体系进行详细介绍。中国民族图书馆汉文新书目前除设置有书名、分类、著者目录外，还设有专为民族研究工作者提供检索的有关各民族问题的书名及分类目录。多年来民族书目为专业读者检索提供了很大方便。另外还曾编有书本式目录，发送各民族地区、单位，向有关读者宣传、推荐馆藏图书。通过这些书目的散发，有许多边远地区、民族地区的有关单位来信、来人索取资料，使馆藏图书发挥出更大的作用。开展邮借业务，深受边远地区读者的欢迎。

在现有基础上，在人力、物力等条件具备、允许的情况下，还可增设主题目录，可与分类目录互为补充，能更方便专业读者的需要，使读者能够一目了然。我们是专业图书馆，主题目录的作用会更为突出。另外，对于有关民族问题的目录，可增设少数民族著者目录，将各少数民族著者的作品加以集中，会更方便读者的检索需求。

为使图书馆目录更为方便读者，检索更为快速、准确，中国民族图书馆现已将原有的字顺目录全部重新进行调整、编排，检字按照《辞海》的笔画字顺排列。这一重大调整使汉文字顺目录质量大为提高。字顺目录调整前使用的检字表极不规则，繁体字的简化没有一定的规律，有些只简化1/2、1/3或1/4，这给字顺目录的排列造成混乱，工作人员难于掌握，读者更是不容易明白，这已成为检索的一大障碍。调整后的字顺目录导卡相应增加，排列有序，检索速度明显加快。

图书馆目录直接反映馆藏情况，图书的分编及目录的编制水平直接影响目录的质量，作为编目人员应首先加强自身的文化修养，尽可能地用所掌握的知识去适应社会发展的需要，适应图书馆现代化的需要，为读者服务。进行目录编制有条件可做些简明扼要的内容提要或提示，作为专业图书馆，涉及本专业的内容做出提要，能为读者提供更为方便的检索条件，同时也可使工作人员对馆藏情况能有进一步的了解。

随着图书馆现代化的发展，缩微目录、机读目录将会与卡片目录、书本目录并存。目前本馆尚无缩微目录和机读目录，但从1989年1月份已开始使用计算机进行汉文新书的编目工作（存储和目录制作）。几年来，汉文新书计算机管理数据库的程序，几经修改，逐步完善，目前已基本步入正轨。目前汉文新书使用计算机管理的这一部分机读目录中包括：

一、公务查询

1. 按书名查询

2. 按分类查询

3. 按民族查询

4. 按作者查询

5. 简明查询

二、模糊查询

1. 按书名查询（在不清楚书名的情况下，用其中某一部分进行查询。）

2. 按分类查询（可用于任何一级类目进行检索，将该类图书全部查出。）

3. 按民族查询（可将已存入计算机的与某一民族有关的所有资料检索出。）

4. 按作者查询（可将某位作者的著作全部查出。）

从发展的观点看，加强各种目录之间的联系仍然是很有必要的。对于现有的各种目录要进一步提高编制水平，努力达到准、精、全、稳、快五个要求，使之达到互为补充的目的。这样有利于读者的检索需求，便于工作人员的工作，使本馆藏书最大限度地发挥其作用，为国家的现代化建设，特别是为各个少数民族的繁荣发展做出贡献。

（本文原载《同人文集》 北京致远斋书店 1994年7月）

中国民族图书馆的汉文字顺目录的编排

林江平

当今的人们常说：现在是信息的时代。随着时代进程的大踏步迈进，各行各业都在发生着翻天覆地的变化。 而这所有的变化都不是人们所能够阻挡得了的，它迫使人们积极地参与、努力地学习、不断地提高，只有这样才能不被时代的发展所抛弃。

中国民族图书馆的工作在这发展的形势中充当何种角色，具体到我们所从事的工作上讲，又怎样才能适应这时代的要求呢？这正是我们当前应该考虑，并应检查的。

中国民族图书馆是我国各民族图书馆的中心。自建馆以来已有30余年的历史。每年除有大批民族有关人士及各类史学家前来光顾外，搞美术、音乐、摄影等各类学科的创作人员也常常光临本馆，可以说中国民族图书馆所面对的读者群是极其丰富的。

近几年，我在馆里一直搞目录组织工作，深感目录组织工作的重要性。在一个图书馆中，书目组织得好坏，直接影响着藏书的建设，影响着藏书的利用率，更直接影响着读者需求的满足。我认为只有达到它所应具有的“科学地排列”的基本要求，它才能完成它所担负的“揭示馆藏”“在馆藏与读者之间架起一座桥梁”的作用。

这里，我想具体地谈谈本馆目录组织的编排。首先，本馆的整个目录组织的组建方针是1959年建馆时期制定的，一直沿用30余年。“文化大革命”后，馆中因使用的分类法改为中图法（原为人大法）后，将分类目录进行了阶段式的改变外，其他各类目录组织（如书名、著者等目录）均没有改动过或整理过。在这多年的使用过程中，发现了许多弊病，突出的一点是：汉字排列混乱。基于这一点，工作人员工作查片困难、排新片困难、读者使用也困难的现象层出不穷。

总结以往的经验，我们可以找出造成此现象的两大原因：一是目录组织编排方法的一成不变已不能适应目前读者及本馆工作人员的变化与发展，急需及时改进；二是目前的状况对工作人员本身的要求也在提高，尤其是对新旧体字的辨认、书写及对字顺的编排认识方面的要求。再进一步分析：一、先看本馆建馆时的目录组织方式：①汉字笔形多以繁体字为依据。②每个单字在同画数内按第一笔的笔形丶一丨丿乀的顺序归类。如“文”字第一笔为“丶”，即在四画［丶］类，“王”字第一笔为“一”，即在四画［一］类，“日”字第一笔为“丨”，即在四画［丨］类，“毛”字第一笔为“丿”，即在四画［丿］类。③笔形带钩或曲折的字，则根据它的第一笔是“横折”“竖折”还是“撇折”来归入各类之后，如“子”字第一笔为“横折”，即在三画［乛］类；“纠”字第一笔为“撇折”，即在五画［乙］类。自我国文字改革以后，我国新书名多采用新体字，而我们在排列目录时仍要按旧体字排列，这就需要有个先“简转繁”的过程，如“马”字要转化为“馬”（9画），所有“马”字旁的都要如此类推，“纪”字要转化成“紀”（9画），等等。一个书名如有多字，则都要按此方法进行排列。这样在多次的“转化”过程中，则无法避免笔画、笔顺的误差，以致出现书目混乱的现象。二是历年的目录工作人员的文化结构不同：早期的目录员现已离退，他们多为新中国成立前或新中国成立初期的文化人，大多学用过繁体字，当时的许多书籍使用繁体字，所服务的读者对象也习惯于繁体字的使用，尽管新体字大批出现，但在他们的工作中没有反映出多大的矛盾问题。而“文革”前后陆续到馆工作的工作人员，多为新中国成立后出生人的年轻人，他们从小就接受着新体字的教育，现在面对这些从不使用的大批异体字感到很烦琐，尤其是在排列时还要先进行字体“转化”，确实有不小的麻烦与困难，工作效率极低，其中的差错更多地出现在片目中的第二字或第三字的排列上。

再看我们所服务的读者群，他们也由原来的老知识分子变为新生的知识分子队伍。在他们前来查找所需的书目时，也同样遇到了检索不便的问题。他们面对我们的目录，同样需先将字体转换，才能进行查找，加之书目的混乱，大大增加了他们检索的难度。由此可以看出，旧的目录组织法已不适用，必须将它进行改革。

我们制定的新的目录组织编排方式：①首先确定使用的汉字笔形以“《辞海》笔画查字表”的新体字形为依据。②每个单字的笔画排列方式也依照此表。即：一～五画内的单字按第一笔、六画以上的单字按第一二笔的笔形一 丿 乀乛的顺序归类。如“青”字第一二笔为一一，即八 画［一一］类；“哈”字第一二笔为丨乛，即九画［丨乛］类；“很”字第一二笔为丿丿，即九画［丿丿］类。③笔形带钩或曲折的均作折［乛］，凡第一笔为折的，都归入［乛］类（注意此点与旧方法区别甚大），如“书”字第一笔为乛，即四画［乛］类；“张”字第一二笔为乛一，即七画［乛一］类；“经”字第一二笔为𠃋𠃋，即八画［𠃋𠃋］类等。

我们之所以选中《辞海》的查字表为汉字目录的排列依据，是因为《辞海》的使用对象较为宽广，在一定范围内具有一定的权威性。再是它的汉字排列顺序有规律性，如在同一画数的同一笔形类中，字是按照字形的结构来划分先后顺序的。即先是左右结构的字，再是上下结构的字，然后是包围结构的整体字。如九画中的［丨乛］类；“口”字旁、“日”字旁的字在先，“山”字头的字在中，后是整体字“幽”“囿”等等。这样的规律工作人员比较容易掌握，读者也比较容易接受，一旦要学很快就能学会。

在对汉字目录进行重新编排的过程中，我们针对一些具体问题采取了灵活的方法，如一些异体字，人们不大能辨明它，我们则在导卡上注明，如“嚥”字，注明为‘咽’字异体字，见九画“咽”；“甕”，注明“为‘瓮’异体字，见八画“瓮”；“簷”，注明为‘檐’异体字，见十七画‘檐’等等。还有一些繁体字，我们根据大家的习惯进行了保留， 如“乾”字为“干”异体字，“瞭”字为“了”异体字等等，这些字如改则反而会使人们找不到了。

其后，我们复印了查字表，以供工作人员参考。要求目录员在出现新的单字（主要指目录导卡上没有显示的字头），一定要在字表中找到它所在的位置，并加写于导卡上，切不可凭自己的猜想随意加入某字之前或之后，以免天长日久一乱再乱。当然其中还是免不了会有差错，但较之以前的方法还是可以避免不少，尤其是还要要求目录员的“细心”。

目录组织工作与图书馆中其他工作一样重要，它是打开馆藏大门的钥匙，又是读者通往藏书宝库的必由之路。为着它所肩负的重担，我们必须不断地用科学的管理方法使之完善。在目前本馆经济条件还不具备的情况下，尽我们的努力去做一些力所能及的工作，以适应这信息时代的发展，也只有这样去做才不会被时代的发展所抛弃。在这次的目录调整中，我们花费了大量的精力使混乱的目录重整一新，达到了方便读者检索、减轻工作人员不必要的负担、提高工作效率的目的。目前这项工作仅仅是初步地开展，更多的还有待于在今后的工作中不断地探索总结。

（本文原载《同人文集》 北京致远斋书店 1994年7月）

中国民族图书馆
计算机应用的现状及存在的问题

李秀兰

书籍是人类进步的阶梯，图书馆是人类知识的宝库。如何充分利用中国民族图书馆50余万册馆藏，无疑是至关重要的。

中国民族图书馆，是民族信息高度密集的地方。建馆初期的工作规划中就明确规定："要担负起全国民族中心图书馆的任务。"那么，在当今处于新技术革命的时代，如何使本馆的各民族图书资料能多途径、快速、准确地被民族工作者及各民族读者所利用，是衡量本馆对各族读者服务质量如何的重要标志。然而，以往那种传统式的手工作业方式不仅速度慢、效率低，且往往出现一些无法解决的难题，工作人员终日忙碌不暇仍远远无法满足各民族读者的各种需求，明显地滞后于飞速发展的社会。诸如：

一、手工编目中的查复本、刻版、刷片等一系列手工作业既繁杂，又缓慢，致使新书在编目部门滞留时间长，不能尽快与读者见面。

二、新书月报是揭示、宣传、推荐新书的必要工具，为使读者醒目，新书月报的内容只是每张目录卡片内容的一部分，加之规格不同，只好再次刻版、印刷，做无谓的重复性劳动，这无疑是一种人力、物力和时间的浪费。

三、尤其是当某读者需介绍某一民族的多种图书，或某一专题内容的多民族图书，这对工作人员来讲，犹如大海捞针，简直无从下手，往往直接影响服务质量。

四、假如某书被工作人员一时疏忽而上错了架，当有读者借阅时，势必因找不到而被认为已借出，从而使此书变为死书，长期闲置而不能被读者所利用。

五、若某书已被借出，再有另外读者来借时，工作人员枉费不少时间，结果一无所获，而读者白等半天，也只好扫兴而归。

六、每到月、季、年对购书种数、册数、所用金额的统计，以往只能靠人工加算盘来完成，这不仅耗时费工，还难免出现差错。

诸如以上种种事务性、重复性的工作，显然已远远不适应当今这个飞速发展的时代。然而这些工作都是相对稳定的，对手工作业来讲，是相当困难甚至是无能为力的，但对于计算机来说，却是轻而易举的。我们要尽快跳出传统的手工作业方式，向现代化、多功能方向转轨，为读者提供更多、更好、层次更高的现代化服务，这不仅是当今的世界潮流，也是大势所趋。因此，我们必须适应时代的要求，让计算机技术进入本馆的图书管理领域。

20世纪80年代后期，中国民族图书馆已购入微机一台，由于各方面条件有限，基于采编工作是中国民族图书馆自动化的核心和基础，我们首先开发了微机管理系统在图书采编部门的应用，设计时以提高工作效率、实现管理的科学化和标准化为目的，基本实现了：

一、标准化程度高，该系统的数据库字段设计采用了国家标准的文献著录规则，目录卡片严格按照规定的格式输出。

二、操作简便。该系统按采编工作流程设置各功能块，并完全采用菜单式和问答式人机对话，操作人员无需特别培训，即可独立操作。由于是模块式设置，哪一功能出现问题则检修此块即可，因此，方便维修和保护。

三、一次性输入可永久性享受，多途径使用、从根本上解决了烦琐、重复性劳动问题。

四、提高了工作效率和工作质量。编目工作的主要工序都通过计算机进行，大大提高了工作效率，同时避免了人为造成的错误，打印出的卡片字迹清晰美观，目录体系格式标准新颖，各种统计项目齐全、功能完善。

具体说来，主要完成了以下工作：

一、开发并使用了适合民族图书馆登录特点的新书编目系统软件，录入、存贮了大量各类型、各民族文字新书信息，以备日后的多途径检索、查询之用，并为与各民族地区图书馆、室的信息联网及实现与各类型图书馆的资源共享打下了基础。

二、由已录入并存贮起来的图书信息印制成读者所需目录卡、馆内工作人员使用的公务目录卡。同时，在此基础上，不必重新编录，即可利用已录入的图书信息，调动计算机的内部功能，摘录每条信息中的所需部分内容，另行印制出新书月报，供读者查找所需新书使用。这一功能从根本上提高了为读者服务的速度和质量。

三、大大方便了民族工作者及各民族不同层次读者的各种查询目的和要求，能多途径、多手段地查找各自所需的图书。如前面曾提到的：某读者要查找某一民族的多种图书，或要包含某一内容的各民族图书，只要键入相应命令，仅一两分钟，便在屏幕上显示出所要书名，随机打印一份交读者即可。这在人工检索的情况下是相当难以实现的。

四、计算机编目程序中的增、删、改功能，大大方便了编目人员灵活、自如、快捷地按要求完成自己的一系列工作。

五、由于计算机的修改功能可自动清除原有内容，重新录入正确内容，因此修改后的记录无任何痕迹，印制出的卡片及新书月报符合标准，美观一致。

六、由已录入的新书信息，自动生成财产账，因此可自动统计，打印所需时间范围内购书量的种数、册数及所用金额，不仅速度快，且准确无误。

中国民族图书馆虽然已经开始使用计算机管理，但由于经费问题，还未能实现全馆各项业务工作的计算机化，而只限于局部。也由于经费的限制，使现代化设备严重不足，因而整个管理方式离现代化的标准还相差甚远，开发、利用这一民族文献的宝库也必然受到一定程度的制约。这样一来，对整个民族地区图书馆事业的发展难以推动，很难实现“担负起全国民族中心图书馆的任务”。这主要表现为：首先，由于现代化设备的严重不足（只一台微机，缺少相应的多台终端机），查复本、借阅等都不能实现计算机管理。目前仅能应付新书的录入，以上提到的种种优越性，也仅限于近几年购入的新书范围，远远不能满足读者的要求。其次，流通保管部门要能快速、准确地查出某书借出与否、已借出的去向、应还日期、打印过期归还通知单，产生违章处理功能、生成各种统计、分析报告的功能，如：藏书种类、读者类型的统计、流通率、周转率的统计，都必须有终端机才可能实现。另外还有报纸、杂志的管理，都由计算机来实现，这样必将给定期清理库存（即剔除）带来极大方便，同时大大减轻工作人员的手工劳动，提高工作效率，加快图书的周转速度，使工作人员能比较轻松、愉快地完成自己的工作。因此，为了更好地实现为全国各民族科研服务，开发馆藏，形成网络及适应对外开放、扩大交往的需要，就必须添置相应的设备。特别是在深化改革的今天，形势要求我们要拓宽服务领域，将原有的服务方式向新型的服务方式转化，彻底改变以往那种只是借借还还的服务，增加些诸如咨询、文摘、索引等服务项目，这些都离不开先进设备的使用。因此，只有推进现代化技术设备在图书馆的应用，才能更好地开发文献资源，改善服务工作，充分发挥中国民族图书馆在民族科研和民族地区的经济建设中的特殊作用。同时，也只有尽快实现中国民族图书馆的管理现代化，才能跟上时代的步伐。

目前，各类型图书馆都面临着有限的经费同剧增的文献、猛涨的价格、迫切的用户需求之间的尖锐矛盾。中国民族图书馆也不例外。这种矛盾只会越来越激烈，出路只有一个，首先要有一个正确的认识：科技文化的发展是一个国家经济发展的重要因素，图书情报事业是一个国家科学技术发展的重要标志，是经济发展的催化剂。在经济飞速发展的今天，只有应用全新的方法、设备和手段，也就是现代化的观念和技术服务于社会，才能使我们的图书情报工作与当今的经济建设保持同步，进而争取走在前面，真正起到中枢神经和催化剂的作用。一些人认识不到图书情报工作对经济发展的重要影响，看不到信息技术对生产进步的反馈作用，只看到暂时的经济收益，缺少长远的战略眼光，认为图书情报事业只是个花钱的角色而加以忽视，甚至是轻视，这是造成图书馆事业跟不上新技术革命步伐的重要原因。只要认识明确了，经费并不是太大的问题。我们只要一次性投入一定的经费，购买一批终端机，建立起计算机的网络，不但使馆内各项业务工作都能实现现代化管理，同时，在本馆实现全部自动化管理的基础上，便能顺利、有效地加入联网系统，到那时，无论是民族工作者还是各民族读者，都能在本馆享受到国内各类型图书馆乃至国外一些图书馆的各种资源。换言之，只要建立起相应的网络，就等于拥有了在网的所有图书馆。也就能为民族工作者及各民族读者提供非常丰富的文献资源。因此，作为置身于图书情报事业的我们，殷切希望各级领导及有关部门，能清醒地认识到图书情报工作对经济建设、对生产进步、对边疆地区开发的反馈作用，同重视教育，重视人才一样地给予重视，图书事业就能经得住新技术革命浪潮的冲击，为我国的两个文明建设做出应有的贡献。

（本文原载《同人文集》 北京致远斋书店 1994年7月）

如何更好地搜集民族文献　丰富我馆馆藏

旭日胡

我国是一个统一的多民族国家。在这个56个民族大家庭里的每一个成员都用自己的辛勤劳动和聪明智慧共同创造了祖国光辉灿烂的历史文化，为祖国的繁荣富强做出了应有的贡献。那么如何搜集56个民族的文献资料，加强民族图书馆藏书建设呢?

民族图书馆是全国唯一的民族专业图书馆，收藏有关民族文献图书和民族文字图书是民族图书馆的首要任务。在我国浩如烟海的图书文献宝库中有关少数民族文献资料以及民族文字图书占有极其重要的地位。自古以来我国各民族先后创造了自己的语言文字，不少著名的民族文学、民族医学、民族天文学著作等是用民族文字出版发行或手抄遗留下来的，是我国文化宝库中不可缺少的一部分。我国56个民族，其中55个民族有过自己的语言、24个民族用自己的文字出版发行过书籍。民族文字的古籍现主要有藏文、蒙古文、八思巴文、满文、西夏文、女真文、回鹘文、察合台文、东巴文、彝文、傣文等10余种。民族文字的书籍主要有蒙古、藏、维吾尔、哈萨克、朝鲜、锡伯、达斡尔、彝、傣、傈僳、佤、拉祜、哈尼、苗、布依、侗、壮、景颇、柯尔克孜等。比如古籍方面：满文文献散存于世界各国，我国收藏最多，据不完全统计全国现有满文资料150万件之多，这对研究清史、东北史和各民族史的相互关系都有重要价值。

藏族有着悠久的历史，光辉灿烂的文化。公元7世纪松赞干布统一整个西藏地区并创造了文字。除举世闻名的《甘珠尔》《丹珠尔》两部佛学大丛书外，天文、地理、医药、哲理等方面的大部分名著大大丰富了祖国的文化宝库。

蒙古族文化在成吉思汗统一各部落之后得到了长足的发展。从13世纪开始蒙古族创造了文字后，蒙古族第一部历史巨著《蒙古秘史》写成了。另外《宋史》《辽史》《金史》《蒙古源流》《黄金史》都是我国重要史籍。

公元13世纪我国的彝族也有了自己的文字，拥有古老、丰富多彩的文化遗产。如《西南彝志》《阿诗玛》《宇宙人文论》等。现散存全国的彝文文献有10000多部。

傣族在13世纪就创造了文字，并开始在贝叶上书写文字。著名的傣历、贝叶经反映了傣族悠久的历史和灿烂的文化。现散存的傣文佛经就有84000部，内容丰富的叙事长诗500多部。

维吾尔族有灿烂的民族文化，《突厥语大词典》《阿凡提的故事》《福乐智慧》等文献都是我国文化宝库不可缺少的部分。

纳西族人民在长期的历史发展中创造了自己的文字——东巴文。《东巴经》是纳西族的宗教经书，它用象形表意文字书写，叙述了纳西族人民从奴隶制过渡到封建制这一漫长历史时期社会生活的各个方面。这对研究纳西族的文学、历史、宗教具有极其重要的价值。

除此之外我国还有10几个民族有自己的古籍文献。

我国现有5个自治区、30个自治州、9个盟、24个地区中程度不同地公开出版和内部发行有关民族问题的书籍和民族文字图书资料。所以全面地搜集和收藏有关民族问题的图书、民族文字图书是摆在我们面前的艰巨的任务。

民族图书馆的藏书质量，一方面要对民族地区政治、经济、文化、历史、资源、风物等地方志要广泛搜集，系统入藏，另一方面又要收藏民族古籍及民族文字的各种版本、不同版次的书刊资料。对各种文字、包括外文在内的有关民族问题的书刊资料也应全力搜集入藏。使其成为研究全国民族问题的文献资料中心。这样才能起到民族专业图书馆的作用，更好地为民族科研单位提供宝贵财富。

众所周知，图书馆藏书是开展图书馆各项业务工作的物质基础和基本保证。而藏书质量的优劣是衡量一个图书馆工作成绩大小的重要标志。而藏书质量的优劣在很大程度上取决于它是否具有鲜明的藏书特色。

所谓藏书特色就是指馆藏中收藏较全、质量较高，有一个完整体系的藏书。简单地说，就是一个馆与其他馆相比较，在藏书方面有特点、优点或独到之处。那么作为全国民族专业图书馆应体现什么样的藏书特色呢?

民族图书馆不同于其他公共图书馆，也不同于一般的高等院校图书馆。它的服务对象是来自全国各民族地区和从事民族科研单位的研究人员。所以作为全国唯一的民族专业图书馆必须想尽一切办法搜集各民族文字出版发行的书刊以及有关民族问题的汉文、外文书刊。

一、对公开出版发行的民族文字图书、报刊要全面系统搜集，包括民间遗留下来的手抄本均应全部收藏。本馆缺藏的古籍、书刊应有计划地缩微复制收藏。另外千方百计地搜集购买散存在社会上的民族古籍。

二、有关民族问题的汉文以及外文书刊也应列为搜集的重点。尤其重点搜集地方志和民族作者的著作。特别是民族地区的地方志一定收全。我国有5个自治区、30个自治州、9个盟、24个地区、115个自治县、290个民族地区旗（县）。据了解20世纪80年代起每个旗（县）级以上都成立了《地方志办公室》，编写了本县、州、省（自治区）地方志，从本地区政治、经济、军事、文化等各个方面反映了民族地区的变化及社会主义经济建设的重大成就。但是旗（县）编写的地方志都完全没公开发行，只是在印刷厂装订成册，供给有关领导及本地区科研人员。所以搜集地方志特别是边远地区、民族地区地方志，必须派专人去与该地区地方志办公室建立联系，才能把该项工作做好。

三、近几年来国内和香港台湾地区不断重印一些有关民族方面的古籍，如经济条件较好应想方设法收藏较好。

四、必须加强与民族地区科研单位、图书馆、资料室、出版部门建立长期的购书和资料交换关系，取长补短，丰富馆藏。

五、藏书补充和藏书剔除是图书馆藏书建设中两个不可分割的部分，补充新书、剔除旧书、新陈代谢是图书馆藏书建设的客观规律，也是藏书建设的基本原则。所以应有计划、有步骤地剔除失去使用价值、复本量过多的图书，更好地搞好馆藏建设。

（本文原载《同人文集》 北京致远斋书店 1994年7月）

关于图书馆自动化软件的探索与思考

崔光弼

中国民族图书馆始建于1959年，经过几代人的不懈努力，如今已发展成为全国唯一的民族专业中心图书馆。本馆购进第一台计算机始于20世纪80年代初期，后由于种种原因，自动化建设举步不前，始终处于观望、等待和酝酿阶段。世纪之交，随着民族文化宫大修改造的完成，本馆馆舍装饰一新，硬环境已经具备，自动化建设也提到议事日程上来。笔者有幸参与了自动化应用软件的考察与选择、局域网的组建等具体工作，有一些粗浅的心得体会，借此抛砖引玉，以求共勉之。

一、新一代图书馆自动化系统的功能和性能要求

自1978年南京大学研制出西文图书检索系统（NTDS-78）以来，我国的图书馆应用软件经历了试验性分离式系统（1978—1986）、初步的集成系统（1987—1989）和实用集成系统（1990—1996）3个阶段。1996年以后，随着图书馆网络的迅速发展，一些较为成熟的新一代网络化图书馆应用软件系统相继问世。新一代软件系统的功能和性能要求包括以下几个方面：

1. 系统的基本功能

新一代图书馆自动化系统首先要满足采购、编目、流通、期刊管理、文献检索等图书馆基本业务工作的需要，它是图书馆自动化软件系统的主要内容。这些传统自动化系统的功能不仅要保留，还要不断完善、扩展和加强。除了具备这些

基本业务功能外，成熟的图书馆自动化软件系统还要具备其他各种辅助功能，如数据的统计功能、数据的接口功能、参数的自定义功能等。

2. 系统的网络功能

目前，我国有2000多个图书馆已使用图书馆管理集成系统，其中5%—10%的图书馆已与全国的通信网络系统相连接并为读者提供网上电子文献信息服务，数量虽少，但代表着我国图书馆自动化的发展方向。归根结底，自动化只是手段，网络化的资源共享才是自动化臻于完美的最高境界，才是真正的目的。这就要求每一个图书馆在选择自动化应用软件时应立足于网络化的要求来考虑自动化工作。图书馆自动化系统的网络功能主要有：

（1）联机订购和联机采购协调

自动化系统的网络功能首先体现在采购环节上。工作人员可以通过网络和电子数据交换（EDI）进行书刊的订购、催缺以及其他的信息交换，也可以进行经费划拨和结算等。在网络环境下，我们真正实现了资源共享，而资源共享首先要求各图书情报机构采购协调，这本身是共享的主要内容之一。

（2）联机联合编目和建立联合目录

联机联合编目也是资源共享的重要内容之一。实现联机联合编目后，“一次输入，多次使用；一家输入，大家利用”，不仅达到了资源共享的目的，同时大大减轻了各图书馆的编目工作量，大大提高了编目的质量。而联合目录的建立，为联机条件下的采购协调、联合编目、馆际互借工作提供准确可靠的书目数据。在这方面，已有不少成功的经验。如中国社会科学院图书馆系统自1998年底全国实施联机联合编目工程（采用丹诚图书馆集成系统NT网络版）以来，改变了30多个研究所各行其是的局面，达到了信息资源共享的目的。

（3）扩展流通子系统

在网络环境下，可借助图书馆自动化集成系统将传统的手工式馆际互借用联机方式来部分取代，如联机查询书目，了解各馆的借阅规划，办理借还书或预约、续借、延期、破损、丢失等手续。还可以利用Intenet方便读者和加强图书馆与社会的联系。过去很多通知读者的工作如预约书已到、催还书、通知、布告、新闻发布等，都可以采用电子邮件的方式去自理，还可以利用电子邮件、公告板等征求读者的意见和建议，和读者进行交流等。图书馆自动化系统的所有这些网络功能使原有的流通子系统功能大大扩展。

（4）增加网络信息咨询和信息检索功能

新一代图书馆自动化系统改进和加强了原有的信息服务功能，特别是增加网络信息咨询和信息检索功能，实现初步的参考咨询自动化功能。这是对传统图书馆简单的参考咨询的根本性改革，也是新系统中需要大大增强的部分。包括：建立全文数据库、指南型（文摘、题录等）数据库、多媒体数据库等；联机公共目录查询（OPAC）；光盘数据库检索系统；电子阅览室管理系统；联机信息检索有偿服务；Intenet信息检索；网上咨询和网上信息服务等。总之，图书馆所需要的图书馆计算机管理系统在本质上发生了很大的变化，这些变化在应用软件的体系结构上有几个明显的特征。

◇系统工作方式的主流为客户机/服务器（Client/Server）模式，原有的主机/终端（Host/Terminal）模式和基于文件共享（File Share）的局域网络模式将逐渐被淘汰；

◇网络通信协议以TCP/IP协议为主，其他通信协议将作为网络服务机制的补充形式存在；

◇图书馆应用系统的服务器端应能在多种操作系统平台上运行，整个系统应能适合各种规模图书馆的需求，面向小型图书馆的低价位产品和面向大型图书馆大型系统上的产品应具有同等的网络互联能力，以保证客户端软件能够通过网络顺利地访问不同规模图书馆的服务器；

◇图书馆系统，特别是前端系统完全采用Windows图形界面。这不但能够极大地改进软件界面，使操作更为灵活方便，而且Windows产品上内含的大字符集和网络通信支持能力使用户在操作系统的整体投资方面得到很高的回报。

二、丹诚DT-1000的选择过程及其功能特点

自动化是图书馆现代化的重要标志，而计算机应用技术的日益成熟和网络通信设施的不断改进，特别是Intenet的飞速发展，使我国的图书情报事业迈入一个新的发展阶段。实现自动化，需要一批性能良好、经济耐用的硬件设备，而精心

选择和合理使用符合本馆实际的软件系统同样至关重要。一个成熟的图书馆自动化管理软件，对图书馆自动化建设的发展起着决定性的作用。作为迈向自动化的第一步，自动化管理软件的考察和选择是图书馆自动化建设中的非常重要的一环。

本馆的自动化建设引起各级领导的高度重视和大力支持。我们很快组成了精干的工作小组，投入到自动化系统的考察和选择工作。首先，进行了大量的调查研究，通过电话咨询、上门拜访等各种渠道了解其他图书馆采用的软件系统及其使用情况，从用户的反映中掌握和分析各种产品的优缺点。在此基础上，对市场占有率较高的几家软件系统分析比较，从系统的用户界面、服务端管理系统、数据库检索系统、对象数据管理系统等各个环节全面展开周密的考察，力求以最优的性能价格比和最短周期发挥最大效益。我们的宗旨是：不求最好，但必须适合我们。最后，将资金准备、产品的性能和稳定性、售后服务等诸多因素综合分析后，决定采用北京丹诚软件有限公司的DataTrans-1000图书馆自动化集成系统10用户网络版。该系统（以下简称DT-1000）是丹诚公司开发的新一代专业化图书馆应用软件，在业界具有良好的声誉。主要功能和特点有：

（1）功能齐全

DT-1000能完全代替大量烦琐而又重复的手工作业。如采购查看、期刊记到和催缺，以及手工难以完成的统计、打印等功能。

（2）规范控制

DT-1000按标准的图书馆业务工作流程设计，能使图书馆的各项业务工作达到标准化和规范化。如对数据的转入、录入、输出；对书刊数据的人名规范控制、主题词规范控制等。

（3）灵活实用的OPAC系统

DT-1000为读者提供快捷方便的检索手段以及非常易用的用户界面。

（4）标准化

内容采用国际标准ISO2709数据格式，支持CNMARC和USMARC数据，实现了书目信息的描述标准化、检索标准化和交换标准化。

（5）产品成熟

DT-1000已有3年多的应用实践，技术成熟，安全可靠。

（6）富有成效的售后服务体系和较高的性价比

三、组建局域网

随着通信和商业应用变得日益复杂，计算机网络已经发展成为一种非常重要的基础设施。如今局域网（LAN）通信系统发展得越来越复杂、强大而且更灵活，它将一个地理区域内（通常是一栋建筑物内）的个人计算机、文件服务器、打印机等连接起来，给个人计算机共享硬件和软件的能力。根据本馆与丹诚公司共同拟订的民族图书馆自动化项目第一期实施方案的原则要求、预定目标及双方的协议，丹诚公司协助本馆组建局域网并指定北京凯英信业科技有限责任公司提供网络集成服务。经三方技术人员通力协作，于2001年6月完成了组网、测线及设备调试等一系列工作任务，并在服务器和各网络工作站安装了丹诚公司DT-1000图书馆自动化集成系统。本馆局域网的构成和具体配置如下：

网络服务器：曙光天阔I210S（1台）

CPU：Pentium Ⅲ/主频：933MHz/二级缓存：256KB/内存：128MB/硬盘：40GB/显示器：15英寸/光驱：40X CD-ROM/操作平台：Windows 2000 Server/综合信息发布平台：DataTrans-1500（DT-1000服务器部分的升级版）

主要用途：提供图书馆内部业务管理与服务；数据库检索和网络检索服务。该机除了相应的串口、并口、IDE、USB等接口之外，在主板上还集成了支持2X/4X的AGP接口，大大提高了系统的图形性能，显著降低了用户成本和维护费用。

光盘镜像服务器：尚未购齐

主要用途：替代光盘塔，存储并管理那些必须在光盘上访问的数据库资源和交互式媒体信息资源。

多媒体工作站：尚未购齐

主要用途：制作网页图像、制作网页、视频信息采集、印刷文献的图像处理、印刷文献文字的OCR转换、数据备份等。

网络工作站：PHILIPS e883（14台）

CPU：Intel Celeron/主频：500MHz/内存：64MB/硬盘：10GB/操作平台：Windows98

主要用途：图书馆各部门使用的网络工作站和读者检索工作站。

网络交换机：北京清华紫光MS3241F2（1台）

支持10/100Mbps速率和半/全双工模式的自动协商，24个RJ-45端口，提供一个光纤模块插槽，用于安装100BASE-FX单模和多模SC模块，同时支持基于端口的VLAN和并行连接（Trun-king）技术。

主要用途：在局域网中根据每个帧的目的地址，对帧进行过滤、转发和扩散。

激光打印机：HP Laser Jet 6L Gold（1台）

600×600dpi/A4幅面/HP分辨增强技术（REI）/4MB缓存

主要用途：作为内部主干网络的共享打印机，打印不干胶条形码标签、全馆的各种公文、新书通报原稿、批量较大的报表、订单等。

彩色喷墨打印机：EPSON Stylus Color 1520k（1台）

EPSON Stylus Color 680（3台）

主要用途：各业务部门打印财产账、书袋卡、统计报表、书标、目录、卡片和简短公文：新书通报和简单的宣传材料；也可用于读者证件的现场制作。

其他：

彩色扫描仪、服务器及微机用UPS、CCD条码阅读器、塑封机、切卡机等相关设备。

四、民族文字与自动化系统

随着计算机技术的飞速发展和图书情报界的不断努力，目前图书馆自动化软件在处理中、西文方面已经较为成熟。但由于种种原因，我国西部地区、少数民族地区的经济、文化、科学技术发展相对滞后，因此把众多的民族文字纳入图书馆自动化集成系统，制作、输出和交换相关数据在技术上尚有一定难度。如何实现自动化系统和民族文字相兼容，并做到数据的标准化和规范化，与国际接轨，这是摆在我们面前的重大课题。笔者认为，我国的图书情报界特别是民族图书馆界应抓住西部大开发的机遇，与IT界以及图书馆软件开发单位紧密协作，共同推进图书馆自动化事业的蓬勃发展。本馆是民族专业图书馆，馆藏中包含大量的以各少数民族文字作为载体的文献资料，同样迫切需要实现自动化，为广大的民族工作者、民族问题研究人员以及各民族读者提供更加高质量的数字化服务。因此本馆一直很关注这个问题，选择自动化软件时也将能否实现这一技术突破当作考察的因素之一来考虑。与丹诚公司签订合同后，双方技术人员已经就这一问题多次探讨，开始了有益的尝试。我们有理由相信，在不久的将来，必将实现民族文字与自动化系统的全面接轨。

◇民族地区图书馆得以发展的大环境和政策条件已具备

首先，党和政府极为重视科学技术的发展，从政策导向、投资力度等方面大力扶持对信息产业的发展；另外，随着西部大开发战略的制定和实施，大量的资金和人才向西部地区、民族地区倾斜，这就为民族地区图书馆摆脱困境，实现业务自动化，包括民族文字走向自动化提供了难得的机遇。

◇计算机技术的不断发展和完善提供了技术上的支持

目前，Windows 98已成为基本配置，功能更强大、更为安全的新一代操作系统Windows 2000现已正式投入使用，并逐步普及化。Windows2000的问世为图书馆自动化软件提供了更良好的运行环境和更强大的功能支持，同时给民族文字的自动化提供了有力的技术支持。

◇丰富的人才资源

改革开放以来，随着社会的进步和图书馆事业的发展，图书馆工作人员的文化水平和综合素质有了明显的提高。民族图书馆界也有一大批事业心强、精通图书馆业务，又熟练掌握计算机技术的专门人才。有了他们，突破技术难关，实现民族文字自动化必将指日可待。

参考文献

[1] 甘琳. 关于图书馆自动化与网络建设的探索. 中国图书馆学报，1998(6).

[2] 舒炎祥. 图书馆自动化系统选择的思考. 图书情报工作，2000 (7).

[3] 郭惜华. 中国人民大学图书馆数字化建设经验谈. 情报资料工作，2001(2).

[4] 胡广翔. 中国社会科学院图书馆系统开创联机编目工作的回顾与现状.

情报资料工作，2001（1）.

［5］袁名敦．关于新一代图书馆应用软件的思考．现代图书情报技术，2001（2）.

（本文原载《民族图书馆学研究》 辽宁民族出版社 2002年9月）

社会层级理论对基层图书馆建设的启示

许传哲

在传统视野中，基层图书馆一直是制约我国图书馆事业发展的瓶颈。但随着信息技术的拓展、知识服务的深入、嵌入式需求的高涨，馆藏量、馆舍面积已不再是决定图书馆发展方向的核心能力。2010年7月，全国“县级数字图书馆推广计划”率先在山东试点执行，这将对我国图书馆的整体战略布局产生重大影响。但我国图书馆界“未能及时调整全国各级各类图书馆的功能定位、职责范围，使其各司其职，各尽所能”。[①]因此，引进社会层级结构理论模型，在新的历史维度下，探索基层图书馆新的职能定位、文献追求方向，具有一定的实践意义。

一、社会层级结构理论的引入

社会层级结构“本意是指在传统社会的政治国家领域中依据权力至上与权力大小而形成的权力级别阶梯和权力层级结构，后延伸为在经济、社会和文化领域根据人和人之间的权力大小、地位高低、身份有别而建立的层级社会关系结构”。[②]社会层级结构是广义社会结构的组成部分，从这一角度讲，图书馆事业本身就包含于社会层级结构。考察一个社会，最基本的方法论，是从“结构—体制—文化”三维入手。马克思考察、理解社会的根本视角是社会结构……有什么

① 柯平．图书馆战略研究．情报资料工作，2010（3）：7.

② 韩庆祥．面向“中国问题”的马克思主义哲学．武汉：武汉大学出版社，2010：583.

样的社会结构，往往会有什么样的文化[①]。

我国图书馆整体战略结构布局，与社会层级结构保持了高度的一致性，省、市、县分别按照社会层级构建相应的文化层级，严格按照社会层级进行资源配置，高等级图书馆拥有充足的资金量、宽大的馆舍、先进的技术，而基层图书馆则处于社会资源分配体系的最下层。这一模式不仅决定了图书馆信息供给模式、服务模式，也进一步限定了广大读者的需求模式。在这种情况下，高等级图书馆与基层图书馆的差异在于相同文献的不同提供力，而不是差异性文献的提供。基层图书馆服务层级紧紧依附于高等级图书馆之下，这也是我国基层图书馆长期处于弱势群体地位的历史根源。因此，将社会层级理论应用于图书馆的层级结构分析，在网络技术条件下，信息服务、知识服务、嵌入式服务日益成为图书馆服务主要范式的情况下，重新探索基层图书馆在公共文化服务体系中的功能定位、文献追求方向，具有一定的实践意义。

二、图书馆服务层级的内涵与特质

（一）图书馆层级结构的特殊性

社会层级结构是严格的自上而下的金字塔形，具有不可逆转性和不可跳跃性。但除共性之外，图书馆还有其自身的独特性，即服务层级。所谓服务层级，是指在依照社会层级进行资源配置的基础上，向社会提供信息服务能力的高低。社会层级是服务层级的物质基础，决定着服务层级的提供度。社会层级越高，服务层级越高，服务能力越强，反之服务层级就越弱，提供的有效信息服务就越少，这是图书馆社会层级与服务层级统一之处。服务层级依存于社会层级，但不完全对等于社会层级。服务层级的特殊性就在于具有一定限度的超越性和跨越性。低层级图书馆能够利用自身的特藏资源、地方性资源、特定历史文献，提供高层级服务平台不能提供的服务，从而实现局部服务层级对社会层级的超越。

---

① 韩庆祥. 社会层级结构与理论创新. 江苏行政学院学报，2007（5）：57.

（二）社会层级与服务层级的重叠

在传统模式下，受消息获取渠道的制约，读者会按照经济原则和就近原则，满足自身的阅读诉求，其选择路线必然是由近及远、由下及上的逆行路线。即使基层图书馆有一些独特的文献资料，也难以为外界所知，更难以为外界远程获取。这与图书馆的社会层级恰恰形成了逆行路线，二者方向虽然相反，却又高度统一重叠。社会资源统一调配，无视地区之别、读者需求之异，馆藏资源高度同质化。高等级具有低等级没有的文献、资金和技术优势和服务优势。图书馆的服务层级与社会层级高度重叠。

（三）社会层级与服务层级的背离

众所周知，图书馆已由传统的金字塔形态转变为扁平的网状结构。读者居于整个服务体系的核心位置，各层级图书馆并列环绕于四周。读者选择权的延伸度空前扩大，诉求途径也产生了本质性改变。在信息服务、知识服务、嵌入式服务，日益成为图书馆服务的主要范式下，而时空界限、经济因素的制约度几乎可以忽略不计。读者可以远程直奔文献资源所在地，或是享受足不出户的嵌入式服务。资源同质化的图书馆面临着被读者摒弃的风险，而系统性、独特性、专业性的信息源则备受青睐。一些低层级的图书馆，或者在某一专业领域拥有系统性收藏，或是拥有特种地域文献，或是拥有特殊文种文献，能够在特定环境下拥有比高等级图书馆更有效力的信息服务能力，从而实现服务层级对社会层级的超越。

（四）图书馆服务层级结构嬗变的内质动力

信息技术的发展是图书馆服务层级结构变化的首要动因，读者诉求方式的改变是图书馆服务层级发展的核心，二者的有效结合构成了图书馆服务层级结构嬗变的内质动力。传统图书馆学属于社会科学范畴，而数字图书馆本身却是信息技术、网络与通信技术发展和广泛应用的产物，受技术因素影响较大[①]。人们的阅

① 申晓娟．2005—2009年我国数字图书馆发展综述．数字图书馆论坛，2010（3-4）：7.

读习惯、生活方式、获取信息手段和途径的改变，导致了图书馆内在生态环境的改变。越来越多的用户开始习惯于足不出户，直接在电脑桌面上获取所需的信息[①]。嵌入式服务更是要求图书馆资源直接与用户对接。

同时，图书馆的服务创新、理念创新又进一步响应、推动、强化了读者信息诉求网络化的倾向。如国家数字图书馆工程（NDL）、国家科学数字图书馆（CSDL）、国家科技图书文献中心（NSTL）、中国高等教育数字图书馆（CADLIS）等，一批重大数字图书馆项目的实施，原文传递、时实阅读等新式服务手段的实行，为读者诉求网络化的实现提供了物理基础，使之成为不可逆转的历史大势。

三、图书馆构建服务层级的独特优势

（一）文化属性的推动力

文化多元是人类文明的基本特征，相应地，图书馆也应该是差异性和多样性的存在。同质化导致的图书馆在品种和类型上的贫乏，意味着人类文献收集、整理、保存和利用模式的单一化，它极有可能导致人类文献能力（诸如文献的生产、交流和利用能力）的衰弱，从而直接威胁到人类文化的成长。当今世界，肯定和保护文化的差异性和相对性已成为人类的共识。相应地，不同文化中的图书馆也应该是差异性和相对性的存在[②]。以文化视野建设图书馆已被图书馆界广泛接受。基层图书馆构建服务层级，确定自身独特的文献追求方向，开发差异性文献成为新的途径选择，也是图书馆文化属性的必然要求。这也是基层图书馆服务层级超越高等级图书馆的文化推动力之所在。

---

① 陈传夫．数字时代的图书馆学教育：变革的力量与方向．变革·发展·前瞻——第二届中美数字时代图书馆学情报学教育国家研讨会文集．武汉：武汉大学出版社，2007：87.

② 傅荣贤．文化视角的图书馆学研究：层次及内容分析．中国图书馆学报，2010（4）：25-26.

（二）基层图书馆的地缘优势

每个地域都有自己独特的文化环境、文化产品和民间习俗。如贵州目前已核定的县级以上非物质文化遗产项目有3215项，其中，国家级非物质文化遗产项目62项101处[①]。而基层图书馆是我国数量最多、分布最广、延伸体最大、与群众接触最密切、影响人数最多的公益性文化信息载体，应对本地区的各种文献资料进行最广泛的挖掘，给予最直接的关注。网络资料、博客信息、政府公告、企业宣传、历史典籍、民风民俗、地方物产、气候气象、石刻、石碑、名人传记，无不可信手拈来。在收集、保护、整理、开发区域性文献中形成他人难以模仿和复制的核心竞争力。如广西北海市图书馆加强信息化建设，建立了全国刊载北海资料、全国刊载珍珠资料、北海历史文物资料、合浦海上丝绸之路始发港、东盟专题、“三农”专题等多个全文数据库，并于北海市科技情报所合作建设“北海市地方文献数据库”科技项目，涉及北海市的政治、文化、历史、地理、人文风情等方面的详细资料[②]，形成了独具特色的馆藏，也拥有了该领域的最高服务层级。

（三）基层图书馆的人员优势

虽然基层图书馆人员的整体素质尚不能令人满意，但其庞大的从业人员当中，有着众多熟知当地人文历史、风土人情的学者、专家。只要能充分调动其积极性，必然能够有效提高图书馆的服务层级。并且，当地的文化名人、传统艺人、非物质文化遗产的传承人、民俗技艺者、说唱艺人，都可以将其纳入基层图书馆的知识服务结点。聘其为特别顾问，请其讲座，甚至为其录音、创制专辑，以增加基层图书馆向读者提供知识服务的有效性。

地域性文献系统性、专业性差，社会关注度弱，文献资源、影像资料分布广泛，文种繁多，采集难度大，人员素质要求多样，这也正是拥有资金优势、技术

---

① 周敏瑞，欧阳峰．用心打造“黔姿百态”——记贵州省国家级非物质文化遗产档案展．中国档案，2011（2）：72.

② 中国民族图书馆．中国民族地区图书馆调查．沈阳：辽宁民族出版社，2007：73，281.

优势的高等级图书馆无法兼顾的薄弱之处。如内蒙古扎鲁特旗是全国民族版画之乡，又是好来宝、乌力格的发源地。扎鲁特旗图书馆立足本地特色，充分发挥自身人员懂蒙古语，熟知当地民俗的人员优势，采集了一批独具民族特色和地域特征的文化资源，获得了某些高等级图书馆无法获得的第一手资料，成为查询好来宝、乌力格文献资源的首选之地，从而实现了自身服务层级对社会层级的超越。

（本文原载《图书馆学研究》 2011年第18期）

论基诺族文献信息资源平台建设

龚文龙

基诺族，1979年6月经民族确认，成为中国的第56个民族。主要分布在云南省西双版纳傣族自治州景洪市基诺乡，其余散居于基诺乡四邻山区。根据2010年第六次全国人口普查统计，基诺族现有人口数约为23143人。基诺族有自己的语言，但无本民族文字。

在长期的生产、生活中，基诺族形成了包括民族语言、民族服饰、民俗习惯、手工技艺、民族文学与艺术、民族宗教、民族体育、民族医药等在内的丰富多彩的民族传统文化，成了基诺族民族特性的象征。但是，基诺族在跨越式的高速发展过程中，民族传统文化正遭受巨大的冲击，基诺族传统服装、传统歌唱文化与舞蹈、传统节日与生命礼仪、基诺族语言等都面临消亡的危险。①

2009年国务院出台了关于进一步繁荣发展少数民族文化事业的若干意见，意见中明确指出："尊重、继承和弘扬少数民族优秀传统文化……在有利于社会发展和民族进步前提下，使各民族饮食习惯、衣着服饰、建筑风格、生产方式、技术技艺、文学艺术、宗教信仰、节日风俗等，得到切实尊重、保护和传承……不断开辟传承和弘扬少数民族优秀传统文化的有效途径，推进和谐文化和中华民族共有精神家园建设"。②

因此，广泛搜集并整理现有的基诺族文献资源，采用当前先进的资源整合理念及信息技术工具，搭建基诺族文献信息资源平台，促进基诺族文化的有效传播，更好地保护、传承和弘扬基诺族优秀传统文化，具有重要的现实意义。

一、基诺族文献情况

据调查，全国基诺族文献资料藏量丰富的机构主要有：基诺乡文化站、基诺族协会、景洪市摄影家协会、景洪市电视台、景洪市图书馆、西双版纳州少数民族研究所、西双版纳州图书馆、云南民族大学图书馆、西南民族大学图书馆、中央民族大学图书馆、云南大学图书馆、云南省图书馆、中国民族图书馆、国家图书馆等；其中，国家图书馆，作为全国的总书库，又有呈缴制度作保障，基诺族文献藏量最为丰富；民族文化宫素有民族典籍之宫之美誉，下设部门中国民族图书馆历年来也以收藏各民族文献资源为己任，基诺族文献资源藏量也较为丰富和完备。

据笔者统计，目前有关基诺族的图书文献大概150种左右；有关基诺族论文发表量大概1000篇上下；另外，据笔者最近两年赴版纳调研，走访了版纳州图书馆、景洪市图书馆、基诺乡文化站、版纳州少数民族研究所、基诺族协会等相关学者、官员。对各类型基诺族文献资源藏量有了大致的了解，其中景洪市电视台保存有大量的关于各级领导人到访基诺山乡的历史资料；景洪市摄影家协会保存有大量的基诺山的地理、民族风情、风景图片资料；基诺山文化站保存有很多基诺山老人的口碑文献录音资料。

从总体来看，基诺族可以说是一个现存文献较少的民族，但资源类型很广泛，不仅包括图书、期刊、报纸、年鉴、硕博论文等常见的资源类型，也有图片、磁带、光盘、音视频等多媒体资源，另外还有大量的口碑文献。

二、基诺族文献信息资源平台建设规划

笔者认为，基诺族文献信息资源平台建设应包括3个平台的建设，即基诺族文献信息资源服务平台、基诺族研究交流平台、基诺族研究工作平台。

（一）基诺族文献信息资源服务平台

该平台要搭建基诺族特色文献数据库知识化服务基础架构，将以现有基诺族

图书（约150种）、期刊（约1000篇）并集成图片、磁带、光盘、音视频等多媒体资源，来构建一个面向学术研究的知识化服务基础架构，重点做好各类型文献资源的知识化服务工作，实现简单问答咨询服务、复杂文献咨询服务、文献传递服务等功能，并实现和图书馆OA系统等现有应用系统的统一认证。总之，该平台应是一个能够覆盖基诺族多种文献类型、功能完备友好、服务多样化的基诺族文献资源服务平台。

（二）基诺族研究交流平台

在基诺族文献信息资源服务平台的基础上，功能上实现个性化互动服务，包括读者互动、专家互动和互联网web2.0服务集成等；引入移动数字图书馆的模块，集成当今即时通信技术，包括微博，微信等，构建基诺族研究交流平台，使人们可以利用手机、平板电脑等智能终端随时随地来参与交流、获取基诺族相关文献、分享有关基诺族信息等；从而积极营造基诺族研究的良好环境；另外鉴于基诺族只有语言没有文字，可以考虑集成语音合成技术和音视频检索技术，大力扩大读者服务范围，拓展民族文化传播渠道。另一方面借助基诺族研究交流平台可以大力开展基诺族文献以及基诺族文献版权征集工作，从而加强基诺族文献的搜集力度。总之，该平台应是在基诺族文献资源服务平台的基础上建设的一个开放的、能够让基诺族研究专家、学者、官员共同参与的一个共知、共建、共享的交流平台。

（三）基诺族研究工作平台

该平台是能够被整合和嵌入国家机关民族工作和民族学术研究机构的工作平台，并能被整合嵌入互联网信息服务平台，服务于民族研究和民族文化传播，为国家的民族工作和民族地区的经济文化建设做出更大的贡献。

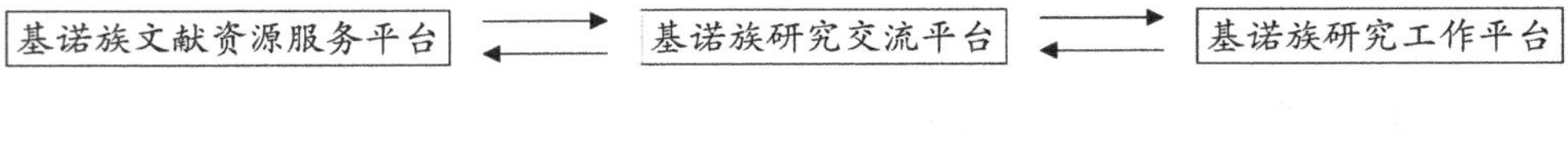

基诺族文献资源服务平台 ⇄ 基诺族研究交流平台 ⇄ 基诺族研究工作平台

基诺族文献信息资源平台

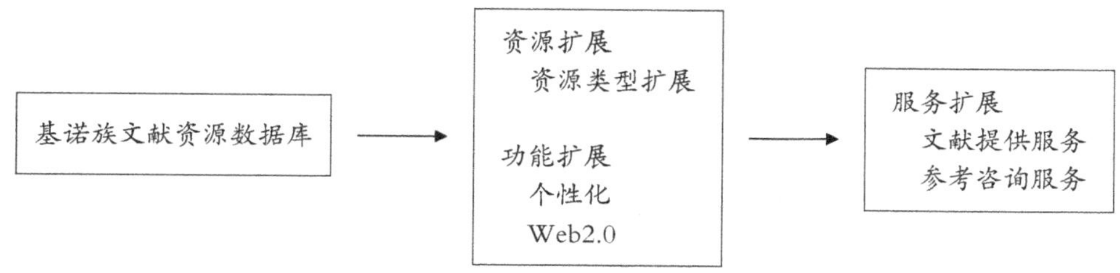

基诺族文献信息资源平台建设规划

三、基诺族文献信息资源平台建设中的几个关键问题

（一）资料类型的选择与采集

基诺族文献信息资源平台的建设，应该包括基诺族现有全部的文献类型，只有具备丰富的各类型文献资源，才能最大程度满足用户需求。

目前，对于已经数字化的资源，包括图书、期刊论文、报纸、博硕论文、年鉴等基诺族文献资源，可以直接从资源商处采购，然后引入平台。经笔者调研，目前市面上比较成熟的几家数字资源提供商已经数字化了绝大部分的基诺族文献资源。譬如，期刊论文情况，中国知网期刊全文数据库中，以“基诺族”为关键词检索，共有868个条目[3]；相应的，在国家图书馆网站上以“基诺族”“基诺语”为主题检索，剔除不合格的少量数据，可得大约850个条目[4]，这与中国知网期刊全文数据库的检索结果基本上是一致的，同样也印证了目前有关基诺族研究的发文量。同样的，电子图书，报纸、年鉴等常见类型的基诺族文献资源也可以通过相应的数字资源提供商采购引入平台。另外，独具特色的基诺族图片资源可以从景洪市摄影家协会处协商购入；音视频资源可以通过景洪市电视台采购完成；磁带、口碑文献可以和基诺山文化站协商购入，笔者前年去基诺山调研时，基诺山文化站站长曾经提出，由于磁带等音频资源年份久了，不容易保存，如果有资金支持购买设备加以转录，则可以保留一份备份。

对于还没有数字化的基诺族文献资源，则采用委托数字资源公司代加工或单位组织专人加工完成，从而引入平台系统。

（二）资源的加工标准与元数据的选取

对于还没有数字化基诺族文献资源，需要按照一定加工标准规范进行数字化加工，笔者认为，为了和采购的基诺族文献资源进行有效的整合，必须按照统一的加工标准来进行；目前，由国内多家数字图书馆参与制订的CDLS元数据标准规范，经过国家的大力推广使用，有较强的使用价值，正逐渐成为中国数字资源建设中采用的通行元数据标准。

笔者建议，基诺族文献资源的加工应该采用国内外通行的成熟标准，尤其是基于DC发展出的CDLS项目的一系列标准规范，这样既可以避免标准的重复建设和浪费，同时也能与其他数字资源系统实现互操作，进而共享资源成为可能。对于通行标准不能有效满足基诺族文献资源平台建设的部分，可以根据具体需求，在标准设计规范的框架下加以扩充，以最大程度地满足互操作与共享的需要。

（三）基诺族特色的展现

基诺族文献信息资源平台应该充分发掘、提取最具有民族特色的元素，在页面展现中加以体现；使读者在该平台上，时刻感觉到浓浓的基诺族特色。笔者建议成立基诺族研究专家组，共同讨论各级页面展现问题；譬如融入非物质文化遗产项目（基诺族有大鼓舞入选）、民族创世史诗（阿黑与阿妞等）、特有民族服饰、花纹、图案等基诺族民族特色，使基诺族优秀的传统文化得以有效的展示。

（四）兼容性与开放性

笔者认为，基诺族文献资源平台应该是一个兼容性与开放性的系统平台，在建设的第二阶段和第三阶段就需要基诺族专家、学者参与进来，使基诺族文献资源以及各平台功能逐步加以完善，积极创造一个基诺族文献资源的产生平台；使基诺族文献资源的创建、产生、传播、分享、利用等融入一体，共同致力于基诺族文献资源的保护，服务于当地的经济发展。总之，建成的基诺族文献资源平台应该是一个开放的文献资源平台，专家、学者可以在该平台上及时丰富、分享其所掌握的基诺族文献资源。

四、结语

目前，中国民族图书馆经过两年调研与筹备，准备建设基诺族文献资源服务平台，并已派专人3次赴基诺山乡、景洪、昆明等地搜集当地特色文献资源，并且也掌握了各种文献的搜集线索。另外，在当地还召开了有少数民族研究所、图书馆、民委、基诺族学者等参加的基诺族文献资源数据库建设论证会，得到了当地基诺族专家学者的欢迎，取得了很好的效果。

把现有的基诺族文献资源加以有效整理；采用国际通用标准进行数字化加工、组织；按照基诺族民族特色加以展现，结合当今先进的信息技术及开发工具，建设基诺族文献信息资源平台，满足基诺族文献研究的需要，从而促进基诺族民族文化的有效传播，弘扬优秀的民族文化。

基诺族是最后被认定的少数民族，文献资源存量较少，对基诺族文献信息资源平台建设的研究，具有一定的示范意义；首先选择基诺族开展文献信息资源平台建设，也考虑到其文献资源有限，易于操作与实现，为将来建设其他民族文献信息资源平台进行有益的探索。

参考文献

[1] 白珍，张世均. 基诺族民族文化传承的现状调查与分析 [J]. 西南民族大学学报（人文社科版），2009（08）.

[2] 国务院关于进一步繁荣发展少数民族文化事业的若干意见（国发［2009］29号）[Z]. 2009.

[3] 中国知网（CNKI）网站，[EB/OL]. http：//www.cnki.net，2013-4-23.

[4] 国家图书馆网站. [EB/OL]. http：//www.nlc.gov.cn，2013-4-23.

（本文原载《内蒙古民族大学学报（社会科学版）》 2013年 第5期）

基于书目数据分析的民族文献资源建设研究

崔德志

一、引言

信息资源建设是图书馆赖以存在的物质基础和保证，是图书馆开展各项工作、履行社会职能的前提。文献资源建设作为信息资源建设的重要内容，其建设的质量直接影响着图书馆信息服务的效率和水平。在信息时代，图书文献数量飞速增长。根据CIP数据的统计显示，2015年全国各出版单位共申报各类图书314459种①。面对如此庞大的图书出版数量，如何保证图书采访质量、优化馆藏结构、提升图书馆服务水平，是所有图书馆必须面对的重要课题。特别是少数民族专业图书馆、民族高校图书馆和民族地区公共图书馆，由于购书经费等的严重不足，更应格外加强图书采访工作，不断提高文献资源建设的质量，才能更好地为读者提供服务。基于此，本文通过对少数民族相关图书的出版情况进行统计分析，探寻其发展的规律和特点，希望能为各类型民族图书馆开展民族文献资源建设提供参考。

二、民族文献资源的范畴

本文所指的民族文献资源是指与我国55个少数民族有关的国内外各种类型、载体、文种文献。这些文献资源全面系统反映了我国各少数民族和特定民族

① 高丽红．2015年我国图书出版情况综述［J］．全国新书目，2016（1）：38-41.

区域内的一切自然和社会现象，内容涉及少数民族的政治、经济、历史、文化、地理等各个领域。民族文献中蕴藏着丰富的原始资料，是我国各民族共同的宝贵文化遗产，在经济社会建设的各个方面发挥着独特的重要作用。具体来看，根据记录文献的文字种类，可将民族文献简单分为汉文文献、少数民族文字文献和外文文献3类。其中，汉文少数民族文献主要指用汉字记载的与我国各少数民族和民族地区有关的各种类型的文献；少数民族文字文献是指用各少数民族文字记载的一切文献资源；外文民族文献主要指用外文记载的，有关我国各少数民族和民族地区、边疆地区内容的文献，以及其他国家有关民族问题的文献。

三、民族图书书目数据分析

民族图书是民族文献资源建设的重要内容，民族图书的收藏情况是影响民族文献资源建设质量的关键性因素。因此，本文从民族图书资源建设着手，通过对书目数据的分析，总结民族类图书出版的规律和特点，为民族图书资源建设提供参考，进而推动民族文献资源乃至民族信息资源建设质量的提升。

1. 书目数据来源

本文所要研究分析的书目数据选自《全国新书目》。该刊是由国家新闻出版广电总局主管、中国版本图书馆主办的国家级书目检索类期刊，创刊于1951年8月，每月出版1期，全面介绍当月的新书出版信息。该刊每期发布中国版本图书馆月度CIP数据5000条以上，已成为国内最全的书目信息渠道。按照民族图书的界定原则，共从该刊2014年第2期公布的约8700条CIP数据中挑选出民族图书159种，从2015年第2期公布的约7500条CIP数据中挑选出民族图书130种，从2016年第2期公布的约8300条CIP数据中挑选出民族图书201种，并将以上共490条数据作为样本数据进行统计分析。选择每年第2期公布的CIP数据作为样本数据，是因为该期公布的数据不仅包含了前一年12月份的图书在版编目数据，同时也包括了当年1月份的图书在版编目数据。连续选取3年的数据，是为了进行对比分析，更深入地探寻民族图书出版的规律和特点，使研究分析的结果更具科学性，对民族图书资源建设更具参考价值。

2. 民族图书的界定规则

《全国新书目》每期公布的中国版本图书馆月度CIP数据，使用《中国图书馆分类法》进行分类。本文针对各类图书中民族图书的挑选制定了界定规则：A类，选择与民族问题相关的图书；B类，选择与少数民族相关的哲学类图书、与少数民族或民族地区相关的宗教类图书；H、I、J类，选择与少数民族相关的图书；其他类别，选择与少数民族或民族地区相关的图书。

3. 书目数据分析

（1）各类图书出版数量

经过对样本数据进行统计分析后发现：在所有民族图书中，K类（历史、地理）图书出版数量最多，有125种，占样本数据总数的25.51%；其次为I类（文学），有86种，占数据总数的17.55%；再次为D类（政治、法律），有48种，占数据总数的9.8%；其他依次为J类（艺术）46种、F类（经济）44种、G类（文化、科学、教育、体育）26种、B类（哲学、宗教）23种、R类（医药、卫生）21种、S类（农业科学）18种、H类（语言、文字）17种、C类（社会科学总论）和P类（天文学、地球科学）各6种、A类（马克思主义、列宁主义、毛泽东思想、邓小平理论）和Z类（综合性图书）各5种、T类（工业技术）4种、X类（环境科学、安全科学）3种、E类（军事）2种、N类（自然科学总论）和U类（交通运输）各1种；O类（数理科学和化学）、V（航空、航天）无符合界定规则的民族图书出版。

表1　样本数据各类图书出版数量统计表

刊期	各类图书出版数量（种）																				
	A	B	C	D	E	F	G	H	I	J	K	N	P	Q	R	S	T	U	X	Z	合计
2014.2	1	7	2	12	1	14	7	4	21	18	50		2		11	6	3				159
2015.2	2	11	2	21	1	12	8	3	21	9	27	1	3		5	1	1			2	130
2016.2	2	5	2	15		18	11	10	44	19	48		1	3	5	11		1	3	3	201
合计	5	23	6	48	2	44	26	17	86	46	125	1	6	3	21	18	4	1	3	5	490

经过对样本数据的进一步研究分析发现，各类民族图书的出版数量并不均衡，主要集中在K类、I类、D类、J类、F类，这5类民族图书共有349种，占样本数据总数的71.22%。其他类图书中民族图书出版量较少。E类有2种图书出版，分别是周勇的《从怒江峡谷到缅北丛林》，云南人民出版社2014年3月出版；李宗俊的《唐前期西北军事地理问题研究》，中国社会科学出版社2015年1月出版。N类和U类各有1种图书出版，N类的为范云崎、文世宣合著的《藏北无人区百日科考纪行》，科学出版社2015年2月出版；U类入选的图书为人民交通出版社股份有限公司2016年3月出版的《新疆伊犁公路养护大中修工程标准化管理手册》。O类和V类甚至无图书进入样本统计范围内。这是因为这些类图书的少数民族属性、特定的民族区域性不强，并不代表这类图书与少数民族无关。

如果将各期各类样本数据取均数后乘以12期，可以得出全年出版各类精品民族图书的大致数量。具体为：A类20种、B类92种、C类24种、D类192种、E类8种、F类176种、G类104种、H类68种、I类344种、J类184种、K类500种、N类4种、P类24种、Q类12种、R类84种、S类72种、T类16种、U类4种、X类12种、Z类20种，全年各类合计1960种。

（2）民族图书的主要出版单位

经过对样本数据的分析测算，490种图书分别由166家出版单位出版。出版民族图书数量较多的前21家出版单位：云南民族出版社25种，广西人民出版社、云南人民出版社各23种，新疆美术摄影出版社、新疆人民出版社各20种，民族出版社14种，内蒙古人民出版社14种，社会科学文献出版社、四川民族出版社各12种，新疆科学技术出版社11种，中国社会科学出版社10种，中医古籍出版社9种，国家图书馆出版社、内蒙古文化出版社各8种，贵州人民出版社、青海民族出版社各7种，广西师范大学出版社、吉林大学出版社、科学出版社、新疆生产建设兵团出版社、中国文史出版社各6种。这21家出版单位共出版民族图书253种，占总数的51.63%；其他145家出版单位共出版民族图书237种，占总数的48.37%。由此可见，民族图书的出版单位呈现出整体分散、相对集中的特点。整体分散的特点体现在，有166家出版单位出版民族图书，平均每家单位出版图书不足3种；相对集中的特点体现在，21家出版单位出版民族图书253种，超过总数的一半。

(3) 民族图书的主要出版地区

此外，根据出版单位所在省区进行统计，全国共有29各省、自治区、直辖市出版了民族图书。其中北京市（包括国家级出版社）169种居首，其次为新疆维吾尔自治区67种，然后有云南省49种，广西壮族自治区36种，内蒙古自治区31种，四川省21种，上海市14种，吉林省12种，甘肃省、辽宁省、青海省各11种，这些省区共出版了民族图书432种，占出版总数的88.16%；其他省区共出版民族图书58种。通过以上数据可以看出，除北京因为有众多国家级出版社外，其他民族图书的出版单位大多集中在新疆、云南、广西、内蒙古等民族地区。

(4) 民族图书的主要著作形式

统计发现，490种民族图书的著作形式多种多样，有编、著、编著，以及译注、译、编译、绘著、选注、搜集辑校等其他形式。从数量上看，编196种、著（包括合著）226种、编著43种，三者合计465种，占总数的94.90%，其他著作形式有25种，占总数的5.10%。

表2 样本数据图书各种著作形式数量统计表

著作类型	各类图书出版数量（种）																				
	A	B	C	D	E	F	G	H	I	J	K	N	P	Q	R	S	T	U	X	Z	合计
编	4	6	2	28		20	12	2	19	15	52		3	3	13	9	2	1	2	3	196
著		14	3	16	2	20	12	9	55	25	55	1	3		2	4	2		1	2	226
编著	1	1	1	2		4	2	3	4	5	10				5	5					43
其他		2		2				3	8	1	8				1						25
合计	5	21	6	46	2	44	26	14	78	45	117	1	6	3	20	18	4	1	3	5	490

(5) 民族图书的定价

经测算，样本数据中的民族图书定价多集中在30-50元间，有170种，其次为10—30元108种、50—80元85种、150—300元49种、80—100元27种、100—150元18种、500元以上15种、300—500元11种、10元以下的有7种。10元以下的图书有：阿地里江·阿吉主编的《〈古兰经〉、圣训精选系列丛书》，民族出版社2015年1月出版，定价6.00元；青海省农牧厅编的《中藏药材种植技术》，青海民族出版社2015年1月出版，定价6.80元；段苗雄等编的《团结·和谐·进步》，广西民族出版社2016年2月出版，定价8.00元。定价较高的图书如：学苑出版社2014年2月出版的《内蒙古额济纳河流域考古报告》，定价1300元；内蒙古大学出版社2016年1月出版的《从政治看呼伦贝尔》，定价1880元；广西师范大学出版社2014年4月出版的《满铁调查报告》，定价18000元。此外，国家图书馆出版社2014年8月出版的中华再造善本《蒙古通鉴长编》《察哈尔格西洛桑楚臣传略》《元史新编》《元史》，分别定价3230元、8620元、18750元、44150元。

样本数据图书定价区间柱状图

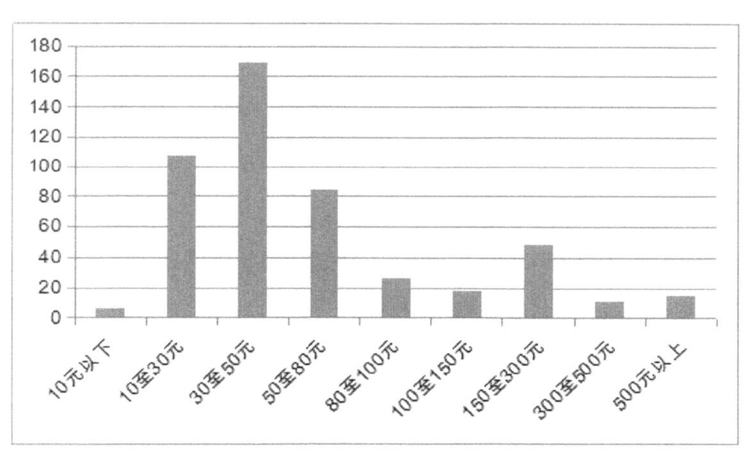

（6）两点说明

①关于数据样本。由于条件所限，本次调查仅选择3期CIP数据进行筛选、分析，虽能发现民族图书的一些出版特点和规律，但并不完善，在数据上有进一步扩展的必要。如能将近五年共60期的数据集齐，在此基础上的分析结果想必更为完善。

②由于工作实际的原因，本次调查在样本的选择上偏重于社科类图书，分析的结果对如中国民族图书馆等少数民族专业图书馆更具参考价值。对于民族高校图书馆、民族地区的公共图书馆要在此数据的基础上进一步扩大样本的选定范围。对于民族高校图书馆来说，要考虑专业设置、师生需求等因素，补充一些其他方面教学、科研需要的图书；对于民族地区的公共图书馆来说，要考虑民族地区经济社会发展、民族地区读者需求等因素，补充一些现代科技方面的图书。

四、加强民族文献资源建设的建议

根据以上分析，对加强民族文献资源建设，特别是做好民族图书采访工作提出如下建议：

1. 加强图书采访渠道建设。基于民族图书的出版单位呈现出整体分散、相对集中的特点，民族图书的采访工作在注重主要民族图书出版单位的同时，也要兼顾其他出版单位。要充分利用馆配书商、出版社发行部、图书交易会、图书销售网络平台等各种渠道，加强民族图书的采访工作，保证藏书体系的完整性。

2. 加强图书捐赠文化建设。当前，图书出版数量巨大，任何一家图书馆均无法独自收齐所有的图书资源。通过发出捐赠图书倡议、发布赠书名录、颁发收藏证书、设立图书捐赠专柜等多种形式，营造图书捐赠的良好氛围，对动员社会力量共同参与书香社会的建设极具现实意义。

3. 加强图书采访队伍建设。文献资源建设的开展需要一支过硬的人才队伍。一方面，要加强对图书采访人员的培养。另一方面，要善于利用各种社会力量，要充分发挥学科专家和读者的力量，征集他们在文献资源建设过程中的意见和建议，提高文献资源建设的科学性。

五、结语

文献资源建设是图书馆开展各项工作的基础，是图书馆服务社会、推动自身发展的前提。面对图书出版数量的飞速增长，我们需要积极面对，勇于探索，富于创新，不断提高馆藏资源竞争力，从而更好地服务读者、服务社会，推动民族图书馆事业的更好、更快发展。

参考文献

[1] 高丽红. 2015年我国图书出版情况综述 [J]. 全国新书目，2016（1）：38–41.

[2] 中国版本图书馆月度CIP数据精选 [J]. 全国新书目，2014（2）：27–

200.

［3］中国版本图书馆月度CIP数据精选［J］. 全国新书目，2015（2）：48-200.

［4］中国版本图书馆月度CIP数据精选［J］. 全国新书目，2016（2）：33-200.

［5］杨杰. 大数据环境下的公共图书馆采访策略［J］. 图书馆学刊，2015（3）：44-46.

（本文原载《民族图书馆学研究（八）》 辽宁民族出版社 2016年8月）

浅论智慧图书馆馆员队伍建设

姜永英

智慧图书馆是指把智能技术运用到图书馆建设中而形成的一种智能化建筑，是智能建筑与高度自动化管理的数字图书馆的有机结合和创新[1]。

随着科技、信息发展的突飞猛进，作为“市民大学堂”的图书馆也得跟着社会的步伐循序渐进，这样才能很好地服务于社会、服务于大众。所以图书馆的整个服务系统都转变为面向读者的智慧服务平台。这些新起的新事物对图书馆馆员提出了更高的要求。他们不但在传统的服务上更上一层，还要不断提升计算机业务水平，利用计算机技术更好地为读者服务，把服务水平从原来的“量”转变为更智能的“质”的服务；不断提高和完善自己的本质服务能力。

智慧图书馆作为未来图书馆的新模式，与数字图书馆、复合图书馆既有联系又有区别，并具有三大特点：（1）互联的图书馆，具体细分为全面感知的图书馆、立体互联的图书馆、共享协同的图书馆；（2）高效的图书馆，具体细分为节能低碳的图书馆、灵敏便捷的图书馆、整合集群的图书馆；（3）便利的图书馆，具体细分为无线泛在的图书馆、就近一体的图书馆、个性互动的图书馆[2]。

一、智慧图书馆馆员

当馆员具有专业学科知识，并经过图书情报专业训练，可为用户提供个性化、专业化、集约化知识服务，又能培育用户智慧能力的图书馆才能胜任智慧服务工作，才可称之为智慧馆员。

智慧图书馆员智慧素养的提升，依赖于技术与人文的融合，在强化以人为本的服务理念中，图书馆员要具有专业的水准、执着的献身精神、独立思考的能力；图书馆员要具有亲和力，要与用户进行智慧的沟通、交流，做智慧图书馆的贴心服务者；智慧图书馆员要把培育用户的智慧能力、提升用户的科研效率作为服务的目标；智慧图书馆员注重团队成员之间的合作，充分利用群体的智慧解决复杂问题，使个体和团队相互依赖，使图书馆员的个体与服务团队成员的专业知识和技能都获得全面提升[3]。

二、智慧图书馆员具备的能力

（一）具备不断学习的能力

智慧馆员一定具备不断学习、终身学习的能力，以与时俱进的态度对待自己的工作岗位和工作职责。只有不断学习新鲜事物、新的知识才能跟上时代的步伐，才能很好地满足不同时期、不同年龄段读者的个性化需求。

通过引进或送出的方式培养馆员，这样把外面先进管理理念或新型的服务方式引进来的同时，把我们自己特有的资源或服务送出去。让馆员们随时都抱有危机感，这样才能很好地发挥他们自身的优势，很好地服务于工作，对个人对整个图书馆的发展都是起到一定的作用。同时，还要建立有效的人才引进、选拔机制。它是构建智慧图书馆的有效途径。选拔、引进人才要根据图书馆当前业务发展的需求，对急需专业高素质人才进行重点选拔和引进。这样能提高馆员们的积极性的同时，把那些急需人才引进来为馆所用，起到“他山之石”的作用，还有利于智慧图书馆的建设。

（二）具备专业科研能力

王显燕对馆员应具备的能力说出了自己的观点：智慧图书馆员应该具备敏锐的观察力和分析判断能力，要具备准确把握用于分析和预测知识的范畴、价值、状态和周期的能力，及时发现有效信息，并对信息进行组织、检索、筛选、分析，对使用价值高的信息资源和用户需求进行实时跟踪、比对，提出创新性的见解与个性化思路，做图书馆卓越的信息专家型人才[4]。

不管是公共图书馆还是高校图书馆的馆员都应具备一定的专业科研能力，利用所学知识和专业好好开发和研究图书馆的文献资源，因为图书馆永远都是需要开垦的肥沃的土地。例如：如果你所钻研的研究方向是民间文学的话，可以利用自己的知识点，把馆藏的非物质文化遗产，包括民间故事、民间歌曲、戏曲、史诗等的文献资料很好地开发利用，让更多的读者和社会人士认识和了解、利用它，让更多的读者发现和挖掘那些沉睡于图书馆中的“宝”，让其成为读者的真正意义上的精神食粮。

智慧型馆员为读者提供知识型服务，使读者得到恰好所需的，为读者的教学、科研工作起到一定的辅助作用，满足他们的个性化需求。从而使他们对图书馆提供的知识型服务产生依赖性，并带动整个社会对图书馆事业的充分重视和大力支持，让社会认可图书馆。例如：读者想要了解《茶花女》方面的过去和现在人们的利用和研究情况时，知识型馆员就能利用他所学知识和精湛的业务能力，通过互联网或查询系统，较为系统地罗列出关于《茶花女》方面的国内外的众多信息，这样的专业化的服务对整个图书馆事业的发展起到一个隐形的推动作用。

（三）具备较强的服务创新意识

图书馆应注重服务创新，展示核心能力，培育图书馆文化，重塑图书馆形象。智慧图书馆属于新兴事物，馆员在工作中存在很多的“盲区”，那些盲区是不能简单依靠经验来解决的，因此，馆员的服务方式、方法要随着智慧图书馆本身的发展不断创新，馆员们应致力于终身学习，思想开放，与国际接轨树立牢固的创新意识，与时俱进，通过不断创新来提升自身的服务质量。

服务是图书馆馆员的天职，是智慧的土壤，创新服务是智慧图书馆的新亮点，馆员工作的初衷都是服务读者，都是以“以人为本”的服务理念服务读者，但服务与服务之间有联系又有区别。传统意义上的服务是读者与馆员面对面的服务，不会有太多的科技含量或信息量，但是智慧图书馆建设中的馆员服务不仅立足于传统服务还要突破，还要创新，要将服务慢慢都转向网络化、虚拟化，服务手段的集成化、智能化，服务对象的个性化、专业化，服务人员的专家化、团队化，服务经营的产业化、效益化，服务过程的全程化、一体化等诸多方面发展，这样才能很好地迎合和适应新兴的事物，才能很好地服务于智慧图书馆工作，只有服务创新才能适应时代的潮流，才能符合新时期读者的口味。

智慧图书馆是“互联网 + 图书馆”的经营模式，智慧图书馆的 99% 的服务都与互联网有关。例如：电子读报机、电子借阅机、RFID 自助借还机、图书馆公众微信平台等等一系列的先进服务平台的出现就是想更好、更快速、更便捷地服务读者。因此，馆员必须全面武装自己的头脑、提高自己的各项能力，适应这些先进的服务方式，用创新的意识服务读者。

图书馆馆员具备了以上各方面的能力时，自然而然地变成了全面发展的高效性人才，智慧图书馆的建设自然也就水到渠成了。

三、智慧图书馆馆员的天职

（一）服务是馆员的天职

图书馆的核心价值在于传播知识，造福人类。智慧图书馆馆员的服务方式有多种多样，其中知识服务是图书馆服务的最高阶段。但知识服务不是每个馆员都能做到的，只有那些知识型的图书馆员才能胜任此项任务。他们利用自己所学知识和智慧，让其成为真正服务读者的法器，满足读者们日益增长的个性化、专业化的文化需求。

（二）服务是智慧的土壤

“实践是检验真理的唯一标准”，不管是传统意义上的图书馆还是未来将要打造的智慧图书馆，对图书馆馆员来说，服务就是天职，服务就是获取智慧的土壤，只有在服务于读者的过程中不断学习、不断探索，才能摸索出服务的真谛。只有踏踏实实地服务读者才有话语权。从事不同岗位不同职位的馆员只有从服务读者的实践中才能汇集智慧，因为服务就是智慧的土壤。

（三）服务是人生的理想

“心诚则灵”指的是只要用心专一的恭敬于事，则能获得灵验或灵感。 这个成语对我们图书馆馆员来说意义非凡。只要“一心一意”“专心致志”地服务读者，服务于图书馆的话，你能从中得到心灵感应，以服务读者为人生理想的时候，你在工作中就不会觉得无聊或觉得无意义。从生活中找出它应有的快乐，快乐地对待自己的本职工作。这样，生活也同样给你一个满意的答复。每个人来到这世间就都有自己的理想，只是理想是因人而异的。

总之，智慧图书馆建设中，每个馆员的健康成长都是必不可少的，只有大家齐心协力、出谋划策才能为这个新型事物的发展做出自己应有的贡献。

参考文献

[1] http：//baike.baidu.com/link.

[2] 王世伟．未来图书馆的新模式——智慧图书馆［J］．图书馆建设，2011（12）：1-5.

[3] 王彩虹．依托智慧图书馆探索嵌入式馆员专业成长策略［J］．情报资料工作，2014（2）：109-112.

[4] 王显燕．智慧图书馆理论与实践研究［J］．河南图书馆学刊，2013（6）2-4.

（本文原载《赤峰学院学报（自然科学版）》 2016年第3期下）

论少数民族图书馆与民族文化保护

赫　歆

少数民族图书馆是具有少数民族属性的专业图书馆，旨在收藏和保护少数民族文献。少数民族图书馆是少数民族文献的集中收藏、展示中心，也是传播少数民族文化的重要场所。少数民族图书馆不仅是图书馆事业全面发展的重要组成部分，更是促进民族事业发展的重要方面。少数民族图书馆除了一般图书馆收藏文献的功能以及社会教育的社会责任，还具有传播和保护少数民族文化的重要职责。少数民族图书馆包括少数民族专业图书馆，如“中国民族图书馆”，还包括少数民族地区的图书馆，如民族自治州、县的图书馆等。

少数民族文化在历史的进程中，形成了其本民族特有的文化特点。不同的少数民族有其特有的文化特征，这些特征与不同民族特有的生产生活方式、意识形态、风土人情等是分不开的。正是因为少数民族文化之间的不同点才使它弥足珍贵。少数民族文化是我国统一多民族国家的文化中重要的组成部分。当然，作为以收藏和保护少数民族文化为已任的少数民族图书馆，保护少数民族文化是其发展的重要内容。在经济快速发展的今天，在文化事业大发展的当下，少数民族图书馆更应该发挥优势，积极探索，保护少数民族文化；当然也是通过少数民族文化的发展来促进少数民族图书馆的发展。二者相辅相生，共同协调发展。

一、少数民族图书馆对民族文化的意义

少数民族图书馆拥有保护和传承少数民族文化的重要职责。2011 年实施的《中华人民共和国非物质文化遗产法》第三十五条明确规定：图书馆、文化馆、

博物馆、科技馆等公共文化机构和非物质文化遗产学术研究机构、保护机构以及利用财政性资金举办的文艺表演团体、演出场所经营单位等，应当根据各自业务范围，开展非物质文化遗产的整理、研究、学术交流和非物质文化遗产代表性项目的宣传、展示。同时法条中表明本法所称非物质文化遗产，是指各族人民世代相传并视为其文化遗产组成部分的各种传统文化表现形式，以及与传统文化表现形式相关的实物和场所。包括：传统口头文学以及作为其载体的语言；传统美术、书法、音乐、舞蹈、戏剧、曲艺和杂技；传统技艺、医药和历法；传统礼仪、节庆等民俗；传统体育和游艺等。法律中所表述的非物质文化也是少数民族文化的重要组成部分。图书馆的职能被写进了法条中，可见图书馆对于收集、保护少数民族文化有着十分重要的地位，也是少数民族图书馆不可推脱的责任。少数民族文化涉及少数民族的方方面面，且有许多民族文化内容在不断的消亡中。有一些少数民族传统文化的传播方式十分原始，通过口口相传来进行，而且没有文字记载，这就需要少数民族图书馆进行全方位、多元化的收集和整理。不仅要收藏各少数民族的文献资料，也要采用视频、音频等多种载体形式进行收藏，并且长久地保存。对于少数民族文化内容的收集整理不仅使得少数民族图书馆馆藏内容多元化，促进了少数民族图书馆的自身发展，更是由于完整、丰富的馆藏使得少数民族图书馆在之后获取有关少数民族文化相关文献资料时拥有不可替代的位置，进一步促进少数民族文化的保护和发展。

另外，图书馆除了收藏文献的职责之外，还承担着教育社会的职责。少数民族图书馆是少数民族文化信息的集中收藏地，也是向外传播少数民族文化的窗口。通过图书借阅、图书推荐、展览展示等方式将更多的少数民族文化内容介绍给普通大众。从而使更多的人了解少数民族文化，喜欢少数民族文化。

二、少数民族图书馆在保护民族文化上遇到的困境

保护和传承少数民族文化是少数民族图书馆的职能和责任，也是少数民族图书馆自身建设和发展的内在动力。但是，在经济发展、社会进步的大环境下，少数民族图书馆在保护民族文化的进程上遇到了一些挑战和困难。

少数民族图书馆大多建立在民族地区，而少数民族地区经济发展相对落后，

政府部门将经济建设放在首位的同时，自然会忽略文化事业的发展。少数民族图书馆经费不足，导致文献收藏率降低，文献老化情况日益突出。这就会出现少数民族文献收藏不全面，保护少数民族文化的职能不能完全开展。另外，少数民族图书馆作为专业图书馆，读者人群比较单一，读者群体较少，对社会宣传少数民族文化的功能不能完全开展。比如中国民族图书馆的读者大多是民族学研究专业的研究人员，普通社会大众来馆借阅图书的读者比较少，那么中国少数民族图书馆收藏的民族文献利用率就不高，教育社会的职能定然是无法全部开展。

随着信息时代的到来，信息化和数字化成了当今社会的主流趋势，数字资源建设对图书馆的发展以及对少数民族文化的保护有十分重要的作用，但是由于上述资金问题，资源建设问题，人员队伍建设等问题，少数民族图书馆的数字资源建设不够完善。少数民族图书馆少有少数民族文化特色数据库，有的也大多局限于当地的小局域，内容上一般也是简单的书目介绍。这些数字资源多注重展示，功能比较简单，用户得不到良好的体验，无法从中获取他所需要的信息。数据库的价值就没有得到完全的发挥。另外，目前仍有大量少数民族图书馆按照传统图书馆的管理经营模式运行，有些县级少数民族图书馆甚至没有任何电子资源可以利用，现代化程度不高，读者获取信息的方式滞后，少数民族图书馆传播少数民族文化的功能不能够全部发挥，不能将少数民族文化进行有效的传播，那么对于其保护也是不利的。

三、少数民族图书馆在保护民族文化上的发展方向

（一）完善少数民族图书馆馆藏资源建设

馆藏建设是图书馆的传统工作也是重要工作，体现着图书馆的核心价值。加强少数民族图书馆馆藏资源建设对少数民族文化的保护，对少数民族研究，对少数民族的发展有着十分重要的意义。少数民族图书馆要利用地区优势，尽量全面收集反映当地少数民族文化的文献以及有关少数民族文化的研究文献。要通过参加全国性、系统性的图书馆学会，或图书馆联盟等和其他少数民族图书馆建立联系，从而谋求文献资源的共享，共同努力建成完整的少数民族文献资源。通过馆

际互借不仅能将自己收藏的少数民族特色馆藏提供给广大读者熟知，同时也可以通过馆际互借弥补自身在馆藏资源建设上的不足。更好地为读者提供信息服务，将民族文化传播出去，发挥少数民族图书馆保护、传播少数民族文化的重要职能。

另外，由于少数民族图书馆为专业图书馆，因此我们的受众群体多为少数民族方面的专家、学者。要多与他们沟通，建立联系，接受推荐图书，满足专家学者的阅读需要，同时也是完善少数民族图书馆的馆藏资源建设，为保护少数民族文化做出应有的贡献。

（二）通过文献展示宣传少数民族文化

少数民族图书馆经过多年的馆藏资源建设，收集整理的大量的有关少数民族文化的图书，少数民族图书馆肩负着通过文献资料展示少数民族文化，传承少数民族文化的历史使命。如何通过文献资料将少数民族文化介绍给普通民众、如何通过文献资料将少数民族文化传承下去是少数民族图书馆要承担的历史责任。少数民族图书馆可以通过展览展示承担起宣传、保护传承的职责。如中国民族图书馆以在民族文化宫举办的少数民族自治区、州、县成就展为契机，同时举办少数民族文献展，在读者观看少数民族成就展，对参展的少数民族有直观的认知之后再来观看少数民族文献展，这就能够更感性地将少数民族文化介绍给普通读者，其也更容易接受。通过展览的形式宣传少数民族文化是通俗易行的方法，通过展览不仅能宣传少数民族文化，更是为少数民族文化的传承提供了平台。

（三）跟随信息时代发展，进行数字资源建设

随着社会的进步，科技的发展，数字化成了图书馆不可避免的必经之路。数字化可以保存更多少数民族文献资料，可以将数字化读物加工，立体生动地展示出来，数字化的优点对少数民族文化保护有重要的意义。少数民族图书馆要发挥自身优势，建立少数民族文化相关数据库。对少数民族图书馆所在区域的反映少数民族文化的文献资料、光盘、视频等尽量收齐收全，建立起相对完整的数据库。

通过专题数据库的建设，让读者了解有关少数民族文化的内容有什么，让专

家学者明确少数民族文化的研究范围是什么。更重要的是，通过专题数据库的建设，起到保护少数民族文化，弘扬少数民族文化的作用。近些年来，全球范围内都利用互联网思维文化与数字化结合起来，美国等外国的数字化程度很高，图书馆的数字化资源应用十分广泛，这其实是促进了图书馆在保护文化遗产上的进程。我们可以借鉴国外的优良经验，建立自己的少数民族文化专题数据库，数据库不仅是简单的介绍馆藏文献，还要进行丰富的版块设计，内容可以有视频、音乐等，版块设计要简单方便，积极为读者提供平台获取少数民族文化知识。

（四）将文献收藏整理与民族文化研究相结合

文献收藏最终的目的不是“藏”，而在于“用”，如何将少数民族图书馆收藏的少数民族文献转化成研究成果是少数民族图书馆又一个重要职能。只有将文献资料转化成研究成果，才是对少数民族文化更好的保护和传承。少数民族图书馆可以依托学术项目，将文献收藏整理与研究相结合，做到藏以致用。国家社科基金，各地社科基金，国家民委等机构每年都有少数民族的项目立项，少数民族图书馆可以结合自身的文献情况，给项目组提供学科馆员服务。

另外，图书馆内的专业技术人员可以根据自身的研究方向，立足本馆的文献资料，进行研究。比如中国民族图书馆现有专业技术人员28人；少数民族学科的专业背景的研究馆员3人，副研究馆员7人，馆员9人，民族涉及蒙古族、藏族、维吾尔族、朝鲜族、回族、满族等。这些专业技术人员完全能承担起学术研究的重任，保护和传承少数民族文化。

总之，少数民族图书馆作为文化单位，对于保护少数民族文化有着义不容辞的责任，也有着天然的优势。在数字化，信息化的大背景之下，需要少数民族图书工作者克服困难，不断创新进取，为保护少数民族文化，为少数民族文化事业做出自己的努力。

参考文献

[1] 丁丽珊，杨兆美，徐亚勤，钱丽，张丽萍，周毅敏. 民族地区高校图书馆提升民族文化传承能力的策略研究——以大理大学图书馆为例 [J]. 科技视界，2016（8）.

[2] 江波，赵利生.民族地区文化大发展大繁荣与民族高校图书馆的功能拓展[J]. 西北民族研究，2014（4）.

[3] 娜仁高娃.浅谈民族地区图书馆事业的发展 [J].内蒙古师范大学学报，2013（5）.

[4] 马英杰.民族地区文化大发展大繁荣及其背后的理念之坎 [J]. 贵州大学学报（社会科学版），2013（3）.

[5] 查庆丽. 浅析图书馆如何参与非物质文化遗产保护 [J]. 大众文艺，2016（3）.

[6] 祝磊. 从少数民族文化传承看少数民族图书馆的建设与发展方向 [J]. 四川图书馆学报，2015（6）.

（本文原载《民族图书馆学研究（八）》 辽宁民族出版社 2016年8月）

新时期中国民族图书馆的新发展

李　香

党的十九大对文化文艺工作指明了方向，提出坚定文化自信，推动社会主义文化繁荣兴盛。习近平总书记提出新时期民族工作主题“深化民族团结进步教育，铸牢中华民族共同体意识，加强各民族交往交流交融，促进各民族像石榴籽一样紧紧抱在一起，共同团结奋斗，共同繁荣发展”。这为新时期民族图书馆发展指明了前进的方向，提供了坚实的保障。进入中国特色社会主义新时代，少数民族图书馆事业将迎来新时代发展机遇、迎来国家推进发展机遇、迎来自身创新发展机遇，少数民族图书馆发展前景十分光明。

在新时期，中国民族图书馆以国家政策为向导，立足自身资源优势，在建设有民族特色图书馆的道路上，取得了长足发展。

一、以法制化保障图书馆事业健康发展

2018年1月，《中华人民共和国公共图书馆法》正式实施，这是党的十九大之后颁布的第一部文化方面的法律，也是国家层面公共文化领域的首部专门法律，具有历史性的意义。《公共图书馆法》颁布是新时代国家大力倡导“文化自信”的宏观表现，为建设社会主义文化强国提供了强有力的法律支撑，也为图书馆在新时代的发展指明了方向。

2016年，中国民族图书馆在深入开展党的群众路线教育实践活动中，全面梳理、修订、补充、完善各项规章制度，编印了《中国民族图书馆规章制度》(汇编)。内容包含图书馆工作人员守则、图书借阅制度、阅览室管理制度、文献

复制收费标准等服务管理条例；图书馆藏书建设工作条例、图书馆文献采购管理工作流程、图书馆文献捐赠办法等工作管理条例；图书馆安全管理暂行规定、图书馆突发安全事件应急预案、图书馆夜间值班人员安全责任书等安全管理条例。《中国民族图书馆规章制度》（汇编）的制定和完善进一步深化图书馆管理，充分调动发挥馆员的积极性和创造性，切实维护了读者利益。促使图书馆管理从经验管理型模式向科学管理的模式转变，为图书馆事业稳步发展奠定了基础和保障。

二、加强民族文献资源建设，建立独具特色的少数民族文字文献典藏

中国民族图书馆以独具特色的少数民族典藏著称。所藏的民族文献种类繁多，有蒙古、藏、维吾尔、哈萨克、朝鲜、彝、壮等24种文字文献；外文有英、俄、日、德、阿拉伯文等14种文字文献。近年来，中国民族图书馆围绕“为民族工作服务，为民族文化事业服务，为民族团结进步服务”这一宗旨，建立目标明确、特色突出、保障重点的图书、情报、文献采访机制，保障馆藏文献具有专业性、针对性和多样化的特点。

图书采购方面，在购书经费严重不足的情况下，坚持“以汉文民族类图书及少数民族文字图书为主，其他文献为补”宗旨，形成具有专业性的文献馆藏特色，建立中国少数民族图书文献资源库，为符合中国少数民族“文化典籍之宫”之称而不断努力。并在每年购书量不断减少的情况下，为保障藏书质量，积极争取赠书量不断增多，各年度藏书量基本维持在一定的水平。在报刊征订方面，每年平均新增期刊5500余册，新增报纸20000余份，基本涵盖了中国国内出版的重点少数民族文献。尤其是报纸，不仅收藏了五大自治区日报，甚至还征订了发行量极少的地方性少数民族文字报纸，如藏文《黄南报》《海南报》《山南报》《林芝报》《那曲报》，维吾尔文《阿克苏日报》《塔城日报》《巴音郭楞日报》《叶尔羌报》，彝文《凉山日报》等，极大地扩展了馆藏文献的延伸度，创建了完善的少数民族文字报纸收藏体系，满足部分读者的特殊需求，扩展了特殊文种的文献保障功能。

三、加强数字资源及网站建设，建设特色资源库

数字化已经成为图书馆发展的必然趋势，也必将打破传统图书馆的管理模式，打破地域界限、馆际界限，实现大范围、大区域内的资源共享。建立中国民族数字图书馆，赶上图书馆资源数字化、服务网络化的发展潮流，向全社会提供中国民族图书馆馆藏资源的数字化服务，并提高数字化服务水平成为刻不容缓的头等任务。并在数字化建设中图书特色化是制胜关键。

中国民族图书馆是全国为数不多的具有蒙古文、藏文、维吾尔文、哈萨克文、朝鲜文等多种少数民族文字编目体系，有专门的各少数民族文字图书编目人员，现5种文字数据库已初具规模，在少数民族文字图书编目和数据库建设上做出了重要贡献。

在数字化建设上中国民族图书馆立足民族特色资源搜集数字文献，建设专题特色数字资源库建设，使其成为一大亮点。如建设国家民委“民族问题研究成果数据库”平台，建立“中国人口较少民族文献资源数据库”“少数民族法律法规数据库”等具有民族在图书馆特色的数字资源库。

中国民族图书馆两微一平台（微信，微博，官网）是图书馆对外宣传民族图书馆动态的窗口，也是推广馆藏民族文献、少数民族文化的重要平台。2011年，中国民族图书馆在线服务平台建成运行，2013年起，共开设藏文、蒙古文、维吾尔文、朝鲜文4种文字网站建设工作。目前，藏文、朝鲜文、维吾尔文、蒙古文版面已经基本调试完成，正在调试版面。藏文、朝鲜文、维吾尔文网站内容建设已经展开。为扩大读者量，扩大图书馆受众范围，2013年开通中国民族图书微博，2016年开通中国民族图书馆威信公众号及“藏文文献出版动态与服务”微信公众平台，以多种形式服务读者，服务社会。

四、创新读者服务

随着社会信息环境进入互联网时代，全面互联、多媒体、大数据传播、智能科技席卷整个社会，影响社会生活的各个领域，为社会各行业的发展带来新的挑

战和机遇。詹福瑞在《谈国家图书馆的服务创新》（2007）中提出“服务创新首先是服务观念的更新，并由此带动服务管理、服务手段、服务内容、服务环境的创新，从而达到服务质量、服务水平的提升。”在计算机技术、信息网络技术及数字存储技术高度发展，带给全球阅读方式革命性的变革，阅读世界的方式改变迅猛势不可挡。新形势下，中国民族图书馆作为传统型图书馆，公益性专业民族图书馆，必须转变服务理念、创新服务体系，在坚持传统图书馆的优点与深化改革、创新思维，寻求适应新环境的平衡点上某生存、求发展。

读者服务工作是图书馆工作的基础业务，也是重要环节之一，千方百计满足读者的各种需求，使“书尽其用”，充分发挥书、刊、报的作用是读者服务的根本。2012年3月12日，中国民族图书馆加入“首都图书馆联盟”，有利于让少数民族文献信息资源更好地为北京地区的读者服务。从2013年起，取消中午休息时间逐步开放，到目前全面实行了全年开放（特殊情况除外），这恰好迎合《公共图书馆法》“公共图书馆在公休日应当开放，在国家法定节假日应当有开放时间”的条例。

少数民族文献展览和少数民族文化展览是中国民族图书馆采取“走出去”“请进来”的方式阅读推广的重大决策，是开展文化交流活动，拓展对外文化交流渠道的重要体现，是实施文化惠民工程，也是中国民族图书馆文献服务与宣传工作的重要举措。2013年开展文献展览起至今，中国民族图书馆共举办或参与60余场文献展览。《中国少数民族古籍珍品展》等民族古籍展览把“沉睡”在图书馆的古籍叫醒，让这些馆藏民族文化典籍的精髓“活起来”，走向普通民众，让人们认识古籍，阅读古籍，了解古籍，通过古籍背后的故事喜爱上古籍。为配合“民族自治州成就展”系列活动，举办的“新疆维吾尔自治区出版精品展”“楚雄彝族自治州文献展”“延边朝鲜族自治州暨朝鲜族文献展”等民族文献展，通过展示各个少数民族文献，宣传党和国家的民族政策，弘扬少数民族文化、历史。“中国入选世界记忆遗产名录文献展”“纪念马克思诞辰200周年——马克思经典文献展”“中国民族节日文献展”“复兴丝路　再现辉煌——‘一带一路’人文历史文献展”“铭记历史 珍爱和平——纪念中国人民抗日战争和世界反法西斯战争胜利70周年民族文献展”等各类民族文献专题展览延伸和丰富了展览馆举办的各类展览内容，提高了图书馆业内知名度，实现社会效益和经济效益双丰收。更是参与在美国纽约举办的“国际书展——中国主宾国活动——中国少数民族出版文化展”，展示馆藏少数民族古籍珍本，让少数民族典籍珍品走出图书馆，走进世界，弘扬中国博大精深的典籍文化。各类少数民族文献展览吸引了大量观众前来参观，并得到观众的赞扬，通过参观，观众了解到中国的民族文化丰富多彩，增进各民族相互了解，促进民族文化交流，增强民族团结。以上每个展览的新闻都有近20个网站转载，扩大了宣传。

五、加强科研工作，促进人才队伍建设

科研工作是中国民族图书馆各项工作中的一个重要组成部分，把最新科研成果应用于图书馆的实际工作，特别是图书馆的各项服务，也是图书馆人长期坚持不懈的努力方向。进入新世纪，中国民族图书馆在国家民委和民族文化宫领导的大力支持下，将科研工作当成事关现代信息环境下图书馆的生存和可持续发展的一个重要问题来抓，解放思想、锐意进取，在科研工作取得突破性进展，实现了一个又一个零的突破。项目研究方向紧紧围绕少数民族专业中心图书馆这一定位，以馆藏文献为研究资源，充分利用中国民族图书馆的先天优越性，研究55个少数民族文化及民族文献。通过研究人员的艰苦工作，2011年至2018年期间，争取新立项项目19项，已有13个项目顺利通过结项，共出版《北京地区蒙古文古籍总目》（一、二）《中国少数民族文字古籍整理与研究》《木雅贡布藏学研究文集》《民族图书馆学研究》《李久琦文集》15部等著作，专刊1册。包含国家社科基金项目、青年项目、国家科技支撑项目、国家民委科研项目等。现有9个项目正在研究过程中，研究人员围绕图书馆业务积极开展项目科研工作，取得了可喜的成绩，并通过科研项目培养了一批专业人才，提高了基础业务工作能力。

在图书馆发展的新时期图书馆人才队伍建设具有十分重要的作用。馆员队伍的素质是体现图书馆综合水平的重要方面。而一般情况下民族图书馆人才队伍往往呈现人才少、层次低、专业性不强的特征。为解决人才结构不合理，专业性不高，高层次、有影响的科研人才和学术带头人严重匮乏，与民族图书馆全面健康可持续发展要求不相适应的重要问题，中国民族图书馆大力加强人才队伍建设，

引进各少数民族文种的专业人才，重视培养人才，最大力度支持科研工作，以科研工作为引领，提高馆员专业素养，以项目研究促进人才队伍建设上取得了较好的效果。目前，中国民族图书馆有在编人员28人，包括汉、蒙古、藏、维吾尔、朝鲜、回、满、水、土家族等9个民族，少数民族职工人数占60%。研究馆员2人，副研究馆员12人，中级职称11人，初级职称3人。研究生及以上学历（含在职研究生）12人，本科学历10人，大专学历6人，全馆本科及以上学历占总人数的78%。过去的十年是中国民族图书馆在人才建设上不断精简提炼的过程。不仅在选拔专业人才上做足了功夫，在培养核心人才方面更是不遗余力，发展人与培养人两不误。目前，中国民族图书馆研究馆员、副研究馆员等高层次、有影响力的核心人才占全馆职工人数的1/2，其中45岁以下6人，人员构造日益专业化、年轻化。研究方向不仅涉猎图书馆学研究，包含汉、蒙古、藏、维吾尔、朝鲜、察合台、水等多种民族文字文献研究、数字化与信息技术研究、少数民族政策及宗教问题等全方位研究领域，为中国民族图书馆全面可持续发展奠定了基础。2015年末，中国民族图书馆实现了全体职工为专业技术人员，其中初级职称人数逐渐减少，青年中、高级职称人员数量大幅增多，占全馆人数46%，成为坚实的中坚力量。

六、古籍保护工作成绩显著

中国民族图书馆因其丰富的馆藏民族文献被誉为“民族典籍之宫”。作为“全国古籍重点保护单位”，中国民族图书馆共收藏各民族古籍文献约18万册，线装书古籍11万余册、善本古籍4000余册。少数民族文字古籍中，有藏、蒙古、满、察合台、彝、水、傣、东巴、壮、布依、朝鲜等文种，其中藏文古籍、蒙古文古籍、满文古籍、察合台文古籍、彝文古籍、东巴文古籍、水文古籍、傣文古籍和壮文古籍是图书馆的主要特藏文献。

为丰富馆藏文献，让散落在各地的民族古籍得到保护，近年来，中国民族图书馆馆员跋山涉水赶赴全国各个少数民族地区，征集察合台文、水文、壮文、布依文、纳西东巴文、托忒蒙古文、普米族韩规经等11种民族的珍贵文献典籍903册，藏于馆内，确保少数民族古籍安全，推动民族古籍的保护、开发与利用。

从2007年至今，本馆共参加5批《国家珍贵古籍名录》的申报、评审工作，共有84部古籍经国务院批准列入第一至第五批《国家珍贵古籍名录》，其中第一批6部，第二批17部，第三批31部，第四批20部，第五批10部。国家珍贵古籍名录工作的开展，极大地推动了中国民族图书馆古籍保护工作的深入发展，使一些珍贵民族文献走进了世人的视野，为民族古籍保护、利用、研发提供了新的历史契机。

综上所述，新时期中国民族图书馆在发展中紧紧抓住特色品牌建设的制胜点，建立独具特色的少数民族文字文献典藏，建设特色资源库，以特色馆藏为资源，推进特色项目研究，以科研工作为引领，促进人才队伍发展，提高馆员专业素养，更好地服务创新，以推进中国民族图书馆新时期新发展。新时期，民族图书馆事业迎来了新的发展机遇，但作为图书馆行业的薄弱环节，与大型公共图书馆相比仍处于边缘劣势地位。因此，我们图书馆人需要继续努力，不断创新，更好地为民族工作服务，为民族文化事业服务，为各民族共同团结奋斗，共同繁荣发展服务。

参考文献

[1] 崔光弼，宝音. 民族图书馆事业的发展与展望——以中国民族图书馆为例 [J]. 内蒙古民族大学学报（社会科学版），2012（4）：117-121.

[2] 崔德志，宝音. 中国民族图书馆馆藏国家珍贵古籍分析研究 [J]. 内蒙古民族大学学报（社会科学版）2013（2）：112-114.

（本文原载《民族图书馆学研究（九）》 辽宁民族出版社 2018年10月）

民族古籍整理与研究

少数民族古籍的收集与保存

何　丽

少数民族古籍的收集与保存就是要根据少数民族古籍的存世情况，采取安全有效的措施，克服和限制损坏古籍的各种不利因素，保证少数民族古籍的搜集、集中，维护少数民族古籍的完整、准确、系统和安全，从而使少数民族古籍得到有效的使用、开发和流传。

一、我国少数民族古籍收集与保存的现状

我国少数民族古籍收集与保存分为两个阶段：第一阶段为1984年以前。这一阶段基本上由收集与保存机构担负着少数民族古籍的收集与保存，少数民族古籍大多数收集和保存在图书馆、博物馆、档案馆。如对纳西族古籍东巴经的收藏保存就是如此。纳西族学者方国瑜从1934年就开始收集东巴经，到50—60年代时，国内对东巴经的收集和保藏成就最为卓著。这个过程决定了东巴经收藏的布局：国内现有14000册古籍分别收藏在10个收藏单位和1个个人手里。其中，除2610册分别收藏在文化站、东巴文化研究所、文化局和个人手里外，其余均收藏在图书馆、博物馆。

第二阶段是1984年以后到目前。随着国家民委和各地民委成立民族古籍办公室，少数民族古籍的收集与保存工作发生了根本性的变化。各地民委古籍办在负责少数民族古籍收集、保存工作的联络、督促、检查、指导的同时，也担负起了收集与保存的任务。从而使少数民族古籍收集与保存呈复杂局面。总体上讲是处于小集中、大分散的状态。例如，目前在全国范围内已经收集到约15000册彝

文古籍分别收藏在云南、贵州、四川省以及北京等地的民族工作部门、科研部门和图书馆、博物馆。仅云南省就有34个收藏单位：其中，州、地区民委和县民委16个，民族古籍办2个，民族研究所及文史研究所7个，文化局、站及文管所4个，图书馆2个，此外还有古籍翻译组、群众艺术馆、博物馆各1个。贵州省共有16个收藏单位：其中，除了省博物馆、省民族研究所、贵州民族学院彝文文献研究所、毕节地区民委彝文翻译组、仁怀县民委彝文翻译组5个收藏单位外，其余11个均为地、县民委。四川省有17个单位收藏与保存彝文古籍：其中有2个博物馆，3个研究院所、学校，1个编译局，1个文化局，1个教育局，其余9个为民族语言工作委员会。收藏在北京国家图书馆、民族文化宫博物馆、北京大学等处的彝文古籍大多是抗日战争时期，许多著名学者深入彝族地区收集而来的，以及20世纪50年代彝族人民敬献给毛主席的礼物。这部分大约1000多册。

另外，藏文古籍文献的收藏情况也是比较有代表性的。藏文古籍卷帙浩繁，数量仅次于汉文古籍。藏文古籍分别收藏在西藏自治区档案馆（布达拉宫）、哲蚌寺、色拉寺、萨迦寺，青海塔尔寺，四川省甘孜藏族自治州的德格印经院，北京中国民族图书馆、国家图书馆、故宫、藏学研究中心等处。其中，西藏自治区档案馆收藏藏文古籍最多，约两万多函10多万册。

二、少数民族古籍收集与保存的内容

收集与保存是古籍工作的基础，没有千百年来古籍的收集与保存就没有今天的古籍事业。收集与保存是动态的持续的过程，有两层含义：第一，收藏的对象即少数民族古籍的数量不是静止不变的。因为少数民族古籍还有很多散存在民间，必须加大力量，采取措施，使其集中收藏。第二，保护的措施和方法是不断变化的，保护的对象少数民族古籍载体本身也是不断变化的，不仅要保护好原载体，还要让它转世再生便于利用。

收集与保存的任务就是要了解和把握少数民族古籍现存状况及损坏的规律，通过搜集信息、整理集中和日常管理工作，采取集中有效的途径和技术措施，最大限度地防止和减少少数民族古籍的自然损坏和人为损坏，以延长少数民族古籍的使用寿命，更好地发挥少数民族古籍的重要作用。

具体而言，少数民族古籍收集与保存主要包括以下四个方面：

1. 少数民族古籍的收集、征集、整序、排架、典藏

收集是丰富少数民族古籍资源的一种必需行为，尤其是在少数民族古籍还有很多散存民间的情况下，收集的任务就更为繁重；征集古籍文献是收藏机构，尤其是图书馆补充资源的一种通用行为。在这点上任何其他机构都无法与图书馆相比。试想，任何一个人要捐赠图书，他首先想到的肯定是图书馆，这是其职责使然。整序、排架和典藏对于图书馆和收藏机构而言是由一整套的科学方法来完成的，它能充分地揭示古籍文献的内容，也方便古籍文献的利用。

2. 少数民族古籍文献的库房保管

库房保管是少数民族古籍保存的基本条件，它包括：第一，防火、防光、防尘、防虫、防鼠。必须对库房电源、线路、开关等定期检查，定期清洁、除尘，放置除虫草药和灭鼠药等。第二，库房的温湿度控制。温湿度不宜，会使纸张膨胀、水解、干枯发脆等。因此，库房的温湿度控制是使古籍处在最佳环境中，避免遭受损坏的关键所在。目前，我国图书馆一般都采取两类对策控制温湿度：一是采用各种空调装置控制温湿度；一是设法减少室内外热湿源对库房环境的影响。

3. 少数民族古籍载体的防护措施

一般有两类防护措施：一是延缓性保护，是指在不改变原有载体的情况下对古籍的修复、加固；一是再生性保护，是指通过现代技术，将古籍的内容转移到其他载体上，这类措施和方法有复制、缩微、扫描、数码照相、数字化处理等。

4. 少数民族古籍的利用和开发

收藏与保存少数民族古籍面对的是过去、是历史，但我们的实际意义是面向未来。有一部考古学著作的后记中曾这样写道："认识人类的过去几乎与规划人类的将来同等重要。"显然，不断开发和传播利用古籍，是实现其意义的最佳途

径，也是少数民族古籍实现其价值的唯一途径。

三、少数民族古籍收藏与保存的策略和措施

1. 提高对收藏与保存意义的认识

各级少数民族古籍管理和整理、收藏部门应该充分认识到收藏与保存的重要作用和意义，牢记收藏与保存在少数民族古籍工作和事业中的基础地位和基石作用。认识和理解收藏与保存的科学内涵、方法和手段，明确收藏与保存的环境要求和技术支持。树立让少数民族古籍走向世界、让世界了解中国少数民族文化的大局意识。

2. 制定少数民族图书馆事业的发展策略

图书馆是文化事业的重要组成部分，是我国各项事业的资源支撑之一，担负着保存民族文化遗产的职能。因此，它在文化事业中具有重要的地位和作用。尤其是在网络化、数字化环境下，图书馆作为信息化的标志，它的地位和作用愈加重要。我国少数民族图书馆在发展过程中往往忽略民族特色、忽略自身的特点和优势，民族古籍作用发挥不好。要改变这种现状就必须制定相应的策略：第一，重视少数民族图书馆事业，提高它在整个少数民族文化和民族工作中的作用和地位。第二，将民族图书馆工作纳入民族工作的日程。第三，加强少数民族信息资源的建设。

3. 建立一种体制或机制

这种体制或机制应有以下职能：第一，协调发展。少数民族古籍和图书馆事业相分离，使本来就处在弱势的古籍事业和图书馆事业雪上加霜。如果能将二者统一协调发展，充分利用有限的人力、物力、财力，才能使少数民族古籍事业和图书馆事业实现双赢，共同发展。第二，统一领导。少数民族古籍事业和图书馆事业原本就是一体，人为地将其分开，就会顾此失彼。统一领导，便于资源整合和资源共享，便于少数民族古籍的利用和传播。第三，监督和指导少数民族古籍

集中收藏和保存。为少数民族古籍长远考虑，从民族文化发展的全局出发，充分认识到图书馆对保护和利用少数民族古籍的作用和意义，从而使少数民族古籍的收藏与保存达到集中、安全、科学、统一、完善。第四，协调建立单一的民族文献中心。我国少数民族文献的分布与民族的分布是紧密相连的。一个民族在多个省份居住，其文献的分散是不言而喻的。而这种跨省份的资源建设，没有一个机制协调是很难进行下去的。因此，建立一些单一民族的文献中心非常必要。建立单一民族文献中心，可以使少数民族古籍的管理更加科学规范；可以集中或实现少数民族古籍资源的优势互补；可以使少数民族古籍事业持续向前发展。

参考文献

[1] 何丽．论民族古籍的保护与开发．图书馆理论与实践，2003（3）．

[2] 华林．西南少数民族历史档案管理学．北京：民族出版社，2001．

[3] 中央民族大学彝文文献编译室．彝文文献学概论．北京：中央民族大学出版社，1996．

[4] 张公瑾．民族古文献概览．北京：民族出版社，1997．

[5] 张公瑾．《中国少数民族古籍总目提要》编写工作的意义和民族古籍的历史文化价值．民族古籍，1998（3）．

[6] 方军．图书馆古籍书库的温湿度控制．中国图书馆学报（增刊），1998．

（本文原载《中国图书馆学报》 2004年第1期）

中国少数民族文字古籍定级标准之我见

杨长虹

制订实施我国少数民族文字古籍定级标准是一项非常重要的标准化工作。它对推动我国少数民族文字古籍管理工作不断走向科学化、规范化、法制化道路具有现实而深远的意义。目前，文化部已于2006年颁布实施了适用于汉文的《古籍定级标准》（WH／T20-2006），这为继而制订我国少数民族文字古籍定级标准提供了可参见的文本及可借鉴的经验。然而，由于各少数民族之间在社会发展历史进程中客观存在的不平衡性及受到本民族传统文化、宗教习俗和居住地域环境等因素影响，使各少数民族文字古籍在产生、流传以及版本特征形成等方面显现出较为复杂的情况。所以，我们在制订少数民族文字古籍定级标准时，不可能简单地从汉文古籍定级标准直接进行移植。而要在总体思路、指导原则上，尽可能多地考虑民族因素；在制订细则时充分反映和突出民族特点。同时，还要广泛听取各方面专家的意见及建议，使制订出的标准既能够符合我国各少数民族文字古籍实际状况，又能够确切体现标准的可控性、适应性、一致性等特定内涵。[1]

在探究这个问题之前，我们不妨简要回顾一下，我国近 30 年来包括各民族古籍在内的古籍整理保护事业发展历程，这对理解制订少数民族文字古籍定级标准具有一定意义。

自20世纪 80 年代起，随着国家各项改革事业的迅速发展，古籍整理保护工作也跃入新的发展时期。1981年，中发〔37号〕文件发布了中共中央关于整理我国古籍的指示。自那以后，我国古籍整理工作步步推进，层层深入，不断迈向新的进程。1983年，国家民委召开了全国少数民族古籍整理工作座谈会。1984年，国家民委专门成立了全国少数民族古籍整理出版规划小组。2002年，文化部、财政部联合启动了“中华再造善本工程”。2005年，文化部、财政部又联合启动了“中华古籍特藏保护计划”。是年，少数民族古籍保护工作列入《国务院实施〈中华人民共和国民族区域自治法〉若干规定》和《中共中央国务院关于加强民族工作加快少数民族和民族地区经济社会发展的决定》（中发［2005］10号）中。2006年，文化部为推动“中华古籍特藏保护计划”的实施，出台了《古籍定级标准》等若干部颁标准。是年《中国少数民族古籍总目提要》被列入《国家“十一五”时期文化发展规划纲要》。2007年，国务院办公厅发布了《关于进一步加强古籍保护工作的意见》，并建立由文化部牵头，发展改革委、财政部、教育部、科技部、国家民委、新闻出版总署、宗教局、文物局等部门组成的全国古籍保护工作部际联席会议。是年，文化部、国家民委共同决定，尽快制订出台我国少数民族文字古籍定级标准，并委托中国民族图书馆负责组织起草工作。

综观上述不难看出，制订少数民族文字古籍定级标准是时代的需要。

1. 制订定级标准的总体思路及指导原则

1.1 制订定级标准的总体思路

制订少数民族文字古籍定级标准的总体思路是：坚持一个基本，贯穿一条主线。

坚持一个基本，即坚持以标准化的核心内涵为基本设计理念，统一标准框架，合理区分等级，科学界定条款，适度放宽准绳。

标准化的定义是：“在经济、技术、科学及管理等社会实践中，对重复性事物和概念，通过制订、发布和实施标准，达到统一，以获得最佳秩序和社会效益。”（［GB／T 3951—83］）也就是说，在实施少数民族文字古籍分级管理中，对大批量不同文种和不同历史时期的少数民族文字古籍定级是一种重复性活动，当中依据的概念、方法被反复应用，而这些重复性事物和概念，只有通过制订、发布和实施标准，才能达到统一，使业界获得共同遵循的古籍等级管理最佳秩序和由此分享同等政策保护带来的社会效益。

标准化的核心内涵是：①一致性。即对同一属性的事物用统一尺度进行衡量，统一是标准的本质内涵。这里有两层意思，一是少数民族文字古籍和汉文古籍二者本质属性相同，都是古籍。所以，定级标准无论在指导原则还是细则上要基本趋向一致。二是各少数民族文字古籍之间在定级标准中，不因强调特殊性而各不相同，也应遵循一致性的指导原则和细则。这两个一致，体现了共性与个性共存又不失特点的协调统一。②适应性。即体现少数民族文字古籍定级标准细则的兼容和互换特点。兼容要求各少数民族文字古籍在定级标准中，依据相同细则，彼此不会产生矛盾；互换要求不同少数民族文字古籍特点能在少数民族文字古籍定级标准细则中都得到满足。③可控性。即少数民族文字古籍定级标准细则中的各个条款应是能够适宜各少数民族文字古籍等级区分的最佳选择，能够充分反映各少数民族文字古籍的特点和流传情况。④可操作性。即少数民族文字古籍定级标准细则应简约明了，释解清晰，不生歧义，使各少数民族文字古籍能够比较容易准确地归入相应等级中。

贯穿一条主线。即把高效管理、科学保护、妥善修复及合理利用少数民族文字古籍始终作为制订定级标准的出发点与落脚点。明确制订定级标准只是标，而实为加强保护修复古籍才是本。因此，不论在制订定级标准中遇到多么复杂的局面和难以解决的问题，都要以这条主线为取法尺度，权衡利弊。不以枝节所惑，顾以大局为重，细心斟酌，反复推敲，择其善而制订标准。同时，还要着重注意处理好一个关系，即谨慎融通应普遍遵循的标准规则与少数民族文字古籍特殊情况相适应的关系；突破一个关键，即努力破解由于少数民族文字古籍版本识别困难等因素造成制订定级标准障碍的关键问题。[2]

1.2 制订定级标准的指导原则

制订定级标准的指导原则实际上是制订细则过程中应贯彻始终的通则。汉文古籍定级标准提出三性原则，即用历史文物性、学术资料性和艺术代表性来划分古籍等级，同时又提出不唯时限性，等次上靠、等次下调等原则对等级进行调控。这些原则无疑同样也适用于少数民族文字古籍定级标准的制订，只是在具体应用时要根据少数民族文字古籍特点加以灵活处置。（1）历史文物性原则。即以侧重于古籍传本产生的时代为衡量尺度。有两层含义：一是指其版印、抄写时代较早，具有珍藏价值；二是指其可作为历史人物、历史事件实物见证，具有物证价值。（2）学术资料性原则。即以侧重古籍反映的学科内容为衡量尺度。其价值体现在：一是精校细勘，文字讹误较少，注疏缜密；二是学术见解独到，有学派特点，系统归纳众说，或在反映某一时期、某一领域、某一人物、某一事件方面，资料比较集中、完善或稀见。（3）艺术代表性原则。侧重以古籍版本具有的印刷技术和装帧艺术特征为衡量尺度。价值体现在能够反映古代各种印刷技术的发明、发展和成熟水平；能够反映古籍各种装帧形制的演变，包括用纸、印制的变化；能够反映古代造纸工艺的进步和印刷技术水平的提高。三性原则实际上归结了善本古籍的特点。（4）不唯时限性原则。即以侧重古籍的实际价值为衡量尺度，将划分古籍等级第一标准的时限性略其次。这实际上反映了人们在辩证处理古籍产生时限与实际价值关系时，试图做出最佳选择。对此文物家未必苟同，但它的确体现了版本家的藏书观点，反映了古籍不完全同于文物客观存在的事实。（5）民族平等性原则。即以侧重平等看待各少数民族文字古籍产生、流传情况为衡量尺度。它与历史文物性原则有些近似，但含义不完全相同。它侧重强调的是各少数民族文字古籍在定级时应享受平等待遇，即使这个民族的民族文字古籍产生在近现代或年代不详需推断而定，它也应该与产生于公元2世纪的民族文字古籍有同等评定相应等级的权利。前提条件是，它先要与本民族存世流传古籍按三性原则、不唯时限性原则以及等级上靠或下调原则进行权衡对比。

2. 少数民族文字古籍定级细则构想

●一级古籍定级标准

具有特别重要的历史、学术、艺术价值的代表性古籍。

（1）元代及其以前（包括辽、西夏、金、蒙古时期）以各少数民族文字（如佉卢文、焉耆—龟兹文、粟特文、突厥文、回鹘文、契丹文、女真文、西夏文、八思巴文、古藏文、老蒙古文、老傣文等） 刻印、抄写保存较为完整的书籍。

（2）明代及其以前刊刻、抄写保存较为完整的彝文书籍。

（3）明代及其以前写、抄保存较为完整的察合台文书籍。

（4）明代及其以前用特殊纸张印刷，具有特殊装帧形式的代表性书籍。

（5）清顺治以前刊印、抄写保存较为完整的满文书籍。

（6）清乾隆以前刊印、抄写保存较为完整，规模宏大，对后世有深远影响的各少数民族文字书籍。

（7）清代及其以前以古壮文、东巴文、哥巴文、水文、白文、尔苏沙巴文刻印、抄写的孤本书籍。

●二级古籍定级标准

具有重要的历史、学术、艺术价值的古籍。

（1）元代及其以前（包括辽、西夏、金、蒙古时期）以各少数民族文字（如佉卢文、焉耆—龟兹文、粟特文、突厥文、回鹘文、契丹文、女真文、西夏文、八思巴文、古藏文、老蒙古文、老傣文等）刻印、抄写的残本或残页。

（2）明代至清乾隆时期以各少数民族文字刊刻、抄写的书籍。如，察合台文写本、抄本；明永乐年间的女真文书籍；八思巴文抄本；回鹘式蒙古文书籍；托忒式蒙古文写抄本：满文印抄本；藏文印抄本：傣文贝叶经写本；古壮文、东巴文、哥巴文、水文、白文、尔苏沙巴文刻印、抄写较早时期的残本或残页。

●三级古籍定级标准

具有比较重要的历史、学术、艺术价值的古籍。

（1）清嘉庆至清宣统三年的各少数民族文字抄本、印本。

（2）难以断代，但推定或公认年代早于民国，且具有少数民族社会、历史、传统文化价值的各少数民族文字书籍。

●四级古籍定级标准

具有一定历史、学术、艺术价值的古籍。

（1）1912年至1949年，以各少数民族文字刻印、抄写，具有少数民族社会、历史、传统文化价值的珍稀书籍。

（2）1949年以后，抄写或影录已亡佚的少数民族文字珍稀书籍。

3. 少数民族文字古籍定级细则构想说明

●关于一级的划分

（1）唐五代以前（10世纪上半叶前） 产生的少数民族文字书籍有佉卢文、焉耆—龟兹文、于阗文、粟特文、突厥文、回鹘文、契丹文、吐蕃时期的古藏文等。这些古籍都是19世纪至20世纪初，分别在甘肃敦煌、新疆吐鲁番、西夏黑水城遗址等地考古发现的，大多流失国外，国内保存凤毛麟角。北宋至元代（10世纪下半叶至14世纪下半叶）产生、印抄写的少数民族文字书籍有回鹘文、契丹文、古藏文、察合台文、女真文、回鹘式蒙古文、八思巴文。西夏文、老傣文等，是我国现存最重要的少数民族文化遗产，珍如拱璧。故应该定为一级。

（2）元至明代印抄写保存较为完整的藏文书籍；元至明代的八思巴文刻本；明代及其以前刊刻、抄写保存较为完整的彝文书籍；明代抄写较为完整的老傣文书籍；清顺治十八年（1661年）以前刊印、抄写保存较为完整的满文书籍。清乾隆六十年（1795）以前刊印、抄写的各少数民族文字鸿篇巨制书籍；清代及其以前印抄写的古壮文、东巴文、哥巴文、水文、白文、尔苏沙巴文的孤本书籍；明代及其以前用特殊纸张印刷，具有特殊装帧形式和代表性的少数民族文字书籍。这些古籍的文物性、学术性、艺术性价值都很高，且传世稀少。根据三性原则、不唯时限性原则及民族平等性原则，均应定为一级。

●关于二级的划分

（1）根据不唯时限性等次下调原则，将元代及其以前（包括辽、西夏、金、蒙古时期）以各少数民族文字（如佉卢文、焉耆—龟兹文、粟特文、突厥文、回鹘文、契丹文、女真文、西夏文、八思巴文、古藏文、老蒙古文、老傣文等）刻印、抄写的残本或残页，定为二级。

（2）明代至清乾隆六十年（1368—1795年）刊刻、抄写的少数民族文字书籍，在存量上同一级古籍相比有较为显著的增加，但仍为稀世罕见，且年代相对久远，传承今世，实属不易，故应定为二级。当然，已经上靠一级的明代至乾隆六十年的少数民族文字书籍除外。

●关于三级的划分

（1）清嘉庆至宣统三年（1911）是我国封建社会最后一段时期，这一时期少数民族文字古籍总量要超过清乾隆以前的总合，但是与汉文古籍相比存量仍然很小，特别是其中一些民族，尽管历史上很早便产生了文字，可流传至今所能见到的古籍却是鲁殿灵光，天水之遣，不可多得。故而将此时期产生的少数民族文字古籍，划定为三级应是明智之举。

（2）难以断代，但公认早于1911年以前，且具有少数民族社会、历史、传统文化价值和保持传统印装、抄写特征的各少数民族文字书籍，应定为三级。作如此考虑缘由有二：一是古籍定级首要遵循的标准应是以成书年代为尺度进行衡量，但是少数民族文字古籍中不注成书年代的书籍非常多，所以必须有所变通，否则无法操作。二是此变通不能随意为之，如果不加限制，肆意分级，势必会违反定级的基本法则。所以，面对不注年代的书籍应尽量根据内容仔细判别，推定其大致年份，划入相应等级。对于实在无法推定，但专家公认早于民国，且是孤本、稀见珍本的可划入一级；传世较少、残缺较多的划入二级；其他应全部划入三级。这样可尽力避免古籍错划级别，又能使珍本民族文字古籍受到应有重视。

●关于四级的划分

（1）划入四级的少数民族文字古籍为普通古籍，其下限定在1949年以前，这反映了少数民族文字古籍发展的实际情况。主要有两个特点：一是流传至今的少数民族文字古籍中写抄本很多，大于印本，它反映了少数民族书籍的传承特点和文化传统。也就是说，1912年至1949年抄写的少数民族文字古籍，以三性原则判断，未必不是最具代表性且今世所存较为古老的少数民族文字传本。二是少数民族大多地处边疆，社会发展相对滞缓，所以，以传统方式产生传统书籍这种情况延续比内地及沿海地区时间要长一些。故这一时期刻印、抄写的具有少数民族社会、历史、传统文化价值的少数民族文字古籍，均应定为四级，以便妥善保护。

（2）有些少数民族文字古籍是1949年以后抄写或影录的，大多属已亡佚的少数民族文字珍稀书籍。按三性原则及不唯时限性原则，也应定为四级。但是，这一情况不能随意延伸。

以上仅是理论层面的大略探求，在实际制订少数民族文字古籍定级标准时，免不了会在一些条款定夺上遇到较为复杂而又棘手的问题，远非区区千言所能一一辩明。之所以如此，原因有二：一是少数民族文字古籍在存量上、版本鉴定上有许多模糊不清的问题，直接影响定级条款尺度的权衡与设置。二是少数民族文字古籍文种众多，不可能希冀有通晓所有少数民族文字古籍的通才，将定级标准制订工作全部包揽，一通到底。只有各方面的专家学者汇聚一起，紧密合作，充分协商，达成共识，才能制订出符合各少数民族文字古籍实际情况并在实际应用中经得起检验的定级标准。

参考文献

[1] 黄润华，史金波. 少数民族古籍版本学——民族文字古籍 [M]. 南京：江苏古籍出版社，2002.

[2] 杨慧漪.《古籍定级标准》中的“级别等次”和“四原则”释评 [J]. 图书与情报，2007（5）：89－91，96.

（本文原载《图书馆理论与实践》 2008年第5期）

我国独特的文化遗产——地方志

闻长林

地方志，又称方志，是我国独一无二的以行政区划为范围，记载自然和社会各个方面现状与历史的综合性、资料性著述，它集中地反映了某一区域的天文、地理、政治、经济、军事、文化、民族、风俗、气象等情况，其历史悠久、内容丰富、普及广泛、数量巨大，被誉为地方性的“百科全书”。目前存世的8000多种方志，是前人遗留给我们的宝贵的文化遗产之一。

一、谈谈方志的起源和发展演变

对地方志的起源，可上溯到春秋战国时期就存在的国别史、地理专著和地图。最早的国别史，不是指自《史记》以后的国史，而是指当时周的诸侯国记载本国过去和当时情况的典籍，即某一地区的史书；最早的地理书，当指《山海经》《禹贡》，它们分别记载了山川、道里、部族、矿物等情况，后世的方志有它们的明显的痕迹；至于方志和古地图的渊源，正如王以中的《山海经与职贡国》一书中所写：“中国古来地志，多由地图演变而来，其先以图为主，说明为辅，其后说明日增而图不加多，或图亡而仅存说明，遂多变为有说无图与以图为辅庸之地志。”由方志的体裁、内容看来，方志是吸收了国别史、地理书和地图的特点，随着历代政治经济与文化的发展，而逐渐成熟发展起来的，三者互相融合最终成为完备的方志。纵观方志的发展过程，可大体分为几个阶段，秦汉时期方志的种类、体制较前有了明显的发展，据史书记载，这时已有不少的郡国地志，而且还有地域志、风俗志这些不同类别方志，至今亡佚殆尽，我们只能从“国史”

中略知一二。因司马迁著《史记》中关于物产、风俗、水利等内容，就是大量取材于当时的“郡国地志”及其他志书的。两汉时期纪传体的史志体例，甚至为后世方志直接继承，成为独立类别。西汉末年班固所修《汉书地理志》历来被视为我国历史上第一部最早的全国性一统志，虽然它不属地方史性质的志书，但《地理志》却开全国性区域志的体例规模，后世的一统志，就是在这个基础上发展起来的，继秦汉之后，魏晋南北朝时的方志以其数量遽增，类别多样为主要特点，如《类地纪》《洛阳记》等地区志；《游名山志》《水经》等山水志；《北荒风俗记》等风俗志，其中以地记最为繁盛，约有244种之多。内容较全面的以《华阳国志》为最，此书为最早的四川省通志，也是我国现存最早的以志为名的方志，记巴蜀地理、风俗、史迹、人物和少数民族情况甚详，反映了当时方志发展的水平。

隋唐时期的方志体例有新的创新，虽没完全脱离地理书的影响，但已增加了政治、经济、艺文等内容，并且由皇帝下诏修志，定期编修。首次在我国历史上呈现大规模的有组织的编修方志，出现了一批官修志书。这一时期，图经为方志的主要形式，如《沙州图经》《西州图经》等，《元和郡县图志》为最早的现存较为完整的全国性总志。同期，还有大量的以“志”“纪”“书”等为名的方志涌现。

宋代是方志发展史上承前启后的重要时期，修志的组织形式、规模超越前代，方志数量大增，内容体例有重大进步，趋于全面和完备，出现了一些很有影响的名志，同时“志”也在形势上代替了图经，这时的方志进入了成熟阶段，主要体现在《太平寰宇纪》中，此书既增人物，又述及艺文，使方志超越地理类的范围，扩大到人文历史方面，自此方志内容包罗万象，将记地和记人、自然和社会结合起来，使方志迈向了史学领域，极大地提高了方志的价值。宋代方志总数约有600余种，大大超过了此前历代方志的总合，各郡县大都修有志书，有的多达数种甚至几十种，如仅浙江湖州就有《吴兴统志》等15种之多。宋代的名志有《长安志》《新安志》《三山志》等，大都“远者谨严而简，近者周密而详，内容精博宏瞻，实非他地志所能及”。

在前代方志发展的基础上，元明清三代形成了我国志发展的鼎盛时期。元朝产生了以宏博见称的全国性区域志，即一统志，称《大元一统志》，凡1300卷，分建置、沿革、坊郭、乡镇、里至、山川、土产、风俗等10几门，网罗极为详备，《大元一统志》开创了全国性总志的新形势，为明清两代效法，且将总志在元以前的各种名称统一为一统志。元代全国性总志还有《大元混一舆地要览》《九域志》等。元代地理性名志有《齐乘》《延枯四明志》等，为元代方志优秀的代表。《齐乘》谓现存最早的山东省志，其体例完备、记事简明、且注重考证，事实确凿有据，历来受推崇。

明代修志更为兴盛，统治阶级从中央到地方都对方志编纂重视，明王朝建立不久，就修成《大明志书》，朱元璋还令全国各都司，报送城池、山川、关津、亭喉、水陆道路、仓库等图志，直接促进了方志的发展。永乐十六年（公元1418）明成祖令天下郡县卫所皆修志，为统一格式和体例，曾两次颁布修志条例，规定志书类目的名称、内容及编写方法等，这就使“下自国史外，郡邑莫不有志”。形成修志极为普遍的现象。明代方志流传至今的约有1000余种，有的区域志多次编写，如《六合县志》就先后编纂6次。明志另一突出之点是增加了一些新种类，即边关志书，如《西关志》《四镇三关志》等，其为军事和边防所用。明代方志的体例也有所创新，一是多分为志目两级，层次分明，如《郡陵志》卷一地理志下有疆域、星野、山川、堤陂目。后世的方志就多采用了这种体例。二是编纂简志取代卷帙浩繁的志书。简体志书的特点是文约事赅，篇幅简短，缺点过于简略，不合“一方之全史”的要求。所以历来褒贬不一。

清朝是方志编纂最为鼎盛时期，首先，统治阶段极重视修志；明令省、府、州、县每60年重修一次，并有知名学者参加修志和对方志理论的研究，使志书体例更为严谨，尤其是章学诚创立的三书体，成为旧方志最完善的体例。清代方志数量最多，种类最全，仅《大清一统志》就成书3次，全国各省、府、州、县大都有志，有的还编修多次，现存清代方志有6000多种，占全部方志的80%以上。

民国时期，政局混暗，经济衰败，方志式微，虽然国民党政府内政部规定省志30年一修，市县志15年一修，但成书不多，在将近40年时间里不过600余种，且内容和体例多模仿清代。

目前，我国保存下来的方志大约有8000余种，100000多卷，由于其记载的内容范围不同，及编撰体例上的差别，使类别也多种多样，大体上有以下几种：

（一）统志，即全国性的区域志，记述全国疆域区分， 规模宏伟、体例完整，以“一统志”为最。

（二）通志，又称省志，是记述省区的志书。

（三）府志，又称郡志，唐以来，府或隶属于道，或隶属于路，或隶属于布政使司。比通志小。

（四）厅志，清设厅，隶于府，多设特殊地区。

（五）州志，明清州大于县、隶于府或隶省。

（六）县志，县属府或州。 另外还有关镇志、卫所志、司所志、乡镇志、水志、泉志、寺志、庙志等等。

二、方志的性质及其作用

对于方志的性质，大皆看法不一，一种认为属于地理书，历代不少的图书目录将其归入地理类，如《四库全书总目》就把方志归入地理。一种认为方志属历史，特别是清代著名学者章士诚，力主此观点。另外也有人认为，方志既不属历史，也不属地理，方志就是方志，是独立的学科，与历史地理并列，但是从方志几个方面来认识，方志应属历史范畴，即史籍的一个分支。方志一是起源于《春秋》等国别史，这种古国别史就是最早的方志，其在发展过程中受史书影响巨大，如方志中盛行的纪、传、志表、实录、通典、考等，均效法史裁，正如章学诚所说“志及史体”“方志为国史要删”。二是方志历代编写基本上与史有着基本相同的遵循历史的治学要求和编写原则。三是史中有志，志中有史。正史或其他史书中有设专篇记述方志的内容，有将方志的内容记于各篇之中，在志书中也有历史的记叙，如沿革等，由此看来，史志互相利用，互相促进。但史与志毕竟有对象与任务的不同，体例上的区别，内容上的不同，所用资料重点的不同，写法的不同，这些都决定了志与史书的区别，方志既不为史，又应在史籍中占有一定的地位，它应作为史籍的一个分支存在。

正因为方志的性质，决定了方志能起到史书所起不了的作用。首先，方志记载有大量“正史”所没有的宝贵资料，正史是封建王朝为中心，以维护其统治为出发点写就的，有关各地人民生活、赋税、土地等情况是不入正史的。而这些，则恰恰是方志记载的对象，从而保存了“正史”不曾有的资料，补正正史之不足。其次，方志记载的内容广泛，史料可靠、为多种学科提供了重要的研究资料。如：

①在政治、军事、外交方面。因为地方志一般都是地方官吏主持纂修的，所以对于该地的地方机构组织情况、历代沿革变迁等有详细的记载，这对于研究政治史、历代典章制度均很有价值。军事方面，不少方志记载了农民起义，人民抗击外来侵略者的史实，如在明修河北省《栾县志》中记载了白莲教首领韩林儿起兵反元的事迹；在光绪年间修的《续肖县志》中记载了大量捻军的史料；在《瑷珲县志》中记载了沙俄入侵、我军民抵抗的详细情况；在《黑龙江志稿》的交涉类，记载了沙俄侵我国土、与清政府订立“尼布楚条约”“瑷珲条约”的交涉情况。

②在物产、矿藏、农业生产技术方面。旧方志记载各地的物产、矿藏方面较详细。如《玉门县志》记载了当地人称之为“石脂水”的石油，并用来点灯。《华县县志》记载“秦岭南有地名金堆城。产金沙”。在乾隆《罗江县志》中有关于如何耕地、如何施肥的许多记载劳动人民多年来总结出的农业生产资料。这些有用的资料，已经被有关部门辑出整理成书的有《祖国两千年铁矿开采和锻冶》《方志物产》等，已经为矿藏开发，农业生产利用了起来。

③在天文、自然灾害、地理学方面在地方志中有关天文资料很丰富，对1862年和 1872年发生的极光现象，在湖北的《竹溪县志》、河北的《东光县志》和湖北的《光化县志》中都有记载。对自然灾害，方志中为灾异或祥异目，其中记载有各地区的干旱、霜冻、冰雹、风暴、海潮、重雾、冰雪、虫害、饥荒、地震等自然灾害的详细情况。现在已根据方志中的有关资料整理出《中国地震资料年表》《安徽地区历代旱灾情况》等等专书，为今人所用。在地理方面，地方志大量记载了本地区的地理沿革、山川河流、疆域城池、湖泊海道、交通驿站、关隘要塞等地理资料，非常有助于地理科学研究工作的开展。

④在少数民族与宗教方面我国自古以来就是一个多民族的国家，少数民族分布在全国各省市自治区，他们的生活、语言、文字、风俗习惯都有自己的特点，这些资料在方志中也有大量的记载，如《云南志略》就记载了白族人民的生活生产方式。《桂平县志》记载了瑶族和僮族的情况。在很多方志中列有宗教一目，

民国《醴陵县志》记载了佛教、道教、耶稣教的情况，《宁海县志》也记载了道教事情，甚至有的方志中还记载了外来和尚的事迹。这些对研究民族史、宗教史等均为有用的资料。

⑤在人物传记及文化艺术方面人物传记在地方志里占有相当大的篇幅，但这部分所记名宦、乡贤、烈女有其糟粕的一面，对我们用处不大，可是在人物传记里有一部分记载了杰出的科学家、艺术家及对社会有一定贡献的人物，如明代科学家宋应星的资料明史无载，而在江西省《分宜县志》中则可找到。地方志中的艺文、金石等目，保存下来不少当地人或当地事的书目、诗文、民歌、民谚及碑碣等历史资料，这些对今人都是有价值的资料。

⑥在科学技术方面。这方面突出表现在水利和建筑方面，在历史上，我国劳动人民有修建各种各样水利工程的经验、建造城郭的经验，这些在方志中也有不少记载，如《灌县志》保存了历年维修扩建都江堰水利工程的文献，《华阳国志》则保存都江堰的最早记录，在明代隆庆时修的《赵州志》记载了李春所建的赵州桥的设计工艺。又如同治时修的《嘉定府志》记载了明代古建筑的做法等。除以上诸多方面方志所起的作用外，在研究地区性问题上，方志也是必不可少的，我国历代修志不断，因此而保存了许多延续性的历史资料，对一个地区来说，无论是研究该地区的社会历史情况，还是探讨自然变化规律问题，这些资料都是极为宝贵的。应该充分加以利用的。

三、新时期新方志的发展

新中国成立后，党和人民政府既重视旧地方志的有用资料为社会主义革命和建设服务，又很重视编纂新志的工作。在1956年后陆续成立了专门机构纂修新地方志，但因“文化大革命”等原因停顿下来，直至1980年胡乔木提出要用新观点、新方法、新材料编纂新方志后，大规模的编纂新方志工作拉开了序幕。全国各省市县都纷纷建立了修志办公室，新方志坚持以马列主义毛泽东思想为指导思想，以四项基本原则为纲，以新观点、新方法、新材料、突出地区特点、坚持详今略古，有利于民族团结的基本原则来编纂新方志。这项基础性的文化建设事业，十余年来在各级党政领导的关怀与支持下，经过全体方志编纂工作者的辛勤努力，大批的各类志书已相继问世。尤其是在1993年3月，中国地方志指导小组和中国革命博物馆在北京联合举办了“全国新编地方志成果展览会”，会上，展出了新编方志千余种。新方志种类基本上以省、市、县三级志书为主，兼顾厂矿企业志、名山大川志、名镇志、学校志、寺庙志、部门志及地区性综合年鉴等。新方志编纂工作的完成，既起到了保存文献的作用，又起到了补充国史之不足的作用。总之，地方志这一延续性事业应该继续发展，在历史长河中起到其应有的作用。

（本文原载《同人文集》 北京致远斋书店 1994年7月）

水文古籍版本研究[1]

吴贵飙

本文利用版本学的理论知识对水文古籍进行了较为全面的分析研究。笔者认为深入研究水文古籍版本，对发现、纠正水书的文字错误，以恢复水书的本来面目，理清同一书名各本间的关系将起到积极的作用。对水文古籍进行鉴定有一定的参考作用。

一、水族水文文献——《水书》

水族有自己的文字，水语称为“泐睢”，汉语称为“水文”“水字”。水文是由文字、表意图象、表义符号组成的文字体系。水族古文字的结构大致有以下三种类型：一是象形字，主要以花、鸟、虫、鱼等自然界中的事物以及一些图腾物如龙等所撰写和描绘，表意图象，有的字类似甲骨文、金文；二是仿汉字，即汉字的反写、倒写或改变汉字形体的写法；三是宗教文字，即表示水族原始宗教的各种密码符号。目前见到的水族古文字的载体主要有：口传、纸张抄录、刺绣、碑刻、木刻、牛角刻、陶瓷等。水文主要靠抄写、口传流传至今，在水族地区仍被广泛使用，因而被誉为世界象形文字的“活化石”之一。用这种文字写成的书籍水语称为“泐睢”，汉语称为“水书”。

水书是水族世代流传至今的一种用于指导日常生产生活的文化典籍，是水族

① 本研究得到2010年度国家社会科学基金项目《水族水书传承文化研究》（批准号：10QTB033）资助，在此表示感谢。

民间文化知识的综合典籍，涉及天文地理、农耕渔猎、营造出行、伦理道德、工艺美术、宗教信仰、丧葬祭祀、节令婚姻、历法预测等诸多方面的内容，在水族人民的社会生活中起着很重要的作用，特别是在农事、营造、出行、节令、婚姻、祭祀、丧葬、占卜等活动中发挥着指导规范的作用，是中华民族文化的重要组成部分，是世界民族文化宝库中的一份极为珍贵的文化遗产。“水书”没有统一的刻版，全靠水书先生世代传抄、口传心记传承下来。

二、水文古籍界定

水文古籍是指1949年（含1949年）前以水族文字抄写，以传统方式著述、装帧，并具有重要历史、学术、艺术价值及传承意义的书籍（水书）。1949年以后抄写的这类书籍不属于古籍概念范畴。

对未标记年代的水书应尽量根据书籍的内容、纸张、字体、墨色、样式、行款、词法句法结构、作者、抄书人、传承关系、装帧形式、制作工艺和其他相关佐证文献资料等进行鉴别，推定大致年份，确定是否是水文古籍。

三、版本学研究水文古籍的对象和范围

版本学的研究对象包括写本、抄本、精写本、彩绘本等各种形式的图书。它的主要研究范围包括：

1. 各种水书版本的发生、发展史，包括传抄源流等。

2. 各种水书版本的异同优劣，加以鉴别，判断时代，指明特点，总结和概括出规律性东西。

3. 装帧的技术演变发展与成就等，为版本鉴定提供技术条件。

四、水文古籍的结构

水文古籍结构大致相同。右侧装订，每册古籍内外各部分均有固定名称。主要有：

书衣，即水书的前后封衣，又称书皮、书面。书衣有布质、纸质两种。有的书衣上题有书名、抄写者姓名、抄写时间等，或直接写在封皮上。

书名页，即水书的封面，专用题写书名、作者名及抄写时间。

书脑，线装书订线的一边。

书脊，线装书订线的侧面，相当于现代图书的书背。

书头，古籍的上端，又叫书首。

书根，古籍的下端。

以上是水文古籍的外观形式，至于一部水文古籍的内容，除有部分封面题写书名、抄写时间、抄写者姓名外，有的什么都不写，直接写书的正文。水文古籍没有序、没有目录、没有凡例、没有跋等。

五、水文古籍版本评价

1.“善本”的评价标准

划分“善本”的“三性”原则：历史文物性、学术资料性、艺术代表性。

2.版本评价的一般标准

文字内容的评价标准

（1）内容完整，没有删削或残缺的现象。以不残缺未加删削者为优。

（2）内容准确，很少或较少在传抄中发生的错讹脱衍等文字错误。

（3）内容有其特色，或具有其他版本所没有的重要内容。

六、水文古籍的书名

水书是由水书先生一代接一代传抄流传下来的，水书是传抄本，多数没有署书名，署书名的较少，有的署水文书名，有的署汉文书名，有的二者皆署。

书名的命名法：水书书名的命名法是指根据内容、用途、篇名等取书名的方法。主要有3种，即：

1. 根据内容取名

如：《二十八宿》《日历》《时辰》《九星诵读》等。

2. 根据用途取名

如：《婚嫁》《营造》《祭祖》《丧葬》《超度》《占卜》等。

3. 根据正文首篇首句前几个字取名

如：《正七》《子午卯酉年探》《子午卯酉年寅申》《子午卯酉辰》等。

七、水文古籍的抄者

水书没有著作者，不知道每本水书的著者是谁，只有部分水书署抄录者姓名，多数水书不署抄录者姓名，掌握抄录者是鉴定版本的重要因素之一。

八、水文古籍的版本

1. 水文古籍版本的源流

水书是由水书先生一代接一代传抄流传下来的，水书先生是水书传承使用的唯一载体。一般来说，一书的各个版本之间必然存在某种关系，并分别有某种相同或相似的特征。这些有着某种相同或特征的版本即可划归于同一版本系统。这些特征一般表现在各本的书名、文字内容、版式行款等方面。

祖本：一般是指一书各种版本的最早写本，但通常人们也将一书中形成某一版本的系统的最早本子称为该版本系统的祖。

版本源流的几种研究模式：

（1）通论一书各本之发生、发展的源流。

（2）研究某一版本在该书版本源流中的地位、价值。

（3）专门研究一书某版本系统之各种版本。

（4）重点研究一书现存版本的发展源流。

（5）对仅有记载而尚未发现版本进行专门的研究。

（6）考订某两个或几个版本之间的系。

考证方法与步骤：

（1）查找有关各种目录资料，找出研究对象之书的各种版本说明，并予以适当的记录和认真的分析。

（2）根据目录资料所提供的线索，查阅一书的各种现存版本，通过对其书中文字内容及版式、行款的研究、分析，进一步查考其版本源流。

（3）综合各种有关一书版本的记录，总结归纳其版本源流，并利用各种方式，记录其研究成果。

2. 水文古籍版本的分析

（1）版本的背景情况

抄写背景：指一部水文古籍各种不同版本的相关抄写者对原书的照抄、增删、修改、注释等，包括抄写时间、抄写地、抄写者、制作方式4个因素。流传背景：指一个水书版本产生后，人们对它的收藏利用情况。

（2）版本的文字内容

书名分析：同书异名、同名异书。正文分析：内容情节描写、文字校勘粗精。附加文字内容分析：指的是一个具体本子产生后在流传过程中，其使用者在其上加盖的各种印章和书写的签名、题识等文字。

（3）版本外观形式

图文符号：外观特征：彩色黑白、繁简等。载体材料：白棉皮纸、麻纸、竹纸等。

3. 水书版本的类型

（1）按抄写时间分

按时代划分有：明抄本、清抄本、民国抄本等。

按皇帝年号划分有：清嘉庆本、清道光本、清咸丰本、清同治本、清光绪本、清宣统本等。

按时代远近划分有：古本、旧本、近本、今本等。

（2）按抄写地域划分

按县划分有：三都本、都匀本、荔波本、独山本、榕江本、丹寨本等。

（3）按抄写者划分

按抄书人的姓名划分有：在姓名后边加上“抄本”二字。

（4）按页面美观情况划分

按成版划分有：抄本、精抄本。

（5）按版本形态划分

按装订形式划分有：线装本、毛装本、包背装本等。

按用纸划分有：棉纸本、皮纸本、麻纸本、竹纸本、毛边纸本等。

按版式字体划分有：大字本、小字本、直排本、斜排本等。

按体积大小划分有：大本、小本、袖珍本等。

（6）按内容完整划分

按内容全否划分有：全本、节本、选本等。

按文字内容划分有：全字本、插图本、标注本、圈点本、水汉合璧本等。

（7）按版本价值、作用划分

按版本价值划分有：善本、珍本、普通本等。

按版本作用划分有：祖本、底本、诵读本、应用本等。

按版本使用场合划分有：公开本（白书）、秘密本（黑书）。

4. 水文古籍的版别

从总体看来，水文古籍都是依靠水书先生一代接一代抄写流传下来的，均为抄写本。抄写本即人工抄写的水书，但具体区分，又有不同的版本名称。

（1）按照写的不同情形，可分为写本、抄本、精抄本、彩绘本等。

写本：缮写而成的传本。特指年代长、抄写工整的水书。

抄本：依据某一底本抄录而成的传本。

精抄本：抄写精美，字体工整的抄本称为精抄本。

彩绘本：以两种或两种以上颜色绘写而成的水书。多用于插图较多的水书等。

（2）根据流传情况和珍贵程度，水文古籍又可分为足本、节本、残本、善本、珍本、孤本、普通本、秘籍本等。

足本：内容完整无缺的水书。

节本：因原书篇幅过长，抄写时只节取其中一部分，或是因为其他原因予以删节，称为节本或删节本。

残本：指内容残缺的水书。古籍在流传过程中，由于各种原因造成残缺，有的仅是缺页，经过抄配，仍能补全；有的残缺过甚，只能作为他书的配本。

善本：指抄写较早、流传较少、符合“三性原则”（即历史文物性、学术资料性和艺术代表性）的古籍。

珍本：抄写年代较早，流传很少，研究价值较高的古籍。

孤本：世所仅见的古代图书。

稀见本：指抄本较少，流传不多的书本。

普通本：指常用的、流传较广、年代较晚的书本。

秘籍本：指不在公开场合使用的书本。又称“黑书”。

九、水文古籍的材质

水文古籍的材质，最初用竹简、木简、牛角、骨、石等，之后用纸。纸质文献存世多，其余文献存世少。纸是水文古籍的主要载体，一般分为3种，即：1.白棉纸，是指用构皮树树皮为原料制成的纸，厚薄均匀、呈浅黄、纤维均匀、无洞、无结、无污、柔韧性强、吸附墨汁的纸。白棉纸土法生产工艺流程为：浸泡—加石灰—蒸煮—去灰—压榨—抹灰—二次蒸煮—洗涤—舂碓—加药—捞纸—榨水—揭坑—裁齐。2.夹纸，是在白棉纸的基础上分级加厚制成，夹纸分二夹纸、三夹纸、四夹纸等。3.竹纸，是指用竹子为原料制成的纸。

十、水文古籍的装帧

水文古籍的装帧有：毛装、线装和包背装3种。

毛装是传世水文古籍最常用的装订方式之一。它是根据底本的页数多少将纸对折，集数叶为一摞，戳齐书口，然后在书脊内侧打两眼、四眼或六眼，用纸捻穿订，系紧、砸平。有的加一简单封皮，有的不加封皮。这种用纸捻粗装的装帧形式就叫毛装。

线装是传世水文古籍最常用的装订方式。它是根据底本的页数多少将纸对折，集数叶为一摞，戳齐书口，前后各用一页书衣，然后在书脊内侧打眼，穿线装订成册。有的加一简单封皮，有的不加封皮。线装水书的线眼数量依据书的大小、抄书者的喜好等因素，有两眼、三眼、四眼、五眼、六眼、七眼、八眼、九眼、十眼、十一眼等。一般是书小眼数少，书大眼数多。目前见到最多是十一眼。

包背装是根据底本的页数多少将纸对折，集数叶为一摞，戳齐书口，然后在书脊内侧打两眼或四眼或六眼，月纸捻穿订，系紧、砸平，然后再装上书衣，再照底本抄写。由于全书包上厚纸作皮，不见线眼，故称包背装。

十一、水文古籍的封面

水书的封面有纸面和布面两种。纸面封面用纸与内页相同，绝大多数水书封面是纸面，纸面封面有的有书名、有抄写者姓名、有抄写时间、有图案等，有的什么也没有。布面是用自织的蓝布或青布或白布作水书封面，防止磨损，利于保护书籍，布面封面没有书名、抄写者姓名、抄写时间、图案等。

十二、水文古籍的书写工具

水文古籍的书写工具主要有笔、墨、纸。

笔。书写用的笔分为硬笔、软笔两种。硬笔主要有竹签硬笔、牛角硬笔，是自制而成。竹签硬笔有两种，一种是用小的竹管为材料，将其一端斜削成笔尖的竹笔；一种是用大竹片为材料，将其一端削成笔尖的竹笔。牛角硬笔是先用牛角制成长薄片，一端削成笔尖。软笔是毛笔，是从汉族地区传入的。早期抄写主要是用硬笔，中晚期抄写主要是用毛笔。

墨。书写用的墨有黑色墨汁、红色颜料汁两种，是自制而成。制作黑色墨汁的原料是松烟、白酒、石灰，是将白酒和少量石灰放入松烟里调制而成。红色颜料汁是用红土、或红色植物果实（花）作原料制成。后来汉族地区制造的墨锭、墨汁、颜料传入水族地区，逐步取代了自制的墨汁。书写用制墨汁的陶砚有小陶碗。小陶碗便于调制墨汁，便于磨墨锭。

纸。书写用的纸有白棉纸、夹纸、竹纸。这些纸都是由水族地区的三都、丹寨、都匀、荔波、榕江等县市的传统手工造纸小作坊制造的。造纸的主要原料是取材于当地的构皮树皮、竹子、石灰和水。白棉纸又称白纸、白皮纸。夹纸分二夹纸、三夹纸、四夹纸等，是在白棉纸的基础上分级加厚制成。这类纸质纤维长、韧性好、吸水性强。竹纸用的较少。

十三、水文古籍的颜料

水书书写的颜料，主要是黑色的墨汁和红色颜料。黑色墨汁主要用于书写正文部分，红色主要用于图案、图画绘制及点缀正文部分文字。红色多用于吉祥类文字。抄写水书没有统一的用色规定。

十四、水文古籍的版式

1. 水书的开本

水书都是由水书先生传抄而成，均系民间抄本，开本大小没有统一要求。每个水书先生的水书抄本大小不一，一个水书先生的水书抄本也大小不一。在中国民族图书馆收藏的1000多册水书中，最大的是591号高38厘米×宽28厘米，最小的是1150号高12.8厘米×宽14厘米，还有正方形的292号高31厘米×宽31厘米等等。水书开本的大小与水书内容有关，与纸张尺寸大小有关，与水书先生的喜好有关，水书没有统一的开本。多数水书没有版框，有板框的水书较少见。

2. 水书的行款格式

行款指文字的书写顺序和排列形式，包括字序和列序。传统的水书行款格式为水字竖写直排，其字序自上而下，列序自右而左。行款疏密，字迹优劣、笔法细粗、墨色莹浊，直接影响页面效果和格调。多数水书先生在抄写前对行款都要精心测算、画好列底线。做到行款讲究，页面整齐。在每一册水书里，有每页的列数相同，也有每页的列数不等，每列的字数不等。中国民族图书馆收藏的《逢井》书写形式很特别：1册书里有7种版式，是目前见到版式最多的。

十五、水文古籍的内容

水书所记，大多是原始宗教信仰方面的日期、方位、吉凶兆象及驱鬼避邪的方法，大体是以年宜、忌月日，以月日宜、忌时方，并用歌诀或事物兆象标明它的吉凶所属，因此多是作为施行法事的工具。只是因为水族笃信鬼神，故水书用途很广。水书这种特有的功能，促进了水族鬼神崇拜的世代沿袭。水书除了包含大量的原始宗教信仰内容以外，它还保存了亟待挖掘和破译的天象、历法资料和水族古文字资料。水书所反映的天象、历法资料，是一份极为珍贵的历史文化遗产。它的一些基本理论，如九星、二十八宿、八卦九宫、天干地支、日月五星、阴阳五行、六十甲子、四时五方、七元历制以及水历正月建戍等内容，就是水族先民智慧和艺术的结晶。

十六、水文古籍的分类法

关于水书的内容分类，大致有以下几种：

1. 按性质划分

可以分为吉、凶两类，吉祥类的水书水语称为“泐多”，意为白色干净无忌无戒的书，它有代旺、九高、九笨、龙定、龙派、金堂、木堂、四雄、天罡等40多个条目；凶祸类的水书水语称为“泐凶”，意为凶祸灾害的书，包括有梭项、歹耿、龙犬、大败、九火、不倒、花肖、十干、八平、堂华、尼排、引贯、念友、都居等近200个条目。这些条目名称都是水语音译。在吉凶两类水书中，又分为普通水书和秘籍水书两种，普通使用的水书水语称为“泐敢”或“泐八”，意为直述无隐语的“白书”；秘籍使用的水书水语称为“泐弄”，用词多隐语，汉译“黑书”。现存的水书多为“白书”。水族人民丧葬、祭祀、婚嫁、营建、出行、占卜、生产，均由水书先生从水书中查找出依据，然后严格按照其制约行事，并由此形成水书习俗。

2. 按形式划分

水书可分为朗读本、阅览本、遁掌本、时象本、方位本、星宿本等。朗读本水语称为“泐借喜”，是学习水书的基础读本，为民歌体，用词谨严、比喻夸张、易于诵读。阅览本水语称为“泐改”，是对水书读本的注释，主要用来编修水历，是水书的主体部分之一，是水书的主体部分，是择定各种吉日的主要依据。遁掌卷本水语称为“泐点冻”，意为掐指遁掌的书，专门讲授计算星宿十二宫的方法，也用于编历书、预报气象等。时象本水语称为“泐万昔”，记载地支方位于逐年、逐月、逐日的吉凶兆象。方位卷本水语称为“泐放”，是专门测算地理方位及某一地理方位在某一时刻的凶吉兆象。星宿卷本水语称为“泐菊”，是记载二十八宿在一定年月日时内的吉凶兆象。

3. 从用途、使用功能分

为两大类：一类为普通水书（又称为“白书”），主要用于丧葬、祭祀、生产、出行、房屋营造、经商、嫁娶和占卜等方面；一类为秘籍水书（又称为“黑书”），用于“放鬼”和“退鬼”。

4. 从内容分

水族民间相传水书有“六家”——《正七卷》《春寅卷》《亥子卷》《丑牛卷》《甲己卷》《黑书》。除直接反映水族原始信仰、天文历法之外，还兼容了水族哲学思想、文学艺术、语言文字、伦理道德、生产生活等诸多方面的内容，是研究水族历史文化的珍贵典籍，也是宗教学、历史学、民族学、民俗学、语言文字学等学科研究的珍贵资料。

5. 按卷种分

水书各类卷本繁多，主要有诵读本、应用本两大类，各有10数种。诵读本主要包括《正七卷》《亥子卷》等十数种。应用本主要包括《时辰卷》《二十八宿卷》等十数种。《日历卷》是水族先民运用天文历法知识在丧葬方面推演吉凶、预测祸福的卷本；《日历卷》是根据五行学说和天体运行学说，阐述远古时期阴阳论的卷本；《寿寅卷》是水族先民根据“万物有灵”论，高度概括动物生活习性与人类生活现实的矛盾趋吉避凶的卷本；《金堂卷》是水族先民择定吉日的卷本。

三都水族自治县档案馆收藏的《万年经镜》分上、中、下3部，全书844页，总计有3616个条目。《万年经镜》经鉴定为康熙年间抄本。其内容涉及水族古代天文历法、气象、宗教信仰、民俗伦理、语言学、文字学、哲学等，内容博大精深，是目前水书中涉及内容最广，古代信息含量最高最为丰富的经书，是水族的百科全书。《阴阴阳》是图文并茂的水书彩绘本，该书为清代光绪年间，内容为哲学方面。全书59页，用色达5种，所绘人物、建筑物、牛、马、龙、蛇、飞禽走兽神态逼真、惟妙惟肖、用色娴熟，反映了古代水族人追求美好生活、追求美好文化艺术的象征。《如意占卜纸牌》更是精品，这是目前为止全国发现的唯一一副水族占卜纸牌。纸牌共有数十张，牌上绘画有各种人物等造型图案，是水族人民古时出门、办事、婚娶迎嫁占卜所用。

十七、水文古籍版本鉴定的一般方法

1. 考证法：根据抄书水书先生的生卒时间确定版本年代。

2. 直观法：装订形式，版式，字体，纸张，墨色。

3. 对勘法：由于水文古籍都是抄写本，版本有差异。版本对勘就是对一书各种具体版本所进行的实际的比较鉴别工作。校勘对勘工作目的是发现、纠正图书的文字错误，以恢复书的本来面目。了解版本的真实情况，理清一书各本间关系，评定各本的优劣高下。

十八、水族古籍收藏情况

水文古籍是水族古老的民俗文化典籍，是研究水族社会历史文化的金钥匙。水书是千百年来以水书先生为载体，活态传承的文献，主要是由水书先生传抄使用，保存在水书先生家里。20世纪80年代以后，才逐步被搜集到档案馆、图书馆等单位珍藏。据不完全统计，全国水书的藏量约有5万余册，其中单位保存的水书约有2.3万余册。

1. 水书收藏机构

目前在全国范围内已搜集到单位保存的水书约有2.3万余册，分别收藏在贵州省和北京的档案馆、图书馆、博物馆，此外在国外的博物馆还藏有少量水书。

贵州省水书收藏单位及收藏数量：三都水族自治县档案馆有10000余册，荔波县档案馆有9000余册，贵州民族文化宫（贵州民族图书馆）有1400余册，贵州民族大学有500余册，都匀市档案馆有500余册，独山县档案馆有250余册，黔南民族师范学院有200余册，黔南布依族苗族自治州图书馆有65册，黔南布依族苗族自治州档案馆有40册，黔南布依族苗族自治州民族博物馆、黔东南苗族侗族自治州民族博物馆等其他单位约有100余册。北京水书收藏单位及收藏数量：中国民族图书馆有1100余册，国家图书馆有39册，国家博物馆有31册，清华大学图书馆有10册，中央民族大学、国家档案馆也有部分水书收藏。

2. 水书散存民间情况

除上述单位搜集到的水书文献外，各地研究人员经过多次普查后统计出约有数万册水书还散存于贵州省水族地区民间。据不完全统计，目前散存于贵州省民间的水书有2.76万余册，其中三都水族自治县16000余册，荔波县3400余册、都匀市1500余册，独山县1800余册、榕江县1600余册、丹寨县800余册、贵州民族大学潘朝霖研究员500余册等，其他水族地区的民间水书约2000册。

十九、水文古籍的保护情况

已经采取的保护措施和取得的主要成果。

从党的十一届三中全会以后，在党和政府的领导和关心下，水书的抢救保护工作取得了前所未有的成果。

1980年3月，中共三都水族自治县委批文建立“三都水族自治县民族文史研究组”，组长为王品魁，成员有潘国炯、潘朝霖、石国义、姚福祥。这标志着水书的抢救工作正式在政府的领导下启动。

1986年9月，贵州省少数民族古籍整理出版规划小组在贵阳主持召开了“水族古籍‘七五’规划会议”。会议决定把搜集、整理、编审水书工作列入重点项目。

1986年，在贵州省档案局、黔南布依族苗族自治州档案局的支持下，三都水族自治县档案局首次将水书作为民族特色档案开展征集抢救工作。2002年3月，水书被列入首批“中国档案文献遗产名录”进行收藏保管。

1990年6月，贵州省水家学会组建了水书搜集整理翻译研究小组，把水书列为重要科研课题，制订了水书研究计划。使水书的研究工作有了一个良好的开端。

1994年11月，贵州民族出版社出版了王品魁先生译注的《水书·正七卷壬辰卷》，该书是水书的首次破译出版，为水书研究做出了开拓性的工作。

2002年7月30日，贵州省政府出台的《贵州省民族民间文化保护条例》使水书的保护走上了法制化轨道。2002年初，文化部联合有关部门启动“中国民族民间传统文化保护工程”。

2002年7月、2003年8月，贵州省荔波、三都两县分别成立了水书抢救工作领导小组，并征集了水书文本原件1.3万余册。从此，水书倍受社会的广泛关注，抢救开发利用水书的浓厚社会氛围蔚然形成。

2004年5月24日，贵州省黔南布依族苗族自治州成立了水书抢救工作领导小组，并于5月27日召开了水书抢救工作领导小组第一次会议，会议强调全州按照“统一规划、整体推进、分县实施和重点突破”的原则抓好水书的抢救保护和开发利用工作，以此打造民族文化品牌。2005年8月31日黔南布依族苗族自治州成立了水书抢救破译专家组，使水书破译工作科学有序地进行。

2005年11月，贵州民族出版社出版了王品魁、潘朝霖译注的《水书·丧葬卷》。

2006年5月，水书习俗入选第一批《国家非物质文化遗产名录》。2006年9月29日明确了黔南布依族苗族自治州文学艺术研究所为水书习俗责任单位，为下一步明确责任目标，加强组织协调，落实各项措施，切实保护好、管理好、利用好水书提供了保障。

2006年11月，贵州民族出版社出版5册套装影印本《水书》。

2006年12月，四川出版集团巴蜀书社、四川民族出版社出版了由1353种水书抄本影印编辑而成的巨著160册《中国水书》。

2007年，贵州人民出版社出版贵州省档案馆、荔波县人民政府译注的《泐金纪日卷》。

2008年3月1日，有8部水书入选第一批《国家珍贵古籍名录》。贵州省荔波县档案馆（水书藏馆）被命名为全国古籍重点保护单位。

2008年6月，三都水族自治县人民政府公布《三都水族自治县水书文化保护条例》，标志着三都水族自治县水书文化进入了法制管理的新时代。

2009年6月9日，有16部水书入选第二批《国家珍贵古籍名录》。

2010年6月11日，有33部水书入选第三批《国家珍贵古籍名录》。

2011年，贵州民族出版社出版黔南布依族苗族自治州人民政府组织译注的《水书·秘籍卷》《水书·正五卷》《水书·麒麟正七卷（上、下）》《水书·金用卷》《水书·婚嫁卷》《水书·阴阳五行卷》。

2013年3月8日，有12部水书入选第四批《国家珍贵古籍名录》。

2016年3月27日，有5部水书入选第五批《国家珍贵古籍名录》。

参考文献

[1] 吴肃民．中国少数民族古籍概论．天津：天津古籍出版社，1995.

[2] 张公瑾．民族古文献概览．北京：民族出版社，1997.

[3] 黄润华，史金波．少数民族古籍版本——民族文字古籍．南京：江苏古籍出社，2002.

[4] 潘朝霖，韦宗林．中国水族文化研究．贵阳：贵州人民出版社，2004.

[5] 朱崇先．中国少数民族古典文献学．北京：民族出版社，2005.

[6] 韦章炳．中国水书探析．北京：中国 文史出版社，2007.

[7] 潘朝霖，唐建荣．水书文 化研究．贵阳：贵州民族出版社，2009.

[8] 韦章炳．水书与水族历史研究．北京：中国戏剧出版社，2009.

[9] 陈思．水书揭秘．北京：光明日报出版社，2010.

[10] 钱基博．版本通义．北京：古籍出版社，1957.

[11] 施廷镛．中国古籍版本概要．天津：天津古籍出版社，1987.

[12] 戴南海．版本学概论．成都：巴蜀书社，1989.

[13] 严佐之．古籍版本学概论．上海：华东师范大学出版社，1989.

[14] 李致忠．古书版本学概论．北京：北京图书馆出版社，1990.

[15] 程千帆，徐有富．校雠广义·版本编．济南：齐鲁书社，1991.

[16] 曹之．中国古籍版本学．武汉：武汉大学出版社，1992.

[17] 姚伯岳．版本学．北京：北京大学出版社，1993.

[18] 阳海清．版本学研究论文选集．北京：书目文献出版社，1994.

[19] 王绍曾．目录版本校勘学论集．上海：上海古籍出版社，2005.

[20] 杜泽逊．文献学概论（修订本）.北京：中华书局，2008.

[21] 黄永年．古籍版本学.南京：江苏教育出版社，2009.

[22] 顾廷龙．版本学与图书馆．四川图书馆，1978（11）.

[23] 李致忠．论古书版本学．吉林省图书馆学会会刊，1979（1）.

[24] 吴则虞．版本通论．四川图书馆，1979（1）.

[25] 张舜徽. 中国校雠学分论——版本. 华中师院学报，1979（3）.

[26] 郭松年. 古籍版本与版本学. 吉林省图书馆学会会刊，1980（4）.

[27] 谢国桢. 明清时代版本目录学概述. 齐鲁学刊，1981（3）.

[28] 卢中岳. 版本学研究漫议. 贵图学刊，1982（2）.

[29] 邵胜定. 版本学有广狭二义论. 图书馆杂志，1985（4）.

[30] 曹之. 宋代版本学述略. 青海图书馆，1990（4）.

[31] 石洪运. 版本学基础理论研究述评. 黑龙江图书馆，1991（3）.

[32] 王国强. 关于中国古籍版本学基本理论研究现状述评. 河南图书馆学刊，1993（1）.

[33] 周铁强. 近年来古籍版本学理论研究述评. 上海高校图书情报学刊，1995（1）.

[34] 李明杰. 20世纪中国古籍版本学史研究综述. 古籍整理研究学刊，2003（2）.

（本文原载《中国少数民族文字古籍版本研究》 民族出版社 2018年7月）

《突厥语大词典》与维吾尔族

艾合买提·买买提

《突厥语大词典》(diwanu luγatit türk)是维吾尔族在中世纪建立的喀喇汗王朝时期(840—1212年)问世的一部语言学巨著，也是在维吾尔族历史上诞生的第一部语言学著作和第一部词典。因这部词典正文共收录6860余条词汇，并涉及回鹘(uyγur)、派切乃克(päčänäk)、奇普恰克(qipčaq)、乌古斯(oγuz)、耶麦克(yämäk)、巴什基尔(bašγirt)、拔悉密(basmil)、喀伊(qay)、亚巴库(yabaqu)、鞑靼(tatar)、黠嘎斯(qirγiz)、奇吉尔(čigil)、托赫锡(toxsi)、样磨(yaγma)、葛逻禄、奥格拉克(oγraq)、恰鲁克(čaruq)、处密(čomul)等诸多突厥语部族，词条内容又涉及语言、文学、历史、地理、习俗、政治、经济、军事、医学等诸多学科领域，现被学者们称为一部中世纪语言学百科全书。那么，这部百科全书式的词典与维吾尔族有什么关系呢?下面与读者一起探讨《突厥语大词典》与维吾尔族的关系。

一、麻赫穆德·喀什噶里出生在喀喇汗王朝的可汗家族

《突厥语大词典》的作者语言学家麻赫穆德·喀什噶里在自己的此著作中虽然没有明确指出自己的部族属性，只是讲到自己是属于出身高贵。如在《突厥语大词典》序言中写到，“尽管在突厥人中，我长于辞令，最善于清楚地表达思

想，禀性及其聪颖，并出身高贵，又兼能征惯战……。”[①] 在这里，麻赫穆德·喀什噶里没有直接讲到自己属于喀喇汗王朝统治阶层，但是，用“出身高贵”来暗示自己家族属于王朝统治阶层。《突厥语大词典》维吾尔文本中翻译的“属于最主要的部族”（äŋ asasliq qäbiligä mänsup）与汉译本上的“出身高贵”是同一个词句的不同译文，含义相对应。这里的最主要的部族指的是建立喀喇汗王朝的部族，也就是可汗族。建立喀喇汗王朝的部族自然是高贵部族，这是麻赫穆德·喀什噶里的观点。

关于自己的家族，麻赫穆德·喀什噶里在《突厥语大词典》里解释“uyγur”（回鹘）一词时讲到字母的相互交替现象时写到，“本书的编纂者麻赫穆德按：我们的祖先埃米尔（国王）被称为xämir（海米尔），原因在于此。因为乌古斯人不会说ämir，而说成xämir。因此，从萨曼王朝的后裔手中夺回突厥疆域的我们的祖先被称为xämir tägin（海米尔特勤）。”[②] 在这里，麻赫穆德·喀什噶里说是我们的祖先从萨曼王朝的后裔手中夺回突厥疆域。我们查阅史料发现，上面提到的“突厥疆域”指的是喀喇汗王朝的西部领土。893年，毗伽阙·卡迪尔汗（此人被认为是喀喇汗王朝的创建者）的次子奥古尔恰克同波斯萨曼王朝发生战争，萨曼王朝的军队占领喀喇汗王朝的副都怛逻斯等地，迫使奥古尔恰克将都城迁至喀什噶尔。失手的喀喇汗王朝西部领土，从此开启了伊斯兰化序幕，并开始影响喀什噶尔地区。之后，喀喇汗王朝与萨曼王朝之间发生多次争夺怛逻斯、巴拉沙滚、布哈拉等地的战争。999年，喀喇汗王朝的阿尔斯兰汗伊利克·纳斯尔汗率军占领萨曼王朝首都布哈拉，萨曼王朝亡。这些情况在伊本·阿西尔的《全史》、阿勒玛伊·喀什噶尔的《喀什噶尔史》、萨姆阿尼的《世系书》、纳尔沙赫的《布哈拉史》以及《布格拉汗传》等书均有记载。以上的资料分析后可以看出，麻赫穆德·喀什噶里的家族属于从萨曼王朝手里夺回王朝西部疆域的出身高贵的喀喇汗王朝可汗家族（皇族）。

《突厥语大词典》里，麻赫穆德·喀什噶里对于自己的父亲和祖父这样写

① 麻赫穆德·喀什噶里．突厥语大词典［M］．汉译本第一卷，北京：民族出版社，2002：2.

② 麻赫穆德·喀什噶里．突厥语大词典［M］．汉译本第一卷，北京：民族出版社，2002：121.

道："现在请听穆罕默德至孙、侯赛因之子马赫穆德之言。"①

"巴尔思汗（barsγan）是阿夫拉斯亚甫之子的名字。巴尔思汗城就是他让建造的。这是麻赫穆德父亲的城市。有些人说，回鹘国王有一位名叫巴尔思汗的马倌，由于此地空气好，他便在此地放马，后来，这个名字就成了此地的名称。"②

从以上了解到，穆罕默德是麻赫穆德·喀什噶里的祖父，称作博格拉汗穆罕默德，曾担任东部喀喇汗王朝可汗，是喀喇汗王朝可汗玉素甫克迪尔汗的儿子，在位15个月。侯赛因是麻赫穆德·喀什噶里的父亲，1058年博格拉汗穆罕默德把汗位让位于长子侯赛因。侯赛因起先做了巴尔斯罕的执政官，1057—1058年迁居到喀什噶尔。1058年，博格拉汗穆罕默德的一个妃子毒死了麻赫穆德·喀什噶里的父亲侯赛因等博格拉汗家族的许多成员，扶持自己的幼子伊卜拉欣登上汗位。麻赫默德·喀什噶里是这次宫廷事件的幸免者，从此开始了流浪生活，到七河地区、伊犁河谷、费尔干纳盆地和锡尔河地区各地突厥语部落中调查搜集语言、文学、历史、地理、医学、风土人情等方面的材料，于1072—1074年在巴格达用阿拉伯语编纂成《突厥语大词典》献给阿拔斯王朝第二十七任哈里发穆克塔迪。

二、麻赫穆德·喀什噶里把自己的语言称作哈卡尼耶突厥语

语言学家麻赫穆德·喀什噶里在《突厥语大词典》中把自己生长地区的语言称作"哈卡尼耶突厥语"，以此来暗示自己是哈卡尼耶突厥人。如："喀什噶尔有操坎切克语的村庄，但城里的人操哈卡尼耶突厥语。"③"语言中最标准的语言要数哈卡尼耶中央地区居民的语言。"④

① 麻赫穆德·喀什噶里.突厥语大词典［M］. 汉译本第一卷，北京：民族出版社，2002：1.

② 麻赫穆德·喀什噶里.突厥语大词典［M］. 汉译本第三卷，北京：民族出版社，2002：409.

③ 麻赫穆德·喀什噶里.突厥语大词典［M］. 汉译本第一卷，北京：民族出版社，2002：33.

④ 麻赫穆德·喀什噶里.突厥语大词典［M］. 汉译本第一卷，北京：民族出版社，2002：33.

麻赫穆德·喀什噶里在《突厥语大词典》里为什么不明确指出自己的具体语言属性而只说哈卡尼耶（xakaniyä，指王朝、汗朝之意）突厥语？这个问题我们从伊斯兰教对喀什地区的传播中寻找答案。

公元8世纪，伊斯兰教传播到中亚。从893年到999年喀喇汗王朝的西部领土被信仰伊斯兰教的波斯萨曼王朝所占领，并实现了伊斯兰化。信仰伊斯兰教的西部回鹘人（松岭西回鹘）、葛逻禄人、乌古斯人以及波斯人开始影响以喀什为中心的喀喇汗王朝。960年，伊斯兰教成为喀喇汗王朝的国教，此后喀喇汗王朝境内的回鹘、样磨等突厥语诸部落在伊斯兰文化环境下加速了回鹘化进程。但是在喀什一带生活的回鹘人并没有自称回鹘，而是由于深受伊斯兰文化影响称作自己为哈卡尼耶突厥人（王朝突厥人）或穆斯林。在他们看来，“突厥名称是伊斯兰教的唯一主——安拉起的名字，是神圣的”。[①] 当时在高昌一带的居民（包括回鹘人）因为信仰佛教、萨满教或景教、袄教（拜火教），被喀什、中亚一带伊斯兰化的回鹘人称作“最凶残的异教徒”“塔特”（tat，异教徒、敌人之意）等。麻赫穆德·喀什噶里把“uyγur”（回鹘）一名不是用作部族名称，而是当作汗国名称使用。《突厥语大词典》的作者麻赫默德·喀什噶里是在伊斯兰文化环境下成长的学者，喀喇汗王朝与高昌回鹘王国之间发生过多次战争，为了区别信仰佛教为主的高昌回鹘，把喀什为中心的回鹘称作“哈卡尼耶突厥人”是可以理解的。还有，喀喇汗王朝与波斯萨曼王朝是邻居，相比于高昌回鹘，在文化领域更多地受到波斯文化的影响。波斯人使用“突厥”一词也是较多的。所以，麻赫穆德·喀什噶里把回鹘语也称作突厥语，如：“回鹘人的语言是纯粹的突厥语”[②]。其实，“突厥”一词与伊斯兰教无关，在伊斯兰教诞生之前就已经存在。而且，正是在漠北草原生活的回纥人联合拔悉密、葛逻禄等部落推翻突厥汗国，建立鄂尔浑回鹘汗国（744—840）。

---

① 麻赫穆德·喀什噶里．突厥语大词典［M］．汉译本第一卷，北京：民族出版社，2002：368-369.

② 麻赫穆德·喀什噶里．突厥语大词典［M］．汉译本第一卷，北京：民族出版社，2002：32.

三、喀喇汗王朝与中原王朝交往时自称回鹘

公元840年，鄂尔浑回鹘汗国因大雪灾害、内讧以及黠戛斯人的袭击而灭亡后，部众四散逃逸。其中的主要部分十五部在可汗家族要员庞特勤带领下西迁到松岭以西，在七河地区臣服了葛逻禄及其他部族，建立了新的王朝——喀喇汗王朝。喀喇汗王朝后扩展到喀什一带。这些信息在新、旧《唐书》《宋书》等文献都有记载。

《新唐书·回鹘传》记载：

“俄而渠长句录莫贺与黠戛斯合骑10万攻回鹘城，杀可汗，诛掘罗勿，焚其牙，诸部溃，其相馺职与庞特勤十五部奔葛逻禄，残众入吐蕃、安西。于是，可汗牙部十三姓奉乌介特勤为可汗，南保错子山。”

《旧唐书·回鹘传》记载：

“有将军句录莫贺恨掘罗勿，走引黠戛斯领10万骑破回鹘城，杀㕎馺，斩掘罗勿，烧荡殆尽，回鹘散奔诸蕃。有回鹘相馺职者，拥外甥庞特勤及男鹿并遏粉等兄弟5人、一十五部西奔葛逻禄，一支投吐蕃，一支投安西。又有近可汗牙十三部，以特勤乌介为可汗，南来附汉。”

从以上可以看出，庞特勤率领十五部回鹘主力西迁到葛逻禄生活的地区。

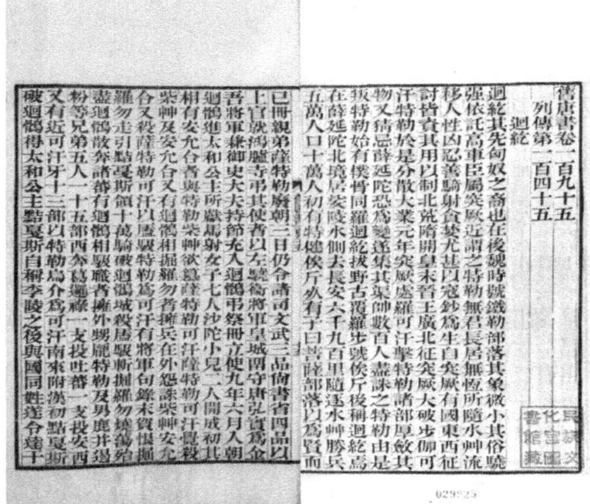
舊唐書卷一百九十五
列傳第一百四十五
迴紇
迴紇其先匈奴之裔也在後魏時號鐵勒部落其象微小其俗驍强依託高車臣屬突厥近謂之特勒無君長居無恒所隨水艸流移人性凶忍善騎射貪婪尤甚以寇鈔爲生自突厥有國東西征討皆資其用以制北荒隋開皇末晉王廣北征突厥大破步伽可汗特勒於是分散大業元年突厥處羅可汗擊特勒諸部厚斂其物又猜忌薛延陀恐爲變遂集其渠帥數百人盡誅之特勒由是叛特勒始有僕骨同羅迴紇拔野古覆羅步號俟斤後稱迴紇焉在薛延陀北境居娑陵水側去長安六千九百里隨逐水艸勝兵五萬人口十萬人初有特健俟斤死有子曰菩薩部落以爲賢而

已冊親弟薩特勒爲可汗三日仍令諸司文武三品尚書省四品以上官就鴻臚寺弔其使者以左驍衛將軍皇城留守唐弘實爲金吾將軍兼御史大夫持節充入迴鶻弔祭冊立使九年六月入朝迴鶻進太和公主所獻馬射女子七人沙陀小兒二人開成初其相有安允合者與特勒柴艸欲篡薩特勒可汗薩特勒可汗覺殺柴艸及安允合又有迴鶻相掘羅勿者擁兵在外怨誅柴艸安允合又殺薩特勒可汗以㕎馺特勒爲可汗有將軍句錄末賀恨掘羅勿走引黠戛斯領十萬騎破迴鶻城殺㕎馺斬掘羅勿燒蕩殆盡迴鶻散奔諸蕃有迴鶻相馺職者擁外甥龎特勒及男鹿并遏粉等兄弟五人一十五部西奔葛邏祿一支投吐蕃一支投安西又有近可汗牙十三部以特勒烏介爲可汗南來附漢初黠戛斯破迴鶻得太和公主黠戛斯自稱李陵之後與國同姓遂令達干

《旧唐书·回鹘传》中关于回纥的记载

《宋史·回鹘传》记载：

“初，回鹘西奔，族种散处。故甘州有可汗王，西州有克韩王，新复州有黑韩王，皆其后焉。”

上面提到的“黑韩王”指的就是喀喇汗王朝。

《宋史·于阗传》记载：

“大中祥符二年（1009年），其国黑韩王遣回鹘罗斯温等以方物来贡。”

《辽史·太宗本纪》（上）记载：“天显八年（933年）回鹘阿萨兰来贡。”

以上的“黑韩王”“回鹘阿萨兰”就是指喀喇汗王朝。

《金史·粘割韩奴传》记载：

“大定（1161—1189）中，回纥移习览三人至西南招司司贸易，自言：本国回纥邹括番部，所居城名骨斯讹鲁朵，俗无兵器，以田为业，所获十分之一输官。”

上面的“骨斯讹鲁朵”是喀喇汗王朝的首都虎思斡耳朵，明确说是回鹘部所在城。

麻赫穆德·喀什噶里在《突厥语大词典》里对“ordu”（斡耳朵）一词解释时说，“ordu，巴拉萨衮附近的一个城市。巴拉萨衮也称作“quz ordu”即虎思斡耳朵。”①

以上资料再次证明巴拉萨衮即虎思斡耳朵是回鹘之城，喀喇汗王朝与中原地区的政权交往时都自称回鹘。

四、波斯文献也证明喀喇汗王朝的建立者是回鹘人

无名氏波斯人于公元982年用波斯文写的《世界境域志》（Hudud al Alam）第十三章“关于样磨国及其诸城镇”记载：

“他们的财产是马匹和羊只。其人民坚韧、强壮、好战，武器很多。他们的国王与九姓古思人的国王同族。喀什噶尔，属于中国，但位于样磨、吐蕃、黠戛

① 麻赫穆德·喀什噶里．突厥语大词典［M］.汉译本第一卷，北京：民族出版社，2002：134.

斯与中国之间的边境上。喀什噶尔的首领们往昔是葛逻禄人或样磨人。”①

《世界境域志》第十五章“关于葛逻禄国及其诸城镇”记载：

“巴尔琫（巴儿思罕），是湖（伊塞克湖）边的一个城镇，繁荣而秀丽。其王为葛逻禄人，但（居民）忠于九姓古思人。”②

从以上看得出来，样磨的国王与九姓古思人的国王是同族，都是回鹘。喀什噶尔位于中国的边境上，过去的首领是葛逻禄人或样磨人。作者写《世界境域志》时（982年），喀什噶尔的统治者已经是九姓古思人。这样就排除了喀什噶尔的统治者是葛逻禄或样磨的说法。而伊塞克湖附近的重镇巴儿思罕及周边也属于九姓古思。《世界境域志》里把高昌回鹘王国直接称作九姓古思国。目前，学者们一致认为“九姓古思”（即九姓乌古斯） 指的就是回鹘。

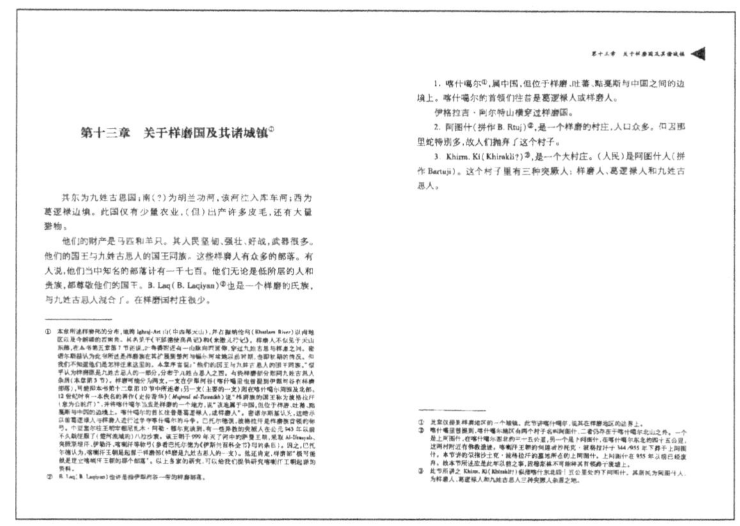

第十三章　关于样磨国及其诸城镇①

其东为九姓古思国；南（?）为胡兰功河，该河汇入库车河；西为葛逻禄边镇。此国仅有少量农业，（但）出产许多皮毛，还有大量兽物。

他们的财产是马匹和羊只。其人民坚韧、强壮、好战，武器很多。他们的国王与九姓古思人的国王同族。这些样磨人有众多的部落。有人说，他们当中知名的部落计有一千七百。他们无论是低阶层的人和贵族，都尊敬他们的国王。B. Laq（B. Laqiyan）②也是一个样磨的氏族，与九姓古思人混合了。在样磨国村庄很少。

1. 喀什噶尔①，属中国，但位于样磨、吐蕃、黠戛斯与中国之间的边境上。喀什噶尔的首领们往昔是葛逻禄人或样磨人。

伊格拉吉·阿尔特山横穿过样磨国。

2. 阿图什（拼作B. Rtuj）②，是一个样磨的村庄，人口众多。但因那里蛇特别多，故人们抛弃了这个村子。

3. Khirm. Ki（Khirakli?）③，是一个大村庄。（人民）是阿图什人（拼作Bartuji）。这个村子里有三种突厥人：样磨人、葛逻禄人和九姓古思人。

《世界境域志》第十三章“样磨”条

五、语言学家麻赫穆德·喀什噶里生卒地都是喀什噶尔

喀什噶尔位于我国的西部，是西域历史文化重镇，也是我国通往中亚、南亚的交通要道。喀什噶尔是维吾尔语kašγär一词的音译，简称喀什。喀喇汗王朝时

① 无名氏．王治来译．世界境域志［M］．上海：上海古籍出版社，2010：072-073.
② 无名氏．王治来译．世界境域志［M］．上海：上海古籍出版社，2010：078.

期，喀什噶尔是王朝的政治、经济和文化中心。喀什噶尔的以维吾尔族占多数的人口局面正是从喀喇汗王朝时期开始的。经过各民族在漫长的历史发展过程中，不断交流交融，发展成现在的局面。麻赫穆德·喀什噶里是在喀什成长的学者，是喀喇汗王朝著名文人之一。

在《突厥语大词典》抄本里，麻赫穆德·喀什噶里这个名字以“tälifi mähmud bin äl hüsäyin bin muhämmäd äl kašɣäriy”（麻赫穆德·本·阿尔·侯赛因·本·穆罕默德·阿尔·喀什噶里）和“mähmud kašɣäriy”[①]（麻赫穆德·喀什噶里）形式出现。这个名字是作者本人的叫法还是抄写者的写法，目前还没有定论。但是，多数学者认为其中的“喀什噶里”是作者的笔名。麻赫穆德·喀什噶里的意思是喀什噶尔人麻赫穆德之意。中世纪和近代，许多阿拉伯、波斯和维吾尔族文人墨客把自己的故乡作为笔名现象较多。

关于自己的具体出生地，麻赫穆德·喀什噶里在其语言学著作中提供了明确的信息。如，在《突厥语大词典》中对“aziɣ”一词解释时说：“aziɣ（阿孜格），我们家乡的名称。”[②]

在解释“opal”一词时说：“opal（乌帕尔），是我们家乡的名称。”[③]

作者对这个“opal”与上面提到的“aziɣ”两个地名解释时都说是我们家乡的名称。我们查阅地名资料得知，“opal” 与“aziɣ”这两个地名都在今天的喀什疏附县，阿孜格村正好在乌帕尔乡。这个信息更明确地告诉我们麻赫穆德·喀什噶里出生在喀什乌帕尔乡阿孜格村。

关于麻赫穆德·喀什噶里的去世时间及地点，目前能提供唯一信息的文献是20世纪80年代在喀什乌帕尔发现的一个叫作“艾孜热特毛拉木”（xäzrät mollam，是圣人毛拉，尊贵的学者之意）的陵墓发现的一本《艾孜热特毛拉木传》。此书写于1791年，记有被称为尊贵学者的麻赫穆德·喀什噶里从巴格达回到乌

① 麻赫穆德·喀什噶里.突厥语大词典［M］.维吾尔文全译本（上），乌鲁木齐：新疆人民出版社，2013：264. 麻赫穆德·喀什噶里.突厥语大词典［M］.汉译本第三卷，北京：民族出版社，2002：439.

② 麻赫穆德·喀什噶里.突厥语大词典［M］.汉译本第一卷，北京：民族出版社，2002：69.

③ 麻赫穆德·喀什噶里.突厥语大词典［M］.汉译本第一卷，北京：民族出版社，2002：78.

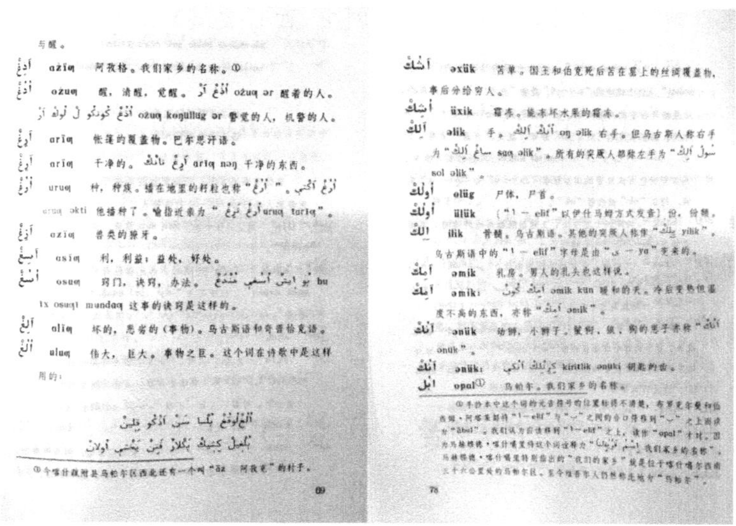

与醒。

azïɣ 阿孜格。我们家乡的名称。①

ozuɣ 醒，清醒，觉醒。ozuq ər 醒着的人。ozuq koŋüllüg ər 警觉的人，机警的人。

arïɣ 帐篷的覆盖物。巴尔思汗语。

arïɣ 干净的。arïq nəŋ 干净的东西。

uruɣ 种，种族。播在地里的籽粒也称“uruq”。uruq əkti 他播种了。喻指近亲为“uruq tarïq”。

azïɣ 兽类的獠牙。

asïɣ 利，利益；益处，好处。

osuɣ 窍门，诀窍，办法。bu ix osuqï mundaq 这事的诀窍是这样的。

alïɣ 坏的，恶劣的（事物）。乌古斯语和奇普恰克语。

uluɣ 伟大，巨大。事物之巨。这个词在诗歌中是这样用的：

① 今喀什疏附县乌帕尔区西北还有一个叫“õz 阿孜克”的村子。

69

əxük 苫单。国王和伯克死后苫在墓上的丝绸覆盖物，事后分给穷人。

üxik 霜冻。能冻坏水果的霜冻。

əlik 手。oŋ əlik 右手。但乌古斯人称右手为“saq əlik”。所有的突厥人都称左手为“sol əlik”。

əlüg 尸体，尸首。

ülük （“ا — elif”以伊什马姆方式发音）份，份额。

ilik 骨髓。乌古斯语。其他的突厥人称作“yilik”。乌古斯语中的“ا — elif”字母是由“ى — ya”变来的。

əmik 乳房。男人的乳头也这样说。

əmik： əmik kün 暖和的天。冷后变热但温度不高的东西，亦称“əmik”。

ənük 幼狮，小狮子。猎狗，狼，狗的崽子亦称“ənük”。

ənük： kiritlik ənüki 钥匙的齿。

opal① 乌帕尔。我们家乡的名称。

① 手抄本中这个词的元音符号的位置标得不清楚，布罗克尔曼和伯西姆·阿塔莱都将“ا—elif”与“ب”之间的合口符号标到“ب”之上而读为“äbul”。我们认为应该移到“ا—elif”之上，读作“opal”才对。因为马赫穆德·喀什噶里将这个词注释为“我们家乡的名称”。马赫穆德·喀什噶里特别指出的“我们的家乡”就是位于喀什噶尔西南五十六公里处的乌帕尔区。至今维吾尔人仍然称此地为“乌帕尔”。

78

《突厥语大词典》中关于“aziγ”和“opal”词条的解释

帕尔后，从教8年，97岁时逝世的记载。另外，1982年发现有捐赠给“艾孜热特毛拉木”陵墓的一个瓦克夫书（文书）。此文书里明确写有“艾孜热特毛拉木”就是麻赫穆德·喀什噶里的记载。此文书于1836年10月21日由看管“艾孜热特毛拉木”陵墓的毛拉萨迪克艾拉穆写的，当时在喀什执政官幕府当秘书的著名维吾尔族诗人阿不都热依木·尼扎里、努鲁孜阿洪·孜亚依、图尔迪·艾里毕等名人作了证人。

依据以上信息，可以推断麻赫穆德·喀什噶里约1097年从巴格达回到家乡乌帕尔，从教8年，于1005年逝世，享年97岁。

总之，《突厥语大词典》是解开中世纪回鹘文化发展成就的一把金钥匙，是在维吾尔族历史上产生的第一部语言学著作和第一部词典，该书作者麻赫穆德·喀什噶里是喀喇汗王朝时期的著名回鹘语言学家和辞书家。《突厥语大词典》是麻赫穆德·喀什噶里留给后代的“作为永久的纪念和用之不竭的财富”而编纂的珍贵遗产，在维吾尔族文化史及祖国文化史上占有特别重要的地位。

参考文献

[1] 麻赫穆德·喀什噶里．突厥语大词典［M］．北京：民族出版社，2002.

[2] 无名氏．王治来译．世界境域志［M］．上海：上海古籍出版社，2010.

[3] 魏良弢. 中国历史·喀喇汗王朝史 西辽史 [M]. 北京：人民出版社，2010.

[4] 校仲彝.《突厥语词典》研究论文集 [M]. 乌鲁木齐：新疆人民出版社，2006.

[5] 新疆维吾尔古典文学与十二木卡姆研究会. 麻赫穆德·喀什噶里与《突厥语大词典》(论文集) [M]. 北京：民族出版社，2011.

[6] 中国民族图书馆收藏的新、旧《唐书》《宋史》《金史》版本。

（本文原载《民族图书馆学研究（九）》 辽宁民族出版社 2018年10月）

试论中国少数民族家谱文化研究的必要性

王华北

家谱，或曰宗谱、族谱，系同宗共祖血亲集团以特殊形式记载本族世系、人物和事迹的历史图籍，家谱是中国典型的文化现象，它与方志、正史构成中华历史文化大厦三大支柱。少数民族家谱是中国家谱宝库不可或缺的组成部分，它与汉族家谱一样，都是中华民族优秀传统文化中的瑰宝。然而长期以来，由于各种原因，对少数民族家谱的整理和研究，已明显落后于其他方面的少数民族历史文化研究，时至今日，既没有一部反映整个少数民族家谱资源的目录，更没有一部完整、系统研究少数民族家谱的学术专著，甚至对少数民族家谱的资料现存整体状况也未进行深入系统的调研。尤其在当前经济全球化和信息化网络化浪潮的冲击下，中国少数民族家谱面临断裂、消失和失传的处境。

中国少数民族家谱历史悠久、种类繁多、数量可观，虽然受汉族家谱的影响，但又保持各少数民族自己的特色，大大丰富了中国家谱的内容。其整理范围包括族谱、宗谱、支谱、世谱、通谱、家乘、世系等。家谱是我国许多少数民族记载家族历史的重要方式，整理与研究这些少数民族家谱，能够通过若干个家族的来龙去脉，去考证一个民族的族源、迁徙、分布以及社会经济状况、政治地位、风土民情等，家谱中保存了大量的人物、经济、移民、文化、民俗、教育、人口等资料，对家谱资料加以分析、鉴别、整理，其丰富的内涵必将对如历史学、经济学、教育学、民俗学、人口学、遗传学等人文社会学科和自然学科的研究起到有力的推动作用，同时对海内外华人、华侨的寻根问祖及增强中华各民族的凝聚力均有积极作用。

一、中国少数民族家谱文化概况

在我国家谱中有相当数量的少数民族家谱，如满族、蒙古族、回族、朝鲜族、彝族、藏族、傣族、布朗族、布依族、畲族、瑶族、苗族、白族、高山族、土家族、维吾尔族、锡伯族、佤族、纳西族、达斡尔族、鄂伦春族、壮族、土族等少数民族都有自己的家谱。其中满族、朝鲜族、蒙古族编修的家谱种数均在千种以上。少数民族家谱不仅有一定的数量，而且种类多样，内涵丰富。如中国最原始形态的口传家谱，就是20世纪50年代在西南对佤族、彝族、哈尼族、傈僳族、怒族等少数民族进行历史文化调研时发现的，而在东北对鄂伦春族、锡伯族调研时，则发现了最原始的结绳家谱的遗迹。

清代水西热卧土司歌师著的彝族古籍《西南彝志》，第一次用文字记录了大量彝族的口头家谱。他将他所记诵的和各地收集的彝族始祖希慕遮到笃慕的三十一世谱和笃慕以后六祖所传的各主要支系，都用文字记录下来。

中国少数民族家谱中记述的本民族始祖的发祥地，如满族爱新觉罗氏的始祖的发祥地在吉林长白山的“天池”。满族修谱多在龙年、虎年、鼠年进行，取龙腾虎跃、人丁兴旺的吉祥寓意。

鄂伦春人在使用满文记事之前. 一直使用结绳记事，其中也包括使用结绳来记录自己的世代，形成结绳家谱。据有关材料记载，鄂伦春人的结绳家谱多用马鬃绳，一代一代结，平时悬挂房梁中，十分珍视。

蒙古族是个豪放的民族，也是在中国历史上创造了辉煌业绩的民族。蒙古族十分崇尚英雄，在未有文字之前，在广阔的草原上就流传着各种英雄的事迹和传说，其中自然包括了英雄的家世，这些流传四方的英雄事迹实际上就是后世英雄史诗的前身。史诗中的英雄家世实际就是一种口传家谱。此外，在蒙古族早期，其社会组织单位是氏族。氏族是以血缘关系维系，供奉一个共同祖先，因此，在没有文字之前，对祖先的世系传承，也必须切记，这就形成了民族的口传历史。蒙古文字创立后，一部分口传历史和英雄家世被记录下来，形成了文字家谱。蒙古族早期文字家谱并不是独立成书，而是记录在其他著作之中。如13世纪中叶形成的《蒙古秘史》和14世纪初形成的拉斯特《史集》中，都记载有成吉思汗祖先、成吉思汗及其继承者的家谱世系，多达20多代。

云南《郑和家谱》，属于回族家谱，记载了郑和为一世祖的十五代世系和后裔的情况，以及郑和的出使始末、随使官兵、下西洋船舶、所到国家的史实，是研究郑和家族十分珍贵的资料。

黔南布依族苗族自治州布依族《苏氏家谱》《王氏家谱》《侬氏家谱》等少数民族家谱，除记载本族世系，还记载了明末从泗城府进兵黔南所遇到的少数民族战斗过程、分割区域及明清两代的贡、赋、征、调的内容。

畲族家谱《冯翊郡雷氏宗谱》中说“广东盘瓠铭志”，详细记述了盘瓠建功立业、与三公主成婚、迁居广东潮州一带繁衍生息及遇难、子孙迁移入福建和浙江的情况。畲族族谱记载了本家族男性成员的生辰、婚姻、子女等情况，较为全面、完整、准确地反映本家族人口发展繁衍变化。血缘关系家谱的现实意义往往大于其记录历史的意义，经过批判地继承研究，可以为文明建设提供资源。家谱所传承的族训，深刻地反映着伦理观念，起着对族人的教化作用。家谱还展示畲汉通婚的史实，纠正了长期以来史料未见畲汉族通婚的误断，对畲族婚姻制度的探索有新发现。此外，畲族家谱对华侨史研究也有着重要意义。

在中国父子联名的家族中，世系比较多也容易被背诵，因此怒族、哈尼族、白族、大凉山彝族和黔东南苗族等少数民族中，一般的家庭成员都能背诵出三四十代祖先世系，特殊人士如专职巫师或族中老人，则能背出多达六七十代的祖先世系，最多能背到90多代。其他不少父子联名的民族，如傈僳族、普米族、阿昌族、高山族等，家族世系则一般由专门的神职人员如巫师和头人掌握，定时向族人宣诵，通常一般能背诵出几十代祖先世系，十分难得。

在漫长的中国古代文明史上，还有一些曾经在中国历史舞台上演过轰轰烈烈的正剧，而如今已经消亡的民族，如建立大辽的契丹族、建立西夏政权的党项族，他们都有自己的文字，产生过大量的文献，自然也会包括皇室公卿贵族和士民家谱。随着时代的流逝，这些民族已经不存在了，他们的各种文献也大部分消亡，但可以肯定，民间也还有一些流传下来。前些年于西安面世的10册据说是西夏皇族的家谱就是一个明证，这些已经淹没的历史文献，也很值得我们去发掘。

二、中国少数民族家谱文化研究的价值和意义

中国少数民族家谱作为地方性史料，在史学方面发挥着其他文献不可替代的作用。中国民族图书馆馆藏家谱资源丰富，且以少数民族家谱为特色，现馆藏家谱200余种。我们计划在今后几年里到少数民族地区实地考察，搜集更多的少数民族家谱，摸清我国少数民族家谱的现状，以补充我们现存家谱资料的不足，充分开发利用好这些家谱，可以为研究我国少数民族的族源形成、文字使用、人口分布、迁徙原因、职业及民族之间融合相处提供珍贵的史料。

我国是一个统一的多民族国家。少数民族古籍记录了各民族自己独特的形成、发展和统一的过程。历史上无论如何改朝换代，无论出现何种纷争，无论哪个民族占统治地位，我们这个多民族的国家，始终作为一个整体屹立于世界民族之林。通过对少数民族家谱的研究，就能更加生动地揭示，中华各民族如何在历史上彼此接触、混杂和融合，终于形成今天这样一个“你中有我、我中有你”，而又各具个性的多元统一体。这对展现这种源远流长、血肉相连的民族关系，促进建立平等、团结、互助、和谐的民族关系，促进中华民族大家庭的融合，有着十分重要的意义。

少数民族家谱文化是我国各少数民族先民们在漫长的历史发展过程中，与社会和自然作斗争的光辉写照，是他们辛勤劳动与智慧的结晶，是各兄弟民族与汉族共同创造祖国历史和灿烂文化的记录，也是各兄弟民族为祖国的形成、发展和统一作出贡献的光辉篇章，是人类文化的瑰宝。各兄弟民族的重要文化遗产和优秀的思想精华，无不存留在家谱文化中。因此，整理少数民族家谱古籍，是全面继承和发扬中华民族优秀传统文化的重要组成部分，对进一步加强各民族的团结，促进各民族经济、文化繁荣与发展，有着深远的历史意义和现实意义。

家谱是一个家族的发展史，家谱研究的另一现实意义是通过家谱研究，满足海内外炎黄子孙“寻根谒祖”的需求。据统计，中国海外炎黄子孙5500万人，台湾2200万人口中，80%以上祖籍在大陆。1980年台湾开放大陆探亲政策后，台湾形成了一股到大陆“寻根热”，台湾同胞有的手持家谱到大陆。此外，不少海外华侨纷纷回国寻根谒祖，探亲访友，投资家乡的经济建设。家谱作为一个家

族血缘关系的总记录，将海外华人与祖国亲人紧紧连在一起。也有不少的港、澳、台和海外各地的一些华人联合起来纂修家谱，家谱像一条无形的纽带，极大地增强了中华民族的凝聚力、向心力。

中国少数民族家谱是整个中国家谱宝库重要组成部分，研究家谱的意义还在于通过对我国传统家谱进行内容、体例、结构、功能等的研究，来构建一种能适应社会主义新时代需要的新型家谱。一部新型家谱或家族档案，其编制原则应既要符合现代家庭的需要，顺应现代社会的发展，也要具备传统家谱的“敦宗睦族”“凝聚血亲”的功能作用，编写方法既要继承传统家谱中的一些优秀成分，也要创制适应现代需要的内容。探讨、总结少数民族家谱编修的特点、规律，这将更加完善中国家谱文献的宝库，丰富中国家谱的研究内容，对近30年来在全国各地少数民族中自发出现的编修新家谱的活动，也具有参考指导意义。

家谱研究的现实意义当然不止于此，随着研究的进一步深入，家谱这个蕴藏丰富的资料宝库还会为我们提供许多新的资料，谱牒学这门古老又年轻的学科也会不断发展，日益走向成熟。

三、少数民族家谱文化研究的现状

我国最早提出研究家谱的是著名史学家梁启超，他在《中国近三百年学术史》中对开发谱牒资源的价值作了精辟论述：“我国乡乡家家皆有谱，实可谓史界瑰宝，如将来有国立大图书馆，能尽集天下之谱，俾学者分科研究，实不朽之盛业”，主张广收家谱并对家谱进行研究。新中国成立后，家谱研究基本处于停止状态，有关家谱的论文只有一篇《封建家谱谈》。中共十一届三中全会以后，人们的思想得到解放，认识到中国的传统文化家谱是个宝藏。海内外华人寻根问祖意识及对家谱文化的重视，对祖国大陆家谱研究的开展起了推波助澜的作用。近几年来，世界各地华人通过查询家谱找到自己祖籍的故事比比皆是，比如，新加坡前总统李光耀发现自己的祖籍在广东；菲律宾原总统阿基诺夫人据族谱确认自己是福建鸿浙村的后人；香港船王包玉刚查到自己是包公的后裔；毛泽东之女李讷则发现毛家远祖在江西吉水。在上海图书馆我们能查到刘少奇、蒋介石、李鸿章、苏轼、荣毅仁等人的家谱。

在中国与世界的沟通日益加强的文化背景下，海内外的中国家谱研究蓬勃开展起来。

1978年，香港大学图书馆编有《族谱目录》，收录馆藏家谱原件3746种，缩微胶卷92种。

1978年，台湾省各姓历史姓氏渊源研究学会发行了赵振绩、陈美桂合编的《台湾区族谱目录》，收录了台湾地区公私所藏各类家谱10600余种。

20世纪80年代初，日本学术振兴会出版了日本学者多贺秋五郎的《宗谱之研究》，收录了中国家谱12697部，其中，含日本收藏的1491部，美国收藏的1406部，中国（含港、澳、台）收藏的9800部。

国家图书馆早在1985年就开始了馆藏家谱的开发整理，经过数年时间，在完成编撰馆藏家谱目录和家谱提要2228种的基础上，成立地方志和家谱文献中心，编辑出版家谱的二次文献、资料丛编。其中规模最大的为2003年出版的《北京图书馆藏家谱丛刊·民族卷》，共100册，计收录蒙古族、满族、锡伯族、达斡尔族、回族、彝族、白族、纳西族、朝鲜族等家谱凡118种。

1992年，山西人民出版社出版了反映山西省社会科学院家谱研究资料中心收藏中国家谱胶卷状况的《中国家谱目录》，收录缩微胶卷176盘，2565件。

1997年，国家档案局、南开大学历史系和中国社科院历史系图书馆联合编撰《中国家谱联合目录》，共收录了海内外1949年以前编制的家谱14761种。

2000年5月，上海图书馆编撰的《上海图书馆馆藏家谱提要》问世，收录家谱11700余种，近10万册，这是一部家谱提要专著，除记录谱主姓氏、谱名、卷数、纂修者、版本、册数等之外，还记载家谱的始祖、始迁祖、迁徙路线、谱内各卷内容及其价值的资料，正文之后，还附录有分省地名索引、堂号索引、人名索引、常见古今地名对照表等。

2000年6月，由中国、美国、英国、德国、新加坡及中国香港、澳门、台湾等42个国家和地区的研究机构共同编撰的《中国家谱总目》宏伟工程正式立项，这是一部“全球华人家谱大全”，2009年已由上海古籍出版社出版。据统计，目前存世的中国家谱有52401种，608个姓氏，其中有一部分是少数民族家谱，约近1000种，包括满族、蒙古族、白族、回族、朝鲜族、彝族、土族、畲族、土家族、锡伯族、布依族等，据说这其中有168个是中国少数民族的姓氏。

另外还有一些如鲜卑族后裔元氏，月氏人后裔支氏，匈奴人后裔宇文氏、呼延氏，锡兰国王王储后裔世氏等姓氏。这是至今为止收录中国家谱最多、著录内容最为丰富的家谱总目，较完整地揭示了海内外地区收藏的中国56个民族姓氏家谱的基本情况和存世的中国家谱姓氏状况。

学术界出现了不少家谱研究的论文，据“全国报刊索引数据库”检索，近50年来，有关少数民族家谱的论文有200余篇，所涉及的民族近20个，如白寿彝、马寿千的《几种回族家谱中所反映的历史问题》、郭德兴的《锡伯族家谱及其价值》等。此外，也有少量外国学者论文，如（日）冈田英弘的《蒙古编年史与成吉思汗系家谱》。其中许多学者对家谱的源流、沿革、编纂体例、记事内容等问题进行了探讨，对一些重要姓氏宗族的家谱做了研究。他们为家谱研究发展开辟了新的道路，使家谱资料在社会科学各学科的研究中也得到了广泛的应用，无论是在人口学、民族学、人才学、社会学、经济学、华侨学、法制学、伦理学史等方面都有应用家谱资料进行研究的上乘之作。

研究少数民族家谱的专著，如李林所著《满族家谱研究》、常建华撰写的《朝鲜族谱研究》。台湾学者李亦园在《台湾土著民族的社会与文化》一书中，论述了高山族家谱。以资料选辑形式出版的少数民族家谱，如马建钊主编的《中国南方回族谱牒选编》、姚斌等主编的《辽宁朝鲜族家谱选》等。此外，尚有少量的单种族谱出版，如《陈埭丁氏回族宗谱》。

可见，尽管国内外对汉族家谱研究较多，但尚未有一本专门对中国各少数民族家谱全面系统研究的专著。由于各少数民族地域不同，文化心理、社会发展状况不同，民族文字创造时间的先后不一等，少数民族家谱具有独特性、多样性的特征。少数民族家谱反映着一个家族的生命史，大多以本民族源流为先导，以世系为核心，着重记述始迁祖以来的族脉延续。与汗牛充栋的汉族家谱文献相比，少数民族家谱文献较为鲜见。而且国内外对单一民族家谱有所研究，但对多个少数民族家谱综合研究还是比较少的。

2010年，国家社会科学基金重大项目“南方少数民族家谱整理与研究”由厦门大学申请立项。2011年，国家社会科学基金重点项目“北方少数民族家谱整理与研究”由中国民族图书馆申请立项。两项国家社会科学基金课题，说明国家将加大力量调研、了解少数民族家谱的资料现存整体状况．改变既没有一部反映整个少数民族家谱资源的目录，更没有一部完整、系统研究少数民族家谱的学术专著的现状。这对今后研究中国少数民族家谱有着非常重大的现实意义和历史价值。

四、中国少数民族家谱文化研究的重点、难点、观点与创新

少数民族家谱与当地的自然环境、区域特征、民族迁徙原因、宗教文化、婚姻嫁娶等紧密联系在一起，进行综合分析研究，可以更多地了解中国各少数民族历史发展沿革和文化习俗，探索中华民族大家庭形成中的诸多历史痕迹。特别是那些在少数民族地区的口头传承文化，是社会历史的“活化石”，对其进行抢救、整理研究，可以为民族研究提供资料，为民族工作和民族团结进步事业发挥有益作用。

少数民族家谱与汉族家谱一样，在编写过程或口头传承中，出于某些局限性，不可避免地夹有一些与事实不符的现象，需要我们辩证地考证研究。一些历史数据，分布在不同的资料中，并且表述的差异较大。因而，如何甄别、找到真实的数据，还原历史原貌，是一大难点。另外，有许多少数民族家谱是用本民族文字书写的，这也是研究的最大难点。

少数民族人口分布、历史文化发展不同，社会环境、生产和生活方式等方面千差万别，这些在不同程度上影响了少数民族家谱的保存和保护。家谱古籍除收藏在各大院校、博物馆、图书馆等机构外，大部分存于少数民族地区个人手中，而这些民族地区的自然环境以及落后的技术条件非常不利于家谱古籍的保护。

通过研究少数民族家谱，我们力求做到创新，搜集、整理新的一手资料，将史料与当地的自然条件、人文特征结合起来，努力打破单纯的述而不作的整理性质，做到史料与规律性探索结合起来。

我们将改变以地域为界、以单一民族为界的传统写法，搜集多个少数民族家谱，对少数民族地区的发展变化集中研究，寻求其共同点和不同点，努力开拓史料新来源，摸清我国少数民族家谱的现存状况，对家谱中所涵盖的民族学、历史学、社会学、人类学、考古学、经济学、民俗学、人口学、遗传学等加以分析，以多学科的视角来探索少数民族家谱文化发展的轨迹，对我国少数民族家谱文化

做更深入系统的研究。

参考文献

[1] 沙其敏，钱正民. 中国族谱地方志研究. 上海：上海科学技术文献出版社，2003.

[2] 徐建华. 中国的家谱. 天津：百花文艺出版社，2002.

[3] 袁彤. 浅谈家谱的保护和利用. 民族研究，1992.

[4] 张公瑾. 民族古文献概览. 北京：中央民族大学出版社，1997.

[5] 王鹤鸣，马远. 上海图书馆藏家谱提要. 上海：上海古籍出版社，2005.

[6] 唐邦治. 清皇室四谱. 1923.

[7]《蒙古秘史》，成书约1240年，作者译者和写作年代不详。

[8] 蔡福田. 家谱研究与搜集整理. 山西档案，1989.

[9] 朱炳国. 家谱与地方文化. 北京：中国文联出版社，2008.

[10] 姚建康. 家谱编修指南. 昆明：云南人民出版社，2006.

（本文原载《中国民族文博（第四辑）》 辽宁民族出版社 2011年12月）

“牌记”浅议

王　苹

牌记，又称“牌”“书牌”“木记”等，是我国古代刻书中带有题识文字的围框。是我国古籍印刷中记录刻书者姓名、堂号、刊刻年代的一种标志，牌记一般位于书名页之后或卷末的空白处。牌记的字数多少不一，少则几个、十几个，多则上百个。

一、牌记发展的过程

牌记产生于唐代，它是在“唐人写经”尾题的基础上形成和发展起来的。自南北朝之后，抄书之风盛行。尤其到了唐代，文化得到了高度发展，抄书之风更加盛行，在政府的提倡影响下，私人抄书之风也更加普遍。这时社会上还出现了一些以抄书为职业的人。当然一些寺庙的和尚也是经卷抄写的主要人员，对一个抄写经卷的人来说，抄写一部长长的经卷，是件十分艰苦费力的事，但为了生活，又不得不忍受其辛苦，因此，当抄完一部经卷之后，很多人都情不自禁地在经卷上，顺手写下自己劳作后的心情，也有的只记下抄写时间，地点和抄写时的情况，也有的仅仅记下时间和书写者等等，从这些文献的尾题来看，大多记上抄写者的姓名、抄写时间及抄写地点等。基本上包含了“牌记”中的内容，具备了牌记的主要特征。在雕版印刷术产生之后，很快出现了“牌记”。我们今天看到最早的一部雕版书是刻于唐代《金刚经》，其卷末镌有“咸通九年四月十五日王玠为二亲敬造普施”。这可以说是现有我国最早的一部带有牌记的雕版书了。牌记的发展直接影响了书名页的产生，可以说牌记作为书名页的基础，是从手抄过度到印刷时代最显著的进步之一。到了宋朝时，随着版刻事业的发展，牌记比较广泛地运用于书籍当中，以后历经元明清等朝代的发展，牌记的内容、形状、功能等都有所发展。各个朝代甚至朝代的不同时期，由于发展水平、版刻风格的不同，牌记也呈现出不同的特征。

二、牌记的特征

（一）牌记的形状特征

牌记的形状非常丰富，有长方形、正方形、圆形、钟形、鼎形、爵形、亚字形、椭圆形、碑形等等。如中国民族图书馆藏书，《（评注）唐宋八家故》牌记形状为圆形。《桑榆夕照録》牌记形状为长方形。有的牌记还在文字的四周刻上了精美的图案。如明正德十一年陈世瑛存德堂复刻元本《太平惠民和剂局方》一书，其牌记的图案是上覆荷叶下托莲花的幡幢市招形，中间刻有“正德辛未酶月”6字。

（二）牌记的位置特征

牌记在线装书中的位置，并不确定。宋、元至明早期版本的牌记，常刊刻于序文末尾的空处，以单边或文武双边，勾出一个长方框，成为最简单的“牌”的形式。晚明到清代的刻本，牌记则多安排于书名页空白的后半页，在版框线之中，另以线条勾出长方或扁方框；牌记字体则多有变化，不同于正文字体，以免于单调；牌记也有印于全书末尾处的，最后半页尚有正文时，多置于正文之后近版框的一二行，但总不如在书前显眼；如末页全空，则多居中竖排，不一定另勾线框，但往往改换字体，以引起读者的注意。

（三）牌记的内容特征

牌记的内容往往包括刊刻时间、刊刻者、刊刻地，如中国民族图书馆馆藏《戊戌六君子遗集》牌记刻有“商务印书馆用活字版印”，《顺所然斋文集》牌记刻有：“光绪戊甲三月刊于武昌”，《落帆楼文集》牌记刻有“吴兴刘氏嘉业堂刊”。这些均反映了刻书者姓名、堂号、刊刻年代等。也有的牌记说明底本来源、刻书经过甚至发行单位等等。如中国民族图书馆馆藏《竹窗三笔》牌记为“上海涵芳楼据云楼法汇本影印商务印书馆发行”。又如《（增订）广日记故事详注》牌记刻有“光绪二十七年岁次辛丑重刊版藏镇江小西门浮桥西首善化书局”。也有不少牌记更为详细标识有底本的来源以及原书字数、版框高度等。如馆藏图书《四寸学》牌记不仅刻有底本来源、刻书经过还详细记录了原书字数、版框高度等，其牌记内容为“中华民国三十年春燕京大学图书馆据章氏四当斋藏道光卒印刻本益借张孟劬先生藏写本校印原书版框高营造尺五寸半宽四寸三分每半叶十行每行二十字”66字。

多数线装书的牌记文字比较简单，因为出版者往往已在书名页上标示，所以只写出版时间，如某朝某年月校刊，不过10来个字，或竖排为两行，或每行两三个字，排成四五行。但牌记文字也有相当复杂的，如清光绪年间刊本《说教》的牌记：“光绪二十二年十月总理各国事务衙门据阿美利加刊行本同文馆重印本校勘缮写进呈琉璃厂文光斋开雕”，“呈”且字抬头，几乎写满一面，以朱墨刷印。又如光绪年间湖南宝善堂刊《圣谕像解》的牌记：“咸丰丙辰广州味经书坊重镌，光绪丁亥湖南宝善堂重镌，板存南阳街陈聚德刻刷店，杭连纸每部钱壹千壹百文，官堆纸每部钱八百文”，不但写明版本源流，书板存放处，而且标明不同纸张印书的价格，外加亚字形线框，可算是简单的装帧。

三、“牌记”的价值

（一）牌记具有版本鉴定价值

如北京图书馆藏宋刻《五臣注文选》，此书是北宋还是南宋刊本，历来很有争议。幸卷三十后有“杭州猫儿桥河东岸开笺纸马铺钟家印行”牌记一行，专家们根据地名沿革，在建炎三年（1129）改杭州为临安府这一史实，考订此书既称“杭州猫儿桥”是必在建炎三年以前，加之此书字体十分端庄古朴，风格肃穆，因而确定为北宋刊本。又如《黄氏补千家集注杜工部诗史》，原为潘氏宝礼堂旧物，现藏国家图书馆。卷首两序均刊于宋宝庆三年（1227），从《宝礼堂宋本书录》一直到《北京图书馆善本书目》，都定为宋刻本，从版式、字体风格和书中的讳字来看，定为宋刻亦无可非议。然“文革”期间，在山东鲁荒王朱檀墓中出土了一部，与国图所藏一部核对，证明完全是相同版本，唯卷三十末尾，有“武夷詹光祖至元丁亥重刊于月崖书堂”牌记一行。此本一出，则此书的版刻，便可确切地定为元至元二十四年（1287）武夷詹光祖月崖书堂刻本了。两本相核，方知北图的版本相应处已被后人割裂作伪，重新接补，以冒充宋本。从这个例子，可看出牌记的重要，为我们鉴定版本提供了简单明了、切实可靠的依据。

（二）艺术价值

牌记的形状不一，字体多样，刊刻精美，极具艺术欣赏价值。在明代后期版画艺术的兴盛期，对古籍的牌记，也多进行了艺术化的装饰，往往做成简化的碑牌状，居中一个长方块，内写牌记文字，上装云头，下托以莲花。也有的将碑牌绘制得相当精致，中部的方框四周以各种图案环绕，上、下的花卉更是活色生香。“牌记”的名称，应该就是在这一阶段形成的。还有的出版者别具匠心，雕出钟、鼎等一组古器图形，将牌记文字分别刻在器身上。最讲究的出版商，会专门设计绘制整页版画，形成别出心裁的专用牌记页。 如日本正保三年（1646年），相当于中国清初顺治三年，翻刻明万历年间刊本《书言故事大全》，牌记页的主图案是中国传统的“独占鳌头”“魁星点斗”，四周环以各种吉祥物，上方绘云中明月，圆月上写“赞曰：北极之像，太阴之精，钟英毓秀，翼我文明”，两侧还配有对联：“头角峥嵘神化升腾鳌龙上，笔花绚彩光芒直射斗牛间。”以未来的科举夺魁，吸引读书人买他的书。顶端扁方框中是广告文字“买者请认鳌龙为记”。而通常的牌记文字，只附写在画面的左侧。

（三）牌记具有古代版权研究资料的价值

宋刻《东都事略》的牌记镌有“眉山程舍人宅刊行，已申上司，不许覆版”等字样，这样的牌记历代都有，如中国民族图书馆馆藏光绪年间版本《天文问答》牌记四周花边中间刻有“光绪二十九年闰五月上海徐家汇南首土山湾慈母堂印书馆印翻刻必究”字样。为我们研究古代版权制度提供了珍贵的原始资料。

综上所述可以看出牌记具有重要的价值，主要体现在版本鉴定、艺术欣赏以及古代版权研究等方面。因此，牌记是版本学、出版史等研究领域的重要研究内容之一。

参考文献

[1] 洪湛侯. 中国文献学新编. 杭州大学出版社，1994.

[2] 霍曼丽. 藏书印的内容及价值. 图书与情报，2004（2）.

[3] 陈小川. 小议藏书印. 图书馆杂志，2001（6）.

（本文原载《民族图书馆学研究（四）》 辽宁民族出版社 2008年12月）

彝族文字及彝文古籍

张　邡

据语言学家调查表明，彝族内部通行彝语，属于汉藏语系藏缅语族彝语支。但由于所处地域不同，支系差异，彝语大致可分为北部、东部、南部、东南部、西部和中部六大方言区，各方言区内尚可细分为不同次方言区、土语和次土语。

由于彝族所居之地远离中央王朝，交通险阻，文化交流不发达，故被历代史官称之为："巴蜀之西外蛮夷也"，这也使得我国浩如烟海的汉文历史文献中，有关彝族历史文化的著作极为鲜见。虽几经专家学者索隐探微，所能获得对研究彝族有关的文献材料，只是寥若晨星，举案无几。而这些难能可贵幸存下来的史料，又正如元人李京《云南志略・自序》中所说："……始悟前人记载之失，盖道听途说。"可见关于彝族的史料，不仅记载之少，而且失误极大。由此可见，无论通过对彝族的现状调查，还是历代汉文献记载来历史地认识彝族这一社会群体，难免捉襟见肘，顾此失彼。而大量的彝族历史文献的发掘整理，则弥补了上述缺憾和不足。

彝族很早就有一种被称为"爨文""罗罗文""毕么文""西波文""韪书"的文字，现被统称为"彝文"。为区别原有彝文和规范彝文，有的人把原有彝文称为"老彝文"。但是，这种"老彝文"决非历史陈迹，直到现在仍通行于彝族地区。关于彝文的创立，在彝族人民中，由于地区不同，流传着有关各不相同的造字传说：在巍峨磅礴的乌蒙山区，流传着聪明的吉绿老人从刻画6种家禽和6种野兽形象的起始，到树上记年，石上记月，从而成为十二干支的符号，由原始的文字符号逐渐演化形成彝文的传说；在金沙江两岸大小凉山，彝家人民世代流传着毕米诗拉吉与神鸟米凤布浓共同书写彝文的传说；在逶迤南下的哀牢山脉的崇山峻岭中，星罗棋布的彝家山寨中，则流传着智慧老人伯博耿根据鸟兽的足迹和形象创立了彝文的传说。上述传说，无一不反映了彝族人民对创造文字的祖先的爱戴和崇敬，同时也反映了彝文的创立过程，和许多文字一样，经历了文字雏形于符号，象形而渐趋完善的过程。

外国学者对彝族文字也曾经做过调查，并产生了一些零星论述，可为我们研究彝文的起源，提供借鉴。美国人哈里·弗兰克在《华南漫游记》中，把彝文称为“诺苏文”（“诺苏”系彝族的自称之一）。他说：“这种文字是单音字，有五音，无字母，是表意而不是表音字，比汉文更简单，很有点像史前的象形文字”。法国人亨利·科尔迪埃在他写的《倮倮的现实形态问题》中说：“倮倮有文字，但只有他自己才懂得。大理国的爨人坚持用已文。云南马龙地区纳垢部落一个头人的子孙阿柯创造了爨文。阿柯躲在一个山洞里创造了爨文。这种文字很像被称之为蝌蚪文的那种古汉文。3年后他写成了一部有1800个符号的初级课本——韪书。爨人今天还使用着这种文字。”

近代田野考古中，在彝族地区或彝族先民曾经居过的地区内发掘到大量的绘文陶。在这批陶器遗存中，采集到为数不少的属于文字雏型的刻画符号，经过与现代彝文对比研究，发现两者之间明显存在传承关系。从中不难看出这批出土于彝族地区和彝族先民居住过地区的绘文陶中所遗存下来的属于文字雏形的陶器刻画符号，当为彝文的原始源头。1973年在四川郫县出土的相当于春秋晚期至战国初期的一件铜戈上，刻有两行铭文。参加发掘的考古研究者说：“与历史上已知的满、蒙古、西夏、契丹文迥异，是方块字而非拼音字，是直行而非横行。它与汉字一样，应属于表意文字的范围。从这些文字已经脱离了原始象形阶段，可以看出，它似乎已经有了相当长的发展历史。由于它的偏旁结构和汉字有别、已见到的文字不多，暂时还不能认清它的构成规律，无法译读。”（见1976年《文物》第七期）据悉，这两行只有时限的铭文，曾被来自凉山地区精通彝文的参观者译读过。由于当时尚未纵向和水平比较，留下合乎文字研究的科学资料，尚不能将此段铭文确定为现代通行的彝文。但是，这两行具有时限的铭文，必将对探索彝文之源流留下重要物证。近年来，在南诏发祥地——巍山一带，采集到大量瓦当、砖雕标本。经确认，这批瓦当、砖雕上所印注的文字，与历史上的族属关系进行研究，当为彝文无疑。从字型特征看，它应是在彝文基础之上吸取外来宗教文字因素而创立的一种咒经。从个别字型看，与彝文发生着明显的承袭因素，有的甚至可与彝文进行对映比较，用彝语文字词进行译读。

由此可见，无论就彝族民间传说，中外文记载，田野考古的发现等，均证明彝族先民很早就创立了自己民族所特有的文字，并一直坚持使用到现在，发展完善成为现代通行的彝族文字。

一种民族文字的创立，应当与应用于文献的记录而同步进行，始能促进这一民族文明的进程。但是，关于文字的产生、发展到应用于文献的记录这一过程，在人类历史的发展长河中，“毫无疑问，是经过两三千年的发展”（见郭沫若《奴隶制时代》）。

关于彝文何时应用于文献记录一事，我们从现有资料中查找到一些有关记载。《华阳国志・南中志》一书中有这样一段话：“夷人大种曰昆，小种曰叟，……议论好譬谕物，谓之夷经。今南人言议，虽学者亦半引夷经”。通过对彝族历史的研究，彝族先民当与“昆”“叟”存在着渊源关系。“议论好譬谕物”，直到现在彝族的语言文献中，仍有着明显的反映。而“经”在古代汉语中，当文献典籍。故“夷经”应为彝文典籍，故为学者引用。据此可知，远在东晋时代，彝文典籍的存在，已在汉文献中找到根据。

在汉族学者丁文江先生与彝族学者罗文笔先生合作翻译，由商务印书馆以特大八开版型于1936年石印公开出版的《爨文丛刻（甲篇）》一书中，在《说文・治国论》篇中，当论述到汉光武帝时，彝族世子俄阿基与左贤臣伊佩徒讨论到安邦治国之策时，伊佩徒说：“昔时密阿叠，《治国安邦经》，他已略论咯”。由此可知，远在公元25年汉光武帝时，彝文典籍《治国安邦经》，已成为彝族部落君长们治国安邦的依据。通过查考，撰写《治国安邦经》的作者密阿叠系彝族父系第二十九代君长武乐撮的毕摩（祭师）。对于彝族社会的发展过程，由于无纪年可稽，需推算年代时，往往只能参照彝族所惯用的父子联名代系谱表，来确定测算代数和大约时间。水西地区的彝族由于建兴五年（公元228年）助诸葛亮南征有功，被蜀汉政权 册记为“罗甸国”，后世历朝均有追封，直至康熙廿七年（公元1689年）改土归流废止，一直均是在中央王朝统治下的相对独立的民族集团政权，罗甸国内一直沿袭着彝族先民所建立的宗法制度，建立了一套较为完整的代系谱表。据该表所载，传至清康熙廿七年时，彝族父系君王已延绵了一百一十八代。若以每代30年（原彝族谱系均传男不传女，另彝族人民有早婚晚育风习，经多次验证，平均每代人间隔时间不少于30年）计，约在公元前 1850年（夏商之时），彝族社会进入父系英雄时代，到父系第二十九代武乐撮时，当为公元前981年，约为西周时代，彝族已产生了《治国安邦经》一类的文献典籍，若参照上文所提到的在郫县出土的约为春秋至战国时代的铜戈上所刻铭文进行印证，彝文典籍的产生应与汉文典籍一样，早在春秋时代已达到了应用彝文进行较为完善的文献记录的程度。

但是，由于彝族先民所处的特殊地理环境，内部行文交流极为不便，加之彝族内部极为严格的宗法观念，使彝文文献长期以来仅为彝族内部的少数祭师所掌握，未能扩散到民间，而彝族的祭师（“毕摩、贝玛”等），他们的师承关系一般限于父子之间或宗支之间，他们的教授法多为背经，读经到写经的过程。按他们的习俗，老祭师（毕摩）故去前，把所存经书传与弟子进行全面抄写，并在经文之后追记当时所发生的重要事件，原存经书或随逝者埋葬或在逝者前焚毁。故所存留下来的古籍非常少见。目前我们所能见到的较为古老一些的有关彝文书籍，仅见于日本国东京尊经图书馆中的《贵州通志·夷字典》，系明万历（公元1573年）所刻彝文书。虽然，近年来通过对彝文古字的调查，先后发现一些刻在牛膀骨上、竹筒上的古彝文献残片，但因标本较少，未能进行补佚、进行译读分析，故而暂难断定产生的时代。此外，在彝家山寨中还发现了一些铭于铜钟，刻于石碑，镌于悬岩上的彝文金石文献，以及彝文献本刻版，但大多为明、清两代的遗存，最早为明成化（公元1465年）时代水西所铸铜钟。而大量存留下来的数以万计的彝文书籍，经查考多为明、清至民国时代的手抄本。

彝文典籍的客观存在，早已引起中外学者及官府的注意，曾被征集、翻译和研究。如上文引述的《华阳国志·南中志》，可以认为文中所提到的“半引夷经”句，即是汉族学者对彝文献进行过翻译，并在著述中加以引用。明朝时，宫廷曾设“四夷馆”，为便于中央王朝与各民族间进行交流，曾有计划刊印《华夷译语》丛书，现存于北京故宫博物院的藏书中，就有着明代刊印的中彝、汉文对照的彝语词汇集4卷。陈鼎在《蛇谱》一文中说：“杨升庵先生留寓滇中数十年，通夷语，识僰文，乃译黑新逕《西南列国志》 800余卷，载蛇状甚详。”此处提到僰文，按古音“僰”与“濮”相通，而滇中一带彝族，在其自称中多有“濮”字音，故南中一带古有“百濮之地”说，故“僰文”亦可认为是古代濮人的文字。经过调查，现楚雄彝族自治州内，在彝族的姓氏中尚有黑氏一姓。过去对彝文不认识的学者，在其著述中，往往根据彝文字形，把彝文形容为“状如蝌蚪”。陈鼎氏在《蛇谱》中确把彝文形容为“载状如蛇甚详”，与“状如蝌蚪”实为同源，均是外民族对彝文字形上所产生的认识上的反映。尽管杨升庵先生的这份译稿，后因匆忙北还而散失，未能广为流传，但通过这段文字说明，彝文古籍曾被中土学者系统翻过。此外，法国传教士保罗·维尔亚利用在路南彝族地区传教之便，学会了彝语彝文，曾以彝文法文对照形式，翻译了彝文古籍《宇宙源流》，于1898年在巴黎公开出版，并征集了一批彝文古籍运往巴黎存于法兰西科学院。为便于后人翻译彝文古籍，保罗·维亚尔曾编撰了法文彝文对照的《法倮字典》，于1905年在巴黎公开出版。1949年前在国内刊印出版的彝文古籍译著有：丁文江、罗文笔合译的《爨文丛刻（甲篇）》。马学良译著的《倮文〈作祭献药供牲经〉译注》《倮文作斋经译注》。近年来，德国、日本、美国等国家的学者均对彝文古籍产生了注意，他们或单独译释，或与中国学者合作翻译，先后将彝文古籍用所在国通行文字进行对照翻译。其出版物，已为国内一些科研单位进口收藏。通过上述彝文典籍的翻译出版，势必促进彝族文化向世界进行传播，增进世界各国人民对彝族文化的了解。

通过上述介绍，可以看出，过去对彝文古籍的收集、整理、翻译和出版工作，大多局限为中外学者个人所从事的活动。故此，对彝文古籍很难产生系统的综合性的科学结论。

彝族人民世代传留下来的民族文化结晶——彝文古籍，越来越引起了本民族知识分子和各族科研工作者的重视，提出了系统抢救彝文古籍的倡议。根据这一建议，在云南、四川、贵州、广西等省区，彝族聚居的地、州、县，相继建立了抢救、翻译、科研机构，并于1982年成立了滇、川、黔、桂彝文古籍整理出版工作协作组，为有计划地对彝文古籍开展全面的系统的抢救工作打下基础。

通过几年来的抢救工作，彝文古籍的存书情况大致如下：我国许多省级图书馆、大专院校、博物馆均有收藏。现除北京图书馆、中国民族图书馆、中央民族大学图书馆所藏彝文古籍已编目外，其余均为库存书籍。各省地州县新建的彝文古籍抢救机构，通过艰辛工作亦新近从民间征集到一批彝文古籍。经调查，现纳入国家单位收藏的彝文古籍已近万册，正计划组织力量进行编目，开架借阅，以助彝文古籍的流通。通过大量调查，进一步证实，彝文古籍的社会存书主要集中分布在大小凉山、乌蒙山区和哀牢山区的彝家村寨中。尽管彝文古籍经历了历代封建王朝的摧残，“文化大革命”的浩劫，但是由于彝族人民对本民族文化传统具有深厚感情，彝文古籍的社会存有量，仍有万种达数万册之多。根据现已知的材料，卷帙浩繁的彝文古籍，大致可分为下列十类：

（1）祭经：专记宗教活动的各种礼仪、祭祀时咏颂的经文等。对研究彝族的原始宗教有着极为重要的价值。通过彝族葬礼时所咏“送魂经”，可以从中探索到彝族先民的迁徙路线，找到彝族渊源关系的源头。

（2）占卜：记载各种占卜术，如兽骨卜、鸡股卜、挂版卜、牲血卜、鸡卵卜、草卜、画地卜、载卜以及占梦问卜等。对研究彝族先民与各族人民中的原始民俗及其他交流有着极为重要的意义。

（3）律历：记节令、星辰、岁月等。记录了彝族先民在长期生产实践中，对天象、节气变化的观察结果。

（4）谱牒：记载了彝族各支系的宗谱及其历代迁徙繁衍地。由于彝族内部宗支观念极其强烈，故谱牒记载极为翔实，在无纪年可查的情况下，谱牒所记代系往往成了彝族社会历史发展的时限依据。

（5）诗文：记彝族古代诗人创作的诗歌及理论作品。是彝族先民所留下来的文学瑰宝。

（6）伦理：记日常应守之条律及在待人接物过程中应循之礼俗。是研究彝族先民伦理道德的重要材料。

（7）医药：记载彝族人民用以治病的草木鸟兽鱼及各种药物的用法和疗效。是彝族人民长期对疾病进行斗争的经验总结，深入发掘研究，将丰富发展人类医药卫生知识。

（8）历史：记载彝族历代祖先所创建的丰功伟绩、各种建树、变迁沿革及和周围共同生息的民族关系。是研究彝族历史和西南民族史的重要史料。

（9）神话：记载了彝族人民世代相传的神话起源、英雄史诗、洪水故事及毕摩故事等。为研究民间文学发展规律，提供了重要古人文字记录。

（10）译著：主要是用彝文翻译了其他民族的文献典籍，或根据彝族风俗习惯、地方特点，对其他民族文献进行改写，如彝文《西游记》《吴三桂与李自成》等。对增进各民族文化交流起着重要作用。

近年来，随着对少数民族古籍整理、出版工作的重视，各省区加强了民族古籍翻译出版工作，各地相继编纂了《彝汉字典》，翻译整理出版了《西南彝志》《公史传》《勒俄特依》《玛莫特依》《宇宙人文论》《阿诗玛》《爨文丛刻》《夷僰榷濮》《喀吉思》《普兹楠兹》《尼苏本节》等。这些彝文古籍的公开翻译出版，虽与浩若烟海的彝文古籍相比，仅是汪洋涓滴，但透过这小小的水珠，亦能让我们窥视到彝族古老文化之斑貌。

通过彝文古籍的翻译出版，将为各族学者提供研究彝族文化的重要资料，同时也为本民族人民继承本民族文化传统提供了学习资料。

如为数众多的《宇宙源流》《天地起源》《宇宙人文论》等书，尽管书中存有浓烈的神话色彩，但确实反映了这一地区彝族先民对天地万物形成的朴素唯物主义观。从中不难看出，彝族人民世代所居的滇、川古陆，自古以来就有人类在那里居住，成为人类重要发祥地。文中着意刻画的关于人类产生、发展及其演变过程，势将成为我们研究人类史的重要材料。

用彝文记录的宗系、谱牒、迁徙等文献，成了研究彝族历史的重要资料。一些反映彝族历史上所产生的彝文科技典籍，如《十月历》《星迥历》《星月历》《矿物采冶》《药书》《看病书》等等，均是彝族先民在长期生产实践中所产生的合乎科学规律的总结。关于宗教方面多达24套彝文祭祀经典，是研究古代民族原始宗教，多神崇拜的重要文献。

彝族的书面文字，以它特有的语言，健康的主题、铿锵的韵律，反映了彝族人民追求自由、光明、反对剥削压迫的传统思想。经过借鉴，将使我们的文学事业获得营养。

由于西南地区民族众多，但是有文字的民族较少，通过对彝文古籍的研究，不仅对研究彝族的社会历史文化提供了重要资料，而且由于各民族历史上的频繁交往，文化渗透，通过对彝文献的研究，势必可以发现其他民族的珍贵东西。

通过有组织，有计划地把大量彝文典籍翻译、出版，必将对西南民族史研究工作提供重要依据，补充汉文文献和口头传说的遗缺，使彝族文化这株瑰丽奇葩在中华民族百花园中竞相争艳。

（本文原载《同人文集》 北京致远斋书店 1994年7月）

中国民族图书馆藏文古籍文献资源综述

先　巴

藏族是我国的一个历史悠久的伟大民族。藏族人民勤劳勇敢，富于智慧，对于伟大祖国的缔造，做出了光辉的贡献。在历史的长河中，她们同其他兄弟民族一起，共同创作了祖国灿烂的文化。藏文典籍就是祖国民族文化宝库中的一颗璀璨的明珠。

民族文化宫图书馆（现改为中国民族图书馆）自成立以来，在短短几年从各种渠道搜集藏文文献数千函，从20世纪60年代初开始深入细致的编目整理，跨越到80年代，先后有于道泉、黄明信、木雅贡布、东噶赤列、才旦夏茸等专家学者参与。主要归为四类：1. 佛教《大藏经》；2. 苯教《大藏经》；3. 文集类；4. 散集类。

一、佛教《大藏经》

藏文《大藏经》因其不仅汇集了众多的佛教典籍，而且保存了大量的文化典籍。是藏族传统文化的重要组成部分，堪称藏族百科全书，其重要的学术价值为世人所公认，是藏学研究最重要、最基本的藏文古籍。藏文《大藏经》主要是依实质而分类为两大部分：佛陀所说的法，即经律集成的部分称为《甘珠尔》包括经、律、论和三藏与四续部等，主要是佛教的原始经典；诸大论师的述作，论疏的部分称《丹珠尔》，主要是历代佛门弟子、大译师对《甘珠尔》的阐释和论著，原则上，藏族学者的著作不加入藏文《大藏经》之中。

公元7世纪，佛教传入西藏。此后，经历代藏族翻译家和中原、印度来的高僧大德的努力，将梵文、汉文、于阗文等文种的主要佛教经典译成藏文。14世纪初，炯丹日贝热智等人编写了藏族历史上第一部完整的藏文大藏经的目录。佛教大师布顿·仁钦珠负责审定的蔡巴甘珠尔，成为当时最具权威性的精审本。经过多次整理、编定形成了《甘珠尔》和《丹珠尔》，藏区各地辗转传抄，出现了琼巴达孜写本、江孜天蚌玛写本、唐布且写本等许多藏文《大藏经》的缮写本，先后有北京版、理塘版等各具特色的木刻版本。其中德格版收集内容丰富、书版别致、工艺考究、字体清晰朴实、文字正确无误、堪称善本。

1. 北京版《甘珠尔》

北京版又名嵩祝寺版，本馆仅存有北京版《甘珠尔》，共有107函（本馆编号04065—04176），1055卷，每页8行，页面58.2×14.2（厘米）。

北京版《甘珠尔》之扉页中《请序疏》中有记载“诸大臣请求皇上为此《甘珠尔》赐序，于是于康熙二十二年八月十六日那天赐文”等内容。又《钦定造〈甘珠尔〉之官职》一文中写有造《甘珠尔》者之职位及藏文名册等，其末尾写道“于康熙三十九年四月吉日造完”等。由此看来，《甘珠尔》最初刊刻之时即于康熙二十二年（1683年）开始，完成于康熙三十九年（1700）四月末。

关于此《甘珠尔》之母本，有说是西藏霞卢寺写本，但北京版《甘珠尔》著跋及目录中无此说明，而可为佐证之材料未见。中国藏学研究中心《大藏经》对勘局在将此与永乐版《甘珠尔》进行比较，发现其经函数、页码、字行、字行之前后字词，及错别字等有95%均相同，因此认为，其母本可能是永乐版。[①]雍正二年（1724）续刻了《丹珠尔》，即今之北京版《藏文大藏经》。版片毁于光绪二十六年（1900）庚子之役。[②]

北京版《甘珠尔》之编排次序为：以续部开始，其中《续部》25函，《般若经》24函，《大方广经》6函，《显经部》32函，《律部》13函，另加康熙三十九年四月撰写的汉、藏、蒙、满4种文字对照的目录《甘珠尔目录》1函，共计107函。经函扉页的佛像，分别是十方诸佛、八大如来、七佛、三十五如来、三十佛

① 《甘珠尔》版本及其对勘成果要述．中国藏学，2005（1）．

② 其丹珠尔印本，举世之中仅余二部，一部藏于法国巴黎国家图书馆，一部藏于日本京都大谷大学（折本）。《佛光大辞典》，2588页。

等，续部为以时轮为主之续部各自之本尊，各经函后有黄阎婆罗、六臂怙主、吉祥天女、财流天女等画像。早期印本大部为朱刷，也称赤字版。该版大藏经因系清王室官本，刻造、装帧颇为精良，版型较一般藏文经大，每夹扉画均为手工绘制，笔触细腻，设色鲜丽，大多出自藏族画家手笔。该版藏经曾流传到日本和欧洲。

2. 颇罗鼐《丹珠尔》缩微影印本

公元18世纪，颇罗鼐索郎多杰执政期间，召集500余缮写者在黑色纸张上以纯金粉书写了一部《丹珠尔》，供奉在甘丹寺宗喀巴灵塔前。此《丹珠尔》写作时间可能在公元1733—1741年间。据东布降央德伟多杰编写的《丹珠尔有寂之饰目录宝花束》其中记载，此《丹珠尔》以琼吉宫所藏两套《丹珠尔》为蓝本，其余则系从萨迦、那塘、扎什伦布将夏鲁等6个寺庙中所藏的其他显密经典收编入。此《丹珠尔》主校系噶久降央坚参及关却曲扎、罗桑降央等。

颇罗鼐《丹珠尔》每函首页左右有两幅插图，共有释迦牟尼、金刚心等三十五善逝佛像11套；药师八如来之像7套；金刚萨埵、不动佛、大日如来佛像3套。

此《丹珠尔》金粉写本字体美观，书写工整，笔触细腻，设色鲜丽，金字凸现，书版、书带、书扣等极其珍贵，其耗资以当时银价计算18621两余。[①]费用相当于那塘《丹珠尔》木刻版之1/4。颇罗鼐所主持刻写那塘《丹珠尔》木刻本从筹备到完成前后总共耗资白银72862.5钱。[②]

此《丹珠尔》之函数及品数与那塘《丹珠尔》木刻版相同，共225函，3934卷，98451叶。每一部经函后写有颇罗鼐撰写的回向偈文："愿此善业如同水灭五毒之火舌，使我索郎多杰为主如母众生之生生世世所积罪障无余得清净，众皆快速获证菩提心要圣妙果。"

20世纪50年代至80年代，此《丹珠尔》存放在本馆，在这一期间本馆将这些文物价值和学术价值极高的稀世珍本看成本馆珍宝，无论在和平年代，还是在十年动乱期间都加以保护，防止受损。1980年以后，中国藏传佛教杰出领袖第

① 昂旺洛布．金汁写本丹珠尔目录（藏文）．民族出版社，2004：19.

② 中华大藏经——《丹珠尔》对勘工作．中国藏学，2000（1）.

十世班禅额尔德尼来民族文化宫图书馆查阅资料，这位佛学精深造诣高广的大师看到镶有象牙雕刻紫檀木夹板金写《丹珠尔》等珍贵藏文典籍在得到丝毫无损的妥善保管时，由衷夸赞道：你们立了大功。数日之后，班禅大师派人给本馆工作人员送来藏族人民传统的食品，体现了班禅大师关爱民众的风范，也传递了藏族人民对珍爱藏文典籍文献的图书馆人的深情厚谊。1987年其送回拉萨，现存哲蚌寺。存放期间本馆将这部缩微影印，辑成100册，包括论和部分律，内分显密两大部分，各七大类，附有赤松德赞与各大译师的著作目录，由天津古籍出版社出版向国内外发行，本馆存有所有缩微胶片和光盘及精平各一套。同时由本馆馆员洛布在近10年的努力，《丹珠尔》缩微影印本做了详细的目录，此目录也可原书对用。

3. 那塘版《丹珠尔》

那塘版《丹珠尔》，于藏历十二绕迥金鸡年（1741）三月十七日，由颇罗鼐索郎多杰主持开始刊刻，仅历时一年零七个月二十五天，于藏历水狗年（1742）十月二十五日圆满完成，故称藏文版《丹珠尔》诸版本中工期最短的版本。其目录中记载此版本是照第司·桑杰嘉措主持缮写的《丹珠尔》写本而刊刻的。此版有扎巴曲增等22大师主校，在此版本刊刻竣工那年，在普布觉修行者阿旺向巴为此版本编写了目录，目录名为《刊刻所译一切论典之目录——梵天妙音》，此版本共225函，76883叶。但是，此木刻原版在“文化大革命”时期遭到毁坏，在那塘寺仅剩有百余张印版，1995年起由策墨林活佛主持重新刊刻，现已全部完成。

此版本版面宽、字体大，除佛像插图和个别篇目与北京版稍有差异外，在正字和编序等方面多数与北京版相同。

本馆多方努力那塘版《丹珠尔》搜集，现存有144函（待编号），主要内容为赞颂、续疏、中观、经疏、因明、佛本传等几大类；其印刷做工粗残，目录欠缺。

4. 德格版《大藏经》

现藏本馆的藏文德格版《大藏经》分为《甘珠尔》和《丹珠尔》合装本，分别《甘珠尔》部有83合（本馆编号000001—000083），有103函，1018卷，每页7行，页面50.5×7（厘米）；《丹珠尔》部有155合（本馆编号000084—000239）。

朱墨印刷，[①]每页7行，页面51.9×7.4（厘米）。

1729年，康德格王却吉登巴泽仁资助始刻，1733年完成《甘珠尔》部分，1737年完成《丹珠尔》部分。

其《甘珠尔》以钦瓦达则宫的察巴《甘珠尔》及以察巴版为母本的后来的丽江《甘珠尔》（又称理塘《甘珠尔》）为主要母本，在此基础上辅之以阿年丹巴的誓愿所依修供的极清晰的《甘珠尔》，此外，又请来藏于安多上部落隆王宫的《甘珠尔》，与其一一对照而印造。校对为司徒曲吉琼乃即噶玛丹比宁协珠那曲吉郎瓦，其著有《如来佛语藏语甘珠尔目录》，为所有《甘珠尔》目录中最详尽者。此《甘珠尔》编排法语理塘版一致，版本较其他版本有清晰、少错、完整等特点。因此中国藏学研究中心《大藏经》对勘局把《甘珠尔》对勘亦将其作为对勘母本。

据丹珠尔主校者博通五明的大学者次称仁欠撰写的《德格版丹珠尔目录海盛新月善说》中记载：德格版《丹珠尔》以里塘版为母本，布顿目录再加以补充后刊印，并参照其他版本。“编排依着重次，首先，内明论著、大乘不共法、大乘共法、小乘各论著、最后因明逻辑学、语法、医学、工艺学以及稀见藏族学者的一些论著”，“共计208函、62257叶”。杂部之最后4函连同目录一函是后来补刻的，再加上《阿底峡小品集》一函103卷，214函，3459卷，共64731叶，本馆如数保存。其工程浩大，仅《丹珠尔》共耗费青稞447833驮。[②]每函左右皆有插图；校订时，特别注意了文法逻辑的严密性，错字极少；对于其他版本中存在的编序混乱、编目重复和有疑问或争议的篇目，此版本中都作了整理和取舍。其主要特点是收集了各家之言，内容相当丰富。其次，版面设计美观大方，雕版工艺考究，插图绘制精美，字体清晰，字形优美，可谓善本之一。它是藏区认为比较好的《甘、丹珠尔》木刻版。

此全套木刻原版现存于在德格印经院，仍可用于印制并向国内外发行。1976年至1979年，第十六世噶玛巴活佛主持复制了500套德格版《甘珠尔》和250套《丹珠尔》赠送给国内外有关图书馆、学术机构、和寺庙。1981年由果洛达塘寺

---

① 德格印经院规定：《大藏经甘珠尔》一律用朱墨印刷，以示尊敬，其余典籍用黑墨。

② 崔称仁青. 丹珠尔目录（藏文）. 西藏人民出版社，1985：577.

根噶活佛主持在美国加勒佛尼亚州将德格版《甘、丹珠尔》合编为120册，印制100份后发行流通。1934年，日本东北大学附属图书馆编纂成此大藏经之总目录二册出版发行，故又称“东北目录”。本书系与汉译大藏经逐一对照而成，并明示彼此之对应关系。[①]

1998年11月起，中国藏学研究中心《丹珠尔》对堪工作选用了德格版《丹珠尔》为底本。[②]

5. 拉萨雪版《甘珠尔》

拉萨版《甘珠儿》共有100函，本馆编号01837—01936。“近百函的《甘珠儿》共有48189叶”，每页7行，页面：57.5×11（厘米）。

此版于止贡郭觉活佛黎顿丹增却吉旺波向十三世达赖请示，眼下那塘版已很陈旧，多有破损，而理塘及德格版在卫藏地区极少见，应重新刻印《甘珠儿》，并资助1075两白银作为祈愿，十三世达赖欣然应允，并命除僧俗大众捐献的刻板财物外，其他日常所需均西藏政府提供。于是“铁猴年四月”（1920年）由喜饶嘉措大师在达赖行宫罗布林卡主持、重新编纂，并亲自写了序言。“水猴年（1932年）五月，色西夏宅奥朵活佛先巴巧丹和色西罗巴昂丹、土旦宋如僧主持，开始第二次校对，以那塘版为底本，同时参照江孜版、德格硃刷版等历史渊源的经典的版本，经严格校勘，取长补缺”。1933年“十三世达赖逝世，热章活佛和十三世达赖之兄财务大臣贡噶王秀之命续刻，并于木狗年（1934）三月竣工”，刊刻共用了近15年的时间。此版本经喜饶嘉措等佛学界名流善加校勘，达札活佛、察珠活佛为《甘珠尔》编写了《诸藏译本师释迦牟尼佛语之目录》。

其内容大致分为《律部》13函，《般若》21函，《华严》6函，《宝积》6函，《经部》30函，《涅磐部》2函，《续部》18函，《尼玛旧译续部》3函，总目录1函。

---

① 此书索引分为八类：（一）罗马拼音之西藏语标题。（二）罗马拼音之梵语标题。（三）汉语标题。（四）Bru-sha 语标题。（五）以日语50音为排列次第之汉语译名。（六）著者索引，印度撰述之著作，著者名多采梵语索引，部分译为西藏语；西藏撰述之著作，则全为藏语索引。（七）各书与大正藏之对照索引。（八）大正藏与各书之对照索引。《佛光大辞典》，2592页。

② 中华大藏经——《丹珠尔》对勘工作. 中国藏学，2000（1）.

此版本的每部类之扉页加插图，每函中无插图，字体较之一般大，为现存《大藏经》诸版中最优的版本之一，唯仅完成《甘珠儿》部分。未曾受损，现经版完整存于拉萨“雪利益雪域众生宝库”中。

6. 北京版藏文《大藏经》日本影印本

藏历十五饶迥年末，经十三世达赖、察绒达桑占堆的共同努力，将北京版《甘珠尔》《丹珠尔》各一套请望日本东京，现存于大谷大学图书馆中。1955—1958年间日本大谷大学西藏大藏经研究会选用最新的相片以及印版技术影印出版了北京版《北京版西藏大藏经》，合计150（细目如下）册。该套《甘珠尔》用的是康熙版（1683），《丹珠尔》用的是雍正版（1724）。后增印出版了目录一册和《北京版西藏大藏经总目录附索引》书4册。全套《西藏大藏经》收入《甘珠儿》1055（编号1—1055）部，《丹珠尔》3961（编号2001—5962）部，共5016部，经目下还列有详细子目，此为其一大特点。以上两部著作编纂详尽细致，内容丰富完备，编排严谨，装潢非常豪华美观，封面、书天和书名全是搪金，字迹清晰秀丽，因称华丽版。具有较高的学术价值，在学术界久负盛名。

<table>
<tr><th>藏文大藏经</th><th>题名</th><th>卷（册）号</th><th>册数</th><th>藏文大藏经</th><th>题名</th><th>卷（册）号</th><th>册数</th></tr>
<tr><td rowspan="6">甘珠尔</td><td>秘密部</td><td>1-11</td><td>11</td><td rowspan="12">丹珠尔</td><td>唯识部</td><td>108-114</td><td>7</td></tr>
<tr><td>般若部</td><td>12-21</td><td>10</td><td>阿毗达摩部</td><td>115-119</td><td>5</td></tr>
<tr><td>宝积部</td><td>22-23</td><td>3</td><td>律疏部</td><td>120-127</td><td>8</td></tr>
<tr><td>华严部</td><td>25-26</td><td>2</td><td>佛本生部</td><td>128-129</td><td>2</td></tr>
<tr><td>诸经部</td><td>27-40</td><td>14</td><td>书翰部</td><td>129</td><td></td></tr>
<tr><td>戒律部</td><td>41-45</td><td>5</td><td>因明部</td><td>130-139</td><td>10</td></tr>
<tr><td rowspan="6">丹珠尔</td><td>赞颂部</td><td>45</td><td>1</td><td>声明部</td><td>140</td><td>1</td></tr>
<tr><td>秘密疏部</td><td>46-87</td><td>42</td><td>医方明部</td><td>141-143</td><td>3</td></tr>
<tr><td>般若部</td><td>88-94</td><td>7</td><td>工巧明部</td><td>143</td><td></td></tr>
<tr><td>中观部</td><td>95-103</td><td>9</td><td>修身部</td><td>144</td><td></td></tr>
<tr><td>诸经疏部</td><td>104-107</td><td>4</td><td>杂部</td><td>144-150</td><td>7</td></tr>
<tr><td colspan="3">甘珠尔、丹珠尔目录</td><td colspan="5">151</td></tr>
</table>

二、苯教《大藏经》

苯教大藏经分为《甘珠尔》和《丹珠尔》。在理论上《甘珠尔》即敦巴辛绕遗训，《丹珠尔》即遗训释疏。[①]在苯教历史上《甘珠尔》是由大觉者敦巴辛绕亲自讲述记载而成。他的弟子穆却德周时期已经出现苯教大藏经《甘珠尔》。相传苯教前弘期的“六庄严”等法难中将大量本教经典藏于地下，苯教后弘期，辛钦鲁噶和南喀雍中等人重新挖掘出来，继承弘扬，形成了历史上最早很规范的《甘珠尔》目录。后来苯教学者贡珠扎巴将苯教文献作为大藏经汇集和编目，并在嘉绒地区第一次出现苯教的木刻版曲钦版和绰斯甲版。但这两个版本在乾隆攻打金川时毁于战争。

本馆馆藏的苯教大藏经是由四川民族研究所于1990成都胶印出版的娘绒草体手抄本《甘珠尔》共156函（本馆编号02050—02204）。每页7行，页面：36×7.3（厘米）。据《雍仲苯教大藏经目录》：“本目录系按一般通例分为：教言圆满三经部、广大清净之大品部（般若部）、深道密咒续部、无上心品三库藏部等四类。如此分类较为简明。”《大行摄略经》：“我圆寂后众弟子，收集教言作归来，应分经、大、续、库四类。”经部有63函、般若部67函、续部20函、心品部4函，另有《甘珠尔目录》《甘珠尔传承次第》《苯教宗教源流和教历》等3函。[②]

---

① 前者的名称及其意义与佛教的大藏经一样，没有丝毫的差异。但是，后者即《丹珠尔》就不同了，佛教大藏经《丹珠尔》的丹的藏文原文是bstan，是bstan　bcos即文献之义，珠尔的原文是vgyur，即译文之义，也就是文献的译本，即《甘珠尔》之论疏文献译本。而苯教《丹珠尔》的藏文原文则是brtan　vgyur，brtan是依据之义，vgyur译本之义，在此可延伸为论疏文献，也就是依据《甘珠尔》的论疏文献之义。这就是佛教和苯教《丹珠尔》名称的不同及其词义的差异。1990年西藏那曲本教活佛丹巴尼玛开始在整个藏区收集散失于民间的苯教文献，历时5年多收集共380部，其大多数以手抄本的形式传世至今。1999年西藏自治区投资50万把这些《丹珠尔》刊印发行，藏族历史上第一部苯教大藏经《丹珠尔》问世了。

② 雍仲苯教大藏经目录．西藏研究，1993（2）．

三、文集类

藏族自古以来就有编纂个人文集的传统。每个学者大都把自己一生中撰写的文章和译文作品最后编成文集刊刻出版。据不完全的统计，各个历史时期的文集共有近千种。

文集类的著作是佛藏以外文献的主体部分，也是藏文典籍的精华。随着藏传佛教的发展和各个教派的形成，自公元11世纪以来，有关佛经注疏和历史、语言、文化的撰著越来越多，卷数相当浩繁，成为藏文典籍中的主要组成部分。18世纪以来，隆多喇嘛阿旺洛桑编纂《噶当、格鲁派高僧文集简目》，收文集40家，其中布敦仁钦珠、宗喀吧等数家之子目甚详，其他较略。19世纪中叶，仲钦喜热嘉措编著《罕见数目》，分藏文典籍12类，其中文集类收90余家。1959年甘肃《拉布楞寺书目》（油印本）中，分17大类，文集类收174家。这些文集中除了关于宗教著述外，还有很多历史和传记方面的著作，有编年史、王统史、民族关系史、宗教史、教法传承史、家族史、自传、密传等史事，圣迹志、寺院志等书，以及道歌、格言和以呗赞杂咏其间的说唱文学，阐述古印度语言学、逻辑学、修辞学的论著也不少。其数量之多，难以枚举。这些文化遗产是研究藏族佛教和藏族文化取之尽的宝藏，应该引起我们足够的重视。

本馆现存有历代藏族学者130余家的文集共770余函，约2万卷。为了继承和发扬藏族文化事业，促进各民族的文化交流和共同繁荣，为民族科研工作和两个文明建设服务，本馆在整理藏文古籍的基础上，将馆藏藏文典籍中的文集类子目分成3册陆续出版，收180余家。并附上了相应的汉译，作为便于检索文献资料的双语工具书，还特地为文集作者写了生平简介。[①]（附全集类基本数据）

---

① 藏文典籍目录（第一辑）. 四川民族出版社，1984；藏文典籍目录（第二、三辑）. 民族出版社，1989，1997.

姓　　名	函数	行数	页　面（厘米）	版本	备　注
第三世噶玛让旋多杰文集	3	6	46.5×6.4	噶丹版	其中一函为抄本
格迪洛桑称勒文集	12	6	44.8×6.1	达仓拉莫版	
盖邬仓洛桑绛央孟朗文集	2		54.4×7.1	甘孜寺版	
鲁朋喜热嘉措文集	1	6	44.8×6.3	西宁新兴版	影印本
洛窝堪钦索朗伦珠文集	6	7	47.1×6.1	德格版	
隆钦热绛巴赤墨俄色文集	6	7	53×7.1	德格版	
隆多喇嘛阿旺洛桑文集	3	7	48.1×7.1	北京版	
吉苏・洛桑金巴文集	3	6	51.8×7.1	德格版	
甘珠尔巴・洛桑楚臣文集	6	6	46.8×7.2	北京版	
吉雪夏仲・阿旺丹增称勒文集	1	7	49.5×7		
喀准朗巴・洛桑丹增文集	1	6	45.5×6.2		
康萨・洛桑楚臣丹白坚赞文集	3	6	49.5×6.8		
喀尔喀堪布・阿旺洛桑克珠文集	3	6	56×6.5		
喀尔喀・阿旺白登文集	3	7	50.3×7.9	库伦版	
喀尔喀・唐赤多杰文集	14	6	47×6.5		其中一函为抄本
恰格・洛卓嘉措文集	1	6	47×5.8		
堪钦根敦嘉措文集	3	6	45.5×6.5		
堪钦洛桑丹增坚参文集	1	6	41×6.5		
堪布阿旺土登嘉措文集	7	6	45.3×6	噶丹版	
克珠・桑吉耶喜文集	7	6	48×6.5		
钦则俄色・晋美林巴文集	6	6	48.5×6.7	德格版	
古格经师洛桑丹增文集	5	6	48.2×6.5		
固实噶久巴洛桑则培文集	9	6	47.8×7.5	北京版	
贡唐关却丹贝卓麦文集	11	6	47.2×6.2		另有3函复制本
贡唐洛卓嘉措文集	10	6	44.5×6.4	噶丹版	
高窝热绛巴索郎森格文集	13	6	46.3×6	德格版	
甘丹喜日图洛桑丹贝尼玛文集	4	6	47×6.5	北京版	

续表

姓　名	函数	行数	页　面（厘米）	版本	备　注
嘉纳巴·绛央丹白尼玛文集	2	6	47.2×6.5	拉布楞版	
贾堪布·扎巴坚赞文集	6	6	47.4×6.3	拉布楞版	
贾堪布·格桑扎巴嘉措文集	2	6	44.7×6	拉布楞版	
贾哇央衮巴·坚赞贝文集	1	8	17×6		抄本
贾策杰·达玛仁钦文集	8	6	50.3×6		
嘉绒格西·楚臣尼玛文集	1	7	49.3×8		
贾色·格桑土登文集	3	6	47×7	噶丹版	
贾色·妥美桑布文集	2	6	39.5×7	德格版	其中一函为抄本
阁芒·洛桑楚臣嘉措文集	2	6	47×6.2	拉布楞版	
阿旺耶喜土登热绛巴文集	2	6	49×6.3	库伦版	
俄钦·衮噶桑波文集	4	6	48.5×6.5	德格版	
俄钦关却伦珠文集	2	6	46.5×6.5	德格版	其中一函为抄本
欧曲·达摩巴扎文集	6	6	49.8×6		
欧曲·央金珠白多杰文集	3	6	49×6.5		
阿果·朗喀森格文集	2	6	46.6×5.8		
阿果洛桑强巴若吉文集	2	6	47.5×6.4		
卓尼扎巴谢珠文集	11	6	48.6×6.3	卓尼版	
章嘉阿旺洛桑曲登文集	18	6	49×6.8		
章嘉若贝多杰文集	7	5	46.8×6.3	北京版	另有7函复制本
江隆班智达阿旺洛桑丹白坚赞文集	7	6	39.5×5.9	北京版	
察哈尔格西洛桑次陈文集	11	6	48.6×6.7	北京版	
且巴嘉喀哇·阿旺根敦嘉措文集	2	6	47.3×6.5	拉布楞版	
钦苏朱图·洛桑罗布喜饶文集	7	6	38.2×6.1	北京版	
曲贝辛·洛桑嘉措文集	1	6	48.1×6.4		
绛央钦则旺波文集	25	6	29.7×4.6	四川民研所	影印版
第一世嘉木样阿旺尊珠文集	15	6	47.2×6.8	拉布楞版	

续表

姓　名	函数	行数	页　面（厘米）	版本	备　注
第二世嘉木样恭却晋美旺波文集	11	6	48.4×7.4	拉布楞版	
第三世嘉木样洛桑土登晋美嘉措文集	1	6	47.8×6.5	拉布楞版	
第四世嘉木样格桑土登旺秋文集	3	6	48.1×6.3	拉布楞版	
菊·弥旁绛央朗吉嘉措文集	16	6	38.3×5.8	德格版	
多罗那他·衮噶宁波文集	16	6	43.6×8.2	德丹寺版	
第一世达赖杰·根敦珠巴文集	5	6	46.9×6.2	拉布楞版	
第二世达赖根敦嘉措文集	3	6	48.2×6.2		
第五世达赖阿旺洛桑嘉措文集	30	6	46.6×5.9		
第七世达赖格桑嘉措文集	9	6	49.4×6.5	北京版	
第八世达赖绛白嘉措文集	1	6	49.5×7.3	拉萨版	
第十三世达赖土登嘉措文集	5	7	49.8×7.3		
达仓·洛桑饶登文集	1	6	47.6×5.7		
丹达拉然巴文集	2	6	48.5×6.7	塔尔寺版	
塔秀·根敦曲窘嘉措文集	1	6	44.5×6.5	塔尔寺版	
土观·阿旺却吉嘉措文集	1	5	38.2×6	北京版	
土观·却吉尼玛文集	10	6	48.5×6.5		
迭部·洛桑三丹文集	3	6	45.5×6		
塔波拉杰，索朗仁钦文集	2	6	46.7×6.3	德格版	
笃补巴·喜饶坚赞文集	1	6	50.2×7.5		草体抄本
仲钦·喜饶嘉措文集	7	6	48×6		
达磨格迪·衮桑索朗文集	3	6	46.8×6	德格版	
德钦霍扎巴·洛桑曲培文集	1	6	46.5×6		
堆增·扎巴坚赞文集	1	6	49×6		
萤敦曲达文集	1	6	46.6×6	拉布楞版	
德赤·绛央土登尼玛文集	5	6	47.2×6.6	拉布楞版	
第司·桑结嘉措文集	14	6	53.5×7	德格版	

续表

姓　名	函数	行数	页　面（厘米）	版本	备　注
第一世班禅克珠·格勒贝桑文集	12	6	50.4×6	甘丹版	
第三世温萨巴·洛桑顿珠文集	2	6	47×6.2	萨迦版	
第四世班禅洛桑却吉坚赞文集	5	6	49.4×6.5	拉布楞版	
第五世班禅洛桑耶喜文集	4	6	48.7×6.5		
第六世班禅白登耶喜文集	9	66	49.1×6.8	扎西楞布版	
第七世班禅丹白尼玛文集	9	6	48.7×7		
第八世班禅丹白旺秋文集	3	6	47.2×6.4		
第九世班禅洛桑土登却吉尼玛文集	5	6	45×6.5		
华热饶色文集	1	6	47.7×6.3		
阿莽班智达·恭却坚赞文集	12	6	48×6.5	噶丹版	
帕邦喀吧德钦宁布文集	11	6	49.1×5.9	甘丹版	
帕摩竹巴多杰嘉波文集	4				抄本
普觉·阿旺强巴文集	3	6	49.6×6	强巴寺	
布顿文集	26	7	49.7×7		
布软弟子扎泽巴文集	2	7	49.7×7		
博东·却勒朗杰文集	5	7	41×7		其中4函为抄本
拉科·晋美称勒嘉措文集	6	6	46.7×6.2	拉布楞版	
仲则·洛桑楚臣文集	1	6	48.5×6.8	扎西楞布版	
比锡埒图班智达泽培旺秋多杰文集	1	6	48.2×6.2		
宗喀吧文集	19/ 19	6	48.1×6.1 47.4×6.8	德格版 拉布楞版	存有2套
祖拉成瓦文集	3	7	47.5×6.2		
宗噶晋美旦曲嘉措文集	14	6	44.2×6.2	丹德寺版	
祥敦丹巴嘉措文集	4	6	46.8×6.4		
夏仲法尊阿旺策仁文集	12	6	46.8×5.2	库伦版	
许钦楚臣仁钦文集	10	6	47.4×6.7	德格版	
雪噶久顿约克珠文集	1	7	50×7.1	拉萨版	

续表

姓　名	函数	行数	页　面（厘米）	版本	备　注
夏玛根登丹增嘉措文集	1		45.8×6.4	拉布楞版	
夏鲁洛色丹琼文集	1	6	48.7×6		
雄勒巴索朗嘉措文汇	2	6	38.2×6		
荣增耶喜坚赞文集	18	6	48.5×6.4	拉萨版	
雅朱·桑结贝文集	8	6	50×6.6	德格版	
热咱噶久哇·阿旺洛桑尼玛文集	1	6	45.9×6.1	甘丹版	
绒敦·歇恰衮日文集	4	6	50.9×6.5	德格版	
热振赤钦·丹巴饶杰文集	2	6	50.1×7.1	甘丹版	
夏·格登嘉措文集	4	5	40.5×5.6	隆务寺版	
锡埒克图法王洛桑喜哇文集	4	6	47×6.8	北京版	
萨迦·衮噶宁波文集	2	6	47.7×6.2	德格版	
萨迦·索朗孜莫文集	3	6	47.7×6.2	德格版	
萨迦扎巴尖赞文集	4	6	47.7×6.2	德格版	
萨迦贡噶尖赞文集	3	6	47.7×6.2	德格版	
萨迦·八思巴洛卓坚赞文集	3	6	47.7×6.2	德格版	
松巴·益西班觉文集	8	7	51.9×6.2	黄泉寺版	
色朵·洛桑楚臣嘉措文集	5	6	47×6.4	拉布楞版	
赛·阿旺扎西文集	2	6	50.3×6.3		
霍尔仓赤钦·晋美日白森格文集	1	6	43×5.3		
阿嘉·洛桑丹白坚赞文集	1	6	46.7×6	北京版	
阿嘉经师洛桑顿珠文集	2	6	47.9×6.3		
阿琼·阿旺钦饶文集	1	6	46.8×6.4		
阿却·恭却丹白坚赞文集	2	6	44.9×6.2	嘛桑楞寺版	
阿却·绛央钦饶嘉措文集	2	6	44.9×6.2	嘛桑寺版	
吐蕃赞普松赞干布文集	2/2	6	42.5×6.4		存有2套
格则班智达文集	19	7	34.8×5.3	成都	影印版

续表

姓　名	函数	行数	页　面（厘米）	版本	备　注
哲噶大师文集	10	6	33.7×5	成都	影印版
钦色则特闹莫汗	1	6	43.5×6		
合计：133	770	～～～			

四、散集类

中国民族图书馆对这一类的藏书量达870余包，4600余卷，另外大量进行扫描存有光盘及缩微胶片。内容丰富，实用性很强的各类学科专著。内容以佛教教义为主，有工巧、医方、传记、寺志、声明、因明，历算、历史、伦理学、文学艺术、科学实践等。我们在几十年的工作基础上，初步分类统计（统计情况如表）[①]，已完成编目工作，计划今年年底出版发行。

学科名	卷数
因明学（tshad ma rig pa）	53
语言学（skad yig）	131
诗词（snyan ngag）	45
信笺（chab shog）	96
历算（skar rtsis）	20
佛画度量经（thig rza）	96
医学类（gso ba rig pa）	77
人物传记（rnam thar）	295
佛教史及寺志（chos vbyung dang gdan rabs）	40
目录（dkar chg）	198
清规戒律（bcav yig）	13
马首密修（rta mgrin ksang sgrub）	51

① 藏文典籍目录（第四辑，初稿本）.

续表

学科名	卷数
古汝古里类（rigs byed mavi skor）	138
六臂护法修法（mgon po phyag drug sgrub skor）	36
喻迦修行法（bla mavi rnal abyor）	127
大威德金刚法（rdo rje ajigs byed）	68
道果（lam vbrs）	182
续部（rgyud vgrel）	110
护法发菩提心（mgon po thugs bskyed）	120
空行修法（mkhav vgro mavi sgrub thabs）	48
经藏之多种仪规类（mdovi cho ga sna tshogs）	132
旧教类（rnying phyogs）	450
修心随意论（sgrub thabs vdod vjovi bum bzang）	57
密遮玛（dmigs brtse mavi skor）	248
贡波会供主（mkon po tshogs bdag）	65
悟境精意（klong chen snying thig）	74
上师精要（bla mavi yang thig）	49
大威德幻化类（vjigs byed vphrul skor）	49
空行精意（mkhav vgrovi snying thig）	147
精要（zin thig）	85
断行教类（gcod gyi skor）	23
撅子灌顶法（phur bavi dbang khyd）	73
地神会供之仪轨（sa bdak dbang tshogs kyi cho ga）	107
修法汇编（sgrub thabs kun vdus）	372
畜集汇编（dud sde kun vdus）	342
其他类（sna zhogs）	400
合计	4617

（本文原载《民族图书馆学研究（三）》 辽宁民族出版社 2006年12月）

北京地区所藏《古兰经》汉文古籍版本概述

李　春

伊斯兰教是公元7世纪初期穆罕默德在阿拉伯半岛创立的反对偶像崇拜，以奉“安拉为独一无二的真主，穆罕默德是安拉使者”为根本信条的宗教。伊斯兰教一词原意为“顺从”，指顺从安拉（真主）的意志。

中国伊斯兰教是世界伊斯兰教的组成部分。公元7世纪中叶，大批波斯和阿拉伯商人经海路和陆路来到中国的广州、泉州等沿海城市以及内地的长安、开封等地定居，进行贸易或旅行并传播伊斯兰教。公元8世纪中叶，唐肃宗曾借大食兵平“安史之乱”，平乱后有信仰伊斯兰教的士兵留居中国，伊斯兰教也随之传入。及至元代（1271—1368）成吉思汗及其继承者在1219—1260年间发动了3次大规模西征，返回时，大批的阿拉伯人、波斯人和中亚信仰伊斯兰教的各族人被迫东迁中国，其中大部分被编入“探马赤军”，战时从征，平时守边或驻防各地，屯田农耕；由于东来的这些穆斯林绝大多数都不带眷属，在中国定居后，便与当地的汉、蒙古等民族通婚，元代至明代前期，还有相当数量的汉、蒙古、维吾尔等族人因政治的、经济的和通婚等原因改信了伊斯兰教，此一时期是伊斯兰教在中国内地广泛传播和全面发展的重要时期。

伊斯兰教的根本经典《古兰经》，是安拉在穆圣二十三年（公元610—632）的传教活动中适时地零星地用阿拉伯文降示的一部综合性大法典，也是穆罕默德宣布的“安拉启示”的汇集。“古兰”一词的阿拉伯文原意为“宣读”或“读物”，旧译为《古尔阿尼》《可兰经》《古兰真经》等，共30卷，114章。该经为阐述伊斯兰教教义和立法的最高依据，也是伊斯兰教的信仰学、法学、伦理学、历史学等赖以建立与发展的基础，对于伊斯兰世界的历史、文化、思想和社会生活等方面，都有着深远的影响。其主要内容包括：宣布信仰纲领、宣布宗教义务和社会义务、制定伦理道德准则、确立伊斯兰法制、阐述与多神教和“有经人”的论争、介绍古代“安拉使者”或与之有关的传说人物。

《古兰经》在穆罕默德去世之初，只铭刻在石头、皮革等物品之上，散乱地保存在记录者手中，尚未整理成帙。在成书过程中，据传15世纪末在意大利的威尼斯城出版的《古兰经》是世界上第一个印刷本，而穆斯林采用印刷方式出版的最早版本是1787年毛拉奥斯曼在俄国彼得堡印刷的《古兰经》。1862年，我国云南回民杜文秀刊印了中国第一部木刻版《古兰经》。明末清初我国的穆斯林学者王岱舆、马注、刘智等人开始用汉文编译伊斯兰教书籍，在著作中即将引用的《古兰经》语句翻译成中文，刘智在《天方至圣实录》中译出第1章，第103章和110章。以后出版的单行本大致分为音译本和注释本两类，细分之下又有全译本、选译本、汉译附传本、文言文本、白话本等，至1949年，大约出版了各种汉译版本《古兰经》15种。

北京是多种来源的穆斯林的云集、落籍或中转之地。早在元代，中央政府即在北京设立管理全国穆斯林事务并有司属的专门机构“回回掌教哈的所”。北京还是回回司天台、回回司天监、回回药物院等与穆斯林有关的机构所在地，并藏有与穆斯林文化有关的不少书籍，及至民国元年（1912年）夏，中国历史上的第一个全国性的伊斯兰群众团体“中国回教俱进会” 在花市清真寺成立，本部（民国二十四年末，改本部为总会）设于西单。其后，除沿袭清代已有之牛街等老清真寺的同时，新建古楼、天桥、米市胡同3座清真寺，并在寿刘胡同、三里河、崇文门外雷家胡同，朝阳门外观音寺街和德外关厢、马甸次第建起清真女寺，数量上，居于全国之首。随着信教人数的增加，汉文版《古兰经》的大量使用成为必然。根据我们的调查，北京地区现存1949年以前《古兰经》汉文版本如下：

书名	译著者	版本年代	收藏单位
宝命真经直解，又称《汉译宝命真经（五）卷》	马复初	民国十六年（1927）上海中国回教学会印行	中国民族图书馆、北大中心馆
汉译古兰经	姬觉弥等	民国二十年（1931）上海爱俪园广仓学窘影印本/石印本	首都图书馆、北京大学图书馆、清华大学图书馆、中国伊斯兰教经学院、中央民族大学图书馆、中国科学院图书馆
古兰经大义	杨敬修	民国三十六年（1947）八月 北平伊斯兰出版公司初版铅印本	国家图书馆、首都图书馆、中国伊斯兰教经学院、北京大学图书馆、中国科学院图书馆
古兰经译解	王静斋	民国二十一年（1932）甲种本，北平中国回教俱进会编印行铅印本。	北京大学图书馆、北京师范大学图书馆藏
古兰经译解	王静斋	民国三十五年（1946），丙种本，上海中国回教协会发行。永祥印书馆印刷。	中国民族图书馆、中国科学院图书馆、中国伊斯兰教经学院、中央民族大学图书馆、中国科学院图书馆
亥帖译音	杨敬修	民国八年（1919）中华书局	中国伊斯兰教经学院、北京大学图书馆藏
亥帖译音	杨敬修	民国九年（1920）上海清真精舍版	北京大学图书馆
汉字赫厅	余海亭	清光绪八年（1882）六月刊木刻本	国家图书馆、中国伊斯兰教经学院、北京大学图书馆
清真解义	何馨桂	清光绪二十九年（1903年）本	中国民族图书馆
经汉注讲黑厅	马玉书	清光绪十二年（1886）刻本	中国民族图书馆
可兰汉译附传	刘锦标	民国二十三年（1934）本	中国民族图书馆
克兰讲演	马立身	民国二十四年（1935）本	中国民族图书馆

以上版本各有特色，现简述之：

1. 汉译宝命真经

（民国）马复初译。

机器纸，包背装，宋体，墨书。

1册，70页，全书约22400字。

页面18.8×13.4厘米，无边栏，每页11行29字，白口。

汉译古兰经著作。马复初原译20卷，现存5卷。有手抄本保存者赵真学的《序》一篇，约600字。有以中国回教学会名义写的《跋》一篇，约500字。据赵真学《序》言，原书由马复初之徒苏核推布保存，后经马品石录首5卷，其“誊录未竟，家报倏来，趣归故乡”。该经译文朴实典雅，行文流畅，如《跋》所云：“其文词雅训，非俗师所传之经语可比”。

保存状况：严重残。

2. 汉译古兰经

（民国）姬觉弥等译。

线装。

30卷，8册。

《古兰经》汉文文言体全译本之一。本书第一册为序言，其余7册为正文，30卷分章分段编排，每章均用数字标出节次。正文部分每页共18行，每行21字，中缝有卷次，章名，每卷的页码每自另起。全部译文约19万字。古兰经译本较多，一般读者多以总纂者的名字称此译本为姬觉弥译本，又因资助广仓学窘的老板是英籍犹太人哈同，故又称作哈同译本。此译本是由非穆斯林学者主持并组织翻译的我国第二部汉译全文本《古兰经》。

保存状况：保存完好。

3. 古兰经大义

（民国）杨敬修。

旧平装，宋体。

不分卷，3册，约14万字。

每页11行，每行28字。

《古兰经》译著。该书为中国穆斯林汉语《古兰经》通译本之一，以文言文直译，汉字与阿文对应，译文典雅凝练，字斟句酌，除直译其内涵之外，在语法、词序排列上尽可能兼顾原文，译文大量使用专门术语，缺乏必要注释。无序无跋，首为《例言》7条。正文章名下注明该章经文的颁降地点和分节数。每页一侧均注明本页经文所属卷、章、节。书末附有目录，列有全书的篇章次序、篇章名称及译义，并列有《古兰经大义》勘误表。

保存状况：保存完好。

4. 古兰经译解（1932）

（民国）王静斋译。

民国二十一年（1932）甲种本。

旧平装，宋体。

30卷，114章，30余万字。

每页13行，每行大字34字。标点符号不占格，标于尾句末字右下角。

《古兰经》译著。王静斋阿訇所译《古兰经》，共计有3种版本，分别谓之甲种本（1932年北平版）、乙种本（1942年宁夏石印本）和丙种本（1946年上海铅印版）。该书是甲种本，是中国伊斯兰学者直接译自阿拉伯原文的第一个全译本，用文言体翻译，署名王文清译。由陈鹭洲参与修润，马松亭、米焕章、马善亭、赵振武、杨馨如、尹伯清参订。卷首分别有侯松泉、徐世昌写的序及译者所写“凡例”与“标号用例”。凡例说明译经主旨、译法原则、参考书目及其他注意事项。译文按卷次排序，每卷单独标出页码，各卷页码互不衔接，译文字大，释文字小，并双行紧随译文之后。书末有勘误表两页。

保存状况：保存完好。

5. 古兰经译解（1946）

（民国）王静斋译。

民国三十五年（1946）丙种本。中国回教协会发行。上海永祥印书馆印刷。

该书是丙种本，丙种本系在乙种本基础上充实改译、不断完善而成。内容同《古兰经译解》（1932）版。

保存状况：保存完好。

6. 亥帖译音（1919）

（清）杨敬修译。

民国八年（1919）中华书局。

不分卷，全1册。

本书为汉字译注阿拉伯文《古兰经》节选本。卷首有《亥帖译音缘起（附读法略例数则）》《亥贴二字音例》和《阿字母音声略》。正文分31个部分，其中1～29是摘录的《古兰经》经文，无阿文原文，仅用汉字注音，不翻译释义，只在经文后加以简注，说明它来自《古兰经》何章、何段、何册及颁降这部分经文的地点。最后两部分为诵经完毕后应念的“都阿”。其译文和注释中夹杂大量经堂用语和阿拉伯文的对音词。该书既是伊斯兰教义书籍，又是近代中国穆斯林较早撰述的阿拉伯语语音著作，有一定的学术地位。

保存状况：保存完好。

7. 亥帖译音（1920）

（清）杨敬修译。

不分卷，全1册。

民国九年（1920）上海清真精舍版。

内容同民国八年（1919）中华书局版。

保存状况：保存完好。

8. 汉字赫厅

（清）余海亭译。

线装，宋体，墨书。

不分卷，全1册。

四周单边，半页7行，每行20字。单鱼尾，版口有书题和页码。

本书为节选《古兰经》的音译本，有助于不懂阿文的回族穆斯林能够用“阿语”诵读《古兰经》，是伊斯兰经师为在中国的汉语言环境下传承“原音”《古兰经》的方法之一。为中阿文混排，对于汉字较难发音的阿拉伯语经文，在旁边用阿拉伯字母发音加以注释，书中含半页汉字阿拉伯字母发音对照，用以校准发音，书后有《刊刻汉译清真赫厅杂学经文便读引》，为辛酉科恩进士直隶知州张正经书，教民余长发刻。

保存状况：保存完好。

9. 清真解义

何馨桂著。

铅印本，机器纸，线装本，宋体，墨书。

1册，13页，全书约3000字。

页面25.7×15厘米，版框19×12.5厘米，四周双栏，每页20行25字。花口，该书单鱼尾、版口刻有页码。

本书为中国伊斯兰教哲学论著。书共11篇，每篇由200至300字的短文组成，其中9、10篇转译自英文版《古兰经》部分章节。

保存状况：保存完好。

10. 经汉注讲黑厅

马玉书著。

不分卷，1册，63页，全书约23000字。

机器纸，线装本，宋体，墨书。

页面25×16.3厘米，版墨框18.7×12.2厘米，四周单栏，每页26行14字，花口，版口刻有“经汉注解黑厅”、页码、单鱼尾。

本书为《古兰经》选译本。本书在汉字拼读阿拉伯文的《古兰经》对音本基础上，附加汉文注释和意译，以汉文、阿文对照形式注明音韵及含意，使用大量经堂用语和阿拉伯文的对音词。内容由浅入深，循序渐进，便于读者诵读经文，领悟经义。

保存状况：保存完好。

11. 可兰汉译附传

刘锦标编。

机器纸，精装本，宋体，墨书。

不分卷，1册，884页，全书约500000字。

页面19.3×13厘米，无边栏，每页15行38字，白口。

本书为《古兰经》汉文全译本之一。卷首列谢锡恩《序》，目录，各章章名采用音译，正文依卷次逐章连接编排，书眉标有卷次、章序、章名，内容编排上分“经”“传”两大部分，在通译经文之外，侧重以“附传”形式注疏诠释。“经”是《古兰经》原文的直译，译文加引号；“传”是译者的引证解释和发挥，随译随释，经与传夹杂相辅。

保存状况：保存完好。

12. 克兰讲演

马立身著。

民国二十四年（1935）本。哈尔滨道里中国九道街合泰印书馆印刷。

机器纸，宋体，墨书。

1册，180页，全书约90000字。

页面19.2×13.2厘米，无边栏，每页14行34字，白口。

本书为《古兰经》选译注解本。书前有张博轩、唐易尘等序以及作者自序。书中所列各题目及内容均根据《古兰经》中相关章节并参照有关书籍详加解明，适用于初识阿文及通晓汉文者讲经之用，对于初学经文的穆斯林学员亦是一本必要的教材。

保存状况：保存完好。

参考文献

[1] 姜立勋，富丽，罗志发．北京的宗教．天津古籍出版社，1995.

[2] 吴建伟，张进海．回族典藏全书总目提要．宁夏人民出版社，2010.

[3] 余震贵，杨怀中．中国伊斯兰文献著译提要．宁夏人民出版社，1993.

[4] 金宜久．伊斯兰教辞典．上海辞书出版社，1997.

[5] 林松．吉光片羽弥珍贵，拓荒垦殖劳先贤——喜读百年历史的《古兰经》汉译本《宝命真经直解》（五卷本）．阿拉伯世界，2003（4）.

[6] http：//www.mzb.com.cn/html/Home/report/367131-1.htm

（本文原载《民族图书馆学研究（八）》 辽宁民族出版社 2016年8月）

北京地区察合台文纳瓦依古籍文献整理研究[①]

高彩云

一、纳瓦依生平

尼扎米丁·艾里希尔·纳瓦依（1441—1501），维吾尔巴合西家族人，伟大的文学家、思想家、哲学家、政治家。纳瓦依自幼聪慧过人且受到良好的教育，青年时期便开始创作，享年60岁。纳瓦依精通波斯文，但一直坚持用察合台文[②]创作，发挥了察合台文丰富的表现力，并鼓励年轻人用察合台文进行创作，创造了察合台文学史上的辉煌。

二、纳瓦依作品

纳瓦依的作品内容丰富、广泛，表现手法细腻、精妙，哲学观点简明、深刻，不论思想性还是艺术性都达到了很高的水平，因而被推崇为突厥语诗学的百科全书，为今人留下了宝贵的精神财富。纳瓦依一生创作了60多部作品，其中著名的有30多部，内容涉及哲学、语言学、伦理学、文化、美学、数学、天文学、宗教学等多种学科，主要著有《海米赛》（即《五卷诗》）、《四卷诗》（即

① 【基金项目】：本文系国家社会科学基金项目“北京地区察合台文珍善本保护整理研究”（项目编号：15CMZ009） 阶段性成果。

② 察合台文是新疆维吾尔、哈萨克、柯尔克孜、塔塔尔、乌兹别克五个民族语言文字的前身。

《意渊》)、《鸟语》《心之所钟》《两种语言的争辩》《群英盛会》《法尼诗卷》(用波斯文创作的诗歌)、《刍议》等经典作品。

目前，相关领域专家学者在整理、刊布、出版纳瓦依作品等方面做出了巨大的努力。国内较早研究察合台文的知名学者哈米提·铁木尔与阿不都若夫于1988年整理翻译出版《两种语言之辩》;2010年中国维吾尔古典文学和木卡姆学会开始启动《纳瓦依作品全集》整理出版工作，目前已整理出版“精义宝库”四卷专著。

三、纳瓦依作品的价值

1. 史学价值

纳瓦依作品是研究中亚历史的重要史料。纳瓦依时代，中亚地区朝代更迭频繁、当权者纷争不断、社会动荡不安，纳瓦依的作品可以说是流传的历史，是历史最好的见证。其作品反映了一定历史时期的真实情况，记录了特定时期的发展过程，是史书的直接史料来源，是对历史记载的补充。

2. 文学价值

纳瓦依作品是我国新疆乃至世界重要的文化资源，他的文学创作是察合台文学的标志，对我国新疆各民族古典文学的发展产生了巨大影响，其行文方式、书写规范直接影响我国新疆及中亚地区的文学创作。至今仍有古籍研究、文学读物、教材等图书介绍纳瓦依及其作品。

3. 艺术价值

纳瓦依作品对我国新疆及中亚地区的艺术发展和传承起到了重要的作用。《乐师传》中提到纳瓦依为第八位乐师，他具备丰富的乐理知识，并且会一边弹奏着都塔儿、弹布尔，一边颂着自己所写的诗篇。

四、北京地区馆藏纳瓦依作品

国内现存的察合台文珍贵古籍中，最少有550余种纳瓦依作品。除新疆外，北京是察合台文古籍藏书最多的地区。2008年、2009年、2011年、2013年、2016年已有7种纳瓦依作品被国务院列为第一批、第二批、第三批、第四批、第五批《国家珍贵古籍名录》，北京地区有3种入选。

笔者对北京地区察合台文古籍进行了整理，发现目前北京地区有24种纳瓦依作品。

表1　北京地区纳瓦依作品收藏情况

收藏馆	编　号	作品名称
中国民族图书馆	49.231	《纳瓦依诗歌节选》
	50.061.073.085.201.218.226.228.241.267.274.304	《艾米尔·纳瓦依诗集》
国家图书馆	5	《纳瓦依诗集》
中国社科院民研所	13	《法尔哈德与希琳》
	23.87	《四重奏》
	31.34	《海米赛》
	75	《正直人的惊愕》
	78	《心之所钟》
中央民族大学图书馆	3	《艾米尔·纳瓦依诗集》
国家博物馆	1	《四重奏》

1. 中国民族图书馆纳瓦依作品馆藏情况

中国民族图书馆现藏14种。作品分为两个版本，一种版本为《纳瓦依诗歌节选》，另一版本是《艾米尔·纳瓦依诗集》，内容均选自《四重奏》。《四重奏》（又译为《四卷诗集》《恰哈尔迪瓦尼》《精益宝库》《意渊》），共收诗3130首，45000行，包括“少年的奇思（或少年浮思）”“青年的异珍（或青年珍品）”“中年的美质（或中年美景）”“老年的收益（或满目夕照）”。诗歌内容涉及哲学、社会、政治、爱情、道德等内容。虽然两个版本内容都选自《四重奏》，但所选取的诗歌不同。

（1）《纳瓦依诗歌节选》

中国民族图书馆所藏《纳瓦依诗歌节选》，编号为49、231，是后人从纳瓦依的《四重奏》中选出100多首诗歌（其题材有格则勒、柔巴依等），再进行汇编的诗集。均为石印本，具体情况如下。

●49号：19世纪末石印本，精装，现存169页，每页有18行字，有字面积19.7×10.9平方厘米，双线栏。

●231号：1901—1902年石印本，精装，现存152页，每页有18行字，有字面积19.7×10.9平方厘米，双线栏。

（2）《艾米尔·纳瓦依诗集》

中国民族图书馆藏有12部《艾米尔·纳瓦依诗集》，编号分别为50、61、73、85、201、218、226、228、241、267、274、304，均为后人从纳瓦依《四重奏》中节选的格则勒形式的诗集，内容相似度很高，主要以爱情、情义、信义为主题。12部古籍均为石印本，保存最完整的是61号。

●50号：19世纪末石印本，精装，现存74页，每页有16行字，有字面积18.3×9.6平方厘米，三线栏。

●61号：1902年乌拉穆耶印刷厂石印本，保存完整共120页。精装，每页有15—17行字，有字面积18×10平方厘米，三线栏。

●73号：1902年石印本，精装，现存116页，每页有15—17行字，有字面积18×10平方厘米，三线栏。

●85号：1905—1906年乌拉穆耶印刷厂石印本，精装，现存96页，每页有16行字，有字面积18.7×10平方厘米。

●201号：1905—1906石印本，精装，现存143页，每页有15行字，有字面积17.8×9.8平方厘米，三线栏。

●218号：1902年石印本，平装，现存115页，每页有16行字，有字面积17.4×9.8平方厘米，三线栏。

●226号：1902年石印本，平装，现存95页，每页有16行字，有字面积17.4×9.8平方厘米，三线栏。

●228号：1915—1916年石印本，精装，现存114页，每页有15行字，有字面积17.8×9.8平方厘米，三线栏。

●241号：1913—1914年乌拉穆耶印刷厂石印本，精装，现存118页，每页有16行字，有字面积18.3×9.6平方厘米，双线栏。

●267号：1905—1906年石印本，精装，现存140页，每页有15行字，有字面积17.8×10平方厘米，三线栏，整本书的纸张有粉、蓝、黄三种颜色。

●274号：1915—1916年乌拉穆耶印刷厂石印本，精装，现存140页，每页有17行字，有字面积18.1×10平方厘米，三线栏，整本书的纸张有黄、粉、灰三种颜色。

●304号：1915—1916年石印本，精装，现存96页，每页有16行字，有字面积18.1×10平方厘米，三线栏。

2. 国家图书馆纳瓦依作品馆藏情况

国家图书馆馆藏有一部《纳瓦依诗集》，编号为5号。该古籍为1895年手抄本，字迹清楚，修复过。纸张使用的是我国新疆地区古籍普遍使用的和田桑皮纸，现存640页，每页有15行字，有字面积29×17平方厘米。内容是从纳瓦依的《四重奏》中节选的诗歌，有爱情诗、秉持公道、劝喻国王的诗歌等。

该文献入选第一批国家珍贵古籍名录，编号02339。

3. 中国社科院民研所纳瓦依作品馆藏情况

（1）《四重奏》

中国社科院藏有两部不同版本的《四重奏》，编号分别为23号和87号，这两部四重奏都是非常珍贵的版本。

●23号《四重奏》是1819—1820年手抄本，文献保存完整，精装，封面由布、皮（红色，印有花纹，并配有小铁锁能将书锁起来），现存1282页，每页有13行字，有字面积17×9平方厘米，外框单线栏，内框双线栏，栏线为红色。该文献前面部分有小词典，正文部分是纳瓦依著名《四重奏》的缩略本，四部诗集中的内容均有节选。该文献入选第一批国家珍贵古籍名录，编号02337。

●87号《四重奏》是非常珍贵的宫廷版藏书，最后一页有哈密君王穆罕默德·佰希尔的御章。毛拉穆罕默德·哈斯木·哈穆里于1839年抄写。文献保存完整。精装，封面由布、硬纸加皮制成，现存568页，每页有25行字，有字面积25.6×17.2平方厘米，三线栏，每个章节用非常精美的图画作为划分，整个文献装帧精美，字迹工整。

（2）《五卷诗》

《五卷诗》又被译作《海米赛》，包括《正直人的惊愕》（《君子神往》）、《莱丽与麦季侬》《法尔哈德与希琳》《七星图》《亚历山大的城堡》（《斯坎德尔的城堡》）五卷内容。其中《正直人的惊愕》共63章，是一部哲理长诗，诗的主体部分每章为一论，每论透过具体的故事阐释一个道理，分别表达作者对道德、宗教、哲学和社会生活的看法；《莱丽与麦季侬》共38章，诗中描写了一位有名望的部落首领的女儿莱丽与一个小部落头人的儿子麦季侬之间的爱情悲剧；《法尔哈德与希琳》共54章，诗中叙述了秦国王子法力哈德和亚美尼亚美丽的公主希琳之间感人的爱情故事，以此为主线艺术地再现了作者的人文主义和爱国爱民的思想；《七星图》共38章，由流传在中亚地区的七个民间故事改编而成，诗人分别借用了七个类型的人物，让他们分别代表七种道德品质，表达了自己的人道主义精神；《亚历山大的城堡》共89章，为前四部之续作。该诗是维吾尔古典文学史上最长的一部诗，诗中通过一位身兼哲学家、科学家、政治家、军事家的国王形象来表达作者自己的社会政治观点。《五卷诗》是纳瓦依文学创作的巅峰之作，是察合台文献的主要代表作。中国社科院收藏有两部《五卷诗》，编号分别为31号和34号，两个版本均为石印本，除印刷年代不同外，其余均相同。

●31号：1901年塔什干石印本，保存较完整，现存516页。精装，封面由硬纸和皮组成，并有花纹，每页有27行字，有字面积33×18平方厘米，三线栏，书眉有页码，每一页均分成四栏撰写。

●34号：1904—1905年石印本，精装，现存434页，每页有27行字，有字面积30.4×18平方厘米，三线栏，书眉有页码，每一页均分成四栏撰写。

（3）《法尔哈德与希琳》

中国社科院民研所纳瓦依作品馆藏《法尔哈德与希琳》编号为13号。该文献是纳瓦依《五卷诗》中非常著名的爱情长诗。现存内容歌颂美好的爱情，歌颂公正、博学的国王，痛斥了愚昧无知的暴君。同时，还涉及启蒙教育、农业经济、水利事业等方面内容。

文献为20世纪初石印本，平装，现存144页，每页有13行字，有字面积17.9×8.5平方厘米，三线栏，书眉有页码。

（4）《正直人的惊愕》

中国社科院民研所馆藏《正直人的惊愕》编号为75，该文献为纳瓦依《五卷诗》中的一部哲理性长诗，由前言、主体和结尾三部分组成。在前言部分，诗人介绍了于他之前的几位写海米赛的大师们，以及其写该著作的目的。正文部分每一章为一论，每一论透过具体的故事阐释一个问题，分别表达作者对道德、宗教、哲理、社会生活等的看法。诗中主要批评了人间的贪婪、君主官员的暴虐、不公平等，提倡人民要遵守道德、真诚待人、公平公正、善良等。

该文献由毛拉伊萨克·叶尔坎地于1864年抄写，精装本，保存完整，现存338页，每页有13行字，有字面积16×7平方厘米，和田纸，每一页分两栏。

（5）《心之所钟》

中国社科院民研所馆藏《心之所钟》编号为78。现存文献由三部分组成。第一部分有40章，揭露了当时社会各阶层的特点，上至国王下至百姓，劝喻当权者要为人民谋福利；第二部分有10章，主要讲述了美德与不道德行为，劝说人们要养成忠诚、谦逊、公正等高尚品质，对伪善者、贪婪者进行了抨击；第三部分由125个箴言、警句组成，主要提倡人民要好学求知、学之所用，鼓励懂道理的人继续进步，充分表达了作者前卫的思想。该作品语言简洁、生动，有抒情、有议论，其中还夹杂着一些寓言、故事，并使用了柔巴依、克特额、纳孜买、毕依特、法尔德等多种写作手法。

该文献于1795—1796年由毛拉托合提·本·毛拉尤里达希抄写，是现存察合台文古籍年代较久远的一部作品。文献平装，现存160页，每页有11行字，有字面积14.6×8.8平方厘米，和田纸，章节名称用红色字迹写出。入选第一批国家珍贵古籍名录，编号02336。

4. 国家博物馆纳瓦依作品馆藏情况

国家博物馆现存一部《四重奏》，编号为1号。此文献是《四重奏》的缩略本，包含关于爱情、对真主的向往等内容。

该文献为手抄本，精装，字迹清楚，正文部分页面有红色边框线。现存396页，每页有11行字，有字面积20×11.4平方厘米，和田纸抄写。

5. 中央民族大学图书馆纳瓦依作品馆藏情况

中央民族大学图书馆馆藏的纳瓦依作品为《艾米尔·纳瓦依诗集》，编号为5号。现存文献是抄写者节选《四重奏》100多首多种体裁的诗歌，以格则勒为主。内容包括爱情诗歌、以爱祖国爱人民为主题的诗歌，批判当时的社会风气即腐败、不公平等现象，倡导解放思想、倡导发展。

该文献为手抄本，莎车抄写，字迹清楚，精装，现存160页，每页有13行字，有字面积15.5×7.5平方厘米。

五、北京地区纳瓦依作品馆藏特点

1. 馆藏较集中

目前北京地区有五家机构馆藏有纳瓦依作品，中国民族图书馆的馆藏量最多，占到了北京地区收藏量的59%。

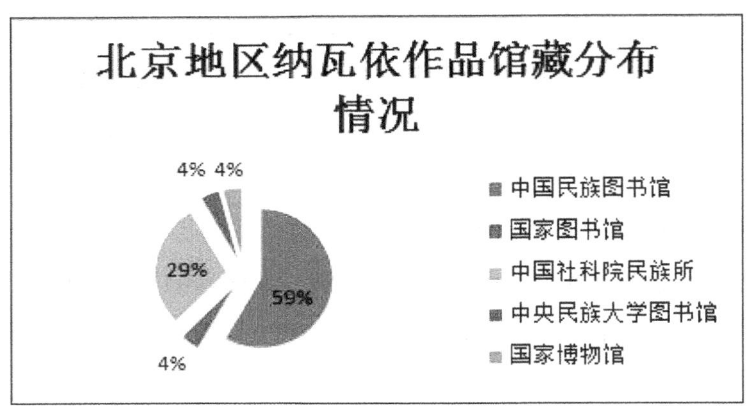

2. 多为珍贵版本

目前的24部纳瓦依作品中，有17部是石印本，7部手抄本。其中有3部入选国家古籍名录，可以说入选比例还是比较高的。另外4部手抄本装帧精美，保存

规划和构想，以确保此项工作顺利完成。

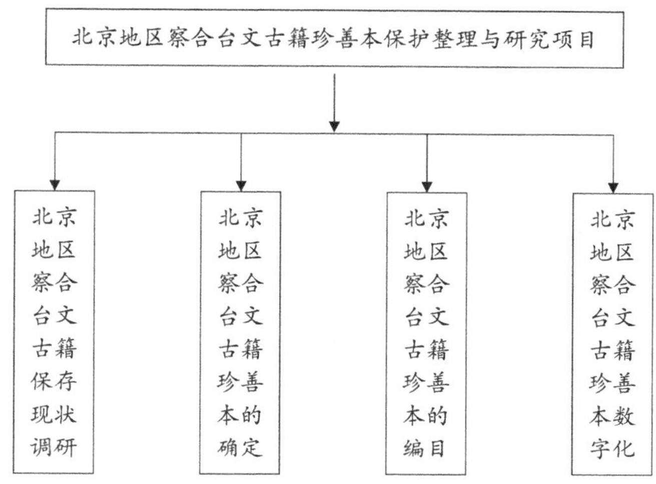

图1　项目总体框架图

二、系统总体构架

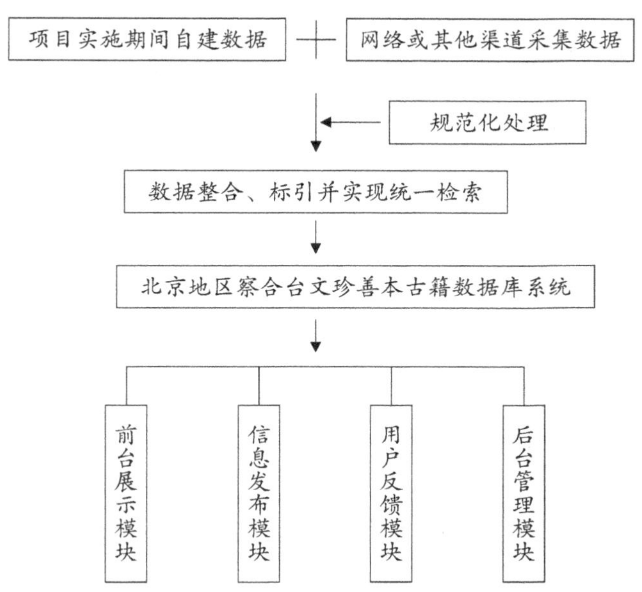

图2　察合台文古籍数据库系统构架图

由上图可以看出对于察合台文古籍数据库系统的建设，主要包括以下几个步骤：

1. 对数据进行规范化处理

根据项目目前的实施情况，察合台文古籍数据库系统的数据来源主要包括项目组自行加工处理的察合台文珍善本古籍数据、从其他收藏整理机构获取的数据以及从网络等来源获取的数据。由于察合台文作为一种不再通行的古文字，国际通行的字符集中均无定义[①]，因此本数据库中涉及察合台文珍善本古籍的数据主要为图片数据。而对于不同来源的数据，应首先按照结合该系统的软件环境，按照一定格式进行规范化处理。

2. 对相应数据进行标引，并实现统一检索

在完成数据规范化处理的基础上，需要进一步整合这些规范化的数据，对其进行汇总、分类、标注与梳理。目前可供参照的包括《古籍著录规则》（GB/T 3792.7—2008）、《中国少数民族文字古籍定级》[②]等，同时要实现所有资源的一站式检索。

3. 完成相关模块建设

在完成资源整合的基础上，本着简单化、集约化的要求，建立包括图2中前台展示、信息发布、用户反馈、后台管理等四个模块，功能完善、界面友好的数据库系统。

三、主要模块

1. 前台展示模块

前台展示模块中的首页设有以下栏目，具体栏目划分（图3）如下：

---

① 赵剑锋．察合台文古籍的编目和数字化探讨［J］．黑龙江史志，2013（19）．

② 由民族文化宫、国家古籍保护中心、全国少数民族古籍整理研究室起草，已列入2014年第一批拟立项国家标准项目公开征求意见。

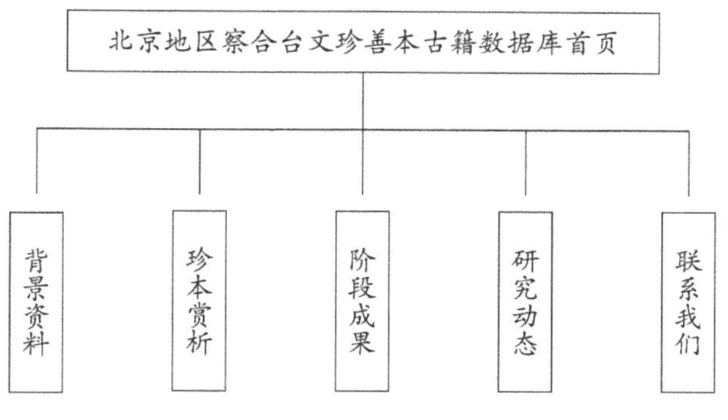

图3　系统首页

背景资料：包括察合台文古籍的历史沿革，察合台文古籍项目的基本情况等。

珍本赏析：以图片形式展示察合台文珍善本古籍的全貌，包括至少一种察合台文珍善本古籍全本书影，其余根据为相关古籍的部分书影[①]。

阶段成果：珍善本题要和已发表或宣读的学术论文、报告等。

研究动态：集成近年来国内外研究察合台文古籍整理和保护的相关学术成果及报道。

联系我们：提供留言功能及相关联系方式等内容。

2. 信息发布模块

笔者认为，察合台文古籍数据库系统所包含的信息发布模块，其所起到的功能主要是将本系统平台上的某些需要不定期变动的信息，如图3所示首页栏目中的“珍本赏析”“阶段成果”及“研究动态”等栏目的更新信息集中管理，并通过信息的某些共性进行分类，最后系统化、标准化发布到本平台上的一种应用程序。该模块旨在尽可能减轻察合台文古籍数据库系统更新维护的工作量，如条件允许，还可通过借助网络数据库的引用，将察合台文古籍数据库系统的更新维护工作简化到只需录入文字和上传图片，从而使该数据库系统的更新速度大大缩

① 本数据库所能提供全本书影的种类，取决于与相关收藏单位沟通结果，亦要考虑课题经费实际使用情况和国家社科基金项目的相关管理规定。

短[1]。

由于要实现以上的功能，该数据库系统应具有功能较为全面的内容发布编辑器，包含文字内容编辑、排版、修正等各种基础工具，支持表情、涂鸦、视频、音频、地图、编码等内容加载，还拥有打印、预览、查询替换、草稿保存等日常文档编辑所需要的通用功能。同时支持管理者添加一定容量的多格式附件[2]。

3. 用户反馈模块

作为展示察合台文古籍项目最新研究成果及相关方面工作进展的平台，察合台文古籍数据库系统应创建用户反馈模块，确保用户可以通过该功能模块，就使用该数据库系统方面所存在的任何问题进行反馈。对于这种反馈，显然应是多层次的，如可以通过设置某些栏目内的讨论模块，方便普通用户与管理员进行互动沟通。

当然，无论是反馈相应问题的普通用户，还是使用信息发布模块更新维护察合台文古籍数据库系统的工作人员，都必须经过注册或后台管理系统添加，才能完成各自的操作。

4. 后台管理模块

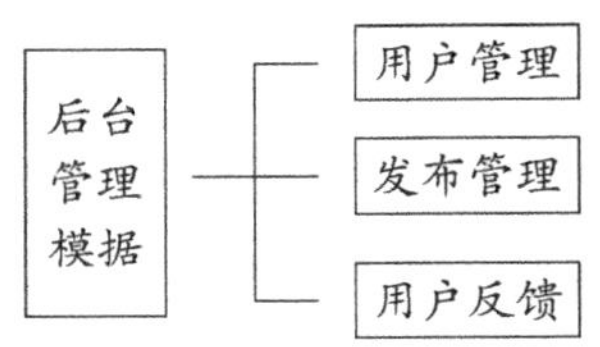

图4　后台管理模块栏目图

图4中列出了该数据库系统的后台管理模块所包含的主要栏目，其中用户管理部栏目应自带至少两个级别的用户，即普通用户和管理员。普通用户是普通用户组的成员；管理员是管理组的成员。此外，该数据库系统应可根据察合台文古籍项目实施过程中的实际需要，创建具有不同权限的用户组，使用户管理层次更

① 实现此点有赖于得到进一步的资金支持和与相应数据服务商的合作。

② 附件大小取决于具体软硬件环境。

加清晰。

新增用户应设置多个字段，如：姓名、性别、民族、所在单位、职务职称、联系方式等，且可根据实际需要，定制特殊字段，以便于标注特定用户。同时支持管理组可直接创建、变更和删除管理者，避免传统烦琐的管理者创建机制，更便于今后项目组以及所在单位根据工作需要及时调整人员配置。

发布管理和用户反馈栏目应与信息发布模块和用户反馈模块有机结合，但该后台管理模块应是一个独立存在，并以分栏式进行布局，尽可能做到操作简便、流程清晰、可靠性强。

四、系统参数

1. 配置参数

本系统所需要的软硬件环境，应综合考虑系统所需功能和所部署单位（民族文化宫中国民族图书馆）的实际情况。软件环境方面，应至少可部署在windows2003以上版本的操作系统，并需要服务器端安装IIS、SQLServer 2008R2等服务，同时支持分布级联，支持OAI 协议和OpenURL协议等；硬件环境方面由于数据种类、格式较为单一，且不需要较高的存储容量，因此不需要较高的硬件配置，通常一台类型IBM中低端服务器就能满足需要。

2. 其他参数

（1）技术规范

本系统应支持当前普遍应用的技术标准和规范，如前文提到的《古籍著录规则》（GB/T 3792.7—2008）、《中国少数民族文字古籍定级》等。

（2）分类导航与检索

本系统应支持高级检索和复合检索等形式，主要检索设置包括：题名、著者、时间、文献类型等。同时支持自定义分类下的数据导航，检索响应时间不超过2秒。检索结果和分类列表支持按照时间、题名、作者等排序和筛选。

（3）权限控制

本系统的最高管理员应具备对各个栏目目录、权限、资源、用户、信息的增删改权限。并根据组策略分配其他用户的权限。平台系统应具备严谨、完整的密级管理和权限控制方式，至少包括浏览、阅读、下载、上传等权限设置。

（4）数据资源存储与管理功能

具有权限的信息编辑人员应进行合并、拆分、转移数据等操作。本系统应支持自定义（增删改、命名、定义属性）数据的元数据描述，也就是标引字段。如有需要，应支持具备数据迁移等功能，具有批量加工处理功能。支持数据的批量导入，导出。

（5）数据安全

本数据库系统应可以由管理员设置定期备份或手动备份。可以定期进行数据对比检测，及时发现和处理数据错误，保证数据安全。

五、结语

随着察合台文古籍项目各项工作的不断深入，我们对于有关察合台文古籍数据库建库的系统构架、主要功能模块及系统参数方面仍可能根据需要，进行适当的调整和完善。但作为察合台文古籍项目预期成果的重要组成部分，该数据库系统的建立对展示项目研究成果，促进包括察合台文古籍在内的我国少数民族文字古籍数字化工作不断前行，将具有良好的示范作用和非常积极的意义。

参考文献

[1] 赵剑锋. 察合台文古籍的编目和数字化探讨 [J]. 黑龙江史志，2013（19）.

[2] 郭敏. 民族服饰数据库系统的建立与研究 [J]. 蚌埠学院学报，2015（12）.

[3] GB/T 3792.7—2008，古籍著录规则 [S].

（本文原载《民族图书馆学研究（八）》 辽宁民族出版社 2016年8月）

中国民族图书馆古籍普查成果述略

公 萍

古籍是中华文明的重要载体，也是属于不可再生的文化资源。由于古代文献典藏承载着丰厚的历史和文化内涵，图书馆有责任保护与研究并开发与利用好这些古籍文献。为了使宝贵的不可再生的古籍文献不再继续消失，全国开展了古籍保护工作，实施中华古籍保护计划。全国古籍普查登记是历史上第一次由政府组织、收藏单位参与最多的全国性古籍普查登记工作，是“中华古籍保护计划”的首要任务，也是全面开展古籍抢救、保护和利用的基础。这项工作对传承中华文明、挖掘文化遗产、弘扬民族精神都具有十分重要的意义。

2007年，国务院办公厅发布了《关于进一步加强古籍保护工作的意见》（国办发［2007］6号）。文化部组织召开了“全国古籍保护工作会议”这一系列的举措推动了古籍普查工作。并明确了此次普查的对象为我国产生于1912年以前，具有文物价值、学术价值和艺术价值的文献典籍，包括汉文古籍和少数民族文字古籍，其中，部分文献的收录年限可适当延伸。其他特种文献，如甲骨、简牍、帛书、金石拓片、舆图等，暂不列入此次普查范围。本文就国家对古籍普查与保护工作的具体安排，介绍了中国民族图书馆汉文古籍普查及收藏现状。

一、馆藏古籍资源概况

中国民族图书馆多年来以藏书丰富，独具民族特色而著称。收藏古籍18余万册（件），其中汉文古籍善本11万余册（件），其中有大量的地方志、史志、民族史志、年谱、传记，并有部分孤本等。此外还有极为珍贵的元初补刻的《金藏》等品相保护完好；民族古籍7万余册（件），其中不少是珍本、孤本，以及年代久远的稀世真品、菩提叶写本等。民族文字古籍种类繁多，有蒙古、藏、满、维吾尔、彝、水、壮、东巴文等13种文种古籍，另存有3000余卷民族文字古籍缩微胶片。专用古籍书库2个，总面积600平方米。2009年6月成功入选“全国古籍重点保护单位”；现有85部古籍入选《国家珍贵古籍名录》。

二、汉文古籍普查成果概览

中国民族图书馆自2010年5月份开始进行“全国古籍普查平台”数据著录工作。2012年民族文化宫大修改造， 2013年大修改造后重新回到各自的工作岗位，继续进行全国古籍普查工作，直到2016年6月《中国民族图书馆古籍普查登记目录》正式出版，该书是对中国民族图书馆古籍普查成果的一次全面展示。该书收录馆藏汉文古籍数据5530条，55163册。凡清宣统三年（1911）及以前的刻本、活字本、套印本、铅印本、石印本、稿抄本等皆在收录之列。著录款目有普查编号、索书号、分类、题名卷数、著者、版本、批校题跋、册数、存卷等内容。为方便读者使用，本目录后特附书名笔画索引。本目录的出版，意味着中国民族图书馆古籍书目体系建设的基本完成，为今后目录优化、数据校核、定损修复、电子扫描、文献整理等工作次第开展提供了坚实平台。同时也意味着本馆古籍大数据时代的全面开启，为读者阅读利用馆藏开启了一扇方便大门，也为后续各项专题研究工作奠定了基础。

三、汉文普查成果分类细述

我国古代的图书分类法，简称四分法，其四大基本部类为“经、史、子、集”。统称“四部”，又可分为甲部、乙部、丙部、丁部。

“经部”指儒家的经典。清代的《四库全书》经部之下又分易、书、诗、礼、春秋、孝经、五经总义、四书、乐、小学十类。“史部”即历史，包括各种体裁的历史著作。《四库全书》史部之下又分正史、编年、纪事本末、别史、杂史、诏令奏议、传记、史钞、载记、时令、地理、官职、政书、目录、史评等十五类。“子部”包括政治、哲学、科技和艺术等类的书。《四库全书》分为儒家、兵家、法家、农家、医家、天文算法、术数、艺术、谱录、杂家、类书、小说家、释家、道家，共十四类。“集部”收入历代作家的散文、骈文、诗、词、散曲集子和文学评论、戏曲著作等。《四库全书》分为楚辞、别集、总集、诗文评、词曲等五类。这种四部分类法自唐代至今已有一千三百多年了，作为一种传统分法，它在类分我国浩如烟海的古籍中起了相当大的作用。此次全国古籍普查平台是按照国家古籍保护中心统一发布的《古籍分类法》分类：

1. 经部

汉文古籍经部相对较少，共336种，其中易类19种、书类30种、诗类16种、周礼类11种、仪礼类14种、礼记10种、春秋左传24种、四书类30种、群经总义36种、小学类118种等；其中小学类古籍较多，主要是语言文字、韵书、训诂等。如：《钟鼎字源》清康熙五十五年（1716）刻本、《六书分类》清康熙四十四年（1705）听松阁刻本、《广韵》康熙四十三年（1704）刻本、《养蒙针度》清雍正十三年（1735）刻本、《说文解字韵谱》清乾隆三十五至四十九年（1770—1784）刻本、《问奇典注》清乾隆十三年（1748）刻本、《尔雅正义》清乾隆五十三年（1788）刻本、《钦定同文韵统》汉满蒙藏合璧，清乾隆三十八年（1773）刻本等。

馆藏明白文无注本《孔子家语》，为明代著名徽州黄氏家族刻工顶峰时期的作品，该书为明代中后期刻本。10卷，10册。开本高26.6厘米，宽15.7厘米。板框高20.6厘米，宽13.8厘米。四周双边，黑线，外线粗，内线细，白口，长体字，缮写上版镌刻，单、白鱼尾。半叶9行20字；小字双行，每行27字。版口中间刊刻简略书名，下端部分页码标记刻工姓名。《孔子家语》，又名《孔氏家语》《孔圣家语》，产生于先秦，形成于两汉，是记叙孔子及孔门弟子思想言行及各诸侯国之事的重要儒家典籍。该本是目前中国大陆仅存的明刻白文无注本，又经过明清多位著名藏书家和其他藏书爱好者收藏，共有钤印90方，是海内外罕见的古籍珍品，具有很高的版本收藏及雕版工艺鉴赏价值。

2. 史部

汉文古籍史部是本馆收藏最多的种类，约2827种，占全部汉文古籍的40%，纪传类11种、编年类72种、纪事本末类78种、传记类299种、诏令奏议类91种、杂史类220种等。其中地方志和政书类较多，如：《陋巷志》明万历刻本、《真定县志》《祁门县志》《内政辑要》清顺治年间刻本、《宁海县志》《汶上县志》《天柱县志》清康熙年间刻本、《吴江县志》《石屏州志》《奉化县志》《钦定户部军需则例》清乾隆年间刻本等。

《秦安志》九卷附新补一卷（明）亢世英、胡缵宗纂修。明嘉靖十四年（1535）刻本。书页为皮纸，四眼线缝，册装。版框高18厘米、宽12.7厘米，四周边栏为粗黑线单边；半版9行、18字、小字双行同，宋体字，字序自上而下，行款自右而左。版框与页边距离，上宽下窄，版心为白口，版心上端印书名及卷号，下端印页码。该书史料价值极高，所记述的史志资料，为中国历史、文化史以及秦安今日之发展留下丰厚的文化资源。文化价值独特，它是我国西北地区珍稀地方志。该书被收入《中国地方志联合目录》《中国古籍善本书目》、国家文化部2008年第一批《国家珍贵古籍名录》。

《大明会典》二百二十八卷（明）申时行、赵用贤等纂修，明万历十五年（1587）内府刻本。100册、12函，线装。开本高28.9厘米，宽18.5厘米。版框高25.3厘米，宽17.5厘米，四周双边。版面半叶10行20字，双行40字。书口上下粗黑口，版心有字。是明代官修的一部断代典制体史书。这类书是以典制为对象，广罗历代或断代典章制度并记述其沿革损益情况，与典、志、考类似，脱胎于纪传体史书中的书志，成为独立的史籍体裁，有通典、会要、会典等编辑区别。史料考证翔实、准确。由此成为当今研究明代典章制度的重要典籍。是中国古代流传下来的丰厚文化遗产，其历史价值、文化价值至今依然值得珍重。该书已入选第二批《国家珍贵古籍名录》。

3. 子部

汉文古籍子部类1294种，儒家类110种、道家类22种、宗教类665种、兵家类15种、杂家类149种、艺术类104种等。其中宗教类较多，而宗教类又分：佛教之属、道教之属、其他宗教之属。如：明刻本的《佛说地藏菩萨本愿》《阿毗达磨识身足论》《入阿毗达磨论》《分别功德论》《妙法莲华经》《成唯识论》；清顺治十二年（1655）刻本的《御注太上感应篇》、清康熙二十七年（1688）刻本

《太上玄灵北斗本命延生真经》、清乾隆五年（1740）刻本《天方典礼择要解》等。

馆藏《菩提叶百八阿罗汉金经全部书画册》，简称《菩提叶经》，凡32开，共64面，该书系清代无名氏书画合璧之绝世佳作。书画皆著笔于菩提叶上，书画相见，美轮美奂。绘凡佛一、韦驮一、观音一、胁侍菩萨二、天王四、罗汉一百零八，文为《金刚般若波罗蜜经》。书法苍劲，人物生动，非一般画师所及。经专家从字画、装裱、制作工艺判断，应为出自乾隆时代之精品。

该藏品最为显著之处在于将佛像、佛经传载于菩提叶上，故而又称菩提叶经。菩提树原生印度，常绿乔木，其叶三角状呈卵形，边缘微呈波状，先端尖而细长。相传佛教创始人释迦牟尼是在菩提树下跏趺而坐静思得道。寺庙里栽种菩提树，取其叶以水浸渍，除去叶肉，留有叶脉、用以画佛像。该书画合璧之珍品，经文书法娟秀，潇洒有致；佛像线条细腻流畅，人物生动活泼，各具神态。菩提叶每面一叶，专用宣纸，五层托纸，粘于磁青纸上，四周黄绫镶边，外加棕色细框。传承着如此丰富的传统文化内涵。无论是在佛教研究还是在艺术鉴赏、工艺制作等方面都具有极高的研究价值。

《景德传灯录》二十四卷，（宋）释道原撰，明万历（1573—1620）刻本。12册、金镶玉装。开本高31.0厘米，宽18.7厘米。版框高24.0厘米，宽16.0厘米，四周双边。版面半叶10行20字。书口下黑口，版心有字。是明为宋真宗年间释道原所撰之禅宗灯史。灯能照暗，禅宗祖祖相授，以法传人，犹如传灯，故名。其书集录自过去七佛，及历代禅宗诸祖五家五十二世，共一千七百零一人之传灯法系。灯录是介于僧传与语录之间的一种文体，为禅宗首创。与僧传相比，它略于记行，详于记言；与语录相比，它撷取语录之精要，又按照授受传承的世系编列，相当于史籍中的谱录。它实际上是禅宗思想史。在宋、元、明各代流行颇广，特别是对宋代教界文坛产生过很大的影响。为禅宗思想史的研究提供了有价值的资料，而且为宋代以及以后有关学术思想史的撰述提供了可资借鉴的样式。

馆藏《大方便佛报恩经》七卷，金皇统九年至大定十三年刻，元重修赵城金藏本，存三卷（卷二、五、七）；《菩萨本行经》三卷，金皇统九年至大定十三年刻，元重修赵城金藏本。该两部书均入选第一批《国家珍贵古籍名录》。

4. 集部

汉文古籍集部类748种，别集类最多441种（即：汉魏六朝、唐五代、宋、金、元、明、清别集），楚辞类8种、诗文评类34种、词类19种、曲类19种、小说类34种等。而本馆收藏明刻本的别集类相对比其他种类多一些，如：《陆放翁全集》《弇州山人四部稿》《东坡先生全集》《江陵张文忠公全集》《曹子建集》《陶渊明集》《坡仙集》《元氏长庆集》《心史》等，无论是在版本还是在学术方面都具有很高的研究价值。

《唐陆宣公集》二十二卷（唐）陆贽撰，清雍正元年（1723）重订，年羹尧私宅刻本。开化纸印制，线装包脚装订，6册。开本高 27.8厘米、宽17.2厘米，版框高19厘米、宽13.8厘米，四周边栏为单边，白口，单、黑、顺鱼尾，象鼻处刻《陆宣公集》，版心刻卷次、叶码，半叶10行，每行20字、小字双行同，仿宋体。该书是皇帝文告和臣子奏章的结集，按今天的话讲是一部公文文集。史学家对其文集评价颇高，称其是经世史学、鉴戒史学和史家直笔。版本价值独特，不仅可以领略一代名相风采和千古文章之韵，而且还会由衷叹服中国传统文化的传承力量与博大精深。该书和《佩文斋咏物诗选》清康熙四十六年（1707）内府刻本均入选第一批《国家珍贵古籍名录》。

《万寿诗》清世祖福临撰，清顺治十三年（1656）内府刻本，开本高24.7厘米，宽15.3厘米，版框高17.8厘米、宽12.2厘米。半叶6行，每行13字。大黑口，四周双栏，黑色双鱼尾，版心题名万寿诗。1册、17叶。卷前依序为清世祖福临撰写的《万寿诗序》《进万寿诗表》，后为诗的正文，共30首。反映了清皇宫中做寿的场景、贺寿的语言风格，再现了清代皇家文化的特色。仅就诗集文学价值和版本而言，并无可赘言之处，一句话即可点评。它是古代中国帝王诗或御制诗之一，是清初期产生的典籍，其印制、装帧反映了那个时期的特色。然而，从史学角度看，其史料价值还是可以评说一二的。

5. 类从部

汉文古籍类丛部204种，平台分类又分为类书和丛书。类书：通类和专类；丛书：汇编、辑佚、郡邑、家集和自著。类书且具有代表的明刻本：《事类赋》

明嘉靖十一年（1532）刻本、《群书备考》明万历三十八年（1610）刻本、《唐类函》明万历三十一年（1603）刻本、《三才图会》明万历（1573—1620）刻本、《博物典汇》明崇祯八年（1635）刻本等。

《山堂肆考》二百四十卷，（明）彭大翼撰，明万历二十三年至二十五年（1595—1597）刻本。80册、线装。开本高25.0厘米，宽15.8厘米。版框高19.5厘米，宽13.0厘米，四周单边。版面半叶11行，每行22字。白口、版心有字数。该书“上而天时地理之全，下及羽毛鳞甲之属”。每套以金、石、丝、竹、匏、土、革、木编记。该书采集宏富，内容浩博，门类繁杂。经史子集、释经道藏，无所不及，在我国古代私家撰述的众多类书中可为是出类拔萃。全书分宫、商、角、征、羽5集，共四十五门，每门又分子目若干，每一子目有小序一篇，述其内容、范围、沿革等，下录引文，或标书名。剪裁得当，浅显易懂。此部恢弘巨著的参、校订者众多，均为当时饱学之士、名公巨卿。列在首位的是明代著名学者焦竑。此书篇幅之巨，辑录之广，取材之博，实为罕见之作。为学者辑佚考证，提供了弥足珍贵的资料。

四、结语

这次全国古籍普查工作的开展，无论是为了清点、整理还是对古籍的保护，或是为古籍数字化提供依据做准备，都是对我们作为古籍工作者的一个极大的鼓舞，是文化建设的一件大事，标志着古籍保护工作进入了一个新的阶段。对这些珍贵古籍的保护与传承，是这次古籍普查的目的。希望通过这次普查工作，能够向全世界人民展示中国古代文明的魅力，能够让全国老百姓认识到中华文明的流传过程，能够真正地起到对古籍的保护作用。

参考文献

[1] 国家古籍保护中心．全国古籍普查登记手册．

[2] 中国民族图书馆古籍普查登记目录．国家图书馆出版社，2016.

（本文原载《民族图书馆学研究（九）》 辽宁民族出版社 2018年10月）

五十年来中国民族图书馆民族古籍文献研究述要

郭　娇

中国民族图书馆是国内专门征集、保护、研究和开发少数民族文献的专业图书馆，所藏民族文献种类繁多，涉及藏、蒙、维、哈、朝等24种少数民族文献资料，馆藏量达60余万册。其中特藏民族文字古籍近10万册（件），有不少国内外罕见的各种民族文字写本、刻本、金石拓片、舆图以及年代久远的稀世真品、菩提叶写本等，不少是珍本、孤本，堪称馆内精粹。

迄今为止，中国民族图书馆所藏72部古籍文献入选《国家珍贵古籍名录》，其中少数民族文字古籍就有52种。因其馆藏民族文献资源丰富以及在少数民族古籍保护和开发方面发挥重要作用，2009年6月中国民族图书馆被国务院批准列为“全国古籍重点保护单位”。

依据《国务院办公厅关于进一步加强古籍保护工作的意见》文件精神，2007年，中华古籍保护计划正式启动，计划用3—5年时间，对全国公共图书馆、博物馆和教育、宗教、民族、文物等系统的古籍收藏和保护状况进行全面普查，建立中华古籍联合目录和古籍数字资源库，完成“十一五”国家古籍整理重点图书出版规划，并争取开展中华再造善本二期工程，使我国古籍得到全面保护。中国民族图书馆也以此为契机，依照国家古籍保护中心的要求积极组织开展了古籍保护普查登记的工作，2005年起就已经着手进行了古籍分类整理、保护和研究工作。

回顾五十年来中国民族图书馆不仅抢救并保存了大量的少数民族珍贵古籍文献，还积极参加了民族古籍文献资源的整理和开发、古籍文献数字化保护的应用、古籍规范性和政策性研究，为我国民族古籍的开发和利用，古籍文献抢救和保护做出了重要贡献。

一、少数民族古籍资源整理和研究

中国民族图书馆在对馆藏古籍进行编目整理的同时，也积极研究和开发，并整理出版了一些具有研究意义的少数民族古籍文献资料。

其中对于古籍文献的整理和研究方面已完成有《中国少数民族古籍总目提要·回族卷》（2005年，北京市民委项目）和《中国少数民族古籍总目提要·蒙古族卷》（2006年，北京市民委项目）。《中国少数民族古籍总目提要》是中国第一部少数民族古籍解题书目套书。2006年，《国家“十一五”时期文化发展规划纲要》确定《中国少数民族古籍总目提要》为重点文化项目，是新中国成立以来少数民族古籍的抢救、整理工作第一次被列入国家的5年发展规划。《总目提要》的编纂工作于1997年正式立项，全书总体设计约60卷、110册。收录古籍包括：中国55个少数民族1949年以前成书并已流传使用的民族古籍；1949年以后按原文抄录或复制的古籍；无本民族文字的民族口头文献、传记和民族史诗等有文献价值的中、长篇文献；历史上存留下来的民族文字碑铭和文书；在国内出土、保存、流传及流失在国外的古籍文献等。中国民族图书馆在此次立项中完成了2项子课题，即《中国少数民族古籍总目提要·回族卷》和《中国少数民族古籍总目提要·蒙古族卷》的整理研究。

馆藏水文文献研究方面，中国民族图书馆依靠馆藏丰富的水文文献，积极进行了整理和研究，目前中国民族图书馆藏有手抄本原件水文文献762种762册，手抄本复印件水文文献65种65册，水文碑拓片5张。水书藏量居全国第三位，水文拓片藏量居全国第一位。其中水文古籍文献约200种200册。吴贵飚先生是目前馆内研究水文的专家，目前已完成的课题有《水族水书传承文化研究》（2010年，国家社会科学基金项目），在研项目有《中国西南地区濒危文字抢救、整理与研究——子课题：水族水文、水书抢救、整理与研究》（国家社科基金重大招标项目，2010年）。

对于藏文古籍的目录整理研究方面，中国民族图书馆自20世纪60年代开始，对藏文古籍文献进行了深入细致的编目和整理，并编写了8000余张读者卡片。在此整理的基础上，又先后聘请了当时藏学界有名的学者专家参与，将中国民族图书馆的馆藏藏文典籍目录分上中下三册陆续出版（1984.7出版上册、1989.12中册、1997.3下册）。该目录正文按著者姓名以藏文字母顺序排列，每一文集详列子目，著录每一子目的藏文书名、汉译书名、版本类型、书页、次序编号和索取号等，是目前藏学界公认的藏文目录学经典作品。

中国民族图书馆馆员洛布经过10年努力，编写了《金汁写本丹珠尔目录》，该书2005年由民族出版社出版。颇罗鼐金写《丹珠尔》是颇罗鼐索朗多吉执政期间，召集500余位缮写者，在黑色纸张上以纯金粉书写的一部《丹珠尔》。其耗资以当时银价计算18621银元，供奉在甘丹寺宗喀巴灵塔前。20世纪50年代至80年代末，该书存放于中国民族图书馆加以保护，1988年后，根据中央的决定，该书还送至甘丹寺。幸运的是1986—1988年间，中国民族图书馆缩微影印了颇罗鼐《丹珠尔》，辑成了100册。该书可以和原书对照使用。

《〈目录加持速降〉翻译校勘研究》，是由中国民族图书馆副馆长先巴主持的一个课题，为国家社科基金项目2011—2013年在研课题，《目录加持速降》现由中国民族图书馆收藏，并申请入选全国珍贵古籍名录，编号：06647。该课题通过准确翻译，并对《目录加持速降》的草体藏文进行标准藏文字体抄录，从文献学的视角和各种目录进行校勘研究，甄别异同。通过借鉴历代汉藏译师翻译典籍的方法和经验，将藏文译成汉文，并从相关的旧译本中对专门术语和词汇进行对照、研讨，再作修改，最后经总勘复校定稿。在具体翻译过程中，根据汉藏语言表达方式的异同和各自特殊的句型，运用补充法、省略法、变位法、分合法等进行翻译和注释。

二、古籍文献数字化保护的应用研究

民族古籍数字化是我国古籍数字化事业的重要组成部分，做好民族古籍数字化的信息资源重组，是实现优秀民族文化信息在全国范围内的共建共享。做到发挥各自的专长，避免重复建设，平衡学科分布，以实现网上信息资源的多样化、丰富化。

在古籍数字化方面，中国民族图书馆也做了大量的工作。主要的成果有民族文字古籍文献数字化保护技术应用研究、维吾尔文古籍《福乐智慧》研究专题数据库（2007年，国家民委项目），该课题是由馆内艾合买提·买买提先生主持。《福乐智慧》是用纯粹的维吾尔语写成的第一部大型文学作品，结构完整、篇幅宏伟，很像一部诗剧。它成功地引进了阿鲁孜韵律，对后世维吾尔诗歌的发展有较深刻的影响。其语言丰富、流畅，音调铿锵，既具有形象美，又具有音乐美。是当时已臻于成熟的维吾尔文学语言的典范作品。

《社会公益研究专项：民族文字古籍文献数字化保护技术应用研究》（2006年，国家科技部项目）主要通过信息处理手段，研究民族文字古籍文献的保护技术。内容包括：分析民族文字古籍文献的分布、收藏和保护情况；提出民族文字古籍文献数字化保护方案；对藏文、蒙古文、维吾尔文古籍文献采用图像扫描、数码照相等信息技术进行数字加工，并采用SGML、XML等标记语言对其进行描述，搭建数据库，建立民族文字古籍数字化保护技术网络平台，使我国珍贵的民族文化宝藏在世界范围内实现信息共享。

CNMARC藏文古籍机读目录规范控制与使用研究（2010年，国家民委项目）从专业保护藏文古籍工作的角度，提出藏文古籍机读目录格式与著录规则科学界定，藏文古籍的概念，著录范围，古籍著录单位以及不同古籍之间存在的各类复杂关系，特别是各著录项目的信息源规定表及取自规定信息源以外的信息等古籍客观著录需要解决的基本问题，极为重要。其对解决藏文古籍信息化过程存在的藏文字处理中之难题具有现实可操作意义。

《藏文数字图书馆关键技术研究与示范应用》（中国民族图书馆等五家单位联合，2010年，在研）的总目标是建立以藏文文献为核心的藏文数字图书馆，解决藏文数字图书馆建设方面的共性关键性技术问题，建立包含3000册藏文书籍的网上数字图书馆。研究藏文数字图书馆系统的各种特殊使用技术，实现藏文图书的数字化、提供藏文图书在互联网的浏览、查阅和信息检索，满足藏文信息化的发展。

古籍元数据著录标准是古籍数字图书馆建设的一个最基础性的工作，它要解决的问题是对物理实体古籍的信息通过统一标准的术语和描述，与用户之间的供需关系变得更加密切，更加有条理化。先巴的《藏文古籍元数据著录标准化研究》（2008年，国家社会科学基金项目）一书不仅梳理了藏文古籍编目中存在的混乱局面，而且为全面整理联合编目藏文古籍提供了纲要性的指南和可行性较强的著录细则，特别为藏文古籍元数据著录标准化研究方面填补了空白，也为藏文古籍保护、研究提供了理论依据和研究的资源，以更好地抢救保护和开发利用藏文古籍文献。该项目坚持或参考了《古籍著录标准》的相关要求，解决了藏文古籍元数据著录基本问题，提出合理的藏文古籍元数据标准的结构与著录细则。

三、古籍规范性和政策性研究

中国民族图书馆还致力于少数民族古籍保护的政策研究和标准化研究，其主要成果有：《水族古籍水书保护的现状及对策研究》（2007年，国家民委项目），该项目工作人员近两年4次深入到水族聚居地区对水族古籍《水书》的历史沿革和保存保护现状进行深入调查研究，通过综合比较、系统分析和研究，提出了保存保护水族古籍的对策和措施；《中国少数民族文字古籍定级标准》（2008年，国家民委项目）作为国家标准，规定了中国少数民族文字古籍基本术语和定义、定级总则、细则以及古籍的级别。本标准适用于全国各级各类型图书馆、博物馆、档案馆、文物管理所、考古所、民族宗教研究机构、寺庙，以及各省、自治区、直辖市少数民族古籍搜集整理出版规划领导小组办公室等单位的少数民族文字古籍收藏、保护、整理和利用工作。同时供出版、教学、科研等国内相关业务单位使用。《少数民族文字古籍定级制度研究》（2009年，国家民委项目）是我国第一个关于少数民族文字古籍整理保护的国家级行业标准，其成功编制意义重大而深远。它将成为我国进一步加强少数民族文字古籍保护工作的重要科学依据，并为促进我国少数民族古籍管理事业的发展发挥重要作用。

中国民族图书馆在少数民族古籍保护工作方面成绩突出、成果卓著。然而古籍保护的工作任重道远，对馆藏古籍进行多方位保护，运用现代化的手段，做好珍贵古籍的保护、管理和合理利用工作，让这些文化的精华世代相传，使中华民族珍贵的文献典籍永泽后世。对于继承和弘扬各民族优秀传统文化、开展学术研究有着重要意义。

参考文献

[1] 中央民族大学少数民族古籍研究所. 中国民族古籍研究60年 [J]. 北京：中央民族大学出版社，2010.

[2] 中国民族图书馆. 藏文典籍目录（共三册）[M]. 上册，成都：四川民族出版社，1984；中册，北京：民族出版社，1989；下册，北京：北京民族出版社，1997.

[3] 中国民族图书馆.民族图书馆学研究（三）[C]. 沈阳：辽宁民族出版社，2006.

[4] 国家民委全国少数民族古籍整理研究室. 民族古籍（内部资料）. 2012.

[5] 中国民族图书馆.中国少数民族文字古籍整理与研究 [M]. 沈阳：辽宁民族出版社，2011.

（本文原载《民族图书馆学研究（七）》 辽宁民族出版社 2014年9月）

民族文献研究与读者服务

松巴·益西班觉的生平及其对藏文化的贡献

木雅贡布

松巴·益西班觉系第十二饶迥木猴年（公元1704年）八月十五日清晨诞生于青海西南黄河岸之托里。昔日该地，最初归厄鲁特蒙古右翼旗所辖。彼父为一小官吏，名多杰扎喜；母名琼嘎巴·扎喜措，生有五男二女。七兄妹中，彼排行第四。三岁许，习班禅启请文吉祥功德篇颂。火猪年（公元1707年），依止蒙古人且霍尔格隆为师，读书识字，并学少许法行，历时两载。绛协·阿旺尊珠寻访上世松巴之转世灵童。铁虎年（公元1710年），彼已七岁，被认定为上世松巴之转世，身着坎肩宽袍，成了居士。遵至尊绛央协巴之命，酋长、双亲将彼送至达虚·曲琼嘉措身前，受圆居士戒与出家戒，取名洛桑曲琼。不久，铭记该上师之谆谆教导后，返归故里。铁兔年，朝拜塔尔寺。水龙年（公元1712年）三月初八，佑宁寺迎彼至松巴拉章。佑宁寺系杰色·屯约曲吉嘉措遵第四世达赖喇嘛云丹嘉措之旨意，建于第十饶迴木龙年（公元1604年）三月。昔日噶玛·若白多杰曾长期驻锡于此。该寺位于青海北，附近之白域噶波有印度八十大圣修行洞。

彼在罗琼哇·阿旺丹增与洛卓嘉措两师长尊前，孜孜不倦究习广中略菩提道次第、律经、《阿毗达磨集论》《阿毗达磨俱舍论》以及般若诸学。于曲桑仁波且尊前敬聆菩提道次第详解与愿菩提心律仪。章嘉·阿旺曲登自北京送来披风、长耳帽，并附书函，有所指教。木马年春，章嘉·阿旺曲登逝世。固始汗之幼子阿库·扎喜巴图尔仓为施主，为佑宁寺大殿造镏金宫顶。木羊年，因患中风病，一个半月未得安宁。火猴年六月八日，于轨范师曲桑尊前受沙弥戒。青海官员达彦鸿台吉出资，于佑宁寺造弥勒菩萨镏金像，高五庹余。热绛巴嘉底·洛桑顿珠与登玛噶久葛查曲二人敦促其赴卫藏求学。尊者虽渴望启程，然松巴法尊叔侄加以阻止。水兔年，二十岁，自五月二十五日，于巴仁·阿旺扎喜尊前，偕七百余僧众，一同敬聆四续部灌顶教导。六月十五日上午受毕灌顶，徐徐返回青海，途中细心学习舞画唪三艺等，彩绘卷轴画，以怖畏金刚为主，上绘释迦牟尼等五尊佛像，下绘七尊护法神像，在松巴拉章有彼所绘之婆罗门画像。其他图画被习画画工带走。因青海北方诸官员发生内战，故本·洛桑丹增派人护送彼至索洛莫。彼朝拜直贡邓萨梯寺，据说该寺昔日曾有五万五千僧众。十一月八日，赴札什伦布寺谒见班禅大师侍从。是月十一日，拜班禅·洛桑益西为亲教师与轨范师，并在屏教师知时师等众师中受具圆戒，取名益西班觉。朝拜大昭寺与第七世达赖格桑嘉措。于热堆记诵因类学。入哲蚌寺四大扎仓之一阁芒扎仓之桑洛康村，被委为札仓顷则。依止莫嘉·绛央嘉措究习重要经典。时与色拉寺诸格西同在师长尊前。下密院轨范师恰琼哇诺门汗仁波且手握一串折为四圈之菩提子念珠，轻敲松巴头顶，畅论了不了义以发菩提心，因对答无误，满心欢喜，遂命松巴坐前排首席，赐饮奶酪，并嘱今后切勿骄傲。火羊年夏季法会时，于哲蚌寺大经院石板地，起坐辩论了不了义与中观。彼欲入下密院，虽有心修习密咒金刚乘，然侍从作梗，未能成行。该恶徒复又挑拨彼与松巴叔侄之关系，大事离间，然未得逞，事情澄清，乃给以坐骑、衣物行理，遣之他去。此后，生活艰难，然日以继夜，坚持不懈，毫无忧虑之心，亦不惜身体劳累，唯致力于求学。于章嘉·阿旺曲登尊前敬聆鲁依巴与枳布巴尊者传规之上乐灌顶及普明大日如来灌顶。于夏则堪钦·朗喀桑波尊前究习《菩提道次第广论》之教导、《道次第·菩提坦途》言之教导、发菩提心传戒仪轨、四种密集注疏之讲解甚多。于甘珠尔哇·旦曲仁钦尊前究习宗喀巴文集之教言。于阿里巴·洛桑亚培尊前究习巴日百法中大护法十三尊等之随许法。于萨日·仁钦顿珠以及弟子墨朗伦珠尊前究习《妙音论》。于塔尔寺索朗坚赞尊前究习《三十颂》与《声势论》。于下密院轨范师巴查·扎巴伦珠究习兰札字、乌尔都文、佛塔尺度、藏文楷书、行书书法等。于蒙古热绛巴·阿旺嘉措尊前敬聆历算五要素等。于哲蚌寺墨让巴尊前敬闻星命术。二十五岁，偕二友化缘朝圣，拜谒桑耶寺、桑日康马寺、塔拉冈波寺、杂日圣山等。抵哲蚌寺时，值迁阿尔布巴、隆布奈、扎尔鼐等三噶伦在咒颇罗鼐台吉。后藏，拉达克、阿里之军队逼近拉萨，阿尔布巴诸噶伦命色拉寺、哲蚌寺僧人当兵。在此紧急关头，彼不顾性命，应道：“我等僧侣，长途跋涉，拜谒达赖喇嘛、班禅大师，亲聆教诲，究习经典，故恪守戒律。别说上阵打仗，就是对那小虫，也都不愿害其性命。然若不算污辱佛教与有损僧人身份，我可以去当兵。”此言虽能延宕去当僧兵，但是心术不正之徒，却给他吃腐败饭食，遂患重病，经哇休医生洛桑噶哇治疗，始渐愈。

不久，颇罗鼐台吉执政，任命彼为哲孟雄吉策寺之堪布，赐以敕书与印信。在哲孟雄吉策寺约两年，乃向颇罗鼐辞去堪布。向佑宁寺送去五十余卷书籍、衣物、器具、佛像、佛经、佛塔、面具等。筹划回藏事宜，于铁猪年（公元1731年）二月向根本经师堪钦・朗喀桑波与密乘轨范师夏玛・喜饶嘉措等辞行，祈赐保佑，然后偕十七位友人结伴而行。沿途多有人马恭候，次第设宴迎迓。八月八日抵佑宁寺。在该寺讲授《菩提道次第广论》；在拉木寺立宗辩经三日。向殊胜化身班禅・丹白尼玛求闻噶当十六明点等灌顶；向轨范师默朗班觉求闻密集等灌顶甚多。遂向二位上师献上所有资财，乃返故里，与老少欢聚，复归佑宁寺。于噶丹仁钦林寺向五百余僧俗大众授加行等弥札百法之灌顶。应巴日扎喜曲林巴之请，绘制六臂护法卷轴画，造有秘密与公开之标准佛像、佛塔、佛经。向密乘学者轨范师琼勒求闻五身大朵马、无量佛九尊灌顶、觉法灌顶开天门等甚多。著有觉法仪轨，建立法王大朵马。按夏鲁巴之本文，创建轨范仪则与跳神舞蹈。于塔尔寺之喜饶曲觉与密宗院堪布洛桑衮噶等尊前敬聆萨迦金法、密集圆满次第、修心七义等。向塔尔寺法座更敦顿珠求闻时轮灌顶。于色隆寺右面建噶丹曲宗禅室。向色隆寺僧众与蒙藏汉施主授金刚鬘灌顶。后辞去扎喜曲隆与色隆二寺之法座。彼三十三岁，时在龙年，大皇帝钦差前来传旨，遂于火蛇年（公元1737年）正月上旬，率喇嘛五名与普通僧人二十五名，主仆共三十一人赴北京，朝见乾隆皇帝，谒晤章嘉活佛与噶丹法座新转世活佛。土马年春，因腿有疾，乃请假告辞。沿途饱受风吹，手脸变黑，亲王之母知之，谓汝病重，可暂回故里。离京后，发生大地震，宁夏宫堡坍塌。土羊年二月三日抵佑宁寺。铁猴年心宿月，彼为施主，造三肘高镏金佛塔，建佑宁寺与峡口德吉珠德庙之大经堂，又建有噶丹孜庙，修葺玛尔仓之佛堂。复任扎喜曲隆与色隆寺法座。修葺佑宁寺大经堂。为药泥塑成之弥勒佛像、十三庹高之佛塔开光。先授土观活佛皈依与居士戒，后剃度其出家。三十九岁，时水狗年，遵圣旨，于九月二十二日抵北京，十月五日朝觐皇帝。驻锡于五塔寺。翌年，因水土不服，旧病复发，长期卧病在床。四月，皇上恩准其归乡，乃如出笼之鸟，赴抵佑宁寺。于索学土寺建佛堂，造宗喀巴等泥塑贴金佛像。四十三岁，火虎年三月，任佑宁寺法座。在噶丹曲科林寺，向七百僧俗大众授十一面观世音之灌顶传承。于村中小寺倡建神变祈愿法会。尊章嘉活佛之旨意，于佑宁寺倡建字音五种拼合等，以及《三十颂》《音势论》、修辞学、医药历算之传授。四十四岁，即第十三饶迥火兔年（公元1747年）著《格登新历原本》。为建噶丹德钦林寺大经堂之保管员。任谢珠达吉林法座一月，修葺大殿上下。于阿格医家尼玛坚赞前详闻四续教言与草药识别之教授。后因清朝皇帝之召请，遂在彼处夜以继日，勤奋不懈，不顾劳累，向来自四面八方之僧俗大众，如愿讲授摄类学、声明、医方明、诗学、声律学、历算等。善男信女捐资建佑宁寺佛堂，内外壁画，皆彼所绘。倾其资财，供养拉萨诸寺。绘制时轮佛众，建一彩粉坛城。彼任法座十年，未曾严惩少年僧侣，亦未逐放僧人等，为人秉公持平，从不私下收纳一见方之帛绢。剃度出家人六百有余。向章嘉活佛求闻上乐灌顶，取密名若白多杰。六十六岁，土牛年时赴拉萨。时普通僧人与密宗院僧侣聚会，彼坐首席，向广大民众宣讲菩提道次第，授无量佛九尊灌顶。尤其在寺庙经院，不以字句论事，而是反复究谈疑难含义。才识精湛、德行谨严、心地善良之名声远扬。后返佑宁寺。至八十四岁，不顾高龄体弱，向徒众如愿讲授显密佛教之灌顶传承、声明、《三十颂》《音势论》、诗学、声律学、医药、历算等。八十四岁，火羊年正月十八日，疾病缠身。土猴年（公元1788年）正月二十六日晨示寂。

彼之弟子有土观·曲吉尼玛、卓仓札仁波切、班智达法尊洛桑伦珠等众多贤正善良之士。

其著作有《印、汉、藏、蒙佛教史》以及医学、天文、历算、造像度量、青海史、文字诠释等著作，辑为八函。呼和浩特附近黄泉寺有刻本，本馆所藏八函刻本、齐全无缺。

（本文原载《章恰尔》（藏文）1983年1月，1996年8月收录于民族图书馆编，民族出版社出版的《民族图书藏文典籍目录——文集类子目（藏、汉对照）》一书中，由民族图书馆汤池安先生译成汉文。）

忆《藏汉大辞典》编纂始末

孙文景

1985年正式出版的《藏汉大辞典》是我国少数民族现代文化建设中的一件大事，是党的民族政策的具体体现，是民族团结协作的产物。但《藏汉大辞典》出版后不久，即被台湾省文殊出版社盗版影印。他们偷用《前言》中两小段，署名“本社编辑部”。将原书的主编和编纂人员名单以及序言、后记、图片、版权页等删去，公然侵犯著作权和版权。他们将原书中若干词条挖补，不伦不类地篡改汉文注解。为此，本文特以正视听。

《藏汉大辞典》是一部以语词为主，兼收百科的综合性藏汉双解辞书。全书收词目56000 多条，其中百科词目16000多条，是我国目前使用的第一部大型综合性工具书。它的出版不仅为研究藏族传统文化、阅读卷帙浩繁的藏文典籍文献，为打开这座藏族文化宝库的大门提供了一把金钥匙，为国内外研究藏族历史、文化、档案、宗教和语言的人排除阅读文献上的文字障碍，而且对藏语文的规范化也会起到一定的影响。它在整理和研究绚丽多彩的藏族文化遗产，沟通民族间的文化交流，乃至促进国内外藏学的深入发展起到了一定的作用。

中华人民共和国成立后，随着党的民族宗教政策的深入贯彻，国家在继承藏族历史文化遗产和发展藏族语言文字方面做了大量的工作，藏汉对照的辞书达10多种。为了适应新中国成立后新形势的要求，翻译工作的需要，新译并规范了翻译的原则，出现了大量的新词术语，词目多达46000多条，1976 年汇编成《汉藏对照词汇》出版。在这部《藏汉大辞典》正式出版之前，品位较高、学术含量大、影响较深的辞书有：民族出版社全套影印清乾隆年间御制的满、汉、藏、蒙、维五种民族文字对照的《五体清文鉴》，该书分三卷，收词10000多条。1953年，西藏著名藏书家霍尔康·索南贝跋将他赞助刻制的《格西曲札藏文字典》木刻版本提供给民族出版社，该社约请法尊法师和张克强教授等对原版的编排次序做了彻底的整理，将全部词汇及注解译成汉文，并采用达氏辞典中部分材料增补，以作参考。

《藏汉大辞典》的编纂，发轫较早，成书较迟，经过了半个世纪的艰难历程。创始人和主编张怡荪教授（1893—1983），原名张煦，四川省蓬安县人。他在四川高等学校毕业后，考入北京大学国文门学习，1920年毕业后，留北京执教，此后历任北大、北京女子师范大学、清华大学讲师、教授，并在山东大学、四川大学任教。早在 1928年，他在清华大学执教时，在当代史学大师陈寅恪教授那里，就接触到藏文资料，后来又阅读过不少国外研究藏学方面的历史、语言、佛学等著作及辞书，为当时国内很少有人研究这方面的问题而深感不安。他认为西藏是我国国土，藏学首先应该由我们来研究，于是他矢志改变这种状况，为国争光，立志编纂一部藏汉大辞书，作为交流藏汉文化的工具，奠定研究藏学的基础。为了攻下藏语文和佛学这两关，他加入佛学研究团体钻研佛教哲学，并拜喇嘛为师苦学藏文，后又约集在北大、清华的一批愿意从事西藏文化研究的同仁，收集国内自清代以来编印的藏汉辞书，译用国外出版的藏文资料。于 1937年编成的《藏汉集论词汇》系从对勘藏汉文本佛经《大乘阿毗达摩集论》而收集的佛学词汇达4800余条。1938年又编成以语词为主，按汉字笔画为序编排的汉藏对照辞书《汉藏语汇》。1939年编成《藏汉译名大辞汇》，收词目36000余条，后长期坚持，加以扩充。到抗战末期，终于写成一部藏汉辞书的蓝本《藏汉大辞典资料本》分装10大册。

在旧社会摧残少数民族文化的辛酸岁月里，张怡荪教授在成都创办了西陲文化院，20世纪40年代还专门邀请藏族青年佛学大师喜饶嘉措到成都主讲佛经，藉以了解藏地佛学，研究比较与汉地佛学的异同。这所研究西藏文化的专门机构，因其方针与国民党教育部的意图不合，一直得不到备案承认。那时辞典编纂人员的生活委实清苦，能坚持下来的寥寥数人。曾参加过早期的蓝本编写，后仍从事藏语文工作的有祝维翰副主编、金鹏和王沂暖两教授。由于新中国成立前西藏地区处于封闭隔绝状态，在相当长的一段时间，无法聘请到更多的藏族学者参与工作，早期参加蓝本工作的藏族宿学仅何旺衮噶而已。

20世纪50年代初，张怡荪教授被聘为四川大学中文系教授兼川大文科研究所所长，并受命继续主编《藏汉大辞典》。他邀请在成都的佛学界知名人士、曾任中国佛协副会长、全国政协委员的当代著名的女大法师隆莲，对辞典的蓝本作了某些修改，增加了一些汉文注释。隆莲法师曾师从著名大德、藏汉佛典翻译家法尊法师及能海法师，对藏汉佛典有很深的造诣，译著有多种问世。但因人员太少，条件还不完全具备，辞典编写工作未能顺利开展。到1958年，中国科学院四川分院成立，大辞典编纂工作划归分院领导，随即同意让张怡荪教授率领大辞典编纂组，前往拉萨收集资料。这时张教授已经65岁，他不顾年迈，在拉萨一住4年，在西藏自治区党政部门和有关人士的大力支持下，充实了编写人员，掌握了不少难得的资料，打破了原书稿蓝本的规模，扩大收词范围，不专以语文词语为内容，转而编纂为综合性的双解大辞典，请藏族学者洛桑多杰、洛桑土旺等撰写释文，以满足更多的藏学研究工作者的需要，使之具有较高的学术性、知识性和科学性。1962年编纂组返回成都后着手编写，并改由四川省民委领导。1964年中央民委在京召开座谈会，肯定了《藏汉大辞典》古今兼顾、古为今用的编写方向，制订了增减内容的七项原则，并规定分期交稿。可是在十年浩劫中，却把这部大辞典判为“大毒草”，编纂工作下马。1977年底张教授给邓小平和方毅同志写信提出恢复编纂工作的要求，得到他们的批示后，于 1978年在成都重建并充实辞典编纂组。从全国调集了一批具有一定水平的编写人员，其中有些是杰出的藏学家。

经过5年的增补修订，使这部长达3294页的藏汉双解大辞典无论就藏族文化的开拓面、资料收集的系统、内容的丰富、释文的详细、确切以及体例的改进方面，都超过了国内外现有藏文辞典的水平，在国际上也有了一定的政治、学术影响。这部凝聚了藏汉等民族学者智慧的辞典，为祖国的藏学事业和世界文化的发展做出了重要贡献。它出版后，曾获四川省社会科学优秀科研成果一等奖；1987年获“吴玉章奖金”语言文学一等奖；1993年获国家图书奖提名奖。

（本文原载《中国民族》 2003年第8期）

第十三世达赖喇嘛土登嘉措“遗嘱”辨析

汤池安

第十三世达赖喇嘛土登嘉措于1933年12月17日（藏历第16胜生水鸡年10月30日）在布达拉宫圆寂。“全藏持丧49日”，[1]但是“却以一个奇特的理由，缩短为三个星期”。[2]所谓奇特的理由，是因为盼望达赖喇嘛早日转世，从而提前结束持丧时间。然而也应看到，又过一个星期，“藏中全体僧官代表，大会于布达拉宫，一致决议，监禁第十三世达赖喇嘛重要随员”，[3]形势相当紧张。当时并未传闻第十三世达赖喇嘛曾留有书面遗嘱。

现据英人查尔斯·贝尔所述，“达赖喇嘛过世后九月或十个月，著名的桑耶寺的大预言家送给我一本他刊印的遗嘱”，[4]后来，贝尔把这本刊印的遗嘱译为英文，编入他著的《达赖喇嘛肖像》一书中，[5]独自成章，标题是《他的政治遗嘱》，贝尔还特地指出：“此文为达赖喇嘛亲手所写，因而非常重要。可以完全肯定，这是达赖喇嘛著的唯一的一本书，一本不同凡响的书”，[6]为了强调这份“遗嘱”，贝尔竟下如此断语，完全否定第十三世达赖喇嘛会有其他传世作品。那么，拉萨刻印的五卷本《第十三世达赖喇嘛文集》，除了这不同凡响的遗嘱，其他篇章又都是谁写的呢?

被贝尔宣称的这份政治遗嘱，第十三世达赖喇嘛写于1932年，也就是他逝世的前一年。据《第十三世达赖喇嘛文集》Nga字函所记，1931年，第十三世达赖喇嘛身体不适，嗓音嘶哑，不能参加拉萨祈愿大法会，宣讲《三十四本生传》，但写了草稿。翌年，即在1932年的拉萨祈愿大法会上宣讲。可见，第十三世达赖喇嘛的身体已经康复。而乃琼大护法仍降神谕，命藏区僧俗大众祈请第十三世达赖喇嘛长久住世。第十三世达赖喇嘛即针对僧俗大众的祈请，复书作答，篇名为《灵丹妙药·透明洞察·人天甘露》，拉萨、日喀则等地都曾刻印，广为散发。后收入《第十三世达赖喇嘛文集》Ji字函。

显然，第十三世达赖喇嘛并不是在病危托言。其实，贝尔也很清楚，当他译完这份遗嘱之后，也不得不说："这就是达赖喇嘛写给其僧俗人民，特别是写给那些他这个'伟大的主人'委之以僧俗政府的人们的信。"[7]

第十三世达赖喇嘛生前写的这封公开信，是否就是他的遗嘱，这是应该明确的一个问题。至少，我们可以肯定，在第十三世达赖喇嘛发表这封公开信时，并无遗嘱之说。倒是刘曼卿著的《康藏轺征》，给我们留下一份珍贵的资料，足以说明问题。

1932年，被国民政府再度派往西藏的国府书吏刘曼卿，因康藏战事日益扩大，交通阻滞，于勾留云南丽江时，遇一藏兵排长。刘曼卿即根据这位藏兵排长所说，写道："自战争起时，藏内人民谣诼大起，谓川、青及康南各军，将直捣拉萨，多主从速议和，惟达赖左右力主一战，加紧征兵勒捐，拉萨之大寺及人民，深怀不满，几至哗变，幸达赖机警，乃藉南无法会，召集僧民，恳切解说。向之达赖深居简出，为一般僧民所不易见，今则亲上讲坛，对众说法，谕以团结一致，共挽时艰之意，滔滔历数小时之久，口沫横流，言调沉痛，听者有至掩面饮泣，并由达赖亲制告官民书，印成数千份，散予人民。"[8]

从这段记述中，我们可以说，第十三世达赖喇嘛这封公开信，与《第十三世达赖喇嘛文集》所载，并无出入，只是强调了第十三世达赖喇嘛写这封公开信时的政治背景，使我们更容易了解这封公开信的内在涵义和散发这封公开信的主要目的。

第十三世达赖喇嘛的这封公开信，带有浓厚的政治色彩，但绝不是政治遗嘱。第十三世达赖喇嘛在写这封公开信时，并未身患重病，不会想到遗嘱之事。公开信中虽然有"今近天年"之语，也指出："年近58岁，堪负政教之责，仅数年而已，怎能长期胜任。"这里，说明生命有限这个"众当知之"的真理，意在鼓励僧俗大众"同心合力，共肩重担"。第十三世达赖喇嘛绝未想到翌年圆寂，因为他说到主持政教，总还有数年时间。何况，他更希望自己延年益寿，故公开信中提出："今后念经拜忏"，"尤以祈请长久住世为主"。在这样的意识下，第十三世达赖喇嘛怎会立下遗嘱？特别是公开信发表后，第十三世达赖喇嘛自有时间考虑遗嘱问题。就在辞世的前几天，即11月12日，第十三世达赖喇嘛还"像往常一样工作”，[9]“而往常，他老是不停地写”，[10]只是到了16日那天，“他一封信也没有写”。[11]看来，在这期间，第十三世达赖喇嘛仍然孜孜不倦地工作，虽然心力交瘁，却也无意留下遗嘱。

那么，《灵丹妙药·透明洞察·人天甘露》一文可视为遗嘱吗？我们已经知道，这是拉萨祈愿大法会期间所作。在这样隆重的法会上，第十三世达赖喇嘛升座讲经之时，难免不向汇集拉萨的僧俗大众面谕政教事宜，但怎么也不可能宣读自己的遗嘱。而听众无论多么感动，也绝不会领悟到遗嘱。因此，贝尔说，“西藏人在谈话中”，[12]把这本小书称为遗嘱，我们只能认为：谈说遗嘱之人，若不是在妄加附会，就是另有他意。而贝尔还要进一步胡说什么“临终遗嘱”，[13]则更是难以理喻了。

根据《第十三世达赖喇嘛文集》的分类，《灵丹妙药·透明洞察·人天甘露》被编入《教诲西藏与大西藏众生政教二规取舍之告示·天鼓鼓声》函内，这里收集的都是第十三世达赖喇嘛在政教方面教诫僧俗大众的训词，显然没有遗嘱之意，否则，遗嘱也就不是独此一份了。所以，《灵丹妙药·透明洞察·人天甘露》是作为政教二规取舍之告示而公布于众的，其结束语正是：“以上旨意……时刻慎思。取舍合宜，至关重要。”而刘曼卿则按她自己的理解，特地为之取了个《达赖民国21年告全藏官民书》的标题，似乎也很贴切。从当时的情况看来，第十三世达赖喇嘛面临的一个迫切问题是康区战事，而不是个人的遗嘱问题。

持续了10余年的康区战事，虽然平静了一段时间，但在1930年6月，又因大金寺和白利寺的财产纠纷而重启战端，致使西藏地方和南京中央政府已经初步改善了的关系，复又蒙上一层阴影。第十三世达赖喇嘛同中央政府的谈判和达成的一些协议，也未因此而化干戈为玉帛。到了1932年，噶厦政府的藏军既要同青海马步芳的骑兵厮杀，又要与西康刘文辉的川军作战，还要跟格桑泽仁指挥的康南藏民格斗。战线延长，战事扩大，军费开支和兵员补充，给西藏带来了沉重的负担。早在1921年，就为维持康区战争，因扩编藏军、加征赋税而引起拉萨动乱。所以，第十三世达赖喇嘛必须考虑西藏内部的稳定。在这种情势下，自然要“讲明因由，作此告诫”，以争取西藏僧俗大众的支持。

然而，第十三世达赖喇嘛在这一告诫中，只字未提康区战事，但却简要地提出：“毗邻之印度政府和中国政府，军力强盛，应与之和睦相处。”这反映了第十三世达赖喇嘛当时的政治策略，也显然是对康区战争的一种否定。

第十三世达赖喇嘛回避康区战争这一棘手的现实问题，而在“赤色主义扩张”上大作文章。因此，这封告诫僧俗大众的公开信，似乎又是针对“库伦发生之事”而写的。那么，是不是也可以这样说，旷日持久的康区战争，已经使西藏僧俗大众对噶厦政府丧失了信心。所以，第十三世达赖喇嘛“以维护黄教，防止‘赤化’侵入为借口（因当时国民党正在进行‘剿共’战争，国际帝国主义者正在叫嚣‘武装干涉苏联’），来转移人民的不满情绪”。[14]

看来，第十三世达赖喇嘛发表这封与以往告示迥异的公开信，的确是意味深长、耐人寻味。公开信在国内外流传了半个世纪，虽然时过境迁，仍不免言人人殊。今欲评述，颇非易事。但是，《灵丹妙药·透明洞察·人天甘露》终归是一份有价值的文献史料。因为从这里能够体察到第十三世达赖喇嘛晚年的政治倾向，而这，正是西藏近代史上所要触及和交代清楚的一个重要课题。

这里，我将《灵丹妙药·透明洞察·人天甘露》全文译出，以便于本文的论述，同时，也利于读者全面了解这封公开信的内容，从而自行作出评价。

《灵丹妙药·透明洞察·人天甘露》

我因预言之征兆明显，无需经金瓶掣签之惯例，即被认定为佛王转世。坐床之后，依止摄政经师达擦呼图克图和大堪布经师金刚持普卓活佛为首之高僧大德，默记、背诵法行经，受出家戒、沙弥戒，答辩五部大论，得受诸多显密教义随许法、灌顶、教导等。我自专心致意，终日勤习不怠。及至18岁，根据传统，当主持政教。但我既无从事政年之经验，且又缺乏才智。因僧俗大众恳请，奉天承运大皇帝降旨，遂负此任。（1895年，第十三世达赖喇嘛年届20岁，摄政第穆呼图克图提出辞呈。8月8日，在布达拉宫举行隆重的亲政大典。）之后，我即不得清闲。为政教之安定，日夜操劳，如重担压肩。宏扬佛教、处理政务，谋臣民之幸福，秉公办理，身口意无不倾注于此。

木龙年，英军入藏。我若图自身安宁，媾和结纳，势必危及政治，实系自毁前程。昔因第五世达赖喇嘛与满洲皇帝结下供施之缘，至今自应相互支持。为禀明情由，不辞辛劳，北上跋涉，经内地、蒙古，在北京紫禁城晋见皇太后和皇帝，深承优礼相待。不久，皇太后和皇帝相继驾崩。宣统继位，即向皇上（原文为父子，应是光绪帝与宣统帝。这里只好改译为皇上。）禀明原委，因怀念西藏而归。适驻藏大臣上书谎奏，陆军官兵随后而至，夺取西藏政权。我等王臣，不顾劳苦，安抵印度圣地。通过英政府向中国政府申明实情。同时，不懈祈诵政教繁荣昌盛。果然中国内乱，在藏汉军官兵，犹似断了水源之池，终被驱逐，复得返回我所庇佑之佛教刹土西藏。[15]

水牛年至水猴年，幸福降临西藏，尊卑人等，安居乐业，事已详载，僧俗尊卑，内心深知。复加详述，篇幅冗长，故而从略。此等恩情，聊表心迹。我之执政，若有裨益，只为满足众愿，并无丝毫夸功自褒之意。今近天年，若去政教重担，在此余生，以善行为是，而修来世善业。虽有是念，然上有形影不离之本尊、护法、上师，以及有法缘、财缘之尊卑人等属民百姓，倾吐肺腑之言，望我勿弃公务，故今仍在尽力。但年近58岁，堪负政教之责，仅数年而已，怎能长期胜任，众当知之。

毗邻之印度政府和中国政府，军力强盛，应与之和睦相处。为镇服边围之各小仇敌，[16] 加强军队。兵精善战，定可克敌。

目前五浊横流，尤其赤色主义扩张，禁止哲布尊丹巴转世；没收寺院财产；强迫僧侣当兵，毁灭佛教。库伦发生之事，可曾闻之？似此，将来这政教刹土卫地，内外定遭践踏。届时若无力捍卫，则达赖、班禅为首之高僧大德灭亡；各拉章、寺庙之财产皆毁、祖孙三法王之遗教，行将衰败，臣民之祖业财产均被彼等掠夺，沦为敌奴，被迫流浪。众生遭受迫害，日夜苦熬。因有如此危机，故不可违背政教大业。如今幸福繁荣，人美已乐。诸凡文武事宜，处处无可指责，皆未失误。然政治之安定，需僧俗官员尽力；西藏之幸福，有待僧俗大众、尊卑人等认真筹思，同心合力，共肩重担。若欲取舍合宜，当听护法大神所言："若遵利见大师（即达赖喇嘛）之心意行事，则无所畏惧。"诚然事事如意。凡政教会务，言行一致者，其勤勉之人，我当庇佑，赐以福禄；对背道而驰之徒，则降厄运，严惩不贷。图私利，徇私情，好奉承，而厌恶政务，无所事事，不负责任，实不能完成大业。此显而易见，即懊悔亦无济于事。在我有生之年，当见西藏幸福。上述个人所为，自有报应。我以经验之谈，讲明因由，作此告诫，别无更多重要之教悔。

今后念经拜忏，消灾祈福，尤以祈请长久住世为主，兹予鼓励。众若以前车之鉴，谨慎行事，我自竭力宏扬佛教，振兴政治，庇佑臣民。属民百姓继续生活于幸福之中，可享百年之福。勤奋努力，一如往昔。念经拜忏，此非等闲之事，特予宣示。

以上旨意，于昼夜四行，时刻慎思。取舍合宜，至关重要。

第十三世达赖喇嘛在这封公开信中，首先谈到他的转世、坐床、学经和亲政。所述虽极简略，却也值得探讨。其中提道："无需经金瓶掣签之惯例，即被认定为佛王转世。"按金瓶掣签之制，始于乾隆五十七年，这既可避免转世灵童之争执，也更是体现清中央朝廷的权威。

第十、第十一和第十二世达赖喇嘛都是因为那时寻到几位转世灵童，不得不经金瓶掣签，方被确认。第九和第十三世达赖喇嘛则是寻访到的唯一的转世灵童，自然无需金瓶掣签。即便如此，也还是要"奏明皇上，免予金瓶掣签"。"1877年3月，光绪帝在奏折后面批示：贡噶仁钦之子罗布藏塔布开甲木错，即作为达赖喇嘛之呼毕勒罕，毋庸掣瓶，钦此。"[17]所以，掣签与否，无损于中央朝廷的主权，而从另一个角度来说，毋庸掣瓶，则反映了某种形势，即寻访的灵童只有一位，说明那个时期，僧俗贵族集团之间已经取得谅解，作出妥协，这有利于西藏社会的安定。正因如此，第十三世达赖喇嘛没有遭到第十、第十一和第十二世达赖喇嘛那种早夭的厄运。在20岁时，顺利地掌管了政教事务。公开信中强调说："因僧俗大众恳请，奉天承运大皇帝降旨，遂负此任。"第十三世达赖喇嘛亲政，"藏众欢呼若狂，其爱戴之诚，殆直有不可言也。"[18]这固然是出自虔诚的宗教信仰，但也应该认识到：清中央朝廷纵容和袒护摄政长期把持政教大权，早就引起西藏僧俗人民的不满。尤其是在1888年隆吐山事件之后，英帝迫使清政府签订出卖西藏利益的"哲藏条约"及其"续约"。僧俗大众"愤愤不平，大启排英之心"。[19]而摄政第穆呼图克图一味听从清中央朝廷的媚外政策，对驻藏大臣"译行商上遵办"通商划界之事，[20]亦无异议，激起广大僧俗群众的愤怒，就是上层贵族，亦复反感。正是西藏僧俗大众这种抗击帝国主义侵略的强烈愿望，激发了他们对第十三世达赖喇嘛的热情。

受到僧俗大众拥戴的第十三世达赖喇嘛，主持政教将近40年，在这19世纪末20世纪初的40年，帝国主义"开始了夺取殖民地的大'高潮'，分割世界领土的斗争达到了极其尖锐的程度”。[21] 这时，“欧洲各国政府已经开始瓜分中国了”。[22] 大英帝国还借口“印度之安全，尤注意危及此安全之北方边徼”。[23] 因此，西藏僧俗大众就处在这样一个历史时期，一方面要紧密地同祖国各族人民一道，共同反抗帝国主义，首先是英帝国的侵略；另方面还要反对中央统治者和地方集团出卖西藏利益。同时，在清末民初，全国动荡，军阀割据的形势下，既要保持西藏社会的安定，也要维护中央政府的主权。这是一场尖锐复杂的斗争。第十三世达赖喇嘛“日夜操劳，如重担压肩”，力图为西藏觅求出路。

第十三世达赖喇嘛亲政后的政治活动，在西藏近代史上占有重要的一页。但是公开信却未作记述，甚至对英帝侵略西藏，亦不予评论。仅有“木龙年，英军入藏”一语。其实，在反对英帝侵略，特别是1904年抵抗英军的斗争中，第十三世达赖喇嘛有着光辉的历史功绩。就是1912年以后，第十三世达赖喇嘛对英帝仍然保持着警惕。时至今日，亦应予以高度评价。

英帝侵占哲孟雄后，西藏掀起反英怒潮。僧俗大众极力反对与英通商划界。英帝虽然多次向清政府交涉，亦无结果。故认为“中国当局过问藏事之权力，殊无异徒拥虚名……故在印度与西藏当局之间，通行直接之交往，毋宁更为得计也”。[24] 于是，英印总督曾三次致书第十三世达赖喇嘛，企图从直接谈判中来分裂西藏与祖国的关系。但是，第十三世达赖喇嘛严词拒绝了书信，声明“此种问题须经中国驻藏大臣暨藏方各大臣各喇嘛全体会议之讨论”。[25] 表明了个人和西藏地方的态度，宣称了驻藏大臣的权力。其实，虽因驻藏大臣凭权纳贿，卖缺鬻差，“故达赖丑诋为熬茶大臣”。[26] 并对驻藏大臣“执拗异常”。[27] 然而在这一重大问题上，十分明确驻藏大臣的职权，致使英帝不得不承认“中国当局”在西藏的实际地位。第十三世达赖喇嘛在这场外交斗争中，具有敏锐的政治思想，维护了清中央朝廷的主权。

英帝的分裂活动失败后，即于1904年进行武装侵略。第十三世达赖喇嘛决定，“惟有缮备甲兵，以敌人待英”。[28]“征兵调饷，不绝于途”。[29] 第十三世达赖喇嘛还请求驻藏大臣“准其自关以下各汉属，派助兵丁或捐助军资。”[30] 并且提出“后江靖等处，汉边兵丁，特为防守而设，务须竭力防御”。[31] 但驻藏大臣却借口“未奉有开动边衅谕旨”。[32] 告以“若冒昧从事，万一失利，嗣后兵连祸结……悔之晚矣。”[33] 第十三世达赖喇嘛不顾这种可耻的“警告”，毅然领导西藏僧俗大众，抗击着使用近代武器的英国侵略军，而且是在驻藏大臣“譬之釜底抽薪”[34]的破坏下，进行着艰巨的反侵略战争。

在这封公开信中，第十三世达赖喇嘛虽然没有回顾可歌可泣的抗英斗争，但向僧俗大众谈出了发人深省的问题。同时也澄清了抗英末期的“妥协”之事。

英军攻占江孜之后，即向拉萨逼近。荣赫鹏在他所著的《印度与西藏》一书中，就说到噶厦政府“曾为此事举行会议”“决定与英人建立友好关系”。[35]因此致书荣赫鹏，谓“阁下能与余所派代表商讨和平，则一切好办”。[36]这被荣赫鹏称之为“西藏教王通候英人之创举”。[37]那么，第十三世达赖喇嘛在兵临城下之时，是否有妥协之念，求和之举？现在，从公开信中，可以清楚看到：“我若图自身安宁，媾和结纳，则危及政治，实系自毁前程。”此乃肺腑之言。第十三世达赖喇嘛有着清醒的政治远见，深知妥协、求和，绝非出路。荣赫鹏所引用的那封信件，只能反映噶厦政府官员的一种思想倾向。

第十三世达赖喇嘛十分珍视自己的政治前途，在他的思想上，传统的政治观念，始终未曾泯灭。早在1913年的水牛年佛谕就说：“第五世达赖喇嘛时，与满洲皇帝结成供施之缘，互相护佑，安然相处。”。[38]20年后，到1932年的这封公开信，仍念念不忘地说：“昔因第五世达赖喇嘛与满洲皇帝结下供施之缘，至今自应相互支持。”第十三世达赖喇嘛牢记着西藏地方同中央政权之间的这一具有深刻政治涵义的供施关系。就是贝尔也不得不承认：“西藏之天然亲属，自仍为中国联邦中各种族。其宗教、伦理及社会礼仪风俗皆有公共基础，历史上亦系自始联结。”[39]正是历史的传统因素，藏族与祖国各族人民的内部联系极为密切。第十三世达赖喇嘛即基于此，十分珍惜他同清中央朝廷的关系。因此，当英帝侵略军兵临拉萨的危急关头，不订城下之盟，而是去北京“禀明情由”，争取清中央朝廷的支持。

第十三世达赖喇嘛在触及这一段历史时，并没有把他委曲求全之事告诉大家。公开信对慈禧太后和光绪帝毫无责难之处，而是说“深承优礼相待”。可见，第十三世达赖喇嘛是以大局为重。

1904年抗英斗争失败后，特别是在1907年，英俄形成同盟，于彼得堡签订条约，“(把争夺西藏的斗争移到北京的‘朝廷’)。”[40]而英使朱尔典竟然宣称：“唯在达赖出走期间，藏印关系确有进展。1904年双方友好关系之破坏，实系历来误会之结果。而此种误念，又多于达赖主持藏政时发生。”[41]因此，清政府的当务之急，就是团结西藏僧俗大众，共同对付帝国主义的侵略活动。第十三世达赖喇嘛的进京，正是一个很好的机会。然而，清中央朝廷却采取“赏赉不妨优隆，体制亟应裁抑”[42]的大民族主义态度。更为甚者，又认定第十三世达赖喇嘛与当时藏族地区，主要是康区因改土归流而发生的动乱有关，“张荫棠诘问达赖喇嘛，答词闪烁，意涉支吾。”[43]这确实是在政治上施加的一种压力。张荫棠还主张“谕以汝是出家人，以清静为主，应遵守历辈达赖宗教，专理黄教事务。”[44]政教分离，在西藏那时的条件下，自然是不现实的，也不利于反侵略斗争。清中央朝廷不合时宜地提出这一问题，只能使第十三世达赖喇嘛感到困惑。最后，连“要求会衔奏事之权”，[45]亦遭拒绝。清中央朝廷为了“整顿藏事，不至有所牵掣。”[46]竭力限制第十三世达赖喇嘛的政治活动。在这种形势下，第十三世达赖喇嘛返回拉萨，自然疑虑重重。公开信中说：“适驻藏大臣上书谎奏，陆军官兵随后而至，夺取西藏政权。”

这里所说夺权，是张荫棠治藏中的一个重要政策，受到清中央朝廷的赞许。

英帝武装侵略西藏，清政府虽然软弱无能，但是并未忘记“西藏为中国属地”。[47]在“拉萨条约”签订之后，随即同英国政府进行交涉。1906年签订的“中英条约”，第二款载明：“英国国家允不占并藏境，及不干涉西藏一切政治”，[48]这虽然是外交上的一个胜利，但并无保障可言。张荫棠等朝廷官员，吸取英帝侵略西藏的教训，提出新的治藏方针。张荫棠曾向外务部说：“西藏密迩印度，边患交涉与行者不同，其危险情形尤与上年不同，诚如当此所谓整顿西藏有刻不容缓之势矣。唯整顿西藏，非收政权不可，欲收政权，非用兵力不可。”[49]在这种思想指导下，川军入藏，是“欲收政权”。按张荫棠的“应亟筹收回政权”，[50]并提出“所有内政外交以及一切新政，由国家简员经理”[51]但实际上也不过是恢复颇罗鼐时期的世俗贵族政权。“照旧制复立藏王体制，代达赖专管商上事，而以汉官监之”。[52]第十三世达赖喇嘛虽被尊为藏中教主，但将失去世俗权力，这自然会引起他的不安和惊恐。何况“川军前队抵拉萨”“汉军同时向大昭寺、布达拉宫开枪射击”。[53]所以，第十三世达赖喇嘛“不得不暂往他处避难”。[54]

因情况不明，并有危境之感，那么，暂避他处也是无可非议的。但第十三世达赖喇嘛选择了印度，并请求英政府的保护，这就连英帝也不免为之惊讶。“达赖及其大臣，今忽倾心于素来仇视之人，此为前所未有，数年前万万不能望此也”。[55]

公开信中说道：“通过英政府向中国政府申明实情，”这本是反常的举止，但从外文记述的资料看来，第十三世达赖喇嘛仍然尊重清中央朝廷，并且希望得到清中央朝廷的支持。“声言汉藏两族虽属一家，而近来驻藏汉官赵尔丰、联豫辈种种措施，大不利于藏人。藏人向清廷声诉，若辈则从中颠倒是非，不以真情上达清宫”。[56]其所惧之事，乃是川军驻藏。故而“以此声请各国政府向清廷抗议，要求撤退川军”。[57]

清军驻藏虽然“并非足以御英”，[58]但也确“为保藏一定办法”。[59]然而，第十三世达赖喇嘛所疑虑的是自己的政教地位，当然，这也反映了西藏僧俗大众的一种传统思想。清中央朝廷本应慎重对待。后被联豫派往印度，奉饬劝回第十三世达赖喇嘛的罗长裿，在大吉岑“与已革达赖见面”。[60]第十三世达赖喇嘛的态度是：“现承劝我回藏，固所甚愿，但藏中政教两端，更改之事，必须仍复旧观。今宜一一提议，叙入正式公文，作为善后办法云云。”[61]但是，清中央朝廷没有应允，抑或是来不及决定，清王朝就被推翻了。

自辛亥革命后，随着第十三世达赖喇嘛“返回我所庇佑之佛教刹土西藏”，噶厦上层官员中的亲英势力得到发展，他们成了第十三世达赖喇嘛一时倚重的政治集团。

这个时期，在1913年，即藏历的水牛年正月八日，第十三世达赖喇嘛在布达拉宫签署的“圣地佛谕”，也就是后来被夏格巴先生所声称的宣言，最能说明这个政治集团对第十三世达赖喇嘛的影响。

“圣地佛谕”中的第四条，提出“西藏不如他国富强发达，然而是一个信奉佛法、和平自主之国”。[62]这样，在当时中央政权一时瘫痪之下，就如辛亥革命时，各省曾先后宣布独立，第十三世达赖喇嘛也意在开创一个割据自立的局面。为此，第十三世达赖喇嘛还与蒙古封建统治者签订条约。“凡有外患内忧，彼此皆当永远互相赞助”。[63]

民国初年，袁世凯虽然一度要从四川出兵西藏，但在英帝的压力下，赓即“中止进兵”，[64]而段祺瑞的西藏方针也是“不主用兵”，[65]第十三世达赖喇嘛并没有受到北洋军阀的什么威胁。因此，所谓外患，并不存在。相反，从西姆拉会议麦克马洪提出的印藏边界，倒的确使第十三世达赖喇嘛预感到："对西藏事业，英国政府今后自要尽一切可能予以帮助"[66]一事，将要"和平自主"的西藏付出极大的代价。第十三世达赖喇嘛深知："绝不能把西藏地方领土让给任何人。"[67]这一维护中国西藏领土反对外国侵藏的信念直到其晚年，他还指示司伦朗顿·衮噶旺秋："你要好好工作，特别是边境问题，要细心钻研，慎重处理，和外国人来往，要加倍警惕。有关西藏边境，不能随意让给别的国家，不然就会给后辈人造成麻烦。"[68]第十三世达赖喇嘛对英帝一直是存有戒心的。他还坦率地说过："英国对吾确有诱惑之念，但吾知主权不可失，性质习惯不两容。"[69]然而，依附于英帝的贵族集团，不同程度地控制了西藏的政治、经济和军事。英帝通过这股势力，在西藏进行积极的活动，所以，第十三世达赖喇嘛只好采取"彼来均虚与周旋"[70]的策略。

1920年，业已退休的查尔斯·贝尔，又带着特殊的使命来到西藏。在他正式拜访第十三世达赖喇嘛时，贝尔"解释了我所接到的印度政府的指示。该指示是要我向达赖致以英国政府的友好问候，阐述目前很不美好的政治形势"。[71]

藏军和川军在康区对峙，噶厦政府"在西藏东部保持一万人左右的军队"，[72]但是"西藏人很难养活他们的士兵"。[73]第十三世达赖喇嘛同中央政权仍然保持着联系，进行着时断时续的谈判。这就是贝尔要阐述的"很不美好的政治形势"。因此，贝尔为西藏出谋划策，"应该把军队逐步增加到一万五千人"。[74]又"说服英国政府允许从印度进口少量武器"，[75]而"寺庙和贵族的庄园都应纳税，以为士兵们提供费用"。[76]贝尔还以"谈判协议，达不到任何实际目的"，[77]致使第十三世达赖喇嘛一度中断了同中央政权的接触。于是，藏军"司令擦绒和他的部下都很高兴"。[78]但却"引起了喇嘛们的强烈不满"。[79]寺院与藏军对垒。"喇嘛们扬言不但要进攻拉萨，甚至还要攻打罗布林卡"。[80]第十三世达赖喇嘛看到了"内忧"的力量。因此，不得不惩罚主要官员以平民愤。但是，在稍事平息之后，紧接着实行武装镇压。惩罚与镇压的口实是"策划动乱和里通中国两大罪状"。[81]然而内部矛盾并未缓和。特别是噶厦政府还将扩充军备的经费转嫁给扎什伦布寺，"迫令每年纳饷银五万砰。……军粮青稞十万克"，[82]又借口扎什伦布寺系第一世达赖喇嘛创建，从而提出扎什伦布寺的归属问题。第九世班禅额尔德尼"不得已，率随从骑，潜行离藏入京"。[83]英帝立即意识到：第九世班禅额尔德尼"避开印度逃往中国，从而与英国失去联系，结果给西藏带来了重大危害。”[84]所谓重大危害，是第九世班禅额尔德尼寻求中央政权的保护和支持，给英帝控制西藏带来了困难。第十三世达赖喇嘛对第九世班禅额尔德尼的出走，也“大为不安”。[85]

筹集军费，扩充兵力，遭到寺院僧侣的反对，造成“政治形势非常动乱”。[86]后来，接受英国训练的一些年轻军官，企图发动政变，组织一个世俗贵族政府，这就直接威胁到第十三世达赖喇嘛的政教地位。事实证明，英帝不但是他在“不懈祈诵政教繁荣昌盛”中的外患，同时英帝还给他带来了内忧。所以，“到1925年，达赖喇嘛日益坚定地撇开英国，转向中国”。[87]

然而，英帝暗中唆使亲英分子挑起的康区战事却难以解决。1929年，第十三世达赖喇嘛说过：“都是中国领土，何分尔我，倘武力相持，藏军素彪悍，吾决无法制止其冲突。兄弟阋墙，甚为不值。”[88]这既显示他维护“中国领土”的明确立场，又同时表明他的担心，即难以约束亲英势力控制下的藏军。为摆脱这一局面，第十三世达赖喇嘛又说：“至于西康事件，请转告政府，勿遣暴厉军人，重苦吾民。可派一清廉文官接收，吾随时可以撤回防军。”[89]当然，至今我们还是很难判断这句话的真实涵义。但是，维持康区战事的庞大经费和兵员补充，都是西藏僧俗民众难以承受的。噶厦政府也不可能作持久之战。不过，如何结束这场战争，这恐怕是第十三世达赖喇嘛颇感棘手的问题。抑或如此，故在公开信中，完全回避。然而，这终归是个现实问题。并且，近20年时战时停的康区战事，一直是西藏无法安定的重要因素。第十三世达赖喇嘛虽然在推行新政，整顿黄教方面，卓有成效，公开信中极为自信地说：“水牛年至水猴年，幸福降临西藏，尊卑人等，安居乐业。”但是，封建农奴制度下的西藏，背着康区战事沉重的包袱，政治上又始终存在着分裂与反分裂的激烈斗争，所以，幸福与安居乐业，显然是有限的。

第十三世达赖喇嘛热爱他的西藏和民众，公开信中说：“在我有生之年，当见西藏幸福。”而“西藏之幸福，有待僧俗大众，尊卑人等认真筹思，同心合力，共肩重担。”第十三世达赖喇嘛还意识到，幸福的西藏，务必要同“军力强盛”的英属印度和中央政权“和睦相处”。这似乎是在寻找一条中立的道路，故被人评之为“骑墙政策”，[90]或拖所谓“蝙蝠主义”，[91]亦谓之“虽亲英而不受其利用，明拒汉而不失其联络。”[92]但是应该看到，第十三世达赖喇嘛的主导思想，则正如他向英人谈及的：“我于西藏不过一宗教导师，只能替国家执行教务，唪念经典及看守土地而已。其有重大事件，主权尚在中国。设将国家领土主权丧失，将来何以交待？且中藏关系情同兄弟，虽一时小有不睦，异日终归于亲善。”[93] 历史形成的这一传统的政教观念，使第十三世达赖喇嘛坚信兄弟终归于亲善，就是说，西藏决不会脱离祖国。因此，可想而知，正是基于这一政治远见，第十三世达赖喇嘛才有意略去康区战事，无需向僧俗大众谈论这一影响兄弟情谊的话题。

毋庸置疑，第十三世达赖喇嘛一直在为西藏的未来而忧虑。公开信中，完全流露了他的愁思。割据自立，不会给西藏带来和平。中央政权必将巩固，偏安绝不可能。就是在中央政权尚未形成强有力的统治时期，外蒙古哲布尊丹巴的自治运动，也未能完成其“封建神权君主国”[94] 的大业。事实上，从外蒙古的人民革命斗争中，第十三世达赖喇嘛看到哲布尊丹巴的命运，而甚为惊恐。

1921年7月11日，外蒙古宣布独立，成立了君主立宪政府，11月1日，政府与哲布尊丹巴缔结誓约。誓约规定：哲布尊丹巴不得干预政务，“但在教务方面，享有无限制的权力”。[95] 但从第二年开始，“人民政府不仅限制了世俗封建主的权利和特权，而且也限制了寺院封建主的权利和特权，废除了呼毕勒罕领地的权利，后来又取消呼毕勒罕制度”。[96] 这就是第十三世达赖喇嘛在公开信中说的：“禁止哲布尊丹巴转世，没收寺院财产”等。蒙古人民政府当时新的宗教政策，使第十三世达赖喇嘛不易理解以致恐慌，因此他自然联系到西藏，并作了一些夸张的描述，竟提出“达赖、班禅为首之高僧大德灭亡”的问题。不言而喻，这是为了强调危机，旨在警告僧俗大众“不可违背政教大业”。而第十三世达赖喇嘛心目中的政教大业，大概也不外乎他在民国初年所提的“所在西藏土地、人民、政事，仍按五辈达赖例规”。[97] 这很符合第十三世达赖喇嘛的怀旧心情。但面对未来，他却惆怅不已。特别是对外蒙古的所谓“赤色主义扩张”，他更是难以理解和接受。我们自然不应苛求，在当时国际帝国主义肆意诬蔑共产主义的情况下，第十三世达赖喇嘛产生这种错觉也是不难理解的。这的确是他在那个时代和那种环境下所不易领会的一个问题，而时间也没有让他在继续的政治实践中得出客观的判断。

最后，再回到第十三世达赖喇嘛的遗嘱问题。

第十三世达赖喇嘛逝世后两年，汉文史料曾有一段记述：“第十三世达赖喇嘛自知将去，即在丈室，聚集布达拉宫之全体司伦、噶伦及第九世班禅额尔德尼之代表安钦呼图克图等，作遗嘱曰：

‘尔等不听我训诲，吾将去矣。师兄班禅在南京，中央有力，应速请彼回藏，维持政教。前藏后藏淄素人等，应听班禅之教诲。中央和平，救吾等之苦恼。于戏。’”[98]

这份遗嘱还出现在其他有关汉文书籍中，有的还在后面添上“此系由藏语翻成中文”，[99]现在，原文无法觅求，而藏文《第十三世达赖喇嘛传》并无此记载，《第十三世达赖喇嘛文集》也未见其文。当时的司伦、噶伦和安钦呼图克图等又都已作古。因此，这一遗嘱，有待考证。虽然只好说是“据云……曾有遗嘱”，[100]不过，我们也难以随便否定。

1933年4月，安钦呼图克图到达拉萨。他带着第九世班禅额尔德尼的亲笔信，面谒第十三世达赖喇嘛，商议回藏事宜。6月，“接安钦佛抵拉萨谒达赖经过良好之电报，大师亦甚欣慰”。[101]安钦呼图克图的电报内容，当是刘家驹在《西藏政教史略》中所述的：“达赖优礼延见，大悟过去全系两方属僚猜忌而起，切望早日回藏，共谋众生安宁。”这是可信的。第十三世达赖喇嘛不会反对或拒绝第九世班禅额尔德尼回藏。他的代表贡觉仲尼也曾说过：“当日达赖与班禅之发生意见，亦由于一般宵小从旁蛊惑，至疑忌互生，乃酿成班禅之出走。余敢言班禅不论何日返藏，不仅达赖决不有不规行为，即民众亦甚欢迎也。”[102]僧俗大众，特别是后藏的民众，自然盼望第九世班禅额尔德尼早日回藏。但是，在噶厦政府中，必然会遇到阻力。因此，安钦呼图克图不可能顺利完成任务，自有不少感慨。如果作一推测的话，那么，上述遗嘱，很可能就是安钦呼图克图传之于世的。

第九世班禅额尔德尼回藏之事，不但震动了全藏，“英帝国主义者也非常重视，班禅代表抵达拉萨不久，英国即派哲孟雄行政官威里接踵到了拉萨，和达赖商讨班禅返藏问题”。[103]这已经是第十三世达赖喇嘛在逝世前数月所需要解决的一个迫切问题。因此可以说，即使临终时并没有留下“应速请彼回藏”这句遗嘱，而希望第九世班禅额尔德尼回来，这无疑是第十三世达赖喇嘛的一个遗愿，且较之水猴年公开信的告诫，更切合第十三世达赖喇嘛那时的心情。

所作如上评述，即可以肯定地说，第十三世达赖喇嘛的水猴年训词，根本不是他的遗嘱。其训词内容，并没有鼓动僧俗大众反抗中央政权的意图，更不像夏格巴先生有意渲染的水牛年佛谕那样，带有分裂和独立的倾向。因此，专门出谋划策，以帮助建立大西藏为已任的英人贝尔，从人云亦云的遗嘱宣传中，实在难以售其奸计。

参考文献

[1] [3] [82] [83] [98] 释妙舟著《蒙藏佛教史》第四篇第140页；143页；176页。

[2] [4] [6] [7] [9] [10] [11] [12] [13] [71] [72] [73] [74] [75] [76] [77] [78] [79] [80] [81] [84] [85] [86] [87] 查尔斯·贝尔著，冯其友等译《十三世达赖喇嘛传》第395页；376页；382页；387页；377页；234页；199页；243页；245页；207页；325页；285页；360页；361页；284页；365页。

[5] 这是原书名PortraitoftheDalaiLama的译名。1985年，西藏社会科学院西藏学汉文文献编辑室编印的“西藏学参考丛书之七”，改译为《十三世达赖喇嘛传》。

[8] [69] [70] [88] [89]；刘曼卿著《康藏轺征》，第170页；119页。

[14] [17] [47] [49] [50] [51] [52] [53] [54] [103] 牙含章著《达赖喇嘛传》第306页；75页和93页；181页；189页；192页；227页；301页。

[15] 第十三世达赖喇嘛在这封公开信中，凡言及西藏，只用bodljogns。bod即西藏，ljogns即地区之意。故译为西藏或藏区。但贝尔的英译中，却大量使用国、国家一词。这不是严谨的译笔。ljongs在现代藏语中，不作国家解释。在古籍中虽可译为方国、国土，但是是指古印度时婆罗门等四种姓人完全具备之地，实际是指的地域，故亦译为村邑，与国家的涵义，特别是现在所说的国家涵义，绝不能等亘。rgyalkhab有国家之意，公开信中出现过一次，是作王宫解释。“picingsergyirgyalkhab chenpo”直译为“北京金皇宫”，兹改译为“北京紫禁城”。但在水牛年佛谕中出现的rgyalkhab，则显然是指国家。因此，1913年水牛年佛谕称西藏为“和平自主之国”，然而，到1932年这封水猴年公开信，却只言西藏地区了。第十三世达赖喇嘛斟酌文字，是经过深思熟虑的。这足以说明，他的政治思想，已经明显地转变了。

[16] 贝尔的译文，注为："指尼泊尔和不丹。"历史上，西藏和尼泊尔、不丹都发生过战争。1929年，还因侨藏尼商的抗税风潮，几乎导致尼藏战争。故此注尚有根据。而另一汉文译文，竟然译为："四川、青海、云南等有仇之地。"（见《康区北部社会情况调查》之二， 1957年6月成都军区司令部编印）这可能是译者想到当时的康区战争，但过于牵强附会。

[18] 阿旺扎巴等著《达赖事略》，第6页。

[19] 谢彬著《西藏交涉略史》，第12页。

[20] 藏臣复印督派汉番委员会同印员查勘边界照会，见吴丰培辑《清代西藏史料丛刊》第一集《藏印往来会照》第2页。

[21]《帝国主义是资本主义的最高阶段》，见《列宁全集》第22卷，第248页。

[22]《对华战争》，见《列宁全集》第4卷，第320页。

[23] 查尔斯·贝尔著，宫廷璋译《西藏史》（原名《西藏之过去与现在》）第223页。

[24] 荣赫鹏著，孙煦初译《英国侵略西藏史》（原名《印度与西藏》）第55页。

[25] [35] [36] [37] [41] [56] [57]《英国侵略西藏史》第56页；199页；200页；306页；309页。

[26] 何藻翔著《藏语》，第59页。

[27] [29] 有泰：《川藏奏稿》。

[28] 驻藏大臣裕钢奏英人带兵越境，藏番怀疑不肯会议摺，见《藏印往来照会》第38页。

[30] [31] 色拉、布赉绷、噶勒丹三大寺并商上供职僧俗番官及阖藏僧俗大众公禀藏臣：英人带兵越界并无善办之理，并业已派兵前往，请汉属助兵捐军资，见《藏印往来照会》，第38页。

[32] [33] 藏臣译咨达赖喇嘛请晓谕僧俗大众万勿肇启衅端，见《藏印往来照会》，第37页。

[34]《有泰奏牍》。

[38] 夏格巴著《西藏政治史》下册，第220页。

[39] [55]《西藏史》，第243页；102页。

［40］《关于波斯材料的笔记》，见《列宁全集》第39卷，第827页。

［42］［46］［58］［59］张荫棠：《使藏纪事·上外务部条议招待达赖事宜说帖》。

［43］光绪三十四年十月初六日军机处寄四川总督赵尔巽川滇边务大臣赵尔丰、成都将军苏鲁岱电旨，见《辛亥革命》三，《西藏民变档案》。

［44］《使藏纪事·上外务部请预筹对待达赖提议瞻对事说帖》

［45］《使藏纪事·上外务部论达赖要求奏事权限说帖》。

［48］王光祈译《西藏外交文件》，第91页。

［60］［61］吴丰培编《联豫驻藏奏稿》，第156页。

［62］《西藏政治史》下册，第222页。

［63］《西藏外交文件》，第130页。

［64］尹扶一著《西藏纪要》，第197页。

［65］王勤靖著《西藏问题》，第66页。

［66］［67］［68］1959年9月新华社拉萨15日电，见1959年9月16日《人民日报》。

［90］李有义著《今日的西藏》，第56页。

［91］山县初男著《西藏通览》。

［92］刘家驹著《西藏政教史略》。

［93］白眉初著《西藏始末纪要》，第4卷第52-53页。

［94］苏联科学院蒙古人民共和国科学委员会编巴根等译《蒙古人民共和国通史》，第255页。

［95］锡林迪布等著，向群译《蒙古人民革命三十年》，第12页。

［96］《蒙古人民共和国通史》，第278页。

［97］方秋苇著《明日之康藏滇桂问题》，第137页。

［99］王维栋著《康藏》，第94页。

［100］［102］；洪涤尘著《西藏史地大纲》，第275页，269页。

［101］刘家驹撰《班禅大师全集》，第50页。

（本文原载《中国藏学》 1989年 第4期）

如何利用馆藏提供信息

阚学英

近年来，随着经济建设和科技事业的深入发展，信息资料服务的社会化日益明显，我仅就中国民族图书馆流通部如何做好信息服务面向社会，谈些看法。

一、明确文献开发的意义和作用，增强为经济建设服务的意识

当今世界已进入信息时代，信息已渗透到社会生活的方方面面。我国正处于全面改革的新时期，无论改革的步伐还是经济生活的节奏都在加快，随之而来的是新情况、新经验、新问题层出不穷，面对这种客观现实，情报信息的提供是很重要的。本馆是一所民族知识宝库，藏有许多珍贵的民族典籍，馆藏丰富种类较齐全，且专业性强，这是为社会提供信息的重要组成部分。据统计，本馆藏书50多万册，内有蒙古、藏、维吾尔、哈萨克、朝鲜等多种民族文字的图书资料，中外文报刊种类多，收贮连续，能为读者提供大量有价值的情报信息，使之直接服务于生产、生活、创造社会效益，直接地参与经济建设和社会活动，特别是挖掘馆藏中“旧平装”“线装”“旧杂志”等文献，使之投入新的利用，使图书工作人员及时在文献和使用者之间搭起开发信息的桥梁，信息是交流的媒介，是促进发达的要素。因此，有效地收集、组织和传递以往和现在的知识，开展多层次、多渠道的有效信息服务，将使图书馆服务工作从被动转变为主动，高效优质服务，从而密切图书馆与社会的联系。

二、了解熟悉读者的需求

为了更好地为读者提供资料，我们首先了解用户的需求。最近几年，我们两次向读者发出调查表1000多份，调查的内容是读者所学专业、业务职称，常利用本馆哪些文献资料，利用馆藏资料信息所取得的科研成果，还需要我们提供哪些方面的书刊资料，目前正在进行何种科研或生产的重要项目等。通过这项工作，我们收回了调查表480份，了解了利用本馆馆藏资料取得科研成果的91人，发表论文231篇，专著115篇。这样使我们对读者的基本情况和需求有了较全面的了解，为更好地为读者服务提供了依据。

三、流通阅览服务

（一）流通阅览服务

这是图书馆信息部门为读者提供的主要服务内容之一，读者可持证借阅，查阅资料。我们在新书上架之前首先进行新书开架借阅，这样节约了读者借书的时间，读者能直接从书架上选择自己所需要的资料，便利了读者，充分发挥了藏书的作用，满足了读者的需求。对于外地读者，大部分来自边远的民族地区，他们来本馆查阅资料是很不容易的，一是时间紧，二是经费较困难，对这部分读者，只要能提供的资料，我们都给予满足。有的读者专程来京查阅文献，为了节省时间和费用，要求借资料到所住招待所查阅，按本馆规定，有些资料，如线装、旧平装，一般是不让借出的，但为了满足这部分读者的要求，经领导的特批后，我们也给予支持，使读者很受感动。近年来，我们接待了广西、云南、西藏、新疆、四川、内蒙古等民族地区的许多少数民族读者，为他们提供了所需的信息资料，受到了读者的好评。

（二）定题定向服务

根据用户需求，向读者提供最新信息资料，使信息服务工作变得更为主动有效。本馆的读者，遍布全国，尤其是边疆地区的少数民族，远隔千里，来京看书，困难很多，为了方便这些读者，我们主动提供资料信息，取得一定效果。例如：为了配合全国各省、市、县、镇方志编纂委员会修订续写本地区方志，我们组织一些同志从旧平装中收集、整理、汇辑了有关新疆志移、志修、民族民俗、水利气候、经济交通等珍贵原始资料54种，及时提供给新疆各地方志办公室，解决了他们在编纂工作上的急需。并为中央电视台摄制“乌兰夫同志生平”、“神州第一街”、“东方群体”、“旋转舞台”、“民族大家庭”等电视节目提供了有关方面的信息资料。

（三）编写书目提供信息

书目是指导读者阅读和帮助读者选择图书的重要工具，也是开展读者服务、组织书刊资料流通的基本手段。任何一个图书馆如果没有有效的书目服务，就难以完成其传递信息的社会职能。图书馆在为科研服务的工作中，不仅要根据读者提出的各种咨询问题查找有关的文献和文献线索，而且还应该主动地将埋藏在大量文献中的有用信息挖掘出来，加工整理，以二次文献的形式来满足读者的需求。最近几年，我们编辑整理了馆藏工具书内容简介”、“线装善本目录”、“馆藏民族服饰内容简介”、“馆藏年鉴目录”、“国务院公报中有关民族问题目录”、“91年汉文期刊有关民族问题目录”等。这些目录已被读者利用，宣传了馆藏，满足了读者的需求。

综合上述，鉴于我们几年来的工作实践，认识到我馆馆藏的很多书刊保留了大量珍贵的、不见于其他记载的原始资料，作为图书馆工作人员，从经济建设和科技事业的需要出发，完全能从这笔宝贵的资料中确定第一手材料，利用可靠材料，取其精华，去其糟粕，利用我馆这座信息宝库，使之最大限度地为祖国四化建设服务。

（本文原载《同人文集》 北京致远斋书店 1994年7月）

中国民族图书馆流通部读者服务工作

李　欣

图书馆是一种多功能的社会实体，有些职能在不同时期、不同国家和不同类型的图书馆的侧重点不同。但就其基本职能来讲，正如英国著名图书馆学家布劳德菲尔所讲，图书馆的功能就是对社会的服务，就是将读者和读物结合起来。这就是说，读者服务工作是图书馆各项工作的归宿，读者服务工作的优劣是衡量图书馆工作好坏的鲜明尺度。

图书馆的外借阅览部门则是图书馆读者服务的前沿和窗口，是把读者和读物相沟通的桥梁。中国民族图书馆流通部就是连接读者和藏书的这座桥梁，它一头是读者群，一头是50多万册的馆藏图书资料。

一、本馆读者概况

目前中国民族图书馆办理了借书证的读者共有507人，其中有民族文化宫本单位的读者195人和外单位读者312人。从本单位已办理借书证的195名读者的文化程度来看，有研究生3人，大学本科43人，大专48人，中专19人，高中47人，初中15人，还有20人从登记卡上反映不出文化程度。民族文化宫有600多名正式职工，经常利用图书馆藏书者不足1/3，可见本单位职工对图书馆的利用率甚低。

从外单位读者来看，在办证的312人中，研究生38人，大学本科207人，大专38人，中专10人，高中6人，大专以上的读者占91%。

再从这312名外单位读者职称看，具有高级职称的64人，约占20.5%；中级职称的59人，占19%；初级职称的19人，占6.1%；还有134人是国家各级公务员和干部，占43%。

这312名外单位读者中，少数民族读者134人，占43%。以上数字表明，本馆的固定读者虽然为数不多，但文化素质不低，尤其是外单位读者，还有本单位的编辑部、音像和图书馆等文化单位的读者，大多数是民族系统或从事相关专业的读者，从事民族理论、政策、历史、宗教、语言文字、文化教育、风俗习惯等各方面民族学科的研究和教学活动，是目前本馆的主要读者。

读者来本馆借阅图书的目的大致有三种：

1. 科研型：有的从事民族问题的科研和教学及文化交流。如中央民族歌舞团的演奏员王宗葵，利用本馆有关音乐历史和佛教史料等，写出了《千年古曲妙音重生》和《已失传的古代乐器——筹》等多篇研究文章发表。民族文化宫展览馆编辑部人员，利用馆藏资料，为举办各种民族服饰、乐器等多种展览和与国外的民族文化交流充实了内容。电视台和民族文化宫音像部为拍摄少数民族录像片在本馆查阅了大量的图书资料。有的读者则为著书立说，如国家气象局气象科学研究院张德仁，利用本馆藏地方志，历史古文献书籍，民族地区考察旅行记录、日记、游记等文献资料，在杂志上发表了近10篇论文，并出版了《中国近代500年旱涝图集》一书。中央统战部廖祖桂利用馆藏，与别人合作出版了工具书《语文知识词典》和《历代游记选》等书。

2. 求知型：即为了丰富自己的生活内容，提高自己的文化水平与思想修养，增长知识来本馆借阅图书资料的，例如每批民族文化宫新来的一些讲解员、服务员，借阅他们本民族的简史、简志，有的借阅中国通史等书籍来学习，充实自己的知识。又如，外单位满族工人崔宝终，部分地利用本馆藏书，自学成才，通过了七门自学高考规定的课程，取得了大专的学历资格。回族青年工人崔冰，利用馆藏中外文学艺术作品，自修文学，创作出140余首诗歌。

3. 消遣型：主要以轻松和充实业余生活为目的，这部分读者面广，数量大，借阅的图书形式多样，兴趣广泛，趣味性强，其中又以借阅文艺书籍和各种趣味性、知识性和生活性强的期刊和书籍为主。

另外，还有一部分临时读者，他们大都因为工作的临时需要，或承担某个课题研究，或要编辑某部书，临时突击性来馆内查阅有关文献资料。这些读者查阅资料明确，针对性强，时间短，书刊资料内容集中，且数量大。这些读者带着介绍信来，在馆内大量查阅，问题解决了，资料收集到手，便离馆而去。

二、本馆馆藏的基本概况

丰富的馆藏是图书馆建设的基础，也只有丰富的馆藏才能吸引更多的读者。我们流通部负责管理着馆藏现有新书约57548种，120798册；旧平装书约6642种，18261册；线装书约9722种，117335册；还有蒙、藏、维、朝、哈、满等24种民族文字的图书共约28440种，71615 册；藏经3000多包；拓片、地图211种、416册；英、日、俄、法、德等十几个外国文种的图书9024种，14319册；小人书665种，1160册；还有各种中文期刊15540册，中文报纸22710册，外文期刊1952册，外文报纸372册；民族文字期刊2302册，民族文字报纸4074册；拍摄的各种胶卷355卷，各种拷贝373卷，共计50多万册图书。

三、从读者和馆藏状况看改革之必要

从以上读者和馆藏文献概况分析来看，很明显地反映出我们的读者和藏书量极不相称，往往一个月只有200左右的读者来借书，月借书量也不足千册，这与目前讲求效益的时代要求相差甚远。列宁早在1913年《对于国民经济教育能做些什么》一文中指出："值得公共图书馆骄傲和引以为荣的，并不在于它拥有多少珍本书，有多少16世纪的版本或10世纪的手稿，而在于如何使图书在人民中间广泛流传，吸引了多少新读者，如何迅速地满足对图书的一切要求……"[①]列宁的论述并不过时，社会越向前发展，图书馆多渠道多形式的读者服务工作越要跟上，千方百计提高藏书利用率，适应新形势的发展，进一步深化改革，是本馆当前面临的问题。我认为可以从以下两方面进行开展：

1. 更广泛地向社会开放，扩大读者面，实行必要的有偿服务。前面已讲，本馆藏书利用率极低。在本馆的藏书中，有一些内容陈旧，过时及复本量过大的

---

① 列宁全集（第十九卷）：271.

图书需要进行剔除，吐故纳新是自然法则，图书馆也不能例外，尤其本馆，可以解决书库爆满，新书、报刊不能上架的问题，但是绝大多数藏书并没有发挥应有的社会效益。其原因是多方面的，首先与本馆的建馆方针有关，本馆的建馆方针是：为民族工作者、民族问题研究者和少数民族服务的民族专业性图书馆。这就是说，把我们的读者限制在一个较小的范围内，本馆社会科学方面的藏书还是很丰富的，不仅限于民族学方面。在目前的形势下，我们是否可以把为民族工作者、民族问题研究者和少数民族读者服务作为基本宗旨，对这部分读者实行以无偿服务为主的服务方针，在此基础上，扩大本馆的社会效益和经济效益，把本馆服务范围扩大到社会，向周围乃至全市机关、学校等单位开放，通过必要的有偿服务，吸收部分社会读者，提高本馆的馆藏利用率。

2. 充分利用馆内设备和人力，开展多方面、多渠道的读者服务工作（以吸引更多的读者）。读者工作不限于一般的借借还还和阅览。现代图书馆服务手段多种多样。例如：文献检索、参考咨询、照相翻拍、编译复制、馆际互借、联网检索、读者教育和指导、开架服务以及音像视听等等。本馆现有微机、复印、缩微照相、拷贝、电脑打字等较先进的设备，应充分利用起来，不仅为补充馆藏服务，还可以扩大到为读者进行有偿服务。此外，向读者提供文献检索，参考咨询、编制文献目录、索引，有目的地搞文摘、题录、题要等主动服务工作，都是很必要的。还有些工作虽不完全属于流通部门的工作范围，但流通部是窗口，是图书馆的眼睛和耳朵，与读者直接打交道，来自读者的信息最快，不断地根据读者的需要，来改进我们的服务工作，才能适应新形势对图书馆工作的需要。

四、提高流通部工作人员的素质

当前，本馆流通部读者服务工作还基本停留在借借还还的一般性服务上，其服务方式单一、被动。我部主动搞了一些书目索引、图书内容介绍，在读者借阅服务工作中全面推行，提供图书迅速，取得一定的社会效益，读者比较满意，但其层次还不够高，作用也不太大。要变被动服务为主动服务，真正发挥我们的能动作用，就要不断提高我们工作人员的素质。

1. 应具有较高的敬业精神，热爱本职工作

2. 具有一定的文化水平和专业知识

要掌握图书馆学、情报学的知识，也要具备一定的民族和历史的知识，不断提高自己的文化素质和应变能力。苏联的图书馆学家提出："在科技革命时代，一个国家的地位不仅依赖于经济与军事潜力，而且也依赖于情报潜力，依赖于书刊与情报信息的传递速度。""在科技革命时代的图书馆员是国家生产潜力的创造者，是情报资源的存储者，同时也是有关生产和完善生产手段以及生产者本身的工作的直接参与者"。[①]要求我们的馆员成为全材，面面俱到不可能，但是在已有的知识基础上，不断学习、广学博采、紧跟改革形势，提高应变能力，不断接受新知识，是十分必要的。

3. 要有高度认真负责的工作态度，在平凡的工作岗位上做有心人，不断进取，有所发现，有所提高。

（1）要不断地了解读者，熟悉读者，探索读者的心理。"三人行必有我师"。在我们的读者中，很多人就是专家、学者，是我们的老师，在为他们的服务中，我们自己也在不断地学习和提高。要善于发现重点读者，就是那些科研型读者，了解他们的研究课题，听取他们的意见要求，对他们特别关照，建立起读者跟踪服务的业务关系。这种重点服务和一般服务并不矛盾，是读者服务上不同的服务方法。还要把读者的意见、要求反馈回来，取其合理的，促进馆内各部门的工作进一步完善。

（2）要不断地熟悉图书分类，熟悉馆藏。只有熟悉了馆藏和图书，才有可能开发馆藏。对藏书越熟悉，我们的工作就会越主动，为读者服务的质量和效率就越高，服务的层次也会越高。

当前，改革开放的大潮推动我们的各项工作，商品经济冲击着社会每一个角落，图书馆也不例外，普遍存在着不景气的现象。如何使图书馆走出困境，如何摆正有偿服务和无偿服务的关系等很多问题还有待于我们进一步探讨和解决。但是，用美国图书馆学家巴巴拉·B·莫兰的话："图书馆的前途是光明的。图书馆的出现已有近三千年的历史，这是因为它对社会具有不可取代的重要作用。这

---

① 邵翘祥. 当代图书馆事业的发展趋势. 中国图书馆学报，1991（2）.

种作用将继续下去。”[①]

（本文原载《同人文集》 北京致远斋书店 1994年7月）

---

① 邵翘祥．当代图书馆事业的发展趋势．中国图书馆学报，1991（2）．

中国民族图书馆
非民族专业读者的阅读倾向及导引初探

才旦卓嘎

在图书馆的业务工作中，读者服务工作是一个窗口，是整个图书馆业务工作中至关重要的一环。因为图书馆的一切工作都是为了读者。图书馆的性质、任务、方针和职能只有通过读者服务工作才能得到体现，图书馆其他工作质量的高低，也是通过读者服务工作才能得到检验。

从事读者工作，就不能不研究读者，分析各个不同层次读者的阅读倾向，以便真正地把握住读者的阅读特点和规律，更有效地满足读者的阅读需求，使图书馆的文献资源得到最大限度的开发和利用。

中国民族图书馆是个全国性的民族专业图书馆，我们的服务对象主要是全国民族地区的读者和在京工作的少数民族读者及研究少数民族问题的科研人员，我们的日常借阅工作主要是为这些民族专业工作者服务的。但是，在本馆的读者群中，还有一些是本机关、本系统的非民族专业的工作人员，这些人的借阅率在本馆的图书流通量中还是占有相当大比重的，因此，在本馆专业性质和主要服务方向不变的原则下，对非民族专业读者的服务工作予以一定程度上的重视和研究还是很有必要的。

从统计数字上我们可以看出非民族专业的这部分读者是一个为数不少的读者群。统计表明，本馆现有办证读者442人，其中外部读者264人，本机关读者178人。在这178人中，非民族专业的读者就有125人（其中不包括图书馆的人），这125人占全馆总读者人数的三分之一强。从职业上看，这部分人中有干部、工人、服务员和离、退休人员。从文化程度上看，有大学文化9人，大专文化 35人，中专文化15人，高中文化38人，初中文化23人，尚有7人文化程度不详，整体文化程度为中等水平。从年龄上看，他们之中既有离、退休的老年人，也有工作和家务负担都很重的中年人，还有些年轻人，这些人文化层次、兴趣爱好、生活经历各有不同，他们的阅读动机和阅读倾向也各有不同。如何才能满足他们不同的阅读需要，更好地为其服务，这就需要我们在日常的流通工作中认真观察、分析和研究他们的阅读倾向，然后根据其各自不同的特点加以引导阅读。

首先，我们要知道“读者的阅读需要尽管千差万别，变化多端，但是仍有规律可循。有总的共同性的阅读倾向，有不同读者群的阅读倾向，有集体单位的阅读倾向，也有个人不同的阅读倾向。各种读者阅读倾向都要受到社会某种主要因素的影响和制约，例如社会形势、读者职业、担负的任务或个人的兴趣爱好等等。掌握这些阅读倾向及其发展变化的原因，是做好读者工作的前提”。

目前，图书馆界习惯于把阅读类型分为学习型、应用型、研究型、娱乐型四种。但结合本馆的具体情况，我认为可以按照读者的阅读动机将其所需图书的类型划分为六种阅读倾向。这样，比之前者划分方法更容易分清不同读者群的阅读特点，使我们能更准确地把握其发展规律和特点，使读者服务工作能做得更好。 下面，就将这六种类型的阅读倾向总结划分出来。

一、自我完善型

苏联图书馆学家萨哈罗夫认为：“读者就是把阅读作为适应自身精神需求的经常活动的社会性主体，”在当今社会发生巨大变革的时期，新的政治形势，新的社会思潮和新的经济任务都从社会的各个方面影响着每一个人，许多人在这纷繁复杂的社会变革中都要做出全面的思考和选择。为此，他们需要不断地接受新的文献信息、新概念，重新了解世界，认识自我，充实精神，以实现自己的人生理想追求。在这些人中，他们有的是感到自身所存在的不足与对社会的不适应，有的是为了摆脱内心的苦闷与孤独，为寻求精神上的慰藉而产生阅读动机，一般这类读者大多爱看些哲学、宗教、政治等内容的书籍，如探索人生、阐述社会问题和佛教、易经等内容的书。他们渴望能从这些书中得到反映社会原貌以及如何去解决现实问题的答案，但由于每个人社会范围的局限和各自文化水平的不同，他们当中有的人是抱着一个思想主题来查阅图书的，有的则是依照他人提供的书名来索取图书的。如对易经、佛教等方面的书，他们常是只知一、二本这种书的书名，而不知查找同类的其他书籍。对于这些读者，我的做法是一般先主动询问读者的阅读主题，再积极地向其推荐同一主题或相关主题的图书。如有的读者想借的是某个人的单行本，但恰好架上没有该书，我便把同一著者的专集或全集介绍给他，以满足其阅读需要。如有的读者只是从兴趣出发，想要看佛教方面的书，但一时又不知道从哪本书看起，我便会给他介绍一些佛教入门、通俗易懂的小丛书、普及小册子，待他们真正想钻研进去时，再给他们推荐一些较权威、较系统的佛学专著，使这些读者的阅读范围由浅入深，由盲目变专一。

二、学习应用型

这类型读者一般都是为配合形势任务，或搞好本职工作，提高自己的文化素养，参加各种形式的学习所用。如有的读者上党校学习，需借阅学习党史教材，参考书、辅导材料等，这种读者的阅读专指性较强，他们都有其学习的计划性和系统性，因此，一般不用引导阅读。

三、大众传播媒介导向型

大众传播媒介系统，主要是指电影、电视、广播、报纸、杂志等超越时空的传播渠道。当今社会的科技进步和信息大发展，使人们绝大部分信息都是通过大众传播媒介得到的，人们从这些信息中了解社会动态，认知自己的行为，以求适应社会环境，并在这些信息的影响下，产生各种具有一定时效性的阅读倾向。在我们的读者群中，就有一些这样的人，他们对传播媒介的导向很敏感，易受其影响，一旦电影、电视、广播、报刊上传播什么，他们就想看什么。如前一段播放的《戏说乾隆》电视剧，为求证戏中的乾隆是否符合史实，一些读者便把反映乾隆的书借个遍，不管是演义还是野史都感兴趣。一般这类读者的阅读兴趣都比较短暂，常常是当一部有轰动效应的电视、电影演过之后，其阅读欲望也将随之减少并消失，待下一部名著被改编成影视作品后再将阅读兴趣转向新的目标。有时，当宣布某个小说获奖后，这部分读者也会闻风而动，到图书馆来寻找该书以求先睹为快。对这些读者，我一般都是按其所需满足他们的要求，但如果借同一部书的人太多而不能满足他们时，我就会向他们介绍一些该畅销书著者的其他著作，来帮助他们扩大阅读范围，提高他们的阅读水平。

四、娱乐消遣型

近几年来，我国的图书出版界空前繁荣，大批的文艺新书投入市场，人们在紧张的工作学习之余，需要有更多的文化生活充实自己，陶冶情操，开阔视野。在这种背景下，娱乐消遣型读者的存在是必然的，也是不断发展的。以本馆1992年12月的图书借阅统计为例，我们可看出这种发展趋势，当月本馆共借书270册，其中文艺类书籍就有93册，约占当月借阅总数的三分之一。再看一下1993年 3月的借阅统计，3月我们共计借书310册，其中文艺类书84册，约占当月借书总数的四分之一强。这些统计数字表明，目前本馆的文艺类书刊借阅量是很大的，而且借阅文艺书刊的人不单是非民族专业的读者，有些搞民族专业研究的读者在业余时间也喜欢翻阅这些文艺书籍，以丰富自己的业余文化生活。

一般地说这种娱乐消遣型读者又分为好几种类型，一种是有目标、有主题的主动型读者，他们大都有较浓厚的阅读兴趣，文化层次也较高，他们都是有选择、有系统地到这阅读图书，其阅读目的也是以增长知识、陶冶情操、增加美的艺术享受为主。对于这类读者，一般不需进行阅读引导，只是在其所需图书不在架上时才向他们介绍与他们阅读兴趣大致相同的书。如爱看纪实文学的人，借不到《中国大剿匪》一书，推荐《京都大案》等书同样能令他们满意，又比如有些人爱看武侠小说，尤爱点名看某名家写的武侠小说，遇到这种情况，通常我都会先向他们介绍本馆的藏书特点，然后再推荐一些本馆现有的武侠小说，使其能够欣赏到不同作家写的不同风格的武侠小说。

在娱乐消遣型读者当中，还有一种是无目标、无计划、无系统的随意型读者。这些人大多是偶然想起到图书馆来找点有意思的书看，或是与其他人结伴到这凑热闹地找本书看，他们站在出纳台前往往既说不出想看什么书，又不想查找目录。一般来说这类读者或是阅读层次不太高，或是由于工作忙没时间，但他们又想在业余生活中找点消磨时光的书来看。对于这种读者，就需要我们去主动、详细地询问和了解他们的兴趣爱好和最终的阅读目的，然后再有针对性地帮助他们选择书籍为其服务。在接待工作中，我常就阅读范围和作品的种类了解他们的需要，比如要分清他们是爱看中国文学作品还是外国文学作品，是喜欢看古典名著还是当代的新人新作，有时这种问题会进一步问得很细，就文学的品种诸如言情小说、武侠小说、社会问题小说、历史小说等进行征询，通过这些询问你就会大致掌握他们每个人的阅读兴趣和倾向。然后，便可利用自己熟悉馆藏和文学作品的优势，按照读者的阅读倾向为其推荐、介绍一些有代表性的、优秀的、或最新出版的新书。如一些阅读层次较高、喜欢严肃作品的读者，我就为其推荐捷克作家米兰·昆德拉曾获诺贝尔文学奖提名的作品《生命中不能承受之轻》和《玩笑》等书，喜欢读名著或外国文学作品的读者，你为其推荐《荆棘鸟》《飘》的续集等书同样都会使他们感到非常满意的。

还有一部分读者是孩子的家长，当他们的子女开始渴望了解社会、思索人生时，这些家长往往也会带着一定的盲目性走进图书馆。遇到这种情况，一般在问清孩子的年龄、文化程度和阅读兴趣后，我就给他们推荐一些适宜青少年读者看的趣味性较强、通俗易懂，并有一定知识性、哲理性的读物。如普及本的中国古典文学名著、科幻小说、童话故事以及科学家和英雄人物的故事等内容健康、格调优美的书，以启发他们的智力和想象力，培养他们的求知欲和热爱英雄、热爱科学的健康思想。

五、家庭生活型

现代社会随着经济的高速发展，人们在生活水平提高后，还要求生活内容要进一步丰富和多样化，于是就出现了这样一些注重家庭生活情趣的新的阅读倾向。这类型读者一般主要以女性读者为主，她们以丰富家庭或个人的物质、精神生活为目的，阅读兴趣广泛，丰富多彩。她们大多借阅一些有关如何教育子女、妇幼保健知识、改善人际关系、书画艺术欣赏等书。对于这种有明确阅读目的的读者一般不需做引导工作，只是对个别有阅读范围但无具体书名的读者，在她提出要求时，我们才会给予推荐图书。如有的读者想要提高教育子女的艺术，而又不知该借哪些书好时，我们就会帮她查找教育心理学和一些著名教育家的专著，使其满意而归。

六、体验人生、丰富人生型

在人们的阅读活动中，读者之所以产生各种不同的阅读动机，是由于他要满足各种不同的精神需要，如有的人为了确立自己的人生价值，渴望自己成为有成就、能胜任工作的人，但在现实社会中，不是每个人都能达到这种愿望。因此，就使一些人产生这祥的阅读动机，即阅读历史书、人物传记等，从名人、伟人的身上找出他们成功的因素和历史的教训，以此丰富自己的人生阅历。还有些人是为满足自己的好奇心和求知欲而产生阅读历史书和人物传记动机的。大体上讲，这类读者中以男性读者为主，他们的阅读倾向依各人自身条件、经历和兴趣爱好等各有所不同。有的人受家庭或自身经历的影响，爱看军事人物传记和战争史，有的人出于对伟人的崇敬，爱看革命导师的传记或回忆录，还有的人对某一断代史深感兴趣。一些离、退休的老同志对抗日战争史、解放战争史和同时期的军事将领的传记、回忆录有系统、有计划地进行阅读。对于这些身体不好，行动不便的老读者，我们都会尽力主动地为他们服务，问清他们的所需，然后给他们介绍新书，填写书条，查找图书，满足他们各种不同的阅读动机和要求。

综上所述，使我们可以认识到，读者工作是一个十分有意义的工作，把这项工作做好，使单纯的流通书刊发展到宣传图书，指导阅读，由被动地提供文献信息，发展到主动的开发图书资源，这是一个由简单到复杂、由低级到高级、由被动到主动地发展过程。从这些发展过程中，我们可以看到，我们的读者服务工作正在向更高的水平迈进，并会越做越好。

（本文原载《同人文集》 北京致远斋书店 1994年7月）

谈为读者服务

张　静

图书馆是知识宝库，把知识宝库变为知识喷泉，为社会创造更多的物质和精神财富，是开发图书馆，为读者服务的意义所在。图书馆采集、编目、整理的最终目的就是开发利用，如果不能更好地为读者服务，那就会成了藏书楼，图书馆的一切工作都将失去意义。

读者工作是围绕满足读者在使用图书资料的过程中各种要求而进行的，图书馆所有方针任务性的问题，都是通过读者工作来体现的，它是联系图书馆的桥梁，同时又是衡量图书馆工作质量的标志，为了提高读者工作的质量，改善与强化服务手续，必须了解读者，研究读者，“读者至上”是我们的工作宗旨，为了有效地实现这一宗旨，就要在读者服务工作的过程中，通过细心观察读者的言谈举止和各种表情来了解读者们的借阅心理。读者服务的方式是多种多样的，传统的墨守成规的借借还还服务方式已不能适应客观的要求。流通保管部是图书馆的前沿阵地，读者初来图书馆对一切都非常陌生，这就要靠我们外借工作人员来向读者介绍，借书规律、办证手续、怎样利用和查找目录，再有就要初步了解一下读者需要和喜欢些什么类型的书，对图书馆有什么要求？应该说从读者进馆到填写索书单借书，见到的第一个人就是我们这些外借人员，我们每个人就是一面镜子，我们工作的好与坏，态度如何，都直接影响着图书馆的形象和声誉，所以“外借人员一定要具备高度的热情，我们应该知道帮助读者是自己的责任，并应该了解热情服务可以得到读者的信任，还应知道多给读者提供服务是发挥图书馆教育的有效途径。怎样了解读者呢？经常同读者交谈是最容易熟悉读者的，工作人员要同读者交朋友，耐心回答他们所提出的一切问题，向读者学习，就能促进我们对读者的了解，要有效地为读者服务，要搞好读者服务工作，不但要提高个人的素质，而且还要配合全组同志，同心同德地做好每项服务工作，流通部的工作虽然貌似借借还还，其实不然，在这一借一还中，有许多我们不懂的知识和学问要探讨和研究，过去我们曾经强调过，工具书、单本书不外借，这就使一些特别需要此种书的读者不能满意，造成了一些麻烦，同时也使图书资料没有充分发挥其作用，为了不断提高图书资料的利用率和流通率，我们采取了半开架借阅的方式，就是把每次要进库的新书，先放到开架柜里，等到下次再进新书，与开架柜里的书交换，这样重复摆放，使读者看到的都是新进库的书，读者自己选择，节省时间，读者一目了然，从而也满足了各种特定类型的读者需要，使死书变活书，较好地解决了藏与用的关系。我们还开展了为读者复印资料，随用随印，不但及时方便，主要是复印取代了一部分不能拿出馆外的古旧书和一部分线装书，减少了古旧书的再次磨损，同时也加速了图书资料的周转，提高资料的使用价值，减少了图书拒借率，我们采取的这些办法，都是为了方便读者，为的是真正实现“读者至上”这一宗旨。

每天有多少读者走进图书馆的大门，他们睁大眼睛等待我们把新书介绍给他们，要我们帮助他们查找急需的书，这时我们就要做到“四勤”：眼勤、手勤、嘴勤、腿勤，忙而不乱，有条不紊，使读者感到工作人员确实具有良好的知识素养和工作能力。以上这些说明，读者工作不是一件简单的借还工作，它是一项很有意义的工作，要做到尽善尽美也不是一件容易的事，这就要求我们每一位外借工作人员要经常学习业务知识，提高服务水平，以热情、和气、友好、亲切的态度对待我们的读者，只有这样，才能满足读者不断增长的要求，促进图书馆事业的发展。

（本文原载《同人文集》 北京致远斋书店 1994年7月）

筚路蓝缕　鉴往开来

——《中国民族年鉴》发展回顾

卢晓华

2006年，是《中国民族年鉴》创办第12个年头。回顾《中国民族年鉴》创办及发展历程，感慨颇多，但留存心底更多的则是喜悦感和成就感。展望未来，身负传薪续火之使命，倍感肩头担子的沉重，觉得有必要对12年的发展轨迹作一阶段性的回顾和总结，以期百尺竿头，更进一步。

一、筚路蓝缕，功不可没

1995年初，正值我分配至民族文化宫中国民族图书馆工作10年之际。记得当时相对沉寂的图书馆忽然聚集了一批来自全国各地各系统的专家学者，让我们这些小字辈们颇感敬畏。在请北大教授讲课又课下辅导之后，以“编书育人”为宗旨，动员全馆上下，人人参与首部《中国民族年鉴》的编纂工作。我就这么一不留神“撞”进了年鉴大门，懵懵懂懂编写条目，参与了《中国民族年鉴》创办全过程和各卷册的编辑出版工作，并且一干就是12年。年鉴伴随我走过了青春年华又步入了不惑之年，成了我生命和事业中极为重要的一部分。

日前，我特地翻阅尘封已久的年鉴案卷，对创办始末有了更深入的了解，对决策者的独具慧眼和坚持不懈的精神不禁由衷感佩。这种精神正是《中国民族年鉴》发展过程中贯穿始终的精神内核，是我们虽经各种风雨，却仍能团结一心，克服困难，一路前行的内在动力。

《中国民族年鉴》创办的历史背景是：改革开放以来，年鉴事业发展迅速，由20世纪80年代初仅有的6种，到1991年已发展为400余种，1999年更达1300余种；而占全国人口8.1%、地域63.75%（第四次全国人口普查数据）的55个少数民族尚无一本全国性综合年鉴，这不能不说是一大缺憾。这种现象引起了广泛关注和思考。自1991年起，创办呼声渐高，其中以中国民族图书馆的表现最为积极。民族文化宫当时的决策者充分意识到创办这样一本年鉴的重要性，决定顺应时代需要，担负起此项使命，并由中国民族图书馆组织专家学者进行项目的前期论证。

1994年3月29日，民族文化宫首次正式向国家民委提出申办请求；4月16日，国家民委办公厅批复："目前尚不具备条件。"首次申报未果。

1995年1月，民族文化宫召集专家、学者在大连召开了《中国民族年鉴》论证会，会议通过了纲要、框架、工作计划以及编委会名单，确定了编写体例。

3月8日，民族文化宫再次向国家民委陈述："中国的各类年鉴已达千种以上，唯独没有少数民族年鉴问世，为了填补这一空白，我们拟编纂《中国民族年鉴》。"报告中特别注明经费自筹；6月20日，国家民委办公厅批复："同意你宫编纂《中国民族年鉴》。所需经费自筹解决。"

至此，经过漫漫5年，一项国家级的大项目以自下而上的途径申报成功。由于在经费来源、政策保障、机制运行等方面的先天不足，使初创阶段举步维艰，此后足足用了6年才转入正轨。

1996年8月，《中国民族年鉴》创刊号（1995卷）由民族出版社正式出版。时任全国人大常委会副委员长，著名的社会学、民族学与人类学家费孝通老先生得知此事感慨万分："早就应该编这本书了！"并欣然题写了书名。

11月21日，国家民委办公厅、文宣司，民族文化宫，民族出版社联合举行了《中国民族年鉴》1995卷首发式和座谈会。至此，中华人民共和国成立以来中国第一部大型综合性民族年鉴正式问世。新华每日电讯、人民日报、光明日报、人民政协报、中央人民广播电台等十余家媒体对此广为报道，纷纷赞誉其为"开先河之作"。专业刊物载文称其"突出了民族特色……栏目设置合理，分类科学，体例规范……为我国多民族的民族文化建设开辟了一条新的途径，功不可没。"①

① 郁钟．我国民族年鉴的开先河之作．情报资料工作，1997（3）．

二、求新图变，不断进步

《中国民族年鉴》的问世，一方面因其填补空白的功绩，而广受赞誉；另一方面，因经验不足，加之闭门造车、关门办刊，在稿源、框架、体例、市场运作等方面存在着很多不足，亟待改进。首先是稿源，因以报刊采摘为主要信息渠道，使权威性、准确性、全面性大打折扣，文章体例与通行的年鉴出入较大。对此，专家提出了质疑“该年鉴完全舍弃了一般年鉴中的三次文献（主要体现在“概述”上）的做法，尚可商榷”。[①]还有一个致命的弊端，即由于初创时期对年鉴文化产品的特质未予充分重视，经济效益无从谈起，成了“跛脚”年鉴。这种现象一直持续到2000年，第6卷的编纂已进入尾声。

存在的诸多问题虽有所意识，并每年作局部微调，但没有根本的改观。直到2000年10月，我们应邀参加了中国版协年鉴研究会在山西大同举办的“全国年鉴学术交流会”。会上，多家年鉴的经验介绍使我们茅塞顿开，了解了中国年鉴事业的现状及发展方向，极大地增强了办好《中国民族年鉴》的自信心，也明确了我们的努力方向。同年11月，我们加入了中国版协年鉴研究会。从此，《中国民族年鉴》在研究会指导和业内同行的帮助下，开始走上了变革创新之路。

2001年11月28日，我们举办了“《中国民族年鉴》出版六周年座谈会”。会议认真总结了6年来取得的阶段性成果，并就其创新与发展、选题和框架、市场定位和运作等议题进行了充分的研究和论证。时任国家民委副主任李晋有、中国版协年鉴研究会常务副会长许进禄、中国大百科全书顾问孙关龙、北京大学信息传播学院教授肖东发等领导和专家出席了座谈会。李晋有在会上充分肯定了6年来取得的成绩，并对今后的编纂工作提出了加强“民族性、真实性、全面性、可靠性”的四项要求。会后，我们汇集各方建议，审时度势，从申办期刊出版许可证、广告经营许可证、修订编纂大纲、调整组稿渠道，到确定经营方针等做了大量的基础性工作，为年鉴纳入期刊系列，规范运作奠定了坚实的基础。

---

① 郁钟．我国民族年鉴的开先河之作．情报资料工作，1997（3）．

（一）修订框架体例

《中国民族年鉴》创办伊始确定的宗旨是："填补中国年鉴学的空白，总结民族工作的历史经验，推进民族地区的改革开放与经济起飞，发展中华民族的团结、统一大业。"2001卷起进一步明确为："全面、系统、精炼、准确地汇辑一年内中国各级民族工作、少数民族各项事业及民族自治地方经济社会各领域的发展情况，发布的有关少数民族或民族地区地方性法规、重要文献和相关统计资料。为宣传中国民族政策、民族工作及民族地区经济社会发展成就发挥重要的媒介作用，并为推进中国少数民族事业在各个地区、各个领域的发展提供文献信息保障与服务。"

修订后的宗旨紧紧围绕"少数民族"这一主线，对选题范围提出了三大界定：即各级民族工作，少数民族各项事业和民族自治地方经济社会发展，发布的有关少数民族或民族地区地方性法规、重要文献和相关统计资料，解决了因内涵过大造成的信息庞杂、层次重叠、主题不突出的弊病，使年鉴编纂的目的性更加明确。

明确宗旨后，对框架作了进一步修订和调整。剔除了原有不适应部分，重点突出"民族事务""民族经济""民族文化"三大板块。新增设了"民族自治地方经济社会发展"栏目，以完整地体现"宗旨"所提出的三大选题。在栏目下位类的设置上也紧紧把握时代脉搏，抓住主要工作进行宣传，如"特载"栏目增设"党和国家领导人考察民族地区及民族工作"类目，以反映党和国家对少数民族的亲切关怀，对民族工作、民族地区发展的高度重视；"民族经济"栏目不再分行业设类，而以"西部大开发""民族地区扶贫""兴边富民行动""电脑农业""民族专项资金规划使用"等主题设类，与时代同步，突出反映时代特色。另外，还增加了"附录""索引"栏目，使年鉴更具资料性和便览性。

调整了文章体例和资料形式，使比例更趋合理，表现形式更直观醒目。继续以三次文献为主，增加一、二次文献的比例，如民族问题白皮书、民族政策法规、照片、图表、索引、释文等。条目的种类也更加多样化，除单一性条目外，增加了综述条目、概况条目的比例。"附录"栏目的资料根据每年的具体情况循环登载，如遇年内举办有民族运动会或少数民族文艺调演等大型全国性的活动，则附载活动的相关背景资料和历届情况，承前启后，使读者对活动的始末有一个全面了解。

此外，2005年编制完成了1995卷—2004卷十年合辑全文数据光盘，并自2005卷起年鉴均附光盘出版，读者通过IE浏览器即可实现《中国民族年鉴》全部内容的检索和浏览，并可根据需要进行复制和剪辑，为使用提供了更为方便、快捷的途径。

（二）变革组稿方式

改变以报摘为主的采稿方式，转向民族自治地方政府和民族工作部门征稿。由于不是直接的行政隶属关系，征稿难度相当大；同时因征稿对象的涉及面宽泛且多层，截稿时间更是无法保障。针对这种情况，我们将约稿范围分成相关部委和民族地区两大部分，对民族地区实施“以点带面，全面铺开”的战略，先5大自治区，再30个自治州，继而推向120个自治县（旗），逐步建立一个相对稳定、完整的民族地方供稿体系。2001年9月，笔者率队赴贵州民族地区开展外聘编委、编辑试点工作。在地方民委和地方政府史志年鉴部门的支持帮助下，黔南布依族苗族自治州史志办陆兴和主任成了我们登记在册的第一个特约编辑，试点成功，从此工作打开了局面。后经努力，通过走访、信函、电传、网络、会议等多种形式，形成了今天250余人的撰稿队伍，范围涉及中共中央统战部、全国人大民委、全国政协民委、国家民委、教育部、文化部、国家统计局、社科院等相关部门，各省、自治区、直辖市及新疆生产建设兵团民委，5个自治区、30个自治州及百余自治县政府鉴志部门，为保证充实的稿源奠定了坚实的基础。现年鉴除资料性稿件外，全部采用了第一手资料，从根本上改变了摘报的旧模式，步入了年鉴采编的规范模式。2004年，召开了《中国民族年鉴》首届编辑工作会议，之后一年一届，在年鉴社和外聘编辑之间形成了一个长效的沟通机制，为年鉴发展搭建起良好的交流平台。

（三）理顺流程，明确职责，确保质量

将年鉴编纂分为确定选题、修订大纲、组稿、责编、审读、校对、统编、付印8大流程，以把握质量，掌控周期，按时出版。实行栏目负责制，强化编辑的

责任意识和自主创新意识。在保持全书内容的统一性和风格的一致性的前题下，各编辑各负其责，办出了栏目的各自特色。

严把质量关，最大限度降低差错率。反复强调“民族文字工作无小事”，强化责任意识；严格实行“三校一读制”；引入编辑校对软件等等，进行全方位的把关，以制度和技术手段规避因个人的业务水平、思维习惯以及知识盲区、心理盲区等因素造成的差错，保证了出版质量。

（四）改变出版方式

2002年3月，经各方努力，新闻出版总署批准《中国民族年鉴》步入期刊方阵，改以刊号出版。使年鉴在编纂质量、装帧设计、出版周期、印制成本等方面都较图书方式出版更便于掌控，整体运行更加顺畅自如。自此，年鉴一年一个台阶，进入了一个全新的发展时期。2003年尽管“非典”肆虐，我们却在当年完成了2002和2003两卷的出版任务，于创办8年之际终于实现了当年出版的目标。装帧设计是出版物所要表达的思想和情感的最直接的外在形式。为了准确地表达内涵，《中国民族年鉴》创办以来封面已四易其稿。创办之初的设计沉稳厚重，历史感和严肃性有余，而时代感和民族性不足。2000卷首次改革，使用了多民族欢聚于在天安门广场的合影图片，但画面直白且缺少创意，后弃之。2001卷启用刊号后，首次征用专业人员的设计，注入了更多时代性、民族性及设计者的创造性。2005卷我们再次更换了封面，以自上而下、由浅入深的色彩衬底，用蒙、藏、维、哈、朝5种少数民族文字作背景，中间铺陈中国古建筑中铺在房檐上用于滴水的瓦当，象征中国民族文化的多样性和兼容性，并借瓦当集大自然甘露之寓意，体现年鉴辑录各种信息于一卷的编纂意图，使内容和形式结合得更为完美和谐。

（五）探索市场运作模式，实现经济效益

一个出版物的最终价值和效益只有两个：即文化价值和商业价值，社会效益和经济效益。作为年鉴人，我们必须与时俱进，既坚守文化的理想和信念，也要得到市场的认同和接受。意识到这一点，我们开始了积极应对和主动出击。发行量是年鉴生存发展的根本，为此我们首先立足主渠道，与北京发行所、首都批销

中心、中国图书进出口总公司、中国国际图书贸易总公司、中国出版对外贸易总公司、中国邮政发行网等建立了发行关系；其次，充分利用灵活而可靠的二级渠道扩大推广，现已在全国各地建有20余个发行点，进行长期而稳定的合作；第三，充分利用外聘编辑队伍在民族地区进行广泛宣传和推广，覆盖基层读者群；第四，加强与重点用户的联系，逐步形成并扩大固定的用户群，并及时得到各种信息的反馈。自2001年启动发行工作至今，发行量从零到当年卷售罄，再到2005卷加印册数，实现了两个飞跃；国外市场也渐行开启，英、美、德、澳、丹麦等国图书馆均收藏有《中国民族年鉴》。此外，先后向民族自治地区图书馆、民族宗教工作部门和民族研究人员捐赠年鉴2000余册，总价值近50万元，在经济欠发达地区引起了强烈反响。云南巍山彝族回族自治县图书馆收到年鉴后致函："衷心感谢你们对几乎数年没有新书进馆的这样一个边疆穷县的关怀和帮助，我们将管好用好这套难得的大型工具书，为地方建设多做贡献。"

广告征集工作始于2001卷，主要由广告公司代理。经过几年的实践，广告版面有数倍的增加，效益也颇为可观。今后，我们还将借鉴其他年鉴好的经验，尝试更多的经营模式。

（六）理顺机构设置，优化人员结构

年鉴创办之初实施的是大兵团作战，没有专门的机构。两年后，在馆内成立了单独的部门，先期称"业务部"，后改为"年鉴编辑部"，专事年鉴编写工作。2004年初，国家民委根据新闻出版总署出台的相关政策，调整了委属年鉴工作，决定将原《中国民族工作年鉴》并入《中国民族年鉴》。国家民委决定将合并后的《中国民族年鉴》继续交由经验丰富、人才完备的民族文化宫主办。3月18日，国家民委批复民族文化宫，批准成立"中国民族年鉴社"，年鉴社系宫内编制的独立机构。独立建制为更好地梳理内、外部环境，健全管理，各项工作规范运行提供了行政保障。

人才是事业发展的核心竞争力。年鉴社成立后，首先对人员结构进行了一系列优化调整，改变过去重编轻销、重学历轻能力的认识误区，广进编辑、发行、广告人才，并调整原有人员。同时，努力营造学习氛围，使业务人员善于在工作的情境中、经验的反思中、团队的合作中、问题的研究中学习和提高自己；并以

鼓励业务人员参加专业学术会议、业务培训和进修，资深编辑一对一指导培养新人等多种形式全面建设学习型组织。年鉴社现已初步形成了一个集采、编、销各路人才，本、硕、博多层学历，高、中、初职称兼备的、专业化的、团结实干的和谐团队。

三、与时俱进，鉴往开来

十余年来，《中国民族年鉴》不负使命，积极致力于宣传党的民族政策、宣传中国的各级民族工作以及民族地区各项事业发展所取得的辉煌成就，年复一年、忠实完整地记录了中国少数民族和民族地区在历史进程中的发展轨迹，为弘扬民族文化、发展民族经济、促进民族团结、推动社会进步做出了应有的贡献，也为后世存留了一份珍贵的历史文献。年鉴自身也犹如一株幼苗日渐发展成熟，成为年鉴之林的一朵奇葩，得到了社会各界读者的认同和业内人士的广泛赞誉，并多次获得殊荣：1997卷获“辽宁省优秀图书与优秀美术作品二等奖”，2000卷获中央级年鉴“优秀条目奖”，2001卷获“第一届全国年鉴编纂质量评比优秀奖”，2003卷获“2004中国年鉴奖暨第三届全国年鉴评比综合一等奖”，2004年被确定为“中国年鉴资源全文数据库核心年鉴”。《中国民族年鉴》现已成为民族工作者、民族科研人员、民族院校师生以及海内外关注中国少数民族发展的人士必查必览的权威刊物。

知而获智，智达高远。今后，我们应树立起全面、协调、可持续发展的科学发展观，顺应文化体制改革的潮流，把握好传承文明和服务社会、经济效益和社会效益的协调发展，全面提高综合实力，传薪续火，竿头日进，把《中国民族年鉴》办成真正的强势媒体，优质的品牌年鉴，为推进少数民族各项事业的发展服务，为促进年鉴事业的繁荣发展贡献一己之力。

（本文原载《年鉴信息与研究》 2006年第2期）

我国少数民族期刊综览

史桂玲

第62届IFLA大会在北京召开期间国内各民族出版机构与中国民族图书馆联合举办了“全国民族书刊展”。丰富多彩的民族书刊，吸引了五大洲嘉宾，民族期刊在这里显示了它独有的魅力。笔者作为中国民族图书馆从事少数民族期刊管理的工作人员，有必要研究并让世界了解年代久远、内容丰富的中国民族期刊。

中国少数民族期刊，历史悠久，前半个世纪历经坎坷，步履艰难。中华人民共和国成立后近五十年才一步步走向坚实，迈向辉煌。

一、1949年之前少数民族期刊概览

回顾20世纪初叶，少数民族期刊仅有两种，一种是由1955年10月1日才成立新疆维吾尔自治区出版的《新疆公报》（三日刊），从1914年9月至1926年12月共出版237期。另一种是由甘肃省兰州边声周报社出版的《边声周报》，1918年8月至1919年。

到了20世纪20年代则出版14种，其中只出版一期就停刊的如上海民族杂志社1922年创办的《民族杂志》，1923年创办的《蒙藏专门学校月刊》，1929年出版的《蒙古留平学生会会刊》。连续出版的刊物有1924年创刊的《边事》，1926年创刊的《中国回教学会月报》，1929年创刊的《边政》《新疆省政府公报》《西藏班禅驻京办事处月报》（南京）、《蒙藏委员会公报》《蒙藏月刊》《蒙旗旬刊》等杂志。

20世纪30年代初期刊有了一定的发展，但又多灾多难，抗日战争时期，多

数期刊社大迁移，多半期刊成了一刊两地、三地出版，周期拉长，出出停停，总计出版40种。其中较有影响，持续时间较长的是，中山文化教育馆研究部民族问题研究室编辑出版的不定期刊物《民族学研究集刊》，1936年5月创刊，直至1948年停刊，先在上海，后迁至长沙，又迁至重庆易地出版。另外由中央政治学校蒙藏学校边声月刊社出版的《边声》（月刊），1938年创刊于湖南芷江，自第二期就移至重庆出版。还有《边事研究》（月刊）（1934—1942年）也经历了南京重庆的迁移过程。此外《西夏研究》（1931年）、《康藏前锋》（1933年）、《边疆半月刊》（1936年）、《西南边陲》（1938年）、《新疆青年》（1939年）均对研究当时的民族问题具有历史价值。由重庆中国银行编辑发行的《川边季刊》1935年7月创刊，次年出到第二卷即无奈夭折。云南边疆文化教育用品供应社出版的《边疆文化》（不定期刊物）1934年10月创刊，出版三期均为油印本，能保存至今，可算是民族期刊中的凤毛麟角了。

20世纪40年代民族期刊有41种。包括蒙古、藏、维吾尔、回等多种民族内容的刊物，如《新疆女儿》《内蒙古周报》《西康妇女》《川康建设》《西康统计》《康藏研究》《边政公报》《边疆》《回协》《新蒙》《边疆研究》等，同一期刊刊名、出版期刊变化最大，迁移次数最多的为《蒙藏周报》（1929年在南京创刊》，后改为《蒙藏旬刊）（1931年）、《蒙藏周报》（1932—1948年），其中1937年一度改为《蒙藏半月刊》，该刊20年间，四易其名，四改刊期，从南京——重庆——南京，三易其地，也算民族刊物之最了。

由金陵大学中国文化研究所1941—1948年出版的《边疆研究论丛》，8年间三迁其地，只出了三期，可谓出版周期最长的民族刊物。

中华人民共和国成立前，唯一的一种由人民政权出版的刊物《内蒙自治政府公报》（不定期刊物），1948年7月10日创刊，卷头语由云泽（乌兰夫）写的《1948年我们的任务》，1948年出版1—6期，1949年1月20日改名为《内蒙政报》月刊，后又规范名称为《内蒙古政报》，从中华人民共和国成立前一直跨越至中华人民共和国成立后60年代，使之成为两个时期民族刊物中的珍品。

1914—1949年，民族期刊总计出版97种，年均两种，可谓寥若晨星。这些刊物流传至今的为数很少，大多用汉文出版，个别用汉蒙或汉蒙文合刊出版。多数期刊限于当时条件，纸质极差，有的一期用几种纸质，如报纸加毛边纸，印刷质量也较差，封面多为单色，但这种刊物不失为研究半个世纪民族问题的第一手材料，今天从这些旧刊中仍能挖掘出有价值的信息。

二、1949年后少数民族期刊综述

温故而知新，解放后民族期刊逐年恢复和发展，据统计，仅以少数民族文字期刊为例，1952年15种，到1957年已发展到35种，“文化大革命”时期期刊跌入低谷，仅剩5种。党的十一届三中全会以后至1987年达41种；以后逐年递增，到1988年10年间达154种；到1995年多达185种，是解放初1952年的12倍多，是1979年的4倍多。

全国少数民族文字1995年出版的期刊分布表

种数 种类 地区	合计（种）	综合	哲学社会科学	自然科学技术	文化教育体育	文学艺术	少儿读物	画刊
全国总计	185	23	47	28	15	60	4	8
中央	19	6	7					6
地方	166	17	40	28	15	60	4	2
内蒙古	42	2	10	7	5	16	2	
吉林	14	3	2	1	2	5	1	
黑龙江	3					3		
广西	1					1		
四川	3		2		1			
云南	3					3		
西藏	11	2	4		1	4		
甘肃	3		2			1		
青海	6		2		1	3		
新疆	80	10	18	20	5	24	1	2

为适应市场经济的发展，原有的少数民族科技与经济期刊越办越贴近时代的

脉搏，如中国少数民族经济研究会会刊《民族经济》季刊。一些新的期刊也纷纷问世，如《新疆社会经济》、宁夏的《市场经济研究》、青海的《民族经济与社会发展》《内蒙古畜牧业》《内蒙古信息》《新疆农业科技》《干旱区研究》等皆属此类期刊，是民族地区发展致富的良好参谋。

各民族院校学报、更是紧跟时代发展潮流，极具科研和专业水准，其中有中央、省、自治区和地、市、州、盟级乃至县、旗级院校的多级刊物，种类之多出人意料。30余种学报从《中央民族大学学报》到自治区级的《西藏民族学院学报》。中南、云南、广西、广东、贵州、西南、西北、青海等民族学院学报，其中《西北民族学院学报》用汉、藏、蒙古三种文字出版。民族地区各大学如《内蒙古大学学报》《宁夏大学学报》及地方的《延边大学学报》《吉首大学学报》《喀什师范学院学报》《黔东南民族师专学报》《黔南民族师专学报》等不胜枚举。

中国人民大学书报资料中心复印的报刊资料，如《民族研究》《民族译丛》（月刊），更是精选千家报刊，汇集民族学术的刊物。

民族期刊中，图书馆学刊物也很丰富，每个自治区均有一至数种，如《内蒙古图书馆工作》（季刊）是用汉、蒙古文两种文字出版，宁夏《图书馆理论与实践》（季刊），《西藏科技情报》（季刊），广西《图书馆界》（季刊），《新疆维吾尔自治区图书馆》（季刊）分别用汉、维吾尔两种文字出版。此外表中统计的辽宁、吉林、黑龙江、四川、贵州、甘肃、云南、青海等多民族省区均有图书馆学刊物，这些刊物大量报道了民族地区图书馆事业的发展情况。如全国图书馆学核心期刊之一的吉林省《图书馆学研究》，开辟了民族图书馆事业专栏，专门刊载民族图书馆学论文和信息，被各民族地区图书馆所关注。

年刊更可视为民族刊物中的佼佼者，目前全国民族领域的年鉴有44种之多，呈现出盛世修志、修鉴的可喜局面。中央级如国家民委经济司等编写的《中国民族统计年鉴》，中国民族年鉴编委会编撰的《中国民族年鉴》，填补了我国无综合性民族年鉴的空白。还有《中国少数民族文艺年鉴》及自治区级的《内蒙古年鉴》《西藏社会经济年鉴》《广西年鉴》《新疆年鉴》《宁夏统计年鉴》等。另外用汉、维文出版的《喀什年鉴》、藏文版的《藏族历史年鉴》以及地方创刊较早的《呼伦贝尔盟年鉴》《大理州年鉴》，县、旗年鉴中有《额尔古纳右旗年鉴》等，均可以看出年刊的日益丰富。

云南丽江地区行政公署主办，丽江地区地方志办公室编辑的1997《丽江年鉴》（创刊号），获'97金秋加拿大国际金奖，该刊印制精美、装帧考究、内容丰富、图文并茂，封面有汉文、东巴文、英文，极具民族特色，受到了世界瞩目，为国家和民族争得了荣誉。

另外，台湾只有两种用汉文出版的民族类刊物《满族文化》（月刊）和《民族学研究资料汇编》（不定期刊物），尚未见少数民族文字出版的刊物。

1. 种类

中国少数民族期刊的定位并不困难，包括大量用汉文出版的反映少数民族信息的期刊和用少数民族文字出版的期刊。前者数量大，品种多，有56个民族的广泛用户和读者群。后者不言而喻，是原汁原味的少数民族刊物，虽然种类有限，但分布地域却十分广袤，在本民族内有稳定的读者，深为本民族读者欢迎和喜爱，除了常见的汉、蒙古、藏、维吾尔、哈萨克、朝鲜、柯尔克孜文之外，还有用其他少数民族文字出版为数不多的刊物如：新疆人民出版社1981年创刊，反映新疆蒙古族民间艺术的季刊《汗腾格里》（托忒蒙古文版），云南西双版纳文联1982年创刊，以傣文创作的小说、散文等文艺作品为主的季刊《西双版纳》（西双版纳傣文版），云南德宏州文联1981年创刊，以傣族文化、生活为主题的季刊《勇罕》（德宏傣文版），该文联还于同年创办了反映景颇族生活为主的季刊《文蚌》（景颇文版），四川民族工作委员会1986年主办的季刊《民族》（彝文版），广西民委1986年创刊的双月刊《三月三）（壮文版）等等。

民族期刊大体可分为：综合类、哲学社会科学类、自然科学技术类、文化教育体育类、文学艺术类、少儿读物和画刊类。

2. 特点

少数民族期刊民族特色极为鲜明，其封面设计装帧、排版印刷和内容均风格独具，形式多样，分析起来有以下特点。

（1）一种期刊用多种文字出版，如《民族画报》（月刊）用汉、蒙古、藏、维吾尔、哈萨克、朝鲜6种文字出版，不但在国内拥有众多的民族读者，且为世界各大图书馆和文献信息单位所收订，《求是文选》（双月刊）原用6种文字，

1995年改为4种文字,《民族团结》(双月刊)用5种文字出版,《半月谈》3种文字,原《红旗》杂志亦用6种文字,从1981年第13期一律改为《红旗文选》仍用6种文字,四川省十佳期刊《民族》(月刊)用汉、藏、彝3种文字出版。

(2)相同内容期刊,多种文字出版,因文字不同而封面各异的刊物如《人民画报》汉、藏两种文字,《新疆画报》汉、维吾尔、哈萨克3种文字。

(3)刊名相同、内容不同、文字不同出版的期刊如《新疆畜牧业》(季刊)用汉、蒙古、维吾尔、哈萨克4种文字出版,《语言与翻译》(季刊)用汉、维吾尔、哈萨克、柯尔克孜4种文字出版,其中只有维文为月刊,创刊年代分别为1982、1983、1984、1985年。

(4)一些汉文民族期刊,封面刊名皆用多种民族文字对照印刷,如中国作家协会主办《民族文学》(月刊)封面用汉、蒙古、藏、维吾尔、哈萨克、朝鲜6种文字印刷,《民族教育研究》(季刊)封面用汉、蒙古、藏、维吾尔、壮5种文字,《红河文学》(双月刊)封面用汉、彝两种文字,《原野》(季刊)封面用汉、藏两种文字。《满族文学》(双月刊)封面用汉、满两种文字。

(5)双语同刊如《内蒙古画报》从封面、目录到图片说明均用汉、蒙古两种文字对照印刷。

(6)用民族文字出版,刊名采用少数民族原文译音,如蒙古文:《鸿嘎兽》(鸿雁)、《阿拉腾文都苏》(金根)、《潮洛濛》(启明星)、《赫丽齐得》 (边防军)、《纳荷芽》(幼苗)。藏文:《章恰尔》(甘露)、《邦锦梅朵》(花的草原)、《达赛尔》(月光)。维吾尔文:《美拉斯》(遗产)、《天尔塔格》(天山)。哈萨克文:《木拉》(遗产)。朝鲜文:《道拉吉》(桔梗)等等

(7)少数民族文字期刊,根据其文字特有的书写规律,有上下竖排如蒙文,有从左往右横排如维吾尔文、哈萨克文,以及从右往左横排如藏文、朝鲜文。这些版式特点鲜明,与众不同。

3. 利用率

笔者从某民族专业图书馆1995—1997年抽样调查了200位读者,其中民族专业研究者占80%,汉族与少数民族读者分别为58%和42%,汉文民族期刊利用率占88%,少数民族文字期刊利用率占12%,这些读者中,大多查阅现刊与过刊中

的专业学术期刊，解决科研课题，或著书立说。

在一般读者中，阅览最多的是画报、文学艺术期刊，均为一般浏览或消遣，以丰富自己的业余生活，了解民族风情等。

4. 作用

民族期刊与其他期刊交相辉映，都成为促进科学文化、活跃群众生活的重要传播工具，对促进社会经济文化和两个文明建设都发挥了重要作用。除上述共性外，民族期刊还起到了其他期刊所不可替代的独特作用。民族期刊能快捷传递民族信息，对振兴民族经济文化建设，对促进民族团结进步起到了不可估量的作用。民族期刊还是连接各民族的纽带，是宣传党的民族政策的桥梁。民族期刊异彩纷呈，是中国55个少数民族概貌的展现，是让世界了解中国的窗口，是促进中外文化交流的使者。

（本文原载《图书馆学研究》 1998年 第2期）

苗族文献概况

杨胜锋

文献即“有历史价值或参考价值的图书资料”①，是了解人类历史文化的重要窗口。由此可以说，苗族文献就是有历史价值或参考价值的关于苗族的图书资料。可苗族以前没有自己的民族文字，相关文献自然也就很少。好在为了保护少数民族文化，学界提出了少数民族文献这一概念，并将口耳相传的具有浓厚民族文化特征的口头资料列入其中。这样一来，苗族也就有了浩如烟海的文献。本文就苗族文献的存在形式及搜集整理出版概况进行介绍，为研究苗族工作提供便利。

我国境内有800多万苗族人口，创造了富有特色的民族文化，是中华民族丰富多彩文化家园中的一朵奇葩。由于苗族分布地域较广、支系较多等特点，使不同地区不同支系的苗族文化各具特色，内部文化多样性在苗族得到充分体现。遗憾的是，苗族在古代没有自己的民族文字，民族文化主要通过口耳相传的方式传播。

一、苗族文献的存在形式

苗族文献是少数民族文献的一个重要组成部分，包括图书文献和口传文献，而且口传文献占据着很重要的分量，涉及文学、历史、宗教、哲学、医学等学科

① 中国社会科学院语言研究所词典编辑室．现代汉语词典（2002年增补本）[K]．北京：商务印书馆：1319.

内容。从这些口传文献和书籍文献中，我们可以大体了解苗族文化发展的历史和现状。

（一）口头流传

所谓口头流传，就是以说唱的方式传递信息。苗族的口传文学作品数量惊人，包括诗歌、巫辞、神话、故事等。尽管这些不可能都是文献，但除了一般的作品外，能够进入文献级别的作品数量依然相当可观。

1. 苗族诗歌

苗族诗歌按内容分，有劳动歌、时政歌、酒歌、情歌、儿歌、谜语歌等。没有文字的民族，口传诗歌特别发达，而且这些诗歌有很强的审美价值，并且还有重要的历史价值和教育价值。比如劳动歌，有的反映生产劳动过程，传播生产劳动知识（如《四季歌》《造屋歌》《酒药歌》）；有的则反映劳动者的劳动情绪（如《活路歌》《求雨歌》）。把一些农事简明扼要地概括出来，编成诗歌，便于记忆，有很好的实用价值，是数千年来苗族劳动人民积累的宝贵经验，将之看作口传文献笔者认为是可以的。

时政歌则是苗族人民在某个历史时期对当时“社会现实进行揭露、批判或赞颂的有力武器”①，能直接反映当时的社会历史现实。比如《张秀眉之歌》《杨大陆之歌》对清朝末期黔东南一带的苗民反清起义就有很直观的描述，是了解咸同起义的重要参考资料。将之视为口传文献也不为过。

酒歌、情歌、儿歌和谜语歌等文辞优美，娱乐、交际并重，是值得重视和研究的苗族文化内容之一。但因其数量大、即时创作性强等特点，可不将之视为文献。对这部分内容，我们可以通过筛选，出版经典选本加以珍藏。

苗族古歌则因其内容所反映的时代相对古老而得名，记录了不同社会历史时期苗族人民的生产生活状况，苗族的神话、故事大多取材于此，可以说是苗族文化的总纲。

2. 巫辞

巫辞是巫师在做法事时念唱出来的诗词。苗族是一个“崇巫信鬼”的民族，

---

① 李廷贵，等. 苗族历史与文化［M］. 北京：中央民族大学出版社，1996：363.

相信万物有灵。民族学者认为，“苗族的宗教和崇拜分为两大类：一类是原始宗教信仰；一是鬼神崇拜”①。基于这样的文化理念，苗族的巫术发达，巫辞丰富。而这些巫辞并非神秘莫测，而是具有一定的历史性和哲理性。比如说，苗族大部分地方都有的《指路歌》，是送死者亡灵回归祖先“居住地”的巫辞，从这些巫辞我们可以了解到当地苗族的迁徙路线。值得一提的是，苗族巫词大多根据需要节选自苗族古歌或者是从苗族古歌中演化而来。

3. 神话、故事

每个民族都有大量的神话、故事，苗族的神话、故事数量也相当可观。神话主要有开天辟地、人类起源、洪水滔天和民族大迁徙等。故事则主要注重趣味性，有《独戈王》《力王》《田螺相公》《龙螺》《两兄弟和两姐妹》《张秀眉》等，不胜枚举。

（二）书籍

书籍是古代保存史料最普遍最有效的载体，将口头文献文字化是当前少数民族文献工作的重要内容，也只有这样才是保护少数民族文献最行之有效的办法。自20世纪初，苗族开始有真正意义上的文字以来，苗族的书籍也随之出现。这些文字主要包括伯格理的坡拉字母苗文、石板塘的方块字苗文、胡托的注音字母苗文和石启贵的阿拉伯字母速记苗文四种。这四种苗族文字具有独创性意义，而且现存的、使用这些文字书写的书籍已经不多，笔者认为将之视为文献来保存这些苗文书籍是可以的。其中伯格理的坡拉字母苗文和胡托的注音字母苗文是西方传教士为在苗族地区传教而创制，带有浓厚的基督教色彩。这两种苗族文字成了基督教的传播工具，所印行的宗教书籍虽然是苗文，但内容与苗族无关，严格地说，不能将之看作苗族文献。但考虑到其开了创制苗族文字的先河，对后来苗文的创造和完善有很大借鉴作用，同时也是目前存在年代最早的苗文书籍，对研究苗族地区尚未受到现代文明影响时期的文化有所记载，而且为数不多，可以将之视为文献。

苗文书籍大量出现则是新中国成立后的事情。新中国成立初期，为了培养少

① 伍新福. 苗族文化史［M］. 成都：四川民族出版社，2000：509.

数民族干部和保护、开发、利用少数民族优秀文化成果等需要，国家出台相关法律法规并拨出专项经费派专家学者深入苗族地区走访调查。经过7年左右的时间，学者们搜集到了大量包括语言、文学、文化等方面内容的第一手资料，并着手创制新苗文。第一套苗语方案于1957年撰写完成并由国家民族事务委员会颁布使用。苗族学者开始用这套文字撰写苗语教材、苗文词典，整理苗族文献。这些搜集、整理、研究成果是很珍贵的苗族文献。将在下一节对苗族文献的搜集整理成果作详细阐述。

（三）关于苗族的汉文文献

属于书籍形式的苗族文献除了以上提到的两种之外，还应该包括记录苗族社会历史状况的汉文文献和其他少数民族文字记录的关于苗族社会历史状况的书籍。这部分文献数量不多，但反映了苗族与其他民族交往的历史状况，具有重要的史料价值。

二、苗族文献的整理与出版概况

大量苗族文献存在于民间，而且主要是口头文献。此外，在汉文文献中与苗族语言文化有关的内容也需要进行筛选。只有经过搜集整理出版才能达到保护和利用苗族文献的目的，这就涉及苗族文献的搜集整理出版问题。本节就苗族文献的搜集整理出版概况作一些介绍。

（一）中华人民共和国成立前整理、出版的苗族文献

搜集苗族文献的历史并不是很长，尽管以前就有少数朝廷官员或文人记录苗族地区的风俗文化，但有意识地进行苗族文献的搜集还得从20世纪初的传教士和民族学者开始。

1. 朝廷官员和文人著录

朝廷关于苗族的著述主要是指史书中关于苗族的部分章节，苗族学者伍新福先生认为“先秦典籍及《史记》《汉书》中即有关于苗族先民的记载。此后历代

统治者对苗族征伐不断，在官方文献中更是史不绝书。”[①]文人著述则有宋代朱辅《蛮溪丛笑》，明代郭子章《黔记》，清代陆次云《峒溪纤志》、爱必达《黔南志略》、段汝霖《楚南苗志》、罗绕典《黔南职方纪略》、徐家干《苗疆闻见录》、贝青乔《苗俗记》等等。

2. 传教士著录

传教士主要是传播基督教义，但他们也根据在苗族地区的所见所闻做了大量笔记，还搜集了少量的民间故事。对研究苗族历史文化具有参考价值。《苗文基础》《苗族原始读本》《马太福音》《马可福音》等，这几种书都是20世纪初伯格理在杨雅各等人的协助下使用“老苗文”刻印而成。1916年，铅印本的苗文《圣经》在日本出版。苗族信教群众用这套文字写了大量赞美诗，记录整理了苗族《古史传说》，在石门坎创办苗文报纸《半月刊》。

3. 民族学者著述

民国时期有一批民族学者关注苗族文化，其中包括苗族自己的学者。主要有盛襄子关于湖南苗族的论著《湖南之苗瑶》《湘西苗疆之设置及其现状》；陈国钧等关于贵州苗族的论著《贵州短裙苗的概况》《苗族中祖先来历的传说》《生苗的人祖神话》《大花苗名称来源》《贵阳苗族的跳花场》《苗族吃牯脏的风俗》等；笑岳等关于川滇桂琼等地苗族的考察，《川苗概况》《海南岛苗族的来源》《广西融县苗人的文化》《滇边苗族杂谈》等。大型专著以凌纯声、芮逸夫的《湘西苗族调查报告》，梁聚伍的《苗夷民族发展史》和石启贵的《湘西土著民族考察报告》影响最大。

（二）中华人民共和国成立后整理、出版的苗族文献

中华人民共和国成立后，民族文化工作受到党和国家领导人的高度重视。民族学者深入到苗族地区搜集口头文献资料，并将之整理出版。同时，关于苗族的学术论著也大量涌现出来。20世纪50年代，学者深入民族地区考察并写出了很多关于少数民族的论著，关于苗族的文献出版物也出现繁荣局面。其中马学良等著的《苗族方言调查报告》《苗语方言的划分和创造苗文的问题》，尹育然的《关

---

① 伍新福. 中国苗族通史［M］. 贵阳：贵州民族出版社，1999：4.

于少数民族语文工作和苗族语言文字问题》，谢华的《湘西土司辑略》，梁聚伍的《苗夷民族发展史》《苗族人民在反清斗争中跃进》，马少侨的《清代苗民起义》《湖南苗族人民革命斗争史》，多位学者共同撰写的《苗族简志》《苗族简史》等是这个时期的代表作。此外，这期间还出版了很多苗文课本和苗文词典。苗文课本有《苗文农民识字课本》（1957）、《干部课本》（1958）等。苗文词典有《汉苗词汇对照手册（中部方言）》《苗汉简明词典（初稿）》等。

20世纪60年代初，由于历史原因，少数民族研究步入停滞阶段。直到70年代末，少数民族研究又开始蓬勃发展起来。三十年来，苗族文献出版取得了丰硕成果。社会学专著有《苗语简志》《苗族史》《苗族文学史》《苗族历史探考》《苗族历史与文化》《苗族语言与文化》《苗族神话研究》《中国苗族服饰》《苗装》《中国苗族民俗》《口传诗歌中的非口语问题——苗族古歌的语言研究》《苗族古歌与苗族历史文化研究》《融水苗族埋岩古规》等；科学著作有《苗族医药学》《植物栽培》《苗族物集》《生命知识（苗文版）》《湘西苗药汇编》等，词典有《苗汉词典（黔东方言）》《汉苗词典（东部方言）》《苗汉汉苗词典（湘西方言）》《苗语俗语小词典》《苗语语法》《黔东苗语基础知识》等；文学作品有《张秀眉之歌》《杨大陆之歌》《苗族谚语格言选》《古老歌》《开亲歌》《苗族古歌》《西部苗族古歌》《苗族理辞》《仰阿莎》《苗歌选》《苗族历代诗选》《苗族指路经》《祭魂曲》等。此外，苗语课本也比以前多很多，还出现了一批苗文报刊，如《香炉山》《台江苗文报》《丹寨苗文报》，期刊《飞云崖》《舞阳河》等。从以上的罗列可以看出，新中国成立以来特别是改革开放以来，苗族文献工作取得了前所未有的成绩。

三、当前苗族文献特点和苗族文献工作展望

苗族文献的最大特点是：口头文献与文本文献并存，文本文献与苗族文化发展水平不相协调，口头文献面临严峻冲击。经过学者们的多年努力，苗族文本文献从无到有，形成了口头文献与文本文献并存的局面。但是，由于人力、物力等诸多方面的原因，苗族文本文献依然与该民族的文化发展水平存在很大差距。然而，在现代化步伐加快的今天，苗族人民生活水平得到长足发展的同时，人们的

生产生活方式也发生了深刻变革，苗族传统文化面临着严峻考验，口头文献失去了持久生存的土壤。针对这样的现实，笔者认为做好苗族文献工作当前应当从以下几个方面去努力。

（一）加大口头文献保护力度，尽快将口头文献文字化是当务之急

现在苗族地区，苗族年轻人大多接受了现代文明，民族文化意识开始淡化。而掌握本民族文化精髓的歌师、巫师多为老年人，他们是民族文化的传承者，但随着他们逐步离开人世，民族文化传承存在断代的危险。为了保存和传承民族文化，有必要加大民族文化特别是口头文献的保护力度。尽快将口头文献文字化是行之有效的方法。

（二）借助现代科技录制民族文化音影资料，是保存和传承民族文献的必要手段

其实，电视的普及对民族文化冲击很大。青少年闲暇之余基本上都是看电视，传统的口传诗歌、故事不再有吸引力。笔者大学期间在家乡的几个村子调查时发现，事实上绝大部分苗族人还是喜欢观看与苗族有关的节目或者音影光盘。而许多苗族年轻人表示，通过观看苗族光碟学会了一些苗歌。可见音影资料一方面有利于直观地保存和再现民族文化场景，另一方面也是现阶段民族文化得以传承的有效手段。

（三）加强专业人才培养，提高文献搜集整理的数量和质量是根本保障

从事民族文献工作的学者的数量并不多，而具体到每个少数民族更加显得微不足道。因而，加快专业人才培养是至关重要也是任重道远的事情。

参考文献

[1] 伍新福. 苗族文化史 [M]. 成都：四川民族出版社，2000.

[2] 伍新福. 中国苗族通史 [M]. 贵阳：贵州民族出版社，1999.

[3] 李廷贵，等. 苗族历史与文化 [M]. 北京：中央民族大学出版社，1996.

[4] 罗曲. 中国少数民族文献学的学科建设 [J]. 西南民族大学学报（人文社科版），2004（11）.

[5] 包和平，等. 中国少数民族文献学概论 [M]. 北京：民族出版社，2004.

[6] 何丽，等. 中国少数民族古籍管理学概论 [M]. 北京：民族出版社，2006.

（本文原载《民族图书馆学研究（四）》 辽宁民族出版社 2008年12月）

木雅贡布和藏文文献学研究述评

索南多杰

一、生平述略

木雅贡布先生（1923—2008），是我国著名的藏文文献学家，长期从事藏族宗教、历史和文化教育事业。生前为中国民族图书馆藏文古籍版本目录对勘和古籍鉴定专家，研究馆员。曾任西藏民族学院兼职教授，中国藏语系高级佛学院特约研究员，中国藏学研究中心学术评审委员会委员、干事等。荣获“国家特殊贡献的社会科学研究人员”“中国藏学研究珠峰奖荣誉奖”等奖项，并为享受国务院政府特殊津贴。

1923年1月3日，木雅贡布先生出生于今四川省康定萨旦地方。5岁时，到康定附近的噶玛噶举派寺院贡嘎寺入寺为僧，由贡噶多吉强第五世活佛为其剪发剃度，取法名噶玛曲智僧格。此后7年在舅舅门下学习藏文、背诵佛经、学习佛教礼仪及其他藏学知识。14岁时入贡噶寺闻思学院，拜师贡噶活佛学习大小五明，由于贡布先生勤奋好学，学业优秀，深受贡噶活佛的赏识，成为其得意门生，期间又从土登堪布、潘德扎西堪布学习佛法知识，6年的寺院学习生活为贡布先生奠定了扎实的藏语言、史学、诗学等研究基础。1946年贡布先生随贡噶活佛的高徒到成都、重庆、昆明等地讲经传法，贡布先生初次走出寺院，开阔了视野，从小村庄到大城市的社会发展变化也对他产生了深刻影响。

1951年康定解放，为了培养藏族自己的干部，康定成立了师资培训班，招收了一批有文化的藏族学生。1952年，在贡噶活佛的动员下，贡布先生参加了培训班。经过一年的学习后被分配到康定自治州文教局教材编写委员会工作，负责编译编写有关教材。其间还在业余藏文学校给汉族干部教授藏文和藏文化知识。因先生授课方法独到，广受学生欢迎。因此，1956年调到了西南民族学院从事教学和教材编译工作，并被聘任为高级讲师。1963年贡噶活佛的生活发生了很大变化，由于常年在外地生活的影响，贡布先生最终还俗，并与曲珍结为夫妻。1965年，受极“左”思潮影响，在校民族语文教学不再受重视，于是先生又调入甘孜州文史研究组。“文化大革命”时期木雅贡布先生蒙冤受害，在狱中度过了7个月的艰辛生活。1976年出狱后又回到了甘孜州文教局，初期被安排负责基建，还负责管理林场等杂活。直到1977年才被安排担负教材编辑工作，由于“文革”的破坏，当时很多教材已被烧毁了，贡布先生又从头开始教材编写工作。

1979年，贡布先生调到北京中央民族语文编译局工作，负责马列、毛泽东等著作的翻译、审稿等工作，随之家也迁到了北京。其间贡布先生负责翻译的主要有《毛泽东选集》、马克思《资本论》、斯大林著作以及西方哲学等著作。还担负了德格印经院印刷的《甘珠尔》《丹珠尔》的校审工作。

1980年贡布先生受聘到民族文化宫图书馆（现中国民族图书馆），对20世纪50年代初搜集到的藏文古籍进行了编目和整理工作，其间合作编写了8000余函藏文文献的工作卡片和10万余片的读者卡片。1983年，又参与著名藏学家才旦夏茸主持的整理萨迦时期的写本及重要文献工作，后来，其中1116种罕见文献被缩微影印。1984年从翻译局正式调到了民族文化宫图书馆。

1985年，贡布先生在对民族文化宫图书馆馆藏的藏文古籍整理的基础上，将这些藏文典籍编辑成三册陆续出版。

1986—1988年，主持了民族文化宫图书馆缩微影印颇罗鼐《丹珠尔》，辑成100册，附有赤松德赞与各大译师的著作目录。

1987年，65岁的贡布先生退休，但由于先生才学渊博，身体健康，退休后仍被民族文化宫图书馆返聘，承担着重要课题研究与藏文古籍的鉴定工作。2008年因病在北京逝世，享年85岁。

二、学术成就

木雅贡布先生博学多才、治学严谨。贡布先生自20世纪60年代开始藏学研究，先后发表著作和论文多篇，其中代表作品有《藏文典籍目录·文集类子目》(1—3册，合著)《历代藏族学者小传（一）》《思念贡嘎上师功德颂》《藏族修身法精要汇编》《巴塘与巴塘人》等。论文有《甘珠尔和丹珠尔源于西藏说》《略谈藏族史学中对木雅与木雅相关的一些术语研究》等。另编译有《毛泽东选集》、斯大林著作、马克思《资本论》；编写了《业余读本》、小学课本等藏文教材10余种。

贡布先生在钻研古籍文献的同时，还给很多藏区的学界友人解答藏学问题，写序、写评语，如仁达瓦的《因明学》《逻辑学》《普东巴传》《萨迦格言》。还在藏区有名的文学期刊《章恰尔》上开设“智慧老人”专栏，专门解答有关藏学方面的问题。贡布先生参与编纂和合著的著作中，《藏文典籍目录·文集类子目》《历代藏族学者小传（一）》在藏学界影响较大。

《藏文典籍目录·文集类子目》(1—3册)，是在中国民族图书馆主持整理藏文古籍的基础上，由贡布先生等数位著名藏学家具体参与，将馆藏藏文典籍中的文集类子目分类编制成册，收录了11—19世纪初藏文典籍7000多部，著者180余位，全书百万余字。列有每一部文集的内容简介，并附有著者小传，子目详细，汉译对照。到目前为止，在藏文典籍目录中收录文集最多，编排也最为科学，因此获得国家优秀作品奖。

藏文文集的整理编目，历来深受藏族学者的重视。18世纪末，隆多喇嘛阿旺洛桑曾编纂有《噶当、格鲁派高僧文集简目》，收文集40家。19世纪中叶，仲钦·喜饶嘉措编著有《罕见书目》，分藏文典籍为12类，其中文集类收90余家。1959年拉卜楞寺对该寺所藏的全部藏书进行了综合整理，并出版油印本《拉卜楞寺总书目》，收录了170余家论著数万卷。1985年，青海民族出版社编辑出版了《藏文典籍要目》；1983年，由甘肃省甘南藏族自治州编译局编辑，海南州印刷厂印刷出版内部版《历代藏族译师译著目录》，全书共收录了历代各种版本的经典文集论著，共267位高僧大德论著，并按传统大小五明法分类。

与上述诸多藏文文集目录相比，《藏文典籍目录·文集类子目》最为突出，其特点是按文集作者名字的字母顺序排列，为了反映重要派系的传承关系，则冠其总名，各系属内的作者，按其世系排列；文集以一种刻本或抄本为依据，保持原有卷帙及编目次序，同时参考其他版本，收录所缺篇名，不同版本中凡内文相同，篇名各异者，均分别录入；卷帙表有馆藏编号和页数。正文每一文集详列子目，藏文书名及全文汉译、另标注有版本类型、页数、次序编号及索取号。这种编纂方法既保持了文集原有卷帙和篇目次序，又参照其他版本，进行校勘补缺。书内还附有著者小传。全文编排合理、子目详细、检索方便，受到国内外学者好评。

《藏文典籍目录·文集类子目》第1册于1984年由四川民族出版社出版，2—3册分别于1989年、1997年由民族出版社出版。由于所收典籍内容广泛，该书成为研究藏族政治、历史、宗教史、文化史、科技史、工艺美术史的重要工具书和必备的参考数据，无论对查阅数据，还是选题开发都起到了很好的作用。

《历代藏族学者小传（一）》凝聚了贡布先生几十年的心血，是他在中国民族图书馆多年的藏文文献整理和编纂的基础上，在查阅大量的前辈学者传记和史料基础上撰写的，内容短小精湛，涉猎广泛，被视为先生凝聚心血的代表作。全书200余万字，介绍了萨迦班钦政权以后150多位藏族文学名人。这部著作对于了解和认识藏族历代文学名人的时代背景和创作过程等方面具有重要的意义。

木雅贡布先生学识渊博、为人谦和，在藏学界广受敬仰。为了继承先生的为学为人的工作作风和弘扬、传承其优秀的学术成果，2013年，中国民族图书馆联合中国藏学出版社整理出版了贡布先生文集，即《木雅贡布藏学研究文集》。这部文集收录有贡布先生著作《藏族历史名人传记》《思念贡噶上师功德颂》《藏族修身法精要汇编》三部，代表性论文《〈甘珠尔〉和〈丹珠尔〉源于西藏说》《略谈藏族史学中对木雅与木雅相关的一些术语研究》两篇。此文集既是先生首部公开出版发行的文集，也是民族文化宫历史上首位整理出版的民族文化宫优秀专家文集。时值先生诞辰90周年，在各方学者、专家的呼吁下，2013年11月29日，民族文化宫召开了“古籍保护工作研讨会暨《木雅贡布藏学研究文集》出版座谈会”，专题研讨了木雅贡布先生一生的藏学研究成绩。藏学专家、学者以及木雅贡布先生家属、友人共32人参加了会议。目前对于木雅贡布先生藏学研究的专题研究还未有人涉足，但已出版的回忆、访谈类文章有：贡布先生学友、著名的藏学家王尧教授写的追思文章《纪念师兄木雅贡布》、国家民委副主任丹珠昂奔写的回忆文章《纪念木雅贡布先生》、中国藏学研究中心历史研究所所长陈庆英研究员回忆文章《怀念木雅贡布先生》、中国民族图书馆副馆长先巴编写的《木雅贡布小传》。这些著者均为贡布先生生前友人。以上文章都已收入《木雅贡布藏学研究文集》，对于全面了解贡布先生学术生涯和百味人生将会起到很好的作用。

三、结语

木雅贡布先生自20世纪60年代开始从事藏学研究以来，四十余年如一日，潜心学问，青灯长卷、躬耕学术，虽一生遭遇坎坷，却锲而不舍，把自己的一生贡献给了他所钟爱的藏族文化事业。先生虽花甲之年涉猎文献学研究，却厚积薄发，探索卷帙浩繁的藏文古籍文献，细心钻研，成果丰硕。他谦和严谨的工作风格和卓越的学术才能，赢得了同行专家、学者的赞誉。光阴带走了逝者的生命，却也永存了贤人的智慧，并在光阴的变迁中越发闪耀和明亮。贡布先生一生为学，其为人，虚心谦厚，给后人作出了榜样，也一直激励着后来的藏学研究和工作者秉承先生优良传统，奋发前行。

参考文献

[1] 木雅贡布．中国民族图书馆．木雅贡布藏学研究文集（藏文）．中国藏学出版社，2013.

[2] 中国民族图书馆．藏文典籍目录文·集类子目（1册）．四川民族出版社，1984.

[3] 中国民族图书馆．藏文典籍目录文·集类子目（2—3册）．民族出版社，1989，1997.

[4] 晓明．木雅贡布和他的藏学人生．中国西藏，1997（1）.

[5] 藏文古籍保护工作研讨会暨《木雅贡布藏学研究文集》出版座谈会会议纪要．民族图书馆，2013.

（本文原载《文津学志（第七辑）》 国家图书馆出版社 2014年8月）

中国民族图书馆馆藏民国期刊概况

严　墨

在中国的历史进程和现代化进程中，各个时期的报刊是一份无法被替代的文化遗产。“民国期刊”是指1912年至1949年10月1日前出版发行的期刊等，是中国近代历史的载体之一，有其独立存在的时代价值，绝不会因过期、休刊等原因而过时无用。民国的38年是一段有着特殊历史背景的时期，在那多事之秋，作为知识和政治舆论的载体，“民国期刊”具有重要的历史和学术价值，它的内容反映了我国近现代政治、经济、文化、科技、军事等诸领域的历史发展轨迹。

一、馆藏民国期刊概况

中国民族图书馆入藏的民国期刊非常丰富，共藏有民国期刊531种，18152多册，收藏是通过多渠道、多方式努力搜集采购，逐步积累起来的。入藏渠道主要有两种：接收捐赠约为30%、自己采购比例约为70%。中国民族图书馆为馆藏民国期刊的整理和保护做出了许多努力，于2007年启动了“建立民国期刊数据库”工作。首先，进行拆捆、理顺工作。按音序细分、整理上架；第二，抽调有经验的编目人员，按照馆制定的“民国期刊报纸编目条例”有计划、分步骤地进行书目数据数字化，包括抽取样本、查重、著录、输入馆藏；第三，打印并粘贴书标、装盒、归架等步骤。历时4年，至2010年底，馆藏所有的民国期刊完成全部书目数据数字化工作，可以在馆内网络上查询。2015年，课题《中国民族图书馆藏中文民国期刊题录及提要》在上述工作基础上对馆藏中文民国期刊进行了补充和完善。

二、馆藏民国期刊特征

（一）馆藏民国期刊学科特征

中国民族图书馆馆藏民国期刊内容广泛，几乎涉及各个学科，其中以社会科学类数量最多。采用《中国图书馆分类法》分类编目，入藏的各学科种数见表1、图1。

表1　馆藏民国期刊的学科分布及数量

分类号	分类名	大类数量（种）	部类数量（种）
马克思主义、列宁主义			3
A	马克思主义	3	
哲学、宗教			30
B	哲学、宗教	30	
社会科学			470
C	社会科学总论	61	
D	政治、法律	138	
E	军事	2	
F	经济	50	
G	文化、科学、教育、体育	68	
H	语言文字	6	
I	文学	53	
J	艺术	6	
K	历史、地理	86	
自然科学			15
N	自然科学总论	4	
P	天文学、地球科学	2	
Q	生物科学	1	
S	农业科学	4	
T	工业技术	2	
U	交通运输	2	

续表

分类号	分类名	大类数量（种）	部类数量（种）
综合性图书			13
Z	综合性图书	13	
			总：531

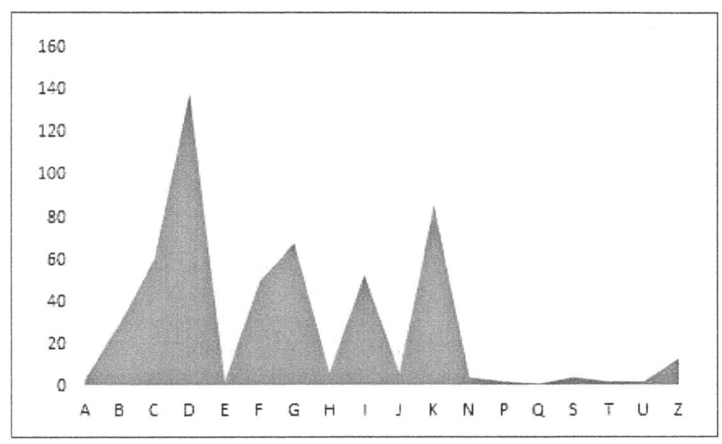

图1　馆藏民国期刊的学科分布图

从上述学科分类图中，可以看出社会科学部类期刊藏量最高，共470种，约占88.5%，该部类中“政治、法律”类期刊藏量最多，共138种，约占26%，超过总量的四分之一，其中政治类期刊占有较大的比重；“历史、地理”类期刊藏量位列第二，共86种，占16%多一点；“文化、科学、教育、体育”类期刊藏量位列第三，共68种，约占13%；“社会科学总论”类期刊藏量位列第四，共61种，约占11%多一点；“文学”与“经济”类期刊藏量位列第五第六，分别为53种和50种，合起来占19%。以上6种所占比例达到馆藏总量的85%，达到社会科学类总量的97%。

另，马克思主义和哲学类期刊33种，自然科学类期刊15种，综合性期刊13种，这三大部类期刊占总藏量11%略多一点，其中生物科学类期刊最少，仅收藏1种，稍次为地球科学、工业技术和交通运输，这三类各收藏2种。综合上述情况，馆藏民国期刊中政治、地理历史社科总论、教育、文学、经济等社会科学类期刊所占比例极高，而哲学、自然科学及综合性图书类期刊所占比例极少。这种收藏比例非常符合早期中国民族图书馆作为社科类专业图书馆的定位。

（二）馆藏民国期刊年代特征

中国民族图书馆馆藏民国期刊时间跨度是1902年至1949年，从严格意义来说，不仅是民国期刊，还包含有清王朝被推翻前10年的期刊，足见中国民族图书馆馆藏的重要性和珍贵性。详见表2。

表2　馆藏民国期刊创刊年代与馆藏数量

年代	藏量	年代	藏量	年代	藏量	年代	藏量	年代	藏量
1902	1	1912	5	1922	4	1932	18	1942	17
1903	1	1913	5	1923	11	1933	28	1943	15
1904	2	1914	3	1924	11	1934	29	1944	11
1905	2	1915	2	1925	8	1935	18	1945	15
1906	1	1916	1	1926	11	1936	27	1946	29
1907	2	1917	1	1927	8	1937	14	1947	35
1908	1	1918	3	1928	14	1938	21	1948	7
1909	2	1919	8	1929	16	1939	27	1949	9
1910	1	1920	6	1930	13	1940	19	年代不详	1
1911	3	1921	4	1931	17	1941	24		

清宣统三年（1911），孙中山领导的革命党人于武昌起义，推翻清朝帝制。湖北军政府的文告和各省响应的宣言不使用满清年号，使用黄帝纪年。革命党人讨论成立共和政府时，认为黄帝纪年也不合民主共和的宗旨。各省代表于十二月二十九日在南京召开临时大总统选举大会，孙中山当选为中华民国临时大总统。次年（1912）元旦正式就职，通电各省，颁订国号为中华民国，并且不再使用帝制的年号，以黄帝纪元4609年11月13日（1912年1月1日）为中华民国元年元旦，并改用阳历。中华民国纪年以1912年为开始，以1949年为终，共38年。

中国民族图书馆馆藏民国期刊所覆盖的是从1902年至1949年，是中国历史上变化变迁最大的阶段，经历了帝制、半殖民地半封建社会的终结、军阀割据、资产阶级民主共和国、外族入侵家国破碎的十四年抗战期、直至建立中华人民共和国，馆藏民国期刊以官方与民间不同的视角记录下了这段历史。

（三）馆藏民国期刊出版周期分类

期刊按其出版周期分类，大致可分为周刊、旬刊、半月刊、月刊、双月刊、季刊、半年刊、年刊、不定期刊等。

表3 馆藏民国期刊周期分类

刊种	3日刊	半周刊	5日刊	周刊	旬刊	半月刊	月刊	双月刊	季刊	半年刊	年刊	不定期
数量	2	3	2	49	15	56	246	18	56	12	17	55
百分比	0.38	0.55	0.38	9.23	2.82	10.55	44.07	3.39	10.55	2.26	3.20	10.36

中国民族图书馆馆藏民国期刊中，月刊数量最多，246种，所占比例将近一半，为44.7%。主流出版周期的月刊加上半月刊、季刊和周刊，比例达到75%，占总藏量的四分之三。馆藏不定期出版的民国期刊有55种，占比超过10%，主要是学校校刊和宗教团体出版的期刊。

中国民族图书馆馆藏民国期刊里有几种少见的期刊种类："3日刊""半周刊""5日刊"，数量不多，却能体现出民国时期期刊的多样性。

馆藏民国期刊3日刊有2种，分别是《抗战》和《扫荡》。1931年3月由时任国民政府南昌行营政训处处长贺衷寒在南昌创办的《扫荡》3日刊，目标是针对共产党工农红军，是蒋介石施行统治的宣传工具。《抗战》三日刊是抗日战争期间的抗战代表刊物，是由邹韬奋先生于1937年8月19日在上海创办的，该刊由抗战三日刊社发行，每三日发行一期，16开本。该刊在上海沦陷后从第30期迁往汉口，及至次年7月3日，《抗战》三日刊共出版86期，随即它与《全民》周刊合并为《全民抗战》三日刊，后迁往重庆，到1941年2月被迫停刊。

馆藏民国期刊半周刊有3种，分别是《黄埔潮》《广西省政府公报》《小广州人杂志》。《黄埔潮》是黄埔军校出版的革命军人杂志，1925年10月创刊，于每星期三、六出版。1945—1947年出版的《广西省政府公报》半周刊是政务刊物，颁布法规，传达政令及广西省政府各项指令。《小广州人杂志》是1949年广州出版的社会新闻刊物，有时局、人物、内幕等几种专辑，报道时事，叙述各党派军政人物及其秘闻轶事。

2种馆藏的民国时期的"5日刊"是1931年的《四川省政府公报》和1934年

北平成达师范学校编印出版的《成师校刊》。

中国民族图书馆馆藏的531种民国期刊中，有41种期刊的出版周期发生过变化，占馆藏的7.7%，如《时事月报》改名为《抗战半月刊》，国立中山大学史学研究会的《现代史学》在抗日战争期间因经费短缺、学校迁移，月刊变为季刊。究其原因有三：第一，资金出现问题，此原因所占比例较大；第二，抗日战争时期，政府、大学、人才向西南转移，时局动荡，物力维艰；第三，日本占领区和国民政府的新闻出版审查制度。

三、馆藏民国期刊专特号

中国民族图书馆馆藏民国期刊专特刊共有229种320册，约占馆藏期刊种类的43%，总册数的2%。近一半种类的期刊都有专特号，体现馆藏民国期刊刊种多、专特号多的特点。

民国时期，军阀割据，政局动荡，但社会上和学术界对中国现代化问题的大讨论却一直不断。当时各种主义、思想非常活跃，学者们先后围绕社会主义与资本主义、统制经济与自由经济、民主与独裁、全盘西化与本位文化、工业化与农业化等10多个问题展开了激烈的争论，创建了许多新刊物创刊号。同时，由于思想文化碰撞，加之国民党在思想上的禁锢，出版上的政治审查，日本帝国主义在占领区的文化侵略，导致很多民国时期的期刊出现停刊号、复刊号、终刊号。针对社会热点学术焦点国家大事更出版了许多专刊号。专特刊出现的频率因刊而异，有的刊物多些，有的少些。但无论数量多少，其学术价值和出版价值均是不容忽视的，在收藏价值和资料价值上更具研究意义。

表4　馆藏民国期刊专、特刊统计

刊种	创刊号	复刊号	号外	特辑	特刊	专刊专号 增刊号	纪念号	停刊号	终刊号	合计
数量（册）	183	7	6	8	16	89	2	2	7	320

（一）创刊号

在期刊收藏中，创刊号总是特别珍贵。一般来说，一个刊物的创建，是办刊者，或个人或一个群体，经过了深思熟虑筹划后的决定，内中的发刊词则是期刊的灵魂与方向。创刊号作为刊物的首期，从封面设计到开本印张，无不浸透着办刊者的心血，是办刊人奉献给读者的见面礼。创刊号不仅是一册期刊，更是一份出生证明，自我介绍了创刊缘起，以及办刊宗旨、风格、栏目设置、编辑人员组成、征稿要求等等，极具收藏价值。本馆共收藏民国期刊531种，有创刊号的期刊183种，占比35%。

（二）复刊号

复刊号是期刊经历停刊或休刊后重新发行的第一期，期刊名一般沿用之前的名称，期数有些会延续之前的期号，有些则会按年度新记期数，还有些复刊后改变了出版周期。复刊期刊大多会在第一期标明“复刊号”。馆内收藏有复刊号7册：《新中华》《贵州财政月刊》《广西省政府公报》《边政月刊》《教育通讯》《清真铎报》《中央银行月报》。

（三）号外

期刊号外指定期出版的期刊在前一期已出版，后一期尚未出版的一段时间内，对发生的重大新闻和特殊事件，为迅速及时地向读者报道而临时编印的期刊，因不列入原有的编号，故称号外。号外往往具有史料性、突发性、及时性的特点，特殊时期号外出的比较多。馆内收藏的号外计有《光》《光明》《读书杂志》各1期、《文献》3期，4种共6册。

（四）特辑

特辑，是为特定主题而编辑的文字资料、报刊，或针对某一题材或者专题整理收录所做的专辑，为学术会议出的专刊有些也称为特辑。馆藏专辑有《西康经济季刊》《西北角》《文摘》各1期，《文艺阵地》5期，4种共8册。

（五）特刊、纪念号

特刊是指报、刊为纪念某一节日、事件、人物等而编辑的一期或一版。如元旦特刊。馆内收藏有16册：《康藏前锋》《广大学报》《黄埔潮》《边事月刊》《苏俄评论》《谈风》《云南大学学报》《中国学生》《金石书画》《读书杂志》《柳州回教特刊》各1期、《无产青年》2期、《台湾省行政长官公署公报》3期，13种16册。另有《黄埔潮》《史学述林》2种各一期纪念号。

（六）专刊、专号、增刊号

专刊专号，是围绕某一特定主题编辑的特刊。期刊是有周期的，正常出版的期刊叫正刊。增刊和专刊，都是临时性出的，是在正刊之外的。不属于正常连续出版的期数里面，一般增刊或专刊都会在封面上注明“增刊”“专刊”字样，一些专刊、专号、增刊号不记录收录于总刊数里。馆藏注明专刊专号的有89册，如《国立北京大学四十周年纪念论文集》《北京大学研究所国学门月刊》《己丑度亡利生息灾法会音声》《前哨·文学导报——纪念战死者专号》《洪水——增刊号》等。

（七）期刊更改名称

期刊名称是期刊的符号，是期刊性质、期刊定位、期刊出版方针、期刊出版宗旨、期刊出版理念、期刊所服务的读者类型等等信息的综合体，是最能直接呈现办刊宗旨和读者类型的要素。馆藏的531种民国期刊中有57种期刊因各种原因改过名字，占比约10.7%。如《地理杂志》改名《方志月刊》；中央苏区创办的党团群众性刊物《实话》于1933年和《党的建设》两刊合并改名为《斗争》；中国左翼作家联盟的机关刊物《前哨》处于国民党白色恐怖之下不能如期出版，改名《文学导报》；《抗战》杂志，由于受上海租界当局的压制，被迫改名为《抵抗》，后又与《全民》周刊合并为《全民抗战》。

四、馆藏民国期刊的地域性

一个地区期刊出版的状况，主要取决于这个地区政治、经济、科学文化的发展水平，人口数量与识字人口比例，以及纸张、制版、印刷等物质与技术条件。馆藏民国期刊的地域性分布基本印证了这个观点。

表5　馆藏民国期刊的出版地区表

出版地区	种类	收藏占比	出版地区	种类	收藏占比	出版地区	种类	收藏占比	出版地区	种类	收藏占比
上海	135	25.42%	天津	8	1.51%	辽宁	2	0.38%	日本	3	0.56%
北京	102	19.21%	台湾	7	1.32%	吉林	2	0.38%	新加坡	3	0.56%
江苏	65	12.24%	广西	6	1.13%	湖北	2	0.38%	出版地不详	1	0.19%
四川	46	8.66%	福建	6	1.13%	山东	1	0.19%			
重庆	42	7.91%	内蒙古	5	0.94%	宁夏	1	0.19%			
广东	21	3.95%	浙江	5	0.94%	江西	1	0.19%			
云南	15	2.82%	湖南	5	0.94%	黑龙江	1	0.19%			
甘肃	14	2.64%	香港	4	0.75%	安徽	1	0.19%			
陕西	13	2.45%	山西	3	0.56%						
贵州	9	1.69%	新疆	2	0.38%						

（一）馆藏民国期刊出版地相对集中，出版地域覆盖面广

从表5中可以看出，上海、北京（北平）、江苏（主要是南京）、四川（主要是成都和康定）、重庆5地出版的期刊有390种，占馆藏民国期刊总量的73.45%。反映出民国时期中国的政治经济、文化分布情况。民国时期的上海被称为“上海特别市”，是集政治、经济、金融、文化、工业等各方面为一身的国际都市。北京（北平）在当时虽不再是首都，但在教育方面仍有关键优势，拥有国立的北平大学，清华大学等著名高校，被国际人士称为“中国的波士顿”。江苏，主要是首都南京，是政治和文化中心。四川和重庆作为抗战时期的“大后方”和“陪都”，支撑着抗战时期中华民国的主要文化教育和政治经济。

馆藏民国期刊的出版地域覆盖面广。除上海、北京（北平）、江苏（主要是南京）、四川（主要是成都和康定）、重庆5地外，占馆藏四分之一（约26.55%）的民国期刊出版地区涵盖了民国时期中国六大地理区，即东北地方、塞北地方、北部地方、中部地方、南部地方、西部地方。陈独秀创办于安徽芜湖的《安徽俗话报》，湖南安化蓝田国立师范学院的《国师季刊》，华北基督教农村事业促进会创办于济南的《田家半月报》，四川乐山出版的《国立清溪职业学校校刊》等等。另有台湾出版的7种65册、香港发行的4种123册民国时期期刊，还收藏有

在日本出版的《民铎杂志》《关陇》《新民丛报》，以及新加坡出版的《佛教人间》《南洋杂志》《南洋学报》。

有1种期刊出版地不详，是中国国民党中央执行委员会组织部蒙藏语文研究会出版的《西藏语文研究专刊》，原因是没有规范的版权页。

（二）期刊刊载的主题和文章内容覆盖全国各个地区

馆藏民国期刊有许多是面向某一地区，或为某一地区发声的刊物。如《东北月刊》《西北》《西北工合》《蜀铎》《绥远旅平学会会刊》《新蒙古》《新新疆》《康藏研究月刊》《福建文化》《新绥蒙》《天山月刊》《滇黔》《新宁夏》《台湾通讯》等等。这些民国时期的期刊都有相当的篇幅记载了当地的自然、人文、地理现状，具有打破地域隔阂、增进相互了解、破除刻板印象、启蒙国人、唤醒民众的作用。尤其抗日战争期间，国府及民众西迁，西南西北渐成后方，人力物力财力也一并西迁。为给西迁的民众与官员、军人增加对西南西北的了解，《西北史地》《西北文化》《西南周刊》《蒙藏月刊》等等“大后方”很多杂志都将内容重点落在对西南西北的名胜宣介与民俗风情的介绍上。这些旅游资源介绍和历史沿革研究的文章不仅对当时的西南西北开发起着积极作用，而且成为今人对西南西北民俗文化、地貌勘探、历史沿革等方面研究的宝贵资源，并对开发边疆有着一定的借鉴作用。

期刊从来都是对社会意识形态的一种直接反映，并深深打上了时代、地域和作为社会活动主体的人的思想意识与行为烙印。透过对馆藏民国期刊的梳理，我们能感受到，这些期刊从内容到形式上都反映了民国时期各个时间段以及不同区域的政治、经济、文化和社会生活，是我们历史文化的重要组成部分。

参考文献：

［1］李红梅．山东省图书馆藏民国期刊述略［J］．山东图书馆学刊，2013（5）：77.

［2］邓的荣．传统期刊产业结构性调整与发展趋势［J］．中国报业，2013（17）：58-61.

（本文原载《西南民族大学学报》2018年第8期）

新时代民族文献的价值与利用刍议

田海林

民族文献，在我国是一个特指概念，指记录关涉我国各少数民族思想、政治、经济、文化等各方面发展情况的文献。也就是说，只要文献是以少数民族各方面的发展为主要内容，无论其表现形式是民族的（如用民族语言记录或民族物质文化）还是非民族的（如用非民族语言记录），则都属于民族文献的范畴。[1]民族文献具有客观性特征，但也具有时代性特征，民族文献在不同时代有着不同的价值。[2]党的十八大以来，中国历史进入了新时代，在这样一个新时代，民族文献的价值如何？如何加以利用？本文拟作一些浅显的论述，以供方家指正。

一、新时代民族文献的价值得到凸显

新时代是中华民族实现伟大复兴的时代。“中华民族”在新时代得到前所未有的强调，在2018年3月第十三届全国人民代表大会第一次会议上，“中华民族”更是写进了新修订的宪法，这是“中华民族”首次入宪，具有重要的里程碑意义。中华民族伟大复兴，需要56个民族的共同努力，需要凝聚56个民族的力量。民族文献的价值得到了前所未有的凸显。

（一）有助于人们对统一多民族这一基本国情的认识

我国是统一的多民族国家，这是让我们全体国人引以为豪的基本国情。习近平总书记在中央民族工作会议上指出，多民族是我国的一大特色，也是我国发展的一大有利因素。[3]不深刻理解这一国情，中华民族伟大复兴就无从谈起。民族文献对于人们深化认识统一多民族这一基本国情具有重要作用。

我国有5000多年的文明发展史，在这片辽阔的土地上，曾经有众多的民族登上历史的舞台。这些民族经过诞育、分化和交融，最终形成了今天的56个民族。我们要通过民族文献的利用，着重充分说明以下三个事实。一是各民族共同开拓了祖国的疆域。比如，藏、傣、彝、白、布依、傈僳等民族对西南地区的开发，土家、苗、瑶、壮、黎等民族对中南地区的开发，回、维吾尔、哈萨克、柯尔克孜、东乡、土等民族等对西北地区的开发，蒙古、满、锡伯等民族对北方和东北地区的开发，都做出了很大的贡献，少数民族建立的政权，特别是蒙古族建立的元、满族建立的清，对奠定中国版图都起到了极为重要的作用。二是各民族共同发展了祖国的经济。我们今天所常见的高粱、玉米、棉花、芝麻、苜蓿、大蒜和葡萄、西瓜、黄瓜、胡萝卜等瓜果、蔬菜，都是陆续从民族地区传入中原的。中国各民族间在长期的历史发展中，形成了一种天然分工、相互依存的密切经济联系。三是各民族共同创造了祖国的灿烂文化。比如，西域优美的声调和乐器传入中原，对中原音乐产生重大影响。闻名中外的敦煌、麦积山、云冈、龙门石窟以及克孜尔千佛洞，是汉族、鲜卑、吐蕃以及西域各族艺术家和劳动人民共同创造的。少数民族的语言文字，丰富了中华民族的语言文字宝库。各民族文化的交相辉映，共同铸就了中华文明的多姿多彩、历久弥新。当然需要指出的是，上述三个方面的内容，我们也需要通过非民族文献来加以证明，但民族文献为丰富人们对这些内容的认识，无疑起到了不可替代的作用。

（二）有助于人们对中华民族多元一体格局的认识

中华民族多元一体格局是历史形成的。可以说，一部厚重的中国史，就是一部中国各民族诞生、发展、交融并共同缔造统一国家的历史，也是中华民族从自在走向自觉并且凝聚力向心力日益增强的历史。中央民族工作会议指出，正是我国历史演进的这个特点，造就了我国各民族在分布上的交错杂居、文化上的兼收并蓄、经济上的相互依存、情感上的相互亲近，形成了你中有我、我中有你、谁也离不开谁的多元一体格局。通过民族文献，人们可以加深对这种多元一体格局的认识。[4]

我国的很多民族文献，就记录了中华民族多元一体格局的形成过程，需要我们好好挖掘，要通过民族文献来说明，中华民族多元一体格局，就是说中华民族与各民族的关系，是一个大家庭与家庭成员的关系；各民族之间的关系，是一个大家庭里不同成员之间的关系。我国各民族汇聚为一个大家庭，是中国历史发展的大趋势，也是中华民族发展的自然结果。我们看看中华民族发展的历史，各个民族起于多元，源于本土，互相吸收，有存有亡。比如说，距今四五千年以前，中华大地上就已形成了华夏、东夷、南蛮、西戎、北狄五大民族集团。这五个民族集团都源自中国本土，在一定区域内逐渐发展起来。在长期的历史发展中，我国各民族之间的交往交流交融不断深化。近代共同抗击外侮的血火淬炼，我国各民族血融在一起，情合在一起，最终形成了多元一体的中华民族大家庭。

在中国历史上，各少数民族自觉认同“中华”，少数民族建立的政权也都以正统自居，这实际上是一个认同的过程。在近代中国救亡图存的伟大斗争中，各族人民都自觉不自觉地认同中华民族。这样的民族文献很多，但很多还没有挖掘出来。以蒙古族文献为例。外蒙古宣布成立后，其分裂行径遭到蒙古族人民的强烈反对。在1913年年初的西蒙古王公会议上，王公们还一致决议“联合东盟，反对库伦”，并通电申明：“蒙古疆域与中国腹地唇齿相依，数百年来，汉蒙久为一家。我蒙同系中华民族，自宜一体出力，维持民国。”这大概是在政治文告中，第一次由少数民族代表人物共同决议，宣告中国少数民族同属现代意义的“中华民族”的一部分了。[5]类似这样的民族文献值得好好利用。

（三）有助于为中华民族伟大复兴提供强大精神动力

“文化自信是一个国家、一个民族发展中更基本、更深沉、更持久的力量。”习近平总书记在十九大报告中指出，没有高度的文化自信，没有文化的繁荣兴盛，就没有中华民族伟大复兴。文化自信源自中华民族五千多年文明历史所孕育的中华优秀传统文化，也就是说，中华优秀传统文化可以为中华民族伟大复兴提供强大精神动力。

中央民族工作会议指出，中华文化是各民族文化的集大成。少数民族文化是中华文化不可分割的重要组成部分，各民族都对中华文化做出了重要贡献。这一点，我们可以通过民族文献进行充分说明。比如说，在不断交往交流中，各民族共同发展了中华文化的多姿多彩。我国文化宝库中的诗经、汉赋、唐诗、宋词、元曲、明清小说，既有大量反映少数民族生产生活的作品，也有大量少数民族作者的创造，这些都属于民族文献的范畴。《诗经》是各地区各民族民歌的汇总；《楚辞》中相当一部分是记录或整理的少数民族仪式歌、民歌；元曲的繁荣有着少数民族多方面的贡献；满族作家曹雪芹的《红楼梦》是我国文学史上的不朽名著；藏族的《米拉日巴传》是一部具有较高水平的传记文学作品。少数民族用自己的语言文字，为祖国文化宝库贡献了灿烂的瑰宝。藏族的《格萨尔》、蒙古族的《江格尔》、柯尔克孜族的《玛纳斯》被称为中国少数民族的“三大英雄史诗”，填补了中国文学史的空白。在《人类非物质文化遗产代表作名录》的中国项目中，少数民族的占到三分之一。这些都充分说明，少数民族文化在中华文化中占据极其重要的位置，无疑是实现中华民族伟大复兴的强大思想宝库。

二、新时代利用民族文献的原则

民族文献的价值在新时代得到凸显，我们在发掘、保护和利用民族文献的时候，也应根据新时代实现中华民族伟大复兴这个重要任务，确定利用民族文献的原则。

（一）铸牢中华民族共同体意识贯穿利用民族文献的始终

要实现中华民族的伟大复兴，就必须凝聚各民族的力量。可以说，增强中华民族的凝聚力是实现中华民族伟大复兴的内在要求和必要条件。因此，铸牢中华民族共同体意识是新时代一项刻不容缓的任务。在中国共产党第十九次全国代表大会上，习近平总书记明确提出“铸牢中华民族共同体”的要求，并且写进了新修订的党章。这样，铸牢中华民族共同体意识就成为当前和今后相当长的一个时期党和人民的共同意志。“铸牢中华民族共同体意识”这一重大论断，是对我国基本国情和历史传统的准确把握，是对中华民族团结进步规律的深刻揭示，必将引领中华民族在更高层次上实现大团结大进步。我们在利用民族文献的时候当然也必须遵循这一原则。

在利用民族文献的时候，要着重挖掘其中有利于增进“五个认同”的内容。“对伟大祖国的认同”，就是要深刻认识历史悠久的中国是中华各族儿女的共同祖国，维护祖国统一是各族人民的根本利益所在。“对中华民族的认同”，就是要深刻认识中华民族和各民族是一个大家庭和家庭成员的关系、各民族的关系是一个大家庭里不同成员的关系，倍加珍惜来之不易的民族团结大好局面，坚决反对一切危害各民族大团结的言行，筑牢维护民族团结、社会稳定的铜墙铁壁。“对中华文化的认同”，就是要深刻认识中华文化是各族文化的集大成，是我们共有的精神家园，是凝聚中华民族的精神纽带。“对中国共产党的认同”，就是要深刻认识到是中国共产党带领各族人民站了起来，并建立起了平等团结互助和谐的民族关系，也只有在中国共产党的领导下，中华民族才能实现伟大复兴的中国梦。“对中国特色社会主义道路的认同”，就是要深刻认识到中国特色社会主义道路是党和人民长期实践探索取得的根本成就，是时下我国社会主义现代化强国、创造人民美好生活的必由之路。在浩如烟海的民族文献中，有许多有利于增强“五个认同”的内容，对于当前铸牢中华民族共同体意识是极其重要的思想资源，我们必须好好挖掘、好好利用。反之，对于那些可能对增强“五个认同”不利的民族文献，我们就必须以批判的眼光加以利用。

（二）用社会主义核心价值观来指导民族文献的利用

社会主义核心价值观是文化认同的基础，决定着铸牢中华民族共同体意识的内涵和方向。“倡导富强、民主、文明、和谐；倡导自由、平等、公正、法治；倡导爱国、敬业、诚信、友善，积极培育和践行社会主义核心价值观”，是新时代的战略任务。社会主义核心价值观是全社会成员在价值认同上的最大公约数，我们讲文化认同，最核心、最关键的就是要增进各族群众对社会主义核心价值观的认同。利用民族文献，挖掘、保护、传承、发展各民族文化，都要以社会主义核心价值观为引领、做标准，要有利于这个“最大公约数”在各族群众中真正内化于心、外化于行，不断巩固各族人民团结奋斗的思想基础。

培育和践行社会主义核心价值观，要充分利用民族文献，注意从少数民族文化传统中汲取营养。比如，少数民族文化崇尚自然、爱惜生灵；强调热爱生活、勤劳简朴，各族相亲、敬重长者；强调热情好客、守望相助，讲求道义、勇敢无畏；强调信守承诺、非义不取，自尊自爱、重情重理，等等。再如，“四人一条心，石上花扎根”“团结，十个人不够；排斥，一个人嫌多”等坚定的民族团结信念，“心坦荡的手慷慨，爱祖国的路宽广”“倘若故乡是戈壁荒滩，用汗水浇成花园一样”等根深蒂固的爱国意识，“看着北斗走不迷路，跟着共产党走会幸福”“挨过王爷皮鞭的奴隶，深知共产党的恩情”等发自内心的对共产党的热爱，“没有领子不能成为衣裳，没有法律不能成为国家”的遵法守法意识，等等。这样的理念，在民族文献中还可以找出许多，必须加强挖掘、提炼、阐发、宣扬，为培育和践行社会主义核心价值观体系提供更多的文化养分。同时，也只有这样，社会主义核心价值观才能在各民族中深深地扎下根来。

（三）利用民族文献促进各民族交往交流交融

中华民族形成与发展的历史，就是一部各民族交往交流交融的历史。在新时代，各民族交往交流交融的方式和渠道增多，有利于铸牢中华民族共同体意识，有利于中华民族在新的历史条件下的进一步发展。我们在利用民族文献的时候，一方面要着重挖掘历史上那些各民族交流交往交融的典型，也要挖掘那些可以促进当下各民族交流交往交融的内容。

比如说，我们要利用民族文献来研究各民族交往范围不断扩大、交融程度不断加深的过程。中国历史上，各民族间交往交流交融一直没有中断，如春秋战国时期，诸侯国间兼并扩张，“华夏”逐渐走向一体，形成一个新的民族——华夏族，为汉族的形成奠定了基础；三国两晋南北朝时期，北方少数民族进入中原，建立了许多政权，促进了少数民族与汉族之间的融合；宋辽夏金元时期，各民族政权交错对峙，到元朝归于一统，又一次大规模推进了民族的交往交流交融，并形成了回族等新的民族。几千年来，我国各民族正是在交往中加深了解，在交流中取长补短，在交融中相互认同，使中华民族作为一个自在和统一的整体，逐步走向强大、巩固和成熟。

又比如说，我们要利用民族文献，多发现民族之间的共同点和共通点，而不是去利用民族文献去强调民族之间的特殊性。民族特色是客观存在的，在相当长的一个时期内也不可能消除。但因为经过长时期的交往交流交融，民族间的共同性和共通性已大大增多，如藏传佛教中、蒙古族传统文化中，都可以发现许多中原文化的内容，有些民族文化还更多地体现为地域文化的特色，为其他民族所共享。这些内容是我们在利用民族文献的时候应当特别注意挖掘和利用的。

三、民族文献价值的多重面向

民族文献是我国文献的重要组成部分，也是我国优秀传统文化的源头活水，在新时代更要加强对其挖掘和利用。正如文化是变动不居、不断生成的一样，也不能将民族文献当作一纯粹客观的对象，其必然在与主体的交替互动中展示出不同的涵义，只要不过度诠释，其客观性则不会受到伤害，这也是我们对传统文化进行创造性转化和创新性发展的根据所在。在新时代，民族文献的价值，可以在不同的面向上得到体现。

一是促进民族文化自身的发展。一个民族的文化必须随着时代的变化而有所发展，否则就会被时代抛到后面而成为所谓濒危的文化，因此民族文化必须借助时代的力量向前发展，但同时这种发展也必须是内生性的，民族文化的发展的各个因素必须嫁接到其民族文化之根上，而这就是民族文献的价值之源。

二是促进区域文化的发展。民族文化有地域性的特征，即便城市化的洪流让这种特征有所减弱，当我们有时谈论民族文化的特征的时候，其实是在谈地域文化的特征。因此，民族文化对于区域文化的形成与发展有重要的作用，民族文化也有参与区域文化建设的任务。

三是促进中华文化的大繁荣。少数民族文化是中华文化的重要组成部分，任何少数民族文化都不能自外于中华文化，民族文献的利用要有利于中华文化的繁荣与发展。这就需要我们处理好“一”与“多”的关系，牢牢把握住“社会主义核心价值观”这个最大公约数，将“一”作为主线和方向，将“多”作为方式和动力，推动民族文化和中华文化的有机发展。

四是促进中国经验的生成。对民族文献的重视、开发和利用，是我国民族理论政策的一个具体体现，也是我国平等团结互助和谐民族关系的生动展示，也为“中国故事”“中国道路”“中国经验”提供了鲜活案例。从这个角度来说，我们要好好总结对民族文献的保护、利用的事实与经验，并在国际上进行推广，中华民族共同体的实践，完全可以为人类命运共同体的建设提供范本。

参考文献

[1] 李杰. 我国的民族文献资源及其建设 [J]. 图书馆，1992，(5)：13-17.

[2] 田海林. 关于对地方民族文献的几点思考 [J]. 黑龙江民族丛刊，2014 (4)：131-133.

[3] 国家民委事务委员会.中央民族工作会议精神学习辅导读本 [M]. 北京：民族出版社，2015.

[4] 费孝通.中华民族多元一体格局 [M]. 北京：中央民族大学出版社，1999：349.

[5] 巴特尔. 铸牢中华民族共同体意识奋力实现伟大复兴中国梦 [J]. 求是，2018 (13).

（本文原载《内蒙古民族大学学报（社会科学版）》 2018年 第4期）

中国民族图书馆藏
民国期刊地域和时间分布探析

秦江月

民国是我国历史上一个十分特殊的时期，既有封建残余，又有资本主义的喧闹，更有社会主义的萌芽。国共两党分分合合，民族抗战风起云涌，这些历史沧桑、民族抗争、国家危亡，都随着历史的车轮隐入了当时的文献资料之中。民国不足40年的时间，堪称空前，更为绝后，民国文献的思想文化价值蕴含应不在善本古籍之下，而民国期刊更是时代思潮的一面旗帜。因此，民国期刊是我们深度解读民国这一新旧社会形态交替、中西思潮碰撞的特殊历史转型时期不可或缺的史料。

一、民国期刊的特定历史价值

民国期刊记录了当时的政治、经济、文化、军事、教育诸领域的客观事实。其一，是新旧文化交替、中西思潮激烈碰撞，是各政党、诸社团、众流派竭力宣扬各自的政见，立场交战的重要区域。它们作为历史的见证对于了解和研究民国期间政治、历史、社会、文化等有很大的文献价值。其二，和报纸相比。期刊的时效性虽不及报纸，但是有容量大、反应和制作时间比较从容的优点。对问题的研究更有深度、广度和系统性，也更详细，更深刻透彻，因而具有更宽阔的观察角度、更多的思考余地和更丰富的参考价值。其三，和图书相比。期刊虽没有图书那样的鸿篇巨制，但是它比图书出版周期短、调整灵活，能在较短的时间内，及时反映某一事件的发展过程，跟踪客观事物的日新月异而不断提供新知识新信息。另外，期刊广收多位作者、各种类型的文章，呈现出各种内容相互兼容、资料聚集、观点荟萃的特点。图书多是作为单本存在，而期刊是持续不断地出版，后一期不仅是前一期序列上的自然延续，而且是前一期作者、编者认识能力的深入和扩展，这就使期刊比图书更具有拓展和积累认识的可能性。民国时期记载和反映了当时政治、经济、文化、科技及社会状况，其资料之丰富与新颖，是图书难以企及的。因此，民国期刊是立档修史，研读中华民族历史演进不可缺少的资料。

二、馆藏民国期刊的时间分布特点

民国文献是指辛亥革命（1911年10月）后至新中国成立之前（1949年9月）这一时期内中国出版或产生的各类型文献。中国民族图书馆作为全国唯一的民族专业图书馆，在文献资源建设中充分发挥国家少数民族总书库的职能，全面收集少数民族文献。藏有民国书籍5100余种12000余册，期刊535种，大部分是原民国政府蒙藏委员会图书馆室所藏。

我们在进行数据统计时发现，如果以辛亥革命、抗日战争、解放战争等历史时段进行统计，由于时间长短不一，难以看出其中的发展过程。如，1910年以前出版期刊13种，1911—1936年的26年间共有251种，1937—1945年的9年间共有234种，1946—1949年的4年间共有143种，时间间距不等，但其数量几乎是同等分布。因此，我们又采取了以等距时间为统计单位。从其分布时间来看，1904—1909年5种，1910—1915年20种，1916—1921年30种，1922—1927年56种，1928—1933年103种，1934—1939年176种，1940—1945年140种，1946—1951年131种，如图表1。

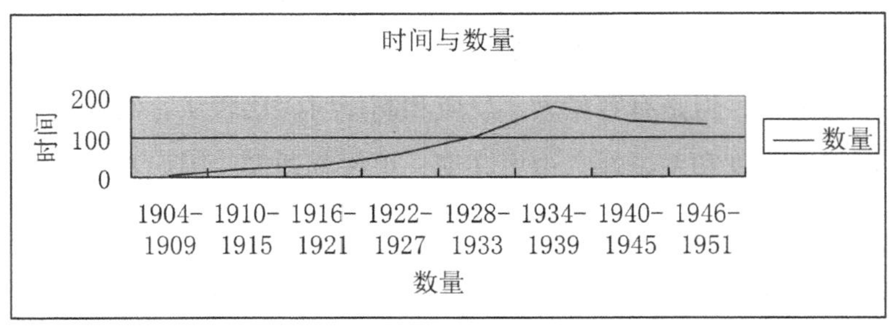

图表1

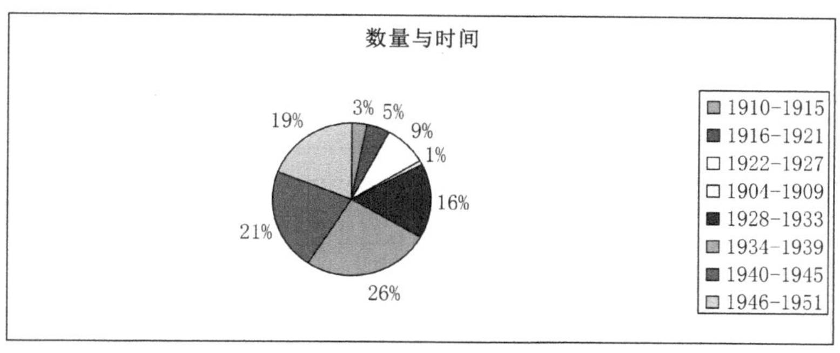

图表2

从以上数据，我们能否推断出民国期刊事业的发展情况呢?《民国期刊》数据库收录了民国时期各类期刊总计629种，21661期；民国时期《期刊全文数据库（1911—1949)》计划收录民国时期（1911—1949）出版的20000余种期刊，1500余万篇文献。我们统计的中国民族图书馆只藏有500余种，与《民国期刊》数据库相比较，则占其总数的85.05%，而与《民国时期期刊全文数据库》相比较，则只占其总数的2%，相差甚大。因此，我们选取了比较谨慎的态度，只能说中国民族图书馆藏民国期刊，从一个小的侧面、部分地反映了中国的期刊事业一定的历史发展情况。从时间上看，从辛亥革命以后，一直处于上升阶段，至1922年以后，发展速度更加明显，至1934—1939年期间到达了顶峰，随着日本侵华的日益加强，全国人民投入了艰苦卓绝反抗外辱斗争中，期刊的发展也随之减缓。

三、民国期刊的地域分布特点

中国民族图书馆所藏的民国期刊，从地域分布角度看，北京147种、河北13种、陕西31种、河南1种、黑龙江1种、山西3种、吉林2种、辽宁5种、内蒙古2种、山东2种、新疆2种、福建7种、上海169种、四川120种、广东24种、香港6种、安徽1种、台湾10种、浙江6种、江西1种、贵州10种、湖北2种、湖南2种、广西5种、云南24种、江苏65种，涉及26个省区，占全国省份的76.45%，平均为24.48种，如下表。

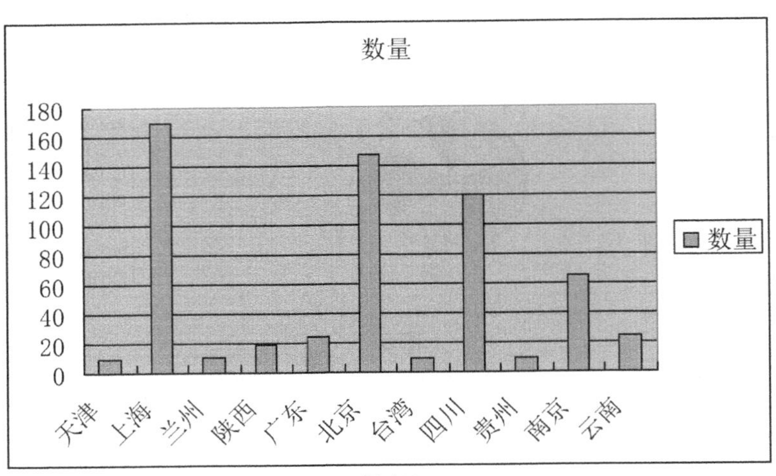

图表3

可见兴办刊物已经普及至全国范围。期刊以贴近生活实际，版面内容丰富多彩，文章可读性和趣味性强而备受广大读者欢迎。其传播先进思想、传播先进文化、传播先进科学的社会功能和社会作用得到人们的广泛认同。其中，不少文章涉及人生观、价值观、道德观的内容，起到了启迪民智、宣传革命、疏导人心、移风易俗的舆论导向功能、信息传播和积累功能、文化教育功能。

同时我们也应看到，上海以169种位居榜首，占总数的31.58%，北京147种，占总数的27.47%，四川120种，占总数的22.42%，江苏65种，占总数的12.14%。四者占总数的93.61%。从这可以看出，兴办期刊、开启民智，虽然已是全国之共识，但发展之程度极为不均衡。期刊的充分发展仍然局限于狭小的特定地带，边疆地区、民族地区仍然处于一种缓慢的发展状态之中，如新疆地区、青海、西藏等地区，期刊数量依然有限，无法与内地的地区相比，甚至是远远低于全国水平数值的一半。这一情况与全国文化发展的整体水平，各区域政治经济条件的不同，社会历史进程的差异，保持了高度的一致性。

四、馆藏民国期刊时间与地域的叠加

以时间、地域为统计单位，有数据形象直观的文献统计学优势，但也有数值关系过于简单的弊端，难以深度分析事物的微观历史进程。因此，我们又对民国数据进行了时间与地域的叠加统计，进行横纵交错的立体式分析，以便更客观、

全面地反映民国时期我国期刊事业的发展形态，如下图表。

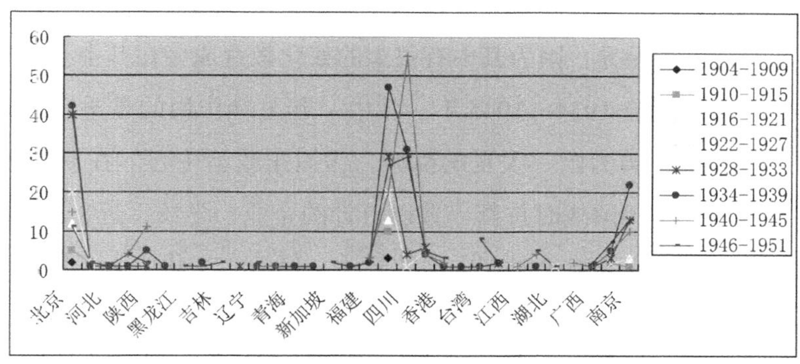

图表4

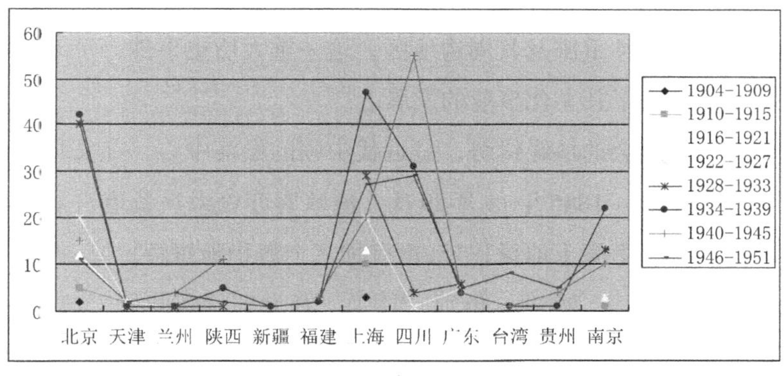

图表5

说明：为了更加清楚地显示数值变化的微观情况，我们删除了图表4中部分数据偏小的数据，制成了图表3。

北京以1929—1933年、1934—1939年为期刊发展的高潮期。为什么会在抗日战争时期出现这一情况呢？众所周知，民国时代的北京，是举足轻重的全国重要政治中心之一，与南京齐名。民国最初16年，北京的政治地位是首都，在国民党政府统治的前9年和后4年中，北京（已改名北平）是中国北方政治中心，在日本占领的8年中，是华北殖民统治中心。日本在北京大肆进行日伪殖民统治，极力推行殖民教育、奴化教育，是华北沦陷区殖民文化中心。民国初年北京有5所大学，至1925年公私立大学已达17所，占全国47所大学的36%。北京有一支庞大的文学艺术家队伍，其中不乏堪称大师的文学家、戏剧家、音乐家、画家。他们上承千年古都丰富的文化积淀，又受欧风美雨的新文化运动的启蒙，在新诗、新小说、话剧、音乐、舞蹈、绘画领域均有不凡的业绩，也推动了期刊事业的发展。因此，此时出现期刊发展的相对繁荣就不足为奇了，但要具体分析内在的实质却有极大的差异，因为其中有很大的奴化教育成分在其中。

四川的发展高潮在1934—1945年，其中，起主导作用的是重庆政治地位的崛起。历史上，重庆曾为巴、大夏的都城，为川东政治中心。在1937年至1944年间，重庆作为中华民国战时首都。数以万计的企业、学校，近8万吨黄金都搬迁至重庆，因此重庆成为战争时期中国的政治、经济、文化中心，反法西斯战争远东指挥中心。国共第二次合作的主要活动地带也是以重庆为主。工农兵学商各界各族人民、各民主党派、抗日团体、社会各阶层爱国人士和海外侨胞广泛参加的全民族的抗战。同时，来自浙江、湖南、安徽、湖北、江苏、上海等长江中下游地区的百万移民迁往重庆及其周边地区，这一重大历史事件，带动了重庆政治地位的变动，也促成了其文化事业的发展。

上海具有江海之会的地缘优势，是近代中国的经济中心，在文化史、政治史上也占有特殊的地位。1845年11月29日，清政府苏松太兵备道宫慕久与英国领事巴富尔共同公布《上海土地章程》（也有称《上海租地章程》），设立上海英租界。此后，美国、法国、德国、俄国、丹麦、意大利、葡萄牙、瑞典、奥地利、西班牙、荷兰等国先后开辟了"国中之国"。上海租界是帝国主义侵略中国的产物，租界对于近代上海的影响相当复杂。外国资本家通过上海租界，深入中国内地搜刮原料，倾销商品，投资设厂，大肆进行经济掠夺。但在客观上具有扩散资本主义思想文化、促进中国社会新陈代谢的功用，更成为近代化推进者的避风港。清末上海报业发达的最大原因"则依托租界之故，始得免婴国内政治上之暴力"。大凡依托租界、洋馆，清廷之官吏虽虎视眈眈，但"不能行文字之狱"。戊戌期间的报业就得到了租界庇护。与此同时，章炳麟、于右任、蔡元培等文化名人利用租界逃避清政府迫害，出版进步刊物，发表民主言论。共产党人也利用租界出版了《鲁迅全集》《资本论》等一批进步书籍，在中国知识分子当中引起巨大反响。特殊的政治、经济地位，正是上海的文化事业一直走在全国其他地区之前的重要原因。

以微观角度剖析近代中华民国期刊的发展，尤其值得注意的是陕西地区的发展情况。民国时期的陕西，经济文化落后、社会发展进程缓慢，人们生活贫苦。

其总体期刊数量一直处于相对低水平发展状态，但在1940—1945年，却出现了一个快速发展的小高潮期，这种文化发展异动的原因何在？1946—1949年，中国人民胜利地结束了抗日战争，进入了人民解放战争的新阶段，是中国共产党领导的武装革命，从小到大，发展成长到最终取得全国胜利的时期。而陕西此时也正是中国共产党的领导核心所在地。这种政治意义的提升和变动，成为陕西文化异动的重要推动剂。陕西的期刊事业随之出现了一个突发的文化发展异动期，由此可见，政治因素对文化事业的发展在某种程度上起着决定性作用。

中华民国时代是中国近现代史上一个非常重要的时代，是中国从绵延达两千年的封建社会君主专制制度向社会主义社会初级阶段人民民主制度过渡的极其重要的时代。虽然民国史只有短短的38年，却是中国历史上充满变革的翻天覆地的时代。民国期刊全面而生动地记载了当时的政治、经济、文化、军事、教育诸领域的客观事实，反映了当时各政党、各派别的思路交锋，理论交锋，具有特殊的历史意义和文献史料价值。同时，我们通过对中国民族图书馆所藏民国期刊的地域、时间、地域与时间相叠加情况的分析，可以看出，民国文化事业和重大历史事件密切相连。从辛亥革命、抗日战争到解放战争，都对民国时期的文化事业的发展产生了重大的影响，直至改变了、左右了文化事业发展的历史进程和地缘分布特征，这一现象值得我们特别的关注和研究。

参考文献

[1] 李云. 核心期刊评价功能问题研究综述 [J]. 浙江学刊，2004 (4).

[2] 辜清华. 民国期刊的版本识别及其客观著录 [J]. 图书馆建设，2011 (3).

[3] 奚可桢. 南京博物院藏民国文献述略 [J]. 东南文化，2010 (2).

[4] 邱均平. 社科研究与评价.重庆大学学报（社会科学版）[J]. 2008 (1).

[5] 高江波. 文化综合类期刊的功能、特性与发展 [J]. 出版发行研究，1991 (1).

[6] 梁景和. 中国近代史分期与基本线索论战述评 [J]. 史学理论研究，2007 (2).

[7] 李良玉. 关于中国近代史的分期问题 [J]. 福建论坛·人文社会科学

版，2002（1）.

[8] 周积明．租界与中国早期现代化［J］．汉江论坛，1997（6）.

（本文原载《民族图书馆学研究（八）》辽宁民族出版社 2016年8月）

浅谈维吾尔文期刊的现状与发展趋势

米吉提

近年来，随着我国新闻出版事业的快速发展，少数民族文字期刊也得到了很大的发展和繁荣。全国有243多种少数民族文字期刊，其中维吾尔文期刊的数量最多，有107多种，占全国少数民族期刊的44%。据2007年统计，全新疆维吾尔自治区有期刊255种，其中维吾尔文期刊占42%。目前，维吾尔文期刊的内容日益丰富，产业结构正在逐步优化，《新疆文化》《伊犁河》《美拉斯》《源泉》《电脑与生活》《塔里木》《图书论坛》等一批优秀的期刊脱颖而出，市场竞争力和社会影响力不断增强。

维吾尔文期刊在广大维吾尔族群众中具有极强的吸引力。深入研究维吾尔文期刊的发展概况、在发展道路上出现的各种变化和现象、总结经验教训、找出规律、提出今后健康发展的对策建议，对于进一步办好维吾尔文期刊，更好地发挥它们的优势和作用及其给学术界提供这些方面的资料等方面具有一定的理论和现实意义。

一、维吾尔文期刊的现状分析

目前，全国有243多种少数民族文字期刊，其中维吾尔文期刊的数量最多，有107多种，占全国少数民族期刊的44%。维吾尔文期刊的内容日益丰富，产业结构逐步优化，不断形成独特优势，增强自己的办刊实力。

（一）维吾尔文期刊的结构分析

维吾尔文期刊在结构上，行业性、学术类、社科类期刊的比例偏大。

从性质上分，维吾尔文期刊中行业性期刊有48种，占45%，对象性期刊有3种、党委机关刊物有9种，合计占11%。

从内容上分，学术类期刊有48种，占45% ；综合类期刊有5种，占4.6%；文学艺术类期刊有45种，占42%；时政、新闻类期刊有9种，占8.4%。

从学科上分，社科类期刊有84种，占78.5%；自然科学、技术、科普类期刊有23种，占21.5%。

从发行上分，公开发行类期刊共81种，占维吾尔文期刊总数的75%，内部交换类共26种，占维吾尔文期刊总数的25%。

（二）维吾尔文期刊的出版频率

在107种期刊中，年刊有2种、半年刊有7种、季刊有39种，分别占1.9%、6.5%、36%；双月刊有39种，占36%；月刊有17种，占16%；半月刊有3种，占2.8%。可见，维吾尔文期刊存在出版周期较长的问题。见图1。

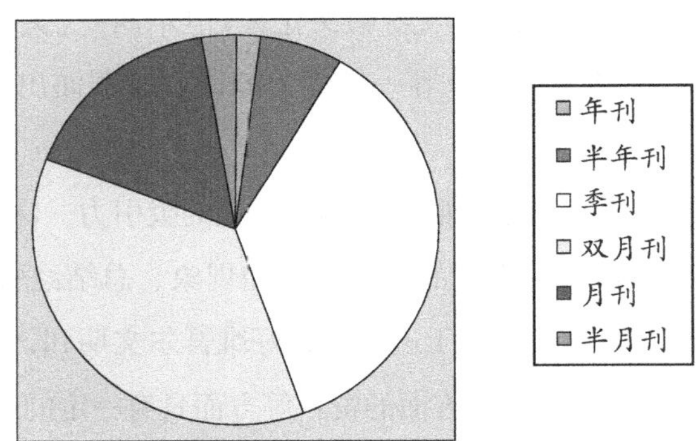

图1　维吾尔文期刊的出版频率图表

（三）维吾尔文期刊的级别结构

在新世纪，维吾尔文期刊业注重改革、力求发展，创品牌期刊的意识增强，获奖期刊增多。其主要标志是，在第二届国家期刊奖评选中，《美拉斯》被评为百种重点社科期刊，实现了新疆期刊在国家重大奖项中零的突破。《中国民族》（维吾尔文版）被评为第三届国家百种重点社科期刊，荣获国家期刊奖提名奖。《新疆大学学报》《新疆文化》《新疆社会科学》《新疆青年》《美拉斯》《塔里木花朵》《中国民族》（维吾尔文版）进入了中国期刊方阵。在五届新疆期刊奖和新疆优秀社科期刊评选中，有12 种维吾尔文期刊获得新疆期刊奖、9种期刊获新疆优秀社科期刊奖。维吾尔文期刊中国家级期刊有5种，占4.6%，自治区级期刊有66种，占62%，地方级期刊有36种，占33.4%。

（四）维吾尔文期刊的分布结构

在乌鲁木齐市创办的期刊有76种，占维吾尔文期刊总数的71%。其他各地州创办的期刊有31种，占29%。总体上形成了以乌鲁木齐为中心、辐射其他各地州的期刊出版发行格局。透过以上数据，可以看出地域密集度高是当前维吾尔文期刊的显著特征。见表1

表1　维吾尔文期刊的按区分布表

地区	刊数	比例	地区	刊数	比例
乌鲁木齐	76	71%	吐鲁番	2	1.9%
北京	6	5.6%	哈密	1	0.9%
喀什	6	5.6%	库尔勒	1	0.9%
和田	6	5.6%	伊利	1	0.9%
阿克苏	4	3.7%	克拉玛依	1	0.9%
阿图什	2	1.9%	兰州	1	0.9%

二、维吾尔文期刊的特点

维吾尔文期刊除了具有连续性、及时性、新颖性、容纳性、现实性等期刊的基本特点外，还具有如下鲜明的特点。

（一）维吾尔文期刊在内容、封面设计等方面具有浓郁的地域性和民族特色

从期刊的内容看主要涉及新疆的政治、经济、社会、文化建设，反映出维吾尔族人民的生活方式、历史文化、风俗习惯、民族心理、思维方式、价值观、世界观等等。从维吾尔文期刊的封面设计而言，其封面内容主要包含有维吾尔族杰出人物，包括历史上和现在的艺人、学者以及各行各业的优秀人物；各种优秀的艺术作品，包括书法、绘画、摄影作品；以及新疆各地优美的自然风景、农牧民

的生产和生活。

（二）维吾尔文期刊内容丰富多彩，体裁多样，综合性强

维吾尔文期刊不仅刊登有大量新闻，包括消息、通讯、言论、图片新闻及较多的新闻照片，另外还有小说、诗歌、散文，学术论文等各种体裁的内容，以自己丰富多彩的内容，活泼的版面，让读者总有新鲜感。

三、维吾尔文期刊存在的一些问题

随着改革开放的深入发展，我国期刊普遍进入了市场化操作阶段。维吾尔文期刊也面临着严峻的考验。由于受体制，机制，经济条件，读者群，地域等多种因素的制约，期刊的产业规模和生产要素，生产方式，生产过程，生产管理等方面存在着诸多问题。目前比较突出的问题主要有：

（一）从总体上看，维吾尔文期刊的发行量偏少

作为传递信息的媒体，期刊的发行量决定其影响力。由于资金等诸多因素的制约，维吾尔文期刊的发行量普遍偏少。大多数期刊每次的发行量仅为3000—5000份左右。因而期刊发行量上受到制约，在国内影响力相对有限。从发行手段上看，基本上靠邮局发行，大部分是公费订阅，自费订阅率很低。除了乌鲁木齐和各地州的极少数民营书店和书刊摊外，各大新华书店报刊亭上没有维吾尔文期刊零售点，更没有普及到候车厅，车站，宾馆，旅馆，饭店等地的零售网点。发行方式单一，零购不便等情况在一定程度上影响了发行量和读者的购买需求。

（二）重发行，轻广告

改革开放以来，大部分维吾尔文期刊为了适应市场经济的发展、促进经济信息的交流，开展了广告业务。但长期以来存在重内容编辑，轻广告经营的倾向。一方面，广告业务起步晚、发展相对缓慢，没有专门的广告经营部门，造成维吾尔文期刊经营收入来源单一。这导致了维吾尔文期刊发展的资金来源不足，从而使众多期刊从发行量和内容上受到了很大的制约。与国内外的其他期刊相比，维

吾尔文期刊在广告量和广告收入方面存在着很大的差异。比如，从期刊的页码上看，许多国内外的广告页码占总页码的1/3 甚至1/2。而维吾尔文期刊的广告页码普遍很少，最多4页、有些期刊甚至无法保证每期都有广告；从广告的经营量看，国内外许多期刊的广告收入相当高。相对而言，维吾尔文期刊的广告收入微不足道；另一方面，由于维吾尔文期刊中学术期刊比例大、发行量少、受众面窄，所以难以吸引广告商投放广告。

四、维吾尔文期刊的发展趋势

维吾尔文期刊的发展正在走数字化道路，即从纸质办刊向数字办刊转型。传统的办刊模式已经不适应现代期刊的办刊要求， 如何从总体把握维吾尔文期刊的发展思路， 是一个极其重要的问题。

（一）维吾尔文期刊的数量，种类越来越多

改革开放以前，由于受地域，交通，经济条件，读者群等因素的限制，维吾尔文期刊发展相对缓慢。党和国家的西部大开发战略实施之后，新疆的经济实力有所增长，期刊的数量和发行量也明显增加，比如，1985年有35种维吾尔文期刊，2007年增加到82种，到了2014年增加到107种。

（二）维吾尔文期刊电子检索系统待开发

在科技信息日益丰富的今天，要想准确，快捷获取所需信息，无论通过何种载体，如果没有检索工具的帮助是很难实现的。我国虽然各种类型的中文期刊电子检索系统频频出台，但至今为止，维吾尔文期刊尚没有电子检索系统，这对广大的维吾尔族读者带来很大的不便，对民族文献信息的传播利用受到很大的影响。伴随维吾尔文期刊的数量增多，品种增多，专题性增强，有较高学术价值的论文也越来越多，为维吾尔文期刊电子检索系统的诞生创造了很好的条件。

（三）数字化的期刊系统待完善

自从2008年来，《中国民族》《塔里木》《新疆妇女》等期刊纷纷开启官网，

为读者提供了网上阅读机会。自Windows8系统有了维吾尔文版以来，维吾尔文文献的数字化得到了更大的发展空间。2013年8月，新疆阿勒马斯信息技术有限公司跟各大维吾尔文期刊合作，开发出来了首个维吾尔文期刊网上阅读平台——新疆期刊网（www.yurnal.com）。2014年2月新疆期刊网的平板电脑版和智能手机版本开发，更为广大的维吾尔族读者带来了极大的方便。维吾尔文期刊的数字化已经有了一定的发展，还需要更广泛的，更高层次的完善。

五、结束语

总而言之，维吾尔文期刊是新疆新闻事业的重要组成部分。一直以来，维吾尔文期刊从形式到内容不断创新，积极宣传党和国家的政策，传达广大维吾尔族读者的呼声，成为党和维吾尔族群众联系的桥梁和纽带。在这样一个开放的环境下，维吾尔文期刊始终坚持正确的舆论导向，用自己的热情、深思、责任和良知为维吾尔族读者提供一个文化的绿洲，民族精神的绿洲，真善美的绿洲，团结友爱的绿洲，为维吾尔族读者建立了一个有益于他们学习成长的社会文化环境。

在市场经济条件下，维吾尔文期刊的发展面临着不少的新问题和挑战。相信通过维吾尔文期刊采编人员的共同努力，所面临的问题会得到妥善解决，从而获得长久发展，更加充分发挥自己的作用。

参考文献

[1] 白润生. 中国少数民族新闻传播通史（上，下）[M]. 北京：中央民族大学出版社，2008.

[2] 白润生. 当代中国少数民族新闻事业调查报告 [M]. 北京：中央民族大学出版社，2010.

[3] 中国期刊年鉴（2013年卷）. 2014.

[4] 新疆期刊网 [EB/OL]. www.yurnal.com.

（本文原载《民族图书馆学研究（七）》辽宁民族出版社 2014年9月）

民族历史文化研究

思与行——民族文化宫60年论文集

面具在藏传佛教祭祀中的应用

索文清

面具作为一种民族宗教文化的载体，在东亚地区的中国、韩国、日本等国家都有广泛的流传。中国面具向来以丰富的造型、繁多的品类和深逸的内涵著称于世。现在，在中国的20个省区中，有近40个民族在宗教祭典、节令时序、生产住居、歌舞娱乐等活动中仍在使用着面具，它是中国古老文化的积淀，呈现着东方传统艺术的神采，所以在中国历数千年绵延不衰，是因为它深深根植于民俗文化的土壤中，为广大群众之所需、所爱。

面具的最早出现与应用是和古代人的驱鬼逐疫活动有关。原始先民在古代生产力十分低下的条件下，不了解大自然的奥秘，认为天上地下都是鬼神主宰，鬼神掌握着人类的命运，人类要想生存发展，不受侵害，必须对赐福纳吉的神灵虔诚祭奉，顶礼膜拜，而对带给人类灾疫、疾病和不祥的恶魔厉鬼，必须驱打、震慑。于是人们希冀自己像崇拜的图腾那样坚毅威猛，有一副狰狞凶狠的面目来压倒和制伏鬼怪。这样，奇形怪诞的面具便应运而生了。2000多年前，在中国周代宫廷里，就有方相氏掌蒙熊皮、头戴黄金面目的面具，执戈扬盾，率众驱直魔鬼的记载。至汉唐时期，宫廷内的这种驱鬼傩仪活动规模更大，参加者不仅有方相氏、巫师，还有神兽队伍（拟兽舞人）和上百名16岁以下善童幼子扮演的执事、工人、唱师等等。他们大都头戴面具，身穿法衣、手执法器，欢呼呐喊，有次序地在宫内外四处搜寻，其声势之厉，恨不能将臆想中的魑魅魍魉一下子全部撕碎吞掉。

到了近代， 这种头戴面具驱鬼祈福的傩仪活动，在中原地区已较少见到了。可是在边疆少数民族地区，面具作为一种通神驱鬼工具，仍被广泛使用着。

其中最典型的是信仰藏传佛教的藏、蒙古、门巴、纳西等民族，在他们的寺院每年举行的跳神活动中，面具在扮演各类神祇，完成驱邪禳灾仪典，发挥了极重要的作用。

藏族寺院里的跳神，藏语称它为“羌姆”（Vehams）或“多吉嘎羌姆”，意为“金刚神舞”，这是藏传佛教一种古老的宗教舞蹈。在各教派寺院里，每年要定期举行。由于各教派的教义和所供奉的神祇护法不同，举行跳神的形式、日期和章法也各不一样。

羌姆是由众多的僧侣， 通过形象的化妆和舞蹈语言来表现佛法的力量和神威，宣传宗教教义，劝诫人们积德行善，规范人们的行为。由于表演中贯穿着简单的故事情节，而登场的角色，少则数十，多则上百，场面十分壮观，所以颇能吸引观众，是佛教徒们一心向往和争相观看的一项特殊的宗教娱乐活动。

羌姆的最早产生，多认为在8世纪。吐蕃赞普（王）赤松德赞为弘扬佛教，从印度请来密宗大师莲花生，委托他主持西藏第一座寺院的修建工程。莲花生勘定寺址，在举行奠基仪式和建寺过程中，将印度密教的祭祀神舞与西藏原始苯教和土著歌舞相融合，编创了最初的金刚神舞，以“收伏诸凶恶鬼魔，使王建寺无有违缘障碍”，这就是最早的羌姆。

莲花生首创的羌姆，是以消灭当时佛教的最大敌人——“黑魔如扎”为主要内容的。他利用和吸收了西藏民间的原始拟兽面具舞，结合密宗法力，塑造出各种护法神或本尊及其眷众的艺术形象，通过集聚众多密宗咒师诵念咒经，使本尊和护法众神去消灭佛教的敌人。因此在最初表演时，在场地中心都摆放着一个用糌粑做的或用布画的“黑魔如扎”的“灵嘎”（Ling ka魔鬼形像或化身）。舞蹈的最后，是由众护法神或本尊眷众出场去处死撕碎黑魔灵嘎，达到全剧的高潮。后来，随着佛教的传播发展，经历代僧侣艺人的整理加工，羌姆在表演程式和内容上日臻完善，藏传佛教的各教派寺院都形成了宣传本教派教义、颂扬本教派护法、体现自己风格的跳神祭祀舞蹈。

各教派的羌姆表演过程中，所有登场人物都头戴面具，身穿五颜六色的法衣，手执各类法器，在法鼓、铙钹、法号、螺号、唢呐等乐器的伴奏下，严格按着规定的程序，依次登场表演。面具成了表现场上各类神祇人物身份、性格、法力和威严的象征。表演者戴上它，自感完全进入神的境界，口中不停诵念所扮演的本尊护法之经咒，使自己的心和扮演的神的心达到完善的丝毫不能分开的结合。假如不能做到这些，众神会因此而恼怒，护法神也会因此而降下灾祸，造成永远不可弥补的损失。

初次观看羌姆表演的人，也许会被登场的各类人物弄得眼花缭乱，其实，羌姆中的人物，大部分是佛和菩萨幻化的神，虽然表演时多以忿怒的凶相出现，但他们降临人间，是为驱逐敌魔、排除孽障，使众生今生来世永享神佛的依怙护佑。登场表演的羌姆面具造型，归纳起来可分为以下三类：

一、凶相面具，最引人注目。其威猛之态表现了神佛护卫法界降妖除魔的力量。主要人物是本尊，即佛和菩萨的变化身和自性身。代表者有马头金刚（亦称马头明王）、大黑天神、怖畏金刚、班丹拉姆（吉祥天女）、法王明妃、金刚手（恰那多吉）等等。马头金刚是慈悲观音的自性身，大黑天神是湿婆神的化身，为毁灭之神，班丹拉姆是著名的护法神贡布（怙主）的妻子，亦称绿色女神。这些具有护善之功的神祇，面目皆为三眼圆睁，双眉如焰，张口龇牙，舌头卷曲，头戴五骷髅冠，并饰蛇纹花蔓，其狰狞、威猛、神秘的形象，令人看了感到寒栗可怖。

凶相面具中，还有一部分是佛祖或高僧降伏的鬼怪。如莲花生施法术降伏的原始苯教神魔赞神（山妖）、龙神、跃神、介波　（鬼王）等，后来都转化为佛教的护法神。这些土生土长的神，过去有的是屈死的冤魂或罪恶幽灵化成的厉鬼，面具亦凶煞残忍，降伏后以非凡的神通也来护卫佛法和修习佛法之人。

在凶相面具中，值得一提的还有一些骷髅鬼神面具，其造型是一个硕大的白色人头骨，口露巨齿，眼鼻皆呈黑洞，顶部饰有3个或5个小骷髅，耳部用折成扇形的彩色纸或布为饰。它是藏传佛教舞蹈中的独特产物，藏族信徒认为它是护法的吉祥精灵，能保护人的灵魂，几乎每个教派的羌姆中，都有它的身形出现。

二、善相面具，表现了佛尊对众生说法的静善端庄之态。主要人物是本尊文殊菩萨、观音、度母和受汉文化影响表现吉祥的寿星、罗汉、和尚、仙翁、儿童等。他们的面相大都平和慈善、眉清目秀、亲切恬静。还有一些称作“阿扎拉”（游方僧）的人物，其面型如印度僧人，高鼻深目，髭胡卷曲，头缠彩巾。他们奇特的脸型和打扮以及奇异的舞蹈动作，常常引来观众的哄喊和笑声，使场内气氛异常活跃。“阿扎拉”于是成了“滑稽”“幽默”“小丑”的代名词，虽在表演中居次要地位，却能博得观众的喜爱。

三、动物面具，属于伴属神一类。在羌姆中占据数量较多，面具造型生动而奇特。它们代表着各种神灵，具有神性或人性的生命。动物面具大体分为飞禽、走兽、水族类三种。飞禽有鹰、鸥、大鹏、乌鸦、喜鹊、孔雀、凤凰、蝙蝠等；走兽有牛、羊、马、鹿、狮、象、虎、豹、熊、狼、猪、狗、猴、猫、鼠等；水族类有鳄鱼、海螺等。这些动物并非自然界中的飞禽走兽而应把它们视作密宗本尊神身边的护法和侍众。出场时，它们常围主神四周伴舞，或写实，或夸张，皆能将各种动物的神态表现得栩栩如生。其中特别指出的是牛头和鹿头面具。牛和鹿是西藏高原上最常见的动物。牦牛和牛原系苯教崇信的神灵，被收服后发誓保护佛法。鹿神常以魔王的化身出现，后被佛法征服。它头上有两根钜型树枝状的鹿角，用它可以顶碎“灵嘎”，保护众生太平。

以上所介绍的几种面具类型，在各教派寺院的羌姆表演中并不是等量出现的，它是根据各教派所崇信的护法神灵不同，重点出场的表现人物不一样，使用的面具、服装、道具、舞姿步伐、节奏快慢均有差异。现就以几个寺院为例说明之。

后藏的萨迦寺，是萨迦教派的主寺，该寺每年规定举行两次金刚神舞。一次在夏季的藏历七月十七、十八两天举行，叫做“雅羌姆”。表演“多吉普巴”（金刚撅）神舞。大多数登场的人物都戴着灵兽面具。主神是多吉雄罗和其妃柯坚德丹，还有十大部将，都戴狗头面具，二十位部众分别戴狮、虎、牦牛、狼、鹰、猪、蝎、鹿、豹、蝙蝠、鼬、鼠面具，四大门神戴着乌鸦、猫头鹰、戴胜鸟、鹞子面具，顺次出场。当威严无比的护法神们把“黑魔如扎”打得遍体伤痕走投无路的时候，魔鬼使用魔法将自己变成了一个受伤的小男孩，蒙骗好心人将它收养起来。这事又被尸林之神发现，捉走魔鬼变的小孩并将它处死，后由戴各种兽类面具的神灵及眷众吃掉。这一故事十分形象地反映了佛教密宗神舞灭杀魔鬼的基本内容。

另一次金刚神舞的表演，在冬季的藏历十二月二十九日，叫做“贡羌姆”。这次表演出场的护法神是贡布（怙主）、班丹拉姆（吉祥天女）及眷属神格隆（比丘）、夏纳（咒师）、巴姆（妖女）、格巴（勇士）等。当以主神贡布为主十一尊神祇入场时，各个面具均有一人多高，由木框身架支撑，身着神衣法饰。表演时，由一人肩扛，两人护持，使整个神身约3米多高。4头庞大的野牦牛神，由5个身强力壮的男子承担表演，一人撑持牛头，其他4人各持一角，紧跟在护法神两侧壮胆示威。牦牛神虽无单独表演，但其面具、身形硕大无比，颇惹人注目。萨迦寺的冬季金刚神舞，古老而远近闻名，所以每年此时，上万名信徒从四面八方赶来争相观瞻，观者如云。

格鲁派（黄教），是当今藏传佛教中最有实力的教派，寺院数目最多，寺院神舞形成较晚，但每个寺院神舞表演都各具特色，表演时间也不同。以格鲁派六大寺院之一的扎什伦布寺为例，该寺金刚神舞的表演时间在每年藏历八月。最早的创建者据说是四世班禅罗桑·确吉坚费，也有人说最早正式表演时间当在1846年的七世班禅丹白尼玛时期。早年举行神舞仪式开始前，要念10天经咒以求得怖畏金刚和法王的许可和降福。开场时，先吹法号，击鼓击钹，渲染气氛，接着头戴骷髅面具、身穿短衫的4名侦察童子上场。舞罢，又出来6个天界通士（3个黄面男神，3个绿面女神），面具为长鼎大耳，饰耳饰，身穿蓝袍，形象威武。随后是6名少年均戴鹿、牛面具登场。鹿面告示吉祥，牛面象征威猛，它们披甲持剑，奔腾跳跃。接着又出来4个死神作舞，也都戴着骷髅面具，身穿锦绸奇服，缀串珠，围着地上的木盘舞蹈。法号吹后，法王与明妃先后出场，法王是阎王的降伏者，属地位低于本尊的护法神，面具是水牛头，犄角上翘，饰五骷髅冠，三眼圆突，蓝面。手持人骨架棒，一手托头盖骨碗。法王的明妃面具，亦呈忿怒相，饰五骷髅冠，血口大张，表示要吞没俗世。他们的身后跟随着毗沙门天王、依怙明王、天界勇士和阎罗，都在法王带领下，表演斩除妖魔的动作，最后以“焚烧邪恶”——将画在布上的魔障化身灵嘎焚毁——作为结束。扎什伦布寺的金刚神舞在格鲁派寺院里颇具典型性，故塔尔寺、拉卜楞寺等寺竞相效仿，它和布达拉宫的神舞一样，同成为格鲁派中最完善最丰富多彩的宗教舞蹈。

13世纪元朝建立后，由于蒙古王室的支持，大量藏传佛教礼仪制度进入蒙古地区，羌姆神舞随之被蒙古族吸纳，与蒙古族古老的萨满跳神和传统的土风舞结合，形成了具有蒙藏文化交流特色的宗教跳神“查玛”（羌姆的蒙古语音译）。“查玛”分“大查玛”“小查玛”“裸查玛”“米拉查玛”等多种，它和西藏的羌姆一样，是通过寻鬼问罪、斩鬼抛尸、驱除妖魔、祈求平安等舞蹈形式宣传惩恶劝善的宗教思想，只是在表演程式和内容上，根据本民族的需要加以改造和创新。

“查玛” 表演突出了僧众诵经敬请神灵降临的内容，在众神驱鬼降妖之后，还要转寺，去搜索残余妖孽，做到务除净尽。查玛中的众神人物有7位吉祥天女、四大天王和海螺神，捉鬼的是五位蝴蝶神，审判执法的有阎王和鹿牛二神。当恶魔被碎尸万段、欢庆胜利时，21位观音菩萨降临人间，护佑和劝示人们皈依佛法。

查玛中各类神祇人物的造型及所使用的面具、法衣法器、伴奏的乐器，同西藏的羌姆神舞如出一辙。查玛流行于蒙古族地区，大约有400年的历史，它兴于明而盛于清。清时的查玛神舞以辽宁阜新的瑞应寺最有代表性。京师地区跳查玛早年要从故宫的中正殿开始，再传至弘仁寺（旃檀寺）、黄寺、黑寺（慈充寺）、雍和宫。蒙古地区的跳查玛，一年之中各地轮流，从不间断。雍和宫跳查玛舞称为跳布扎，俗称打鬼，每年在农历正月二十三至三月初一举行（一说在农历正月十九至二月初一举行）。雍和宫传统的跳布扎神舞由十三幕组成，前四幕为序幕，表现人类、水族、昆虫得知神佛将要驱逐邪恶，载歌载舞表示喜悦；五至十一幕表现佛祖释迦牟尼派四大天王、八大护法、二十六度母等搜寻鬼魔，终于一举擒获；十二幕进入高潮，弥勒挥斧砍下鬼俑首级，表示作恶多端的魔王伏诛。最后一幕是将魔王灵魂钉在三角形“垛”内，抬出昭泰门焚化，表示从此天下太平再没有魔王搅闹。如今，京城地区的跳布扎，只有雍和宫一处最享盛名，其他地方已经湮没无闻了。

再看一看信仰藏传佛教的门巴族和纳西族两个民族，他们的羌姆神舞中也戴着不同类型的面具，只是这两个民族神舞中出场的角色，鸟兽动物占了很大比重。这大概和他们早期的原始图腾崇拜和巫术信仰有关。如门巴族羌姆中，有“谢羌姆”表演为一公一母的雉鸡嬉戏欢爱之态；“角色羌姆”，是由数人出演的牛舞用行木和真牛角为原料，扎制牛头面具，表现人们对牛的敬仰；“东金羌姆”中，有二人头戴猪、牛面具，手持长刀，作与魔鬼搏战之状，最后将魔鬼赶入地府，保护了土地安宁；“甲穷羌姆”是表现大鹏鸟，两位表演者各戴骷髅和大鹏面具，表演大鹏与魔鬼厮杀，最后魔鬼倒地，被大鹏叼食。这些演示动物种种特性的鸟兽舞蹈，旨在把信仰的动物拟人化，借以拜祭和颂扬图腾祖先战胜恶魔，为的是祈愿丰年安康吉祥。

纳西族佛教寺院里的羌姆表演中，也有不少是鸟兽神灵，如牦牛、山鹿、猴子、狮、虎、猪、狗、孔雀、大鹏鸟等，其面具形状和东巴教的面具相同。

从以上介绍的几个民族宗教神舞中可以看出，面具在祭祀活动中的重要，它体现了羌姆的明显特征。可以这样说，没有面具，羌姆就不可能存在，它是羌姆活动的核心。面具被佛教徒们看成是沟通神灵的工具，神灵的附体。因此，不管是演出当中，还是平时，都相信它有驱邪镇魔的法力，除去演出，它不得随便被人佩戴和搬动。有的护法神面具在跳神活动之后，还被悬挂在佛殿的梁椽上，继续施展法威，有的被供奉于密室，作为镇寺除邪之物，年代久远的面具，更为寺院的至宝，世代珍藏。

面具既然被看成是神物，那么对佩戴它参加表演的人自然也就要求严格，他们必须是严守戒律的僧人，身材高大，五官端正，会绘制坛城懂得其中密法，并受过专门的训练，有的寺院甚至指定某个“扎仓”（学院）专门负责培养跳羌姆的人才。

面具的制作，是非常精心的。它和塑造神像一样，必须严格按照密宗造像仪轨、由有高超工艺技能的专业匠人负责制作。面具的质地分木制、皮制和铜制，但现在更多使用的是泥和漆布塑制的立体面具作品，其色彩艳丽、形制奇特，民族和地域特色鲜明，可以说，它不仅是佛教徒的通灵工具，还是令人倾倒、生命力极强的艺术品，是我国面具家族中一颗熠熠闪光的明珠。我们从它那千姿百态富有丰富想象力的形态中，领略到藏、蒙等民族的道德观念和审美情趣以及他们非凡的智慧和创造才能。藏传佛教存在一天，就会有羌姆面具的应用和不断创新发展。羌姆面具会长期地保存并不断传递给我们诸多的历史文化信息和丰富的资料营养。因此，我们要重视和加强对面具的应用研究，这将是东亚各民族在宗教民俗研究中的一个重要方面。

（本文原载《中央民族大学学报》 1998年第4期）

中国少数民族面具文化概论

郑俊秀

中国是世界上面具历史最悠久、流传最广泛、内容最丰富的国家之一。及至今天，面具仍以鲜活的形象流布于中国的24个省、自治区的39个民族中，构成世界面具文化的重要组成部分。在中国，除汉族外，有38个民族的面具覆盖了17个省、自治区。少数民族的面具更以其形制的多样、造型的丰富、内涵之深邃，在中国乃至世界面具宝库中占有重要的位置。遗憾的是，由于种种原因，它的存在和辉煌鲜为人知。

一

面具是泛人类文化现象，滥觞于史前。旧石器时代的面具至今未有实物可证，但根据欧洲发现的岩画内容，可以作出曾经使用过面具的推测。然而，新石器时代的面具却有实物可证。

中国史前时代的面具目前尚无实物出土。但在岩画、陶石绘雕制品中却留下了面具文化的踪迹。其中尤以岩画上夸张、变形的人兽面相，为我们传递了先民创造的最早的造型艺术——假形、假头的形象及其运用等诸多信息，展现了我们所未知的远古人们的精神世界。它告诉我们，少数民族的先民在岩石上所刻绘的超自然威力的精灵和与之交往的工具——面具，在人类的童年是被广泛地信仰并虔诚地运用着的。

已发现的遍布中国南北18个省、自治区的岩画上出现的大量造型怪诞的人兽面相、骷髅相和假形等，虽不能断定都是对面具的摹画，但其中必有不少画面是对头戴面具或身披鸟兽假形在实施巫术、进行祭祀、举行战争或狩猎前后的演练与仪式等行为的刻画。

目前中国已发现的岩画主要集中在边疆少数民族地区，或古代少数民族先民曾聚居的地方。有些岩画成画年代虽已跨入文明的门槛，但仍可作为一种参照系；同时借助民族学资料以今溯古，逆向思考，对史前的面具作出推测和解释。正如摩尔根在《古代社会》中所指出的："人类是出于同源，因此具有同一的智力原理、同一的物质形式，所以在相同的文化状况中的人类经验的成果，在一切时代与地域中都是基本相同的。"

岁月悠悠，少数民族的先民，在峻岭悬崖、荒野蔓草间留下了他们假面崇拜的印迹。内蒙古阴山、白岔河、乌兰察布、乌海海勃湾，宁夏贺兰县贺兰口，新疆呼图壁、阿勒泰等地的岩刻画；四川珙县，云南沧源、元江它克、麻栗坡大王崖，贵州关岭和广西左江等地的崖壁画，都分别有人兽面相和假形装扮的形象出现。

树有根，水有源。少数民族地区的岩画为今天仍以活的形态活跃在少数民族的山寨牧野、村社家院的祭坛神殿、社火戏台的面具艺术找到了它的源头。会说话的岩石向我们讲述了昨天和今天的历史联系，展现了少数民族源远流长的面具文化之源。

内蒙古阴山山脉西段上万幅岩画，最早的距今有上万年的历史。大部分作品创作于新石器时代至青铜时代，人兽面相是这一时期的主要题材。据专家研究，画上的人兽面相，除为自然物人格化、神化的形象外，还有对面具的刻画。如岩画上出现的人兽面相（图1）和假形化装（图2）当为面具的写照。"阴山各地的

图1　　图2

岩画中，尤其在壁立千仞、岩高涧深的地方，往往磨刻着许多人（兽）面相组成的神相壁。……其形貌千奇百怪，狰狞可怖，而富于变化。古人大约认为，这些‘凡人’难以接近之地，恰是众神灵居住或登（升）天的地方。”（盖山林《阴山岩画》）在远古人类的眼中，面具正是寄居灵魂的载体，充满了灵性。古代的游牧民族如北狄、匈奴、鲜卑、突厥、回鹘、党项和蒙古族的先民等，都先后在这里活动过，岩画当为他们的遗迹。岩画或用于图腾崇拜仪式，或用于与巫术有关的行猎行为，其作者就是舞蹈者、祈祷者的巫师。与阴山岩画相邻的乌海市海勃湾桌子山岩刻，人面相、动物面相非常集中，面相奇诡怪诞，变化无穷（图3）。

图3　　　　图4

人面相中有些面部非常抽象化、图案化，“它们给人一种印象，似乎是一种模拟不同人脸的面具，或黥面的反映。……这里的原始居民也存在过头戴面具的事实。”（盖山林，上揭书）桌子山的属于新石器时代的岩画内容百分之九十是人面相。年代早于桌子山岩刻的贺兰口人面相也几乎占该岩刻的三分之二。

云南麻栗坡大王崖崖壁画主体是两个形体巨大的人物，头部与身体比例不协调，约占全身的五分之二。头部硕大夸张，显系戴面具的形象（图4）。

岩画中大量的人兽面相的存在，反映了人类童年时期的少数民族先民对假面崇拜的痴迷和运用的执着。

云南沧源崖壁画最多的也是人物画像，崖壁画的年代约距今3000年左右（陈兆复《中国岩画发展史》）。该崖壁画内容丰富，其中一处展现了一个复杂的

图5

大型祭祀场面（图5）。画面上的人物化装有头戴羽冠，身饰鸟羽，作振翅腾飞状的“鸟形人”；有身部绘成长方形，头有许多竖线，双臂作平伸状者。另外还绘有牛和人拉牛的内容，可能为剽牛祭祀之用。（汪宁生《云南沧源崖画的发展与研究》）画面上的两种化装，在今天的少数民族中仍能见到：前者见于景颇族“目脑（纵戈）”大型祭典中领舞人“脑双”的头饰和高山族、苗族、瑶族等的祭祖庆典中的男性舞者羽翎头饰；后者的化装可能是全身和头部用茅草扎束成假形，一如今天的湖南土家族纪念祖先所跳的毛古斯舞、云南砚山壮族开年节跳的草人舞、双柏彝族火把节前夕迎请众神所跳锣笙舞和广西融水“芒蒿”等的装扮，可以说是一脉相承。

广西左江流域崖壁画所出现的人物一律双臂高举作祈祷状。其中有的图像与今天的民族学资料相对照颇多相似之处，恐非历史的巧合，发人深思。

广西扶绥县岜来山的崖壁画上把鸟类形象画在正身的首领人像的头顶上，宁明县花山崖画上则把动物（有人则明确指认为犬）画在正身首领人像的头顶上（图6）。有人认为这是壮族先民——越人的鸟崇拜和犬崇拜的反映。有的认为崖画上的人形为当时人们信奉的神、

图6

神话人物。我们认为，不管它代表了先民们的什么信仰，但它总是当时社会生活的映照，所绘画面或许是举行祭祀时巫师（同时也是首领）的装扮：头上饰以禽鸟或动物（或为炮制物），以期使禽鸟和动物身上的灵巧与力量传递到自己身上，从而获得超自然的力量，以驾驭现实，满足愿望。

我们看看现实对历史的观照：今天广西邕宁区一带壮族在中秋节前后的大排节由三名师公（巫师）戴鸟形头饰跳“莽罗娄”（意为有趣的斑鸠）；武宣县壮族春节所跳的着蔑编布制鸟形的翡翠鸟舞；凤山县称蓝靛瑶的村寨，每年农历二月初二日在祠堂进行祭祀祖先、驱鬼酬神、祈求神灵赐福的活动。届时由一名斋公头顶缚一公鸡，手拿扁鼓边击边跳“条随”舞。三者同为以禽鸟形象出现的娱神除邪祈祥之俗的遗留。岁月也没有磨蚀掉以动物装扮除祟纳吉之俗：西藏珞巴族举行“索苗仁”祭虎灵仪式时，猎虎者身背虎头骨和竹编虎身前行；四川白马藏族“跳曹盖”时除戴木面具外，也顶戴“巴贡格宅”（野猪头）作面具，跳毕，将二面具悬挂于门上以辟邪；青海同仁县麻巴乡银扎木村藏族，每年农历六月“周格勒柔”盛会时，舞者中除手持木质“当果”（虎头）、“增果”（豹头）面具外，为首者还头戴以小牛犊头制成的“吾因果”（牛犊头）面具，活动结束后即将其悬挂在该村的庙内，以祈六畜兴旺。

上述南北的民族民俗活动折射出其先民在祭祀活动中对拟兽拟禽装扮的信仰及其迷恋，历数千年而不绝。

岩画和今天的少数民族面具民俗，为我们勾勒了人类初始经历了直接佩戴兽头禽冠及其皮毛羽翼，尔后逐渐为人工制作的假形、假头、假面取代的历史。

中国少数民族先民在进入文明时代后，其面具在发展着、变异着，以动物体态的假形、假头、假面充斥于场面中的情况有了改观，其功能、材质也不断丰富。少数民族地区出土的面具及其他文物可资佐证。

1969年在广西西林县出土了西汉时期的铜面具，共八件，分别挂于铜棺的四角和两侧。其中一件高21.7厘米，最宽处19.2厘米，厚0.3厘米（图7）。

面具造型基本一致，眼珠外突，双唇紧闭，系丧葬面具。有的学者认为墓主为句町（西林汉为句町地）统治者，铜面具为供墓主在冥间役使的殉人。1979年新疆新源县巩乃斯河畔出土了石人面具（图8），研究人员断为宋至元时期遗物。

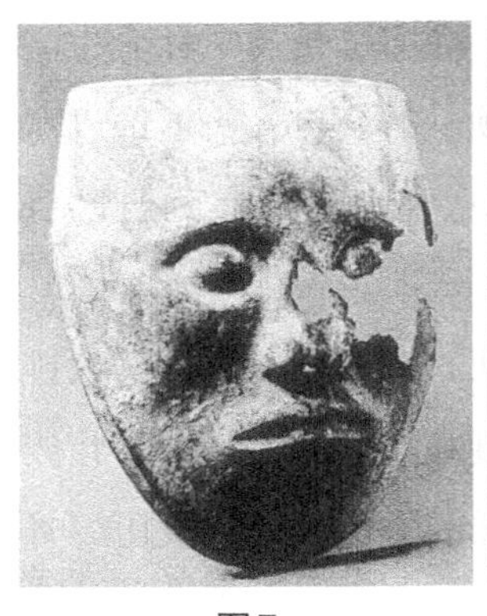
图7

图8

图9

面具高23.5厘米，最宽处17.2厘米，最厚为6厘米；砂岩质，打磨光洁；圆目内凹，眼珠鼓突，瞳孔处有穿孔；鼻梁隆起，鼻翼肥大，鼻尖上翘；唇部薄而微张，留有口缝，具有典型“胡人”特征。面具边缘有一周凹槽，两耳和前额的凹槽上各钻有透孔，可能为镶嵌面具所用。面具功能不详，有的学者认为是巫术面具或为民俗面具，有的疑为丧葬面具。1986年内蒙古哲里木盟奈曼旗出土了辽代契丹人陈国公主及驸马的金面具。所覆金面具（图9）系用薄金片依照死者脸型模压锤揲成形，覆于死者面部。眼部作雕刻加工，眼、耳、口、鼻，不开缝孔。目前所知出土的辽代丧葬面具的质地有铜、银、金3种，其中以铜面具最多，金面具实属罕见。

内蒙古包头石湾汉墓出土了一件黄釉浮雕陶尊（图10）。它的出土从另一侧面反映了中国北方历史上信仰萨满教的民族佩戴面具的状貌。画面上除有头戴

图10

牛、羊等5种假面、假形的舞蹈者外，尚有3个耐人寻味的图像：其一，上栖二鸟的神树，似乎与信仰萨满教的早期渔猎民族的神树崇拜有关。满族等旧时信仰萨满教的民族，由崇拜代表祖先的神树进而崇拜神木，而又神杆（满族称“祖宗杆子”），及其神杆上的木斗内置牺牲以饲乌鹊的习俗，所反映的祭祖——祭天，以通天地的信仰；其二，画面上所绘爬虫，可能是萨满祭祀仪式中所见的迎请百虫之首——九尺蟒神，以祈吉顺安泰之俗，此俗在今天部分满族野祭中仍见遗绪；其三，为张弓欲射者，即萨满为死者亡灵射箭引路以期顺达冥界的信仰，此俗仍保持在近代赫哲族丧葬仪式“撂档子”中。届时萨满站在高台，面向西方连射三箭，为死者灵魂指路。故此陶尊实含扮成动物的巫师，为亡者驱鬼护灵使之返回氏族树的寓意。

吉林集安县出土了高句丽时期的面具型兽面纹瓦当。其上兽面怒目圆睁，鼻孔大张，目上有火焰状眉，方口上翘，门齿外露，獠牙雄劲，狰狞恐怖（图11）。

图11

黑龙江克东县金代古城址中也出土了面具型兽面纹瓦当，面相诡谲狞厉。两瓦当均为护宅祛祟的神兽，多见于高句丽时期和金代的建筑中。建筑构件面具化造型的广泛运用，透露了古代假面崇拜的盛行及延伸。

以上发现在中国广大少数民族地区的和属于少数民族的岩画、面具及其面具造型文物等，向人们提供了历史的真实：面具是中国各民族共生的文化现象，历史悠远；中华民族史前文明的曙光，是由分布于神州内的东西南北中多个中心的地域文化之光，交相辉映，照亮了古老历史文化的源头，闪烁在中国大地上。作为中华民族本原文化中独特一支的少数民族面具的历史，犹如多条可以滥觞的潺潺细流，其初始就表现了多彩多姿，并蜿蜒汇入中华民族的面具文化长河，自古至今绵延不断。

二

面具是人类思维意识发展和宗教情感的产物，是在史前人类独特的心理和特定的社会条件下孕育诞生的。面具作为审美感觉产生之前的原始造型最重要的形式，它的产生非单一因素的推动，而是原始狩猎、部落战争、巫术信仰、头颅崇拜、图腾崇拜及祭祀仪式等多种因素孕育产生的。其中巫术信仰和头颅崇拜是其产生的沃土和源头。

根据地上考古和民族学的资料可以判断，最早的面具是动物的假头。面具最早可能源于狩猎巫术。在狩猎和举行仪式时，顶戴禽冠、兽头或直接抹涂脸部、躯体及用鸟羽、兽皮装饰全身的假形化装是面具的初始形态。史前人类最早无明确的超自然体观念。为了维持生命获得食物，渔猎时企图靠某些特定行为对特定目标施加影响，以保障获取成功。例如模拟渔猎对象的形态和活动，如披戴鸟兽头冠和皮毛并做与对象相似的动作，隐蔽自己，麻痹对方，以求尽少惊动要接近的目标，提高命中率。此类行为常在事先的演练和成功后的重演中被一再重复。于是“行动的实效性和娱乐性，实感性和幻象性，都无意识地混合在一起”。(《中国大百科全书·宗教卷》）偶然的成功，误认为是在披戴兽头、兽皮的假形和动物的原型之间可以建立起一种交感关系，保证了狩猎的成功。“这些心理状态逐渐变成一种凝固化了的心理轨迹”。(朱狄《原始文化研究》）于是从这样的活动中，演化成为保证猎获成功而披戴兽冠、兽皮等仪式，演化出各种法术、巫术，逐渐成为人们普遍的信仰。由此被认为是带有某种巫术力量的面具——以鸟兽冠及羽毛兽皮装扮的假形和为了简化，以“点”代“面”的鸟兽冠的假头——这种使人“异己”成“非人”的物化形态就这样诞生了。

在人类早期文化中，巫术作为控制世界的一种工具被广泛地运用着。洪荒时代的先民，被充满严酷、危险、神秘莫测的环境所笼罩，他们把无法驾驭的神秘力量看作是有敌意的力量，而巫术正是驾驭这些有敌意的力量的唯一可靠途径，企图通过某种力量对客体施加影响与控制，保证达到它所希望的结果。在欧洲岩洞中发现的一些旧石器时代的雕塑和绘画，都显示了巫术的痕迹。法国莱斯·特洛亚·费莱尔岩洞画有一幅被认为是手持乐弓，戴着动物头盔，正在演奏的巫

师，或是表演一种祭祀中的具有符咒性质的舞蹈，或是在洞穴中举行成人礼留下的痕迹。（朱狄，上揭书）

巫术活动的执行者是巫。巫的称谓在中国出现很早，本意为舞，甲骨文巫字像一人手执牛尾起舞。《吕氏春秋·仲夏纪古乐》中记述了传说中的远古之乐舞，“昔葛天氏之乐，三人操牛尾，投足以歌八阕”，此实乃巫舞。“巫，祝也。女能事无形，以舞降神者也。……在男曰觋，在女曰巫。”（《说文解字》）巫的活动的重要内容便是舞，以舞降神、娱神，巫舞一体。此一特点在少数民族地区发现的岩画和出土的文物中均可见到，并一直延续遗留在今天的少数民族的节日祭祀、禳灾祈祥的宗教活动中，面具则是此场合巫师手中的重要法器。

在云南滇池地区出土的战国至东汉时期青铜器上有多种巫与巫舞的形象。晋宁石寨山出土的鎏金铜牌饰上有四人并排作舞蹈状，可能是正在跳巫舞作法术的巫师。又在该地出土的一面铜鼓上有手持弓箭，装扮奇特的巫师形象（图12），巫师的装扮愈怪诞，其巫术的威力就愈大。文物中大量的巫师形象的出现，说明古代云南的部分少数民族的先民（或滇人或濮人或越人）巫风之盛。其他民族地区情况亦然。

图12

巫术既是行为状态，又是信仰系统。巫术信仰从宗教演化史来看，属前宗教现象，待宗教明确形成后又成为宗教的构成因素。它不是严格意义上的宗教，虽有模糊的超自然体观念，但无对之礼拜求告的行动。

“野蛮人恒常都是生活在神秘主义与仪式主义的世界里面”。（马林诺夫斯基《巫术科学宗教与神话》）巫术行为往往就是祭祀仪式，面具通常是这类祭祀仪式不可或缺的被认为是驾驭客观世界的有奇效的工具。除了普遍戴披假面、假形

图13

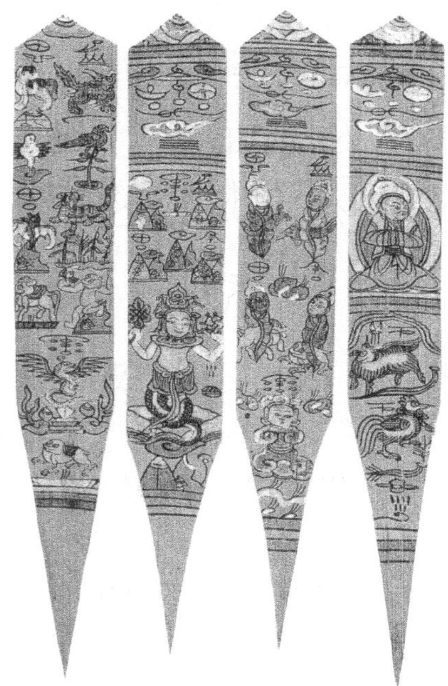

图14

外，巫师身上的其他披挂物、手执的器具等都是为制服敌对力量所配备的具有巫术效力的法器。

少数民族先民的巫师及其面具、法器今人无法得见，但其形象已经被刻绘在历史的见证物上。几千年来巫风未断，时至今日，城乡底层仍有市场，巫师既没有向历史告别，面具、法器也仍流存于少数民族之中。由于巫术仪式和信仰的发展、演化，面具、法器也在不断地演变和丰富。作为施术的法器，在少数民族那里变得五花八门，名目繁多，仅举几例以见一斑。

四川凉山彝族的毕摩（巫师），祭祀时使用的法器“切克”（意为神扇），为竹篾编织，木柄上刻有虎、鹰头（图13），用于盛大祭祀活动或诵经护灵，被认为有招神、驱鬼之法力。

云南纳西族的东巴教源于巫术信仰，后受藏族苯教和藏传佛教的影响而成为原始多神教。东巴（巫师）的活动有不少巫术表现。占卜是预测吉凶福祸的方法和手段，所见东巴骨占卜辞与殷墟甲骨卜辞有异曲同工之妙。东巴在法事活动中所使用的古老的木牌画“课标”，为巫术文化的重要组成部分。“课标”分尖头（图14）和平头两种。不同的绘画内容用于不同的祭仪。进行巫术时将尖头“课标”置于墙、祭台或树上，东巴用箭射之，以示战胜凶魔鬼怪。

苗族历史上崇巫信鬼。竹筶是苗巫师的主要卜具，由一干笋中剖为两片合成。两片内侧皆下扑为阴卦，两片外侧皆上仰为阳卦。一阴一阳称顺筶，双阳叫阳筶，主吉；双阴叫阴筶，主凶。古老的乐器槽和摇箭，也是巫师使用的法器。即使医疗活动往往也以巫为主，巫师同时也是医师，即巫医。巫医使用令牌，药力通过巫术显现，医疗和巫术密切结合，医药和巫术统一于医疗活动中（图15）。

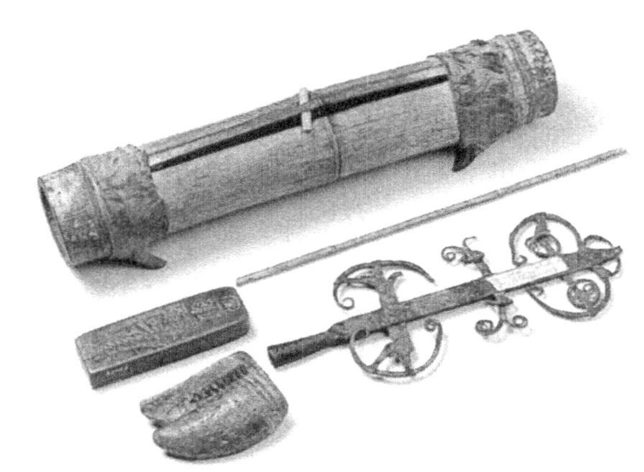

图15

古往今来，巫师通过光怪陆离的面具、造型奇特的服饰和用途不一的法器，特别是在多种器乐的帮助下，舞之蹈之，营造了喧嚣神秘的氛围，“赋予人们一种临时性的特殊的精神状态”，强化着人们的信仰与自信。“巫术表现给人的更大价值，是自信力胜过犹豫的价值，有恒胜过动摇的价值，乐观胜过悲观的价值”。（马林诺夫斯基，前揭书）

图16

人类是在对巫术的绝望中才建立起原始宗教信仰，转而乞灵于魔鬼——祖灵——神祇。在原始思维中，冥冥的神灵形象经历了动物——兽人同形——神人同形的演变，而作为其载体的面具也经历了兽形——兽人合一形——神人形的造型变化。面具的造型与同一时期神灵的造型相对应，如羌姆面具怖畏金刚与其塑像（图16），两者如出一辙。

千容百态的面具无论怎样繁复，它总是神祇的具像化。贵州德江土家族苗族民谚：“戴上脸壳就为神，摘下脸壳就是人。”这清楚不过地说明面具是“沟通人与神这两个世界之间的渡船”。

在原始人看来，人的头部集中了眼耳口鼻等重要器官，人的头部是最神秘最重要的部分。因此在巫术仪式中，巫师的装饰主要集中在头部，由己及他，对动物的模仿，也主要是对其头部的模仿。《说文解字》解释“显”字：“显，头明饰也。”头部装饰如同面具一样，充满了巫术力量。因此对历史文物上所映现的与今日所见到的巫师头上的奇特装扮也就不难理解了。溯其源，均出于先民对灵魂和头颅的崇拜。

原始的生命崇拜，为面具的发育生长提供了必要的信仰条件。人们对死亡的恐惧和对生命的追求产生了灵魂观念。人从哪里来的？又到哪里去了？人生的短暂，使人羡慕天地的永恒，萌发了永生的欲求，于是使人升华的灵魂观念产生了，令先民百思不解的梦境成了这一观念产生的基础和催化剂。认为灵魂可以离开肉体而存在，而且比附于肉体的灵魂有更大的能量而不会死去。人们认为灵魂是藏匿于骨骼和头骨之中。此一观念在中国的汉文典籍中多有记述。“头者，精明之主也。”（《黄帝内经·素问》）“头者，神所居。上圆象天，气之府也。”（《春秋元命苞》）“世人死者有作伎乐，名为乐丧。其头，所以存亡者之魂气也。”（《酉阳杂俎》）德国人类学家利普斯在《事物的起源》一书中指出：“死人的头骨或骨骼也作为含有‘灵魂力量’之物而受到崇拜。……从死人崇拜和头骨崇拜，发展出面具崇拜及其舞蹈和表演。刻成的面具，象征着灵魂、精灵或魔鬼。”利普斯又说：“既然头骨时常被当成灵魂的座位，自然就要获得它，保存它。……头骨崇拜不限于对祖先的头骨，而且扩展到任何能获得的头骨，无论它为朋友的还是敌人的。”上述情况，中国考古学提供了大量的令人信服的资料。

前述约当新石器时代至战国时代的阴山岩画中，就有不少骷髅形象出现；新石器时代墓葬中出现的“头颅涂朱”和见于同时期而延续至今的“二次葬”葬俗等等，显系头颅崇拜、骨骼崇拜的映照与遗绪。

头颅崇拜作为灵魂崇拜的一个表现形式，在历史的演变中留下了遗迹。

云南江川李家山出土的西汉青铜剑（图17），剑身刻有一蹲踞欲跳之巫师。其人头发直竖于颅顶，似用布带束之，额前有一圆形饰物；环目、大嘴、长齿、三角形鼻；耳戴大环垂于肩；双手高举，臂腕戴成串铜镯；身穿饰花纹、镶边的对襟长衣，后襟垂至地；腿绕髦牛尾，跣足。剑茎所刻的巫师奇异的装束与剑身巫师形象大致相同。此人一手持刀，一手提人头作下蹲跳跃状，想必是用猎得的人头做某种祭祀仪式。(《云南青铜文化论集》）人牲（人头）用于规格最高的祭仪，被认为是最灵验的。

石寨山出土的与上同一时期的三件人物屋宇青铜扣饰，其上图像房屋上层中间的小龛内均供奉着滇人妇女之头，有人认为系滇人祖先头颅之模型，房屋为专供祖先头颅的神房。(《云南青铜器论丛》）以模型替代祖先颅骨受族人祭奠，为改制之例证。

图17

历史在进步，巫师们在祭仪中也逐渐摒弃人头血祭，遂以人造的骷髅赛其他造型面具代替人头。贵州德江土家族就有生动地反映由头颅崇拜变为对面具的神性崇拜这一历程的民间传说。作为历史信仰的遗响，藏族、蒙古族、裕固族、土族、纳西族等在寺庙跳神时，至今仍要佩戴骷髅形面具。对骨骼、头颅的崇拜，在藏族中依然突出。藏族跳羌姆时均有骷髅面具出现。此外宗教法器也多见颅骨、胫骨和状似骷髅形器：以人头盖骨所制“嘎布拉”碗（图18）为修密法作饮食之具；四川甘孜的寺院，举行重大法会时陈置骷髅形架；佛珠有的亦做成骷髅形或饰以骷髅形坠；青海同仁麻巴乡银扎木村宁玛派喇嘛，夏季在做驱雹巫术时用泥塑骷髅“塞地”为法器（图19）等等。

图18　　图19

南方一些少数民族中源于头颅崇拜的猎头之俗多见史载。《魏书·獠传》："其俗畏鬼神，尤尚淫祀。所杀之人，美髯者必剥其面皮，笼之于竹，及燥号之曰'鬼'，鼓舞祀之，以求福利。"高山族至近代，佤族至20世纪50年代末仍保留猎首之俗。佤族的猎首与历史上的僚人风俗相近。过去，阿佤山寨的佤族，在一年中春播前和秋收后举行两次砍人头盛大祭典，为古老的春祈秋报的遗俗。届时全寨人围着置放人头的木鼓房跳供头舞。人头被供过一段时间后送往寨外鬼树林中的人头桩上，全寨人在木鼓房前跳送头舞，庆贺3天。

图20

今天少数民族中以颅血献祭的习俗，是其猎头血祭的孑遗。青海同仁县藏族、土族在一年一度的"周格勒柔"报祭中，成年男性由法拉（巫师）割破或法拉自割额头，以血献神，手舞足蹈，醉迷痴狂，血流愈多，愈显虔诚。并以十数支钢钎刺入双颊（图20）、背部，以示所献牺牲之多。

少数民族的先民，在经历了漫长的巫术信仰、自然崇拜、图腾崇拜、鬼神崇拜和祖先崇拜的过程中，塑造了代表着灵魂、精灵、神祇、祖先、英雄的面具，企图通过它们，使自己更快地接近神灵，走入另一个世界，以实现自己的愿望。

漫长的历史进程，也使处于不同社会发展阶段的少数民族的民间信仰呈现多样性的特点，崇拜对象漫无边际。庞杂的神灵凭依之物神像、神偶、面具等组成了一个奇异神秘的世界，一个广阔无垠、上下莫测的自然宇宙。

中国北方萨满教的巫师，出于请神、跳神的需要，萨满拥有大批神灵作为保护神，装入专用的神偶袋、神偶箱或神偶盒中。达斡尔族各种神偶（包括小面具）（图21）排列起来据说有10余米长。动物神、树神、从事各种职业的人偶以及一些物品，皆为本民族所崇拜。材料有木质、铁片、草、皮、布等。鄂温克族对山神“白纳查”尤为崇敬。认为山中百兽均为“白纳查”饲养，为主狩猎之神。通常在林中选一高大树木，在其近根部削下一树皮，在削皮处画上一慈眉善目老人“白纳查”像。远出狩猎者须向此神供祭：敬酒、献兽肉、叩拜，以祈猎获丰盈。行人见之也要下马祝祭。

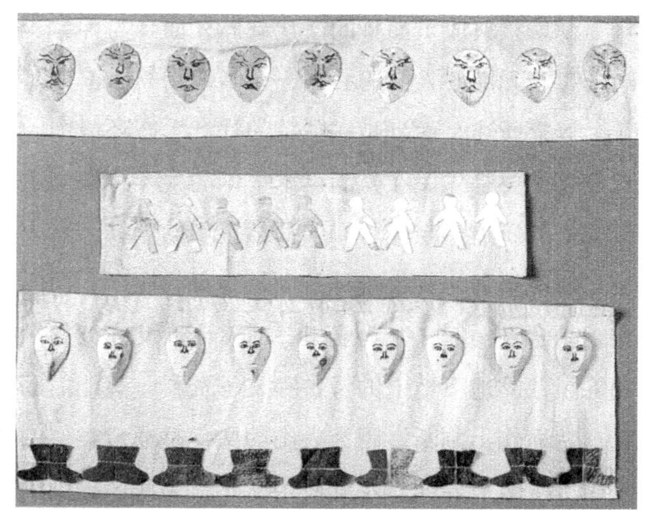

图21

苗族凡遇灾厄、怪异现象、五谷不丰、六畜不旺等，经巫师卜卦，如犯了傩神，就要举行还傩愿祭典，祭祀洪水泛滥时再造人类的始祖兄妹傩公傩母。传说傩公因羞于兄妹成婚，所以脸色泛红（图22）。祭祀时也供奉小鬼头。务川仡佬族在傩堂神案上除供奉傩公东山圣公真祖爷爷、傩母南山圣母掌印仙娘外，还供奉倒插五猖。

图22

青海民和县的土族，每年于农历七月中旬至九月中旬秋收前后，各村轮流举行“纳顿”报祭盛典。中老年妇女于当日清晨携带供品前往祭坛祭拜，向神轿内安放当地崇信的主神二郎神，副神地方保护神（各村有别）如九天圣母娘娘、河池龙王等神偶和置于轿顶的面具许愿祈祥。青海同仁县隆务河畔的土族、藏族于农历六月下旬秋收前，各村轮流举行“周格勒柔”报祭，祭坛前摆满了各家敬献于地方保护神的供品，弥漫着肃穆、庄严、浓烈的宗教气氛。

神坛祭典成了面具的文化载体，面具与神像、神偶同为神灵的外化符号，共同抚慰着无助的人们的心灵，充当他们的保护神。

综上所述，面具是在独特的社会生态环境中，多种因素的化育下产生的。但其发轫主要是先民在充满巫术信仰的生存状态和生活方式下与来自自然力量和社会力量的压迫，与不可知的命运抗争的产物。其中，狩猎巫术是其产生的主要源头，灵魂崇拜、头颅崇拜是面具孕育的温床。而面具产生的多种因素又常常互渗交织叠合在一起，互为表里，时常有亦此亦彼的纠缠。逝去的东西不可复现，我们除了依靠地下地上的考古和文献资料，只能借助民族学资料沿流溯源，以今推古，从而作出判断，因为人类的文化是通过类似的轨道向前发展的。值得珍惜的是中国少数民族面具及其民俗文化，为我们提供了丰富的资料，使我们得以借鉴活的资料探讨面具产生的问题。

三

中国文化自其发生期即因环境的多样化而呈现多元状态。色彩鲜明的区域性文化在相互冲突激荡、交流互摄的过程中相得益彰。处于不同地域文化中的各个民族的面具，承袭了各自的文化传统，经历了历史的交融、衍变，形成了各具特色的面具文化类型，大致可分为四大群落。

（一）萨满面具文化

北方森林草原渔猎及游牧生产方式孕育了以萨满文化为背景的萨满面具。中国东北到西北边疆地区的操阿尔泰语系的满、锡伯、赫哲、鄂温克、鄂伦春、蒙古、达斡尔，以及古代的维吾尔、哈萨克、柯尔克孜等民族都信奉过萨满教。以灵魂、神灵和三界观念为基本信仰，崇拜自然神，动物神和氏族、部落的祖灵，崇拜对象极为广泛。主持祭祀活动、跳神驱鬼医病的巫师萨满，被认为是神的使者，是人和祖灵或精灵的中介。萨满崇拜是把超自然力附会于活人而加以崇拜的最原始形态。

内蒙古、新疆的史前岩画上形貌怪诞的人兽面相，出土的面具及与之有关的文物，说明这些民族或其先民早期曾普遍使用面具作为通神之器。

内蒙古包头石湾汉墓出土的陶尊图像，辽宁朝阳辽代契丹人墓出土的鎏金袴带上童子戴面具图（《文物》1980年12期），似乎为我们描绘了信奉萨满教的北方游牧民族，在葬仪中使用假形、假面以及萨满教广用于社会生活中的情形。辽代契丹人陈国公主及驸马的丧葬金面具，有人认为是在原有的萨满面具的基础上受外来佛教艺术影响的产物，为贵族萨满所使用的法器。

作为契丹的后裔，较多地保存了契丹传统的达斡尔族，民间信仰除了动物神偶崇拜外，还出现了多为人形的祖灵崇拜，其中以松木、铁皮制成的面相，每每出现在部落神偶组成的庞杂的群神中，反映了他们对假面崇拜的热衷。

鄂温克族作为附体神化身的面具分为两类，一为供奉面具，挂放于居处；一为跳神佩戴面具，用于祭祀和驱鬼医病。

鄂伦春族在20世纪前仍在使用桦树皮面具。

蒙古族的萨满“博”所戴面具，在内蒙古东部个别地区至20世纪50年代仍在使用，但由于藏传佛教的传入，在造型上更多地反映了这一影响。

基于萨满作法自身特点的制约和其他因素，作为通神法器的面具逐渐用其他器物替代。于是缀有遮面的流苏和有象征意味饰物的神帽，成了人神身份转换的物化符号，面具倒退而成其次了。神帽成了面具的替代物，帮助萨满使神附体，消灾祈福，以遂人愿。

位于古代丝绸之路中段的新疆，曾是中土与其西部乃至地中海国家经济文化交流的通道，曾拥有过“大面”“拨头”、狮子舞等假面、假形繁荣的历史。在那里生活的几个民族历史上曾信仰过萨满教、袄教、摩尼教、景教和佛教，后来改宗信奉伊斯兰教。受教义影响，禁绝偶像崇拜，艺术中排除人和动物的形象，但作为曾经信奉过的原始宗教萨满教和佛教等的影响，仍以曲折的方式反映出来。在边远地区流传着的动物假形、假面的原始舞蹈反映了面具初始的动物崇拜与佛教文化影响的痕迹。如维吾尔族的虎、狮、山羊、鸡、鸭、鹅舞，哈萨克族的马、熊舞，柯尔克孜族的鹰舞等。

以渔猎游牧为依托的原始多神教的萨满文化，既具有封闭性和排他性，又无力反抗外来一神教如佛教、伊斯兰教、东正教文化的传入，致使本类型的面具未能进入一个充分发育成熟的层面，在形制、造型、功能等方面均显现单纯质朴的特色。

（二）傩面具文化

傩是中国远古时期全体成员参加的驱疫逐邪的巫术祭祀活动。从广义上讲，傩是中国各民族先民共生的文化现象。此处傩是指产生于中原的定居农业文化孕育的傩及其流变的文化现象。

中原史前仰韶文化和龙山文化是华夏文明的摇篮。前者发展为黄河中游的主导文化夏文化，后者发展成黄河下游的主导文化商文化。夏商的定居农耕文化，发展了滥觞于史前的傩面具文化。以黄河流域的华夏——汉文化为核心的傩文化，向四周不断扩散、撞击、交融、发展，而形成一个辐射面广阔的傩面具文化群落。

全民性的祭祀活动进入阶级社会后，出现了宫廷和民间两个层面平行发展的局面。民间傩是宫廷傩的源头，民间傩又因宫廷的提倡、提供形式和规模的借鉴而蔚为大观，生生不息。

上承史前充满巫术信仰的殷商宫廷面具狞厉、冷峻、神秘。傩祭中身负禳除任务的方相氏“掌蒙熊皮，黄金四目，玄衣朱裳，执戈扬盾，帅百隶而时傩，以索室殴疫”。至周代傩祭制度化，纳入“礼”的范畴。秦汉更形扩大、完善，神兽仍唱主角。南北朝以降至隋唐出现了人物面具，乐舞百戏面具盛行，反映了世俗化倾向。宋元中原傩文化向南方流布，继续由酬神向娱人方面衍变。此时道释儒三教合流，并融入民间巫傩信仰，构成傩坛庞杂的信仰体系。而依附于傩仪的傩戏也蜕变而出，使祭坛成为神、鬼、人聚会之所，世俗人物面具纷纷登堂入室。明清以来，中原假面文化失去了往昔的辉煌，继续向南，特别是向西南浸润，重心向南转移，形成北衰南盛的新格局。

中原傩面具在向四周流布中，由于处在新的生态（自然的与人文的）环境下，自身产生了各具特色的变化；又与当地固有的文化因子交合，构成结构相同、内容有异或相近的傩面具形态。

中原傩在崇巫信鬼的南方找到了生存发展的空间，与当地本已存在的区域文化即荆楚文化、巴蜀文化、百越文化，以及受多种区域文化辐射的西南多民族的山地文化交融混生，产生了既有共同特征，又有鲜明地域性和民族性的不同形式、不同系列和发展层次的傩面具。

以傩面具为重要特征的傩仪、傩舞、傩戏，各地称呼不一，但皆以“戏”称之。晋冀内蒙古的赛戏、队戏，江苏的僮子戏，江西的孟戏、舞鬼戏，川陕滇的端公戏，湘鄂黔的傩童（坛）戏，桂湘的师公戏、师道戏，以及贵州的地戏，云南的关索戏，川黔的阳戏等等。从所戴面具及其傩仪、傩俗分析，不难得出傩面具同源异流的结论。

傩面具至今仍为中国面具文化中的庞大家族。它的分布东起苏皖闽赣，中经湘鄂，西至川黔滇，北到山陕冀甘青和内蒙古，南达两广。涉及的民族有汉、土、羌、彝、土家、苗、布依、仡佬、毛南、仫佬、壮、侗、水、瑶等以农业为主的民族。

傩面具积淀了各个历史阶段文化特征，向人们展示了历史的、宗教的、民俗的、艺术的丰富内涵，成为中国面具文化中的珍品。

（三）苯、佛面具文化

以青藏高原的狩猎、游牧生产方式为背景的苯教和传入的佛教密宗相融合为内容的苯、佛面具文化，流布于藏青川甘滇省区的藏、门巴、土、裕固、纳西以及内蒙古等地的蒙古民族中。

产生于原始社会时期的苯教，崇拜天地、山林、湖泊的鬼怪精灵和自然物，重鬼右巫。巫师“苯波”以占卜、念咒、驱鬼禳祓等术主宰人们的精神世界。佛教传入西藏后，两教发生了激烈的斗争。苯教为求得生存，将部分佛经改为苯教经，繁衍教义，成为类似藏传佛教的一个教派；佛教要立足于西藏，也吸收了苯教的若干内容与形式。如吸纳苯教的一些神祇；继承苯教的仪轨；并采苯教巫舞，主要是拟兽舞、面具舞、法器舞，与大乘密宗内容结合，经历代传承、演变，规范化成为驱鬼镇妖的假面宗教舞蹈——羌姆等等。

羌姆分寺院与民间两类。

藏传佛教教派的演变又发展出各派的羌姆，即苯教、宁玛、噶举、萨迦、格鲁等派羌姆。其表演形式和风格略有差别。面具造型也因教派和地区的不同而相异。

羌姆对藏族各种戏剧的形成产生过不同的影响。源于藏族民间歌舞、民间说唱艺术及苯、佛宗教仪式舞蹈的藏戏，其面具在流传过程中按其在剧中所承担的角色、作用以及造型特点可分为温巴面具、正戏角色面具、动物面具、跳神面具等。

藏族的假面文化由于政治的、宗教的诸多原因，也扩展到其影响所及的蒙古、门巴、土、裕固、纳西等民族中。具有藏族、蒙古族特色的跳神舞查玛，曾为元朝宫廷祭祀舞之一，并流传至今。

苯类型的面具以其造型、品类、材质、工艺和内涵的丰富而独树一帜，成为中国面具文化的一支奇葩。

（四）南方原生与次生形态面具文化

历史上中国南部主要以山地游耕经济为主的各少数民族，由于山川阻隔，孤悬一隅，多呈小聚居的散在状态，较少受外界影响，且生存状态欠佳。“游耕不只是刀耕火种的农业技术，也不只是指几年一迁徙的不定居生活。它是一个从生产力到生产关系、意识形态的综合性概念，一种社会经济模式。”（费孝通《盘村瑶族·序》）在这种社会经济模式下，由史前延续至近现代的原生性传统宗教，构成其精神生活与宗教崇拜的基础。及至已发展为定居农耕文化，其信仰仍滞后而延续下来，盛行自然崇拜、动植物崇拜和祖先崇拜。

此外，生活于平坝区的定居农业民族也部分保留了原生性宗教的信仰与特点。

与之相适应的面具文化则表现了发展上的时间层次：浓厚的原生性及次生性特点，即面具产生最初的因子与内涵，及其自身在发展过程中的丰富和变异，其中也部分融进了外族文化的影响。因为没有一个能够与外界绝对隔绝而不受周围影响的民族，但其面具文化主体是在本民族的宗教历史文化氤氲下孕育而生的。

面具材料就地取材，材质五花八门，诸如茅草、棕披、笋壳、毛皮、角羽、木材、葫芦、砂陶，甚至动物器官，皆可制成用于各种祭仪的面具。造型稚拙简约，风格率真质朴。

云南的基诺、佤、布朗、德昂、哈尼、彝等族多为扮鬼的笋壳面具，土家族毛古斯、壮族草人舞、布依族用于丧葬的“野人”、苗族“芒蒿”等的茅草假形，哈尼族和彝族的棕披、瑶族“棕包脑”、景颇族“花鬼”猪尿脬等套头面具，哈尼族、怒族牛皮，普米族羊皮面具，彝族“跳哑巴”麻布口袋上插雉羽的面罩和十二兽神舞虎皮面具，珞巴族和白马藏族的兽冠及其假形，黎族“牛马面”牛皮面具等，都是具有原生形态的文化基因。至于壮族牛皮面具，蚂蜗节面具，白马藏族的“跳曹盖”“咒偶”面具，彝族的以毛毡扎成虎假形的“跳老虎”和“撮泰吉”面具等等，都主要是以原生性传统宗教文化为内容的面具的进一步发展演变，当属次生形态。

面具的两个发展层次所经历的时间十分漫长，界限并非泾渭分明，而是互有渗透交融，统一于面具的整体中。

苯类型面具由于是在相对封闭的环境中独立生发的，因而具有发生学的意义。但对其现状、分布尚需进一步深入考察，其包蕴的内涵也值得进一步探讨。

除上述四大面具群落外，用于一事一地的以本民族传统文化为特征的面具，或以传统文化为内核，吸收他民族艺术造型的面具，都各具特色。此类以南方民族居多，如傣族孔雀舞、阿昌族白象舞、壮族翡翠鸟舞与纸马舞、侗族疱颈龙舞、白族鹤舞，以及彝族用于丧仪的狮舞、蚌壳舞、篾马舞等假形，彝族火把节大刀舞、瑶族度戒面具等等，数量不少。

此外各地尚有一些用于节庆的嬉戏玩耍面具。

以上四大面具群落都自成体系，究其源，非历史上一元所能成就，呈现了多元的格局与特点。

纵观全国面具类型，又不难发现“我中有你，你中有我”的另一面。本民族和他民族的交流从来都是双向选择，相互吸收融合的。但是中国的文化一直是以汉族文化为主文化，接受主文化的影响则是普遍的。面具方面汉文化的影响和民族间的文化互融的例子俯拾皆是。

流传于全国的假形面具狮、龙、马等，许多民族都以不同的方式融合了这一面具文化形式，赋予了新的内涵。汉族地区节庆时舞用的狮、马、蚌等假形，在彝族、壮族那里成了丧礼面具。而云南元阳彝族附近的哈尼族、汉族举行葬礼时，也请彝族“狮子会”前来舞狮安魂。汉族民间社火所见形体高大的路神等假形，在内地和福建、台湾都可见到，而远在西南边陲的部分傣族地区，我们见到了高达3米3的巨人假形“摆滚龙”。流行于全国汉族地区节庆时跳的一人扮作二人的舞蹈“姜公背姜婆”（各地叫法不同，如“老背少”“哑背疯”等）假形，在云南勐海傣族那里则有2米高的男仆背公主的“新嘎波”。

过去汉族妇女于元宵节之夜祭厕神紫姑，以纸偶或木偶“作其形”，并占卜岁终之休咎，此风流传到东北等地，则有满、达斡尔、锡伯等族妇女于同一节日的夜晚举持笊篱面具而舞，以祭“笊篱姑姑”，并以之占卜农事之俗。“笊篱姑姑”系用柳条编成，凸面糊白纸，绘以丹青，作女人头形，绑缚于木杆上。达斡尔族的还在其上着女长袍，头上并饰长辫、花朵。

诸多的例子，反映了中华各民族在文化心理和思维结构中的共同倾向和文化认同意识。

四

少数民族的面具在历史流变中不断丰富、发展。其形制、造型的发展变化，生发了面具的变异形态，此一形态可称之为“类面具”。它的存在，为面具文化增添了异彩。

假形作为面具形制之一，常用于动物造型，起源古远。其中以羽毛装饰头部和全身复现鸟禽状貌的所谓“羽人”，约产生于渔猎时代。云南沧源崖壁画和云南、广西青铜器上均有对“羽人”的刻画。如前所述，人对头颅的崇拜也推及到兽禽，对其模仿主要是对兽禽头部的模仿。为便于模拟动作，如禽鸟假形，改为仅头饰羽冠、鸟喙，或只戴羽冠或缀羽饰，或挂羽翼，凡此种种在今天的少数民族的节日祭祀中均能见其遗韵。

图23

景颇族以歌颂祖先创世功绩的祭祖歌舞盛会“目脑（纵戈）”，由最高级别的巫师斋瓦主祭过最大的“木代目脑”后，由脑双等巫师行领舞开跳仪式。最初脑双头戴犀鸟头，并插孔雀、雉鸡等各种羽翎，舞各种鸟的步态。群众在巫师们的带领下，按照广场竖立的目脑柱上绘制的纹样即“路线图”，蜿蜒曲折地舞着，象征性地回溯至传说中的喜玛拉雅山祖地，与祖先“会合”。脑双头饰后演变为以藤帽上饰犀鸟嘴代替鸟头，其上并饰野猪獠牙、羽翎等，称之为“固得鲁”（图23），以纪念祖先从鸟类学来的“目脑（纵戈）”。祭本族崇拜最大的鬼木代鬼时，巫师也要戴上它。

羌族巫师称“许”，由男性担任。“许”实为《说文》中“觋”的异读。“许”头戴猴皮帽，拜猴祖师，以纸裹猴头而供奉之，称为祖老师傅。猴皮帽为“许”祀神还愿时戴，虽未遮盖面部，但却标识了祖师的神性，完成了身份的转换。青海土族喇嘛作法驱鬼时头戴熊皮帽，以人颅骨为法水碗（图24），所戴熊皮帽的意蕴当同上述，或为拟兽巫术的遗绪，或为通灵之手段。浙江的畲族巫师，为人驱鬼医病头戴绘有龙虎神兽纹的法冠，其作用等同神灵面具。

图24

少数民族的巫师，早期都普遍使用面具。后来有些民族巫师的面具，渐被其他器物所替代。中国北方信仰萨满教的民族巫师的面具，一般由神帽所代替。鄂温克族神帽前垂串珠或璎珞用以遮眼，帽顶两端插有铜制鹿角二支，其杈数目不等，以标志萨满的资格，以多为善。面具仅在个别地区继续使用。面具虽弃，神帽替代面具，功能依旧，蔽面的流苏既为遮盖他人的眼睛，也为遮盖自己的眼睛，以使两者尽快进入迷痴状态，神帽在这个意义上可以说是面具的异化。甘肃夏河县宁玛派喇嘛“浑”，又称“本本子”，诵大经跳神时所戴之帽，额前密垂璎珞，不见面目，其功能与萨满神帽同义。

以上南北民族的祭司所戴之帽冠不是出于审美的需要，而是身份转换的标识，遮面的神帽给人以陌生感，使主客双方进入虚幻的情境，使佩戴者获得神异的力量，在这个意义上将此类帽冠称之为“类面具”或可成立。

俗称“本地黎”的黎族姑娘，有头饰人面形骨簪之俗。骨簪上刻的人面相为民间传说中的部落头人总管三，为黎族崇拜的族祖，所刻其他纹饰也有吉祥如意的涵义。戴饰骨簪有祈祖庇护纳吉祛灾之寓意。骨簪与面具的关系虽不能妄断，但其功能与面具

图25

同义，与有的学者称之为“面相”或“面饰”的同属一类（图25）。

面具佩戴方法，据目前所知有四种。一是假面覆于脸部，以绳带固定于脑后，或以牙齿咬住面具下边或顶部；假头则套在头上。二是面具直顶或横顶于额上。三是手持（托）面具。用此种方法的，或面具体积偏小，或是体积偏大。四是披覆身上。此种多为皮毛等软质面具，如藏族说唱艺术“折嘎”，即将面具搭披肩上。以上三、四两种方法，实际是将面具作为标识，提醒自己和他人意识自己的身份，转换角色，尽快进入状态。有些少数民族的器物和类面具的产生，似与面具的佩戴方法的演变不无关系。

图26

图27

畲族奉盘瓠为祖先，把盘瓠传说中有关其出世、立功及被招为驸马、繁衍子孙的故事，绘制成四五米至10余米长的画卷，称为“祖图”（图26），祭祖时挂于祠堂或堂屋，旁立龙头祖杖，供同姓族人拜祭，二年一大祭。每个家族都保存有一根刻有龙头的祖杖。有的地区每三年举行传递祖杖仪式，跳龙头舞（图27）祭祖，赞颂祖先创业的伟绩。男孩16岁时要祭祖，举行命法名成丁礼仪式，少年在巫师的带领下，将写有自己法名的红布条挂在祖杖上，即表示成人。由此或可作这样的推测：源于畲族图腾，又是该族图腾主要标志的祖杖，为龙图腾假形的变异形态。

我们将龙头舞的祖杖与前述“笊篱姑姑”面具、侗族的疱颈龙舞等的假形相对照，三者虽在功能上反映了它们各自的内涵，但在使用的场合即祭祀作舞和持执的形式上有相像之处。面具的界定似不应拘泥于“实心”和“空心”的区别，亦不宜把“实心”一类排除在面具文化之外不予考察。

云南元阳等地的哈尼族在举行隆重的葬礼仪式中，由村中男子在死者家屋前跳舞娱尸，左手举关节可活动的木雕山雀（图28），右手执扇或套竹响板（又称竹铃），双腿也缚竹响板，在嘎嘎作响的竹铃和低沉的铓锣声中翩翩起舞，以送亡灵。木雀实为鸟面具的简化或异化。

图28

以上所举皆属类面具。

此外，用于建筑、墓葬、器物、服饰上的面相、偶像等造型也十分丰富。

台湾的高山族（排湾）在住房的檐桁、横梁及槛楣上雕有蛇身人面图纹（图29），以安宅。藏族寺庙的咒房门上绘有骷髅头像。对石神石像的崇拜，是历史上石崇拜的演化。毛南族人民擅长石雕，多在墓碑上镌刻神兽，安灵护墓。广西江环毛南族下南乡村头立石社保卫寨子平安。

图29

藏传佛教法器上多饰有人面、骷髅等相（图30）。云南红河县哈尼族寿杖上的头像与青海同仁宁玛派寺庙中的法杖“波窝”上的雕像，何其相似。

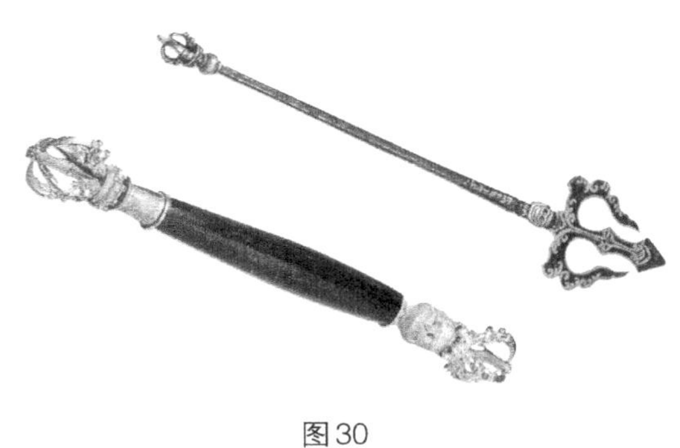
图30

西藏喇嘛跳羌姆时所穿的法衣，襟摆衣袖上绣饰大量形象怪异恐怖的头像，法裙上亦然。苗

图31

族的背包心等绣片也见绣有传说中被神化了的女英雄乌莫西面相（图31）等等，均显“神”气十足。

历史悠久的少数民族面具及其诸多变异形态，构成了它的品类繁富、意蕴深邃、分布广泛的特点，是一座富矿。我们所揭示的仅是露出地面的一部分，余下的尚待我们继续发掘，以识“真面目”。

面具为人类早期的文化之花，主要是宗教情感的物化。它的使用总是祭祀仪式不可缺少的工具。而中国少数民族的宗教祭祀活动就其主要方面而言，不过是农业社会一年中生产活动的时间程序表。同时“许多仪式与信仰的核心都是人生的生理时期，特别是转变时期，如受孕、怀胎、生产、春机发动、结婚、死亡等时期”。（马林诺夫斯基，上揭书）于是面具在宗教祭祀、岁时节令和人生礼仪三个方面应运出场。当然人们没有忘记给自己的家舍宅院放一尊守护神——面具的延伸物由此诞生。凶神恶煞充盈世间，人们需要放松、交流，社会的发展又使神坛给世俗以位置，演出众生百相，于是人性滋漫，神性消减，但没消失。由此面具在跳神、人生礼仪、镇宅、节祭、戏剧五个方面登台亮相。

面具几乎是伴随着人类社会而诞生，相信它不会中途揖别人们而去。只要人们在天灾人祸面前无能为力，只要人们的需要还不能得到满足，面具还将沿着历史的轨道陪伴着人们发展下去，并逐渐由主要的宗教形态给人们以心理的慰藉，衍化为普遍的俗文化形态，以满足人们的审美需求。

中国少数民族面具积淀了宗教、民族、民俗、艺术多重内涵，凝聚着中国本原文化的神韵，展现着东方审美的意趣和理想，是中国面具文化的瑰宝。

（本文原载《中国少数民族面具》 朝华出版社 1999年）

论民族传统体育的属性及其文化地位

唐垂裕

中华人民共和国成立以来，特别是十一届三中全会以来，由于党和国家民族政策和体育政策的正确执行，各少数民族的传统体育得到了复苏和发展。随着改革开放由沿海城市向沿边和内地城市的深入，少数民族地区旅游事业的勃兴，民族节日文化活动的经常举办，更带动了各少数民族传统体育运动的活跃。“文化搭台，经济唱戏”，举办各种艺术节成为一种很时兴的举措。人们希望通过这些活动广招宾朋，内引外联，以达到引进资金和技术，促进少数民族地区的经济建设的目的。

民族传统体育在我们国家的广泛开展，起到了弘扬民族文化遗产的作用，提高了各少数民族的民族自信心和自豪感，增进了全国各民族人民的凝聚力。同时，在国际上也引起了强烈的反响，许多国际友人都高度评价中国发展民族传统体育的政策。

在民族传统体育方兴未艾的形势面前，我们觉得，理论研究应当贯彻为现实服务的精神，以跟上当前出现的大好形势。本文试图对少数民族传统体育产生的自然环境和人文环境，其自身所具有的特色，以及它的品格属性和在民族文化中的地位等问题谈些个人的粗浅看法，以求教于民族工作部门和体育界的专家学者。

一、少数民族传统体育产生的自然环境

各民族的传统体育，包括汉族的，都是在中国这块土地上土生土长的。它在

民族共同体中诞生，随着民族共同体的产生而产生，消长而消长，发展而发展。为了更深切地理解民族传统体育同孕育它的这片国土的亲缘关系，很有必要介绍我国的民族传统体育产生的自然环境。

我国960万平方公里的国土，西起帕米尔高原，东至乌苏里江，南起曾母暗沙，北至漠河的黑龙江江心。地跨寒温带、温带、暖温带、亚热带、热带、赤道带，在地势上西高东低，高度逐级下降，形成三级阶梯。

青藏高原，平均海拔4000米以上，从西部帕米尔高原向东延伸出许多高大的山脉，与东面的大雪山、横断山脉相接。高原上山岭、宽谷并列，盆地、湖泊众多。它构成了我国的第一级高台阶。

由青藏高原跨越横断山、大雪山、阿尔金山和祁连山，地势急剧下降，为海拔1000—2000米的浩瀚高原和盆地，是我国由西向东倾斜的第二级台阶。

大兴安岭、太行山、秦岭、巫山、云贵高原东沿以东地区是我国第三级台阶。丘陵海拔1000米以下，平原200米以下。台湾、海南岛也属于第三级台阶。

藏族是青藏高原上的主要居民（占总人数的99.5%）。藏族人民在高寒的条件下驯养了牦牛、犏牛、藏绵羊和藏山羊，培育了青稞、豌豆、油菜等耐寒作物。畜牧业是其传统生产的主要部门。在青藏高原边沿地区农林牧结合的情况则随海拔高度不同而不同，藏南河谷是西藏的主要粮仓，这里还居住有门巴、珞巴等民族，肉、奶制品、糌粑、青稞酒、酥油茶是藏族的主要食品和饮料。

居住在青藏高原北部的肃南裕固族主要从事畜牧业；居住在东部的还有蒙古族牧民和以农业为主农牧结合的羌族；东南角居住有普米、傈僳、独龙、怒和部分纳西族。普米和纳西族农牧结合耕作粗放，傈僳、独龙、怒族刀耕火种，采集和狩猎占有较大比重。

在第二级台阶上，其北部的内蒙古高原、大兴安岭，西部的天山山地，它的两侧塔里木盆地和准噶尔盆地，中部四川盆地两侧的川西高原和武陵山区，南部的云贵高原则主要是少数民族聚居的地方。

生活在第二级台阶上的少数民族成分众多，占我国少数民族成分的三分之二以上。

在北部内蒙古高原和阿勒泰、博尔塔拉等地居住着蒙古族，古老的畜牧业是其传统的生产部门，牛、马、骆驼、羊……既是生产资料，又是他们的生活资料。在南部和其他有农耕条件的地方，农牧结合种植五谷杂粮，这种混合的文化也有久远的历史。

大兴安岭山区居住有鄂伦春、鄂温克和达斡尔民族，狩猎、牧业和农业分别是他们的生产手段。内蒙古高原西部贺兰山区居住有回族，农业是其主要生产部门。他们还兼营畜牧业。

甘肃兰州以南和青海湖以东的黄土丘陵地区居住有土、撒拉、东乡、保安等民族，他们以农为主，有的农牧结合。

西部的甘新地区聚居着从事绿洲农业的维吾尔族，引水灌溉农业的锡伯族、回族，农牧结合的塔吉克族以及从事畜牧业的哈萨克、柯尔克孜、蒙古等民族，乌孜别克、塔塔尔、俄罗斯等民族散居在新疆各地，从业情况复杂。

在中部四川盆地两侧，川西高原是有名的民族走廊，是南北民族的交通大道，其南部是彝族聚居区。武陵山区是土家、苗族聚居区。彝族以农为主，农牧结合，土家、苗族以农为主，农林结合。

云贵高原是一个多民族地区，西部多居住着氐羌系统的民族和南亚语系的一些民族，东部多居住百越、濮僚系统的民族。计有彝、白、纳西、拉祜、哈尼、佤、景颇、阿昌、布朗、德昂、基诺、回、傣、苗、布依、侗、水、仡佬等以及壮、瑶的一部分。他们大部分从事稻作农业或山地农业。

在第三级台阶，少数民族主要分布在东北和南方的山区，有满、朝鲜、赫哲、回、畲、高山、黎、京、毛南、仫佬以及壮、瑶的大部分人口。居住在山区的民族，林业在农业生产中占有重要的位置。居住在沿江或沿海的民族捕鱼是他们重要的生计。

生态环境是各民族赖以生存的基础和进行劳动创造的对象，人们总是首先从面前的环境出发，在劳动中逐步创造与之相适合的生产生活方式，去征服自然，改善自己的生活。

民族传统体育之产生不仅离不开自然的生态环境，而且在更大程度上受着自然的生态环境的制约。因此，在各民族传统体育项目中，北方民族有的项目南方民族没有，牧区民族有的项目农业民族没有，水上民族有的项目山地民族没有，反之也是一样，就是一些同样的体育项目也因生态环境和劳作方式不同而在器材竞技规程上各有特点。

世世代代生活在青藏高原的藏族人民，面对冰川林立，高寒缺氧的环境，实践使他们锻炼出非凡的登山技能和吃苦耐劳的民族性格，这样才能涌现出一批著名的登山运动员，为祖国赢得荣誉。

东北和新疆北部各民族人民生活在冬雪较多的严寒地带，他们擅长冰雪运动，滑雪板、马拉爬犁、狗拉雪橇是他们出行必备的行具，也是这些民族开展冬季体育运动的器材。

牧区民族常年放牧在广袤的草原上，被称为“马背上的民族”，他们精于骑射，擅长于各种马上运动。

生活在林区兼营狩猎的民族，箭、弩、弓、弦等是狩猎工具，在生产劳动的实践中，培养出能识别各种动物的技能，练就了百发百中的本领。

山区民族爬山上树是生活带给他们的体能优势。攀枝采果可以弥补食物的不足，就树拴绳可以超越沟壑的障碍，削木为夹可以进行捕猎，如此等等。山区体育就是在这样的基础上产生的，爬花杆、荡秋千、磨秋、溜索、负重上山、打陀螺、打飞棒、踩独木滑水等适应山区特性的体育娱乐项目也进一步发展起来。

江湖河汊水网地区及近海的民族，划船、捕鱼、游泳是他们的强项。山地民族爬山上树的技巧是这些平原民族所不能比拟和不具备的。

二、少数民族传统体育发展的人文环境

所谓人文环境，指人们共同体为了能够生存所创造的物质生产条件以及由此形成的共同生活方式和共同的心理观念体系。当然人文环境赖以产生的基础是人们必须面对的自然生态环境。生态环境给各民族的生产生活方式以强烈的影响，同时一定的生产生活方式又以其适应性起着改造自然、推动群体的兴盛和发展。由于取得物质生活资料的方式不同，各民族群体的生存方式便具有各自的特色，各自的传统，形成不同的文化模式，而且也可以说，这个文化模式必须调适到与生态状况相适应，与群体的文化承受心理相适应。由于生态环境变异的缓慢性，与之相应，文化模式也不是多变的，而是具有相对的稳定性。

初民社会， 野蛮人——我们的祖先，只能仰仗大自然的恩赐，打猎、渔捞和采集野果是当时唯一的谋生手段。三四万年以前的旧石器晚期，我们的祖先还

一直处于漫长的渔猎阶段，追逐动物，捕捉野兽，过着不固定的生活。石块、木棍是当时最先进的武器。弓箭的发明是万年以前细石器时代的重要事件。但是他们是怎样生活的？我们今天仍不甚明了。在阿勒泰山、贺兰山、阴山、兴安岭、沧源、高黎贡山发现的岩画，鹿、虎、熊等各种各样的野生动物，人物、马犬、弓箭、棍棒以及山林飞鸟，聚落、仪式、狩猎场面都是这些岩画的主题。它给我们研究原始民族的生产生活提供了极好的素材。联系到现在的一些传统体育项目如射箭、射弩、打布鲁等等，古代狩猎先民这些表现生活的不朽作品，我们还很难作出准确理解和推断。但有一点可以肯定：以弓箭进行狩猎活动至今仍在我国民族中保持使用，有些民族则成为专项体育项目了。在狩猎经济基础上形成的作为理念世界的文化，猎民们是相信“万物有灵”的，他们择吉日出猎，并举行祭祀活动，祭天、祭山神、祭祀各种动物神，乞求神灵们保护山林、保护子民的兴旺，这些活动现在集中反映在萨满祭祀和其他同类的原始祭祀的残余仪式之中。考古材料和民族学材料给我们对比研究民族体育的起源带来了希望。

弓箭的发明在初民生活中起着革命性的作用。大约与弓箭的出现同时发生的一件事情就是最后一期冰河的消退，这些都给渔猎采集经济带来巨大的繁荣。游猎生活逐步走向定居，大量野生食物和水产资源可以储存起来，饲养业和种植业的出现便成为可能。初民生活条件的逐步改善，预示着人口增加，也给初民在扩张新的生态环境进行地域性适应，在更大范围内创造各自新的生活方式和在文化上的跃进提供了前提。

马和家畜的圈养和驯化，粟子、小麦的播种，野生水稻的栽培，房屋、船舟、陶器的发明和应用是新石器时代重大的技术进步。在中国这块土地上，先民们独立完成了这些技术的创造和革新。马的驯化和使用最早出现在欧亚大陆中部，这给突厥语系的初民们在亚洲广大贫瘠的草原建立起适应性的生活奠定了牢固的基础。他们并不独立定居于农业民族之外，而是与农业民族共同生存，相互依赖。战时侵扰农业民族是为了从农业民族那里取得生产生活必需品的供应，同样在和平时期，他们也向农业民族供给大批的耕畜。顺便提一句，在通古斯民族中，驯鹿的方式可能同驯马一样古老。大家知道，考古发掘已经证明华北地区粟子、小麦的种植有七八千年的历史，并有大量窖藏。云南是野生水稻驯化和种植的发祥地，7000多年前河姆渡文化表明南方水稻的引种和船舟的使用历史相当久远。人类学家们估计，“新石器时代有关稻米、薯蓣和竽类种植物以及发达的航海技术文化在公元前3000—2500年间，从中国传播到东南亚”（基辛《当代文化人类学概要》第33页）。

在新石器时代，我国生产技术的进步表明：各民族先民适应着我国的生态环境，已经在广袤的国土上从游移不定的渔猎采集生活逐步建立起适合各自环境的固定的生产生活方式，北方的阿尔泰语系突厥语族各部落活跃在蒙古高原从事游牧生产；阿尔泰语系通古斯语族各部落在大小兴安岭和长白山林间过着渔猎生活；汉藏语系藏缅语族各部落在青藏高原和黄土高原放牧和从事旱作农业；中原地区气候温和，土地肥沃，是一座民族的大熔炉：长江流域以南是汉藏语系壮侗语族和苗瑶语族等各部落从事稻作农业和山地农业的地方，云贵高原主要是古氐羌、古濮人和南亚语系一些部落居住的地方。当然社会的发展是极不平衡的，在亚热带雨林和崇山峻岭之中，一些先民可能还仍过着渔猎和采集的生活。

距今约4000年左右，青铜器在我国出现，它一方面革新了生产工具，促进了农业、手工业和商业的发展，在生活用品中部分地代替陶器，另一方面在军事技术上引起了划时代的革命。刀、矛、剑、戟等武器应运而生，金属弓箭替代了木石箭矢。武器装备的改善带来了攻防技术的革新。如果说在文明尚未兴起以前有组织的战争似乎还未曾有过的话，那么，随着青铜文化的出现，人类开始迈入文明时代，青铜冶炼技术和兵器传到了草原甚至贝加尔湖沿岸，有组织的军事掠夺和战争不仅在农业民族之间发生，而且更在游牧部落和农业部落之间大规模开展着。村落逐渐被城墙和堑壕围圈起来，慢慢地有的变成了城市。城墙挡住了车甲和骑兵前驱直入，攻防成了军事家们研讨的战略战术，狩猎农耕的农牧具不能不与兵器分离，跑、跳、掷、攀登、游泳、搏击这些起源于劳动的项目，也因战事的需要，不能不强化训练，兵器和技能的专化又带来军事组织的出现。

在远古时代，单纯的体育运动可能还没有产生，体育在很大程度上是同军事技术紧密地结合在一起的。这种军事与体育的结合一直延续下来。我们国家现代体育的发展大约是本世纪二三十年代才开始的。当然，此前有些项目已经从军事项目分离出来，但作为土生土长的民族传统体育在技术上有我国自己的一套传统竞赛办法，有些东西同西方是相通的。为了使之走向世界，还是存在着同国际上先进技术规程接轨的问题。

民族传统体育作为体育当然具有强身健体的功能。按照我国古代体育的习惯，体育包括军事目的的体育和娱乐目的的体育两类，可以简称军体和文体。民族传统体育也符合这种分类方法。我们前面讲了民族传统体育产生于生产劳动，因战争的需要而升华为军事体育，现在介绍民族传统体育的娱乐目的。

人文环境还包括政治制度、社会组织、亲属制度、文化艺术、意识形态等等，这是一套综合系统。民族传统体育是这一套综合系统的一个元素。它是随着族体和社会产生而产生，发展而发展的。我们不可能全面地进行阐述，只能着重从人生礼俗与传统体育的关系说起吧!

人生礼俗是民族群体最基本的文化习俗。小孩从一出生就受到父母和氏族部落的关怀，例如哈萨克族婴儿的诞生礼很隆重，全氏族都送贺品，7—10天为婴儿命名，要请亲友欢聚，满月时为婴儿洗澡理发，款待来祝贺的客人。六七岁按宗教仪式举行割礼并让小孩骑着小马驹由大人带着拜访亲戚，通知他们参加割礼仪式。举行割礼那天，还要进行赛马、叼羊活动。少年时代要经受家庭和氏族组织的严格训练，青年时，教他们生产知识、军事技能和其他方面的知识。成年时，许多民族都举行成年礼。成年男女要经过考核才能取得民族成员资格。他们必须是氏族成员中的勇士，有保卫氏族的能力，必须是生产上的能手，擅长劳动耕作，另一方面只有作为民族组织的正式成员，才能享有婚姻恋爱的权利和其他权利。

少数民族在婚俗制度上，父母和村寨长老按照老辈传下来的规矩，一方面允许男女青年在走坡要山、赶表对歌、抛绣球、荡秋千等社交活动中结识朋友，增进友谊，并通过摔跤、滑雪、骑马射箭、游泳划船、绣花赛装进行考察挑选，给他（她）们自由结合的权利，但另一方面婚姻必须程度不同地取得父母的同意，在联姻过程中也要经过“提亲”“问生辰八字”“定亲”“送礼”“完婚”等程序。在父母和村寨长老看来婚姻是儿女们的终身大事，也是他们作为氏族长辈对延续家族（氏族）生命应尽的神圣责任。所谓“婚礼，万世之始”，“上以事宗庙，而下以继后世”就是这个意思。因此，完婚之时更需邀亲约友，宴请四方，举行文娱体育活动，把婚礼办得热闹一些。这实际上就是要向民族部落昭示某青年已经完婚。

死亡对于原始民族是极恐惧的。人们像不能解释其他自然现象一样也不能解释死亡。他们总认为人也是有灵魂的，死亡是一种不幸，对死者有安魂仪式，也要举行文娱体育活动以娱神灵。

在我国信奉原始宗教的民族很多，或者说原始宗教的信仰残余仍然保持在全国各民族群众的心灵深处。一些有影响的如佛教、伊斯兰教的传入，也未能中断基层群众对原始宗教的信仰。

民族和宗教是两种不同的概念，但日常生活中，由于许多民族信奉宗教，宗教文化渗透到民族生活的各个方面而成为这些民族生活风俗的有机构成，在这种情况下，计较宗教同民族的区别是毫无意义的。

在我国，维吾尔、哈萨克、回、柯尔克孜、乌孜别克、塔吉克、塔塔尔、东乡、撒拉、保安10个民族信奉伊斯兰教，开斋节、库尔班节、纪圣节是重要的宗教节日。节日期间宰羊做糕，男女盛装，相互祝节，到处都是欢乐气氛，城乡都要举办歌舞会和体育竞赛。

信奉藏传佛教的民族有藏、蒙古、达斡尔、土、锡伯、裕固、普米等，宗教节日在藏、土、裕固等民族中比较盛行，民间许多节日也涂上了宗教色彩。其他信仰藏传佛教的民族，在民间举行宗教活动已不多见，而本民族特有的原始祭祀活动仍保存下来。

在傣、布朗、阿昌、德昂等信奉小乘佛教的民族中，原始多神崇拜祭祀活动同小乘佛教节日并行不悖地始终保持着。傣族、德昂族赕佛节是十分隆重的，其他民族则更注重祭祀原始神灵。

包括汉族在内的中国各土著民族对原始宗教即万物有灵的自然崇拜是非常普遍的现象。这些原始宗教的名称不同民族有不同称谓。北方各族称之为“萨满”，普米族称之为“丁巴”，白族称之为“本主”，藏族称之为“本”，纳西族称之为“东巴”。原始宗教是各民族群体政治经济文化生活在意识形态上的一种折射反映，其体系、规格大小和复杂情况取决于各民族群体本身的社会生活。其祭祀活动和虔诚程度又同科学发展水平成反比。原始的祭祀目的在于娱神，为了驱鬼镇邪，讨得天地祖宗的欢心，同时也娱人。从娱神向娱人发展是民族民间文娱体育活动发展的趋势，不过这种趋势是极为缓慢的。

与宗教节日并存于民族民间的是民族节日。

民族节日可分为两类：一类是纪念性的，一类是节令性的。纪念性节日包括纪念本民族祖先和历史上的英雄人物；节令性的包括农牧业丰收和其他节气。祭祀祖先是我国各民族普遍举行的一种祭典。其中比较有名的有瑶、畲民族祭盘王，苗族的牯牲节，水族端节、卯节，普米族祭丁巴女神，侗族祭“萨”（大祖母）等等。庆祝农业丰收和其他节气性节日更因民族而异。牧区牧草转青季节，塔吉克族有乞脱乞迪尔节，牧业丰收了，蒙古族要举行一年一度的那达慕大会和敖包会。在农业民族中有许多民族经过长期实践形成了自己的历法。如藏历、傣历、彝历、水历、白族历法等等。他们根据自己的历算和耕作习俗农业节气与汉族有些差别。少数民族在一些重大节日里都要开展各种文娱体育活动。

探讨民族传统体育与人文环境的关系是一个大题目，也是非常困难的问题。前面已经提道：人文环境包括经济关系、亲属制度、社会组织、习惯风俗以及政治制度、意识形态等等各个方面结合在一起的综合体系，我们仅初涉到有关人生礼俗的一个侧面，因此很难将少数民族传统体育同少数民族所创造的文化形态完全展现出来，况且各民族的人文环境经常处在变动之中，就是我们提到的人生礼俗在建国以来的40多年里，随着民主改革和社会主义制度的建立，各民族交往的日益加深和科学技术的普及，一些陈规陋习得到了革除，民族传统体育也因此走上健康发展的道路。特别是改革开放以来，少数民族处于民族发展和兴旺的最好时期，传统体育作为民族文化的一个要素，在党的民族政策指引下，更好地贯彻为经济建设服务，为对外开放服务的精神，得到了蓬勃发展，呈现出一派兴旺景象。这个问题我们只能作出这样一个轮廓性的说明。

三、少数民族传统体育的特点

我国五十五个少数民族由于生活的自然环境的不同，生产生活的物质条件千差万别，以及风俗习惯、文化传统的差异等等，他们的传统体育活动在内容、形式、风格上便各具特色，可谓五彩缤纷，绚丽多姿。它是各民族灿烂的民族文化的重要组成部分。目前，全国少数民族的传统体育项目在数量上尚无非常精确的统计，但据初步估算大约在几百种以上。其历史大多非常悠久，有的从远古绵延至今，经历了形成雏形、丰富、吸收、变异、衰落和复兴的曲折过程，有的也有千余年、百余年的历史。由于各民族的传统体育同经济文化生活紧密相连，须臾难离，许多传统体育项目也就传承下来，成为各少数民族民族文化的内部结构中的有机构成。

民族传统体育长期深深地植根于各少数民族生活的肥沃土壤之中，以其泥土的芳香，斑斓的色彩，像玉盘上的颗颗玑珠，展现在人们面前，引人入胜，令人耳目一新。

下面我们就少数民族传统体育的特点，即特殊性，作一概括地论述，以便对其有更进一步的了解和认识。

首先与生产劳动紧密相连。这是民族传统体育的一个显著的特点。有许多民族的传统项目，源于各自的生产方式和劳作方式。严寒地区的冰（雪）上运动，是为了出行和劳作的方便，山区和林区为狩猎而射弩射箭和使用火器，牧业民族精于骑射，便产生了马上运动；从事渔业的民族的“叉草球”“水中捉鸭”都是从捕鱼技能中演变而来的。又例如，生活在怒江两岸的怒、傈僳等民族的“溜索”，生活在黄河上游的回族、保安等民族的“皮筏渡”活动也是如此。这些地方水流湍急，高山峡谷陡峭，不易架设桥梁，给两岸人民的生活、劳动和交往带来了诸多不便，于是便产生了“溜索”和“皮筏渡”之举。这不但解决了这些地方少数民族群众的交通问题，直接为生产、生活服务，而且还成为一种运动形式，用以锻炼青年人的体魄和胆识。朝鲜族妇女往往用头顶运水，搬东西，于是便产生“顶罐跑”的体育活动。回族群众的掼牛最能说明这一特点。以前回族群众宰牛时要几个人配合才能将牛摔倒制服，一次有个勇敢的年轻人用敏捷的动作将牛摔倒捆住，赢得了父老乡亲的赞赏。从此，掼牛比赛成了回族群众喜爱的一种传统体育活动，至今延续不衰。等等，可以说少数民族传统体育项目源于生产劳动的事例不胜枚举。在这一类传统体育项目中，有些由于经验积累，竞技技术提高而演进和升华为独立的体育项目，如马术、射箭、划船、赛马等等。有些还没有完全从生产劳动中分离出来。而分离情况一方面因民族而异，例如射箭，对锡伯族来说是一项独立的体育竞技项目，而对一些山区民族来说，还是生产活动中的重要手段。另一方面，从体育竞技角度来看，又很不完善和规范，仍未脱离生产劳动的某种程式，有待今后进一步改革和提高。

有些民族传统体育项目产生于古代的军事斗争，并且一直承继下来，保留至今。这种情况在北方少数民族中，尤其是牧业民族中表现得最为突出。赛马、摔跤、射箭等项目，都是长期攻防战备的需要而发展成为群众性的体育竞技项目的。满族的冰雪运功在历史上也带有明显的军事训练的因素。另外，在还没有现代化武器的情况下，刀、枪、剑、戟，所谓十八般武艺也都是随着军事斗争的需要而发展和完善的。在过去民族压迫的时代里，为了反抗民族的压迫和剥削，抵御统治阶级的“清剿”，为了民族的生存，射弩、武术、拳术、摔跤等等一些具有防身自卫功能的项目也在许多少数民族中保留下来。

按照《德意志意识形态》的观点：“对于野蛮的征服民族说来，战争本身还是一种经常的交往形式，在传统的、对该民族说来唯一可能的原始生产方式下，人口的增长需要有愈来愈多的生产资料，因而这种形式也就被愈来愈广泛地利用着。”也就是说，战争是古代民族由于生产力低下而解决生产资料不足的一种办法。因此，我们将源于古代军事斗争的体育项目归并入“同生产劳动紧密相连”来阐明其特色。

其次，同各少数民族的民间传说、风俗习惯紧密相连是传统体育的又一显著特色。来源于民间传说的少数民族体育，许多项目都有一个神秘的引人入胜的传说故事。内容大多是崇敬祖先、祭祀神灵、褒奖英雄、祈求丰收、祛除恶魔、保民平安等等，表达了人们的某种良好的愿望。如彝族的摔跤就是这样。传说在古时候，彝家有一户叫磨枣的，三（个兄）弟长期在山上放牧牛羊，整天干活，没有娱乐。后来看羊打架，于是学着样子摔起来。人玩得高兴，牲畜也放（牧得）很好。别人家的牛羊都生病或死亡，只有磨枣家的牛羊越来越兴旺。因此，彝族把摔跤看成是可以使牛羊兴旺发达的活动。《路南县志》记载：“又有所谓跌跤会者，其会无常，或因村中牲畜有瘟疫乃议举行，若汉俗斋醮之属。”即用摔跤来欢娱神灵，祈求保佑牛羊兴旺，从而，摔跤逐渐成为传统的体育活动。另外，像苗族的跳鼓，维吾尔族的达瓦孜，傈僳族的上刀竿等，也都有各自动人的故事传说。

纪念祖先和英雄人物是少数民族传统体育的原始功能之一。在祭祀祖先和英雄人物的节日里，人们常有一些专门献给祖先和英雄的文娱项目。例如：云南澜沧江上傣族的划龙舟，是为了纪念聪明、勇敢、为婚姻自由不惜牺牲的傣族青年洪窝。而苗族的划龙舟则是为了纪念舍身入江杀死恶龙的青年九保的。彝族的舞铃铛，是为了纪念战胜敌人而英勇献身的祖先。每年农历六月二十四日的“割火草”节，他们都舞铃铛，流传至今。另外，像瑶族的打铜鼓是为了祭祀祖娘密洛陀，打长鼓是为了祭祀盘王等。

少数民族传统体育同风俗习惯紧密相连，主要表现在同衣食住行、婚丧嫁娶和喜庆节日等生活习俗上的联系。由于各民族生活习俗上的需要，大量的民族传统体育成为世代相传，并随着各少数民族生活民俗的进步和发展而不断完善。浓郁的风俗习惯给民族传统体育提供了表演的舞台，民族传统体育又在各少数民族习俗中抹上了浓墨重彩，两者浑如一体，密不可分。在云南、贵州两省的彝、苗族农村每年都举行赛装节，进行着装跑步，评选青年妇女们制作衣装、挑花刺绣的佼佼者，高山族、黎族的舂米比赛，云南地方某些民族盖新房，邻里们都来“贺新屋”，并举行文娱体育活动，等等。这些都是同衣食住行相联系的。

青年男女把体育活动作为交流感情，寻找伴侣的媒体。这一特点，在少数民族传统体育中表现得尤为突出。少数民族群众大多居住分散，特别是青年男女平时很少有交流机会，体育活动中的有些项目为他们互通友谊，增进了解，寻找伴侣提供了方便条件。哈萨克族的姑娘追和柯尔克孜族的追姑娘，被幽默地称为“情话在鞭梢”，或“马背上的悄悄话”。壮族、傣族、布依族等南方的少数民族男女青年喜爱参加的“抛绣球”“丢花包”“打手毽”“打蔑鸡蛋”等体育活动，在宋代均称飞纶，素有“飞纶传情”之说，男女分朋戏飞纶，清歌互答不用媒。这是他（她）们藉以表达爱情、寻找意中人的主要活动方式。苗族的“八人秋”亦是如此。节日清晨，男女青年相约为伴，身着节日盛装，来到秋千坪荡“八人秋”。秋千上分别乘坐四男四女。荡“八人秋”有个规矩：“竖秋千，八人坐，谁转上面就唱歌。”有的姑娘或小伙子为了寻找称心的伴侣，情愿停在上面，以歌声博得众人喝彩，赢得对方的爱慕。很多男女青年往往就是通过这种活动获得爱情、喜结良缘的。侗族的哆毽，也有此种功能。每逢节日，青年男女常邀约自己的情侣在山坡上打毽子，毽子在情侣头顶上飞来飞去，人们称为“飞花传情”。

民族传统体育不仅成为男女传情的媒体，而且也是一些民族在举行婚礼时喜闻乐见的形式。新疆的牧业民族如哈萨克、柯尔克孜、塔吉克族在婚礼期间要举行赛马、叼羊比赛。四川凉山彝族在婚礼期间也要举行摔跤表演。

在喜庆节日里开展民族体育活动是各少数民族的传统习俗。可以这样讲，我国少数民族每个民族节日都有体育活动，而且体育活动是节日活动的主要项目。

这几乎成了各少数民族约定俗成的规矩。赛马、摔跤、射箭三项竞技是蒙古族一年一度的“那达慕”大会的固定项目，赛马、跑马拾哈达（射箭）、赛牦牛、角力、拔河等是各地藏族在藏历新年、浴佛节、望果节经常开展的体育活动。

南方壮、侗、布依、黎等民族每年“三月三”的传统节日都要进行体育比赛。抛绣球，抢花炮、跳竹杆是经常开展的项目。水族端节赛马，瑶族“六月六”游泳，彝族火把节摔跤，傣族泼水节划龙舟也是固定项目。在民族杂居区，欢度春节也是非常普遍的。届时，各项文娱体育活动全面展开，各民族穿着节日盛装，喜气洋洋，龙腾虎跃，锣鼓喧天，表演场上和赛场上人山人海，把节日搞得热热闹闹，高潮迭起。

值得提起的是，有些民族已经形成以开展体育活动为主要内容的民族节日，例如苗族的“龙舟节”，侗族的“花炮节”，傈僳族的“刀杆节”，藏族的“跑马节”，还有一些民族的“秋千会”等等。

体育与音乐、歌舞相结合是少数民族传统体育的第三个特点。能歌善舞的少数民族有着以歌代言，无歌不快乐的优良传统，民歌和乐器被誉为生活里的两只翅膀。他们表演传统体育大多具有健美的艺术形式，有的甚至同音乐歌舞融为一体。音乐、歌舞与体育相结合这类具有表演性质的文体项目在少数民族传统体育项目中，占有相当的比重。这种情况在几届全国民族传统体育运动会上反映得最为明显。许多民族的传统体育项目都是在音乐、歌曲的伴奏下进行的，以健美的艺术形式出现的。我们可叫做“民族文体项目”。体育为主，舞体兼有，体舞兼优，甚至体育与舞蹈熔为一炉给人以清新、优美的享受，具有强身健体的功能。它有时以体育运动为主，以民族歌舞辅之，有时舞体并重，争奇斗艳，又不失体育的运动忾和竞技性。例如，蒙古族的摔跤，壮族的打扁担、舞狮，苗族的跳芦笙，打花棍，白族的霸王鞭、跳火盆，傣族的象脚鼓、孔雀拳，瑶族的打铜鼓，黎族的跳竹竿等。这种把体育、音乐、舞蹈融为一体的民族传统体育活动既增强了人们的体质，有益于身心健康，又陶冶情操，给人以美的享受。

民族传统体育的第四个特点是运动场地简便，体育器材可以就地取材。从马上运动的项目来看，赛马器具用马和马鞍就可以了，叼羊比赛的主要器具还需一只割去头、蹄的羊，马上摔跤是马上的角力比赛，也无需别的器材，这些运动大都在草原上进行。水族端节赛马的场地叫“端坡”，像一条山间公路。以上项目都没有专门的赛马场。

水上运动的赛龙舟、赛皮筏、游泳、水中捉鸭、踩独木滑水都在江河中进行，需用的器材过去大都是日常生产生活用具。

陆地运动的摔跤、角力、射箭（弩）、投掷、球类、武术、攀登等除相关的器械外，对运动场地的要求不大严格，山坡、禾场、院坝、沙滩、山林都可以成为表演和竞技的场所。少数民族的棋类比赛更为简单。棋盘就地画成，棋子是随手捡来的草、棍、石子等物。

总之，民族传统体育对场地、器材的要求比较简便，不需要在这方面花费很多的财力和物力。因此，既适合民间的经济条件，又满足了广大群众强身健体，自我娱乐的需要。

上述民族传统体育四大特点，反映了这些项目的原质性、群众性和自娱性。所谓原质性，也可以称之为初始性，是讲传统体育还同生产生活、风俗习尚存在着紧密的联系，或者刚刚脱胎于少数民族人民群众的生产和生活，残留着许多生产生活方面的痕迹。技术水准和竞技规程等方面还处在十分初始和幼稚的阶段。所谓群众性，是指参与传统体育活动的普及程度和群众的需要程度而言。少数民族传统体育是各民族群众特别是青少年普遍参与的，也是其民族生活须臾离不开的。确切地说，它是构成民族生活的有机部分。自娱性，是就其功能而言，它是民族共同体，而不是单个人祭祀娱神，集体娱乐，集体健身的一种活动形式。

四、少数民族传统体育的品格及其文化地位

当前，在民族工作部门和体育界存在着这么一个现状：一方面民族体育活动在少数民族地区搞得轰轰烈烈又扎扎实实，另一方面，学术研究却比较冷清，跟不上形势发展的要求。由于少数民族人口比较少，人们对他们的传统体育还缺乏足够的重视和必要的了解，因此，正确地介绍少数民族传统体育就显得十分重要。

迄今为止，我国学术界对于少数民族传统体育的概念、定义及本质属性还没有一个大家公认的科学的回答。我们在工作中注意到，目前连一本全面系统地论述中国少数民族传统体育的专著都没有，能见到的只是几篇零散的论文和数目众

多的民族体育项目的资料介绍。一些著名的工具书和有关体育的论著诸如1984年出版的《体育辞典》、1982年出版的《中国大百科全书·体育卷》、1986年出版的《中国大百科全书·民族卷》《中国体育史》等等，对少数民族传统体育未加涉及，一个基本词条都未能列上。在一些辞书的“民间体育”条目里我们才能见到其中有关少数民族传统体育的简单内容。40多年来，特别是改革开放以来的15年里，少数民族传统体育以其特有的魅力赢得了国内外观众一致赞誉，全国规模的“民运会”成为世界上“独一无二”的创举，这样重大的现实题材都未能引起学术界应有的注意，进行阐述和研究，由此可见，对民族体育的理论研究是何等的贫乏。

可喜的是1986年9月在新疆乌鲁木齐市举行第二届全国少数民族传统体育运动会的时候，由国家民委和国家体委牵头，联合举办了我国首届少数民族传统体育学术研讨会，开创了中国历史上从理论角度研讨民族体育的先河。

在大会上对少数民族传统体育的定义也进行了有益的探讨，提出四种定义：

1. 少数民族传统体育是各民族世代相传，具有民族传统特点的各种体育活动的总称。

2. 少数民族传统体育是指近代体育传入以前我国各民族就已经有的那些体育活动内容。

3. 凡是目前在一些民族地区仍有流传的具有民族特色的体育活动（包括自娱活动）内容都应属于民族传统体育的范围。

4. 少数民族传统体育是具有民族性、传统性、体育性的活动项目。

我们认为：以上这些定义都力图表达出少数民族传统体育的本质和内涵，意思是明确的，在文字表达上各有千秋，但不完备，也不规范化。这些定义有一个共同的缺点，就是未能将民族体育纳入一定的学科体系来加以考察。这个学科体系就是民族学体系。

民族体育作为一个研究领域应当属于民族学即文化人类学学科的一个分支。“民族学是以民族共同体为研究对象的学科。它把民族这一族体作为整体进行全面考察，研究民族的起源、发展以及消亡的过程，研究各族体的生产力和生产关系、经济基础和上层建筑。它是社会科学中的一门独立学科”（《中国大百科全书·民族卷》对民族传统体育的研究应当纳入文化人类学的范畴，离开这一学科就会寸步难行，因为民族体育不同于现代体育，现代体育已经突破了民族和国家的界限，而民族体育则还是民族共同体范畴内的东西。当然民族体育又是体育的一部分，有其自身发展的技术内涵，民族体育的发展进步又离不开用科学原理、科学手段来指导。尽管这样，我们还应当看到："传统体育"这种叫法是体育工作和学科划分的要求，但是在实际生活中，特别是在基层各民族人民大众中间，文娱与体育是紧密结合在一起的，是分不开的，换句话说，理论上的概括同实际生活是不一致的。这也从另一角度说明，现实生活还未能将传统体育归为专业体育的范畴。

民族体育研究的任务是研究少数民族传统体育的文化内涵，特别是目前阶段的发展状况，而研究民族体育的科学化不是民族学任务。因此，探求民族体育的概念、定义及其本质属性必须以历史唯物论和辩证唯物论为理论指导，按照民族学研究的方法进行。毛主席在《矛盾论》一书中指出："科学研究的区分，就是根据科学对象所具有的特殊的矛盾性"又说，"如果不研究矛盾的特殊性，就无从确定，事物不同他事物的特殊的本质，就从发现事物运动发展的特殊的原因，或特殊的根据，也就无从辨别事物，无从区分科学研究的领域"。根据毛主席的理论，我们在弄清民族体育的概念定义及本质属性的时候，应当研究四个方面的问题，即必须研究民族体育产生和发展的领域，必须研究民族体育发展的特殊原因，或者叫特殊根据，必须研究民族体育在发展过程中的各种矛盾，必须研究民族体育在发展过程中的主要矛盾和矛盾的主要方面的变化。

前面我们介绍了少数民族传统体育产生的自然环境和人文环境及其自身所具有的四大特色，这实际上就揭示了民族体育发展过程中各个方面的特殊性。现在我们从民族体育的领域、发展的原因、过程中的各种矛盾和主要矛盾的变化四个方面作些说明。

第一，民族体育是民族文化的一部分，民族文化又是构成民族共同体的基本特征之一。这里讲的民族体育就是传统体育，民族民间体育。民族学作为一门学科不研究现代体育这类脱离了传统文化的项目。因此，民族传统体育或者简称民族体育作为民族学研究的一个分支，作为科学研究的对象，它所涉及的领域是民族共同体的历史和现状以及各民族之间与研究对象有关的科技文化交流的历史和现状。

第二，民族体育产生的原因有处在历史过程中的原因，有现阶段发展的原因。处在历史过程中的原因有体育产生于生产劳动，生产劳动又使人们意识到体能锻炼的重要，体育从生产劳动脱胎出来或获得质的飞跃的催化剂是战争，这就是通常讲的军事体育，体育产生于风俗习惯的需要，但是不能说所有的娱乐活动都是体育。属于体育项目的仅限于那些非抒情的且有益于增进健康、增强体质的娱乐项目。现阶段，各民族走上了社会主义道路，由于消灭了剥削阶级，民族内部和民族之间的关系已经转化为劳动人民内部和劳动人民之间的关系。民族体育的功能也发生了相应的变化，军事体育大多变成了竞技体育。同时，各少数民族处于最好的发展时期，民族文化的活跃也带动了民族体育的发展。

第三，民族体育发展过程中的各种矛盾。民族体育同其他事物一样，其发展进步也是矛盾运动的结果，在其发展运动过程中必然同相关事物发生联系，产生矛盾，所谓对立的统一就是这个意思。统一也叫同一，即矛盾的两个方面互为条件，互相联系。没有同一，矛盾也就不能发生。民族体育发展过程中的各种矛盾是极其错综复杂的，各种矛盾之间也相互制约着。由于矛盾很多，我们只能归纳几个重要的矛盾现象。现表述如下：（1）阶级社会中民族关系同民族体育的矛盾统一；（2）战争同民族体育的矛盾统一；（3）科学技术同民族体育的矛盾统一；（4）体育传播中的吸收与排斥；（5）民族生活与民族体育的矛盾统一；（6）以新思想新文化为标志的现代生活同民族体育的矛盾统一；（7）现代体育模式同民族体育模式的一致性和差异性的混淆带来人们认识上的矛盾统一等等。

第四，民族体育发展过程中的主要矛盾和矛盾的主要方面。上面所列各种矛盾不是平列的。在民族传统体育发展的不同时期、不同阶段各种矛盾所处地位是会发生变化的，其中必然有一对矛盾上升为主要矛盾。这对矛盾解决了，还会出现别的矛盾，还需要去解决，由此推动民族传统体育的不断发展。在民族共同体发展时期，民族体育处在量变的积累过程，根据条件某些项目也可能发生质变。民族体育中祭祀体育逐步从娱神向娱人过渡是一个漫长的转化过程，娱神的淡化与科学知识的普及程度构成矛盾，不完全成正比，民族共同体内部矛盾加剧、民族生活的变动也会对民族体育发生质的影响，战争是一种催化剂，一方面促进民族体育的一部分发生质的飞跃，另一方面也会影响民族文化和民族体育的发展。总之，这些矛盾错综复杂，好像很难把握住其转化的脉络。但是，我们可以这样说，民族体育作为一种运动形式，作为民族文化的有机构成，它的发展变化和矛盾运动在很大程度上最终取决于民族共同体内部生产力与生产关系、经济基础与上层建筑这两对基本矛盾的发展和变化。

民族传统体育的定义应当包括学科的范畴，民族体育发生发展的原因，它的功能及表现形式等内容，从上述分析中，我们认为：民族传统体育是民族共同体适应族体的文化需要而产生、发展起来的具有健身功能的竞技、娱乐形式。

在当前，确定民族体育的概念、定义和本质属性有着重要的现实意义。一方面，民族体育作为一门学科，必须建立起与之相应的科学体系和理论，以便为民族体育工作部门进行决策提供参考，这是时代的需要，也是民族体育重要的文化地位决定的。由于西方国家工业化过程中对传统文化的残酷扫荡，他们的传统文化几乎荡然无存，而东方的传统文化包括民族体育却特别引人注目地保存下来，并且在新的条件下继续发扬光大。西方文化界的一些有识之士曾响亮地提出要去东方寻找回他们已经失去的东西。民族体育的文化地位存在于自身的特色之中，它以力与美的统一，融音乐歌舞为一体，这一特点同奥林匹克运动体育与艺术交融的发展趋势是完全一致的，这也是我们的优势所在。 另一方面，要建设中国特色的社会主义现代体育，攀登世界体坛的高峰，必须找到一条适合中国国情的体育发展的道路，走这条道路最好办法就是从我们国家的群众体育和民族体育中吸取营养，否则，只能跟在别人后面亦步亦趋爬行，这样也很难改变我国现代体育的落后面貌。我们相信，民族体育重要的文化地位将随着我国体育事业和民族团结事业的发展而获得更加广泛的认同。

五、正确执行党和国家发展民族传统体育的政策

有关部门在贯彻执行1981年全国民族体育工作会议定的“积极提倡、加强领导、改革提高、稳步发展”方针取得了巨大的成效，少数民族传统体育得到了很大的发展。人们对民族传统体育的认识也进一步提高，特别是体育部门和民族工作部门的同志在实践中深切地体会到了民族传统体育是各民族的优秀的文化遗产。它历史悠久，内容丰富，风格独特，对于建设中国特色的社会主义体育也有重要的意义。

但是有些同志对发展民族传统体育也抱有这样或那样的疑虑。有同志担心发展民族传统体育可能影响把现代体育搞上去，有的认为民族传统体育文艺味道太浓，应当减少表演性项目，提倡竞技性项目。有同志提出民族传统体育是否可以走社会化和科学化的道路等等。这些疑虑和意见，涉及对民族传统体育的全面评价，也涉及党和人民政府关于发展民族传统体育的总方针和“十六字方针”的贯彻落实。因此应认真总结实践经验，并在理论上进行深入探讨，统一思想，使少数民族传统体育的发展迈上一个新的台阶。

民族传统体育是民族共同体为适应族体文化需要而发展起来的具有健身功能的竞技、娱乐形式，它同有关民族的文化生活有着紧密联系，而且也与该民族发展的历史、发展的水平息息相关。由于这两方面的原因，民族传统体育为一种竞技娱乐形式与现代体育确实存在着差异。

民族传统体育作为一种竞技娱乐形式有很强的依附性，它依附于各民族群体的节日文化，满足于各民族群体节日期间自我娱乐的需要，参加娱乐的民族成员，既是节日的参与者又是节日的观赏者。脱离了这个民族群体，这种竞技娱身形式就会干涸而失去生命力。因为它是民族民间的体育，源于下层，是“下里巴人”的东西，它还没有超越民族共（同）体而走上社会化，职业化。这是与现代体育不同的地方。第二个不同点是在民族传统体育项目中，竞技体育占的比重不大，而且这些竞技项目大多都是民间传承下来的，同一项目在民族之间存在着一定的差异。竞技项目中虽然有个别项目已经逐渐在“专化”，但这种“专化”是不脱离民族共同体不脱离生产劳动的“专化”，因此，这部分民族传统体育仍然有着浓郁的民族特色，仍然是少数民族的群众体育。

民族学家们区别民族传统体育与非民族传统体育有一个标准，就是看它是否植根于民族文化的沃土，是否富于民族色彩，是否在传统文化的氛围中应用和发展。正是由于这些差别，才构成民族传统体育自身的特色。

用现代体育项目目前的标尺来衡量，民族传统体育的文艺味道确实比较浓，但是如果从奥林匹克运动中体育与艺术交融的趋势来看，从现代科学技术的高度分化和高度综合的趋势来看，文艺味道浓郁应当是民族传统体育的优势所在。毛主席说：“人民生活中本来存在着文学艺术原料的矿藏，这是自然形态的东西，是粗糙的东西，但也是最生动、最丰富、最基本的东西。它是一切文学艺术的取之不尽、用之不竭的唯一的源泉”（《在延安文艺座谈会上的讲话》）。毛主席的这番话也是现代体育同民族传统体育两者关系最好的注释。如果我们把现代体育当作高雅的作品，当作“阳春白雪”，那么民族传统体育尽管属于自然形态的东西，是粗糙的东西，但也是最生动、最丰富、最基本的东西，同时，也应当是现代体育取之不尽、用之不竭的唯一源泉。如果我们都这样来看待民族传统体育，那么，担心民族传统体育冲击现代体育的疑虑，建议在发展民族传统体育运动时，减少表演性项目的观念就会不存在了。相反地，就会将民族传统体育作为基础性体育来对待。

这个观点正是本文要强调的：

确立民族传统体育（包括汉族传统体育）的基础性地位是因为它是我国各民族千百年来长期积累的结果，是各民族基层群众集体智慧的结晶。民族传统体育主要在农村和部分城镇流传，流传人口在8亿以上，现存项目几百个，其内容极为丰富，形式多种多样，其优点多数是寓强身于娱乐，参与者技术适应性强，接近广大人民群众的文化水平和消费层次，为他们所喜闻乐见。作为基础体育来抓，有利于提高全民族的身体素质，活跃群众的文化生活。

确立民族传统体育的基础性地位，是因为它植根于各民族传统文化的肥沃土壤，文化积蕴非常深厚。这不仅表现在民俗文化方面，而且也表现在同人体生理、医药、养生、气功、物理力学、哲学、宗教等科学的密切关系上。这里有许多未被我们认识的领域，是一宗宗亟待开发的重要文化遗产。加强这方面的投入和研究，对于建设有中国特色的社会主义体育必将大有益处。

确立民族传统体育的基础性地位，不仅是增强全民体质提高中华民族健康水平的需要，而且也是在政治上落实党和国家民族政策，增进各民族人民大团结的需要。十一届三中全会以来，由于正确执行党和国家发展民族传统体育的政策，广大少数民族深深体察到祖国民族大家庭的温暖和国家对民族文化的重视，从而增强了各民族的凝聚力。

民族传统体育的改革提高，从技术规范、竞技规则、裁判方式、场地器材标准化入手，不断充实其科学内容，提高其运动技巧，发挥运动员的技术水平。十几年来，各地区体育部门在国家体委领导下，在困难的条件下做了大量工作，在这方面取得了很大成功，受到广大少数民族的欢迎和好评。但是也应当看到，这种改革提高还是局部的、低层次的，没有触及传统体育深层的文化结构。

近些年来，一些少数民族村寨抱着传统目的经常自办节日活动，或喜庆婚娶，或祭祀祖先和神灵，或踩花山跳坡，正如恩格斯指出的那样“各部落有其正规的节日和一定的崇拜形式，即舞蹈和竞技；舞蹈尤其是一切宗教祭典的主要组成部分；每一部落各自庆祝自己的节日”（马恩选集第四卷88页），节日期间，不仅有本县本民族和其他民族群众参加，甚至邻省邻县的本民族和其他民族群众也赶来赴会，真可谓“一方盛会，八方来客”。盛会人数可达万人至几万人，几十户人家的村寨都得全力投入几天紧张的节日活动，家境较好的人家要以酒饭免费招待七八十个客人。一次集会用掉几千斤粮，宰杀大量牲畜家禽，使许多村寨在经济上几年都缓不过来。这种情况反映了自然经济条件下的节日文化只能适度规模的开展。但实际上由于存在着攀比心理，缺乏商品意识，节日规模越办越大，越办越穷。

原始体育作为祭祀庆典的主要手段，有一定的表演和竞技程式，这些程式多根据祭祀内容来编排，它远离人们的现实生活，扑朔迷离，有些离奇古怪，带有强烈的宗教巫术气氛。在长期发展中已经凝固化，向民俗性娱人和科学化方向发展尚需时日。如果改动，首先遇到的就是“祖宗的规矩不能改”的训诫。

近年来，祭祀体育盛行的原因是少数民族经济文化发展滞后、科学教育基础薄弱以及宗教迷信思想抬头所致，因此，这部分传统体育的改革提高应当系统进行，需要有其他环节的配套改革，更需要下大力气来促进少数民族地区经济文化的全面发展和进步，在操作上，必须从实际出发，注意群众的心理承受能力，创造一个有利于改革提高的环境。

关于民族传统体育的社会化即调动社会力量来办民族传统体育问题，这是针对依靠国家单一力量办体育的体制提出来的。从实际情况来看，民族传统体育有所不同，主要不是国家办，而是各民族自己办，国家给予了关怀和扶持。今后民族传统体育在广大农村的开展还得依靠少数民族自己的力量，国家不能包起来，从某种意义上讲这也应该叫做“社会办民族体育”。

十几年来少数民族地区传统体育在弘扬民族文化， 推动旅游事业发展上起到了很好作用，鉴于民族传统体育的原质性，我们在贯彻执行“积极提倡、加强领导、改革提高、稳步发展”方针时，继续举办民族传统体育训练班，积极培训和轮训农村少数民族体育骨干，他们的任务是在普及基础上提高，又在提高指导下普及，促使民族传统体育提高到一个新台阶。在这项工作中，应当动员社会力量，设立民族体育发展基金，以缓解经济上的困难。

为建设中国特色的社会主义体育，建议在国家统一领导、统一规划下，选择民族传统体育中的一些重要项目，如叼羊、抢花炮、波依阔、摔跤、武术等等，参照体育集训队的形式，由各民族地区有实力的工矿企业和实业公司来招标承办，从有关地方招聘运动员进行脱产训练，并逐步同商业经营相结合以形成一些有地方特色的专业化体育项目，作为中国体育走向世界的有机构成。

（本文原载《民族学博物馆学散论》 中央民族大学出版社 1994年8月）

综论民族服饰

何晏文

一、少数民族传统服饰的历史源流及其演变

（一）少数民族服饰的历史源流

在人类早期，生产力极其低下，人们以狩猎、采集为生。那时候，人还不大懂得穿衣裳，更不会做衣裳。为了御寒与护身，只能把树叶、草秸秆等采来围在腰间或将兽皮剥下披在身上、包在脚上。后来，还把野兽的牙齿、骨头，好看的石头磨光穿起来挂在脖子上——这便是最早的人类服饰。东汉班固等编撰的《白虎通义》中说道："太古之时，衣皮韦，能覆前而不能覆后。"唐官书《毛诗正义》中也讲："古者田渔而食，因衣其皮，先知蔽前，后知蔽后。"古人所言就是人类早期的服饰形态。这种原始服饰，除了挂在脖子上的石珠、兽齿、贝壳作为珍贵的出土文物保留下来之外，其他大都早已化为泥土。然而，远古时人们的装束，甚至包括若干人类早期处于萌芽状态的服饰，却奇迹般地遗留在我国某些兄弟民族地区，使我们能够在当今某些兄弟民族的传统服饰中看到它们的影子，并可窥见数千年来，人类服饰的发生、发展的大致脉络。

1. 文身（文面）

作为人类对自身装饰的最早的形式之一，文身包括文面同后来的服饰有着十分密切的关系，而且它与服饰有不少相同或相近功能。在这里，我们把文身当作服饰领域中的一个特殊项目加以介绍。

战国《战国策·赵策》就有“祝发文身错臂，瓯越之民也”的记载，又据文献记载，古代夷人、越人、蛮人、濮人等均兴文身。所以历史上曾有“共来百越文身地”的说法。到20世纪50年代初期，此俗仍保留在黎、高山族、傣、独龙、德昂、布朗、佤、基诺及四川凉山彝族之中。

文身又因其方法不同，分黥文、瘢文两种。即用人为的瘢痕或黥刺的办法在皮肤上饰以各种永久性的花纹图案。其花纹、图案因民族、性别、地位、年龄不同而各异。多为彩色的鸟、兽、龙、蛇、虫、蛾、花卉及各种几何图案。高山族、德昂族地区，男女普遍文身，黎族、独龙族地区则只有妇女文身；傣、布朗、基诺等民族地区的文身又只限于男子。有些民族文身而且黥面，而有的民族仅文身体的一部分。文身的年龄多在青、少年发育时期，如独龙族、黎族女孩，多在十一二岁时文身。又有些民族，因文身者的年龄不同，所刺的花纹、部位及其颜色也不相同。

文身反映了人类早期人们的某种审美观念、宗教意识、图腾崇拜等，也有防身避邪的功能，有的同时就是民族、部落的标记。

进入阶级社会后，文身又常常被用来区别身份、等级、地位等。宋代，在妇女兴文身的黎族地区，唯婢女不得文身。清代，在高山族地区，正土官文身时刺人形纹，而副土官则只能刺墨花。在后来的傣族地区，土司用红色黥文文到胸，头人文身时只可按规定用有限的红色图案，而其他各等级则一般只能用紫色或黑色文身，而且文身部位也只许在双腿或腰部以下。可见，文身在这些民族地区，有很严格的规定。

2. 草裙及遮羞物

分布在我国西藏东南部喜马拉雅山区的珞巴族，直到20世纪50年代，有的部落还从事着采集与狩猎。在一些部落中，妇女还兴穿一种用鸡爪谷的秸秆编成的裙子（珞巴语称“阶邦”），令人想起了夏威夷土著居民的女子穿的草裙。这种草裙的制作方法比较简单：先选好比较整齐的约0.3米长的秸秆，把它们密实而均匀地排列起来，而后把一端粗粗地编织在一起，便成了一条草裙。穿时，将编好的一端围在腰间，而将没编的一端朝下，垂至大腿。由于经济条件的变化，布料陆续进入珞巴族地区，而那些生活贫困的妇女还往往离不开传统的草裙。但是也有一些家境较好的妇女因习惯穿草裙，尽管早已换上了布裙，也依然喜欢在布裙外面再围上一条草裙。在藏文典籍《贤者喜宴》里曾间接地提到珞巴人“衣树叶之衣”。此书成书于15世纪，就是说，早在500年前珞巴人还保持着穿树叶的古老习俗。进入现代以后，珞巴族地区多数部落还没有出现裤子。男子只在腰前挂点遮羞物，这些遮羞物大都很简陋，也很窄小，有的用藤篾、秸秆编就；有的用棕丝、兽皮制作；也有些是用竹筒、牛角或木勺一类东西做的。云南独龙族地区半个世纪以前的男女服饰，同珞巴人颇为相近。草裙与遮羞物是迄今为止，我们所知道的国内民族地区保存下来的最古老的服饰品。它们都很生动地展示了人类早期服饰的源头，具有很高的历史和民族学价值，可以说是人类服饰文化的“活化石”。

这类古老的服饰，在过去云南的景颇族地区也有。清代［康熙］《云南通志》卷二十七有景颇人“以树皮毛布为衣，掩其脐下”的记述。清人黄舒璟在《台湾使槎录·番俗六考》中还描述了当时高山族男子“以布尺余遮前，后体毕露”的情况。这同古文献中的“衣皮韦，能覆前而不能覆后”记载相呼应。与此相类的还有在海南黎族男子中流行的三角形遮羞布等，都具有人类早期装束的鲜明特点。这些主要流行在气候温暖的地区。珞巴、独龙、高山等民族的男子为什么也有其遮前不蔽后的特点，这主要是为了护身。因为人们光着身子在荆棘丛生的山林中奔波，最易受到伤害的是前面而不是后面。而前面最脆弱、人们最怕碰伤的部位又恰是下身，所以产生了遮羞物一类服饰品。过去有的民族在山中狩猎怕扎伤了脚而用兽皮把脚包起来，也是同样的道理。当然，遮羞作用也有，但不全是。

3. 兽皮及披风

披兽皮与披披风也是人类早期的装束。当时的人类既然是以狩猎、采集为谋生手段，那么，披兽皮御寒、护身，应该说是十分自然而又普遍的事。披兽（羊、牛等）皮作为一种古老的习俗现在仍然不同程度地流行在我国西南地区的珞巴、彝、门巴、纳西、普米、羌、白等兄弟民族之中。有些民族虽然现在不再披兽皮了，但过去曾披过。当然，必须说明，现在的披羊皮或牛皮，只是一种古老的遗风，兽皮已不再是唯一的必需的服饰品了。在有些民族之中，披兽皮只有象征意义，只在特殊的场合或必要时才披的。更有些民族，是把这种古老的服饰品当作一种装饰品或辅助品使用。人们往往是在现代服装之外，再披一件羊皮。

而且现在流行在各民族地区的羊皮或其他兽皮披饰，已今非昔比，要精致、考究得多了。

珞巴族的博嘎尔、棱波等部落男子，因地处西藏珞瑜地区北端，海拔较高，冬有霜雪，上身多披野牛皮、山羊皮等。这种服饰是当地珞巴族男子必备之物，也是成年男子的标志。这种羊皮或野牛皮，还只是一种披风，不须缝合，不要裁剪，只在上端稍做处理，能够披在身上就行了。如果说珞巴人披的羊皮还比较简单、粗糙的话，那么流行在云南西部彝族地区的羊皮褂就应该说是一种比较完善的服饰品了。这种羊皮褂，从选料、剪裁到制作都更加考究。首先要选用两张毛色上乘的黑羊皮，裁剪、缝合之后，要保留一个羊头的轮廓及四只脚、一条尾巴：呈现出一只羊的自然形态。值得注意的是这四只脚与一条尾巴是必须保留的，尤其是尾巴，绝对不可以剪掉。否则， 整个羊皮褂的价值就会失去大半，而且还要被人笑话。这类羊皮褂实际上是一种长坎肩，因为它有两扇前襟，已经不是一面披风了。 如果再缝上两只袖子，就是一件羊皮衣。羊皮褂无领，无纽扣，两侧腋下用皮线缝合，其他任其自然。平时，农民外出劳动不论男女老少，都要披一件羊皮褂。晴天毛朝里，雨天毛向外，又挡风、又御寒，很适合于高寒山区变化无常的气候，成了山民们不可缺的服饰品。在云南无量山区，羊皮褂是彝族姑娘出嫁时的必备嫁妆。可见羊皮褂在当地彝族人民的心目中有着特殊地位。

除彝族外，藏、纳西、普米等民族，也有各具特色的羊皮褂或披肩，做工都十分精致。白族历史上也披羊皮，清代康熙年间的《大理府志载》：白族“尽背羊皮，虽六月不去身。”而最讲究、最漂亮的羊皮披风，当是纳西族妇女背上的羊皮披肩。这种披肩毛向里，外面缀有精心绣制的两个大的圆形图案和七个小圆形图案，图案十分别致而精美，被称之为“披星戴月”。据有关专家分析，这种图案源于对日、月、星宿的崇拜，当然其主要功能是为了御寒。

4. 披毡与贯头衣

关于我国西南地区彝等民族先民披毡习俗的记载，见于不少历史文献。如《新五代史》就有“昆明人披毡、椎髻、跣足”的记述。元代李京《云南志略·诸夷风格》一书也讲道“男女无贵贱，皆披毡，跣足”。而对彝族历史上的披毡习俗最形象的描绘，是云南昭通后海子东晋霍氏墓壁画上的彝先民部曲形象。这些形象均留“天菩萨”、披披毡，同当今川滇大小凉山彝族男子的装束大体相同。可见，早在1600多年前，至少在乌蒙山一带的广大地区，披披毡就已经很流行了。

披毡，就其结构来看，要比兽皮一类先进复杂多了，也较为合身。作为人类早期服饰，它是历史上游牧民族的一种创造。在人们处于朝不保夕的狩猎、采集阶段，是不可能创造出披毡来的。只有当人们从狩猎、采集阶段过渡到畜养牲畜的阶段，才可能有较多的羊毛、牛毛，才能加工成毡，才有可能做出披毡来。同时，也由于生活相对稳定，有时间加工制作披毡。从披兽皮到披披毡人类恐怕要经过相当长的时间。披毡流行于四川、云南、贵州诸省交界处的大、小凉山及乌蒙山一带的彝、苗等民族地区。此外云南的白、普米、纳西、傈僳等民族，古代都有披披毡的传统。西藏部分地区的藏族牧民也有披披毡的传统。比起兽皮来，披毡的制作、加工要更加复杂，而在穿用方面，也更加严密、精致，有较强的抗寒功能，更适合于西南地区的高寒山区。在人类服饰的发展史上，披披毡颇为典型，应该是一个重要环节，当有它的位置。

在南方某些兄弟民族之中，喜将长幅土布（或织毯）斜披在身上御寒、护身。这是一种布披风，也是一种古老的服饰。因为它就是一幅织好的布或毯，不需裁剪，披或围在身上就成。这种披风比兽皮、披毡都要晚，是纺织技术出现之后的事。云南独龙族现在仍在流行的披麻布线毯就是一例。而在珞巴族的有些部落里，无论男女都围一块土布，长至膝上，袒露一臂，在连结处用竹签固定。在珞巴族地区，披风是当作常装的，往往同贯头衣同时穿用。大都流行在气候暖和的地区。

贯头衣也是在布类出现之后的产物，是流行于我国南方民族地区的另一种古老而独特的服饰。贯头衣就是古文献中描述的“衣无开襟，服之自首笼下”“女衣不开领，缘中一孔，从头而下之”的一种上衣款式。它在裁剪、制作上要比前面介绍的几种服饰更为进步、更为复杂，其历史也要晚得多。当然，它又比后来的上衣简单，而介于从披风到上衣之间的过渡形态。

关于贯头衣的较早的记载，曾见于《后汉书·南蛮西南夷列传》。该书写道：当时永昌（治今云南保山）太守郑纯，每年要哀牢人送两领贯头衣给他。可见，早在近2000年前的东汉，在云南西部的哀牢人中就已经流行贯头衣了。元代以后的文献，对云南、贵州等地诸兄弟民族的贯头衣多有记载。如：明代[景泰]《云南图经志书》卷六讲楚雄彝族妇女的“方领黑衣”就是其中一种。此书还记述了布朗族男子以“布三幅缝为一，中开一孔，从首套下，富者以红、黑绦间贯缝，贫者以黑、白线间之。无襟袖、领缘，两臂露出。”北宋《太平寰宇记·州郡部》及时代《炎微纪闻》还记载了古僚人（今仡佬族）的贯头衣“衣如单被，穿中央以贯其首”。清代［乾隆］《景东直隶厅志》卷三之五记载哈尼族妇女“衣用长桶，有领袖不襟，穿衣自首套下”。这说明清代以前，哈尼族妇女都喜穿贯头衣。以上的文献记载都与《后汉书·南蛮西南夷列传》相呼应。因为滇西、滇西南哀牢山一带的彝、哈尼等众多民族的先民，大都与古哀牢人有着密切关系。后来的贯头衣，应该是古哀牢人贯头衣的传承。可以肯定古代贯头衣流行的范围还远不止云南、贵州的几个民族，而要广泛得多。

现代贯头衣主要流行在我国的西南、中南地区，包括彝、苗、瑶、藏、门巴、珞巴等兄弟民族。其中以彝族地区的贯头衣较为典型，种类也多，主要样式有两类：一类是流行在云南的禄劝、嵩明、师宗、罗平等县交界处山区的妇女盛装，这种贯头衣原是一幅宽约1米、长2米多的白布，在上端约1/3处开一方形领口，领口周围镶一块图案精美的红色毛布，不需更多的裁剪、缝合，很像一面长披风。此类服饰不必量体裁衣，可谓“千人一律”。 但这里的妇女盛装服饰却十分繁缛， 除披贯头衣外，里面还要穿对襟无扣短衣，再套毛布坎肩，裹毡围腰，下装为蓝色毛布细褶裙，裙褶多达700多。正如清代［康熙］《云南通志》卷三十七所讲的“上作井口，自头笼罩而下，桶裙细折”。这是一种风格古朴、有高寒山区特点的服饰。另一类是流行在广西那坡地区的蜡染绣花贯头衣。 这也是一种妇女盛装。这种贯头衣风格颇为独特，做工极为精致，较其他各类贯头衣多两只衣袖，就是说它已相当完善和成熟，是一种精美的上衣了。它长至小腿两侧开衩至腰际，全衣分三段，腰以上为蜡染花布，周身绘满日、月、星辰等各种几何图案，令人感到一种古朴、 素雅的美。据说，这些图案有吉祥如意、驱邪平安的寓意。值得注意的是，蜡染工艺在彝族地区并不多见，而在广西那坡如此广泛的应用，确实较为独特。中间一段为红地挑花图案，以黄、黑等彩线，精心挑出规则、整齐、对称的八组菱形纹组成。最下段为黑色，不缝合而分开为前后两面，分别用海贝作边缘装饰，犹如前后两片围腰。实际上，这是一种开衩得很高的贯头长衫。这种贯头衣，当地彝家人称作“龙凤衣”。多在盛大节日里穿用。节日期间，妇女们常常同时套穿六七件贯头衣，以多为美。这是当今流行在民族地区的最精致、最考究的一种贯头衣。

珍藏在贵州省博物馆的彝族“方袍”则是一种做工更为考究、用料华贵、绣花精美的贯头衣。当然，这是一种早已进了博物馆，已在生活中消失了的文物，它原来是从前贵州赫章可乐大坡乡彝族安氏土司之妻的盛装礼服。据说，这种嫁衣是新娘子结婚头三天陪客时穿的。这是一种豪华型的贯头衣，雍容华贵，是一般平民百姓平时难得一见的。它长宽各约240厘米，前襟及后摆均精心绣以花草、蝶、鸟等各种图案。据传，这些丰富而精彩的图案均为其陪嫁丫头所绣。清代《大定府志》有较详记载：“方袍，以诸色帛为细方块，绣花卉鸟兽其上，连缀至方，二尺为一幅，方袍用数十幅为之。其为衣前短后长，四周连缀，上开一孔，自头笼下。亦有里，其里，贫者用布，富者用帛。是袍也加于诸衣之上。惟新妇于初至之三日衣之，以陪客，平时不用。”显然，无论其款式造型，还是它的使用方式，都是一种比较特殊的贯头衣。还有一种是保存在贵州盘县的传世女装。此衣是盘县彝族“祖摩”（君长）之长子妻子的传世之物，经数代传承，已显旧，从其精致的绣花图案，还可想象它当时的风采。此衣只有领口，不开襟，两只衣袖不缝，两侧肩前各缀三排六角形织锦图案。此衣同“方袍”虽有差异，但应属同类。在使用方式上，也因地区不同而不同。在盘县它是封建宗法制度长房继承权的象征，而在大方（原大定）它则作为新娘婚后三天待客时穿的婚礼服。

苗族的贯头衣主要流行在贵州等地，也有两种：

一是贵阳郊区、修文以及镇宁、安龙、贞丰、兴仁等部分地区的苗族女装。此种衣为黑色，前短后长，其领口镶白边，且向外翻露，犹如一面旗披在肩上，故名“旗帜服”。此衣前后两片不缝合，两只衣袖仅与衣肩上部连结。贵阳花溪、修文等地的“旗帜服”较短，花饰甚多，多用挑花工艺。安龙、贞丰、兴仁等地的“旗帜服”则通身无花，衣长至小腿。

另一种是广西南丹月里的苗族女上装，也是前短后长的贯头衣。常服花饰少，盛装则花饰满衣，多用挑花兼以蜡染配合，装饰以各种几何纹和人、马等变形纹等。色彩鲜艳，风格古朴。

5. 交领（或称大领）衣

交领衣或称大领衣，是我国古代颇为流行的上衣款式，其前襟分左右两片，穿时交掩于胸前。云南晋宁石寨山出土的青铜器上所展示的古滇人的服饰，其上衣就是一种交领衣。清代以前，交领衣曾流行于广大汉族地区，清以后，逐渐为大襟衣所取代。清代以前的蒙古、满、达斡尔、鄂温克、鄂伦春、赫哲、锡伯等民族，大都穿交领衣。内蒙古赤峰元墓壁画上的形象表明，元代蒙古族平民百姓都是穿交领衣的（男右衽、女左衽）。我们还可以从现在保存的元代成吉思汗、忽必烈以及后来的努尔哈赤等历史人物的画像中看到这种交领衣。现在，作为一种女装，交领衣依然在一些兄弟民族之中流行。如：藏、苗、瑶、彝、哈尼、侗、黎、畲、水、布朗、阿昌、拉祜（部分）、佤、德昂、仡佬、基诺、景颇、京、高山及朝鲜等民族的女衣，基本上都是交领衣。新疆的维吾尔、哈萨克、柯尔克孜、塔吉克、乌孜别克等民族的传统外衣，如袷袢类，也都是交领衣。交领衣在裁剪、缝制上，都比贯头衣复杂，工艺要求也比较严格，需量体裁衣，穿着也更加合身。这种古老款式的上衣，不大讲究体型线条美，而是以各种绣花、装饰等展示特有的美。当然，比起后来的衣服，它无纽扣，御寒性能差，远不如现代服饰那样舒适、合体、美观。

6. 大襟衣

大襟衣源于满族旗装，主要特征是左襟特大而突出，穿时左襟将右襟掩上，而后用纽扣系在右侧及腋下。大襟衣在裁剪、制作上，比交领衣更为讲究、严密、精致；穿着也更加便捷、美观、合体，特别适合于北方寒冷气候及南方高寒山区。记载大襟衣的最早的历史文献是清代反映雍正年间宫廷生活的《雍正行乐图》，图中所绘的四个妃子，其中有两个穿大襟长袍的，这说明，即便在250多年前的宫廷里，大襟衣也尚未推广，妃子也似乎可以自行选择服饰款式。后来，满族的大襟长袍，自上而下，先贵族而后平民；先满族而后其他各民族，逐步流行开来。到了民国时，大襟衣经历了一次大的革新，改良之后的旗袍改变了旧时的直筒式，腰部收紧，增加了曲线美；衣长也改短，仅至小腿。直到20世纪50年代以前，大襟衣（包括袍衫、短衣）曾风行于大半个中国，流行在满、汉及其他各民族的广大地区，现在，大襟衣仍然是我国很多兄弟民族女装的基本款式。从北方的蒙古、达斡尔、鄂伦春、鄂温克、赫哲、回、土、裕固、撒拉、保安，南方的彝、壮、土家、白、毛南、仫佬、拉祜、纳西、普米、傈僳、怒、独龙等民族，都大部分或部分地接受了这种款式。当然，各民族流行的大襟衣，都按各自的需要及审美情趣与自然环境的不同进行了改造，使大襟衣呈现出各种不同的风格。

（二）少数民族传统服饰的演变

服饰作为一种文化现象，是历史的产物，它本身也随社会的发展、进步而变化。这种变化主要表现为质料以及服装款式及装饰艺术等方面的变化。

服饰质地材料的变化是近百年来民族传统服饰之最显著的变化。东北地区赫哲族鱼皮衣裤的消失就是个很生动的事例。布料进入赫哲族地区，并取代鱼、兽皮，不过是近百年的事。现在根本看不到赫哲族人穿用鱼皮服饰了。这一方面是因为布料价格便宜且易于加工制作，而用鱼皮做衣裤则费时费力，不易保管，穿着也很不舒服，是相当麻烦的。如果不是生活环境十分艰难，无其他更好条件可供选择，人们是不会用鱼皮做衣服的。

从前，以兽皮为衣的鄂温克、鄂伦春、珞巴等民族，现在的兽皮衣已失去了往日的地位，不再是人们唯一或主要的服饰品了，而是多半成了一种象征性的服饰品。在“衣皮韦”的太古之时，人们身上披件兽皮，这就是全部装束；在流行披羊皮的民族地区，早先的情形也大致如此。而现在的披羊皮，则往往是里面穿着各种布料衣服，外面再披件羊皮或牛皮坎肩。

传统民族服饰的流行范围在逐渐缩小，当然，这种变化是十分缓慢的。比如，北方的满族，他们在历史上创造的旗袍曾盛行过大半个中国，为中华民族服饰宝库做出了辉煌贡献。但到了20世纪的今天，除了节日和喜庆活动之外，在满族地区，已经很少有人穿旗袍了，更见不到有人头戴50年前流行于满族之中的大头翅、脚穿高底旗鞋了。可见，满族传统服饰变化之大。蒙古族过去都兴穿传统的长袍；清代以前穿交领袍，清代以后受满族影响改穿大襟袍。这种大襟长袍至今依然是内蒙古广大牧区男女牧民的传统服装。但是，那些驻牧在新疆博尔塔拉草原上的蒙古族牧民却大都喜欢穿短衣而很少穿大襟长袍了。至于那些生活在农区的蒙古族农民，则基本上不再穿蒙古袍了。

南方的苗族，是保留传统服饰特色最浓的民族之一，但苗族服饰也在变化，尽管是局部的，缓慢的。以湘西各县的苗族服饰为例据清代［道光］《凤凰厅志》载："苗人前惟寨长强发，余皆裹头椎髻，去髭须如妇人。短衣跣足，以红布搭包系腰，著青蓝布衫，衣边裤脚，间有刺绣彩花，富者以网巾约发，贯以银簪银圈，手戴银""其妇女，银簪、项圈、手钏，行滕皆如男子，惟两耳银环三、四圈不等，衣服较男子略长。斜领直下，用锡片红绒或绣花卉为饰，富者头戴大银梳，以银索密绕其髻，裹以青绣帕，腰不系带，不着里衣，以锦布为裙，而青红间，亦有钉锡铃，绣绒花者，两三幅不等，与男子异。"此书所载的苗族服饰距今不过170年，同今天湘西苗族服饰相比，已判若两个民族。男子装束已同汉族男子服饰相同，而女装也早在50年前就改成了头缠青巾更上着大襟衣，下穿长裤。"斜领直下"的上衣与"以锦布为裙"的下装在湘西已经看不见了。再看贵州凯里、雷山等县的苗族，原是以交领绣花衣和百褶裙为传统女装的，大约在60年前，流行于广大汉、满族地区的大襟衣、长裤开始进入贵州并为这里的少数民族妇女所接受。近数十年来，为便于生产劳动，节省做衣裙的时间，便有越来越多的苗族妇女，特别是女青年纷纷改装，穿起大襟短衣、长裤，仅在襟边、环肩及胸兜等处绣少许花纹。这种新式服装如今在这一带相当普及，成了理想的常装，即便是节日里，也有些苗族妇女不穿大领衣和百褶裙。

在贵州的水族地区，今天妇女已没有穿裙的了。老式的对襟衣成了盛装服饰，而平时则大都穿大襟衣和长裤了。如今贵州的榕江、从江及广西三江地区的侗族妇女，基本上以对襟上衣、百褶裙为传统盛装，而湖南一些地方的侗族妇女则也大都改穿大襟衣和长裤了。

彝族地区一直坚持穿用古老的传统服饰，以四川大小凉山地区为例，当地是我国最大的彝族聚居区，那里的男女服饰都保持浓郁的传统特色。但认真观察一下就会知道，现在流行的男女大襟衣都是改装之后出现的。原来的上衣或是贯头衣，或是对襟衣，应该是同今天云南小凉山等地区彝族的对襟衣、贯头衣相去甚远。大襟衣显然是清代以后才从汉族地区传入的。与四川大小凉山接壤的云南楚雄地区彝族的男女服饰均早已改过，尤以女装为突出，基本上都改成了大襟衣、长裤。而据文献记载，早在清康熙年间，楚雄一带彝族"女不着裤，系桶裙，衣不开胸，从首领而罩之"。就是说，楚雄地区的彝族男女，早在300年前，还是穿贯头衣和桶裙的。彝族的改装大致有两种方式：一强制性的。统治阶级强行禁穿民族服装，在这种高压之下，少数民族人民被迫改装。清雍正四年（1726），云贵总督鄂尔泰出兵大肆镇压云南思茅地区的各族人民，强行“改土归流”。等各族人民为生存，除逃亡之外，只有姓汉姓、改汉装，隐瞒族成分，无人再穿民族服装，从此，这一带开始了大规模的改装。二是比较缓和的。是一种民族间的自然的文化交流，当时中央王朝的统治者为笼络民族上层，往往以赠送的方式，将些男礼服、宫廷官服等当作礼品送给地方土司头人，而有些土司头人也为维护自己的势力，讨好中央王朝，便让自己的妻室儿女改穿汉装或旗装以为荣耀。久而久之，这种原来只流行于内地的服饰就自上而下地在民族地区流行开来。据史料记载，明初贵州水西彝族女土司奢香夫人进京朝见朱元璋时，就带回一批朝廷送她的礼服。

我国南方的壮、土家、毛南、仡佬，北方的满、回等兄弟民族现在的服饰已同当地汉族大体一致，我们很难看到他们穿着古老传统服饰了。当然这种变化是种历史现象，十分缓慢而是不以人们的意志为转移的。一般说来，交通方便经济发达的地区比边远山区变得快，男装比女装变得快，上衣比下装变得快，头饰变得最慢，当然，这是比较而言的。

民族的传统服饰工艺也在变化。新中国成立后广大民族地区各族人民的生活显著改善，社会安定兄弟民族的姐妹们翻身做了主人，有条件、有兴致，把自己的服饰做得精致、漂亮些。她们以极大的热情和空前的喜悦来飞针走线，描龙绣凤，把传统服饰上的民族图案绣得异常精彩、动人。这对于广大兄弟民族的姐妹，在从前是根本不可能的。因为，那时候，各族劳动人民饥寒交迫，处于极端贫困之中，食不果腹、衣不遮体，既没有条件也没有兴致打扮自己。可以说，当时做工精致的传统民族服饰是供少数人享用的，广大劳动人民是可望而不可即的。试想，连丝线都买不起的人家，怎么会有情绪绣花？又怎么能够制作花衣？而近几十年来，在大多数民族地区，人们大都有一套漂亮的盛装服饰。从前，那些家境不算很穷的人家，也往往只有一套绣花衣裙，几个姐妹轮换着穿；有些地方，那些精美的绣花衣裙，还是母亲甚至外祖母传下来的。所以现在民族传统盛装的流行面，要比过去不知拓宽了多少倍。应该说，在某种意义上讲，少数民族传统盛装最盛行，工艺最精美、发达的鼎盛时期是当前。

现在，在贵州台江、凯里、雷山一带，苗族妇女传统服饰非常讲究，绣花精美，手法多样，花纹图案十分丰富，每到节日期间，盛装打扮的姑娘们常常令人倾倒，赞叹不已。那里的苗寨，几乎家家都有几套绣制考究的盛装。而且，这里以辫绣、皱绣驰名省内外，但据当地老人讲，仅在几十年前，这里的盛装还没有这样讲究。那时，人们大都用蜡染作装饰，后来，随着生活提高，才越来越讲究绣花，蜡染反倒日益减少，现在几乎看不见了。这是从服饰工艺看其变化的一个生动例子。但是，同时也应看到，由于生活节奏的加快，商品经济的发展，人们的传统观念开始变化，他们逐渐意识到，把过多的时间和精力花在服饰上是一种浪费。妇女们特别是女青年要参加生产劳动和社会活动，要学习科学文化知识等，所以，有些地方年轻的姑娘们虽然大都会绣花，也缝制传统的绣花衣裙，但她们远不如母辈那么专注，那么一丝不苟，而是把用在制作服饰上的时间和精力减少到最低程度。因此，后来制作的传统服装，虽然依然保持原来的款式与风格，但其花纹图案却显得粗糙了。现在的姑娘们往往不再愿意为装饰一只袖口或挑绣段花带而耗费几天的时间，为省时间、她们倒是常常喜欢到市场上买来现成机织的缘带钉上去以代替绣花，这样既美观又省力。

总之，各民族的传统服饰正在不断变化，传统服饰既有发展繁荣的一面，也有日益简化、吸收现代服饰特点的趋向，而这一切又都是非常缓慢的。

在传统民族服饰演变的过程中，男女服饰表现出很大的差异来。一般地说，男装改变得较快，就全国来看，男装越来越快地向时装发展，大部分民族地区，少数民族男装同汉族大致相同或日趋一致。相比之下，传统女装则要稳定得多。所以，平时所讲的传统服饰的民族特色，主要是指女装。

二、少数民族传统服饰的主要特点

（一）古老而丰繁的款式

从总体上讲，传统民族服饰其“丰富”“多彩”主要表现在传统女装上，而男装则要简单得多。男装的上衣虽有大襟、对襟，长袍、短褂之分，但下装却只有一二种，以长裤为主。总的来看，民族地区的男装同汉族相似或相同。

概括起来，当前流行于广大民族地区的传统民族服饰、主要款式还是前面所介绍的四大类：

1. 草裙、披肩及遮羞物

女子的草裙、男子的兽皮或羊皮披肩及下身遮羞物等具有某些人类早期服饰特点的若干服饰品。这是人类早期服饰的遗留，流行地区很狭小，人口也很少。草裙只流行在珞巴族部分地区。羊皮及兽皮披风流行在彝族的部分地区及珞巴族部分地区。男子遮羞物或遮羞布主要流行在气温较高的海南黎族、台湾高山族及西藏珞巴族、云南独龙族地区。

2. 披毡、披衫（瓦拉），贯头衣等

这是一种颇为古老的服饰。 披毡与披衫主要流行于川滇大小凉山彝族地区，是彝族的代表服饰。西藏那曲地区的藏族牧民也披披毡。贯头衣则主要流行在彝、苗、瑶、藏等民族的部分地区以及珞巴、门巴族地区。目前，民族地区的贯头衣约有六七种之多。

3. 对襟衣及交领衣

这类服饰在我国55个少数民族之中，约有半数的民族，以对襟及交领衣作为妇女盛装。如：苗、藏、瑶、彝、哈尼、侗、黎、畲、水、布朗、景颇、阿昌、朝鲜、高山、壮、京、珞巴以及新疆的维吾尔、哈萨克、柯尔克孜、塔塔尔、塔吉克、乌孜别克等民族的传统女装及部分男装，基本上都是交领衣或对襟衣。也可以说，凡是以交领衣为传统女上装的地方，都是以裙为下装的，少有例外。上述地区虽然都以交领衣为女上装，但又因民族不同、地域不同，其裁剪方式、绣花图案、装饰部位等均各不相同，由此而演化出数十种甚至上百种样式的女装，令人眼花缭乱，目不暇接。可以说，千差万别的交领衣与长裙，是民族传统服饰最丰富、最富于变化的部分。东北长白山下的朝鲜族男女传统服装都以交领衣为上装。其女式上衣短小，仅及胸下，与浅色长裙相配，显得分外飘逸、秀美、突出了朝鲜族妇女温柔、贤惠的气质。而贵州台江、雷山等地苗族妇女的交领绣花衣长至臀下，同青色土布百褶裙、绣花围腰、光彩照人的银饰品浑然一体，相映成趣，给人一种雍容华费的美感。云南大姚桂花地区彝族妇女的对襟花衣，多为黑地红花，花纹图案均以彩布镶拼而成，洋溢着一种古雅质朴的山区文化气息。

4. 大襟衣

大襟衣是目前民族地区流行较广的一种上衣款式。有些民族仍以大襟衣为传统盛装，如北方的蒙古、回、保安、东乡、撒拉、达斡尔、鄂温克、鄂伦春、锡伯等民族，男女都穿大襟长袍或短衣。南方的土家、拉祜、彝、苗、仡佬、毛南、仫佬、傈僳、普米、纳西等民族也有部分或大部分地区以大襟衣为女盛装。也有些民族以大襟衣为便装，而以交领衣为盛装。贵州、四川等一些地方的苗族、彝族，其男子也以大襟衣为节日盛装。

（二）深刻的文化内涵

1. 传统服饰的族徽作用

传统服饰的族徽作用，已经超出服饰本身的御寒、护身及其审美功能，而是另一种与民族心理素质密切相连的特殊功能，即服饰的社会功能。民族传统服饰“对于群体的作用很重要的一条是凝聚族人的精神，吸引族人心理的向心力，以形成集团的团结、统一、秩序，增强集体为生存而拼搏的战斗力”。也就是说，民族传统服饰的一个不可忽视的社会功能，就在于它对族人的凝聚力，这就是所谓的族徽作用。任何一种传统的民族服饰，都是一种标志，对外用以区别于其他民族。而另一方面，就是在本民族的内部，它又是互相认同的旗帜。结成整体的纽带。这一切是在很长的历史过程中逐渐形成的，是人类历史遗传的、集体无意识的文化模式。这种不断强化的凝聚力，是一个民族赖以生存、发展的本能。如果没有这种凝聚力，一个民族，特别是一个弱小的民族，要在众多强大民族的缝隙中走过漫长而艰难的历程、得以顽强地生存下来并成为现代民族，是不可思议的。没有这种凝聚力，大到中华民族，小到一个民族、一个支系，就会成为一盘散沙，就没有希望，甚至无法生存。

在我国各兄弟民族之中，传统服饰的族徽作用是十分突出的，它往往通过不同的服饰款式、五花八门的头饰与首饰、装饰工艺或各种典型的花纹图案等表现出来。各具特色的传统服饰早已同各自的民族形象融为一体，成为一个民族的重要的形象特征。比如：蒙古族的蒙古袍与蒙古靴，满族的旗袍、大头翅与高底鞋，朝鲜族的交领短衣和长裙，鄂温克族与鄂伦春族的狍皮衣，赫哲族的鱼皮衣，维吾尔族的袷袢与绣花帽，回族的白帽，哈萨克族白色男毡帽与缀羽毛的女帽，苗族的交领绣花衣、百褶裙与花披肩，彝族的披毡、披衫与宽脚裤，藏族的藏袍与氆氇围腰，纳西族的“披星戴月”披肩，景颇族的织花长筒裙，黎族的对襟长衣、织锦统裙，傈僳族的珠珠帽等等，都成了各民族的鲜明标志。尽管近代以来，各民族的典型服饰有些已经改变或正在改变，但传统的东西已给人们留下了十分深刻的印象，为人们所认同。

2. 服饰与节日

传统民族服饰是民俗文化的载体，是民俗文化的重要组成部分，与民族活动有着非常密切的关系。这是传统民族服饰的又一特征。传统的民族节日是重大的民俗活动之一，人们常把最好的服饰称作节日盛装，这也表明民族服饰同节日的关系多么不寻常。实际上，每个传统的民族节日，都可以看作是各种民族盛装的博览会，不论哪个地区，也不论哪个民族，只要到了节日，大家都要把最漂亮的衣裙穿上供人们欣赏，同时也使自己得到心理上的满足。古今中外，大都如此。即便是那些经济条件差、尚未完全解决温饱问题的地方，也是这样。像苗族地区，平时妇女们总是把盛装服饰仔细珍藏起来，待到过节时，才将其取出包好，背到芦笙场上，直到跳芦笙前才将盛装换上。一旦跳完芦笙，便即刻将盛装脱下包好，保存起来，等下次过节时再用。这一方面是因为制作盛装费时费力费钱，确实不易，一般家庭能有两套好的盛装已经十分难得了，人们对它加倍珍惜。另一方面，也足以看出服饰与节日的密切关系。因此，当我们在贵州、云南、四川等地收集民族服饰时，有不少服饰是三四十年前的盛装，却依然很漂亮，很鲜艳。在某种意义上说，那精美的民族盛装，大都是为节日准备的。

如果说服饰与节日有着密切关系，任何民族都无例外的话，那么，专门为服饰而举办的传统民族节日，那是只有在民族地区才有的。可以说，大多数的民族传统节日都有服饰比赛的意向，就是说都在展示各自的民族服饰，但是，名副其实、旗帜鲜明地进行服饰比赛的，却并不多见。最突出的是云南大姚直苴区的传统“赛装节”。这是一个以比赛服饰为中心活动的传统民族节日。每年农历三月二十八日，周围各村寨的彝族姑娘们都要穿上自己绣制的漂亮衣裙到场参赛，每个村寨都组织代表队参加，各队轮流上场亮相表演。这种表演不同于城里的模特表演，有很浓的民族特色和乡土气息。参赛队员手挽手排成大圆圈，跳传统的民间舞蹈——打歌（或称“跳脚”）。评委会主要由各寨推选出的刺绣、挑花的行家里手、造诣颇深的老奶奶们组成。经她们认真评选，那些着装整洁、服饰漂亮、绣工精湛，舞也跳得好的代表队，就会得优胜奖。

3. 服饰与婚恋

在我国广大民族地区、特别是南方民族地区，姑娘们最漂亮的盛装，往往就是她们精心绣制的新嫁衣。在苗、瑶、彝等诸多民族地区，少女们大多在八九岁时就开始从母辈那里学习绣花了。待十四五岁以后，她们的刺绣、蜡染等技艺已相当娴熟，开始准备赶制绣花衣、裙，为出嫁做准备。不论是花衣、花裙、花帽、花带等等，都精挑细绣、一丝不苟。尽管各民族地区绣制盛装服饰所花的时间不尽相同，但就苗、彝等民族地区来看，绣制一套盛装服饰（女装）少则半年，多则几年。婚礼上，新娘要穿上这套漂亮嫁衣接待亲友，向他们展示自己的聪明才智。如果哪个姑娘的绣功不高，即使人长得漂亮，也不大容易找到如意郎君，有时还要被人耻笑。

新嫁衣是传统民族服饰中最精彩、最生动、最有代表性的部分。无论其款式风格，还是其绣制工艺、花纹图案等，都继承了传统民族服饰的精华。有的民族的婚礼服上，还绣有传统的婚礼图，使婚礼服更加凝重而富于生活情趣。如海南三亚一带的黎族姑娘的婚嫁衣裙上，就织绣着新娘坐轿迎娶，亲友前来祝贺等生动、热闹的场面。其中吹喇叭、抬轿子，送亲队伍，应有尽有。还有些民族地区，其传统的服饰品，有些在婚恋活动中充当爱的天使的特殊角色。如贵州西北的苗族地区，姑娘们在谈恋爱时，当自己的男朋友（大都为外寨青年）在本寨公房留宿休息时，她要拿出自己的一条麻布裙为他铺床，如果条件成热到一定程度，姑娘还会把这条裙子送给小伙子当作信物。大约是为了显示家境富有（及姑娘手艺高超）这里的苗族姑娘结婚时， 一般要同时穿十多条麻布蜡染裙，因过于臃肿，新娘进新房时，往往要众多亲友前拉后推才行。

在很多民族地区，传统女装随年龄变化而变化，少年、成年、已婚、已育等大都有明显的标志。四川大小凉山的彝族少女，15岁前多穿红、白两色童短裙，梳单辫；满15岁时要举行换裙仪式，改穿红、蓝、白三节拖地长裙，改梳双辫，戴绣花头帕、耳坠等，表明可以参加社交活动。云南红河两岸哈尼族少女戴小圆帽，16岁时要在裙外加一条精美的花腰带为标志，满17岁时，即脱去圆帽，戴上缀满银泡的方形帽；三个月后再穿缀满银泡的上衣。滇西阿昌族地区，姑娘着黑色衣裤，盘辫于顶；婚后则改穿筒裙，打高耸的大包头。哈萨克族姑娘，盛装打扮时，喜欢戴缀花礼帽，一年后改包花头巾；生育后改戴白头巾。内蒙古陈巴尔虎牧区蒙古族妇女，平时穿腰间打褶的大襟长袍，而姑娘的长袍肩部不打褶，呈平肩；婚后则两肩打褶耸起。上述这些都是老辈留下来的传统习俗，虽然也常有破例的时候，但大体上还是比较稳定的习俗。它反映了传统民族服饰在婚恋活动中的作用。

贵州部分苗族地区的女盛装，还有一种比较奇特的装饰品——背牌，这又是服饰与婚俗之间特殊关系的奇妙饰品。

在贵州部分苗族地区，如龙里、贵定、惠水等地，流行着一种古老的习俗——射背牌。背牌佩戴在妇女背后，大者长约30厘米，宽约15厘米左右；小者只有10厘米长宽。上面挑绣着各种精致的花纹图案，并缀以各种海贝、银铃、银片等饰物。背牌有“人”字形花带从肩上系在胸前，系带上缀满银币大小的银片，成为这带苗族妇女颇具特色的服饰品。背牌是为择偶而佩戴的。每年农历十二月至第二年“四月八”期间，当地都要举行“射背牌”活动，届时，在特定的场地上，姑娘们身着盛装佩戴背牌站在前，小伙子们则手持弓弩站在三五十米之后，小伙子们各自瞄准心中所爱的姑娘身后的背牌，只有他的特制的爱情之矢（一节平头竹管）射中姑娘的背牌，才可能与姑娘相爱；被射中的姑娘才能将这块精美的背牌作为信物赠给他。

4. 服饰与自然环境、自然崇拜

服饰本身具有十分重要的护肤、防寒以及审美等诸多功能，受着自然环境的严格制约。首先，民族服饰的原料大都是就地取材的，越是经济不发达的地区，就越依赖于自然条件。比如，居住在黑龙江、乌苏里江边的赫哲族，历史上以捕鱼、狩猎为生，曾世代以鱼皮、兽皮为衣料。生活在大兴安岭上的鄂温克、鄂伦春等民族，从前也均以狩猎为业，至今仍保持着用狍皮等兽皮缝制衣裤的习俗。生活在大、小凉山的彝族，历来兼营牧业，擅长养羊，习惯用羊毛擀毡、织披衫，习惯披披毡、披衫；还有住在滇北山区的彝族，喜用野生的火草织布做衣，称“火草衣”。珞巴族用山上的一种灌木树皮纤维捻线、织布等等。

我国南、北方各兄弟民族传统服饰因气候环境、从业情况各不相同，又形成了各自的特点。内蒙古草原及青藏高原的广大牧民，其传统服饰都是在长期的草原生活中逐渐形成的，有许多特点都与牧业本身的生产、环境相适应。为便于常年的马上生活，他们的衣裤大都宽松耐磨，下装以长裤为主，而且喜欢穿结实的长统皮靴。牧民的皮靴除了有坚实耐磨、穿着舒适的特点外，大都是高筒，否则长时间骑马会磨烂皮肉，而且还会被狗咬伤；在沙地走路，进不去沙子。传统牧区皮靴尖都是向上翘起，这样可以大大减少在草地行走的阻力。特别值得注意的是这种传统皮靴，里面宽松，如果骑手不慎从马上跌下来，靴子不易夹在马蹬里；万一马蹬卡住靴子，脚也会立刻从靴中脱出，不会伤人。同时，由于牧民整天同牲口打交道，随时都有被咬伤、踢伤、踩伤的危险，所以牧民服饰从整体看必须有极强的防护功能。生活在高原牧场的藏族牧民，为适应瞬息万变的高原气候，多穿厚实暖和的袍衣；热时，随时可袒露一只胳膊以调节体温。

我国西北地区，历来风沙大、阳光强烈，所以维吾尔、哈萨克等民族妇女有戴盖头将脸遮起来的习惯；也有的民族地区，妇女们喜将头发梳成多条发辫也与风沙大，容易吹乱头发有关，因为，这可省去许多梳理头发的麻烦。

南方许多住在平坝、水边的兄弟民族，其妇女大都喜欢穿长裙，男子穿宽脚裤，这更适于水田劳动，如果穿瘦腿裤就很不方便。而住在山区的民族，其妇女多穿短裙、扎绑腿，因为在草木丛生的崎岖山路上行走，穿短裙自然比穿长裙更快捷、更方便。

千差万别的自然环境，往往赋予各民族传统服饰的装饰纹样和图案以浓郁的乡土气息，并涂上一层自然崇拜的神秘色彩。

住在兴安岭山区的鄂温克族就是我国历史上的驯养鹿民族，并以狩猎为生的民族。他们非常喜爱鹿，妇女们创造各种形态的鹿角纹，并把鹿角纹广泛地运用在服饰上。据调查，包括鹿角纹在内的各类兽角纹几乎占了他们所用纹样的50%左右，其形式变化多达几十种。有关专家认为，这种装饰纹样来自两种观念意识：一是鹿角的生长、脱离，同大自然的季节更替联在一起，猎民以此来掌握不同季节的更替，以确定狩猎周期。所以，鹿角在猎民中占有特殊的位置；二是猎民把鹿角神化，认为它是鹿的灵魂之所在，产生了崇拜心理。所以在狩猎民族的装饰艺术中，鹿角纹最受宠爱。凉山布拖、普格等地的彝族，其传统女上装，上边多装饰以粗犷醒目的羊角纹（彝语称“约拉夫什”）。

我国西北新疆草原上的牧业民族哈萨克族，喜在服饰及其生活用品上，挑绣精美的对马图案。这种图案曾见于新疆吐鲁番出土的织锦上，它是数千年草原文化观念的积淀，反映了马背民族对马的宠爱的特殊感情。此外，哈萨克、柯尔克孜等民族的妇女，还喜欢在装饰图案中大量使用富有草原特点的动、植物纹样，如各种花草纹、羊角纹、牛角纹及驼形纹、牛骨纹，新疆贝母花纹、葡萄纹等，即使是同一地区、同一民族，也常因自然环境的差异而产生不同的花纹图案。比如同在贵州黔东南地区，清水江边的苗族妇女多在衣服上绣龙、鱼等，而住苗岭山上的苗族妇女则喜绣花、鸟、蝶、虫等。贵州、湖南等地的侗族服饰上的纹样也非常丰富，约有120种以上，大都取材于自然界。滇西北玉龙山下的纳西族，其妇女盛装以“披星戴月”的羊皮披肩而驰名中外。据纳西族学者分析，披肩上绣的七星、日、月等装饰图案，来自对日、月星宿的崇拜，它在纳西族妇女的心里是保护神。是纳西族宗教、文化及审美观念高层次发展的产物，也是纳西先民由游牧转入农耕后的产物，继承了纳西先民崇拜日、月、星宿的传统，概括了东巴文化对日、月星宿的赞美。某些民族传统服装的款式设计也离不开自然环境的影响，如贵州雷山乔港一带的苗族女装，其特色颇浓，上穿对襟短衣，通体绣花；下着百褶短裙，裙长仅20厘米；腰间佩戴数条色彩艳丽的飘带。据说，此装是模仿苗岭山中的锦鸡而设计的。

5. 服饰与图腾观念

传统民族服饰被称之为“穿在身上的文化”“穿在身上的艺术”。许多传统观念都直接或间接地反映在服饰上。图腾崇拜作为某些民族的传统观念自然也不会例外。彝族崇虎，自称“虎族”（“拉倮”）。云南楚雄地区彝族男上衣的口袋上往往绣上两只活生生的老虎，还喜欢戴虎头兜肚，穿虎头鞋，儿童戴虎头帽等，连民族风格的挎包上也常常挑绣几只老虎，而在绣工考究的背儿袋上也往往要绣一幅极为精致的“四方八虎”图。这些大都来源于彝族历史悠久的崇虎观念，是彝族先民图腾崇拜的遗痕。贵州黔东南地区的苗族传统上装、围腰上，多绣以龙、牛、蝶等形象，位置显赫，形象鲜明。在苗族的许多民间故事中都有牛的形象。相传牛是神奇的动物，远古时，天与地是连在一起的，人被压挤在中间连腰都直不起来，直到天神驾着神牛把天地犁开，才将人类解救出来。所以，人们怀着十分崇敬的感情把牛绣在花衣上。而贵州西部的一些地方，苗族妇女习惯头戴酷似水牛角的大木梳。这都反映了苗族民间对牛的一种特殊感情，同当地苗、布依、仡佬等民族的敬牛习俗是一致的。另外，苗族女盛装，特别是贵州台江、雷山、凯里诸县苗族女盛装，上面喜欢绣以蝴蝶、龙等形象。蝴蝶与龙都是苗族人民崇敬的对象，在苗族民间故事中，人是由蝴蝶变来的，民间称蝴蝶为“蝴蝶妈妈”，蝴蝶在这里成了苗家免灾赐福的神灵。云南大姚县华山一带的彝族民间，人们崇拜马樱花（彝语“咪依鲁”），普遍流传着关于马樱花的美丽动人的故事。而当地的彝族妇女，则喜欢在上衣、围腰、背儿袋等服饰上绣满色彩艳丽的马樱花，成为当地彝族服饰的一大艺术特色。

（三）各民族文化交流的轨迹

传统的民族服饰是识别民族的重要形象标志。所以各民族传统服饰均有其鲜明特点。但同时，由于中国是个统一的多民族国家，千百年来，各民族间的相互交往及文化交流十分密切。这种异乎寻常的密切关系，鲜明地反映在传统民族服饰上。如满族旗袍在全国的流行就是个生动的例子。大襟款式的旗袍源于清代满族服装，仅二三百年的时间，便成为众多民族的女装。据初步统计，目前我国有20多个兄弟民族都是以大襟袍、衫为其传统服装的基本款式。在两个或几个兄弟民族交错杂居的地方，其服饰的相互影响、借鉴尤为突出。贵州榕江、从江及广西三江一带的部分苗族，由于长期与侗族杂居，其女装款式、装饰、色彩等同侗族女装无大差异。贵州镇宁江龙地区则有部分苗族女装与当地布依族女装基本相同。云南西北部怒族的女装与傈僳族女装大体一致。驻牧在新疆博尔塔拉草原上的蒙古族牧民，已改变了从前穿长袍的习俗，逐渐地与周围的维吾尔等民族趋于一致，妇女大都披头巾、着西式衣裙、昔日的大襟长袍几乎消失。广西那坡、云南麻栗坡的彝族妇女习穿款式别致的蜡染服装，与其他各地的彝族传统服饰有很大差异，显然是受到了周围的壮、苗、瑶等民族的影响，这类事例不胜枚举，都是多民族长期居住在一起，相互交往，彼此吸收对方服饰特点的结果，是历史上自然形成的一种文化交融现象。

三、少数民族传统服饰的特殊地位

就目前我国民族的服饰状况来看，不论其丰富的款式、古老的风格、精湛的工艺，还是其深刻的文化内涵及其穿着习俗等，少数民族服饰在中华民族服饰文化中，都占有不容忽视的、无可争议的重要地位。这是一种特殊的地位。

（一）服饰发展史的“活化石”

服饰是人类物质文化的重要组成部分，也是人类精神文化的载体。古代服饰是我们了解古代物质文化与精神文化的一面镜子或者窗口。但是，由于古代服饰本身大都是以麻布、绸缎、兽皮一类不易长久保存的材料为原料的，所以能够保存至今的古代服饰非常少见。尤其是历代的民间服饰，能够保存下来的就更加难得。汉代以后，明清以前的民间服饰形态，我们从有关的文献记载中尚可知一二，可是要想了解更为久远的古代服饰，无论是寻查史料，还是检阅文物，都相当困难。比如《白虎通义》中有“太古之时，衣皮韦，能覆前而不能覆后”的记载，其笼统与抽象，确实令现代人难以理解。“衣皮韦”是个什么样子？“能覆前而不能覆后”又是什么样子？单凭想象颇费踌躇。但只要认真考察一下近半个世纪以来的珞巴等兄弟民族的传统服饰，“衣皮韦”就是以兽皮为衣，或者说穿兽皮。那时候，人们靠狩猎、采集为生，只能以兽皮、草秸、树叶等披在身上或围在腰间。“衣皮韦”主要为了御寒、护肤（包括遮阳防晒的作用）。虽然，后来也有遮羞的作用，但在当时，主要还是为了保护身体，这是第一位的功能。为什么“能覆前而不能覆后”？过去往往被解释为“遮羞”。其实，未必如此，试想，如果在荆棘丛生的山林中奔波，那么人身上最易受到伤害的部位应该在前面，而不是在后面。所以，人们最怕伤害而须加倍防护的重点部位，必须千方百计地遮挡起来，使之安全，也是情理之中的事。

人类服饰从简到繁的各个发展阶段，各种形态几乎都可以在现代各民族地区流行的传统民族服饰找到其相对应款式。有人将古代楚人服饰同现代苗族传统服饰作了认真对比，认为现代盛行在黔东南一带的右衽大领衣同考古发现的楚人上装基本形态完全相同。在传统服饰的制作方法上，楚人与苗族均保持着较原始的“缝合型”特征。再如，东北地区的朝鲜族传统女装，在很大程度上，保留了我国唐代女装的鲜明特点。

服饰是人类特有的文化现象，所以，不论哪个国家、哪个民族，人类服饰都有很多共同特点。关于服饰的起源、发展，也一定有很多共同的规律可循。而流行在我国各民族之中丰富多彩的传统服饰，刚好从民族学的角度向人们展示了人类服饰的发展脉络及早期形态、功能等，使我们能够比较清楚地窥见到人类从山顶洞人到近代以来近20000年间服饰的主要类型和演变。可以毫不夸张地讲，我国各民族地区保存了当今世界上最完整、最丰富、最珍贵的服饰发展史的活资料。它帮助我们更进一步认识、研究服饰这种人类特有的文化现象。

现代文明的进步，人类服饰的发展，为进一步适应人们快节奏、高效率的现代生活，人们不再愿意把更多的时间用在服饰的加工制作上面。各种简洁、轻便、舒适、美观的时装应运而生。这种现代服饰，打破了以家庭为生产单位的格局，用现代化手段成批生产出来，使整个社会、甚至整个世界趋于一致。整个世界成了一个大的服饰市场。从前表现在传统民族服饰上的种种个性；丰富多彩的款式、色彩纷呈的图案以及各种独特的穿着习俗等，迅速地淡化甚至部分消失。与此同时，我国民族传统服饰正万紫千红、方兴未艾、以生机勃勃的态势展现在我们的面前，确实令人鼓舞。

（二）写在身上的历史

有些民族的传统服饰上所反映出来的图案往往是对历史上重大变迁的一种朦胧的记忆。特别是那些没有本民族文字的民族，其传统服饰上的许多图案被称为“无文字的史书”。其中有不少苗族传统图案反映了苗族历史上的大迁徙。如贵州赫章、水城、威宁一带的苗族，不论男女都佩戴花披肩，披肩上或挑或织，均装饰着各种精致的几何图案。据传说，这些图案是其先民为纪念迁徙前故乡的田园、树木等而留下来的。而妇女蜡染麻布裙上段的红、黑两条花纹象征天地，中部三圈黄、蓝、绿色条纹代表黄河、长江和平原。四川南部的古蔺、叙永、筠连带的苗族女裙上也有黄河、长江一类装饰纹样，这些都是古代先民大迁移留在人们观念中的痕迹。在滇南哈尼族叶车支系中，女青年均戴尖顶白巾；少女梳12条长辫，15岁前将发辫挽成一个发髻盘在头顶。这12条辫子表示古代先民在部落战争中，突围时的12条路线。而头上的尖顶白巾则是当时为躲避追杀而用来遮脸的伪装物。当然，并不是所有民族的传统服饰都有类似的图案，这种典型图案只保留在为数不多的兄弟民族之中。但是，它却能从某个侧面揭示了传统民族服饰的史学价值。

（三）穿在身上的艺术

传统民族服饰被人们称为穿在身上的工艺美术，是人类最早的装饰艺术。它也是综合性的装饰艺术。据考古学家考证推断。北京山顶洞人就知道戴项链装饰自己了。远在5000年前的新石器时期，我国远古人就有了戴手镯的习俗。目前已发现了大量新石器时代的手镯，有石、玉、陶、蚌、牙、骨等多种，还有骨及玉质指环等。河南偃师二里头还出土了4000年前的绿松石项链。可见，人类早期的装饰艺术，多半与服饰有关。人的美化世界的第一步是从装饰自身开始的。

随着社会的发展，很多与服饰艺术相关的工艺美术，发展成了独立的艺术门类，如刺绣、挑花、蜡染、织锦、玉雕、银器等，大都是从服饰艺术派生出来的。而有些地区的剪纸，就用作绣花底样，这说明，剪纸艺术与服饰艺术也有着某种渊源关系。综上所述，我们似乎感觉到，这些装饰艺术与服饰艺术有着颇为密切的关系。但这种关系，仅从现代时装上面是很难看到的，或者说只能有比较模糊的认识。但是，只要我们深入实际，考察一下我国现在流行的各个民族的传统民族服饰，上面的问题，便会一目了然。

应该说，民族地区的各种传统服饰，给人们展示的是个绚丽多彩、熠熠生辉的艺术世界。它也为现代艺术家们美化生活、进行艺术创作提供了取之不尽、非常丰富的艺术源泉。

在经济发展日新月异的今天，祖先给我们留下来的传统文化的领地在日益缩小。而作为民族传统文化重要组成部分的服饰艺术的价值却越来越高，越来越受到人们的喜爱。而现代社会的人们，也开始认识到它极高的美学价值。值得注意的是，当今世界上越是现代化程度高的国家，越是喜爱传统的、民族的、民间的东西。所以，中国少数民族传统服饰艺术，在国外受到了异乎寻常的欢迎和赞赏。以苗族挑花能手王朝珍、蜡染高手杨金秀等为代表的一批中国少数民族民间艺术家的许多作品，都已走出了国门，受到世界各地艺术家们的青睐。还有些少数民族民间艺术家，不断去外国传艺。

无论是精美的刺绣作品、蜡染作品或是各种织锦等，都是各民族数千年来传统文化的积淀，有着丰富的内涵和精湛的技艺。这些艺术品能给人们带来一种古雅、质朴的美感，令人赏心悦目、心旷神怡，得到放松和休息，有很高的观赏价值。很多艺术家从传统的民族服饰艺术中吸取丰富的营养，创造了不少优秀作品。也有的艺术家对传统民族服饰进行某种改革与创新的尝试，赋予它以新的生机与活力，使传统民族服饰艺术，从原来狭小的天地里解放出来，运用到美化人们生活的各个方面，直接为社会主义精神文明服务。比如，他们设计出蜡染壁挂、蜡染与扎染时装。有不少风格独特的民族图案，被成功地运用到现在流行的各种纺织品之中，深受消费者的欢迎。有些来自民族地区的某些古老的服装款式，如旗袍、百褶裙、宽腿裤等，也被服装设计师们巧妙地用于时装设计上，打破了都市时装款式单调、呆板的模式。也通过现代设计师的手，把原来只属于某一个民族的服饰艺术，变成了全社会，全民族甚至全人类的共同财富。

我国各民族传统服饰是人类服饰艺术宝库中的瑰宝，是中华民族的骄傲。在中华民族服饰文化的殿堂里，少数民族传统服饰占有极为重要的位置。如果没有55个少数民族的传统服饰，所谓“中华民族服饰文化”势必黯然失色，不成其为“中华民族服饰文化”。这种特殊的地位，是历史上逐渐形成的，是客观存在的，也是无可争议的。

然而，在中华人民共和国建立前的漫长的历史过程中，各少数民族倍受歧视和压迫，没有政治地位。其传统民族文化被长期摧残、埋没。少数民族人民所创造的一切物质文明与精神文明，都受到了极不公正的待遇。他们创造的传统服饰文化，当然不可能受到起码的尊重与重视。

在社会主义民族大家庭中，各兄弟民族都是平等、光荣的一员，他们在缔造中华民族灿烂文化和建设社会主义新文明中有着重大贡献，他们的政治地位，都得到国家的确认，并写入宪法，受到法律的保护。但是，由于种种历史原因，在应该如何对待兄弟民族传统文化在中华民族文化宝库中的重要地位（包括服饰文化、音乐文化、工艺美术、民间文学、建筑艺术、饮食文化等）的问题上，并没有完全解决。有些人受历史上大汉族主义的影响，往往持有某种偏见。更多的人则是不了解实际情况。只要我们排除历史上统治阶级制造的种种偏见，采取客观、实事求是的公正态度，或者亲自到民族地区去做一些考察，搞点调查研究，就会发现，从总体上看，我国少数民族传统服饰文化在中华民族服饰文化宝库中占有非常重要的地位。

在广大的汉族地区传统服饰已经基本消失的今天，占全国人口不过8.04%的兄弟民族之中，却能够流行数百种传统服饰，使中国60%的广大地区，依然保持着一种十分浓郁的传统民族文化气氛，呈现出千姿百态、绚丽多彩的景象，简直是当今世界上的文化奇观。可以毫不夸张地讲，我国的民族地区就像一个宏大而生动的人类服饰博物馆。

（本文原载《中国民族文化百科》一书中，作为该书的一篇，长达70000余字。此次刊载作了大幅度删减。）

参考文献

［1］李坚尚，刘芳贤．珞巴族的社会与文化．四川民族出版社，1992.

［2］石嵩山．中国彝族服饰．北京工艺美术出版社，1990.

［3］民族文化宫．中国苗族服饰．民族出版社，1985.

［4］沈从文．中国古代服饰研究．商务印书馆（香港分馆），1981.

［5］清［康熙］《楚雄府志》卷一。

［6］杨学芹，安琪．民间美术概论．北京工艺美术出版社，1990.

（本文原载《民族博物馆的理论与实践》 民族出版社 1999年9月）

概说东巴文及其篆刻艺术

赵　琦

十年前，我于军旅之余，曾热衷于纳西族象形文字东巴文篆刻艺术的探索，先后治印220枚，448个古文字，治款识115枚，2472字，共计335枚2920个字。现已汇编成《东巴文印谱》由云南美术出版社作为“世界历史文化遗产中国·云南丽江古城文化集萃”出版。本《印谱）未必那么完善成熟，但毕竟是一项民族文化的抛砖引玉之举。今喜逢民族文化宫博物馆开馆四十周年，有感而发拟此文以志庆贺。

一

一种民族的或者地域的文化形态的形成和发展，必然有其诸多的因素。其中，这些民族和地域的生态环境（生存条件），主要的生产形式（生存手段），历史沿革（生存经验），与其他民族和地域的来往（生存交流），我以为是最为关键的。由此，在考虑在尼罗河畔、在亚马逊河流域、在中州平原、在横断山脉人类都曾先后创造和使用过象形文字的文化形态的时候，我都习惯地把它们依序称之为沙漠型、丛林型、平原型、山岳型的象形文字。并曾设想：倘若把这四种象形文字中，处在同一文字发展阶段上的有关人类活动的字体，选辑在一起进行对比分析，那一定是一件非常有意义的事情。遗憾的是，这种设想是永远不可能实现了。因为，古埃及的象形文早已被沙漠掩埋，中美洲的玛雅象形文也早已被大森林所吞没，而中国中州平原的象形文甲骨文的更早期的文字形态至今未被发现。这些恐怕都已一并成为不可破释的人类文明之谜，而只留下无尽的惋惜了。欣慰的是，中国汉族的甲骨文和中国纳西族的东巴文，这两种平原型和山岳型的古象形文字被保留下来。前者在演进过程中始终保留着象形的审美内涵，发展成为现在通行的汉字；后者，则以保留着文字发展初级阶段的原始面目存活在人间，这不仅是中华民族古文化的奇迹，也是人类文明史上的奇观。

纳西象形文字东巴文，因纳西族原始宗教东巴教的教徒——纳西族传统文化的重要传承者、意为“智者”的东巴运用于教务活动和日常生活，才得以保存和发展，故有此名。东巴文现有1400多个单字，用其书写的东巴经典卷帙浩繁，留存至今的还有500多种，20000余册。它们分别被收藏于中国丽江、昆明、南京、北京、台湾，以及美、英、德、法等国有关图书馆、博物馆。这些经典蕴含人文科学和自然科学内容，被称为纳西族古代社会的“百科全书”。东巴文，是人类创造和使用过的象形文字中，资料最为完整，收藏最为广泛，内容最为丰富的一种，是世界上唯一至今仍然“活着的象形文字”。因此，有很高的审美价值和研究价值。对这一珍贵的文化遗产，著名学者章太炎、刘半农、郭沫若等都曾十分关注并寄予过殷切的期望。20世纪初以来，许多海内外学者，先后从文字学、神话学、历史学、书画艺术等方面，对东巴文化多方位地进行了较系统的抽绎、采撷和发拓，取得了引人注目的成果，产生了像方国瑜、李霖灿、洛克、吉克逊等东巴文化研究领域的大师级人物，为东巴文化的深入研究奠定了坚实的基础。

进入20世纪90年代，以东巴文化展览，在祖国首都北京展出作为契机，东巴文化迎来了新的辉煌。1990 年10月，在第十一届亚洲运动会期间，《纳西族东巴文化展览》作为亚运会艺术节的展览项目，在民族文化宫展览馆展出。由于东巴文化自身蕴涵丰富，加上主办单位和有关人员的共同努力，展览获得了极大的成功。不仅产生了“共襄亚运添奇异，圣火辉中誉京城”的轰动效应，而且，实践证明，对之后整个东巴文化研究在更高层次的和更广泛的深入发展，发挥了奠基典礼和启开闸门的影响和作用。就以东巴绘画、书法、篆刻而言，也出现了空前繁荣的生机和活力，正在发生着从传统到现代，从个体到群体，从自发到自觉的深刻变化，并正朝着以东巴文化为依托，东巴文化的故乡丽江为中心，以纳西族画家为主体，兼容海内外同仁，形成当代东巴画派的目标，继往开来，锐意进取。

特别是1997年，以东巴文化为内涵之一，丽江古城被联合国教科文组织列入世界文化遗产名录。这标志着东巴文化研究迎来了新的挑战和机遇；标志着以东巴文化为中心的国际纳西学作为一个新的高峰，迎接着不畏艰辛，勇于攀登的人们。

二

笔者及众多同人对东巴文篆刻的孜孜以求，是对东巴文审美价值的新探索，是期望这种古老的文字焕发出新的艺术青春，成为我国传统篆刻艺苑中，别具神韵的一枝奇葩而所作的新尝试。

字画同源，确切地说是字源于画，源于象形图画。中国的汉字，在从繁向简的字型演变过程中，结体以象形为基础的造型艺术属性一脉相承，不失审美价值。这是汉字区别于其他纯音符文字，并对中国文化产生了极为深远影响的一个重要特点。这一特点作为内在基因，可以说：书法瑰宝之所以脱颖而出；篆刻精英之所以应运而生都无不起始于斯，兴发于斯，成就于斯。所以在篆刻学上判断一种字体有无审美内涵，就自然地成为判断这种字体能否入印，能否同中国传统篆刻的审美观念相融合，产生新的艺术生命力的纽结所在。在这纽结点上，东巴文与汉字相同，因此，它是一种发展书法篆刻等艺术形式的较为理想的字体。东巴文作为一种古象形文字，与汉字早期的甲骨文、金文比较，虽然它们产生的地域及年代相距遥远，字体孳乳程度也大不相同，如刻在甲骨上的早期汉字甲骨文，产生于商代中州平原，铸在青铜器上的汉字金文或叫钟鼎文，字体都已较成熟。而东巴文出现在横断山脉中，一般认为产生于唐代但无定论，字体还处在较原始的文字发展阶段。但其造字心理和造字方法，或如纳西语叫东巴文为“森究鲁究”，意为“见木画木，见石画石”，或如许慎所言汉文“仰则观象于天，俯则观法于地”是同出一辙的。通过字典，笔者曾把甲骨文（含金文）和东巴文这两种象形文字作过逐一对照，其中两种文字的单音实词，几乎象形一致，字义相同，有的笔画也极为相似，只是各自更具有地域特征罢了。不仅在学术上可作比较研究，而且在篆刻上合璧成印也颇有相映成趣的审美效果。我国汉字周修六书，秦定八体，汉改制六体。且自汉始以谬篆摹印，考订一体，沿袭相承，不可秦篆杂汉。然亦有不落窠臼，以秦篆汉篆甚或古文相融而浑然成趣者，其全在变通妙用。东巴文与古汉文（甲骨文、金文）同属象形文，合璧成印可相得益彰。东巴文作为正处在文字发展的童年时代的古老的象形文字，其结体不仅保留了鲜明的原始绘画属性，使用过程中还往往出现一字多音、多意义、多形，且字序排列较随便灵活的情况。故便于篆刻章法如疏密、轻重、增损、屈伸、承应等的变通运用。当然须潜心冥索，力取浑然天成之妙。传统篆刻，摹印的篆字笔画须化圆多圆，印材却多方，故篆字入印时笔画须化圆为方，以求平正和谐。这是篆刻学自秦汉以来形成的首屈一指的艺术理趣，东巴文笔画有方有圆，故宜取介乎方圆间笔势入印而得传统化圆就方的神韵。总之，东巴文像个聪明伶俐的儿童，如著名学者董作宾所言，“自有活泼思想，特殊见解”（参见《麽西象形文字典）序）。所以，字体构成或淳朴率真意趣盎然，或富于哲理闪耀着智慧活力，耐人寻味，令人赞叹，虽“六书”尚未完备而欠成熟，也少规范而病其难于流通。然而，在艺术上却也无定型僵化之庇，宛如璞玉浑金，更富有探幽发微，拓展升华的余地。还应一提的是， 历史可追溯到夏商周三代的肖形印。古肖形印以“深厚浑雄， 古朴取胜”历来评价很高，影响极为深远。至今，肖形印作为人们喜爱的一种印式，争春群芳，媚然印坛。东巴文有许多字体，形象特点鲜明，手法粗犷简洁，格调拙朴典雅，用来直接入印也若出水芙蓉，妙趣横生，颇具有古肖形印的逸韵，是极为难得的。

笔者认为：东巴文篆刻，既要像传统篆刻——和谐交融，赏心悦目；又要不全像传统篆刻——别开生面， 独有意境。中国篆刻艺术源远流长，不仅有许多艺精技熟的佳作，而且有不少慧眼独具的理论典籍。因此，对周秦两汉以来各朝代的特点到元末明初之后形成的各流派风格；从印文、印式、章法、刀法、款识等到历史启承沿革，应融会贯通。东巴文图文并茂，相得益彰，不仅构成特征鲜明，而且有反映在经书原文中的不同的书写风格。因此，加强书法绘画涵养，多看、多写、多画、多刻对于提高东巴文篆刻水平，显得尤为重要。岩画，汉像砖，陶俑，民间剪纸，民族石雕等，古朴典雅，与东巴文多有共通之处，当广采博览，兼收并蓄。既像传统篆刻，又不全像传统篆刻。或许，正是东巴文篆刻的可取之处。

望本文及拙著 （东巴文印谱），能给广大读者带来些雅趣，并能成为一块敲响篆刻殿堂之门、引来灵犀独慧的“美玉”的砖石，以继往开来，展其理，骋其道，弘扬斯业。

（本文原载《民族博物馆的理论与实践》 民族出版社 1999年9月）

论蒙古族传统文化的开发与利用

宝　音

在中华民族这个大家庭中，蒙古族是一个具有自己的语言文字、生活习俗和宗教信仰的民族。在历史上，蒙古族驰骋于辽阔的蒙古高原，曾经有过震撼世界、叱咤风云的雄风，并对整个人类的文明进程产生过巨大影响。蒙古族是起源于额尔古纳河流域的一个部落。12世纪时，这些蒙古族先民游牧于今额尔古纳河、克鲁伦河、土拉河上游及肯特山以东一带，子孙繁衍，组成部落集团。其中较著名的有乞颜、札答兰、泰赤乌、弘吉剌、兀良哈、塔塔尔部、篾儿乞部、斡亦剌、克烈部、乃蛮部、汪古部等氏族和部落。当时的蒙古高原各部，按其经济文化的特点，大体可分为两种类型。一类叫做“有毡帐的百姓”的草原游牧部落，另一类叫做“林木中百姓”的森林狩猎部落。而当时的汪古部经济发展水平比其他游牧部落高，除畜牧业外，还经营农业。

1206年，自成吉思汗以卓越的才能，征服了近百个大小不一、语言文化各异的部落，结束了“互相攻劫，人不安生”的局面，统一了蒙古各部落，蒙古民族逐渐发展壮大，创建了拥有世界最大疆土的蒙古大帝国。几个世纪过去了，在辽阔的蒙古高原上过着游牧生活的蒙古人，在长期的生活斗争中创造出有自己独特风格的传统民族文化，为子孙后代留下了光辉灿烂的、不朽的文化遗产，为中华民族文化遗产增添了光彩。

蒙古族是具有悠久历史和灿烂文化的民族。蒙古族文化纷繁浩瀚如按可感性来分，存在着有形的文化与无形的文化。前者如蒙古族的服饰、工艺品、住宅、风味饮食等；后者如节日、庆典等。

蒙古族的服饰文化：穿戴着的文化表识、便携式的文化商品服饰是不同民族的重要标志，在某种意义上说，它是一个民族的“徽”。它不但能反映一个民族的风貌，还传递了很多文化信息。

蒙古族是一个具有古老传统的民族。1206年成吉思汗统一蒙古高原的各游牧部落，建立了蒙古国。从此，蒙古高原上出现了一个地域性统一共同体——蒙古族。蒙古族的形成把草原服饰文化提高到了崭新的发展阶段。由于军事上的胜利和版图的扩展，欧亚两洲的金银财宝云集蒙古地区，这在客观上为蒙古族服饰的发展变化提供了物质材料，致使蒙古族的日常服饰都镶以宝石，刺以金镂。如今受多元文化的影响，特别是中国各民族文化与西方文化的影响，在蒙古族地区穿汉装和西装的人越来越多，而穿着蒙古族服饰的人越来越少了。随着时代的变迁，现代的生活方式对绝大多数人都有不同程度的影响。

各民族的服饰都有自己的特点。蒙古族服饰有着浓厚的草原风格和适合游牧生活的基本款式。蒙古族服饰的发展变化，与其世代繁衍生息的广阔草原、地理、气候之间有着密切的内在联系。蒙古族民众顺应草原环境规律，从事游牧业长达800年，蒙古高原冬天寒冷、夏天炎热、春天干燥和秋天凉爽的气候决定了蒙古服饰的薄、厚、长、短等季节特征。

蒙古族服装的特点是款式多样，图案丰富独特，寓意深刻。蒙古族服饰的图案极其丰富。即有龙、凤、虎、狮、马、鹿、鸟、孔雀、蝴蝶、蝙蝠、卷草、如意、花等形象。图案在蒙古族的生活中几乎无处不在，它奠定了蒙古族文明史上最基本的内容，是蒙古族文化宝库中最重要、最丰富的遗产。蒙古族传统艺术中，民间图案非常丰富，多姿多彩。从蒙古族常用的民间图案看，把遥远的红山文化、夏家店下层文化、马家窑文化和东胡、匈奴、蒙古文化连接起来，成为丰富灿烂和博大的自成体系的艺术世界。服饰图案是蒙古族图案的主要组成部分，服饰刺绣图案、织花图案，普及千家万户，与蒙古族人民生活紧密相关。蒙古族头饰图案，主要在于插扠、别簪等蒙古族妇女们十分珍爱的装饰品上。这些用金银等金属品制成的装饰品，有的配以玉石、玛瑙、珍珠、珊瑚，镶嵌或串结成各式花饰，精细华美，图案的造型与工艺密切结合，图案布局随装饰物的形体而变化。蒙古族在生活中随身佩戴的装饰图案，也同样丰富多样。蒙古族的刀把、刀鞘、烟荷包、鼻烟壶、香料盒、扇子套等用品，图案精美，形态各异，技艺精良、玲珑可爱。

长袍是蒙古族人民喜爱的传统服装，长袍以花边图案为主要装饰，领口、袖口、袍边上的花边装饰，形态各异，内容丰富，色彩华丽，造型敦厚而淳朴。坎肩花边图案，装饰部位明显，花色更显精致、富丽。香牛皮、鲨鱼皮制成的蒙古族摔跤服图案，粗犷有力。蒙古族靴子、鞋图案，具有直立向上的形态，图案明快艳丽、端正有力。传统的蒙古袍和蒙古靴上都有丰富多彩的民间图案，可谓千姿百态，美不胜收。古老优美的几何图案为蒙古族人民所喜闻乐见。在蒙古族传统的服装上还常出现各种各样的动物图案。飞腾的骏马、威武的雄狮、蹁跹的蝙蝠、敏捷的雄鹰、灵巧的山羊等图案生动逼真，活泼可爱。五彩缤纷的花绘图案也常常被蒙古族人民所采纳。在蒙古族图案中应用最广泛的回纹、万字纹、盘长、方胜、如意、云纹、龙纹、卷草等图案，具有明显的“数”和“律”的几何造型基础。这些图案把生活中的素材按照主客观的审美观念加以提炼，形式优美，内涵丰富。

蒙古族普遍喜欢戴银饰、珊瑚、松石、珍珠、宝石、玛瑙、翡翠、玉石等首饰品。这些首饰品不仅是蒙古族的一种服饰用品，而且是蒙古族人民财富的象征，因此首饰品在蒙古族的历史和现实生活中一直扮演着重要的角色。蒙古族的首饰品种样式之多堪称一绝，不仅有平常用红珊瑚、松石、宝石、玉石、珍珠串起来戴在头上的“额箍”，用松石、红珊瑚、银球串的耳坠子、金银项链、手镯，也有供节庆及婚宴上戴的红珊瑚帽子。

蒙古族服饰特点鲜明，在世界民族服饰中占有一席之地。蒙古族服饰不仅具有生活的实用性，而且有很高的艺术性，是蒙古族文化的重要标志。现代服饰的流行元素很多都取自于兄弟民族及民间服饰。

藏族的“帮典”、维吾尔、哈萨克等民族的十字绣、蒙古族的马蹄袖等等都成为流行中的一个重要元素。具有悠久历史和灿烂文化的蒙古族服饰文化，同样有推广、普及、流行的基础。这种拥有实用性和艺术性融合的服饰具有开发的价值。蒙古族服饰既可以作为重要的旅游产品来开发，也可以作为一种民族优秀品牌来对国内外推广及扩大其影响。

蒙古族的饮食文化：蒙古族的饮食文化也可以称得上是丰富而独特的，蒙古族有众多部落，分布广泛，因此各个地区都有不同的饮食特色。蒙古族共同的饮食特征是奶茶、炒米、鲜奶、酸奶、奶豆腐、奶渣子、黄油、奶油、奶酪、马奶酒、手扒肉、烤全羊、全羊席、蒙古八珍、蒙古火锅等，这些都是蒙古族人民的最爱食品。蒙古族奶食品历史悠久，别具一格，做工精细，造型美观，味道醇香，享有盛名。但就目前市场的需求来看，那些更为新异奇特的饮食习俗具有更好的前景。如流行于蒙古族地区的烤全羊、手扒肉、烤羊腿、牛肉干、蒙古火锅、奶茶等，吃法多样、甚为新奇，尽管人们还没有全盘接受，但已逐渐广为人知。因此蒙古族饮食文化方面有很多事情可以做。可以把蒙古族饮食作为招待游客的一道保留菜目，还可以将蒙古族各种食品真空包装，作为特产销往国内外。在土特产品走向商品化的今天，蒙古族的“奶茶粉”“蒙牛”牛奶、“伊利”产品，走向全国，“蒙牛”牛奶、“伊利”产品销往蒙古等国。

各地区的蒙古人都喜欢喝茶，特别喜欢喝奶茶。蒙古族喝奶茶的历史悠久，至少宋、辽时期茶叶已经到了北方。宋朝在边关实行了茶马互市。还专门建立了提举茶马司管理这一事宜。成吉思汗的《神茶罐的故事》也是一个例子。所谓的奶茶，就是用砖茶和鲜奶煮成。先把砖茶砸碎放在水锅里煮，茶烧开后，加入鲜奶。再烧开后，除过残茶，装入壶中饮用。奶茶多用于早点，方便游牧生活。近20年来北京以及全国各大商场的货架上也不时地露出了“奶茶粉”的身影。“奶茶粉”“蒙牛”的成功经验启示我们，虽说是土特产品，但如果加上现代化的工艺手段，再辅以现代化的商业运作方式，就一定会有所成就。

饮食文化不仅仅体现在食物上，还体现在各种独特的席间礼仪和食物吃法上。蒙古族是个十分好客的民族，每当客人到来的时候，献歌、献哈达的同时敬上马奶酒来表达对尊贵客人的热烈欢迎。宴会期间唱歌跳舞，十分热闹。当然蒙古族人们不是光为了喝酒而举办宴会，或表达喜庆，或联络亲情，几乎每一件事情都会成为聚会的理由。因此宴会和酒席是展示蒙古族风情民俗的一个重要平台，如果进行适当的包装，可以真正成为游客参与性极强的浓厚民族文化的旅游项目。

蒙古族的建筑文化：公元前蒙古人主要靠狩猎谋生，猎获的野兽，吃掉肉，兽皮覆盖在树杈上、木架上，就制作了住房。可以说，皮棚是蒙古人早期的住房。随着畜牧业的发展，蒙古人逐渐离开了皮棚，住进了毡包。毡包，俗称蒙古包，以柳条、白桦、松木制成的陶脑（天窗）、乌乃（檩椽）、哈那（围墙）组成。天窗的毡顶于夜间压盖，白昼视冷热情况揭开，毡顶四周都有扣绳，可依方向而调整，风雪来时包顶不积雪，大雨冲刷包顶也不存水。毡顶用粗毛绳做边，里边用粗毛绳轧云型图案，乌乃是蒙古包顶组成部分，把长2米左右的乌乃杆插进天窗的窟窿里，其数量与哈那围成圆壁后上端交叉处数量相等，然后用马鬃绳和驼毛绳串起来，同陶脑形成一个整体。哈那即蒙古包的伞形骨架，它是用交叉形式组合成做墙壁用的结构片，多用柳条编制，像伞架一样舒卷自如。在哈那外边盖上羊毛毡来加以封闭。蒙古包的门一律向东开，这样可以躲避西北风。元朝时期蒙古可汗的大帐，称为“金帐”，辉煌耀眼，四面绣以金丝图案。可容纳几百人。普通蒙古包，高约10尺至15尺之间，蒙古包的大小，主要根据主人的经济状况和地位而定。

蒙古包是适应游牧民族的经济而出现的一种独特的具有鲜明民族风格的建筑，它是最能适应草原生态环境的住宅。蒙古包搭盖的地点必需选择好，首先要选择距离水草近的地方，其次要在通风处。蒙古包有以下优点：首先其制作简单，拆除方便，易于迁徙。蒙古包搭盖迅速，通常出自妇女之手，几小时之内便可以完成。其次蒙古包的保暖性强，适合于蒙古高原的气候。虽然蒙古包已经不是蒙古族主要的居住方式，但蒙古包文化所包含的团圆、好客等文化内涵仍然是很有价值的。

如今，在各类中国各民族以及西式的建筑材料和样式逐渐成为蒙古地区时尚的时候，蒙古族原有的传统建筑风貌和蒙古包遭到了严峻的挑战。所以，尽快通过各种形式加以开发利用也许是最佳的保护方式。

蒙古族的节日文化：蒙古族的传统节日文化是中国民族文化的一个重要组成部分，蒙古族有极为丰富的节日庆典。在蒙古族多彩的民族文化遗产中，节日是反映草原文化面貌的综合性文化类型，它具有经济的、娱乐的、教化的多种功能，成为加强社会联系的纽带。蒙古族的主要节日有过年、清明、端午节、敖包祭会、那达慕、千灯节等。

敖包会是蒙古族一个盛大的祭祀性的节日。据《元史祭祀志》记载，在元代，每年农历六月二十四日，皇帝要到商都（今内蒙古正蓝旗），夏季草原避暑游乐并参加祭敖包节。祭敖包节，主要是蒙古族民间节日，祭敖包时全部落（全村）人都参加。祭敖包的时间一般选择在农历五月到七月间，这正是水草丰美、牛羊肥壮的时刻，是草原上的黄金季节。这个季节，草原上绿草繁茂好似给大地铺上了地毯，牛羊成群，就像大地撒满了珍珠，鲜花开放，鸟语花香，沁人心脾。附近的蒙古人骑上骏马从四面八方赶来参加祭敖包活动。祭敖包结束后要举行多种多样具有民族特色的体育娱乐活动。

“那达慕”是蒙古族重要的传统节日，是融祭祀、竞技、娱乐、祝福于一体的民族体育、娱乐活动。“那达慕”，包括摔跤、射箭、赛马、投布鲁（拐棒）、唱歌跳舞以及其他各种游戏、娱乐活动。“那达慕”一般在每年夏末秋初举行。这个时候，是蒙古族牧民比较空闲的季节，这时的草原秋高气爽、水草丰美、牛羊肥壮、乳食飘香，正是牧民相聚欢乐的季节。“那达慕”上主要进行摔跤、赛马、射箭以及棋类比赛，还进行贸易活动。夜间，在辽阔的草原上，人们围着篝火，伴随着马头琴、四胡等民族乐器伴奏下，翩翩起舞，放声歌唱，通宵达旦。按经济学的观点认为凡是人群聚集的地方往往存在着巨大的商机，蒙古族样式多样的节庆活动经过几十年的发展，欢庆娱乐的色彩更加浓厚，这为借节庆活动的“人气”开展商贸旅游活动提供了便利的条件。如今集商贸、旅游和文化于一体的事业正在快速发展，节日庆典往往成为发起会展的最好“由头”。很多借助于传统的民俗节庆日举办的各式会展活动都取得了巨大的成功。如壮族的“三月三”、白族的“三月街”、瑶族的“盘王节”、汉族的“龙舟节”、彝族的“火把节”、蒙古族的“那达慕”、傣族的“泼水节”等都是具有较高知名度的民俗节日庆典，旅游和商贸活动搞得有声有色，使社会效益和经济效益双丰收。有些地方为了发展经济贸易和旅游甚至“发展”了不少节庆日，如“风筝节”“啤酒节”“橘子节”“山水节”“818赛马节”、2048搏克参加的挑战吉尼斯世界纪录摔跤大赛、800匹马比赛等等，八仙过海，各出奇招。蒙古族节日庆典不仅数量多、密度大，人员聚集量广，歌舞纷呈，即有很强的观赏性，无需人们费力劳神地去组织、动员，草原上的牧民只要听说有“那达慕”等活动自发地来参加或观看比赛。这一切都为开发蒙古族的节庆文化资源打下了有利的基础。开发利用的形式可多种多样，以旅游的应用为例，蒙古地区的重大节日、庆典、集会、那达慕等活动往往成为旅游团队领略蒙古族风情的很好机会。旅客一到旅游区就可以领略有浓厚蒙古民族特色的歌舞餐饮，夜晚可参加篝火晚会进行享受。如北京腾格里塔拉餐厅的“歌舞餐饮”、鄂尔多斯成吉思汗旅游点的“鄂尔多斯蒙古族婚礼餐饮”、乌兰察布市召和旅游点的“歌舞晚会”、呼伦贝尔市金帐汗旅游点的“篝火晚会”等为前来的国内外游客展示原汁原味的蒙古族风情，吸引了很多游客。

一座古建筑物被毁后，可以维修和仿造。可是，一种文化，尤其是一个民族的传统文化被消失，是无法复原的。所以，蒙古族传统文化遗产的保护与开发，实属迫在眉睫。一般而言有形的文化资源比较容易开发利用，而无形的文化资源，则需要通过某种变通和转化才能加以利用。蒙古族传统文化是在漫长的历史演变过程中形成和发展起来的，是在不断地与异质文化的冲突和整合过程中积淀和传承下来的，是中华民族宝贵的文化财富。所以，要建设蒙古族传统文化保护区，大力保护和开发蒙古族濒危珍贵的文化资源。尽快建立蒙古族传统文化信息库，是抢救和保护并开发蒙古族传统文化的有效举措。与此同时，还要加强蒙古族传统文化保护和管理的法制建设。这是蒙古族传统文化事业可持续发展的有效保障。

参考文献

[1] 张秀华.蒙古族生活掠影 [M]. 沈阳：沈阳出版社，2002.
[2] 邢莉，易华.草原文化 [M]. 沈阳：辽宁教育出版社，1998.

（本文原载《内蒙古民族大学学报（社会科学版）》 2007年 第1期）

中国少数民族饮茶礼俗概述

张　量

中国是茶的故乡，据史料记载，茶的种植在我国已经有数千年历史了。在漫长的社会进程中，留下了丰富的茶文化宝藏。特别是我国的少数民族饮茶习俗，更是异彩纷呈，宛如一幅绚丽多姿的风情画卷。

我国的原始茶区，大都分布在南方的少数民族地区，所以，生活在这些地区的广大少数民族群众，很早就与饮茶结下了不解之缘，遗留下许多茶道古风。虽然生活在西北、东北及北方的少数民族远离茶区，但由于这些地区大多数为牧民，他们的饮食多以牛羊肉、乳酪为主，缺乏蔬菜、水果，必须喝茶以助消化，解腥味。为此，茶成了他们生活中和生理上的必需品，"宁可三日无饭，不可一日无茶"。这是对他们生活的真实写照。总之，不管是南方，还是北方的少数民族群众，均与饮茶有密切之关系，同时也都具有自己特点的茶礼、茶仪和茶俗。这些古朴而有趣的饮茶习俗，迄今仍保留在众多的民族之中，今笔者略作综述，以飨读者。

一、云贵高原问茗俗

云贵高原是我国西南少数民族的聚居之地，也是我国茶叶最原始的产地。近年来，在云南澜沧县发现的数千年树龄的"茶树王"就是有力的见证。西南各族知茶、用茶、种茶的历史相当久远，所以我们就从这里谈起。

人们普遍认为，人类用茶有一个从药用、食用到饮用的过程。药用的时代较早，现实生活中已没有多少迹象可觅。但仍可在西南地区找到例证。云南基诺族保留的“凉拌茶”实际上是以茶为菜的食用遗风。当你来到基诺人的村寨，基诺人会立即采来新鲜的茶叶，揉软、搓细，放在大碗中再加上黄果汁、酸笋、酸蚂蚁、白生、大蒜、辣椒、盐调料，很快做成一种边塞风味的“凉拌茶”，请你品尝，让你终生不忘这种特殊“菜肴”的味道。另外，在云南、贵州兄弟民族中，有的将鲜茶叶用油盐炒了当菜吃，也有的像“泡菜”和“腌菜”一样，做好后留着随时食用。

“打油茶”也属于食用的范畴。在贵州遵义、广西恭城等有“打油茶”的风俗。“打”实际包括“做”和“吃”的。制作形式各地不尽相同。但大致做法如下：油茶的原料主要是茶叶、阴米（米花）；配料有花生、芝麻、黄豆、葱。“打油茶”的工具是擂钵、擂浆槌、篾漏瓢。所谓油茶，顾名思义，就是所有原料、配料分别用油炒过。茶叶炒后，加水烧开捞出茶叶、叫做“开汤”。把炒好的配料，抓一撮放碗中，盛上茶汤，油茶就算做好了。当地群众说，油茶除寒祛湿，预防感冒。由此可见，在这里油茶也还保留有遗风。

说到“打油茶”，我们首先要提到的是侗族，因为“打油茶”是侗族同胞日常生活的必需饮食品，也是侗族用于聚会、娱乐、待客和结识朋友的最好佳品。侗族油茶是用茶叶、糯米、玉米等为原料炒制而成，不仅制作方法十分讲究，而且饮用礼仪也有特色。

吃茶以前，全家人和客人都围坐在火塘边，把盛油茶的碗按人数摆放成一个圆圈。由主妇在每只碗里放进花生、核桃仁、猪肝等调料。再冲入滚热的油茶汤，分别将碗送给每个人，然后，大家用右手举碗边喝边吃。吃完后由主妇一一将碗收回。依此再吃第二、第三碗，一连共吃三碗。如果哪个人已经吃好了，便将一只筷子横放在碗上，否则，主妇还将请你继续吃。如请贵客，茶汤和食品的煮制以及炒制将更加讲究，吃茶时，还有一定的程序和礼节。

贵州黔东南一带的侗族同胞，还有把喝“豆茶”作为“吉祥如意”的喜茶礼俗。“豆茶”是用米花、包谷、黄豆、炒米等，经过加工和茶叶一起煮制而成，非常香醇可口。豆茶分清豆茶、红豆茶和白豆茶三种，用途各异。清豆茶是节日时吃的。节日时，各村寨的人相聚一起，把各自精心烹制的豆茶放在一块儿，让大家共同品尝，大伙儿一边吃茶、一边唱歌跳舞，热闹非凡，实际上是一种乡间的“游艺茶会”。红豆茶是儿女结婚时吃的，煮结婚豆茶时，要加入猪血汤。白豆茶是老人过世时吃的，煮白豆茶时要加入牛血汤。吃红豆茶的时候，新郎新娘站在堂屋门口迎接客人，把豆茶一碗碗摆放在托盘上，由新郎新娘同托着，向前来祝贺的客人献茶。（吃白豆茶时，则由死者的儿女用托盘托着向前来祭奠的人献茶。）客人吃完茶，便把封好的茶礼钱、压在茶碗底下，然后坐着等待献茶人前来收茶碗，把茶碗和茶礼钱一起交给献茶人。

在许多地方，当主人热情地向客人敬茶时，客人往往都是要谦让一番的，可是这个礼俗对侗族来说不适用。当主人给你敬茶时，你在那里讲客气，谦让不肯接茶，主人就会以为你对他不恭。因为侗家人请你吃油茶，是对你的最大尊敬，你接过茶碗之后，主人会同时送你一支筷子，当你喝足了后，就把筷子架到碗上，主人一看就知道你不想再喝了。因而不再斟茶给你，否则，会一直让你喝个没完。

贵州侗族，还有一种以茶退婚的习俗。侗族姑娘，如果婚姻被父母包办，男方不是自己的如意郎君，就用“退”的方式进行退婚。其具体做法是，姑娘包好一包茶叶，选一个适当的时机，亲自拿着茶叶到男方家去，跟他的父母：“舅舅、舅娘啊，我没有福分来服侍您老人家，你们另娶一个好媳妇吧!”说毕，将茶叶放在堂屋的桌子上，转身就跑掉。这乍看起来很简单，但真正做起来并非易事，姑娘既要有胆量，又要有计谋才能做得到。因为这是对包办婚姻的抗拒，再者，如果退茶的时候，被男方或被他的亲属们抓住，按当地规矩，可以马上杀猪请客成婚。因此，姑娘事先要有周密计划和行动方案。首先要把对方的家庭情况，周围环境、人员构成以及进出路线等等都要搞清楚。其次是选择适当时机，要趁其父母在屋、又要不被别人撞见。并且一切行动都得姑娘自己一人在绝对秘密中进行。因为父母是包办者，所对父母都要保密。敢于“退茶”，又能退得成功的姑娘，是得到乡亲们特别是姑娘们称赞的。做父母的尽管一气之下免不了要打骂一下女儿，但打骂之后，还得要替女儿去找对方办理具体的退婚手续，自己种下的苦果还得自己去品尝。

云南大理的白族，生活在苍山下，洱海边，茶礼茶俗颇有特色。“雷响茶”就是一种很有趣的饮茶方法。其具体做法，先将绿茶放入已烤热的小炒罐中焙烤，边烤边摇动、待焙烤得酥脆，茶叶发出醉人的香味时，趁热将罐打开，立即将煮沸的泉水冲入罐内。这时，炒罐内传出似雷响的声音。在场客人顿时情绪高涨，笑声随着响声而此起彼伏，这种响声杂以笑声缭绕在庭院之中，视为吉祥的象征。然后，再进行煮茶，稍煨片刻，即将茶水斟入茶盅，呈琥珀色，清香扑鼻，由少女双手捧敬客人，方开始品饮。

这里尤其值得一提的是白族敬客的“三道茶”，这是一种宾主共同抒发感情，祝愿美好、富于戏剧性的饮茶方法，一般是招待亲朋好友时才使用。当客人来到家里坐定后，主人捧上第一道茶是加糖的“糖茶”，表示欢迎之意。稍后，主人又送上第二道不加配料的“苦茶”，主人便坐下来与客人一道叙家常、谈往事……当主人感到言语投机、感情融洽时，便送上第三道象征吉祥的米花茶，有的还加入核桃仁等。主客互相祝愿幸福。这三道茶称为“一甜、二苦、三回味”，充满了人生哲理。

另外，云南白族中还流行这样一种风俗，青年男女订婚、结婚，男家送给女家的钱，多少可以不管，但定要送以茶为主的四样礼物：茶、酒、糖、盐，并且每样都要合个“六”的数字，例如二十六包茶，六瓶酒，十六斤糖，当然六字越多越好，如六六斤酒，六六六元钱等。因为“六”和福禄的“禄”字是谐音，以求吉利，日后生活富足。

拉祜族的“烤茶”，这是澜沧江畔的一种古老而较为普遍的饮茶方法。先将小土陶罐放在火塘边烤热后，再放入茶叶冲入开水饮用。这种茶水香气进行烘烤，等到茶叶焦黄时，冲入开水饮用。这种茶水香气足，味道浓酽，饮后顿觉精神大振，大有使不完的劲之感，所以拉祜族的周边的几个民族都喜欢这种饮茶方法。

拉祜族人结婚，过去男方要给女方送去盐、酒、大米、木柴、烟等作为礼品，现在别的礼物可以不送，茶却是万万不能少的。用他们自己的话说：“没有茶的婚姻，就不能算作美好的婚姻。”

纳西族，生活在云南省西北部，“龙虎斗”是他们的一特殊而非常有趣的饮茶方法。首先将茶叶放入小陶罐中烘烤焦黄，冲入开水后再煮茶，同时，将茶杯放入半杯白酒，然后将煮好的茶水冲入盛酒的茶杯，这时杯中会发出悦耳的响声，响声过后，由少女端茶敬客。据说这种饮茶方法，还是纳西族治疗感冒的良方。

滇西南布朗族的“青竹茶”，方便而实用，多在远离寨子劳动时采用。可随手砍下碗口粗的鲜竹筒作煮茶工具，盛上泉水放在火上煮沸，放入干茶叶，待煮好后，倒入杯子粗的鲜竹筒内饮用。既有茶味，又有竹香。这种泉水、茶香、青竹香融为一体的茶水，味道极佳，布朗族常吃竹筒饭和烤肉后饮用。另外，布朗族还有一种吃酸茶的习惯。将茶叶按酸菜的制法制成酸茶，放在口中嚼细咽下，既解渴，又助消化。

生活在云贵高原上的民族众多，饮茶的习俗也丰富多彩，各式各样。例如哈尼族的“土锅茶”、彝族撒尼人的“铜壶茶”、佤族的“烧茶”、傈僳族的“油盐茶”、基诺族的“煮茶”，傣族的“竹筒茶”等，这里就不再一一详述了。

最后要说明的是，为什么茶在人们的生活中占有如此重要的地位？为什么总是与婚姻连在一起？这里作一简单的探讨。在云贵高原，茶是人们的经济支柱之一，“人民衣食，仰给茶山”。基诺族还有“尧白种茶分天地”传说，说基诺族的原始女祖先尧白开始撒种茶籽，从此基诺族居住的龙帕寨土地上便有了茶树，他们便开始了种茶和用茶。因此，茶被尊崇是理所应当的，对茶的崇拜也就是对原始经济的崇拜。西南的边疆民族，不仅把茶与他们的始祖联系起来，而且还把茶作为最圣洁的礼品用于祭祀活动。茶用于祭祀表明从物质现象到社会文化的飞升。茶从作为圣洁之物作祭祀品，后来，又演变为由纯洁的少女捧茶献客人之举。这是顺理成章的。至于茶为什么往往与婚姻联系在一起，这从云南勐海县的一种风俗中可得到说明。当地的青年男女结婚后，新娘要爬上大茶树上采茶，爬的越高，采的茶越多才算吉利。因大茶树年代久远，根深叶茂。他们希望他们的感情要像大茶树一样长，生命像大茶树一样旺盛，保佑他们的儿孙像茶树叶子一样多，含有兴旺发达之意。所以慢慢地茶又与青年男女的婚姻紧密地结合在一起。

二、闽川两湖两广诸地区的饮茶习俗

我国的福建、四川、湖南、湖北、广西及广东等省份的少数民族地区，虽然不是在主要的茶区，种茶的历史也不及云贵高原的时间长久，但是，他们在种茶、饮茶的过程中，也形成了各具特色饮茶习俗，这里择其要者，略述一二。

首先要谈的是畲族的“惠明茶”及“宝塔茶”。畲族人民十分好客，每当嘉宾来临，主人一定要泡上一杯茶水敬给客人。尤其使畲族人引以为豪的，是本地区生产的饮誉中外的“惠明茶”。传说该茶是一畲族妇女首先发现并制作的。这种茶早在1915年，就曾在巴拿马万国博览会上荣获一等证书及金质奖章。惠明茶与其他茶叶不同的是，它具有“色泽翠绿、香气芬芳、滋味鲜爽，数泡有味”等特点。当地茶农说，一杯淡、二杯浓、三杯胜一杯、四杯味原在”。这种茶叶不但有耐冲泡的特色，而且有特殊浓郁的板栗香。当地畲民流行的一首山歌里唱道：“惠明寺有个地方叫金香，这里采茶那里香，那里采茶这里香，采完茶叶满门香。”

在畲族生活的部分地区，还流行一种结婚喝宝塔茶的礼仪。结婚之日，男家选一善歌者为迎亲伯，携礼品同轿夫四人抬花轿去女家娶亲。女家见花轿至，即鸣炮三响，便开门迎客。一般由新娘的嫂子和盘托出五碗茶水，把碗叠放成宝塔形状，共三层、上下两层各一个碗，中间三个碗。以唱歌的形式问话，迎亲伯以歌对答后，咬住“宝塔”顶上的茶碗边，双手迅速抢下中层的三碗茶，连同下面的一碗，分别送与四名轿夫，自己则要一气饮干顶上的一碗茶。若是迎亲伯卸不下宝塔茶，或者使茶水洒落，便遭女家众人奚落。所以，一定要有较高的技术。

生活在鄂西的土家族，也以饮油茶为主。制油茶时除了阴米、玉米、花生米、豆干等主要原料外，还要加上葱、姜、蒜等佐料，饮这种茶能提神解渴、驱寒。

土家族流行一种拜茶的结婚礼仪。在新郎新娘举行婚礼当天夜晚或者翌日清晨，要举行拜茶仪式。届时，新娘要把事先准备好的茶蛋，献给长辈和亲友们，受献者要拿出钱来作为酬谢。

敬鸡蛋茶，是土家族的一种特殊待客礼俗。每当贵客来主人即制作一碗鸡蛋茶敬之。所谓的“鸡蛋茶”，就是在茶汤里再放入几个荷包蛋。按土家人的风俗。鸡蛋茶中的蛋不少于三个，多不超过四个，这样才算对客人最敬重。他们认为，吃一个为独吞，吃两个是骂人，吃五个是销五谷，吃六个是赏禄，吃七、八、九个则是应了“七死、八亡、九埋”不吉利俗语。其实，按热量和数量来说，一碗油茶，加上三四个鸡蛋也较为适宜。

在四川阿坝地区的羌族婚礼中，茶礼的运用极有趣味性。阿坝当地产茶，因此，结婚送礼，茶是自然必不可少的，更有趣的是，“吃茶”要伴随迎亲队伍一路而行。迎亲日，每过一个村寨先放礼炮三响，寨中男女老幼便要出来看热闹，这时，送亲、迎亲队伍要暂停前行。男女双方的亲戚朋友把事先准备好的糖果和茶水拿出来，招待送亲、迎亲的人。茶饮过，糖吃过，方能继续前进。即使走上十村八寨都是如此，据说沿途吃茶，是对新人的祝福。双方的友情，也都从一路饮茶中得到充分的体现。

目前，广西三江侗族自治县的部分侗家，在结婚时，有用末茶制作油茶的风俗，即用石臼将干燥的茶叶舂成粉末后做成油茶，他们说吃末茶油茶，是为了使新媳妇进门后不忘记祖先。他们的这种吃法，引起了日本人的高度重视，1981年11月25日，日本《朝日新闻》登载了“中国三江侗族与瑶族普及的打油茶的吃茶法，很像抹茶法的痕迹”的消息。确实如此，今天的日本茶道，关于碾碎茶叶为细粉的饮茶方法，和侗族现在结婚时饮末茶油茶的方法，都保留了我国古代饮茶方法的痕迹。因此，从侗族这一饮茶方法中，我们可以看到对日本今日茶道的影响，说明中日文化交流是源远流长的。

三、历史悠久内容丰富的藏族茶俗

藏族饮茶的历史，可追溯到7世纪中叶的唐朝，那时，唐王朝与吐蕃联姻，唐太宗把宗室之女文成公主嫁给松赞干布。文成公主入藏时不但带去了大量的工匠、物资，而且还带去了茶叶，带入了饮茶之法，茶的礼仪和文化内容。西藏山南地区一直流传着一首《公主带来龙纹杯》的民歌，歌词中说：“龙纹茶杯呀，是公主带来西藏，看见杯子就想起公主慈祥的模样。”这说明文成公主不仅带去了茶叶，而且带去了茶具。教会藏民碾茶、煮茶是肯定的。总之，文成公主把中原茶艺传入西藏是无疑的。此后，五代十国的前蜀、后蜀及宋王朝都与藏民进行茶马交易，使中原的饮茶之俗进一步向西藏流传。加之与藏文化的融合，形成了藏族丰富多彩的茶俗。

为什么饮茶和藏族人民的生活结合得那么密切呢？这是因为藏族人民大多居住在青藏高原上，这里的地势平均在海拔4000米以上，有常年不化的雪峰，气候干燥寒冷。藏民又大部分以游牧为主，以牛羊肉、乳酪、糌粑为主食，缺少蔬菜。“以其腥肉之食，非茶不消，青稞之热，非茶不解”。饮茶补充了无蔬菜之缺憾。另外，茶还能生津止渴，防止多种当地常见病。故官民皆乐于饮茶。藏民把茶不仅看作特殊饮料，更为神圣之物，认为“一日无茶则滞，三日无茶则病”。茶在藏族生活中的重要性，由此可见一斑。

藏族饮茶，不同的阶层有不同等级的茶叶。在上层人物富有阶层中，一般喝“毛尖”“龙井”等高级茶叶。平民百姓主要饮康砖、茯砖等普通茶。但烹茶方法，无论农牧区均饮酥油茶、清茶，牧区还流行奶茶。

藏族的酥油茶，已有很久的历史和传统了。据索南坚赞公元1388年所著《西藏王统记》所载，文成公主下嫁到西藏时，创制了奶酪和酥油，并用酥油茶待客。据此算来，藏族饮用酥油茶已有1300多年的历史了。

酥油茶的制作方法是，先把乳酪搅拌后倒入木桶内，后浮起一层黄油，就为酥油，再把茶叶放入壶中或锅内，煮沸半小时左右，捞出茶叶，将滤出的茶水倒入酥油桶内，加入适量的食盐，用搅棒上下捣动，使酥油、食盐、茶水充分融合均匀后，成为浆液的乳状，这便是味道可口的酥油茶了。

酥油茶是藏族人民主要饮料。一般藏民清晨先要喝些酥油茶才去工作或劳动，从早到晚要饮五六次之多。酥油茶还是藏民主要的待客礼品。每当贵客到来，先要端出清香可口的酥油茶。饮这种茶，十分重礼仪，主人要给客人边喝边添，总使客人碗中油茶半盈。客人则千万不要一饮而尽，而要留下一些等待主人添茶。如果主人把你的碗添满，你已不能再喝，更不要再动，直至辞别时再端碗一气饮下，表示对主人的答谢。

藏族同胞对茶的礼节极为重视。如亲人要出远门、临行前，家人一定要为他（她）敬上一碗酥油茶，以祝愿亲人一路平安。这个礼俗，凡有藏族群众居住的地方，在车站、码头、机场等处，常常可以看到身围氆氇麦裙的老阿妈或脚蹬藏鞋的老阿爸，背着装满酥油茶的暖水瓶，或提着盛满甜菜的铝壶在为他（她）的亲人饮别。

如到医院去探望藏族亲友，一定要带上一壶酥油茶，病人看到你带着酥油茶来探望他，他会因此感到莫大的安慰。如果是到藏族家做客，主人首先敬客的也是酥油茶。

在滇西北的中甸地区，藏族男女青年，把饮酥油茶作为聚合找偶的一种活动，他们称为“茶会”。他们利用节日或农闲季节，男女分别结成伙伴，带着事先熬制好的酥油茶，出去野游或赶会。假如一帮小伙子遇到了一群姑娘的时候，便主动上前邀请，并用歌唱道：“高贵的客人们啊，厚脸皮的我们请你们光临寒村与我们一道吃茶，如能允诺，寒村便添光彩。”

对方如不同意便唱道：“向啧啧！高贵的主人啊，给我们这样的荣誉，我们怕受不了，还是另请些不致辱没众神采的姑娘吧!”

如果对方同意应邀了，男女青年便欢聚在一起，一边喝酥油茶，一边打闹嬉戏。这时，一方中的男的或女的，看中对方中的一位女的或男的，便借敬酥油茶的机会，突然出其不意地将对方的帽子抢过来，然后嬉笑着跑开人群，被抢者作坚决讨还东西状，紧追不舍，直至跑开人群远远的。当觉得避开人们耳目时，两人便停下来“会谈”，如果双方都同意，便约好下次相会的时间、地点，作进一步“恳谈”状。如不同意，拿回帽子便算完事。

敬酥油茶是西藏人民很郑重的礼节，1956年10月，中央代表团到拉萨祝贺西藏自治区筹备委员会的成立时，西藏人民曾以最隆重的仪式欢迎中央代表团。在欢迎仪式中，西藏地方政府官员代表达赖喇嘛和班禅额尔德尼向中央代表团献酥油茶。以表达藏民对中央的崇高敬意。

在藏族地区男婚女嫁时，藏族人视茶为珍贵礼品，以象征婚姻美满幸福。藏族姑娘出嫁时，男方常以茶作为聘礼。出嫁当天早上，新娘到夫家去，进大门以后，先要进灶房，由男方将锅揭开，新娘拿起木勺把茶汤扬三下，再把茶汤盛满男方长者的碗里。这时，老人们唱起“扬茶歌”，新娘再将五个银碗舀满茶，人群雀跃称赞。在宴席上，新娘向客人敬茶唱歌，客人也唱，然后新婚夫妇向媒人献茶，最后要唱以茶为内容的“送宾歌”。茶在旧日藏族婚礼中，就是这样自始至终占有一定的地位。

藏民饮茶，最简单的是喝盐茶，当地也叫清茶。这是一般经济贫困的群众常饮用的。其实就是把茶水中放点盐巴，盛入容器中，供日常饮用的。

因青藏高原上有不少天然牧场，住在牧区的藏民也有用奶茶待客的。牧民格外好客，无论熟友新客，只要进了帐篷，主客相揖后主妇便立即捧来奶茶相敬。接着，又摆下人参果等奶酪品招待客人，若是贵客，还要献上哈达以示尊重。

藏族人民还把茶用于人生的各种礼俗，无论生育、结婚、丧礼、宗教仪式都极重茶。生下儿女首先要熬茶，茶汁新鲜表示儿女英俊。婚宴上要大量熬茶，茶汁鲜艳示意婚姻美满。丧礼中也要煮茶，但茶汁要熬得暗淡一些，表示哀悼。

茶在藏族人民心中是友谊、礼敬、纯洁、吉祥的象征。所以，饮酥油茶、青稞酒是藏民节日活动的重要内容。藏历七月的“沐浴节”、甘肃藏民的“香浪节”、预祝丰收的“望果节”、甘南牧民的“跑马节”、四川草地的“藏民节”等等，在欢快的歌舞中，总要饮青稞酒，喝酥油茶。青海塔尔寺还有专以茶为主题的“酥油茶灯会”。

最后要谈一谈藏族的寺院茶俗，藏族地区几乎是全民笃信佛教，更重视佛事中的茶事。人们往往把茶与神的功能联系在一起，藏民向寺庙求“神物”时，有药品、有“神水”，还要有茶，拉萨大昭寺至今珍藏着上百年的陈茶砖，按理说早已是无用之物，僧人们却视为护寺之宝，由此可见藏民视茶之神圣。茶既然被看作佛赐的圣物，至圣至洁的东西，其礼仪态度自然更为庄严。200多年前，有一位葡萄牙传教士忽克到西藏，曾著有《鞑靼·西藏中国旅行记》一书。书中曾详细描绘了藏族寺院的用茶情形。“西藏饮茶法，足以惊人，当时系品质优良之茶砖，五块值银一两。茶壶皆为银质。在喇嘛之漆台上，所放之茶壶及茶碗，皆用绿玉制成者，衬黄金色之茶托，甚为华丽。尤其以宗教及文学中心之喀温巴穆大喇嘛庙中为最。此庙聚集四方之学生及甚多之巡礼者，开大茶会。”由此可见寺院用茶规格之高。用茶的行礼仪式也是庄重而浩大的。“无数排列之喇嘛，披庄严之法衣而静坐，年轻人端出热气腾腾之茶釜，施主拜伏在地，就分施给大众，施主大唱赞美歌”。

四、草原牧场　奶茶飘香

我国北部的蒙古族和西北的维吾尔、哈萨克等民族，世代生活在茫茫的大草原上，长期以牧业为生。他们虽然远离茶区，因为生活生理之必需，所以，很早就与茶结下了不解之缘。草原上养育了无数的牛羊驼马，牧民的食物结构也以牛羊肉和乳酪为主。草原上缺少蔬菜，乳肉食品给人充分的热量，但缺少人体需要的各种维生素和其他成分。茶进入牧区民族生活以后，补充了人体的基本要求，成为人们不可缺少的饮品。并且长期与文化及风俗习惯的结合，形成了一整套茶道礼俗。

草原民族一般喝砖茶，砖茶又分为茯砖茶、米砖茶、青砖茶等等。因要与奶一起喝，所以对茶叶的要求不高。奶茶的烹制方法各个民族基本相同，就是把大块的砖茶捣碎放入壶或者锅中，加水煮好，滤去渣滓，加入适量的食盐和奶，煮沸后方可饮用。这里需要说明的是，也有个别人喝不加奶的清茶。

内蒙古自治区以及分布在新疆博尔塔拉、巴音郭楞盟蒙古族自治州等地的蒙古族牧民，一般每天要喝三遍奶茶，晨、午两次的奶茶是用以佐餐的，晚上一次才单独饮茶。有的人每天饮茶多达五六次，一天不饮茶，便会觉得头晕无力。“宁可三日无饭，不可一日无茶”。是对他们生活的真实写照。一般情况下，清早起来就煮好一壶奶茶，用微火暖着，供一天饮用。喝茶时要伴以炒米、油炸品、奶制品，有时还要加上手扒肉等，边吃边喝。

到蒙古族家里做客，奶茶是待客的上品，在草原上居住的蒙古族有个礼俗，当主人给你敬茶时，先道声“浅鸟”（喝茶），你如果在那里讲客气礼让不喝，主人会误认为你真的不喝或不爱喝奶茶，就不会再给你敬茶了。因此，主人向你敬茶时，你就应该毫不客气地接过来，慢慢地品尝，直到喝足为止。当客人进入蒙古包时，主人会在地上铺的毡褥上立刻摆上小茶几，除了奶茶外，还要摆上糖、盐、黄油等调味品供客人根据自己的口味选用。另外还有油炸品，奶酪等食用品。若是招待贵客或远道而来的客人，还要宰羊，马上煮出热气腾腾的手扒肉，加之白酒，可谓丰盛的茶宴。边吃肉喝酒，边品茶，有时还伴以祝酒歌、民族舞助兴，使你真正体味到奶茶之芳香，奶茶文化的意境。

居住在伊犁哈萨克自治州的哈萨克族，大部分生活在草原上，他们喜欢用米砖茶和红茶制作的奶茶。其煮茶方法饮茶习俗和蒙古族基本相同。所不同的是，当客人到家中或毡房里喝茶时，往往是女主人（一般是小女孩）跪坐在地毯上专为客人斟茶。客人喝完第一碗，主人立即又给斟满。这时，客人先喝一口，便捧去回敬女主人，等女主人象征性地喝过以后，客人饮茶就可自便了。以女性出面待客和以女孩跪坐待茶，此俗应源于母系社会和奴隶社会，从这里也可以看出，该族茶俗茶礼形成的久远年代。

维吾尔族也十分喜欢饮茶，一般早、中、晚各一次，同时吃抓饭或者馕、奶酪等食品，馕是一种发面烤饼，吃时常放蜂蜜于其上。住在北疆的维吾尔族人，一般只喝奶茶、不喝清茶，而南疆的维吾尔族人则相反，只喝清茶，不喝奶茶，同一民族，因居处不同饮茶习俗也不同，这是很自然的事情。

西北地区的回族，主要饮用茯砖茶，部分地区习惯用黑砖茶。有喜欢喝清茶的，也有喜欢喝奶茶的。喝茶时，也常吃涂有酥油和蜂蜜的烤饼等食品。饮茶的习俗和维吾尔族基本相同。

回族群众待客，是以茶为重礼的。来客如是穆斯林，在互致"色两目"问候之后，让客人走在前面，主人紧随在身后进入厅房。客人先上炕平坐，主人献上盖碗茶。茶里放上白糖或冰糖，以示对客人的尊敬。他们的茶都是和牡丹花一起制作的，茶醇而甘甜，香气四溢。此时，客人们千万不要贪杯，喝得太快，因为主人是不会让客人的茶杯空着或茶杯不满的。客人一边饮，主人一边斟，直到客人饮足为止。

在甘肃河西走廊的中部、雄伟的祁连山北麓居住的裕固族，饮茶习俗独特。每当客人来时，先敬茶，后敬酒。裕固族人热情好客，客至，首先用酥油茶为客人接风洗尘。然后由男主人端着酒具开始敬酒，而且一敬就是双杯。如果客人只喝一杯，主人就会说："您是双脚进来的，而不是单脚进来的，必须喝双杯。"男主人敬过之后是女主人，依次类推，家里所有人都要轮流为客人敬茶敬酒。充分表现出主人热情好客的传统。

东乡族的盖碗茶。东乡族嗜茶，每餐必喝。每日三餐均在炕上，盘膝围桌而坐就餐。当客人来时，主人必请其上炕平坐。随即献上一只盖碗、碗内有茶叶、白糖或冰糖。主人提来"牡丹花"水。即沸腾如花的水，为客人冲茶，主人站在地上，不时为客人添水，东乡族人热情好客、讲究礼节的美德由此可见一斑。

西北地区的其他民族，饮茶习俗大同小异。锡伯族与回族基本相同。塔吉克、柯尔克孜、乌孜别克等族与哈萨克族一样，这里就不一一详述了。

五、满族宫廷茶礼茶仪

清代的满族是五代及辽代女真人的后裔，饮茶的历史较早，辽、金时期便有用茶的习俗。那时，节日或待客食品，茶必不可少的，另有酒、乳酪与蜜饯等。他们称之谓"茶食"说明了茶在满族祖先生活中的地位。

满族兴起以后，饮茶之俗蔚然成风，加之康乾之后历代帝王好茶成癖，并吸收了草原民族与汉民族饮茶的精华部分，融会贯通，并有所创造和发展，形成了别具一格的宫廷茶礼茶仪，这是满族对茶文化的贡献。

因为满族早期是森林采集和牧猎相结合的民族。所以还部分地承袭了北方草原民族饮奶茶的习惯。清宫内帝后爱食奶制品，奶茶是重要饮料。康熙帝在宫廷创立的千叟宴，第一道程序就是“就位进茶”，膳茶房官员向皇帝父子所敬的首先是“红奶茶”各一杯，皇帝、太子饮毕，向大臣们赐的才是清茶。这说明清朝的满族皇帝把奶茶引入了朝仪，与清茶并举，确立了后来清饮的地位。千叟宴茶与食的结合，吃“茶饼”、果品等食点，是女真旧俗，又是西北民族饮奶茶的风俗。清饮之风乃始于汉族，乾隆皇帝在日常生活和吟诗作画时也常饮清茶，就是说，他把汉族饮茶之俗也引入宫廷。形成了集中原、西北、东北各民族茶俗为一体的宫廷茶仪茶礼，对后世影响很大。至今北京的大茶馆多与饮食结合，乃是宫廷茶俗之遗风。

清代宫廷爱饮花茶，这也是一种创举，在红、绿茶之中加入一种花香，像后来的茉莉花茶等均始于宫廷。花与茶的结合虽是当时宫廷有闲阶层的无聊之举，但无疑丰富了中国茶艺的内容。

在茶具上，清宫廷流行盖碗茶。这是由于满族地处北方寒冷地带，入关进京后亦如此，保温是饮茶之必需，盖碗茶既保温又清洁。若用散茶叶冲泡，还可用来遮挡茶叶以便进口，使品饮时的举动显得文质彬彬，高雅而富有礼节。这种多功用的茶具，应是饮茶礼仪中的又一创举。

总之，满族在交融荟萃各族茶俗方面，特别是在宫廷的茶礼茶仪上，继承发扬光大了中国的茶文化。在茶艺、茶礼方面做出了重要贡献。这是值得书写的一笔。

（本文原载《民族学博物馆学散论》 中央民族大学出版社 1994年8月）

论彝族节威的产生发展和演变

依　热

彝族，是祖国西南的主体民族之一，人口达600多万，分布在滇、川、黔、桂的150多个县之内，是一个历史悠久、文化发达的民族。由于历史的原因，其文化遭到了很大破坏，可残留的痕迹至今仍以自己特有的风采而引人注目。难怪学者们常说："要想知道西南，首先得了解彝族，研究彝族将是打开西南的一把钥匙。"可见，彝族文化对国内外学者产生着强烈的吸引力。彝族"节威"，（即"法规"也就是法学界所称的"习惯法"，只是彝族不叫其为"习惯法"）便是这个民族对人类文化的贡献之一。

习惯法的含意：

习惯法目前有诸种定义，国内的解释就有如下几种：

一种认为："习惯法，指国家认可和由国家强制力保证实施的习惯，是法的渊源之一。习惯是在社会生活中经过长期实践而形成的为人们共同信守的行为规则。在国家产生以前的原始习惯并不具有法的性质，它是氏族社会全体成员共同意志的体现，如禁止氏族内结婚、氏族成员互相帮助、共同防御一切危险和侵袭以及血族复仇等，都是为了维护其生存而自然形成的共同行为规则。它是依靠传统力量，人们内心的信念和氏族长的威信来维持的。阶级社会中存在的习惯也不都具有法的意义。很多属于道德规范。"[1]

一种认为："所谓习惯法就是在阶级社会以前，符合着社会全体成员的要求，为社会全体成员所'制定'、所认可的一种历史形成的习惯约束力量，它没

① 中国大百科全书·法学. 中国大百科全书出版社，1984：87.

有用文字规定下来，它对社会成员一视同仁而没有偏向，它为社会全体成员遵守着。”[①]

还有一种认为：“习惯法是‘不成文法’的一种。指国家认可并赋予法律效力的习惯。习惯分为成文习惯（记载于文书的习惯）和不成文习惯（没有文字记载的习惯）。习惯法在奴隶社会和封建社会法的渊源中占有重要地位。在资本主义社会中，习惯法的作用日益减弱，成文法在法的渊源中逐渐占主导地位，但在民商法方面不少仍依习惯。在社会主义法中，习惯不是法的主要渊源。”[②]

再有一种认为：“社会规范是调整人与人之间关系的行为准则。原始社会的社会规范是习惯，它是原始人在世代共同生产劳动中形成的共同生活准则。如狩猎、耕作、分配产品、婚姻、继承、血族复仇、宗教祭祀等等习惯。正是这些习惯，调整着原始人之间的相互关系，维护着原始社会的秩序。”[③]否定原始社会有习惯法。

高其才先生则认为，对法应作广义的理解，凡是为了维护社会秩序、进行社会管理，而依据某种社会权威和社会组织，具有一定强制性的行为规范，均属于法范畴体系之列，包括国家制定法和各种习惯法两类。

我认为，高其才先生以科学的态度、客观地阐述了法的含义。即已成为“社会规范”而且这种“规范”已能调整人们之间的关系而直到维护社会秩序的作用，就不是简单的“习惯”。虽然，它来自于“习惯”，但不应称之为“习惯”。它的形成是原始人类长期共同生活的积累，是已被特定群体所共识以后的行为规范，这种社会规范是人们在漫长的生产、生活实践中，认为需要有一种文明来解决现实中的矛盾而产生的。在运用过程中，不断地合理化，而被全体社会成员所认可，形成约束力，为社会全体成员所遵守。

在国外，对习惯法有如下解释：

1923年由美国出版的《韦伯斯特词典》解释为：“习惯法是成立已久的习惯，是不成文法，因公认既久，遂致其发生效力。”1970年由英国出版的《牛津

① 民族研究工作的跃进．科学出版社，1958：163.

② 法学词典．上海辞书出版社，1984.

③ 唐静权，等．法学基础理论．南开大学出版社，1984：29—30.

词典》解释为："习惯法是已获得法律权力的成立已久的习惯特别是某一特定地区、贸易、国家等等所成立的习惯。

一、彝族"节威"（习惯法）的产生

在上古时期，彝族先民们为了在大自然中生存下来，并争得栖身之地，开始有了合作的意识：集体采集、集体狩猎。因为他（她）们明白个人的力量微乎其微，只有团体的协作，才可能使个人和集体得以生存。协作的劳动成果自然是共同享用。这便是人类社会发展史上的第一种社会形态——原始社会。彝文文献中把这个时期称为"哎哺"的世代。"哎哺"，在彝语中为"乾坤"，为"阴阳"，也为"天地"。后来，"哎哺"这个名词成了原始氏族的名称。在彝文古文献中，讲述到了"哎哺"世代在漫长的发展过程中，出现了两位智者，一位叫"哎哲耿诺左"，一位叫"史慕魁"。《西南彝志》卷五《天地进化论》中有这样的诗句：

远古的人们，不曾住地面。野兽很凶残，往来于森林，人居于树上。兽与人同处，人与兽相随。哎哲耿诺左，他想了三年，他想了三月。人与人联合，请来史慕魁。捆草做草把，手拿着草把，递草去点火，点火避野兽。

彝族先民们就这样以集体的力量顽强地生存，繁衍着，平等地相处着。虽然发明了火，并且已在生活领域中广泛运用，但此时的生产力还极端低下，人们的欲望和要求也不高，人与人之间、集团与集团之间还没有发生根本的利害冲突。可是，原始社会也不是无争端、无忧无愁的极乐世界，在最简单、最基本的生活要求上，会发生争食、争栖地、争异性的冲突。例如由于人们在年龄、性别、体质以及特定时间饥饿和疲劳程度的不同，为争夺食物而厮打的现象是不可避免的，尤其在缺乏食物时，更需要有人出来调解，如无人出来调解，就会出现强者饱食、弱者挨饿或两败俱伤等不同结局。最初没有评判纠纷的准绳，后来产生了。彝族在婚、丧、嫁、娶的场所中有专人按人头平均分配主食和砣砣肉。这自然是上古时期为解决争食遗留下来的痕迹。当然，习惯法的萌芽是经过漫长时日的，并非一次就痕迹全无也说明了问题。它是彝族先民在长期的生产、生活实践中认为：家庭之间、氏族之间、部落之间需有人来调整相互之间的关系以维护社会秩序而得出的比较文明的结果。

原始社会的中期，随着生产力的发展，农业出现了。《西南彝志》卷五中这样写道：

那时的人群，不知道耕牧，树木开花了，就叫春3月。树木花谢了，就叫夏3月。树木果熟了，就叫冬3月。出现哺额阔，来把五谷种，耕种是他传。

随后，开始出现了畜牧业和农业分离的第一次社会大分工，紧接着开始了手工业和农业分离的第二次社会大分工，这样产品便有了剩余，各个不同部落之间的交换兴起了，到了原始社会的后期，个人与个人之间的交换开始胜于以氏族首领为代表进行的部落之间的交换，并成为交换的主要形式。从双方交换产品的多样化开始向以一方产品的价值为主的单项化交换形式转化。在彝文古诗中描写洪水后的彝族先民“阿卜笃米”死后超度的片段里写道：

笃米死那时，没有含口钱，虽死气难断，脉搏还在跳，肉色又变黄。

没有金和银，这可怎么办？人们商议说，还是找金银。

……

从以上诗句中可以看出：由于年复一年、月复一月的这种日益广泛的、人与人之间的产品交换行为以及与此相关的产品、所有消费行为，逐渐形成了一定规则。

以上，我们论述了彝族习惯法最早在生产领域内的出现。“生产本身有两种，一方面是生活资料即食物、衣服、住房以及为此所必需的工具的生产；另一方面是人类自身的生产，即种族繁衍。一定历史时期和一定地区内的人们生活于其下的社会制度，受着两种生产的制约：一方面受劳动的发展阶段的制约，另一方面受家庭的发展阶段的制约。”[①]由于生产和婚姻与人类的生活最密切相关，因

① 马克思恩格斯选集（第4卷）：2.

此，在这里我们再来看看习惯法在婚姻领域中的情况：

在古彝文文献中的洪水故事里的两种结婚神话反映了这一点。一种是："与神结合"繁衍后代。另一种是："兄妹结合"繁衍了后代。神话的内容是：洪水前，天神策更兹派儿子涅努骑着白龙马下凡体察人心。涅努来到东、南、西、北四方，在四方遇到了四个品行败坏的大财主。其来到四方之中遇到一位盘田人，此人名叫笃慕，他诚实、讲信用、有舍己为人的高尚品质。涅努看到眼里，记在心上，给了他一颗葫芦籽儿，教他种好葫芦保平安。神话以诗歌的形式用一定的篇幅，娓娓动听地给我们讲述着一个遥远而神奇的故事：

开了葫芦门，出来猛一看，在这天底下，在这大地上，前看不见人，后看不见人。百日之路程，不见一人家。

高山独树长，山川独泉流。独人不成家，无戚又无妻。大路鸡不鸣，门前狗不叫。从早哭到夜，夜夜哭到亮。哭声传天宫，感动了天神。涅南四仙女，奉命到凡间，来做笃慕妻。

四女到凡间，见到地笃慕，耳朵像黑菌，发白似棉花，腰杆如猫骨，行如螃蟹爬，坐着身子抖。这个种田人，这般可怜相，不愿做他妻，四女回天宫。

天神再思考，折枝梭罗树，涅南四仙女，奉命再下凡。拿着梭罗枝，抹了笃慕头，白发变黑发，擦了笃慕身，身子变年轻。刷了笃慕脚，脚变白净净，笃慕好看了。

铜色的耳朵，金色的手掌，银色的肩膀，行如白云飘，声似洪钟响。冠戴白兔绒，狐狸皮做鞋，云雀毛做裤，绿鸟的衣裳，箐鸟绒镶边，野鸡羽插头。涅南四仙女，越看越喜爱。上前搭了话，英俊的男子，我们来凡间，与你做一家。你是咱的夫，咱是你的妻。

嫁后有九年，生男又育女。大妻生九子，二妻生九子，三妻生九女，四妻生九女。儿女三十六，自从那以后，阿卜笃慕啊，传下了子孙。妻子有丈夫，丈夫有妻子，夫妻配齐了，世上的人们，夫妻育子女，传宗接代了。

另一种结婚神话的内容是：洪水过后，世上只剩下了兄妹俩，他们到处找人结婚，找不到，神旨意他俩结合，哥哥无奈，只得同意了，可妹妹死活不愿意，并给哥哥提出了无法解决也不可能解决的种种难题，但都在神的帮助下得以解决。妹妹想，这是天注定要他（她）们结合，无可奈何之下同意了。婚后生一肉球（怪胎），但仍在神的帮助下变成了人。

以上两种结婚神话说明，在洪水前，血缘婚就已被禁止。这种禁止，就是习惯法的表现形态。

彝族先民在长期的婚姻实践中，发现血缘婚给民族成员的体质和智力带来了危害，为了使民族成员正常、健康的繁衍，以保证生产、生活的顺利进行，而开始以族外婚替代之，并长期遵守，世代相袭至今。对于不遵守这一习惯者，则通过社会舆论、排除在社会群体之外等方式给予一定的强制处理，确立和维护习惯法的权威。

从彝族“节威”（习惯法）的萌芽到产生，我们可以得出这样的结论：法并不是随着阶级的产生、国家的出现而产生的，并非阶级社会特有的现象；也不只是反映统治阶级的意志，它在某些历史时期反映的是整个社会全体成员的意志。

二、彝族“节威”的发展和演变

随着生产力水平的提高、社会的发展，彝族“节威”也处在不断的发展之中。逐渐成熟、完善、自成体系。曾在一个阶段发展到了鼎盛时期，也就是在原始社会末期——私有制、阶级、国家出现之时。在这个时期，它全面调整着社会关系，规范了彝族社会的各个领域，在彝族社会生产中起着极其重要的作用，到后来，由于生产资料的私有、占有和剩余产品的大量出现，贫富开始分化，随着阶级的形成，彝族地区地方政权的建立，彝族习惯法开始发生演变。

在四川省凉山彝族自治州、美姑县巴普区的巴普、三侯以达、布兹列拖三个乡的习惯法就已达180条，其中关于土地财产所有权的有17条，关于土地财产继承权的有11条，关于等级关系的有29条，关于租佃关系的有18条，关于债务的有7条，关于投保制的有13条，关于惩治偷窃的有15条，关于惩治抢劫的有5条，关于惩治侵犯人身的有28条，关于婚外性关系的有14条，关于惩治娃子逃亡的有10条，关于婚姻问题的有13条。[1]

阶级、国家出现后，彝族习惯虽已发生变化，但仍有不少领域保持着鼎盛时期的色彩，例如：偷盗本家支财物者要十倍地赔偿甚至处死；再如：本家支内部出现叛徒，重创了家支实力，置本家支利益于不顾者，将其处死后，暴尸野外（一般扔至岩下）后家支成员向岩下扔一石块，以代表公众意志。这些遗留下来的习惯法起到了维护家支共同利益、巩固家支团结的作用。

阶级形成后，彝族习惯法表现出某种等级性色彩，习惯法的全民意志开始被某些阶层的意志所左右。彝族习惯法也由维护全社会的整体利益而转为维护社会利益和维护某些特殊等级利益并重。

在人身占有与保护、债权、刑事、婚姻等中都表现出彝族习惯法的不平等与等级性。如主子可以偷抢娃子，娃子偷主子则要受严厉制裁；土司、黑彝与被统治等级间严禁通婚，并严禁统治等级妇女与被统治等级男子发生婚外性关系，违者处死；土司、土目与黑彝为占有者与保护者，曲诺、瓦加与呷西为被占有者，大多数曲诺与少数富有瓦加为被保护者。在对违反习惯法者处罚时也主要体现土司或黑彝奴隶主的意愿。所以，此时的彝族习惯法是建立在等级关系的基础上，主要强调黑彝阶层对曲诺以下奴隶群众的片面制裁。[2]

彝族习惯法到后来虽然演变，但在某些领域仍然保留了鼎盛时期的一些习惯法，而且这部分习惯法的作用是不可忽略的。彝族的社会组织是家支，没有高度集中的统一的政权。“苏易”和“德古”的产生全靠个人素质，或英勇善战，或修养极高，以此来树立其个人的威信。没有任何任命机构，也没有任何罢免规定。他们的产生是自然而然的，如在他们的威望已经树立起来的过程中，出现了不光彩的事，如受贿等嫌疑，那将会产生别的有竞争实力的“苏易”和“德古”它不是一成不变，更不是世袭的。所以，彝族社会这种以家支为社会组织、没有高度集中的统一政权的社会形态，能存在至20世纪50年代的民主改革。这很值得法学界深研。

---

① 凉山彝族自治州美姑县巴普区三个乡的社会调查材料（铅印本）．四川民族调查组，1958：127−139.

② 其才．中国习惯法论．湖南出版社，1995：224.

以上对彝族“节威”的产生、发展及演变作了粗浅论述。习惯法涉及面广，把握难度大，加之本人学识有限，文章缺陷在所难免，期待批评、指正。

（本文原载《民族古籍》 1997年第4期）

发展构建民族文化服务体系

乔雪梅

尊重各民族的文化传统，挖掘和保护民族文化遗产，有利于传承民族文化血脉、维护民族尊严、维系民族感情、增进民族团结；有利于促进各民族思想文化交流，推动社会主义文化大繁荣大发展和社会和谐发展；也有利于保护人类文化多样性，促进世界和谐发展。

一、保护少数民族文化遗产是一项长期而重要的任务

我国少数民族文化遗产的保护工作，在政府的高度重视和社会的普遍支持下，已经取得了重大成果。以对于各种少数民族古籍的抢救整理为例，据权威资料统计，截至2008年底，全国已搜集少数民族古籍数百万种，整理11万余种，《国家珍贵古籍名录》第一、二批已收录少数民族珍贵古籍14种文字共377种，中国民族图书馆等5个单位被列入第一、二批全国古籍重点保护单位，其中，纳西族东巴古籍文献已列入联合国教科文组织“世界记忆遗产名录”。颇具代表性的是对藏族史诗《格萨尔》、蒙古族史诗《江格尔》、柯尔克孜族史诗《玛纳斯》等少数民族三大英雄史诗的收集整理和翻译研究工作。今天，随着对三大英雄史诗的发掘、整理、研究工作的逐渐深入，三大英雄史诗不但已经走出“养在深闺人未识”的状态，而且已经走向世界，先后被翻译成英、俄、法、德、日等多国文字，成为广为流传、大放异彩的民族文化瑰宝。

此外，少数民族古籍整理的又一重大成就是《中国民族民间十部文艺集成志书》（以下简称《志书》）于2009年10月全部出版。《志书》共298部（卷）、

450 册、4.5 亿字，由文化部、国家民委、中国文联共同主编，凝聚了全国数十万各民族文化工作者的智慧和心血，历时30年编纂而成，被誉为“中国民间文艺的万里长城”。《志书》对中国浩如烟海的民族民间文艺进行了全方位的深入普查、挖掘和抢救，系统地收集了我国各地民族民间优秀文学艺术的基础资料和产生、发展、衍变的轨迹，整理、记述了各地民族民间文艺的面貌、特色和现状，第一次将中华民族几千年来散落在民间的无形遗产转变为有形的文化财富，堪称一桩“功在当代、利在千秋”的宏伟大业。

保护少数民族文化遗产是一项长期而重要的任务，迫切需要从国家法律和政策层面给予有力保障。我们应当进一步加强民族文化立法，尽快制定少数民族文化资源保护的有关法规，完善其法规体系，加快其法制化进程，为做好少数民族文化资源保护工作提供良好的法治环境。同时也要完善民族文化政策，加大对民族文化的投入，加强少数民族文化的研究、开发和传承，做好民族民间文化的收集、整理、研究和保护工作。民族文化遗产是各民族智慧的结晶，蕴含着各民族特有的精神价值、思维方式和生活方式，体现着一个民族的精神力量。我们对文化遗产的保护实际上是对民族精神的守护。接续民族传统，弘扬民族精神，在历史与现实的交汇点上建构起中华民族的共有精神家园，是提升国家文化软实力，构建社会主义和谐社会的必然要求。

二、促进少数民族文化产业发展

文化遗产保护的根本目标不是仅仅留住一些历史的文化遗存和文化标本，而是在保护的同时，使得文化传统能够随着时代的发展而延续，获得持久的生命力。我们的目标是要使得少数民族文化能够跟上时代的前进，走向现代，走向世界，进而带动民族的发展，丰富全人类的文化生活。所以，只有走保护与开发并行的道路，使得少数民族文化获得自我造血功能，才能真正促进少数民族文化的持久发展。

我国各少数民族地区的文化资源内涵丰富又独具特色，神秘的自然风光、鲜明的民族风格、浓郁的地方特色、淳朴的民间风情、丰富的历史文物以及特殊的人文景观，都为少数民族文化的开发和文化产业的发展提供了巨大的资源优势。

少数民族地区要解放思想、更新观念，充分利用自身丰厚的文化资源，开发出多种多样、鲜活生动的文化产品，积极探索文化管理体制和运行机制的创新，培育有竞争力的民族特色文化产业。

开发民族文化资源，发展文化旅游业目前已经成为少数民族地区脱贫致富、发展经济的重要途径，但是在发展旅游业的过程中，对于民族文化资源的保护与开发依然存在“两难”。一些少数民族地区对原生态文化进行了大规模、低层次的粗放式开发，在开发经营中“重利用，轻保护”，为了追求商业利益的最大化，对民族传统艺术进行人为的“改造”，致其“变味”。这种过度商业化的开发虽然在短期内能够使当地群众脱贫致富，但从长期来看却对少数民族文化的传承发展造成了巨大伤害。如何做到开发与保护并举，实现少数民族文化旅游资源的可持续发展，已经成为当前民族地区文化旅游业发展当中必须要解决的迫切问题。

面对这种开发与保护的困境，我们既不能为了片面追求经济社会的快速发展而盲目扩大少数民族文化旅游的规模，也不能为了片面强调保护少数民族文化而抑制旅游业和产业化的发展。在少数民族文化资源的开发过程中，必须遵循经济、社会、环境三方效益相统一的原则，通过建立完善相应的法律法规和政策措施，保障对于少数民族文化资源的合理开发和科学保护，以开发利用促进民族文化的保护传承，以保护传承保障民族文化产业的可持续发展，最终实现开发与保护的良性互动。

三、保障少数民族分享社会文化发展成果权益

加强少数民族地区文化建设，构建公共文化服务体系，保障少数民族分享社会文化发展成果权益，促进各民族文化共同繁荣，是推进民族地区经济社会和谐发展的内在要求，也是贯彻落实科学发展观、构建社会主义和谐社会的一项基础性工程。

促进民族地区文化建设，保障少数民族分享社会文化发展成果权益，首先要大力发展公益性文化事业，加快建设覆盖全社会的公共文化服务体系。近年来，国家通过实施万里边疆文化长廊建设，县级图书馆文化馆和乡镇文化站、村文化

室建设以及广播电视村村通、文化信息资源共享工程等，大力完善民族地区公共文化服务体系，已经极大地丰富和改善了少数民族群众的文化生活。公共文化服务体系的甘露滋养了民族地区的文化事业开花结果，也强有力地促进了各民族群众对于党和政府的信任，对于改革开放和中国特色社会主义事业的认同，在民族地区营造了团结和谐的社会氛围。

“十二五”期间，文化部将重点实施少数民族地区文化建设的“春雨工程”。这一工程的基本内容即：在少数民族地区继续推进公共文化服务基础设施建设，构建公共文化服务体系的基本运行保障机制，同时大力加强文化内容建设和重大文化活动的开展，加强艺术人才培养和文化队伍建设。自 2010 年 8 月以来，作为“春雨工程”内容之一的“全国文化志愿者边疆行”试点活动已陆续展开。“边疆行”活动通过在内地组织招募文化志愿者，分期分批赴西藏和新疆开展艺术表演、知识讲座、文艺辅导、技术培训等服务活动的形式，丰富了边疆地区各族群众的精神文化生活，促进了边疆少数民族地区和内地文化的相互交流、相互学习，受到了普遍的欢迎。

从长远来看，“春雨工程”的根本目标是切实提升少数民族地区的公共文化服务水平，使边疆各少数民族群众共享社会文化发展的成果，进而促进少数民族文化的繁荣发展。所以，“春雨工程”除继续扶持乡镇综合文化站建设、县级图书馆和文化馆修缮等硬件建设之外，尤其要注重“软件”的建设，包括培养文化艺术专业人才、文化干部和文化机构服务人员，建立起一支高素质的专业文化人才队伍；鼓励文艺创作、文化研究和文化交流，提升文化产品的质量和学术研究的水平；通过组织具有影响力、号召力的群众文化活动，丰富群众文化生活，建设、宣传和推广地方文化品牌，等等。

文化建设的出发点是“人”，落脚点也是“人”。在少数民族地区构建公共文化服务体系，实施一系列重大文化工程，提高了各民族群众的文化生活水平，保障了各民族分享社会文化发展成果的权益，也必将有力地提升各民族群众的整体文化素质和整个民族地区的文化发展水平。

（本文原载《中国民族》2010年11期）

全球化场景中的民族文化与现代化

——兼论民族传统文化的保护问题

陈 烨

现代化产生于西方，现代化的概念也产生于西方。20世纪50年代，美国社会学家帕森斯（T. Parsons）最早提出这一概念，并认为“高度发达社会释放出的力量，如工业化和城市化，将最终席卷全球”。有意味的是，在帕森斯提出现代化概念之前，中国就开始追求和研究现代化了。大概受到日本学术的影响，早在20世纪30年代，“现代化”一词便在中国出现。[①]因此，在我国研究传统文化与现代化的历史一直延续，就在20世纪80年代的“文化热”当中，传统文化还被当作阻碍现代化的重要因素遭到大力挞伐，但并没有超越西方的现代化理论，如现代化的根源是科学理性，现代化的基调是工业化、经济发展等等。如今，在全球化浪潮中，各国已经不再完全接受这种现代化理论，追求现代化也有了自己的特色。

在中国，自近代“洋务运动”失败以后，一些具有西方学术背景的学者便指出，传统文化才是阻碍中国“求存图强”的障碍，于是便有了把传统文化正式树立为现代化对立面的前奏。直到今天，我们有些人仍走不出这种“二元对立”的思维怪圈。只是近百年过去了，我们与追求的现代化目标仍有很大的差距，而传统文化则在现代化冲击下显得有些破碎、扭曲，遑论那些在许多人眼中更加落后

① 杜维明. 多种现代性：东亚现代性涵义初步探讨//［美］塞缪尔·亨廷顿，劳伦斯·哈里森. 程克雄，译. 文化的重要作用：价值观如何影响人类进步. 北京：新华出版社，2002：372.

的少数民族文化。否则，在这个时候谈论民族文化的保护，就是一个伪问题。

一、全球化：认识民族文化与现代化的新场景

以往，我们在认识民族文化与现代化关系的时候，并没有把它们放在同一层面上，而是把它们彼此对立起来。这是因为我们在“二元思维”的支配下，把传统社会向现代化社会的转型仅仅看作是一个线性的发展过程。然而，不管我们是否愿意，全球化浪潮以其不可遏制的力量把我们拉出了民族传统文化与现代化对立的狭隘视界。放眼世界，那些继欧美而起的现代化国家和地区，并没有像我们那样把现代化和传统文化简单对立起来，相反，倒是比较完整地继承了自己的文化传统，如日本、韩国、新加坡等国家。而那些过度认同现代化并视自己的传统文化阻碍现代化进程的国家、地区，在追求实现现代化过程中的表现却不尽如人意。

在实现现代化的过程中较好地保存了自己传统文化的著名例子，就是生活在北极圈内的萨米人和因纽特人。

萨米人是生活在斯堪的纳维亚半岛上位于北极圈内的一个以放养驯鹿为业的游牧民族，分属挪威、瑞典、芬兰、俄罗斯等国家。牧业经济一直是这个民族的支柱产业，而且至今沿用传统的经营方式——游牧。但是萨米人已经实现了现代化游牧业：传统的骑乘工具已由鹿拉雪橇改为机动雪橇；鹿群转场渡海时，使用了现代化船舶；放牧时，甚至动用直升机监视鹿群……萨米人的现代化游牧业的一大特点就是不把游牧文化作为一种落后的东西去进行改造，而是在游牧文化的特点之上附以现代化手段保持其健康发展。加上北欧各国政府十分重视保护萨米人传统的经济生活方式，给予他们很大的关照。例如，挪威、瑞典政府立法，只有萨米人才有饲养驯鹿的权利；瑞典的《国家资源法》中对萨米人的经济活动区域及其利益作了严格的保护规定。因此，萨米人的驯鹿经济年收入与其所在国家的产业工人的年收入持平，甚至比之稍高。而萨米人在民族经济发展的同时也开始进入新的经济领域，工业、农业、商业领域到处都有萨米人的身影，随着旅游业的兴起，萨米人中还有许多进入了服务行业，并且其一度萧条的手工艺制造业也获得了新的发展机会。由于萨米人的经济比较发达，与其所在国内的各民族处

在同一发展水平之上，加之政府十分重视对他们采取符合民族特点的发展策略，并在政策和法律上对他们予以照顾与保护，所以萨米人在实现现代化的过程中，民族传统文化也得到较好的保护和发展。[①]

同样生活在北极圈内的因纽特人，因其过着传统的渔猎生活，历史上也一度被视为没有前途的民族。1966年，在美国芝加哥大学召开的题为“人类狩猎者”（Man the Hunter）研讨会上，理查德·李（Richard Lee）等人类学家曾为当时以狩猎为生的民族写了一份“猎人的讣告”。但猎人社会发展的事实使李在12年后不得不承认这个世界仍存在狩猎民族，而且他们中的许多民族已经通过利用工业技术来实现旧石器时代的目的了。[②]因纽特人“已经进入了世界资本主义支配的那种越来越有利的经济和政治力量中去了”，但他们的文化和传统生活方式仍旧保留，实现了现代化的是他们的生产技术。在因纽特人当中，存在一种既保持因纽特文化又为我所用地吸纳现代技术优势的决心，所以萨林斯说“爱斯基摩人还在那里，并且还是爱斯基摩人”。[③]

全球化的发展尽管受到许多人士的质疑、批评甚至反抗，但谁也不能否认它开阔了我们认识社会问题的视野，矫正了我们看待社会问题的视角。

不管将全球化的历史开端追溯到资本主义上升时期西方国家开拓海外殖民地，还是追溯到哥伦布远航美洲发现新大陆，但真正波及世界各个角落的全球化浪潮却始于当今时代。有关全球化的概念众说纷纭，如有从信息通讯的角度，还有从经济的角度、全球问题意识的角度、体制或制度的角度等诸多方面进行表述，这些与其说是人们对全球化的认识模糊或者各执一词的表现，莫不如视为多样性的全球化概念，恰恰反映的是全球化范围的普遍性、程度的复杂性和影响的深刻性。从整个人类社会发展的走向上来看，全球化作为一种历史过程不可逆转，我们在这一历史过程中似乎也可以隐约看到一个理想、光明的未来：全球化

---

① 赵锦元．欧洲民族主义发展新趋向．北京：中央民族大学出版社，1996：197-216.

② 马歇尔·萨林斯．王铭铭，等译．甜蜜的悲哀．北京：生活·读书·新知三联书店，2000：118（萨林斯在文中称之为爱斯基摩人，但是爱斯基摩人意为“吃生肉的人”，故本文采用这些人群的自称“因纽特人”）

③ 马歇尔·萨林斯．王铭铭，等译．甜蜜的悲哀．北京：生活·读书·新知三联书店，2000：119（萨林斯在文中称之为爱斯基摩人，但是爱斯基摩人意为“吃生肉的人”，故本文采用这些人群的自称“因纽特人”）

的发展，超越了民族国家的界限，淡化了国家主权意识，削弱了民族国家的势力；强化了全球认同，弱化了民族认同、民族意识，必将加速民族主义的衰亡；贸易壁垒的消失必将促进商品和劳动在全球范围自由流动；全球化最终会给全人类带来永久的和平与无穷的福利……

然而全球化在向我们展现上述美丽图景的同时，现实世界却正在上演着被长期封存的族裔民族主义、宗教原教旨主义和群体对抗复兴的一幕幕闹剧。在理论上全球化和民族主义、宗教原教旨主义、群体对抗应呈现此消彼长、此起彼伏的态势，但是复杂的世界社会又一次向我们展示了它的复杂之处——随着全球化进程的加快，民族主义的潮流也一度高涨。于是我们习惯上倾向的那种把全球化理解为全球范围内具有共同特征的经济、政治、文化样式逐步扩展和普及，并成为一种全球通行的标准的认识，[①]首先面临的就是这种与现实的龃龉。

但是，无论全球化如何难以界定，都确确实实地为我们提供了认识许多社会问题的宏阔视角。包括民族文化与现代化的关系问题，现代化产生于西方但不止于西方，现代化呈全球扩张之势。“全球化与现代化是一致的，现代化的结果必然导致全球化”。[②]在这种场景下，我们反过来再看民族文化与现代化的关系，就有了一种不同于以往的认识，全球化给我们提供了一幅认识民族文化和现代化关系的多维画面。现在，虽然“后现代”作为一种社会理论对现代化和现代性进行了某种颠覆性的解构，但仍可以肯定现代化是一种矢量，对于世界上的任一国家来说，包括发达国家都是一种永无止境的追求。由于现代化首先产生于西方发达国家，许多追求现代化的欠发达国家便不自觉地把这些国家作为样板，开始了自己的追求进程。一种追求是把自己的民族传统文化当作现代化的对立面，力求文化的改头换面；一种追求是把现代化作为发展的手段，力求保持民族文化的风格。现在看来，更好地实现现代化的是那些没有脱离自己传统文化的民族，或者说，实现了现代化的民族都是在自己传统文化的基础上达到目的的。相反，那些表现出对现代化的过度认同而轻易放弃自己文化传统的国家和民族能实现现代化的，世界上尚无先例可循。饶有兴味的是，在当今全球化背景下，无论发达国家

① 周敏凯. 国际政治学. 上海：华东师范大学出版社，1998：247.

② 王蒙. 全球化视角下的中国文化. 光明日报，2006-6-1.

还是欠发达国家，有关保护民族传统文化的呼声也具有全球性的特征，同时，对西方的高能耗、高污染并向欠发达国家和地区转嫁危机的现代化模式有了诸多反思。

二、二元思维：禁锢智识、破坏民族文化和阻碍现代化发展的元凶

二元思维是人类智力和智慧发展的结晶，是人类在长期进化过程中获得的思维方式，直到今天，它仍是我们人类主要的思维方式。但也正因为如此，它也容易使我们堕入简单、极端、粗鄙等对比度强烈的思维陷阱。举一个人类学领域常见的例子：人类学研究经常发现一些相对封闭的群体，他们在自己的社会里是把自己当作“真正的人”来认识的（我们从许多民族的自称里不难发现这点，如因纽特人），但他们在自诩为“文明”的民族中间，这些真正的人几乎无一例外获得了另一种称号——“野蛮人”。于是，因纽特人变成了爱斯基摩人，即从“真正的人”变成了“吃生肉的人”。

在中国，由于几千年“夷夏之别”“化内化外”“贵华夏而贱夷狄”等余毒未尽和近代以来社会达尔文主义的影响，民族传统文化长期被视为落后的东西并阻碍着现代化的进程。而不同民族在经济、文化上所具有的特点，正是各个民族得以成其为民族的根本。但由于二元思维和传统思想的作用，不同民族间的这种空间特点上的不同却被当作时间上的差距，从而具有先进与落后的内涵。

在多民族国家，少数民族和主体民族相比，在文化上“天然”处于劣势地位。文化上处于劣势也使得少数民族本身成为弱势群体，他们无法抵御二元思维支配下的语言霸权，在自负的历史学家和人类学家的编排下，他们被固定在人类历史的时间链条上，成为一种负载某种价值的标本。在现代化的语境中，民族传统文化被认定阻碍现代化的进程而成为摒弃的对象遭到肆意破坏。即便是主体民族的传统文化，受传统与现代二元思维的影响，它的命运也不比少数民族的文化好到哪里去。

在世界殖民体系瓦解以后，随着人们认识水平的提高，改变野蛮民族落后状态的殖民神话被打破，一个较为常见的问题是不同的民族各自站在“我族中心主义”的立场上彼此审视对方，各个民族总是以自己的文化为标准去衡量其他民族

的文化。我们熟悉的典型例子是蒙古族与汉族在相互认识对方时的眼光：在许多汉族眼里，游牧的蒙古牧民在草原上过着居无定所、风餐露宿的“落后”生活；在蒙古族眼里，汉族农民“脸朝黄土背朝天，一年四季不得闲”，过的也不是值得羡慕的好日子。所谓民族经济文化的先进落后之分也是这种站在各自立场上的偏见。“我族中心主义”让那些一直受歧视的民族暂时获得了文化上的自豪感，但在标榜了“自我”的同时也强调了“他者”，不但没有对二元思维形成颠覆，相反，仍然是二元思维的拥趸。

至于现代化，同样由于二元思维的影响无从找到立足点和着力点而无法很好地实现。现代化不是空中楼阁和天外来客，实现民族现代化必须要得到民族传统文化的滋养。但二元思维割裂了民族传统文化和现代化的共生关系，而是把它们简单对立起来，并把现代化视为对民族传统文化的战胜过程。这无异于自断经脉，因为这种追求本身就阻碍了现代化的发展进程。从这个意义上说，二元思维是禁锢智识、破坏民族传统文化和阻碍现代化发展的元凶并不为过。

三、尊重传统：实现民族现代化的重要前提

有着共同起源的人类之所以在后世形成不同的民族群体，不是因为体质特征的不同，而是因为文化特质的相异，即文化差异造就了民族。这种文化差异最终形成民族的文化传统得以在本民族中传承，人类世界才有了千姿百态、各具特色的文化。民族传统文化本是民族之所以为民族的根本，不包含任何价值判断的内容。民族的存在与发展包括现代化俱以传统或差异为前提，因此现代化的追求要尊重民族传统，尊重民族差异，照顾民族特点，因地区而异、因民族而异。“一刀切”的现代化发展策略和主张，往往切掉了民族发展与现代化的特殊性要求，而且结果经常会与我们的初衷大相径庭。譬如，我国鄂伦春族的发展就是一个例证。新中国成立后，鄂伦春族从原始社会末期跨越几个社会发展阶段进入社会主义发展阶段，但他们的经济、文化发展始终没有达到跨越所要求的水平，个中的原因是在鄂伦春族实现定居的40多年里，为谋求鄂伦春族的发展和现代化主管

部门曾“八变”生产方针。[①]生产方针的频繁转变，说明没有找到适合鄂伦春民族特点的发展和现代化道路，以至于使许多鄂伦春族群众至今无所适从。在民族地区开展工作，包括民族的现代化问题，要铭记“同少数民族商量”的原则，“他们赞成的就做，赞成一部分就做一部分，赞成大部分就做大部分，全部赞成就全部做”。[②]充分尊重民族的意愿和要求，不能越俎代庖、替人做主。否则，会常常出现“好心办坏事”“费力不讨好”的结果。

自20世纪80年代“文化决定论”在中国学界再次盛行以来，少数民族传统文化便被认为是阻碍民族发展进步和现代化的决定性力量，直到今天，在全球化浪潮的冲击下，发展少数民族文化才成了备受瞩目的话题。我们知道，民族及其文化是相伴终生的，某种意义上，民族发展即其文化的发展，民族的现代化即其文化的现代化。

发展民族文化是我国建设现代化国家的必然要求，也是民族发展的必然要求，更是寻求实现民族现代化的必然要求。因此，民族文化不是要不要发展的问题，而是如何发展的问题。如果按照民族文化阻碍民族发展的逻辑，那么民族文化就要由其他的文化来替换或者更新，如此才是实现民族或者民族文化的现代化。实现民族或者民族文化的现代化本是我们努力追求的目标，但在民族传统文化阻碍民族发展论者那里，这套话语的背后则隐含着一种先在的认识：民族传统文化与现代化是冲突的。若按这种思路延伸，少数民族的现代化过程只能是现代化对民族文化的战胜过程，其最终结果是现代化群体是一群没有民族文化内涵的同质性人群。然而这种结局在现代社会是不可想象的，也是不可能实现的。

民族传统文化与现代化并不是二元对立，而是一脉相承。如果按照有些理论，似乎不抛弃传统文化，民族的现代化便无由实现，又似乎只有像西方那样的文化传统才能实现现代化。马克斯·韦伯的《新教伦理与资本主义精神》一书所阐发的观点曾被许多研究现代化的人士视为圭臬，认为我们之所以不能像西方那样实现现代化，是因为我们的民族文化中缺乏西方文化所包含的那种“新教伦理”。殊不知马克斯·韦伯的《新教伦理与资本主义精神》正是建立在文化决定

① 王俊敏. 经济类型的变迁及其效应. 内蒙古大学学报，2002（1）.
② 邓小平文选（第1卷）. 北京：人民出版社，1989：168.

论基础上的，而世界上许多民族并不具有西方的新教伦理，照样在坚持和尊重自己的文化传统的同时实现了现代化。那些急于为现代化发展扫清文化障碍的国家和民族，由于不能尊重民族传统文化，使得自己的现代化追求失去了自身传统文化的滋养，从而陷入既败坏了民族传统文化，又与现代化目标遥不可及的尴尬境地。

四、“高位嫁接”：实现民族现代化的必然选择

少数民族的现代化过程，是现代化与民族文化、社会的整合过程，实现民族现代化并不是要我们放弃和颠覆民族传统的、固有的文化，而是谋求民族传统文化与现代化的整合。但这种整合并不是简单的加法，既不宜把现代化与民族文化对立，寻求现代民族文化对传统民族文化的替代，也不宜把现代化视为异质的东西对民族文化、社会机体的楔入。形象的表述应当是保持传统并不断将发展着的民族文化与发展着的现代化实现“高位嫁接”。

一般而言，任何民族及其文化与现代化都有着非凡的“亲和力”，因此无须改变它的价值核心就能实现现代化，正如前文所引萨米人和因纽特人的例子足以表明任何民族文化都可以实现与现代化的“高位嫁接”，对此必须要有清醒的认识。只是实现了“高位嫁接”，核心还应当是民族文化，而不是现代化。因为只有民族文化才能体现民族的特点，现代化却不具这种特色。现代化在世界各地都具有统一的色调，假如我们把实现了现代化的民族文化特点隐藏的话，我们会发现这些民族的现代化很难分清彼此，或者说一旦忽略了这些民族的文化特点，他们的现代化则具有共同的特征。当然这种划分仅是理论上的，也只有在理论上才能成立。在现实世界现代化与民族文化特色是不可分割的，所以我们才得以发现不同民族的现代化也是各有其特色的。在追求现代化过程中，不能不顾及自己民族的传统文化，没有文化的现代化是没有灵魂的，也是没有人性的；忽视民族传统文化的现代化追求断然不可能实现，而且败坏了我们赖以存在的文化根基，失去文化根基的民族将无由立足于世界民族之林，更妄谈强大与繁荣。这种现代化追求与我们保护与发展民族传统文化南辕北辙。实现民族文化和现代化的“高位嫁接”，民族文化仍旧是根基，结出的应当是嫁接后的硕果。没有民族传统文化

的根子提供营养，现代化只不过是不结果实的美丽花朵。对于民族文化来说，现代化是后来的“客人”，我们欢迎这位“客人”融入民族文化之中，成为有机的统一的整体，但决不能把现代化凌驾于民族文化之上，反客为主。

再看那些实现了现代化的国家和民族，它们在文化上都十分有效地保持着自己的特色，如德、法、日、韩、新加坡等国，没有谁为了实现现代化而对自己的文化大加臧否，反倒是在全球化的场景中，这些国家不遗余力向世人展示其民族文化上的特点，赖以增强民族的自信心和自豪感。现代化与保持民族传统文化特点并行不悖，传统生计方式、传统习俗等等无不可以在现代化中得以保持，并且在现代社会彰显自己的文化特色。

五、保护与发展：民族传统文化的价值与现代化的追求

为什么我国众多的少数民族没有很好地实现现代化？一个重要的原因就在于我们没有很好地坚持、保护和发展民族文化传统，而是把它当作阻碍现代化进程的绊脚石，从而失去把它们嫁接在一起的契合点和彼此相容的界面。因此，在这个意义上说，阻碍现代化进程的并不是民族文化，而是我们追求的现代化模式，或者说是体制、机制、制度以及权力——知识阶层的知识水平。追求现代化是不可质疑也不容反对的，但那种无视民族文化传统或者把传统文化与现代化对立的现代化模式，不但可以质疑而且必须反对。

这里涉及少数民族如何存在及其文化价值问题。现实中民族之间虽然不存在清晰的文化边界，而任何民族都有其存在的文化基础，民族与其文化是一体两面、不可分割的整体。在这个问题上，假如说一个民族的文化消亡了，这个民族即便有大量的人口存在，也可以说是名存而实亡了。否定民族传统文化的现代化追求，实质上是在否定民族存在的基础。一个民族一旦失去她存在的文化基础，这个民族也就不成其为这个民族了。这种现代化模式与其说是促进民族发展，不如说是强制实行民族同化的“温柔方式”。

关于民族传统文化的价值主要体现在它们独有的活力。可以说任何民族的文化都有其特定的价值，它们源于实践，并且支撑民族的存在、延续和发展。民族现代化需要有民族传统文化的支持才会有成功的希望。在人类社会普遍面临生态

环境破坏、生存受到威胁的今天，具有多样性的民族传统文化给我们预留了退路，即它们在与自然的对话中显示了无限的潜能。[①]因为文化的多样性仅对于自然生态环境的保护和利用就有着不可替代的价值。世界自然保护基金会曾警告：少数民族群体的文化和语言的消失，使得保护物种多样化的工作雪上加霜，因为独特的生态学知识正在丢失。这些知识，无论从植物的药用性到生态环境的变化和物种适应环境的经验等等无所不包。而且这不是“冻结”发展的问题，而是要想办法帮助少数民族群体发展壮大，同时有计划、有步骤地挖掘他们的知识宝库以造福于人类。[②]可见呈多样性的民族文化理应不能一概视为落后，更不能以实现现代化的名义除之而后快，自绝退路。现在来看，那种坚持少数民族及其文化是落后的认识本身才是一种落后的认识。

但不管怎么说，现实中我们的一些民族传统文化已经在现代化和以现代化名义的种种举措中遭到了破坏性的重创，这给我们保护民族传统文化和发展民族文化实现现代化留下了双重难题。因为在相当长的一段历史时期里，所谓的现代化犹如一头大象闯进文化的瓷器店里，民族传统文化毁坏尤其严重，许多值得保护的东西已经损毁殆尽或荡然无存了，得以留存的不是处于濒危状态就是仅剩下失去原有或应有文化内涵的躯壳。保护什么？怎样保护？谁去保护？为谁保护？这些问题仍旧众说纷纭，而且让研究者备受学术伦理上的拷问。而在发展民族文化实现现代化问题上，由于许多人摆脱不了西方现代化模式的型塑，现代化的基调仍停留在工业化和经济发展之上，保护民族文化传统并不是实现其应有的价值，而是另有打算，谋求以此为媒介博取经济上的利益，功利思想完全统摄了人们的头脑。如果能摸索出一套既能保护传统文化，又能促进经济发展的路子固然很好，但我们所见所闻的几乎是经济或许有所发展，或暂时有了发展，而传统文化却已然不保的局面。如今无论在学界还是其他领域，关于非物质文化遗产的保护被炒得沸沸扬扬，一些地方政府在“申遗”上可以说不遗余力，但“申遗”的背后总隐藏着利益的魅影，一旦获得“世界文化遗产”这块招牌，随之而来的就是

---

① 李红杰．尊重民族文化多样性与维护生态平衡的辩证关系．中南民族大学学报，2003（2）.

② 世界生态学知识正在丢失．参考消息，2000-12-13.

以旅游开发、弘扬文化等名义进行的经济利益上的角逐，因此有学者尖锐指出；“申遗”的成功意味着破坏的开始。可以想见，现代化怎会在这样破败的文化废墟上实现。

在保护发展民族传统文化，实现现代化的过程中，有些问题必须要澄清和明确。

第一，保护民族传统文化并非意味着把某一民族固化在时间的坐标轴上，让这一民族和他们的传统文化与世隔绝，永远停滞在现代社会的另一边。民族传统文化在其所处的生态环境里也呈现一种流动不居的变化过程，本身就是一种动态的东西。保护传统文化的目的，是保存民族文化的基因和民族持续的文化创造力，重要的是传承和社会过程，而不是已经被制造出来的物品。[①]

第二，保护民族传统文化并不是“冻结”其发展，而指要从民族传统文化中挖掘有益于采用这一文化的民族社区乃至人类社会健康发展的内容。在现代化的压力下，民族传统文化的生存空间日渐萎缩，那些消失了的文化已使得我们失去了太多有利于现代社会发展的资源。而这些资源是现代科学技术所不能给予我们的，失去了就不会再来。比如一些民族草药知识和技术知识的失传，使避孕成为一种现代性难题。联合国教科文组织《世界文化多样性宣言》第一条称：“文化多样性对人类来讲就像生物多样性对大自然那样必不可少。从这个意义上讲，文化多样性是人类的共同遗产，应当从当代任何子孙后代的利益考虑予以承认和肯定。”[②]实质上我们完全可以把它看作是对民族传统文化价值的承认和肯定，保护民族传统文化就是保护民族的发展、保护人类社会的发展。我们的社会上存在一种比较流行的观点：生活在民族传统文化里的人们是无法享受现代生活的。我们很难找到这种认识的根据，但我们有根据认为，这种认识才是真正冻结民族发展的根源。

第三，保护民族传统文化必须摒弃功利思想。改革开放特别是实行社会主义市场经济以来，中国社会发生了翻天覆地的变化，但也不能否认一切“向钱看”

---

① 刘晓春．山歌，渐行渐远．读书，2006（4）.

② 联合国开发计划署．2004人类发展报告——当今多样化世界中文化自由．北京：中国财政经济出版社，2004：89.

的功利思想也随之渗透到社会生活的方方面面。保护民族传统文化确实需要政府或民间投资，但在许多地方，政府和投资人都把这种投资作为市场投资，期望得到更多的回报，而保护民族传统文化则退居其次或者干脆成为赚钱的借口。于是，“假民俗”“伪传统”得以大行其道，一些原本比较纯净流传的民族传统习俗也染上了浓重的商业味道。潘蛟教授在对四川某县彝族火把节的观察中，认为这里的彝族火把节被外界赋予了太多的意义，包括商业意义，而当地彝族也愿意接受这些外来的意义。①潘教授在这里揭示的似乎是一个关于人类学“当地人观点”的学术问题，但我觉得他是在文章的背后揭露一个民族的传统文化习俗被外力强行改变、利用，使其失去了应有的文化价值的过程。那种期望得到投资回报的所谓民族传统文化的保护，实质上是不折不扣的“文化杀手”。他们把传统文化投放市场让人们去消费，并不能使其发扬光大，相反，文化的真实性将被市场放逐，失去它固有的特质，同时把民族传统文化当作商品让其他人以猎奇的目的去消费，也是对少数民族及其传统文化的不尊重。虽然我们反对在保护民族传统文化中掺杂功利思想，但是我们不反对各个民族依靠其传统文化获得经济生活上的改善。

第四，利用知识产权等法律武器保护民族传统文化。在盗版横行、假冒和伪劣商品屡禁不止的状态下说利用知识产权等法律武器保护民族传统文化，也许有人认为这近似于痴人说梦，但世界上许多国家已经尝试在做这项工作。澳大利亚的知识产权法用版权和商标认证来确认和鉴别土著居民提供的产品和服务，加拿大也利用版权和商标保护“原住民”的传统标志，包括“原住民”的食品生产、服装和旅游服务等，并且两国的土著和“原住民”都成功地阻止了未经同意而复制他们的传统图案成为商品的行为。著名的例子还有南非的布须曼人，传统上他们食用当地的仙人掌来充饥解渴。1995年，南非科学和工业研究委员会对仙人掌中的抗饥饿成分——P57申请了专利，并被制成减肥药品出售。2002年，布须曼人指控这种做法属于生物盗版行为并声称要提出法律诉讼，科学和工业研究委员会因此同意和布须曼人分享今后的特许使用费。而在哈萨克斯坦、委内瑞拉、

① 潘蛟．火把节纪事：当地人观点？．民族艺术，2004（3）．

越南等国也采取类似制度保证少数族群分享利益。[①]国外的这些做法虽然处于探索阶段，但对我们保护民族传统文化也无疑具有很大的启示：这些措施既能保护民族传统文化，又能给民族社区带来经济上的益处，改善他们的经济生活，使他们享受现代社会带来的实惠。

第五，尽量扩大各类博物馆的藏量，防止民族文物的进一步流失。今天，当一些承载民族传统文化内涵的物品进入博物馆进行收藏和展览的时候，我们在感到庆幸之余又总觉得这是一种遗憾：这些物品终于在归于寂灭或流失海外之前被收藏了，但它们可能从此失去了原有的生存基础，也失去了那种活色生香的文化韵味。把民族传统文化送进博物馆对于研究者来说心情是复杂的，一则担心这些曾经活力四射、生机勃勃的文化一旦变为僵化的、被沉积的矿化的文化，就和博物馆里沉寂的其他藏品别无二致了，有时候留给后人的只是猜不透的谜，更为严重的是，把民族传统文化大量送进博物馆之日起，就注定了民族及其文化的悲剧命运；另一则是我们民族的文化虽然失去了继续生存的土壤，但毕竟还保存在我们自己手里。在民族文物大量外流的情况下，各类博物馆应拿出资金加大征集力度以保证这些物品留在国内，有人借用黑格尔的话，说博物馆藏品“是已经从树上摘下来的果实”，失去了生机。[②]但在这个问题上，我们不能完全相信黑格尔，因为在现代化的冲击下，在这个不断变幻的世界上，民族传统文化今天还枝繁叶茂、果实累累，但明天就可能会像被突如其来的秋霜打了一样而凋谢了，继而难觅其踪。与其如此，把它的果实采摘、留存，至少我们还可以通过果实去想象原来的大树，而一旦失去果实，恐怕连大树的模样也无从想象了。如果做不到这点，那么今后研究我们民族的传统文化可能要到国外去看实物，实在是悲哀的事情。这里引申出的一个问题是，保护民族传统文化不仅要保护活态的和处于濒危状态的，也要注意保护那些失去生命力的文化遗产，因为是它们共同承载着一个民族的生命历程。

而民族文化的发展和现代化的追求是一个渐进的过程，只有民族传统文化保

---

① 联合国开发计划署．2004人类发展报告——当今多样化世界中文化自由．北京：中国财政经济出版社，2004：95.

② 张建刚．遗产产业可持续发展的基础和理想模式．云南大学学报，2002（3）；马翀伟，陈庆德．民族文化资本化．北京：人民出版社，2004：207-208.

护工作做好了，发展才会有前提和基础，急于求成，有害无利。在2006年9月21日国务院新闻办公室举行的新闻发布会上，国家民委副主任丹珠昂奔认为："在少数民族文化的保护和发展问题上，只有次序的不同，没有孰重孰轻的问题。在目前条件下，应该说保护是第一位的。保护的问题相对解决以后，就要考虑发展的问题。一种文化封闭或者不发展、不使用，就会逐步僵化，这也是一种破坏。"①可以说，我们保护和发展民族传统文化注定还有很长的路要走，毕竟我们在这个问题上的正确认识来得有些晚。

在这个全球化的时代，我们许多人已经注意到，全球化在给人类提供展示共性特征空间的同时，也为民族个性的张扬提供了舞台。在追求现代化过程中失去传统文化底蕴的民族将黯然失色，也终将永远跟在那些既保持传统又在现代化的路上疾驰的民族背后亦步亦趋，但这种"跟屁虫"注定没有出路，有句话叫作"学我者生，像我者死"，民族文化现代化建设与此同理。

（本文原载《中国少数民族文化发展报告 2008》 民族出版社 2009年4月）

① 中国文化报（第1版），2006-9-26.

中国少数民族节日与传统体育活动浅议

陈　宏

我国少数民族的传统体育活动，与民族的传统节日有着十分密切的关系。可以说，少数民族的传统体育活动，是民族节日中不可缺少的重要内容，这是一个很明显的特点。因此，我们了解、认识和研究少数民族传统节日与体育活动之关系，将有助于民族传统体育的继承和发展，也有助于优秀传统文化的传承。

我国的少数民族大部分分布在东北、西北、西南、中东南的广大地区，所占面积为我国总面积的60%以上。由于我国各民族生活的地域不同，风俗习惯、宗教信仰等诸方面也各有差别，因此，产生了许多丰富多彩的节日活动。这些节日，不管是庆贺性的还是社交娱乐性的，几乎都与传统的体育活动结下了不解之缘。可以说哪里有少数民族的节日，哪里就有少数民族的传统体育活动，它们犹如一对孪生兄弟。节日为体育活动提供了良好的场所，体育活动又为民族的节日内容增添了纷繁多姿的色彩，彼此相得益彰。下面对各类节日与传统体育活动作一简要论述。

一、祭祀性节日中的体育活动

这类节日形成的时间较早，那时自然科学尚不发达，人们对一些自然现象还不能用科学道理加以解释，于是就通过舞蹈模仿自然界、动物等形态、动作来表达图腾，以示对祖先的崇拜，对万物之神的敬仰，以此来取悦神灵，祛除人世间的灾难，保佑人畜平安、五谷丰登。这种原始信仰的祭祀活动，逐渐演变为节日活动而被固定下来，代代相传直至今天。例如：贵州省黔东南苗族侗族自治州等地的苗族群众，每年有祈求风调雨顺、五谷丰登的“龙船节”。届时往往有几十条龙船在清水江中比赛竞渡，参赛人数相当多，方圆几十里的群众都前往观看，江畔人海歌潮，节日气氛十分热烈。节日期间还举行跑马、斗牛、踩鼓等体育活动。“六月节”是哈尼族的传统节日，又称“苦扎扎”。“苦扎扎”的含义是度过青黄不接的日子，驱赶瘟神，保佑人畜平安。每年农历的六月二十四日前后，哈尼人以秋千代“马”，迎神进寨，转起磨秋来驱害除邪。生活在台湾岛最南端屏东县等地的排湾人，保持有最为隆重的“五年祭节”。顾名思义，“五年祭节”每隔五年祭祀一次。意思是感谢祖宗保佑丰收，并求赐予来年的收获和幸福。每到节日时，成群结队的人们聚集到村子的公共场地观看竿球比赛。顶球多的男子意味着得到的幸福多，也最吉利。此外，还有藏族以求得佛祖保佑的“朝山节”等宗教性质的节日活动，都融合有体育活动的内容。

二、纪念性节日中的体育活动

这类节日大都是各民族为纪念本民族历史上的重大事件和缅怀本民族英雄人物而确立的，一般都有准确的日期。例如：锡伯族的“杜因拜专扎坤节”也叫“四一八节”，节日的由来是纪念历史上锡伯族的西迁活动。清乾隆二十九年（1764）四月十八日，居住在今辽宁省沈阳一带的锡伯族官兵千余人，连同妻室子女奉政府之命启程赴新疆伊犁一带屯垦戍边，并以此为家逐渐定居下来，建立起了自己的家园。以后每到农历四月十八日，都要举行热闹的娱乐活动，并以此定为节日。在节日里要进行射箭等体育竞技的比赛。在云南省的傈僳族，每年农历二月初八要举行“刀竿节”。相传明朝时，外敌入侵云南边境，朝廷兵部尚书王骥率兵前往，依靠当地傈僳族人民的鼎力相助，很快赢得了胜利。但在班师回朝途中的二月八日被奸佞杀害，为纪念抗击侵略的英烈，人们以上刀竿来表示前赴后继的决心，并将此日定为“刀竿节”。贵州省贵阳附近的苗族有纪念古代英雄亚努的传统节日“四月八节”。在西藏自治区拉萨，每年藏历四月十五日，都要在布达拉宫后面的龙王潭畔举行纪念释迦牟尼诞生、圆寂、成佛和唐代文成公主进藏的纪念活动，称为“萨噶达瓦节”。这些节日活动的内容都紧扣节日的主题，且伴有体育活动的内容。

三、庆贺性节日中的体育活动

庆贺性质的节日，最典型的莫过于春节、藏历年、开斋节、傣族的泼水节、哈尼族的十月年节等。许多少数民族和汉族一样，以春节作为自己的主要节日。节日期间的民俗活动、体育活动多种形式并举，异彩纷呈，增添了节日活动中的喜庆氛围。“开斋节”是伊斯兰教的三大节日之一，我国的回、维吾尔、哈萨克、柯尔克孜、乌孜别克、塔塔尔、塔吉克、东乡、保安及撒拉等民族均有欢度开斋节的习俗。节日期间，除了大家互相祝贺、互致问候、唱歌跳舞、聚会言欢等民俗活动的内容外，有的民族还要举行叼羊、赛马、套马、摔跤等体育活动。哈尼族的“十月年”，又称“胡首扎勒特”。节日中人们探亲访友，赶场聚会。男女青年除唱歌跳舞外，荡秋千、摔跤也是必不可少的内容。傣族“泼水节”是庆祝傣历新年。这一天，在西双版纳州的澜沧江畔，万人云集观看龙舟比赛是节日中的主要内容之一。壮族的春节除守岁燃放烟花爆竹迎新以外，节日期间还要举行抛绣球、耍龙、踢毽子、打谷榔等传统体育活动。此外，还有节令性的庆贺节日，如四川马尔康地区的藏族的传统节日“赏花节”。每年七月的花开季节，人们带着青稞酒来到山花烂漫、禾苗旺盛的野外欢度“赏花节”，除赏花品酒、唱歌跳舞外，还要进行摔跤、赛马、射箭等活动。

四、社交性节日中的体育活动

因为少数民族多居住在边远的山区，或是莽莽的大草原上，由于居住分散，交通不便等原因，他们平时很少能够交往。所以，只有规定的固定日期和地点，才使大家能够有个社交和经济、文化交流的机会，也包括青年人的谈情说爱等内容。当然，文体活动也是必不可少的。例如壮族的“三月三节”。每年农历三月三日，广西壮族自治区壮族地区都要举行歌圩。这天青年男女穿上节日盛装，云集在山头旷野或竹林草坡即兴对唱山歌，相互盘答，还要对阵抛接绣球以传递爱慕之情，姑娘们赠以绣球，小伙子则报之手帕等物来缔结百年之好。布依族每年的正月初一至二十一要举行传统的“跳花会节”。在平坦的大草坝上，青年男女们和着雷鸣般的牛皮大鼓与铿锵悦耳的铙钹声载歌载舞。恋人们坐在河边弹月琴、吹树叶谈情说爱。跳花会结束后，小伙子要将私定终身的姑娘带回家中相看。以上这些活动，除带有择偶色彩的社交娱乐外，还有不少属于体育活动的性质。白族的“绕三灵”，也属于这个范畴。每年农历四月二十三日，成千上万的人们结伴沿苍山、洱海巡游歌舞。队伍中既有吹唢呐，弹三弦、唱白族曲艺的民间艺人，还有一对对打“霸王鞭”、敲“金钱鼓”和舞“双飞燕”的男女青年。人们吹拉弹唱，一路欢歌，既锻炼了身体，又愉悦了身心。“绕三灵”实际是白族人民的“狂欢节”。

五、以体育项目命名的节日活动

在众多的民族节日中，有些是直接用单项传统体育项目命名的。例如“花炮节”“陀螺节”“爬山节”“摔跤节”“赶秋节”等等。当然活动的内容也均以体育为主体。现仅举几例如下：

“花炮节”是贵州省、湖南省、广西壮族自治区相毗邻的侗族地区最为热闹的传统节日，举行日期各异，一般在农历正月初三、二月初二或三月初三。花炮是一只缠着红、绿绸布的铁圈，将铁圈置于火炮上，炮点燃后铁圈被冲上天空。这时两队以村寨为单位的男队员们蜂拥而上，在队友们的配合下，用挤、抢、护、传、拦等动作争抢落下来的花炮，类似橄榄球打法，固有人称“中国式橄榄球”。传说抢到花炮的寨子能人畜兴旺、村寨平安，还可获得一定的奖品，优胜者将履行制作翌年花炮的责任，所以“花炮节”很受人们喜爱，历年活动不衰。

在广西壮族自治区壮族聚居的地方，每年都要举行有名的体育盛会“陀螺节”。时间为除夕前两三天至新年正月十六日，历时半个多月。壮族陀螺有大有小，大如柚子，小似鹅蛋。陀螺节期间，村村寨寨热闹非凡，比赛方法各式各样，获胜者被冠以“陀螺王”的美称。

在贵州省黎平地区的侗族中，每年农历二月十五和三月十五日为“摔跤节”。节日的早晨，参加摔跤的小伙子们要听寨老训讲摔跤戒律，朗诵节日的来历，然后在寨老的带领下，吹着芦笙步入摔跤场；举行摔跤仪式后，按传统习惯寨老们交换摔跤用的布带，摔跤手进入场地中互相拱手施礼，将寨老授予的布带缠在对方腋下，发令后两人迅速交手。侗族摔跤有拉摔、绊脚摔、提摔等方法，采用三战两胜制。夺魁者连摔二三十人不败，便可树旗“挂榜”称雄，挂榜者高举腰带，向观众频频致意。

苗族的“爬山节”，又称“爬坡节”。居住在黔东南凯里地区的苗族人民，每年的农历三月十九日，欢聚在香炉山上对歌斗雀，歌山人海，热闹非凡。男女青年唱歌沿着山间小路向山顶攀登，最先达到山顶的被称为“爬山英雄”，因而备受人们的爱戴。

还有一些节日，虽然不是以体育项目命名的，但其中糅进了较多的体育成分。例如“马奶节”，这是内蒙古自治区锡林郭勒盟部分地区牧民的盛大节日，在每年秋高气爽的农历八月底举行。赛马是节日的主要活动。这天赛马场上人声鼎沸，彩旗飘扬，骑技娴熟的勇士们头缠彩巾腰扎五颜六色的长绸带，足蹬马靴，随着发令枪响，如离弦之箭飞向前方。赛马结束后还有摔跤、拔河、打布鲁等体育活动。湖南、贵州一些苗族地区的“赶秋节”也是如此。“赶秋节”又称“调秋节”，是欢庆丰收的传统节日。在每年立秋的这一天，男子们敲锣打鼓，舞着龙灯、狮子灯，涌向“秋场”，姑娘们盛装打扮相随而来。人们在秋场上唱歌跳舞、荡秋千，寻找自己的如意伴侣。另外，还有拳击、武术表演等体育项目，为节日增添了欢乐热闹的气氛。

通过以上简述，我们不难看到，几乎所有的民族节日中都有体育活动相伴随，体育活动往往成为民族节日的重要内容，两者的有机结合、密切联系在各种类型的民族节日中都得到了充分体现。民族传统体育的各种运动形式是人们在长期的生产劳动中不断发明创造出的一种独具特色的体育活动行为。民族传统体育有其浓郁的民族特色和传统文化色彩，带有一定的地域差异。民族传统体育深刻的文化内涵已经深深地融入到了人们的生活中，他具有重要的社会价值和文化价值，其发展有利于民族传统体育文化的传播。所以我们在研究民族体育的时候，不能忽视民族节日这一重要的时空要素；在研究民族节日的时候，更不能疏忽民族体育这项重要内容。此外，通过分析，我们还会发现一些共性特点。一、民族节日的时间选择一般都在农闲，例如：苗族每年在农历二月或十月举行的祈求风调雨顺、人寿年丰、五谷丰登的“龙船节”，全村寨的群众参与，在山涧河谷行走，犹如游龙穿行，一片欢乐气氛。这反映了农业社会“不违农时”是一个得到普遍尊崇的标准。二、民族节日具有鲜明的民族文化特征，民族体育不仅与民族文化密切相关，还与当地的自然生态环境有紧密联系。例如：羌族的“祭山会”是祈求山神和天神保佑人畜兴旺、五谷丰登、森林茂盛、地方太平的大典。白族的“绕三灵”，成千上万的人们结伴沿苍山、洱海巡游歌舞，这项活动源于白族对山神、水神的原始崇拜。三、许多的民族节日以及民族体育活动都源于民间传说、故事等，例如：每年农历的正月十五、十六举行的“目脑纵歌”，是景颇族根据民间传说而形成的大型歌舞盛会，驱恶扬善、预祝吉祥幸福、欢庆丰收。民族节日和民族体育无疑是民族文化的重要载体，对民族节日及民族体育的保护，是民族传统文化保护的重要内容，也是保护文化多样性的重要手段。四、民族节日和民族体育不仅是民族文化的重要内容，也是开展民族文化旅游等文化产业开发的重要资源。

参考文献

［1］黔南民族节日通览．贵州人民出版社，1986.

［2］中国少数民族风情大观．中国民族摄影艺术出版社，1990.

（本文原载《中国民族文博（第一辑）》 民族出版社 2006年10月）

《中国少数民族民间传统音乐舞蹈大系》的拍摄与体会

陶　颖

我国是一个统一的多民族国家，56个民族在长期生产生活实践中创造的丰富多彩的文化遗产，是中华民族智慧与文明的结晶，是联系民族情感的纽带和维系国家统一的基础。随着全球化趋势和现代化进程的加快，我国的文化生态发生了巨大变化，非物质文化遗产受到严重冲击，这一情况已经引起我国政府的高度重视。近年来，在国家有关主管部门的领导下，2003年启动了“中国民族民间文化保护工程”，建立了统领该项工作的部际联席会议和相关工作机构。2004年8月，加入联合国教科文组织《保护非物质文化遗产公约》。2005年12月国务院下发《关于加强文化遗产保护的通知》。2006年2月12日，中国政府第一次全面反映非物质文化遗产保护的“中国非物质文化遗产保护成果展”在中国国家博物馆隆重开幕。同时，在民族文化宫大剧院举办了三场“中国非物质文化遗产保护成果展专场文艺晚会”，对昆曲、古琴、泉州南音、山西左权民歌、侗族大歌、蒙古族长调、少林功夫等进行了立体的展示。非物质文化遗产有声有色地在首都舞台隆重登场以及为期一个多月展览展出，引起社会各界广泛关注。面对这一喜人的形势和光荣而艰巨的任务，令我回想起14年前参加中日合作拍摄纪实电视系列片《中国少数民族民间传统音乐舞蹈大系》（以下简称《大系》）的工作。该项工作是通过国际合作保护我国少数民族非物质文化遗产的一件大事，历时4年，我作为中方副导演全力投入了这项重要工作，其间的工作和一些体会或许可为今天我国非物质文化遗产保护工作的开展提供一些参考。

一、《大系》主要内容和拍摄情况

《中国少数民族民间传统音乐舞蹈大系》，是中国民族音像出版社与日本JVC株式会社联合摄制的一部反映中国55个少数民族民间音乐舞蹈的纪实电视系列专题片。《大系》以影视人类学理论为指导，充分发挥影视手段的优势，生动地纪录了20世纪90年代中国55个少数民族的传统音乐舞蹈文化风貌，呈现出中国少数民族多姿多彩的文化艺术和少数民族人民诗一般的生活。该系列片片长2400分钟，共48集。出版号ISRCCN-A25-95-0002-0/V.G，于1997年6月由中国民族音像出版社全套出版发行。

中国少数民族民间音乐舞蹈是各少数民族传统文化和谐统一的一个组成部分，它总是与该民族生活的地理环境、生产生活方式、宗教信仰、生活习尚密切关联；总是在一定的民俗活动、宗教活动、生产劳动空间里展现。因此，《大系》着重收录了中国55个少数民族民间围绕世代传袭的民俗活动所传唱的创世古歌、劳动生产歌、婚嫁歌、摇篮曲，民间歌舞和各种民族乐器的制作和演奏过程。同时，通过画面反映出各民族所处的自然环境以及语言、民居建筑、民族服饰、绘画艺术、生命礼仪、宗教礼仪、劳作方式等，是一部迄今为止最真实系统地纪录中国少数民族民间传统音乐舞蹈的大型电视系列片。

《大系》的产生与日本国立民族学博物馆的业务拓展密不可分。早在1977年，日本国立民族学博物馆就开始在日本国内拍摄佛教音乐、古典音乐和民族音乐素材；1993年开始，摄制内容扩大到美洲、欧洲、澳洲，在世界各地收集民族音乐、语言等音像资料[①]；1996年，《世界民族音乐大系》（VIDEO）发行。正是在这样的背景下，中日联合摄制《大系》出现了一个契机。经过双方长达两年时间的谈判，终于于1992年达成了合作协议。这是国家民族事务委员会批准的与日本国首次达成的以电视为载体反映中国少数民族传统文化的项目。在民族文化宫和日本国立民族学博物馆的策划下，由中国民族音像出版社和日本JVC株式会社共同组成了摄制组。

---

① 1994年日本国立民族学博物馆要览.

摄制组从1992年10月至1996年10月的4年时间里，先后前往云南、四川、贵州、广西、海南、福建、黑龙江、内蒙古、甘肃、青海、新疆、西藏等12个省、自治区近50个县市、60个乡、70多个村庄展开拍摄工作。行程仅以乘坐汽车与步行计，车行数万公里，步行数千公里。拍摄对象以自然集为顺序：拉祜族、怒族、傈僳族、独龙族、佤族、哈尼族、布朗族、白族、普米族、纳西族、基诺族、彝族、土族、裕固族、撒拉族、回族、东乡族、保安族、蒙古族、鄂温克族、鄂伦春族、赫哲族、达斡尔族、满族、朝鲜族等25个民族，成片于1995年，在中国和日本境内首期发行。之后是藏族、门巴族、珞巴族、羌族、毛南族、土家族、壮族、京族、瑶族、畲族、仫佬族、水族、苗族、布依族、仡佬族、黎族、高山族（从台湾购进素材进行编辑）、傣族、阿昌族、德昂族、侗族、景颇族、塔吉克族、维吾尔族、哈萨克族、柯尔克孜族、塔塔尔族、俄罗斯族、锡伯族、乌孜别克族等30个民族，成片于1997年6月，在中国和日本境内第二期发行。至此完成了中国55个少数民族的全部摄制工作。在长达4年的拍摄时间里，摄制组先后组织了11次装备齐全的赴各民族聚居地的实地拍摄，积累了10000多分钟的录像素材，6000多分钟的DAT音乐素材和10000张反转片，10多万字的调查笔记，锻炼、培养了自己的专业人才。

二、拍摄工作的几点体会

翻开已经有些陈旧的现场调查笔记，宛如掀起一段时间的幕布，曾经的每一次拍摄方案构拟、远行、调查定点、开机、关机，竟是历历在目。为了确保拍摄工作的顺利进行和拍摄质量，组织者和摄制组成员付出了智慧、劳动和巨大的努力。许多工作环节还是值得记取和总结。

精心的组织和有力的保障。要完成这样一个大项目、大工程，没有精心的组织、完善的管理制度和有力的技术、后勤保障是不行的。为此成立了由中日双方领导、专家、技术人员共同组成了强有力的联合摄制组。有总顾问、制片人、导演、摄像、录音、灯光、剧照、剧务、翻译、协调、司机、技术经理、电子编辑、混频等，成员多达45人。同时，制定了相关工作和工作人员职责。将各个工作环节的任务、人员配置、工作职责、设备配置和相关技术、后勤保障一一细化落实。

具体做法是：现场拍摄人员配置有制片人、导演、副导演、摄像、摄像助理、照明、照明助理、技术主任、录音、剧照、剧务、翻译、协调、现场协调、车辆、车队司机等20余名的工作人员。设备配置为摄像机2台（经常A、B组同时开机），相关配件2套；数字录音机及相关配件2套；录像带；录音带；灯光器材；汽车两辆等。设备全套75件。每人1个5公斤重的羽绒睡袋；帐篷10顶以及炊具和餐饮用具。交通保障方面，省际交通全员一律乘座航班。配备专用运输设备车辆和人员乘座车辆。4年里，每一次行程都从北京开始，专门从日本购进的2辆适合山区交通环境的MITSUBISHI PAJERO L-300，一路拖着装备走了数万里路。同时还需在拍摄当地租用两辆车供拍摄人员使用。在交通车无法抵达的乡村就请当地农民工背负器材及必须的行李，跋山涉水，全员驻扎帐篷或进驻农家。通常每次背负行囊的民工在60—70人之间。后勤保障方面，摄制组设有专任厨师，最大限度地保证了饮食的安全并符合绝大多数工作人员的饮食习惯。在一次进藏的途中，为解决剧组成员的饮水问题，甚至租用了两辆卡车专门托运水箱。这一系列措施有力地保障了拍摄活动的顺利进行。

严谨的技术操作方案从根本上保证了拍摄质量。为更好地呈现各少数民族民间音乐舞蹈风貌、艺术特色和文化内涵，充分发挥影视记录的优势，把握好二度创作的相关要素，摄制组十分重视每一次的“构成方案”的制定。第一步总是要借助已有文献资料和专家对所拍摄民族作全面的了解，对其音乐舞蹈的历史传承发展及其文化生态环境作全面的了解，并在此基础上筛选拍摄主题，拟定第一次构成方案。方案包括“构成意图”“构成展开”“其他构成要素”“今后调查课题”等内容。随后再根据实地调查、讨论，形成第二次构成方案、第三次构成方案……直到形成一个成熟的方案。从工作程序来看，确定一个民族的拍摄地点、内容需经过：A.日方总导演编写调查方案；B.根据调查方案要求，中方副导演在北京借助文献资料和相关专家展开调查，拟定第一次构成方案；C.以中方副导演为主的调查小组赴被拍摄对象的聚居地进行多个景点的实地调查，进一步收集资料，落实相关问题；D.总导演汇总中日双方材料。多次反复论证后方确定拍摄方案。

齐心协力、全力以赴。在整个拍摄工作中，得到国家民委和省、地（市）、县各级民委领导、相关专家学者的大力支持，也得到了各族群众的理解与帮助。可以说，如果没有他们的关心支持，这项工作也很难做好。领导的关心、各族群众的支持理解，以及各民族文化艺术的至极至美感动着我们，也激励着我们。中日双方工作人员克服了语言不通，技术和工作方法上的差异，大家齐心协力、全力以赴。可睡地铺、自己做饭，背着几十斤重的器材走山路，起早贪黑，每天工作时间都在14小时以上。在艰苦的环境下，以执着的精神和饱满的热情完成了4年的联合拍摄任务。

在4年的拍摄中，有惊有险的事常常发生，有时甚至危及生命。1996年1月的一天，在广西壮族自治区罗成县四把寨双寨村夜宿时，本人及维吾尔族同事热依汉就因碳火取暖不幸二氧化碳中毒，若不是其他摄制组成员及时发现，可能也就生命不保了。

在一次从青海格尔木进藏的摄制计划中，考虑摄制组成员要有一个慢慢适应高原环境的过程，在省际交通的方式上第一次采用了汽车载人进藏的最为艰苦的旅行。刚出格尔木摄制组几乎全员发生严重的高原反应，穿过昆仑山时，只有当地司机4人、热依汉及本人还能照顾大家喝些水、吃些方便面。为调整身体，不得不放弃原定的拍摄计划，一路赶到拉萨。总导演中川邦彦先生终因严重的脑缺氧、肺水肿，不得不从拉萨搭乘航班运送四川省成都市，后经北京海军医院高压氧舱的治疗才保全了性命。

1993年8月在赴云南省兰坪县河西乡拍摄时，经历10年不遇的暴雨，造成通讯、电、水、公路四不通，数十里乡村公路被冲垮，摄制组、农民工一行80人，身负数千公斤的器材、行李跋涉了30多公里，才得以安全撤离灾区。半年后，司机才从北京赶往事发地把车开回。

《大系》的拍摄工作考验着我们的意志，倾注了摄制组全体成员的努力，也倾注了我们饱满而激扬的情感。记得在云南卡朗村拍摄拉祜族村民们欢庆新年时，不知是为村民们黄土飞扬、酣畅淋漓的舞步，还是被妇女们服饰的绚丽感染，或因在拍摄中发现了人类远古文明的印记，当天的拍摄结束时，我们在院外的芭蕉树下找到了混在昏醉的村民中的总导演。

在维吾尔族一小时的成片内容中，一群维吾尔族男子在沙漠上打着手鼓的一段天人合一的画面非常地抢眼，而只有现场的工作人员才了解镜头后的故事。为了真实再现达普合奏曲《木卡姆》的艺术魅力，打破过于拘束的局面、僵硬的表情，同事热依汉及本人在新疆库车县邻近巴格阿瓦提村的塔克拉玛干沙漠的边沿，和着鼓声翩翩起舞，不仅感染了演奏者，把大家的情绪调动到了极致，也感染了现场的每一位工作人员。

其实工作回馈给我们的更多。当我们全身心投入工作中时，当某项工作因我们的努力而呈现出更美好的状态时，我们会因之更美好而更自信，这就是工作回馈给我们的厚礼。它们一般来说是成正比的，而事实上我们得到的馈赠常常更多。这一认识的获得要感谢拍摄工作带给我的启示。1992年底,经过实地调查，决定于1993年1月以云南省澜沧县卡朗村拉祜族的新年“阔塔”为拍摄对象，《大系》正式开机。作为本片副导演，我从通过高考从澜沧县到北京市上学，成为中国民族音像出版社专职电视编导后，第一次参与的国际型合作项目，光荣与压力并存。所幸，有充分地前期调查准备，并且一开始就得到了各级政府的高度重视，省民委、县政府都派出了得力的民族干部帮助协调工作。当得知副导演出自本县，更被村民们视为骄傲，故毫无保留地积极配合。拍摄前总导演对每一个岗位明确分工，现场中日双方工作人员相互配合，与当地的协调、语言（汉语、日语、拉祜族语）的翻译，都井然有序。同时，摄制组成员以感激和崇敬的心情开展工作，使得将近10天的拍摄十分顺利。最后摄录了近600分钟的节日生活、古歌、劳动生产歌等内容的录像素材，圆满完成了对拉祜族代表性文化的记录。由此开始，本人对未来4年的工作有了更大的信心。后来，无论走进哪一个村寨、哪一户家庭，与哪一个民族同胞交流，都始终做到充分尊重和理解，并充满感情，融入其中，在无数次的现场沟通中，也从未因语言障碍而受过影响。

当然，《大系》也是一部遗憾的艺术作品。虽然在《大系》的摄制过程中，每一位工作人员都尽心竭力地履行了自己的职责，但是，由于必须在4年内完成全部摄制工作的时间限制，由于大雨冲毁路段、大雪封山等气候因素的影响，由于交通条件有限等客观因素的影响，而不能像1993年获亚广联电视大奖的《最后的山神》、获法国真实电影节大奖的《八廓街16号》、历时两年拍摄的《中国最后的马帮》那样投注大量的时间进行长时间的跟踪拍摄；也无法按严格意义的田野调查方法选择拍摄地点和拍摄对象；更不可能对拍摄对象及事件进行反复的深入地反映。因为这毕竟是20世纪90年代初达成的一项反映中国少数民族民间传统文化的国际合作项目，它在制约日方进入腹地拍摄的同时，也制约了我们自己。

三、天地乐舞、内涵深厚

1997年6月，经过精心编制，《大系》在中国发行区域全套发行。与此同时，被命名为《天地乐舞—中国少数民族艺术大系》的相同版本作品在国际范围发行。《大系》的确是名副其实的“天地乐舞”。从它的艺术构成来讲，它汲取了民间艺术中最为古老的部分，在一年一度的重大节庆活动、婚丧嫁娶等民俗活动中完成一代又一代的复述和传承的民间音乐舞蹈，其悠久的历史，可喻之为天长地久。音乐舞蹈作为一种艺术形式它是有限的，但是，根植民间、传承久远的民族民间音乐舞蹈的文化内涵却异常丰富。中国各民族生生不息的精神气质分外高昂，可喻之为天高地阔。此外，它高妙如天、厚朴如地的艺术气质无疑是中华各民族的艺术珍宝，是各民族的精神血脉。“天地乐舞”由许多悠久、壮美而多彩的文化事象构成，兹举数例：

古老的创世古歌。云南省西双版纳傣族自治州景洪县巴卡村，被拍摄对象名莎都，女，时年84岁。整整一个夜晚，摄制组围着火塘，通宵达旦地拍摄老人颂唱创世古歌，摄录素材180分钟。

被誉为当代基诺族两大歌手之一的莎都，熟唱多种民歌，并善于即兴编词对唱。颂唱的创世古歌《阿嫫肖白》，内容包括始祖阿嫫肖白创造天地万物，给人类带来光明，分天分地，造文字，受害遇难等。在歌词中表述“远古时，宇宙是一片汪洋大海，是阿嫫肖白用双手搓出一块块的泥，用它们造成天地、日月、星辰、山川、河流、动物、植物和人……”《玛黑玛妞》是基诺族的洪水神话，歌词大意为洪水毁灭世上万物时，一对兄妹玛黑玛妞藏于木鼓中保存了生命，其朴素的情感和与许多民族的创世古歌有惊人的相似之处。

劳动生产歌。如果说劳动生产歌是一个民族在生产活动中借助放开歌喉遣散劳作的辛苦，并随着歌声传达对耕种的经验，那么，云南省澜沧拉祜族自治县富邦乡卡朗村的一年一度的“阔塔”盛会，大概就是劳动者传达智慧的最隆重的仪式。卡朗村是个有554户2432人的大村寨。新年“阔塔”这一天，大多数村民都聚居在74岁高龄的老村长张扎倮家的院场，长者、尊者处在村民的拥戴中。一名长老带几位长者在屋内举行完神秘的祭祀后，领着大家吹起芦笙围着院场正中的一棵常青树起舞。芦笙手们沿着长者的足迹，用舞步、笙声，几种不同含义的旋律传达道："找到了，我们找到了一块肥沃的土地；大家一起除草、挖地、播种；衷心地祝福、祈愿将会有一个丰硕的收成，祝福家人健康、平安；尽力地劳作吧，除草挖地，精耕细作，交流丰富的生产经验；丰收是喜悦的，把庄稼收回粮仓。"所有的村民无论男女老少都投入地加入其中，伴着芦笙的节奏，使劲地跳着，和着，扬起一阵阵黄土，汗珠子甩在地上，寄托着他们对丰收和繁荣的祈愿。

如果说，此时此刻，舞蹈本身使人身心愉悦，让人从中获得精神满足。那么，舞蹈的意义所在更应该是教育，他摆脱了抽象的说教，潜移默化地把道德准则、审美情趣、长辈们对生产生活的体验注入每一位在场的人的思想感情之中。

乐器的文化遗存。在所拍摄的乐器制作和演奏中，东乡族的泥瓦乌，从发声和演奏看，与现今仍然活跃在舞台上的稀有乐器"埙"极其地相似，只是其外型和制作要更简单些。

另外，基诺族中尚存的一种叫"切可"的竹筒乐器，也很古老。"切可"的音高根据竹筒大小及音槽的深浅而定，按高低顺序排列成组；每个竹筒均有专有名称，谓之"尤月""格劳多""戈姑""嘎姑""崔凿""崔俏""崔模"，用于表示固定的音名；以4个竹筒为一组，发1 2 3 5或5 6 1 2或6 1 2 3等4个音列。每当村里的人们听到"切可"声从远远的树林里传来时，便可根据音乐的节奏和旋律来判断猎手们获取到了什么猎物。1993年2月2日这一天，云南巴卡村的白腰腊、资木拉等5人就形象地为摄制组再现了这一幕：他们在树林里砍制了7节竹筒，一路敲打着"稻子黄了，野猪常来偷吃我们的庄稼，我们要打断野猪的骨头，砍短它的筋"。"打到了，我们打到了麂子，回家的路这么远?""来敲打它吧，娃娃们，要成为好的猎手，你们要先学会敲切可。"（歌词大意）等等。在拍摄现场，经历多国民族音乐现场拍摄的总导演中川邦彦先生说，这样的狩猎乐器，只有非洲土著民族中尚有传承。

四、结语

中国非物质文化遗产保护工作正逐步深入，通过政府和社会更广泛的力量介入，中国非物质文化遗产所面临的“人亡歌息”的严峻现实将得到根本扭转。但是，具体的工作途径和方法仍然值得进一步深入研究。目前，采用记录、录音、录像等方法进行的静态保护，将其整个过程拍摄、记录下来，不漏掉任何一个细节，依然是一种较为常见而有效的方法。困难的是在现存民族文化生态环境下，在现有条件下的活态保护。目前的情况是更多地依靠本民族艺人技艺的传承。这里还可以提一提的是：生态博物馆的理论与实践表明，生态博物馆在活态保护民族民间文化方面大有可为，国家有关部门可以有针对性地兴建一批生态博物馆。此外，在多层次保护意义上来说，吴露生先生意见也值得重视。他认为：“活态文化遗产的传承不同于博物馆的保存。保护是在保存的基础上发展传承。现在一些产业化的操作方式是一柄双刃剑，一方面将这些传统文化的东西导入了现代社会，一方面又因为经济利益的驱动形成了一种建设性的破坏，让这些东西失去了本色。”面对两难的现状，吴露生先生认为可以找到一个合适的方式，“在保持这些传统文化的基本因素的基础上融入符合当代审美情趣的因素，这样的保护才是真正的发展传承。”①

（本文原载《中国民族文博（第一辑）》，辽宁民族出版社 2006年10月）

① 引自吴露生于2005年7月8日在“中国非物质文化遗产保护·苏州论坛”上的讲话.

从起居文化探析藏族文化的变迁

——以西藏帕尔村为例

鲁 艳

西部大开发以来，在政府推动力和市场经济感染力的作用下，大量来自于全国乃至世界各地的干部、学者、士兵、商人、民工以及旅游爱好者进入到西藏，在与他们的交往接触中，西藏人民扩展了空间感和社会关系网。此外，政府、市场和外来文化等外部动力延伸进入到这片雪域高原，西藏人民按照自己的社会文化理解并对其赋予了多种意义，形成新的社会文化体系。但这些外来文化要在当地社会生根、发芽，必然要经过过滤和改造。西藏人民以传统的文化机制和认知分类体系对其进行认知和解释，在这过程中，把外来的现代文化改变成为当地文化体系的组成部分，从而使传统文化发生变迁。本文拟以位于拉萨近郊的一个藏族村为例，从当地藏族的居住、饮食文化两方面来探讨当地文化的变迁。

一、居住文化中的时代注入

（一）平顶碉楼的建筑结构

帕尔村的房屋基本上都具有独特西藏民族特色的二层平顶房屋。村里的房屋基本上仍然是土石结构，不过已与传统的藏区住房在建筑材料构成上存在较大差异。帕尔村房屋的建筑材料中普遍石头较多而土坯较少，有些村民的房屋则完全是石结构的。这种石结构的房子更为稳固且外表较土石结构房屋好看，而且其造价也相对高昂。后来笔者去日喀则、江孜的时候，发现那里的民居多半是土坯建筑，只是在打地基的时候用石材，其他的如墙体用的都是黄土坯。面对这样的差异，笔者查阅了许多资料，分析认为除了帕尔村位于拉萨近郊，经济条件比较好之外，这可能还跟拉萨四周的花冈岩石资源丰富有关。当地居民就地取材，所以有了村里这些密集的石材民居建筑。

帕尔村的民居墙体都很厚，最厚处甚至达1米，墙面逐渐向上收缩，但内壁保持垂直。从外面看上去墙壁上面都比下面薄，整面墙呈梯形。房顶土层也很厚，加上房子坐北朝南，具备冬暖夏凉的优点，这正好适应了西藏高寒天气的自然条件。帕尔村“屋皆平顶”的建筑风格，这一点笔者在布达拉宫、大小昭寺、宗山城堡等地都深有感触，无论是寺院建筑还是世俗建筑，都毫无例外地采用了这种平顶的建筑样式。

由于帕尔村地处拉萨河河谷，居民主要从事农业生产，属于西藏比较典型的农业地区。因而，帕尔村村民在建筑房屋时都会同时建起一圈围墙，这样每户都有了自己的院落。因此村子里的屋舍大多呈二层楼带大院的格局，而且通常是一家一座院子，几户人家住在同一座院子里的住房形式很少见。帕尔村人通常在底层圈养牲畜或堆放杂物，二层才作为主人活动的主要场所，笔者通过与当地居民的访谈，发现这样的房屋格局与当地农民的生产生活方式有着很大的因果关系。因为农民有各式各样的劳动工具，有饲料、燃料和贮存的粮食，而且大多数藏族家庭都养有家禽家畜，比如羊、狗等，养羊主要是为了自家食用，而狗则可以为主人看家，这些都需要有宽敞的空间，住房带大院的建筑形式正好适应了农区居民这样的需求。

（二）汉藏参半的室内陈设

帕尔村居民的住所大多呈正方形或纵长方形，新近修建的房屋开始逐渐呈现出藏汉建筑的双重特色。村民的家具一般也是现代样式和传统样式参半，基本上是每家既有内地常见的现代家具，又有印有漂亮图案的藏式传统家具，如传统的藏柜、藏桌以及从内地运来的被叫做“甲觉”的汉式桌子。

厨房多为单独的房间。火灶一般设在厨房的一角，也有的设在与门相对的墙的正中位置。火灶过去多是三角铁灶台，烟通过屋顶特设的天窗出去，现在许多地方都用设有烟道的连体灶台，人们再也不受烟熏火燎之苦。靠近灶台的墙壁上挂放水瓢等器具，酥油筒、酒壶酒筒、糌粑盒等生活器具都按不同的位置摆放于厨房中。厨房里，多数人家安放有餐桌供家人平时用餐，如有客人，则多在主室待客。

据当地村民介绍，过去村里许多人家还设有专门供家人礼佛的经堂。经堂内一般不住人，但设有“垫架”床，如请喇嘛到家念经做法事，喇嘛可住于室内。但是随着社会的发展，帕尔村的居民已经能够通过自己的勤奋与努力解决许多以往无法解开的难题，所以经堂的功用反而越来越小了。

（三）多元文化的房屋装饰

帕尔村人的建筑装饰常常会因经济条件的不同而差异很大，村民比较重视室内装饰，尤其重视对会客室和起居室的装修。经济条件较为拮据的村民装饰相对比较简单。他们通常都将屋顶的木梁染成红、黄、蓝等纯度很高的颜色以作修饰。一些富裕的村民则雕梁画栋，有的还专门请画匠将屋顶和天花板等装裱得富丽堂皇。如今的帕尔村人都喜欢在室内悬挂诸如《和睦四瑞图》《六长寿图》等画，象征家庭的和睦祥瑞和家人的长寿健康。

此外，帕尔村居民大多比较注重对门的装饰。帕尔村居民的门上大多绘有传统的日月形或“雍仲”符号。而在宅院大门内的门廊两壁上则绘有非藏式的驭虎图和财神牵象图，象征禳灾纳祥、招财进宝。在帕尔村的民居中我们既能找到藏族象征吉祥如意和辟邪的符号和图案，也能在富有藏民族特色的壁画、墙画、装饰品中找到汉族文化的一些踪迹，如八仙过海、福禄寿喜、花开富贵等已在藏家形成风尚。

藏族民居大多呈白色，通过有关资料，笔者分析这可能与当地的宗教信仰和地域文化传统有关。白色象征观世音，而且从藏族同胞通常向尊贵的客人敬献洁白哈达的习俗可以看出藏族居民一直以来有“崇尚白色”的传统，这些成片的白色墙体则是藏族信仰在房屋建筑方面的映射。

（四）帕尔村人的民居变化：传承中体现适应

改革开放以来，帕尔村人的民居出现了较大的变化，其民居建筑在保持传统特点的同时，也逐步融进了现代气息。他们在保持传统建筑的外形、风格、色调和布局的基础上，开始运用现代化的建筑材料水泥、钢筋和装饰材料。其中，玻璃的运用最为广泛，一方面保证了室内的温度，另一方面具有采光优势，因而得到大多数人的青睐。传统和现代在西藏民居建筑上的有机结合，探索出了一条现代民居的新思路。

在调查中笔者发现，帕尔村人的民居装饰也越来越富于现代化特点。新近修建的房屋开始逐渐呈现出藏汉建筑的双重特色。村民的家具和壁画、墙画、装饰品等都体现着多元文化的特点。

帕尔村民居的这些特点可能很大一部分原因在于，帕尔村处于拉萨近郊，与外界的接触相对频繁，加之青藏铁路开通运营推动了当地旅游业的发展，外地人也经常来到镇上，因此，在居住方面既有当地的特点，又受到外界的影响，体现出了城市郊区在藏区转型中的特点。如今村里出现的越来越多的砖混结构大楼与藏式建筑相结合的建筑风格，这些别具一格的建筑，体现了民居传统与时代的和谐统一，为改革藏式建筑并保留藏式建筑的特色做出了有益的探索。

二、饮食结构的多元趋势

一般而言，饮食文化具有强烈的地域性、民族性、文化性。整体而论，过去的帕尔村人在饮食习惯上表现出强烈的宗教文化性。在改革开放以前，帕尔村人对饮食的态度依旧执着于旧有的传统观念。如其他藏民族一样，帕尔村人也有酷爱食肉的特点，但多少年来“食肉”却仅限于牛肉等大型家畜，对许多野生动物都不会乱加食用。帕尔村位于拉萨河河谷，拥有丰富的鱼类资源，但是帕尔村人却没有将其作为饮食的一部分而加以利用。这是由其独特的宗教信仰决定的。

（一）饮食结构趋于多元化

物质生产的进步，使帕尔村的饮食结构发生了很大的变化。除传统糌粑外，村民们已越来越多的食用面粉，大米也普遍进入村民家庭，在保持传统饮食习惯的前提下，帕尔村正悄无声息地进行着一场饮食革命。过去人们早晚以糌粑糊糊为主，藏语叫“吐巴”，中午和临时性吃饭抓糌粑；现在“吐巴”的种类和做法越来越多，“吐巴”许多时候已变成面食。据说当地小麦面筋不足，因而各家普遍加入鸡蛋做面条，鸡蛋挂面已成为各家常食之物。馒头、烙饼、米饭已占据相当重要的位置。特别是全家聚在一起时，也是一天中最被看重的晚餐，已较少食用糌粑。

根据村委会的统计资料显示，2006年帕尔村一年户均消费粮食情况如下：

表1　2006年户均消费粮食情况（n=108，单位：公斤）

	糌粑	面粉	大米	总计
2006年	754（37.24%）	821（40.60%）	448（22.16%）	2023

表1所显示帕尔村户均消费粮食的构成中，相比于以往糌粑几乎占了帕尔村人饮食的全部，如今糌粑所占百分比已显著降低。面粉所占的比例在这个城市辐射的中心社区已稳步上升，甚至超过了糌粑所占比例。大米所占份额也呈现出明显的上升趋势，占到了总体比重的22.16%。各种新的食品源源不断地从各地运来，改变了帕尔村人的饮食习惯，村民们的日常食品趋于多样化，帕尔村人饮食结构变化如此之大，是整个藏区的一个缩影，是社会进步的一个重要标志。

（二）越来越讲究合理搭配饮食

与其他地区藏族一样，历史上的帕尔村人不太食用蔬菜，据村委会2002年统计资料显示，帕尔村当年的人均占有肉类64公斤、奶类83公斤，这在当时就已高于全国平均水平。其中人均肉类占有量高于世界平均水平。然而偏爱吃肉的帕尔村人现今也开始讲究起饮食结构的调整，注意合理搭配饮食。过去由于生活贫困，吃肉少，帕尔村人有句口头语："我不吃草！"意思是不吃蔬菜，要吃肉。然而现在，更多的帕尔村人已喜欢上了吃蔬菜，帕尔村人日常吃的蔬菜大多为自己种植，也有大量从成都等地贩运来的当地不能生产的各种新鲜蔬菜。

帕尔村人现在普遍采用汉式菜肴做法，传统的汤菜主食混在一锅的做法仍旧流行，但单独的以菜下饭的做法也已普遍，每家都留一亩或半亩土地专种土豆、萝卜、白菜，这是农家传统的当家菜。随着大棚蔬菜的开发和商品经济的发展，时令蔬菜不仅能很方便地买到，而且村里的温室也普遍种植，四季常有。帕尔村的富裕人家已经能够常年食用蔬菜，一般人家也会隔三岔五地购买蔬菜，村民们叫"尝个新鲜"。内地的菜花、黄瓜、西红柿、辣椒、莴笋、洋葱、扁豆等应有尽有，季节性较强的苦瓜、生菜和各种水果，在帕尔村都不难品尝到。

（三）甜茶、青稞酒点缀富足生活

饮甜茶曾经在后藏地区颇为流行，是旧西藏上层贵族从英印等处学来的洋派，当时是上等人的专利，普通百姓想都不敢想。如今随着帕尔村人生活水平的提高，饮甜茶渐成时尚，改革开放以来更成为帕尔村人普遍的饮食习惯。

饮青稞酒一直是包括帕尔村人在内的所有藏族同胞的重要生活习惯，现在老百姓粮食多了，因而可以真正做到放开畅饮。帕尔村的绝大多数家庭，基本上都会定期地自己酿制青稞酒，除作为饮料和伴食糌粑外，剩下的酒糟还可以用来喂养牲畜。村民自酿青稞酒，人饮青稞酒，奶牛吃酒糟，人畜皆利，一举两得。值得高兴的是，伴随着外来商品越来越多地进入西藏农村，香烟、拉萨啤酒、饮料等也出现在帕尔村人的日常生活中。

（四）藏餐逐渐成为一种记忆

如今帕尔村人自制的食品数量减少了，购买成品或半成品的食品增加了。除了一些年长的帕尔村人之外，越来越多的年轻人把以前作为主食的糌粑当作偶尔品尝的东西，甚至基本上不吃酥油、糌粑了。日常生活中，吃汉餐成了时尚，村民们大部分时间都吃汉餐，藏餐往往都是在招待藏族朋友特别是老年朋友时才用，吃藏餐反而成了一种记忆。在不断发展的现代化潮流中，如今的帕尔村人，尤其是帕尔村的年轻一代，对外来文化保持着宽容、借鉴、吸收的姿态，他们不再把饮食习惯与民族特征连在一起，使帕尔村人的饮食结构逐步从传统的桎梏中解放出来，呈现出多元性的发展趋势。这不仅仅是帕尔村人生活方式的变迁，更是帕尔村人心态、观念发生变迁的一种折射。

结　语

文化的形成和发展，在于传承和适应。人类社会的文化发展正是在传承既有文化的基础上不断适应新的情况，从而形成了各民族自己独特的文化体系。由民居、饮食构成的地方文化，是当地居民对历史进行时空延续，并且对自然和社会不断适应的结果，在传承与适应的过程中形成了帕尔村人独特的文化讯息和文化符号。

帕尔村人的现代化变迁是内力与外力、本土传统文化与外部现代理性交互作用的结果。西部大开发以来，大批的外来者和现代商品进入到这里，国家政府、市场经济、外来文化等外部动力作用到帕尔村社会当中，与乡村的地方性知识发生互动，村民们对两者或传承或适应的行为选择，外来文明的合理的成分被逐渐纳入本土文化体系，外来文化的压力变成了动力，适应带来了地方文化的更新、发展。

参考文献

[1] 徐平. 文化的适应和变迁——四川羌村调查. 上海：上海人民出版社，2006.

（本文原载《中国民族文博（第四辑）》 辽宁民族出版社 2011年12月）

民族文化档案工作与构建和谐社会

李雪梅

在我国卷帙浩繁的文化档案里，民族文化档案是其中的一朵瑰丽奇葩，也是我们多民族国家文化档案的重要组成部分。民族文化档案是记录、反映我国各民族文化发展历史、现状的重要载体。在新时期，向纵深发展的民族文化档案工作对促进我国的民族工作、促进各民族群体健康发展、促进民族团结进步事业，尤其是构建社会主义和谐社会具有十分重要且不可替代的价值。

一、做好民族文化档案工作有利于促进新形势下民族工作，为构建社会主义和谐社会创造良好的工作基础

在2005年5月召开的中央民族工作会议上，胡锦涛同志强调指出：要切实做好新形势下的民族工作，进一步开创我国各民族共同团结奋斗，共同繁荣发展的新局面。民族文化档案工作是民族工作的重要内容，做好民族文化档案工作不仅是我们多民族国家档案事业的内在要求，更重要的是服务于新形势下的民族工作，为构建社会主义和谐社会创造良好的工作基础。民族文化档案工作是有效开展民族工作的重要基础，能为民族工作的顺利开展提供可靠的文化依据、丰富的文化资源和巨大的文化动力。构建社会主义和谐社会需要这样的文化依据、文化资源和文化动力。“共同团结奋斗、共同繁荣发展”是新时期民族工作主题。民族文化档案工作围绕这一主题，发挥自身优势，收集、整理、开发好民族文化档案，必将大大促进民族工作的效果和成就，也将为构建社会主义和谐社会尽自己的份内之责，出自己的应尽之力。

二、做好民族文化档案工作有利于促进各少数民族群体的健康发展，为构建社会主义和谐社会打下良好的文化基础

在一定意义上，民族是文化的共同体，文化的发展就是民族的发展。新中国的民族文化档案工作在起始就是围绕促进民族发展而开展的。解放前，我国各少数民族，从封建社会、奴隶社会甚至原始社会末期等社会发展阶段，共同进入社会主义社会。这些巨大的民族发展成就，以及随之改变的民族文化情况悉数保存在民族文化档案里。民族文化档案就是一部包罗万象、内容翔实的民族文化发展史或曰民族发展史，它清晰地标示着我国各民族的发展轨迹。这条轨迹也清晰地标明：在我们统一的多民族国家的发展历史上，在“天下一统”的治国理念下，各民族之间虽有着对立甚至战争，但总的来说是朝着和睦、和谐的方向发展的，并最终形成中华民族多元一体格局。民族文化是民族发展的基本依托，民族文化档案既可以为民族发展提供依据，也可以为民族发展辨明方向。在构建社会主义和谐社会过程中，各民族只有立足于本民族文化，彼此间取长补短，互相尊重，正视历史，放眼未来。只有这样才能实现构建和谐社会的目标。从这个意义上说，民族文化档案工作，既有着保护文化多样性的现代价值，还有着促进民族的可持续发展，即人类社会的可持续发展的巨大价值。因为对于人类来说，文化的多样性意味着和谐，也意味着发展。我国和谐社会的构建，也包含着各民族文化之间的和谐、民族间的和谐。

三、民族文化档案工作有利于民族团结进步事业，为构建社会主义和谐社会筑就良好的社会基础

我国是一个统一的多民族国家，民族的团结进步关系到国家的长治久安。维护与促进民族团结进步事业，始终是民族文化档案工作的重要前提之一。民族团结在一定程度上有赖于不同民族文化上的彼此相容。因此，民族文化档案工作不仅要立足于收集、整理民族文化资料，更重要的是完善档案服务、教育功能。以历史上的“胡汉和亲”、文化交流、经济往来和现实中大量的民族团结进步实

例，让广大人民群众知道并懂得，不同的民族虽然文化相异，但可以平等相处、彼此包容，不可轻信那些所谓“文化冲突”或“文明冲突”的聒噪。民族团结进步事业只有立足于其上才有保证。构建社会主义和谐社会，离不开民族团结进步，民族团结进步离不开民族文化的和谐。“和”“合”是中华民族文化的核心内涵。构建社会主义和谐社会是对我国“和”“合”文化的进一步萃炼、升华。

了解一个民族，就要了解这个民族的文化；尊重一个民族，就要尊重这个民族的文化；发展一个民族，就要发展这个民族的文化。构建社会主义和谐社会，就要努力形成各民族文化相互尊重、相互学习、相互补充、共同发展的良好格局。民族文化档案工作是巩固我国民族关系和形成这种良好格局的基础工作之一。民族文化档案工作的着手点在于民族文化资料收集、整理，着眼点则在于促进民族和民族文化的发展、和谐。

（本文原载《中国档案》 2006年4月专刊）

拉祜族酒文化研究

冯昆思

拉祜族是我国古老的民族之一，据考证，其先民是从青海、甘肃一带不断迁徙辗转南下，进入云南和中南半岛的。“唐代，拉祜族曾作为单一的族体见诸古代文献，宋末，拉祜族分两路迁至临沧和景东以南一带，明清时期，拉祜族有局部迁徙，最后定居于现在分布地区”。①拉祜族自称“拉祜”，史称、他称有“史宗”“小古宗”“野古宗”“苦聪”“倮黑”“磨察”“木察”“目舍”等。1953年4月，澜沧拉祜族自治县成立，根据本民族人民意愿，统一定名为“拉祜族”，1989年以后，将散居各地的“苦聪人”“老缅人”归为“拉祜族”这一民族。

据2000年第五次全国人口普查统计，拉祜族在中国境内现有人口约45.37万人，其中云南省有人口44.76万人，占拉祜族总人口的98.65%，主要分布在澜沧江两岸的普洱和临沧两个地、市。拉祜族是一个跨境民族，在境外有30多万人，主要分布在缅甸、泰国、老挝和越南等国。

酒文化是拉祜族传统文化的重要组成部分，是其社会发展程度的一种标志，它贯穿于拉祜族的社会、礼仪、宗教、教育、娱乐之中，在拉祜族社会生活中表现出了强大的生命力。拉祜族酒文化绚丽多彩，是拉祜族物质文化和精神文化的结晶，也是拉祜族热情好客、崇尚真诚的写照，从一个方面表现出拉祜族文化的特点。2012年4月，笔者前往云南省思茅市澜沧拉祜族自治县，通过人物访谈、现场观察和文献搜集等方法，对拉祜族酒文化进行了实地调查。本文结合调研材料以及已有相关研究成果，对拉祜族酒的起源和种类、酿酒工艺、用酒习俗和饮

① 陈炯光，李光华．拉祜族简史［M］．昆明：云南人民出版社，1986（3）．

酒文化等内容进行探讨。

一、拉祜族酒的起源

历史上拉祜族没有本民族文字，关于其酿酒的历史在其他史籍中也鲜有记载，因此，考证拉祜族关于酒的起源和历史是比较困难的。但是，通过调研和查阅其丰富的民间口传文学，从中发现了一些关于酒的起源的相关线索。拉祜族创世纪神话史诗《牡帕密帕》第二部分“造万物”中记述了拉祜族酒的起源。他们认为是天神“厄莎[①]叫云雾把酒气撒到天上，酒气变成了雨水从天而降”，从而万物才有了甜味，人类也才有了酿制酒的“基因”，认为厄莎是酒的制造者。

“冷季有了，热季有了，果子也熟了，可是果子没有香甜的味道，厄莎的酒里，好像有五种味道，酸甜苦辣都是冒着香味，厄莎叫云雾把酒气撒到天上，酒气变成了雨水从天而降。雨水撒在果子上，果子又甜又香，果子一天天长大，厄莎欢喜了一场。厄莎摘下果子来，把果子晒干，又切成碎片，把它撒向空中。厄莎吹口气，气变成了风，风吹散碎果，飘满空中。一个果子落下地，变成了松林；一个果子落下地，变成了东瓜林；一个果子落下地，变成了麻栗树林。”[②]

“厄莎开了一条酒泉，要动物高兴高兴，多甜的蜜酒呀，像小河一样流淌。动物喝了酒，打闹不休止，厄莎找好了住处，分配它们住在四周。”[③]

在拉祜族先民的眼里，自然界万物都蕴藏着迷人的酒香，甚至认为世间万物

① 厄莎是拉祜族宗教信仰中地位最高的神，是创造天地，主宰一切的天神。传说天、地、日、月、人类等一切自然界的万事万物，都是他所创造和主宰，所有神灵都归他指挥，人类一切“福、祸”的降临，都取决于厄莎。因此，厄莎在拉祜族心目中具有至高无上的地位，在日常生活中，厄莎一词和汉族的“天皇”、基督徒的“上帝”一样使用。

② 云南拉祜族民间文学集成编委会．拉祜族民间文学集成［M］．北京：中国民间文艺出版社，1988：16-17.

③ 云南拉祜族民间文学集成编委会．拉祜族民间文学集成［M］．北京：中国民间文艺出版社，1988：23-24.

都是因为天神“厄莎”撒下的酒气才有了活泼的灵性和诱人的芳香甘甜。

还有一种关于酒的起源传说：

“在远古时代，厄莎酿酒给人们饮用享乐，可是后来酒泛滥成灾，于是厄莎下令禁酒。酒被倒入海里或用火烧掉，酒在人间被销毁了一段时间。后来有一位寡妇外出，在路边牛踩过的脚窝里意外发现了残剩下来的一点酒，她把冷饭放入脚窝里，制成了酒，经过很长一段时间，寡妇的做法成了拉祜人制酒的方法，一直沿用至今。”①

在云南澜沧、孟连县的拉祜族中流传着这样一种传说，认为酒是芭蕉通过自然发酵而形成的，被人们偶然发现的。

“古时候，有个寡妇带着儿子过日子，儿子砍了一团熟透的芭蕉果去厄莎（天神）那里去献供。厄莎可怜病在床上的寡妇，让儿子把芭蕉带回给母亲享用。可是儿子没有给母亲吃，他把芭蕉果扛到半路，放进路边一棵大树洞里，然后回家去了。这样，厄莎降罪让吃这芭蕉的人头昏脑晕，似病非病。不久，芭蕉在树洞里全都化成了水，这芭蕉水的香味引来了树上的小鸟，小鸟喝了芭蕉水就醉倒了，有个看牛人喝了也醉得不省人事。后来人们知道了这是厄莎的惩罚，都说这东西不能喝。不久，有个挑米人路过这里，闻见香味，喝了这水也醉倒在地，口袋里的米全浸在芭蕉水里了。挑米人醒来，把米挑回家，熬成米汤，然后给老人喝了一碗，老人一喝，感到特别舒服，全家人一喝，也解除了一天的疲劳。以后，他就把剩下的米又掺到别的米里煮成米汤让大家喝，人们喝了都感到痛快。从此，人们就把这种米当酒王，又叫它酒药。有了酒药后，慢慢便烤出了酒，所以拉祜人个个都非常喜爱喝酒。但是，拉祜人也说，酒不能多喝，喝多了

① 段寿光，鲍光祥．拉祜族的酒文化［A］//中国人民政治协商会议云南省临沧地区工作委员会文史资料委员会编．临沧文史资料选辑（第三辑，少数民族文史资料专辑）［C］．政协云南省临沧地区工作委员会文史资料委员会，1999：213.

就会神魂颠倒。”[①]

第一个传说具有典型的神话色彩，把酒的产生归为天神所赐，这显然是非唯物主义，是由于其认识的局限性所产生的，也是其原始宗教崇拜对事物认识的必然结果。第二个传说说明酒在人间如何得以保留，拉祜族学会并开始用食物进行酿酒，这可能是今天拉祜族水酒产生的最好说明了。第三个传说依然没有摆脱酒是“神造”的结论，是“天神”厄莎的意志让酒在人间出现，其目的是惩罚吃这些“芭蕉”的人与物。所不同的是，这次酒的出现有了物质的依托，即由芭蕉果发酵而来，说明最早的酒是由果类发酵而来的，是被人们偶然发现的。更为重要的是，人们发现了酿酒所需的酒曲，进而在人间造出了属于自己的酒。

拉祜族关于酒的起源传说虽有不同版本，特别是关于酒起源于“天神”所赐和万物皆蕴藏酒香的观点，与现代科学研究发现酒的起源具有一定的巧合，即酒是天然产物。“最近科学家发现，在漫漫宇宙中，存在着一些天体是由酒精所组成的，其蕴藏着的酒精，如制成啤酒，可供人类饮用几亿年。这说明什么问题呢？正好可用来说明，酒是自然界的一种天然产物，人类不是发明了酒，仅仅是发现了酒”。[②]但是，传说终归是传说，真正拉祜族酿酒起源于何时、何地、何人，从现有的材料中还没有发现这方面的论述，笔者的田野调查也没能就这方面的问题得出结论。

二、拉祜族酒的种类与传统酿酒技艺

拉祜族多喜欢住在依山傍水的地方，那里具有丰富的动植物资源。他们以大米为主食，兼有苞谷（玉米）、小麦、高粱、荞麦和小米等。粮食是酿酒的主要原料，不同的原料和酿造工艺，可产出种类各异的酒。

---

① 扎约采录．酒的故事［A］//云南拉祜族民间文学集成编委会．拉祜族民间文学集成［C］．北京：中国民间文艺出版社，1986：260-261.

② 李纪亮．中外名酒文化与鉴赏［M］．武汉：华中科学技术出版社，2005：2.

1. 酒的分类

根据不同的标准，拉祜族的酒可作不同分类。

（1）从原料上划分，拉祜族的酒可分为粮食酒（如苞谷酒、稻谷酒、麦子酒、高粱酒、荞子酒和黍子酒等）；米酒（如糯米酒、大米酒和小红米酒等）和果酒等。粮食酒就是用当地所产的各种谷物所酿造的酒，一般谷物不去皮，通过蒸煮、发酵和蒸馏而成。由于有些粮食产量少，通常以一种粮食为主，同时添加一些其他粮食，形成混合粮食酒。这类酒通常度数较高。米酒就是用糯米、大米或小红米等为原料所酿造的酒，酿造方法与粮食酒不同，煮熟后通过发酵直接饮用，不需要蒸馏，酒的度数较低。果酒就是以当地所产的野果为原料所酿造的酒，由于受原料限制，产量不大。

（2）从酿造工艺上划分，拉祜族的酒可分为烤酒（烧酒）、水酒（白酒）和配制酒（泡酒）。

烤酒（烧酒）：烤酒则是用苞谷、稻谷、高粱、荞和黍等为原料，先煮熟后取出晾干，拌上酒药，待发酵后通过蒸馏所产生的酒。酿酒的酒药过去多为自制，现在多从市场上买来。

水酒（白酒）：即发酵酒，以大米、糯米、玉米、大麦、青稞和粟等粮食为主要原料，放热水中浸泡煮开后取出，再用甑蒸熟，拌酒曲经糖化、酒化直接发酵而成，汁和滓同时食用，即古人所说的“醪”。在拉祜族地区，发酵酒又称为白酒，并按发酵程度的不同，分为甜白酒和辣白酒两类。辣白酒是低度原汁酒，属黄酒类。[①]

配制酒（泡酒）：以发酵酒、蒸馏酒或食用酒精为酒基，加入可食用的花、果、动植物或中草药，采用浸泡、煮沸、复蒸等不同工艺加工而成，改变了原酒风格的酒。根据添加物的不同，配制酒又分为植物类配制酒、动物类配制酒、动植物配制酒等。药酒和滋补酒属于配制酒范畴。在调查中发现，拉祜族也有配制酒。

（3）从用途上划分，拉祜族的酒可分为一般饮用酒、医药用酒和滋补保健用酒。

一般饮用酒：拉祜族日常生活所用的酒，主要为自制的酒。平时待客以烤酒居多，度数在45度左右；家庭内多喜欢喝水酒，泡酒则因人而异。

---

① 何明，吴明泽．中国少数民族酒文化［M］．昆明：云南人民出版社，1999（30）．

医药用酒：拉祜族民间积累了丰富的医药知识，利用当地的动植物资源泡成药酒，用以治疗内外科疾病和各种疼痛。如用小水茄、通气香泡酒内服，可治月经不调、痛经；用老贯藤切片晒干泡酒，内服外搽，可治风湿、跌打损伤；用虎骨、豹骨、熊骨、猴骨、风猴骨、獭猫骨、蛇骨、岩羊骨，依量混合泡酒，可治疗疼痛。用法是用一只獐子獠牙，内装麝香，在疼痛部位用獠牙尖蘸药酒点刺，至疼痛止即可。[①]

滋补保健用酒：严格说来，这种酒属于泡酒的范畴，与医药用酒也有交叉之处。历史上拉祜族是以狩猎为生的民族，常常会猎到虎、豹、熊、猴、野猪等野兽，用这些动物的骨头、内脏等泡酒是司空见惯的，这种酒具有滋补和保健的功效。由于野生动物的保护和减少，这种泡酒现在也不多见了。另外，也有以当地的某些植物作为原料泡酒的。

（4）特色酒：董棕树心酒和嫩苞谷带核蒸酒。

董棕树心酒是以当地的一种董棕树为原料所酿造的酒。董棕树内含有大量的淀粉，将树心切成片，再捣碎蒸熟后拌上酒药，待发酵后蒸酒。田野调查中发现，普洱地区的拉祜族没有这种酿造酒，查阅相关资料，应在滇南的红河等地的拉祜族酿造过这种酒。另外，在金平地区的拉祜人用嫩玉米或较少的玉米骨头，舂碎后用甑子蒸熟，拌以酒药，待其发酵后即可蒸制烧酒。

以上关于拉祜族酒的分类，存在一定的交叉，但是为了能说清楚问题，在结构处理上出现一定的瑕疵也就难免了。

2. 酿酒工艺

（1）酒曲的制作

酒曲是酿酒的母基，通俗地说就是酒的催化剂。拉祜族关于酒的起源传说中，说明了酒曲的发现对酿酒的重要作用。随着生活实践的不断积累，拉祜族探索出如何制作酿酒所需的酒曲。根据田野调查和查阅相关资料，拉祜族自制酒曲的原料有10多种，多为当地所生长的植物。解放前，拉祜族酿酒都用这种自制酒曲，近年来，由于生态环境的变化，植被遭到破坏，植物种类在减少，传统酒

① 白树勋．拉祜族用药习俗及特点［J］．云南中医杂志，1986（6）：34．

曲所需的各种植物已很难找齐全。现在酿酒所用酒曲几乎全部从市场买来，很少用自制的。原因在于：首先，市场上买来的酒曲发酵速度快，产出的酒量多。其次，价格便宜，传统酒曲由于生产周期长，成本高，产量少，受原材料限制等因素，几乎没有人再生产和制作传统酒曲了。第三，保密心理的作用，加上会做酒曲的老人越来越少，现在很少见到传统方法制作的酒曲了。调研中对传统酒曲的配方调查时发现，没有人能说清楚所用的全部原料了。

通过查阅文献，结合调研材料，把拉祜族传统制曲的原料和制作方法作一归纳，以期从中发现传统酒曲的配料。一般认为酒曲的原料有10多种。如据何明《中国少数民族酒文化》[①]一书记载，拉祜族把“柴胡、香树皮、香蕉皮、桔子皮、草根，带辣味的某些植物的秸秆和果实等和在一起，用铁锅炒熟并煮一夜后，晾干、舂碎，再掺入老酒药，藏捂在稻草中密封发酵，即成酒曲”。在《拉祜族民间文学集成》[②]一书中记录了用“白虎草、草烟根、韭菜籽、辣子、老姜、米等10余种植物为酒曲的原料”。雷波，刘劲荣《拉祜族文化大观》[③]一书记载，拉祜族“解放前，酒曲都是自己配制的，用兰烟根、芭蕉皮、辣椒、胡椒、冬生、岩参等植物，晒干后舂成粉状，粘附在蒸熟的米面饼上发酵后再晒干备用。用时，舂细搅拌在原料上即可”。段寿光，鲍光祥的《拉祜族的酒文化》[④]一文中作了如下描述：“现在，拉祜族制作酒药的原料有粳米面、墩树根、辣枇树根、鸡肚子树根、胡椒籽、山胡椒、芭蕉皮、黑心树、毛草根等10多种草根树皮，把这些原料切碎捣烂熬成汤，将粳米面渗汤搅拌，揉成粑粑团，然后屯于箩中焐发，晒干就成了酒药。”

以上各种资料的零星记载，尚且不能把拉祜族传统酒曲的原料全部呈现出来，而各种原料的配比就更没法知晓了。因此，传统酒曲的详细配方应成为研究拉祜族酒文化遗产的一个重要方面，有待进一步调查。

---

① 何明，吴明泽．中国少数民族酒文化［M］．昆明：云南人民出版社，1999：26.

② 云南拉祜族民间文学集成编委会．拉祜族民间文学集成［M］．北京：中国民间文艺出版社，1988：24.

③ 雷波，刘劲荣．拉祜族文化大观［M］．昆明：云南民族出版社，1999：67.

④ 段寿光，鲍光祥．拉祜族的酒文化［A］//中国人民政治协商会议云南省临沧地区工作委员会文史资料委员会编．临沧文史资料选辑（第三辑，少数民族文史资料专辑）［C］．政协云南省临沧地区工作委员会文史资料委员会，1999：212.

（2）白酒的制作

在拉祜族地区，白酒又称作水酒或发酵酒，并按发酵程度不同分为甜白酒和辣白酒。

甜白酒的制法：以大米、玉米、粟等粮食为原料的甜白酒的制作，先用清水浸泡或煮熟原料，再蒸透后，把酒饭放入不渗水的盆、罐或桶等容器中，待其清凉透白，撒上甜酒曲，淋少许凉水，搅拌均匀，放置在温暖干燥处。夏季1—2天即可成甜白酒；冬天约需3—5天。

拉祜族用糯米为原料酿制甜白酒，首先筛去细糠，留下粗糠和米同酿。酿制方法是，用热水浸泡原粮再煮沸，取出后趁热用木甑蒸透，装在陶罐内，撒上自制酒曲，约1小时后即可饮用，其味清凉甜美。

甜白酒实质上是粮食中的淀粉完全糖化而酒化过程即将开始时而形成的水酒，甘甜可口，只隐约透出酒的醇香，是老幼皆宜的饮料，具有很高的营养价值。以甜白酒煮鸡蛋是待客的佳品，也是滋补身体、恢复元气、催奶的保健食品。[①]

辣白酒的制作：辣白酒是用大米、糯米、玉米、麦子等为原料酿成的低度原汁酒，即水酒，属黄酒类。制作过程是先把原料进行浸泡至变软后，放入甑子内用猛火蒸透，使其成为做酒的酒饭。出甑后摊开，使酒饭自然降温变凉，撒上酒曲，淋少许凉开水，搅拌均匀即可装入罐中。一般酒饭入罐5—7天完成酵化，酒香浓郁的辣白酒即可酿成，这时便可取出饮用。

（3）烧酒的制作

拉祜族制作烧酒的原料主要有玉米、稻谷、高粱、荞麦等。酿酒分原料的煮熟、发酵和酿造3个步骤，酒的度数在45°左右。2012年5月15日，笔者现场观察了云南省澜沧县勐糯村拉祜族张继明家烤制苞谷酒的过程，并详细询问了制酒的相关情况。男主人张继明，拉祜族，41岁；女主人：李娜儿，拉祜族，38岁；全家5 口人，外婆58岁，女儿20岁，儿子17岁。该村有73户人家，236人，其中会做烧酒的有6家。酿酒最长的有10多年，祖辈传的不多，多是向本民族别人家学习的，张继明家酿酒时间只有2年多。

第一步，煮苞谷。把苞谷用水清洗干净（苞谷25公斤），放入大铁锅内煮，

① 傅金泉．中国少数民族酿酒史料［J］．酿酒科技，2011（12）．

以苞谷煮涨为准，时间大约4小时，捞出后放在屋内篾席上阴干。第二步，发酵。大约6—7小时后，把凉好的苞谷拌上酒药（重约0.75公斤），装入编织袋内，目的是与空气接触，增加发酵速度，2—3天后便有香味发出，冬天时间稍长些。之后，放入缸中用塑料薄膜加盖密封。一般发酵时间大约在1个月左右，夏天最少也需要10天时间才能完成发酵。调查中得知，发酵时间对出酒率影响不大，但会影响酒的质量，发酵时间越长，酒的口感越好。第三步，酿造。酿酒器具有大铁锅1口，铜锅1口，木制酒甑1只，酒漏1个，引酒管1根，贮酒器1个。具体操作程序是：大铁锅放在灶上盛水（称水锅），用于加热酒饭产生酒蒸气。锅上放酒甑，酒甑内靠近底部放置竹编蒸顶，使酒饭与水面间隔一定空间。酒饭放入酒甑后，在酒甑内安放酒漏作为盛接酒滴的器皿。酒漏状似小铁锅，边缘有4个小孔，孔上穿细绳，绳的另一端系有木块伸到甑外。拉动细绳调解酒漏的高度并使其保持持续平衡，使酒漏悬空吊在酒甑中。酒漏的下端有孔通过竹管穿过甑壁，将酒引导出甑外。引酒管出口处放置1个陶制酒罐，盛接甑子内流出的酒。甑顶放置小铜锅（称天锅），锅内盛水起到冷凝甑内热气的作用，加热过程中要不断换水。放置时，天锅与甑顶之间、出酒管与甑壁之间用棉布条和塑料薄膜缠绕多层密封，主要是防酒气漏出，影响出酒率。以上各项准备工作完成后，在水锅底加火把水煮沸，把酒饭内的酒气蒸出，使蒸汽上升到天锅底部，快速凝聚为酒液，滴落在酒漏里，再顺着引酒管流到贮酒器内。烤酒时，火宜均匀，要不断用冷水交换出天锅内的热水。

据现场观察记录，从开始烧火到结束，整个酿酒过程大约用了1.5小时。水烧开20分钟后开始出酒，中间“天锅”上的水共换了9次，出酒量大约在15公斤左右。据说第一锅水时出的酒度数最高，第二、第三锅次之。调查中得知，出酒率与苞谷的质量和季节有关系，一般夏季的出酒率比冬季高。另外，根据当地酿酒人的实践经验，每年4—5月间，当黄泡（当地一种植物）成熟时节不宜烤酒，烤出的酒容易酸。

三、酒具器皿

广义的酒具包括酿酒所用的发酵器具，滤酒所用的滤器，盛酒所用的贮酒器具，煮熟物料所用的炊具及饮酒所用的各种饮酒器具。由于酿酒过程所使用的酒具与周边其他民族具有很大的相似性，在此不作细致介绍。

根据调查，在拉祜族地区使用的饮酒和装酒器具主要有竹酒筒、竹酒杯、酒葫芦、陶酒碗和陶酒罐等，这些酒具主要体现了就地取材的特点。竹酒杯多以山中坚硬的金竹制作，一般将一节竹子从中一截为二，竹节作底，便成了两只酒杯，高度根据需要截取。竹酒筒是选择已成材的竹子，截取其中一节，保留两端竹节完好，锯为两段，一段较长，作为竹酒壶，是盛器；一段较短，可作酒杯。沿开口处分别在外壁和内壁上挖出一截凹槽，便可做出一个带盖子的酒桶，拧开桶盖可作酒杯。

酒葫芦是拉祜族常见的酒具之一。葫芦是一年生蔓生草本植物，有许多优点，装水水质清、装酒不跑味、装火药不怕潮、储藏谷种兆丰年。拉祜族用葫芦装水、装酒、装火药、储藏谷种、做葫芦笙等。葫芦成熟后，掏空籽瓤，在细茎处系上绸带或绳索，便可用于盛装籽种、火药等贵重物品，但更多的是在外出耕作、打猎、走亲访友时用于盛酒。葫芦具有外形美观、体积小而容量大，携带使用方便等特点，人们都喜欢制作和使用酒葫芦。拉祜族对葫芦有特殊的情结，传说其祖先是从葫芦里出生的，葫芦成为拉祜族的吉祥物。拉祜族苦聪人不但用葫芦装酒，也用剖开的葫芦敬酒。他们传统的《吃酒歌》唱道："甜甜的美酒，竹碗里倒三碗；香香的酒，木碗里倒三碗；醉人的酒，葫芦瓢里倒三瓢。好酒敬亲人，好酒请好客。"①

另外，拉祜族地区盛酒器具多用土陶罐，这种土罐主要由傣族制作。傣族地区至今还完整地保留着泥条盘筑法和在露天平地低温堆烧陶器的传统工艺。土陶形制古朴，广泛应用于日常生产、居家生活和佛事活动中。制陶工具一般由大小花纹不同的木陶拍、卵石、竹片、木板、木槌、小簸箕等，原料是当地盛产的黏土。制陶一般经过取土、晒土、筛土、加沙和泥、制坯，晾晒和烧制等几道工序。

四、用酒习俗

拉祜族酒文化最生动、最活跃的内容，是渗透在年节庆贺、社会聚会、恋爱

---

① 何明，吴明泽．中国少数民族酒文化［M］．昆明：云南人民出版社，1999：14.

婚姻、祭祀结盟以及生活领域的各种礼仪活动，这些历史上形成的饮酒风俗是极为丰富的。“有酒大家喝，有活大家干”是善于饮酒的拉祜族的一句俗语，也在一定程度上反映了拉祜族的用酒风俗。

1. 酒与生命礼仪酒是人生历程的重要标志

在人生历程的各个阶段，拉祜人把酒作为一种重要标志，酒伴随着人们走过出生、婚嫁与死亡的全过程。

（1）酒与出生：许多民族在孩子出生后都要举行出生礼，而酒则是出生礼必不可少之物。拉祜族在孩子出生后，一般不给孩子过生日，产妇在产后3天内不见外人。但是，在产妇坐月子期间，拉祜族同很多民族一样，会给产妇煮食甜米酒和鸡蛋，据说有活血化瘀之功效，可以帮助产妇催奶和排出体内的有害物质。

（2）酒与婚嫁：拉祜族婚姻的缔结要经过求婚、订婚和结婚3个阶段，拉祜族订婚、结婚和离婚等过程比较简单，既没有烦琐的仪式，也不需过多的经济开支，但必须耗费相当数量的酒，但各阶段的具体内容具有明显的地域和支系特点。

求婚与酒：拉祜族男女青年的恋爱和婚姻是非常自由的。一对青年男女交往一段时间，认为满意私定终身后，便各自回家告诉父母，男方父母就要请媒人说亲。媒人求婚要带上烟、酒、茶等物品，按惯例媒人要连走三趟，所谓“过三关”，所以媒人受托求婚是一件苦差事。第一次要带上1瓶烧酒、1包茶叶和1包烟草；第二次要带煮茶用的土罐2个、2把烟草、酒20碗；第三次要带土布1件、谷子2邦（每邦约6公斤）和1尺绿布。女方从男方送来的礼物中来了解男方茶香不香，烟辣不辣，酒劲大不大，从而判断男方的劳动本领如何。[①]在红河流域的拉祜族，青年男女自由恋爱定情后，男方请媒人要带2—4对松鼠干巴和1瓶酒（1公斤）即为求婚礼。金平、新平等地的拉祜族求婚时要带松鼠干巴等物品，如果家长同意对方的求婚，就喝下媒人带来的酒，若拒绝喝酒甚至将酒推翻在地则表示拒绝或对儿女婚事不满。民国时期澜沧地区拉祜族青年男女在经过自由恋爱、互定终身之后，请媒人前往女方家提亲求婚，置办给媒人携带往女方家的礼物唯有4碗老酒。若心上人的父母愉快地接受这4碗酒，就意味着婚姻的大

① 江立平，林夏琴．世界各国奇异婚俗［M］．武汉：长江文艺出版社，1986：17.

门已敞开了；若女方的父母对此视而不见，不屑一顾，小伙子就只有“所谓伊人，在水一方”之叹。[①]思茅拉祜族男女恋爱到一定程度时，初次到女家说亲，需带去2碗酒（约1市斤），一些草烟。如果女方父母同意这门亲事，当晚就吃“喜口酒”，之后双方确定吃“火竜酒”（订婚酒）的时间。

订婚与酒：求婚成功后即可举行订婚仪式，仪式多在男方家举行，也可在女方家举行。到时，媒人带上两筒米（约10斤）、2斤酒、2斤茶叶、2斤食盐、2斤肉或一只母鸡到女方家，做好饭菜，宴请女方家长和亲戚，然后双方边吃边商量聘礼和婚期。有的地方在订婚仪式上，男方给女方镯子1个、耳环1对、包头布1块、酒1碗。经济条件好者，可多给。思茅地区拉祜族订婚吃火竜酒，男方要带去2斤酒，4—5斤肉，女方父母、哥嫂和亲戚都要参加。吃过火竜酒，婚事就算说定了。

结婚与酒：拉祜族的结婚仪式简朴明快。聘礼一般是酒30大碗、大米两斗（约100斤）、生猪1头（120斤左右）、食盐2斤、茶叶2斤、草烟2斤等[②]。澜沧地区的拉祜族多在男家举行婚礼，耿马、双江一带的拉祜族多在女家举行婚礼。届时请亲友及寨邻喝酒吃饭，并到男女双方家中祭祀祖先、神灵，参拜双方父母亲。拉祜族的婚礼极为俭朴，举行婚礼之日，杀猪烤酒或磨豆腐招待亲友们吃一餐饭即可。澜沧一带的拉祜族婚礼，甚至连新房都不单设，婚礼中唯一的食品就是倒上几碗酒，请几个老人来，新郎新娘互相表表态，老人们边喝酒并唱着《祝酒歌》：“你们结婚，是天地之合，不是随便玩玩。你们要互相关心，生儿育女，永不分离。否则，天地就会动，灾难就会降临。”并训诫新婚夫妇互敬互爱，勤俭苦干，靠自己的能力创造美好的生活。

婚礼时用酒分三巡。第一巡酒，敬女方亲戚和寨中父老；第二巡酒，无论男女老少人人都敬一碗；村寨头人“卡些”亲自敬第三巡酒，喝完酒后，婚礼即告结束。因此，整个婚礼过程都在不停地喝酒，喝得既多且猛，又全喝寡酒（耗酒量解放前是60碗，约30斤，现在一般是100斤，多到180—200斤），所以每逢结

---

① 何明，吴明泽．中国少数民族酒文化［M］．昆明：云南人民出版社，1999：115.
② 雷波，刘劲荣．拉祜族文化大观［M］．昆明：云南民族出版社，1999：83.

婚，寨中难免要醉倒一些人。[①]

离婚与酒：离婚仪式，以酒为证。结婚后，两情若不相合，离婚往往是符合人性的举措。在拉祜族离婚仪式中，酒扮演着十分重要的角色。提出离婚的一方，要备办丰盛的酒席请客，客人不必送礼。云南澜沧县的拉祜族离婚时，如果双方自愿，只要各出几块钱，买上十来斤酒，请村寨的头人“卡些”和寨中老人作证，烧香、点蜡、敬酒拜天地寨神后，由“卡些”拿一根红线让两人各执一端，用火从中间烧断就完事。如果一方愿意而另一方不愿意，对提出离婚的一方处以重罚，罚款数额一般在40—100元之间，而这些罚款用来买酒请全寨人喝。这种带有“惩罚”性质的习俗，目的在于惩戒年轻人在选择对象时要慎重考虑，一旦结婚，就要做到终生相爱。同时，“离婚宴”还含有警戒双方今后不要相互仇视的意义。在拉祜族苦聪人中，婚姻自由，但性关系受习惯法制约。婚前若发生性关系致孕者，男方要遭受舆论的谴责，并且应与女方结婚；若不愿娶女方为妻，可以通过赔偿的方法解决，一般要赔偿女方酒若干斤、猪1头、银元30元。有趣的是习惯法对离婚的处理：男方提出离婚，要付给女方酒若干斤、猪1头、银元30元；若女方提出离婚，只需付给男方酒1斤、小猪1头、银元5元。这一习惯法说明，女性明显处于受保护的地位，反映了苦聪人社会保留着母系社会组织形式的某些因素，而酒在这过程中体现出的主要是物质价值。[②]

（3）酒与丧葬：拉祜族历史上的丧葬习俗是火葬，这与其过去的游猎生产方式有关，明清以后，拉祜族逐渐过上定居的农耕生活，一部分人开始实行土葬，葬礼习俗也逐渐发展起来。凡是成年人和老年人死去，都要举行丧葬活动。拉祜族在人死后，要请魔巴来供酒念经，为死者送魂。魔巴念经时，亲人要留下来守灵，死者亲属要给魔巴和守灵人敬酒，为其壮胆并示酬谢。云南澜沧拉祜族停尸期间，青年男女群集死者家中，为死者跳祭祖舞、唱招魂歌，死者家人要拿出酒来酬谢送葬的人。丧葬饮酒，目的是为生者壮胆，以抵抗死者的鬼魂袭击，消除恐惧心理。出殡回来后，死者亲属要敬酒酬谢帮忙的人，所以办一次丧事至少需

① 郭家骥．澜沧拉祜族自治县木戛区拉祜族嗜酒习俗问题研究［A］//云南多民族特色的社会主义现代化问题研究［C］．昆明：云南人民出版社，1986：76.

② 何明，吴明泽．中国少数民族酒文化［M］．昆明：云南人民出版社，1999：139.

要几十斤酒。

2. 酒与生活交往：酒是社会交往的重要手段

酒对拉祜族生活的影响面非常之广，由于特定的生存环境、社会历史背景和心理文化积淀的影响，酒在拉祜族生活中占有极其重要的地位，甚至到了“宁可无饭，不可无酒”的地步。拉祜族苦聪人也是一个以酒为尚的群体，他们评判人的品质与能力的标准之一是：“喝不下三碗酒算不上好汉，吃不上三块干巴算不上能人。”苦聪人的酒歌唱道：“我家的酒坛，摆得像石堆，密密麻麻。我家的酒碗，多得像鸡枞，层层叠叠。我家的水酒，像泉水一样流淌；我家的米酒，像七里香[①]一样香。这样多的酒坛，我一人抱不完，这样多的酒碗，我一家端不完。这样多的米酒，我一家喝不完。”正是基于这种苦难共同承担、欢乐大家分享的群体意识，使苦聪人之间洋溢着真挚火热的信任感，哪怕外族客人来到苦聪人山寨，苦聪人也要倾其所有，真诚相待。“喝吧，痛痛快快地喝，锅搓[②]的心肠像米酒一样香醇；嚼吧，饱饱地嚼！锅搓的心肠像火塘一样热乎。”[③]

（1）拜访以酒为礼

酒在拉祜族社交中是不可少的，客人如带去酒，则是对主人最高的敬重。客人落座后，主人即开瓶敬酒，人们边喝边谈，酒助谈兴，常常彻夜痛饮，每人一、二斤酒就这样轻轻下肚了。

（2）迎宾以酒为敬

“无酒不成礼”是拉祜人的传统观念，不论是隔壁邻舍，还是远村近寨的客人来访，拉祜人都以酒款待客人。若是生客，先倒一碗白开水敬客，再递一碗茶，若客人不嫌，便是诚心，这才拿出酒来敬客。给客人敬酒时，先滴数滴于地，表示敬鬼神、敬先祖；再倒一碗自己喝干，表示酒中无碍；第三碗才是敬客人的。酒能解除拘谨，能活跃气氛，喝酒交谈，生人变熟人。酒是拉祜族人交流

---

① 七里香：花名。

② 锅搓：苦聪人自称。

③ 孙敏．拉祜族苦聪人文学集成［M］．昆明：云南人民出版社，1990．

思想感情的兴奋剂，是结友之桥梁。[①]

（3）致谢以酒示情

拉祜族在每年的农忙季节，都自发地开展换工互助，换工不需要金钱作酬劳，主人只需以酒酬谢就可以了，一般每个工需半斤酒。如谁家盖房起屋，寨中男子都会自愿帮忙，即便主人家缺粮无力请饭，只要有酒大家就满意了，因盖房帮忙的人多，所以每盖一间新房，约需上百斤酒。

（4）消仇以酒示诚

酒是拉祜族调解社会纠纷、化解社会矛盾的赔偿物和赔罪物。在拉祜族习惯中，长期存在着以酒调解纠纷与诉讼的现象。拉祜族凡村社成员之间或与外族外寨发生纠纷、村社成员触犯本民族习惯法等，当事人都要请村寨头人“卡些”出面裁决。在裁决过程中，酒既是酬谢断事人的见面礼，又表示着执行传统法规的头人的尊严和对违法者的惩罚。当本族本寨内部发生矛盾和纠纷时，当事人自觉有理的一方首先提半斤酒去向“卡些”陈述事件的经过，然后由“卡些”邀集寨中父老根据当事双方的陈述进行决断，谁无理就罚谁。罚金根据情节的轻重决定，如争水、争地、争田而吵架的，罚无理者出15斤酒，由此而吵架的加倍罚30斤。处罚以后，参与调解者相聚痛饮。当本族本寨与外族外寨发生矛盾和纠纷，由双方头人共同研究解决，被罚一方的金额即所需酒的数量由其全寨人同出。触犯本民族习惯法的，由“卡些”在农历六月二十四日这天召集村社大会当众处理。已婚男女发生不正当性关系的，罚1头牛外加 10斤酒，全寨共同分食。偷盗行为加倍处罚，偷1头猪，罚2只猪外加 10斤酒，一头猪归还失主，另一头杀后连酒一起大家共同食用。[②]另外， 笔者在调查中了解到，拉祜族现在还有喝“打押酒”的习俗，双方喝完“打押酒”事情就定了，问题就解决了。

① 段寿光，鲍光祥. 拉祜族的酒文化［A］//中国人民政治协商会议云南省临沧地区工作委员会文史资料委员会编. 临沧文史资料选辑（第三辑，少数民族文史资料专辑）［C］. 政协云南省临沧地区工作委员会文史资料委员会，1999：214.

② 郭家骥. 澜沧拉祜族自治县木戛区拉祜族嗜酒习俗问题研究［A］//云南多民族特色的社会主义现代化问题研究［C］. 昆明：云南人民出版社，1986：77.

3. 酒与节日庆典：酒是节庆活动的重要组成部分

拉祜族有自己的传统节日，节日的各项活动少不了酒。生活在云南省澜沧拉祜族自治县的拉祜族最隆重的节日为扩塔节，拉祜族称“扩尼哈尼”意为“过年的节日”，俗称“拉祜年”。拉祜年分大年和小年，大年是女人的年，小年是男人的年。传说在很久以前，快到过年时，男人们在离家很远的地方打猎，过年时赶不回来，到满载猎物而归的时候，年已经过完了。妇女们为了慰劳男人的辛苦，又重新过一次年，这年就叫小年。大年从正月初一到初五，小年从初七到初九，正月十五是共同的节日。

腊月三十晚上，各家各户要供上酒、肉、粑粑等祭品接祖，召唤、迎接逝去的祖先回家过年。初一各人在家饮酒作乐。初二这天要举行盛大的拜年活动，各人给自己的父母、亲戚拜年，全村人给卡些、老人、铁匠和“魔巴”拜年。拜年者一般要带2瓶酒、1对粑粑做年礼；受拜者也要还敬1碗酒。拜年结束后，全寨人聚集在一起跳芦笙舞。主持歌舞的人家至少要备下四五十斤酒，歌舞者以篾桌为圆心围成一圈，纵情欢跳，跳累了退下来喝碗酒，稍事休息后再上，直至夜幕降临才收场。其余几天都像初二一样，白天歌舞饮酒狂欢，晚上青年人走村串寨谈情说爱，老人则以酒助兴，通宵欢歌或畅述史事。十五的晚上，各家各户又要再次备下酒、肉、饭等祭品送祖。因此，一年中首推过年用酒量最大，再穷的人家也要消耗5—10斤，卡些和歌舞主持者则要耗酒四五十斤甚至一百多斤。除过年用酒外，其他节日也要用酒。如清明节、火把节、新米节、葫芦节等。①

4. 酒与宗教祭祀：酒是祭祖祈福的载体

（1）酒与自然崇拜

在山地和森林中成长起来拉祜族，树木、森林及其他植物深刻地影响着他们的生产、生活乃至意识形态，因而产生对树木、岩石、山、水等自然物的崇拜是十分普遍的现象。拉祜族苦聪人崇拜的树神，是村寨后森林中一棵高大出众的栗

① 郭家骥．澜沧拉祜族自治县木戛区拉祜族嗜酒习俗问题研究［A］//云南多民族特色的社会主义现代化问题研究［C］．昆明：云南人民出版社，1986：76-77.

树。他们认为，生活中最美的食物是酒、鸡肉稀饭和老鼠干巴，因此，他们在每年正月第一个属牛的日子，全寨汇聚，向神敬献美酒、鸡肉稀饭和老鼠干巴，以表达对栗树祖先救命之恩的感激。头（主祭人）在祭祀时，面对栗树，含一口酒，再向四面喷酒，其意为邀请天上地下、东西南北的鬼神一同来享用美酒佳肴。[①]

（2）酒与祖先祭祀

许多民族都有固定的祭祖时间。拉祜族苦聪人祭“蔑达拉神”，实质上就是祭祖先神，一般在被祭祀者的属相日行祭，并有专用的祭词。值得注意的是，苦聪人献给祖先的礼品除酒、肉、盐外，首先献上的是酒曲。有资料表明，苦聪人掌握酿酒技术的时间较晚，而培育酒曲的时间更晚，直至民国时期，也是靠打猎所获与其他民族换取酿酒所必需的酒曲，而云南金平县新安寨一带的苦聪人，到20世纪60年代仍然是向邻近的哈尼族购买酒曲。酒曲来之不易，或许是酒曲成为祭祖的首选原因。苦聪人的“蔑达拉神”常置于家庭男性长者的床头上方，神灵牌前酒杯常盈。除节庆之外，拉祜族家庭每有重要举措，必先敬酒祭祖而后行。[②]

（3）酒与生产性祭祀

由于生产力发展水平的限制，生产性祭祀成为祭祀文化的重要内容，酒是生产性祭祖中最重要的敬神祭品。拉祜族年初出猎和备耕仪式，都要用酒祭献猎神、山神和各方神灵，祈求它们保佑来年野味不断、粮食丰收。勐海县的拉祜族，过去每年在开辟新地时，先要在被选中的地中插一根小树枝，树枝前点香，把一碗酒和一碗米撒在地上，边撒边祷告：“我家生活有困难，今年要砍这块地种粮食。请厄莎保佑我家少种多收……荒地上的野物、雀鸟，你们快快离开吧！”次日若树枝不倒，香火燃尽，就认为神已允许开地，否则，就要备酒另寻新地了。

（4）酒与巫术

解放前，拉祜族普遍信仰万物有灵的多神崇拜，从而产生了神灵、鬼怪崇拜的原始宗教观念。当家人生病时，拉祜族认为是鬼魔缠身，通常不是去医院求医问药，而是请“魔巴”杀鸡看卦驱鬼。魔巴要占卜是谁把病人的魂带走的，如卜卦上反映是房子鬼，就要杀鸡备酒加米祭之；如卜卦上反映是“老人鬼”（卓莫

① 何明，吴明泽.中国少数民族酒文化［M］.昆明：云南人民出版社，1999：181.
② 何明，吴明泽.中国少数民族酒文化［M］.昆明：云南人民出版社，1999：195-197.

里），或病人的灵魂被鬼神勾去了，就要杀鸡备酒外加少许盐、米、茶祭献老人，同时请邻居来帮忙守命，魔巴则杀鸡看卦或到路边叫魂。病人亲属要不停地给“魔巴”和帮其守命的邻居敬酒，为其壮胆并示酬谢。这样一次用酒大约20—30斤。拉祜族苦聪人的赶撵山鬼也常常采取以礼待之，好酒相送的办法。除献给山鬼现成的酒外，也让山鬼带去酿酒的酒曲，告诫山鬼，“哪里来，从哪里走，回归到哪里去”，目的是使当事人“家中做酒药，要给好酒药；家中烤酒，要给酒出得多，给酒又辣又香……全家老小好吃好在，全家老小无病无痛”。[①]

5. 酒与歌舞艺术：酒是精神需求的媒介

拉祜族是能歌善舞的民族，“酒至酣时歌自来”。每当贵客光临、节日庆典、婚嫁礼仪、重大祭祀，拉祜族常常唱起“祝酒歌”，营造出热烈的喜庆气氛。酒歌除了娱乐性功能外，还具有鲜明的教育功能；历史、文化的承载和传播功能；情感、信息的传递功能等多种社会文化功能。[②]拉祜族的酒歌分为日常待客酒歌、婚礼酒歌、贺新房酒歌、节日酒歌、祭祀酒歌、丧礼酒歌等。摘录部分酒歌：

婚礼酒歌：新婚人父母的唱词，流传云南省孟连县。

“扎妥／娜娃／今天你们成亲了／生男育女要像橄榄果那样／美满而又多子／好男儿不乱拔别人的刀壳／好女子不乱扳别人的箭弩／兽肉鸟肉要送给岳父岳母／要送给兄弟姊妹／要送给你们的亲戚／祝你们相亲相爱／祝你们百年和好／”[③]

长老对新婚人的唱词，流传云南省澜沧县。

“你们喝的是一碗清水／是幸福甘美的泉水／它像江河源远流长／你们像刚酿出来的米酒／日子永远迷醉／今后如不相爱相好／像白白喝了一碗猪血／谁要背信离异／女的要罚九碗银粉／男的要罚九头牛／要把篾桌生生吞下／才能赔清

① 孙敏．拉祜族苦聪人民间文学集成·赶撵山鬼［M］．昆明：云南人民出版社，1990.

② 刘军．少数民族酒歌的类别、特点及社会文化功能［J］．湖北民族学院学报（哲学社会科学版），2005（2）：26.

③ 云南拉祜族民间文学集成编委会．拉祜族民间文学集成［M］．北京：中国民间文艺出版社，1988：201.

应罚的物品／如果夫妻发生口角／地头争吵／地尾就忘丢／不要让老人发愁／敬老爱幼永远和睦／这就是我的祝愿／”①

贺新房酒歌：流传云南省澜沧县竹塘利拉寨。

“满心的芦花开／盖房的茅草干／竹子从山上砍回来／扎条削好一大堆／姑娘啊／什么时候才把新房盖／煮好红豆和仓谷／酿出了米酒喷香／金色的芦笙啊／我要像会跳舞的布波雀／跳出七十二套芦笙舞／留给新房的主人哟／留给才砌的新火塘／已在篝火旁吹响／阿哥哟／你听人们在闹新房／……／”②

祭祀酒歌：生产祭祀歌《叫谷魂》

“路边地角不要在／老鼠会把你吃掉／竹林里你不要在／小雀小鸟会把你吃掉／……／围萝有九十九个／仓库有九十九格／吃完一碗添一百碗／回来／回来／不要再跑／好好在家／”③

生活祭祀歌《叫魂调》

“今日天高气爽／灿烂的阳光照耀着主人的住房／房子里干干净净／屋子里有供桌一张／桌子上有白银三两三／酒壶在四个大碗旁／一筒白米也摆在桌上／热腾腾的茶水喷出芳香／灵魂啊／你回来吧／乡亲们把你盼望／”④

《出猎歌》

“是老人教我们放箭射弩／最好的猎肉献给最老的人／是大家一道驱豹打虎／煮熟的竹筒饭大家分享／烤香的野猪肉大家分吃／”

6. 酒与禁忌

拉祜族酒的禁忌涉及酿酒、饮酒礼仪和民俗宗教信仰等方面。如拉祜族认为烤酒时忌生人进入烤酒房，进烤酒房要添加柴火，否则会使出酒量减少。他们认为，在换头锅水和二锅水期间不能尝酒，否则影响出酒量。认为烤酒主要是女人

---

① 云南拉祜族民间文学集成编委会．拉祜族民间文学集成［M］．北京：中国民间文艺出版社，1988：200.

② 云南拉祜族民间文学集成编委会．拉祜族民间文学集成［M］．北京：中国民间文艺出版社，1988：158.

③ 雷波，刘辉豪．拉祜族文学简史［M］．昆明：云南民族出版社，1995：165.

④ 雷波，刘辉豪．拉祜族文学简史［M］.昆明：云南民族出版社，1995：168.

的事，在身体不适时不宜烤酒。烤酒过程中怕接触油、盐和酸的东西。

拉祜族家庭崇尚敬老爱幼之风，老人在家庭中的地位很高，深受后辈的尊敬。吃饭时老人要坐正席，敬酒要先敬老人，诸位老人在一起，以年纪最大者为尊，遇见老人要主动让路。忌年轻人喝离婚场上的酒，否则将来也会离婚。[①]拉祜族信佛的人不得饮酒，外来人若身边带着酒，不准擅自带到寨里，只能挂在寨外的树上。[②]

五、存在问题、对策与建议

从拉祜族用酒习俗中可以看出，酒在拉祜族社会生活中的深远影响。它既可以信物的形式促进人们的亲友关系，也可以祭物的形式祈求神灵和祖先赐福禳灾；既可止痛又能解乏；既可壮胆又可助兴，是人们歌舞的伴侣。因此，可以说嗜酒已经成为拉祜人的一种风俗习惯。

嗜酒成为一种习惯，究其原因，有以下几点：一是他们对自然的崇拜和敬畏，以酒敬神明，与原始宗教信仰有关。拉祜族认为酒是“厄莎”所赐，天神厄莎“叫云雾把酒气撒到天上，酒气变成了雨水从天而降”。因此，用酒来祭祀，以祈求得到神的恩赐和先祖的保佑，这也是最重要的影响因素。二是由于繁重的体力劳动，既需要借酒的刺激性来“兴奋”神经以增加劳动的耐力，劳动结束后则需借酒的麻醉性来解除疲劳。三是酒能助兴，人们在单调、繁重的体力劳动后，需要借酒的刺激性通过亲朋聚会和节庆歌舞娱乐生活，酒作为大家共同喜爱的一种饮料把大家联结在一起。拉祜人把敬酒看成是对客人最高敬重与欢迎，别人敬我，我亦需敬人。而酒本身的刺激性和麻醉性很容易使饮者上瘾，使饮者沉溺于一时的畅快，从而进一步强化了嗜酒习俗并使之广泛长期流传下来，嗜酒已形成一种难以抗拒的传统力量。受传统文化的影响，拉祜族认为不会喝酒的人，不可以信赖，不能与其交友结亲。

---

① 思茅行署民族事务委员会编.思茅拉祜族传统文化调查［R］.昆明：云南人民出版社，1993：196.

② 林永.拉祜族传统禁忌及表现形式［J］.思茅师范高等专科学校学报，2009（2）：7.

喝酒本无可厚非，但男女老少都喝，“见酒必喝、喝酒必醉”，既损害了他们的身体健康，又造成经济上的负担，而且削弱了人们的进取精神。

其一，酿酒消耗了大量的粮食，过量饮酒造成巨大的浪费。拉祜族是一个低收入的民族，而用于酒的消费却占全年粮食收入的一半以上，缺粮还不能缺酒，有时剩一点粮食也要换酒喝，延缓了整个民族的经济发展过程。

其二，对身体素质的不良影响。拉祜族喝酒一般喝45°以上的烈性酒，而且多喝寡酒，喝猛酒。这些习惯对身体的危害很严重，长期这样对胃和食道的刺激会导致胃痛、食欲不振和营养不良；对心脏和血管系统的危害易导致心脏病和高血压；对神经系统的抑制和麻醉作用会导致人的记忆力减退和智力降低；而且嗜酒会引起精子和卵细胞酒精中毒，易产智能低下的婴儿，贻害后代。对本民族的发展进步来说，是非常不利的。①

嗜酒习俗是拉祜族长期社会发展的产物，既具有民族习俗特色又对本民族造成一定危害。因此，要重新审视传统酒的价值观念，提倡有节制地健康饮酒，节制酒量，剔除酒的危害的同时，保留酒在优良民俗中的作用。由于酒具有解乏和壮胆的作用，在生产劳动和丧葬过程中仍可适量用酒，对节庆歌舞、社会交往和婚姻用酒，倡导向临近的佤族学习，逐步改烈性酒为水酒。酿制水酒的原料是小红米，可套种在旱谷中，经济价值较低，人们也不用当粮食，但水酒出酒率是原料数量的3倍，烈酒出酒率仅为原料数量的三分之一；而且水酒度数低，对身体基本无害，反而有利尿、助消化的作用。这样，既可减少经济消耗又对身体有利，它微量的刺激也能助人欢乐。此外，也可以多饮具有保健价值和药理价值的健身酒。引导家庭酿酒注入药理性，运用中药资源，酿制保健性酒，使饮酒利身除病，兴利除弊。

（本文原载《中国民族文博（第五辑）》 辽宁民族出版社 2014年4月）

---

① 郭家骥．澜沧拉祜族自治县木戛区拉祜族嗜酒习俗问题研究［A］//云南多民族特色的社会主义现代化问题研究［C］．昆明：云南人民出版社，1986：78-79.

“一带一路”沿线少数民族文化保护开发研究

穆慧贤

“一带一路”倡议作为我国新时期发展战略的主线，既有深厚的文化背景，也包含丰富的文化交流内涵。积极开展“一带一路”沿线不同国家文化交流，促进不同文明交流互鉴，实现民心相通互信，是“一带一路”倡议全面实施的文化基础与社会根基。我国民族地区几乎都在“一带一路”沿线，保护、开发好少数民族文化，加强各国、各领域、各阶层、各民族文化的交流交往交融，对于实施好“一带一路”倡议、扩大中华文化的影响力具有重要意义。

一、少数民族文化保护开发的现状与成效

新中国成立60多年来，在国家的高度重视下，民族文化保护、开发工作取得了显著成效，为加强同“一带一路”沿线国家的文化交流奠定了基础。

1. 民族文化保护、发展的软环境日益优化。新中国成立后，国家从民族平等、团结和发展进步的高度，制定了一系列保护、发展少数民族文化的法律法规，上至宪法、下至一些专门法规，都把发展少数民族文化作为重要内容。除相关法律规定外，国家还专门召开有关会议、出台了一系列促进少数民族文化发展的政策。这些法律和政策规定，使少数民族文化工作有了完善的法律和制度保障，具备了优越的软环境。

2. “一带一路”沿线少数民族文化保护、发展的硬件设施不断加强。国家对少数民族文化设施建设给予优先安排，“一带一路”沿线民族地区的广播、电影、电视事业经历了从无到有、从小到大的过程，特别是在改革开放以后更是得

到迅猛发展，使民族文化发展的硬件不断加强。与此同时，“一带一路”沿线省区也不断加大民族文化基础设施建设力度。

3. 少数民族文化保护力度不断加大。保护是开发的前提和基础。早在20世纪50年代初，为摸清家底，国家就开展了少数民族社会历史大调查，组织了数以万计的专家学者深入民族地区搜集、抢救流传在民间的传统文化遗产。

改革开放以来特别是近年来，国家不断加大少数民族文化遗产的保护力度，目前我国共有38个项目入选联合国教科文组织非物质文化遗产名录，成为入选名录项目最多的国家，其中少数民族“非遗”项目占三分之一。

4. 少数民族文化开发工作不断加强，民族文化产业初具规模。开发是为了更好的保护。各级政府积极探索少数民族文化产业发展的新路子，民族文化旅游业、演艺业、娱乐业及文博会展业等产业初具规模。

二、“一带一路”沿线少数民族文化保护开发面临的新形势新任务新挑战

少数民族文化保护与开发工作虽然取得了显著成效，但在实施“一带一路”倡议下，仍存在一些亟待解决的问题和困难。

1. 与全国平均水平相比，“一带一路”沿线少数民族文化基础设施建设相对薄弱。文化是民族的命脉，是人民的精神家园。要实现中华民族伟大复兴的中国梦，必然要促进包括各少数民族文化在内的中华民族文化的复兴。由于历史等方面的原因，“一带一路”沿线民族地区特别是边疆民族地区公共文化基础设施建设仍然薄弱，整体上与全国的平均水平有很大差距。国家原定“六五”期末实现县县有文化馆、图书馆，乡乡有文化站，但截至目前，民族地区有的县仍然没有文化馆、图书馆，有的乡镇没有文化站，与其他地区差距达几十年。有的则是“有馆无舍”，许多图书馆、文化站，只有几百册旧图书和几份报刊，少数民族文字的图书报刊极少，部分县级图书馆多年未购一本图书。民族地区广播电视设备陈旧，覆盖率仍然较低，广播覆盖率比全国平均水平低10%左右，电视覆盖率比全国平均水平低5%左右。民族文物保护资金和场所也严重不足，中国民族博物馆是我国唯一的国家级民族博物馆，1984年11月就开始筹建、1995年5月正式挂牌，但现在还没有专门的场馆。民族地区乡镇、社区、村级文化设施大多比较

单一，设施所能提供服务的有效半径和服务人口很窄，远不能满足少数民族群众的基本文化需求。以贵州为例，据统计，全省村一级有文化活动场所的不足7000个，占全省19669个行政村的比例不到35%，社区文化活动室更是极少，少数正常开展活动的社区文化活动室多是通过租借、合用、临时办公等方式解决场所问题。

少数民族文化保护主体、保护手段单一的问题也亟需引起重视。长期以来，少数民族文化保护主要依靠政府组织、驱动和投入，而对民众、企业和非政府组织的作用发挥不够。近年来，各地政府也在尝试通过必要的引导和扶持带动民众参与传承民族文化，比如政府扶持设立了一些传统文化传习场所，开展经营性活动，通过经营收入维持发展。但总的来说，民众自发保护、主动传承的积极性还有待提高。只有各方面愿意并主动保护使用民族传统文化，民族传统文化才能真正得到更加有效的保护和传承。

2. 面对现代化的冲击，“一带一路”沿线少数民族文化流失情况严重。首先是少数民族物质文化遗产流失加快。一是由于条件有限，大量少数民族文化遗产遭损毁、流失和失传。据统计，云南省民族古籍约有8万册散存于民间，由于资金缺乏、保护手段落后等原因，目前正在以每年约上千册的速度流失。二是由于生产生活方式的变化，一些民族文化遗产自然流失。民族服饰是民族的重要的外在符号，包含很多历史文化内涵。三四十年前广西边远地区的许多壮族群众还穿戴传统民族服饰，但现在越来越少了，很多地方民族传统服饰逐步演变成礼仪性表演性服饰，只有在特定场合才穿戴。三是由于缺乏标准和规范或没有纳入保护规划而得不到妥善保护。近年来，国家民委实施的特色村镇建设成效显著，一些列入计划的村镇，其民族传统建筑保存相对完好，但大量没有列入计划的村镇就得不到有效保护，或因年久失修自然损毁，或因房屋改造改建造成的建设性破坏。木楞房、吊脚楼等建筑类型逐渐消失，取而代之的是千篇一律的“水泥盒子”。随着农村危房改造的加快，具有民族特色的传统民居正加快消失。

其次，少数民族非物质文化遗产流失同样不容忽视。一是传统文化传承人的断代。一个文化种类可能随着文化传承人的失传而消失。当前许多少数民族传统技艺和民间艺术后继乏人，民间传统造纸、织布、刺绣、建筑、绘画、服饰制作及各种民族民间工艺品制作等传承人越来越少，有的技艺在当地就一两个人掌握，而且大多在五六十岁以上，年轻人不愿学习这些古老技艺。如流传于宁夏银川等地的民族艺术“坐唱”，目前只有两个艺人掌握，后继无人让宁夏“坐唱”濒临灭绝。蒙古族的呼麦艺术是一种独特的演唱艺术，在我国曾经失传，后来派人到蒙古国学习，才重新掌握这种独特的艺术。二是一些少数民族语言濒临失传。一种语言的成熟往往经过数千年甚至更长时间演变，一种语言消失后，其承载的丰富历史文化也将失传。像满语、赫哲语、土家语目前只有少量老人会使用，如何保护好濒危语种是当前我们面临的急迫问题。三是少数民族戏剧等文化艺术濒临失传。戏剧是综合艺术，我国列入联合国非物质文化遗产项目中，戏剧占较高比例。我国有近20个少数民族有比较成熟的剧种，但受到现代娱乐性艺术的冲击，少数民族戏剧可谓曲高和寡，生存艰难。一些剧种长期没有排演剧目，名存实亡。民间音乐的传统唱腔唱法、民族器乐的演奏法、传统舞蹈的表演技法，以及很多民族的创世神话、传说、史诗、古歌、山歌等民族民间文学艺术快速失传。四是传统习俗面临失传。少数民族崇尚自然，敬天敬地敬山敬水敬万物，人们通过一些禁忌来约束行为，保护自然环境，维护社会秩序。但现在受到外来文化冲击，这些朴素的习俗已经淡化或消失了。

3. 面对多元化的需求，民族文化产品开发总体不足且同质化严重，亟需推进供给侧结构性改革。与各族群众日益增长的精神文化需求相比，民族文化生产力仍然相对滞后，这依然是民族地区文化建设的主要矛盾。由于语言、文化等原因，少数民族群众对本民族语言文字出版物和广播影视作品有着特殊的需求。长期以来，少数民族文化产品不足，读书看报难、看电视电影难、听广播难等问题突出，近年来部分民族文化产品的生产还呈下滑趋势。以图书为例，目前我国年出版图书20多万种，70多亿册，每万人拥有图书1.46种，人均5.2册。而除去教材部分，全国用20多种民族语文出版的图书不到3000种，印数只有1500多万册。少数民族每万人拥有图书0.52种，人均0.3册[①]。民族语言报刊发行面窄，发行量少，日渐萎缩。民族语言广播影视业普遍存在节目源匮乏，译制能力弱，重播率高的问题。民族地区译制中央电视台节目只能译制新闻联播等几个重要栏目。内蒙古人民广播电台蒙语节目重播率为40%，内蒙古电视台卫星频道自办节

① 国家民委有关部门提供的资料。

目仅为30%、重播率高达70%①。按照国家新闻出版广电总局关于延边卫视节目的播出要求，目前延边卫视节目要实现百分之百朝鲜语播出，需要将译制节目总量增加一倍，专业译制人员缺乏的问题非常突出②。少数民族文化产品的不足，直接影响了少数民族群众文化生活水平和文化素质的提高。

少数民族高端文化产品的有效供给更加缺乏。据统计，我国文化消费的潜在规模为4.7万亿元，而实际消费仅为1万亿元。2015年全国制作生产电视剧将达到1.5万集，但几乎一半没有播放平台，另一半仅有50%能够盈利。按照国际公认标准，文化产业成为国民经济支柱性产业的标准是占GDP的5%以上，2015年我国文化产业仅占GDP的3.9%（大部分民族地区更低），而美国为31%，日本为20%[2]。造成这种现象的根本原因在于文化产品低端产能过剩，而高端产品有效供给不足。特别是面对现在多样性、个性化的文化消费方式，迫切需要推进少数民族文化产业的供给侧结构性改革，深入挖掘少数民族优秀文化内涵，创新文化载体，推动传统民族文化产业尽快向文化创意产业升级，提供更多元、适应少数民族群众需求的公共文化服务和创新创意产品。

4. 面对文化全球化，民族文化亟需保护。文化是综合国力竞争中最重要的软实力。当下，文化全球化已经成为全球化趋势的重要表征之一。我国“一带一路”沿线文化资源数量多、种类繁杂、跨越地域广阔、文化宗教背景复杂、文化差异明显。这既为我国与“一带一路”国家加强交往交流、推动合作共赢提供了机遇，也对我国民族文化的保护、开发提出了新的更高要求。由于体制、资金、人才等多方面的原因，我国民族文化对外交流合作的领域偏窄、层次偏低。云南西双版纳傣族自治州是“丝绸之路”南线的重要枢纽，与老挝、缅甸山水相连，邻近泰国和越南，近年来积极开展对外文化交流活动，但交流合作的领域主要集中在文化旅游、艺术表演、体育竞技、广播影视几个方面，而其他诸如新闻出版、信息网络、文化理论研讨、文化考察等方面鲜有涉猎。在几个交流合作的领域中，交流层次也较为粗浅，如文化旅游仍未实现从“看景观”到“品文化”的转变，旅游产品缺乏文化内涵和底蕴，相应的交流也只能浅尝辄止、浮于表面。

---

① 国家民委有关部门提供的资料。

② 延边朝鲜族自治州有关部门提供的资料。

虽然西双版纳州也积极参加“中国—东盟文化交流年”“老挝波乔省木棉花节”“缅甸阿卡嘎汤帕节”“泰国国际丝绸节”“越南边境贸易交流会”等与周边东南亚国家的各类文化活动，但这些活动大多停留在文娱表演层面，对文化艺术进行深层次交流的活动鲜有涉及，无法达到各国间文化交流由感性交流向理性交流的跨越式发展。

三、对“一带一路”沿线少数民族文化保护开发的政策建议

1. 在“一带一路”倡议下，创新少数民族文化保护、开发工作思路。

要充分认识“一带一路”倡议对少数民族文化保护、开发工作带来的机遇与挑战，加强顶层设计，突出重点、统筹规划、有序推进。一要坚持“保护为主，抢救第一，合理利用，加强管理”的方针，继续落实对少数民族文化建设“四优先”政策，即文化基础设施建设、文化人才培养、对外文化交流、文物保护优先安排的优惠政策，加大工作力度，到2020年，使民族地区基层群众看书难、看报难、看电影难、看电视难等问题得到根本改善。二要坚持可持续发展原则。我国“一带一路”沿线的很多地区生态环境脆弱，在“一带一路”沿线地区文化资源开发的过程中，要将保护与开发放到同等重要的位置，使文化资源保护开发与生态环境和谐统一，实现可持续发展。三要坚持发展创新原则，在大众创新、万众创业的基础上，借助大数据技术、云计算等先进的智能化手段，充分利用“互联网+”思维带动传统文化产业升级转型。四要坚持统筹规划、分步实施的原则，优先发展民族文化特色突出、基础设施条件较好的地区，保证其优先发展，以此为基础带动整个地区民族文化的发展。

2. 进一步加大少数民族文化保护力度。一要加大投入，以实施公共文化设施达标建设工程为重点，着力抓好市地州、县市区、乡镇三级公共图书馆、文化馆（站）和文艺阵地建设工程、边境村寨“小广场、大喇叭”建设工程，不断改善民族地区文化基础设施建设。设立民族文化发展资金，建立定期增长机制，重点支持基础性、公益性少数民族传统文化项目。二要健全覆盖民族地区城乡的公共文化服务体系，大力实施“西新工程”、广播电视“村村通”“万里边疆文化长廊”建设等文化惠民工程。支持“中国少数民族电影工程”等项目，打造一批少

数民族题材的电影、电视剧、歌舞、动漫等文艺精品。加强少数民族语言文字新闻出版工作和广播影视工作，不断提高少数民族语言文字出版物的数量和质量，提高少数民族语言文字影视节目的译制、制作能力，提高边境地区少数民族语言广播电视覆盖率。加大政府购买民族文化产品力度，向少数民族聚居的县（市旗区）图书馆和中小学校赠送民族语文和汉语文图书、杂志。三要加大少数民族文物征集和收藏力度，抢救、搜集、整理、翻译少数民族古籍，建立少数民族实物资料数据库，加强民族地区博物馆体系建设。继续实施好少数民族传统文化信息资源库建设项目，对少数民族传统文化资源进行普查和数字化保护。四要加强少数民族非物质文化遗产的调查、收集、研究、整理工作，重点抢救和保护民族民间文学、民俗文化、民族音乐舞蹈等非物质文化遗产。

3. 以供给侧结构性改革为重点，大力推动少数民族文化产业开发工作。一要依托丰富的少数民族文化资源，遵循特色性、民族性、文化性、乡土性等原则，打造少数民族文化品牌，从供给上改变民族文化产业发展的浮躁和盲目扩张，增加高端产品的有效供给，生产更多更好代表优秀传统文化、满足群众需求、符合市场需要的民族文化产品，把少数民族文化资源优势转变为经济优势，进而推动民族地区全面协调发展和产业结构升级。二要主动衔接“一带一路”倡议，充分挖掘“一带一路”历史文化遗产，打造最适合“新丝路”、最具有引领与代表作用的文化内容，不断扩大文化认同，提升民族文化品牌的民族特色和核心竞争力。三要推动民族文化产业创新发展和升级。大力实施“文化+金融”“文化+科技”“文化+贸易”等发展模式，实现技术与市场互利共赢，调动各方资源和积极性，加快民族文化产业升级。同时，树立全球视野，大力提升文化产业的创新、创意水平，以创意设计引领民族特色文化产业发展，推动民族地区文化产业迈向全球市场。

4. 加强民族文化对外交流与合作，提高中华民族文化的软实力。一要支持各地各民族开展富有民族特色、健康有益的群众文化活动，弘扬优秀传统文化，抵制庸俗、腐朽文化，活跃群众文化生活。同时，积极吸收国外优秀文化，吸收人类一切优秀文明成果，维护国家文化安全。二要建设少数民族对外宣传平台和网络，通过编辑出版少数民族系列外文图书、摄制外语电视片、民族歌舞表演、民族文化展览等形式，打造国家级对外文化交流精品项目。加强民族对外交流基地建设，为弘扬民族文化、促进民族文化创新提供展示平台。三要以提高文化开放水平为着力点，加快推进民族文化“走出去”战略，同“一带一路”沿线国家广泛开展国际文化周、文化月、艺术节、旅游节、影视展、美食节、图书销售展览、体育比赛等特色文化活动，举办相关文化领域的学术研讨和交流，形成更加完备的多渠道、多层次、宽领域的对外文化交流格局，推动我国少数民族文化走向世界。

综上所述，在国家的高度重视下，我国“一带一路”沿线地区少数民族文化的保护与开发工作取得显著成效，在当前新形势下又面临新的机遇与挑战，必须统筹规划、进一步加大保护和开发力度，大力发展民族文化产业，加强民族文化的对外交流与合作，唯此才能不断推进少数民族文化的繁荣与发展，在实施“一带一路”倡议中发挥更加积极的作用。

浅谈西藏瑟珠的来源与称呼

杨坚多杰

今天每个人对瑟珠的理解都各不相同，但大家都知道其经济价值极高，由于多数人缺乏对藏族文化常识的理解，再加上有些人的误述，对西藏瑟珠的研究和利用也就充满了神秘色彩，无论是瑟珠商家还是研究者，在谈起瑟珠时大都会讲到一些大大小小的神话故事。而在藏族医学界，实际上早就有过这方面研究和辩证，他们并没有神化这些瑟珠，而是实实在在地利用这些珠宝为雪域高原谋求幸福。

一、关于瑟与“天珠”的定名

“天珠”藏文音译为gzi（zee），其意为庄严、殊胜、圆满之意。

在《新编藏文字典》里对瑟gzi(zee)的解释是用矿石做的一种花色宝物，又称为“缠丝玛瑙”。《藏汉大辞典》称为亚玛瑙，猫眼睛石，解释为一种宝石，俗称九眼石。宝石纹理有无眼、长条及有眼。入药能治脑溢血。而在《晶珠本草》则称为“瑟”，国外藏学家卫·艾宾豪斯和麦克尔·温斯腾在《藏族的瑟珠》一书称其为“瑟珠”。“天珠”一词是何人所取，又是谁引进内地、台湾和香港，因没有确切的资料可查，无从考证。但是20世纪80—90年代开始台湾和香港地区兴起一股天珠热，原本是藏区世代家传的宝石，被有意无意地炒作为天上落下、非人间本有的宝物，利用配带者无需修行，未来即可成佛等宗教渲染，夸大其功能，把它定名为“天珠”，从此“天珠”一词广为流传。

二、瑟珠的来源

关于瑟珠的来源，说法不一。有人认为它是一种天然的矿物，有的人说是非天然的幻术所造，而另一些人则认为是古人所制，等等。目前，虽然这方面的研究较多，但均无定论。

藏文古籍中常言道："西方月亮落下的地方，有财宝大食王。"这里提到的"西方大食"指的是古波斯帝国，想必藏族从古波斯帝国引进了不少的奇珍异宝。古代西藏因其独特的连贯欧亚大陆的优越地理位置，成为欧亚大陆的枢纽，各种珠宝来往不断，人们用西藏盛产的黄金、牛皮、麝香等换来了欧亚大陆的各种名贵珠宝。商人们穿越喜马拉雅，把产自波斯帝国的玛瑙、地中海的珊瑚、波罗地海域的琥珀蜜蜡等珠宝运至西藏阿里、日喀则、青海西宁、四川康定等地的贸易中心，然后分散到藏区各地。在这些珠宝当中就有瑟珠。

对此格勒博士认为"考古发现证明，西藏古代的遗物中，发现最广并迄今为藏族人民所珍视的是料珠，属于7世纪以前的遗物，藏语称之为ze。其中有的是从古墓葬中发现的，伴随出土的有古代箭。其中椭圆形、有黑白色条纹、中间夹以白色圆斑的料珠，这种料珠一般夹在圆形珊瑚珠之间。一个有九个白色圆斑（藏语称"眼"myig）的料珠藏语称"曲尼古折"即"九泉眼珠"，数十头牛也换不来。藏族的传说中都认为这种宝珠来自"大食国"。另外据《敦煌本吐蕃历史文书》"大事记年"记载，732年"大食与突骑施之使者均前来赞普王廷致礼"，这足以证明两个民族之间虽相隔千里，但在经济文化政治多方面有着频繁的来往。

三、关于老瑟珠

从考古发现来看，蚀刻玛瑙文化其实发源于美索不达米亚平原及古印度，西藏地区的古象雄王国最早从印度和伊朗引进了蚀刻工艺，但是引进这种工艺的年代尚无定论。也有人说当时的古象雄王朝苯教兴盛，于是象雄人将苯教的图腾符号蚀刻在玛瑙等矿石上，形成了最早的瑟珠。这种说法值得商榷，这一点我们从西藏阿里地区曲踏墓地4号墓出土的橄榄形瑟珠得出一些结论，4号墓出土的蚀花玛瑙的图案和苯教图案似乎不太相符，它与西亚制造的玛瑙类饰品较相似，对此我们需要进一步的考证。

在藏族文献里记载瑟珠信息最多的是藏医学。8世纪，雪域药师玉妥宁玛·云丹贡布编撰完成了著名的《四部医典》，这部医典里记载以珍珠、檀香、九眼石等制作的藏药是治疗中风、瘫痪的灵药，对心脑血管、神经系统疾病更有特殊的功效。这里提到的九眼石有可能是瑟珠，也是记载有关瑟珠的最早文献之一。

在16世纪第司·桑吉嘉措所著《医学广论药师佛意庄严四部医典注解光明蓝宝石》，在这部著名的医学典籍里瑟珠也称为“盖察美（dkar-khr-min.）九眼”，九眼白玛瑙之意。另外与第司·桑吉嘉措同一时代的藏医大师戴尔玛·曼然巴（戴尔玛为其姓氏或名称，曼然巴为医学教授之意），在自己的著作《诀窍秘籍》里把瑟珠也称“九眼盖察美（dkar-khr-min.）”或九眼白玛瑙。这就说明在16世纪藏医学界对瑟珠的称呼是比较统一的，并不像现在这样比较模糊不清。

到18世纪藏药学家帝玛尔·丹增彭措所著《晶珠本草》则称为“老珠瑟”，这时更加具体，书中描述道：“容易辨认，不会出现新品，虎伏块状，有黑色花纹、黄色花纹、褐色花纹相杂，纹长，斑小。”他把瑟珠分为不规则纹饰的小型椭圆形——瑟珠“达洛”，圆形纹饰的勒子形“有眼”瑟珠和小勒子形“虎纹”瑟珠。值得注意的是这本典籍里首次提到“老瑟珠”一词，这就说明此时已经有了能代替老瑟珠的新瑟珠出现。另外他还写道“新造的花纹扭曲，注意不要相混。真品虎伏块状，纹长九倍。用来擦眼，利眼病。用凉水泡一夜，水可止血痛；内服治癫痫病入血分；也可入内服药。涂在箭头上，镇邪。带在身上可预防癫痫。”显然在这部藏医学典籍里对瑟珠形状、鉴别、用处等作了比较详细的记录。这就是说新仿老的珠子已经，或人们创造出来一种与老瑟珠相似的东西。不过值得注意的是，在他之前所说的不会出现新瑟珠是相互矛盾的。

而在19世纪初恰白多杰所著的《医药辨别工巧明镜》里（图1、图2），瑟珠称为“盖察美dkar-khr-min. ”，白玛瑙之意。恰白多杰是蒙古人，至于他的生卒年代、出身等目前无从考证。他的这部著作是在塔尔寺印刷。他同时把有些药材的名称翻译成蒙古文和汉文，用图文并茂的方式呈现，他把瑟珠汉文翻译为“吉祥玛瑙”。而他在解释瑟珠一词时称“用铁打会产生火光，形似云彩呈白蓝色，

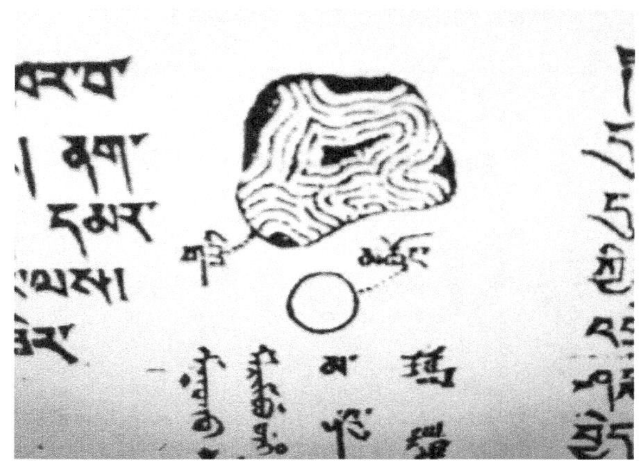
图1　恰白多杰所著的《医药辨别工巧明镜》里瑟珠手绘图案

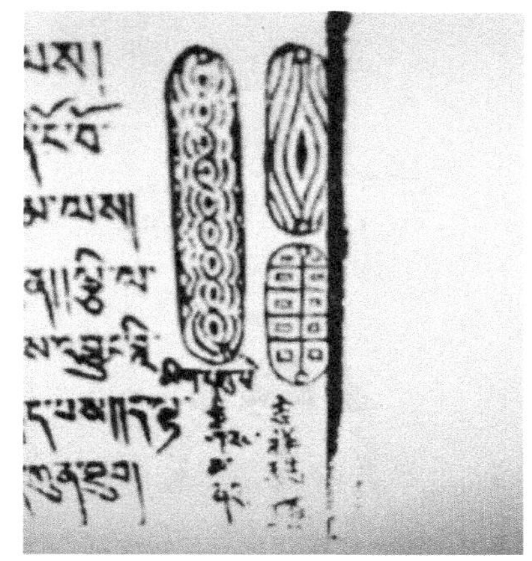
图2　恰白多杰所著的《医药辨别工巧明镜》里对白玛瑙的手绘图案

有黑、红、黄色花纹等”，值得注意的是他补充到其中红色花纹珠子是“琼”，“琼”现在很多人认为是缠丝玛瑙，而恰白多杰把“琼”翻译为玛瑙。另外他还引用了16世纪戴尔玛·曼然巴著作《诀窍秘籍》里一些对瑟珠的论述，称“中原产的瑟珠光亮坚硬”,这似乎表明：一是此前西藏产瑟珠，所以才有中原产的瑟珠对比之称呼；二是当时一些内地产的瑟珠仿制品等，在16—17世纪已经为人所知了。这个时期在内地已经大量使用玛瑙和料器，仿制类似瑟珠是有可能的，而且这个时期藏区和内地往来比以往任何时期都更加频繁。

也有人说，在15世纪，藏药大师宿喀.娘尼多吉在古印度哈拉巴文明时期的蚀刻玛瑙工艺技术基础上制造了当时的瑟珠，如果这个说法成立，那么16世纪已经有了新仿造的瑟珠，并且出现在西藏。

新中国成立初期，我们没有见到过有关瑟珠的文字记载，但实物已经出现过几件 ，其中20世纪50年代十四世达赖喇嘛把鎏金镂花双耳三足银火锅送给了毛泽东主席（图3），这件火锅的双耳分别为两颗瑟珠（图4），火锅盖顶镶有一颗“达落瑟珠”，至于它是16世纪制造的还是年代更久以前的老瑟珠我们需要进一步的研究。

综上所述，在16世纪至19世纪，藏族医学界对瑟珠有过一定的研究，这非常难得，为以后研究瑟珠指明了一个方向。在这些研究当中，也进行过瑟珠原材料的辩论，也出现过新老瑟珠的鉴别讨论等，有关记载瑟珠文献的辩证，笔者仍

图3　镶金镂花双耳三足银火锅
收藏于民族文化宫博物馆

图4　镶金镂花双耳三足银火锅
收藏于民族文化宫博物馆

在整理之中，以后另文再述。

小结

这些年来，社会出现了对西藏瑟珠文化的刻意杜撰、妄加名词概念的现象，甚至已经形成一个商业与宗教文化相结合，以此来获得大量的经济利益的，这使得大量研究西藏瑟珠文化的方向倾向于其经济价值，也对西藏瑟珠的研究带来了一定的困难。笔者认为，对西藏瑟珠的研究该基于一个严肃和严谨的态度，我们需要对历代藏文典籍关于瑟珠的内容进行大量收集和梳理工作，也需要对西方研究者的研究成果进行系统的学习，运用语言学、宗教学、历史学、考古学的研究方法来研究瑟珠，对瑟珠有一个客观的历史认知是很有必要的。

（本文原载《文物天地》 2016年第1期）

我国公益性文化事业单位预算绩效管理研究

李晓蕾

一、预算绩效管理的政策支持

党中央、国务院高度重视预算绩效管理，为切实推进财政科学化精细化管理，强化预算支出的责任和效率，提高财政资金使用效益，财政部先后出台了一系列预算绩效管理的相关规定。截至2014年底，现行文件主要包括《财政支出绩效评价管理暂行办法》（2011）、《关于推进预算绩效管理的指导意见》（2011），《预算绩效管理工作规划（2012—2015年）》（2012）、《预算绩效评价共性指标体系框架》（2013）等，这些文件明确了预算绩效管理的指导思想和基本原则、主要内容和重点工作等重要事项，为绩效评价工作的开展提供指引并构建了绩效评价共性指标体系，对我们推进公益性文化事业单位预算绩效管理具有极其重要的指导作用和参考意义。

二、公益性文化事业单位预算绩效管理的必要性和基本思路

（一）公益性文化事业单位推进预算绩效管理的必要性

公益性文化事业单位主要由国家兴办，其占有的资源主要来源于国家财政的投入和部分社会捐赠。近年来，为促进公益性文化事业的蓬勃发展，提高公共文

化服务的能力和水平，国家财政加大了对公益性文化事业单位的资金投入。但是财政资金的投入是否真正应用于公益性文化事业的发展，是否真正取得了预期的效益和效果，能否从真正意义上提高公益性文化事业单位履行职能任务的能力，不能仅凭主观臆断，必须要有一套科学的管理方法来加以规范。

2012年，财政部在《预算绩效管理工作规划（2012—2015年）》中明确指出，"加强预算绩效管理的根本目的是改进预算支出管理、优化财政资源配置，提高公共产品和服务的质量"①。党的十八届三中全会提出，构建现代公共文化服务体系，要"明确不同文化事业单位功能定位，建立法人治理结构，完善绩效考核机制"②。2014年8月31日第十二届全国人大常委会第十次会议通过《中华人民共和国预算法》（以下简称新预算法），新预算法确定了"统筹兼顾、勤俭节约、量力而行、讲求绩效和收支平衡的原则"③，并明确要求"各级预算应当根据年度经济社会发展目标、国家宏观调控总体要求和跨年度预算平衡的需要，参考上一年预算执行情况、有关支出绩效评价结果和本年度收支预测，按照规定程序征求各方面意见后，进行编制。"④

因此，对公益性文化事业单位来说，推进预算绩效管理工作既是履行自身公益性文化职能的重要措施，也是贯彻执行国家财经法规政策的必然要求。

（二）公益性文化事业单位预算绩效管理基本思路

公益性文化事业单位设立的目的是为社会公众提供公共文化产品和服务。发展公益性文化事业是社会主义制度下保障人民基本文化权益的基本途径，是实现

① 财政部. 关于印发《预算绩效管理工作规划（2012—2015年）》的通知. 财预［2012］396号.

② 中共中央关于全面深化改革若干重大问题的决定（2013年11月12日中国共产党第十八届中央委员会第三次全体会议通过）. http：//news.xinhuanet.com/politics/2013-11/15/c_118164235.htm.

③ 全国人民代表大会常务委员会. 中华人民共和国预算法. 中华人民共和国全国人民代表大会常务委员会公报［J］. 2014（05）：491.

④ 全国人民代表大会常务委员会. 中华人民共和国预算法. 中华人民共和国全国人民代表大会常务委员会公报［J］. 2014（05）：491.

文化发展成果由人民共建共享的制度保障[①]。公益性文化事业单位的职能定位决定了其不应以营利为目的，在谋求发展的过程中决不能将经济效益放置于首位。因此在对其进行预算绩效管理时，应将关注点更多投射于其提供公共文化产品和服务的实现程度，在综合考察其所创造的效益时，应更多侧重于对其实现的社会效益、社会公众或服务对象满意度进行考察。

公益性文化事业单位由于自身局限性，在推进预算绩效管理时不可能做到一蹴而就，因此应当采取由点及面、循序渐进的方式分步骤分阶段的实施，首先将财政项目支出全面纳入绩效评价管理，当条件成熟时，进一步将单位整体支出纳入绩效评价管理。

三、当前公益性文化事业单位预算绩效管理现状及问题

由于我国预算绩效管理推行相对较晚，虽然财政部也出台了一系列政策和指导性文件，但对于事业单位特别是公益性文化事业单位来说，预算绩效管理还处于一个相对模糊的初始探索阶段。存在的问题主要体现在以下方面：

（一）公益性文化事业单位预算绩效管理意识相对淡薄

一些单位领导对预算绩效管理重视程度不够，导致在预算管理过程中，只关注资金申请而对资金的实际使用、管理随意性较强，认为只要钱到位、钱花光就是完成工作，就是达到了预期效果；抑或虽然认识到了预算绩效管理的重要性，但对其理解却存在一定的偏差，将预算绩效管理简单理解为就是绩效评价，认为只要做了绩效评价就是完成了预算绩效管理，以偏概全导致预算绩效管理难以起到其应有的效果。

① 胡锦涛.坚定不移走中国特色社会主义文化发展道路　努力建设社会主义文化强国（2011 年 10 月 18 日）. http：//news.xinhuanet.com/politics/2012-01/01/c_122522635.htm.

（二）公益性文化事业单位缺乏复合型预算绩效管理人员

一方面公益性文化事业单位诸如博物馆、图书馆等各类单位对于专业性要求较强，另一方面预算绩效管理涉及的知识层面较为广泛，这种情况下往往出现熟知文化业务的人员不了解预算绩效管理，而相对了解预算绩效管理的财务人员又对文化业务了解不多。此外，由于预算绩效管理的开展之前主要是将部分部门、单位作为试点，因此即使是财务人员，很多也对预算绩效管理一知半解。

（三）公益性文化事业单位存在预算绩效管理环节缺失或有失严谨现象

由于预算绩效管理尚未全面展开，事业单位特别是公益性文化事业单位在预算绩效管理方面，普遍存在环节缺失或有失严谨的现象，主要表现在预算编制环节，设置绩效指标时敷衍了事，缺乏科学严谨的考证或干脆规避绩效考评；在预算执行环节，实际执行偏离预算绩效目标，只要不突破开支范围就随意花销，完全不考虑是否真正有助于绩效目标的实现；在预算绩效评价环节，应付了事或者大肆吹嘘，不以事实为依据，使绩效评价工作丧失其客观公正性；绩效评价结果反馈和应用管理环节形同虚设，评完了事等等。

四、推进公益性文化事业单位预算绩效管理的对策措施

针对当前公益性文化事业单位预算绩效管理的现状和存在的问题，建议从以下方面采取措施，以推进其预算绩效管理。

（一）全面树立预算绩效管理理念

领导的重视和支持是做好预算绩效管理工作必不可少的条件。要在公益性文化事业单位全面树立预算绩效管理理念，一是要加大对单位领导的宣传力度，强调预算绩效管理工作对于促进公益性文化事业发展的重要性；二是要明确预算支出责任，硬化支出预算约束，强化预算绩效评价结果的应用，加大预算绩效考评的奖惩实施力度；三是要在单位内部大力培育绩效文化理念，为推进预算绩效管理创造良好的环境，使绩效管理理念深入人心，从而变被动参与、消极应对为主

动参与、积极配合。

（二）培养复合型预算绩效管理人才

公益性文化事业单位应当就自身事业开展特性，加快对复合型预算绩效管理人才的培养。一方面要加大对财务人员的培养力度，要有针对性地培养出既熟悉文化业务工作又具备丰富的预算管理经验，能够熟练掌握预算绩效管理工作方式方法的专门人才；另一方面，要对项目管理人员进行预算绩效管理方面的专门培训，增强他们的绩效管理意识，预算绩效管理关口前移，才能从源头上确保项目设计合乎本单位事业发展方向，符合公益性文化职能定位，切实提高财政资金的使用效益。

（三）抓好“一保四”环节，切实提高预算绩效管理工作水平

1. 制度先行是提高预算绩效管理工作的重要保障

公益性文化事业单位在参照财政部发布的预算绩效管理相关文件执行时，还应当结合单位自身职能定位，研究制定切合公益性文化事业发展的预算绩效管理相关制度规定，同时设计符合自身业务特点项目规划的绩效评价指标体系，此外还可以引入第三方进行科学评估，确保指标体系的科学性、客观性、有效性、实用性和可衡量性，同时要兼顾成本效益原则。

2. 预算编制环节要严把质量关

科学编制预算，严把预算质量是确保公益性文化事业单位各项事业顺利开展，严格预算执行的重要支撑和保障。因此，公益性文化事业单位在编制预算时，应当严格遵循预算编制要求，同时重点关注以下几点：第一，预算特别是财政项目预算编制，应当与本单位的公益性文化职能相匹配，应当与本单位的发展战略相一致，应当有助于本单位总体目标、阶段性目标的实现；第二，项目支出绩效目标必须具体明确，项目绩效指标应当以定量指标为主定性指标为辅，应当充分考虑项目实际进行设计，既不能过高也不能过低；第三，全面预算严格来说应当是“全民参与型”，绝非是个别人、个别部门负责了事，应当涵盖本单位事业发展的方方面面，既包括业务开展也包括后勤保障，从某种意义上说，它是将每名员工的具体工作行为予以量化，从而最终形成本单位的全面预算；第四，绩

效管理强调的是产出和结果，因此对于公益性文化事业单位来说，应当以实现最终提供的公共文化产品和服务最优化作为资金投入和资源配置重点方向，体现在预算编制上即确保资金优先且重点保障最优公益性项目。

3. 预算执行环节要强化过程管理

预算执行工作作为预算绩效管理的中心环节，是预算绩效目标实现的关键。要确保公益性文化事业单位的绩效目标实现，切实提高财政资金的使用效益，一方面要求单位自身严格按照批复预算设定的既定目标和规定用途使用资金，在发现执行偏离预算时及时调整、整改，因不可抗力等特殊原因确需调整时要严格履行财政规定的上报审批程序，未经批准不得擅自变更；另一方面，有必要实施事中审计，既包括内部审计也包括外部审计，与其等到既定结果已出再行整改，不如及时发现问题边审边改，更加有助于绩效目标的最终实现。

4. 绩效评价环节要确保客观公正实事求是

需要明确的是，不管是单位自评还是外部机构进行评价，绩效评价主体都是由“人”这一客观存在组成的，只要有人为因素存在，绩效评价结果就不可能做到绝对准确无误。要尽可能确保绩效评价结果客观公正实事求是，一方面要回归到绩效指标的设计，即首先在预算编制阶段就要确保绩效指标科学合理可考、定量为主定性为辅；另一方面不管是实施单位自评、主管部门或者财政部门评价还是引入第三方评价都需要确保实施评价的人员必须要德才兼备，既要有较高的道德修养又要有极强的专业素质，能熟练掌握各种绩效评价方法和评价工具有效实施绩效评价。

5. 绩效评价结果反馈和应用管理环节要落到实处

如果仅只是评价而没有结果反馈和应用，那么绩效评价最终只会沦为为评价而评价，完全背离我们在公益性文化事业单位推行预算绩效管理的初衷。要将绩效评价结果反馈和应用管理落到实处，有必要研究制订具体的实施方案，确保有反馈有整改有激励措施亦有惩罚措施。

五、结语

对于公益性文化事业单位，预算绩效管理尚处于探索前进中，既不能急于求成，也不能停滞不前，唯有通过不断地实践并加以改进，才能逐步实现全面预算绩效管理，促进公益性文化事业单位健康可持续发展，从而为社会公众提供最优质的公共文化产品和服务。

参考文献

［1］林晖．全面推进全过程预算绩效管理的难点及建议［J］．海峡科学，2012（12）：38-39，62．

［2］王晓．预算绩效管理在行政事业单位的运用初探［J］．财政税务，2012（08）：71．

［3］王金秀，白雪．我国预算绩效管理的问题及其破解之道——兼论当前全面推进预算绩效管理的路径选择［J］．行政事业资产与财务，2012（01）：15-19．

（本文原载《当代经济》2015年第6期）

论达斡尔族民歌发展特性中的“利与弊”

姜　宁

中国是个多民族国家，中华民族文化是各民族、各地区文化在数千年的历史发展中逐步交融、整合而形成有机的文化整体。作为中华民族文化主要源流的华夏文化是各民族、各地区人民共同参与创造的。创造华夏文化的中原人融入了大量的北狄、匈奴、羌、鲜卑、乌桓、柔然、突厥、回鹘、契丹、女真、蒙古等北方民族及南方的苗蛮、百越等民族， 并大量吸收了这些民族的文化。因此，华夏文化不专属于汉族而是共属于中国各民族。中国特色社会主义民族理论关于文化有明确的论述，文化是民族的重要特征，少数民族文化是中华文化的重要组成部分。国家尊重和保护少数民族文化，支持少数民族优秀文化的传承、发展、创新，鼓励各民族加强文化交流。大力发展教育、科技、文化、卫生、体育事业，不断提高各族群众的思想道德素质、科学文化素质和健康素质。

达斡尔族，是我国的一个少数民族。主要聚居在内蒙古自治区和黑龙江省，少数居住在新疆塔城地区。达斡尔族只有语言没有文字。达斡尔族历史悠久，有光辉灿烂的文化，是中华文化不可分割的一部分。音乐是不分国界、不分民族、不分语言的。在人类漫长的发展史上，音乐带给人的是对历史的回顾，对生活的记忆，对情感的依托。同样，民歌也是如此，她不仅记忆了一个民族的旋律，更记载了一个民族每一历史时期人民所经历的不同的生活写照。达斡尔族民歌能否很好地传承和发展下去，是我们需要正视的问题，同时也是先人留给我们的继承民族文化、传承民族艺术研究中所要思考的问题。本文就新时期达斡尔族民歌的发展，存在着“利”与“弊”的关系转换作一探讨。

一、“原生态”的达斡尔族民歌

我们在电视上常听到的“原生态”就是指没有被特殊雕琢，存在于民间原始的、散发着乡土气息的表演形态，它包含着原生态唱法、原生态舞蹈、原生态歌手、原生态写意山水画等。

根据“原生态”的定义，达斡尔族民歌中，不论是山歌、对口唱还是歌舞曲等演唱形式，都源自达斡尔人民男耕女织、生产劳作的田间地头，源自达斡尔人民历代民间艺人的口一代一代传下来的。达斡尔族的先民分布于大兴安岭以南至黑龙江北岸的河谷地带，渔猎业是他们传统的生产活动。17世纪中叶以后逐步迁到嫩江流域、呼伦贝尔、爱晖及新疆等地，南迁后农业迅速发展。新中国成立以来，达斡尔族的生产生活主要以种植业、畜牧也、渔猎业为主。达斡尔族只有本民族的语言，无文字。这种没有文字记载的民歌之所以能够流传至今，就是因为人们对本民族民歌的热爱，对生活的热爱，达斡尔人将此作为情感表达、情绪抒发的一种表现形式一代代地流传下来。由此可见，达斡尔族民歌是典型的“原生态”歌曲， 需要受到国家和人民的高度重视，加以保护传承。2006年，达斡尔族民歌的两种体裁形式：《扎恩达勒》和《乌春》，被列为国家级非物质文化遗产。此举足以证明，国家对少数民族音乐、对达斡尔族民歌的重视程度。达斡尔族民歌的历史价值不仅在于她记载了本民族历史文化以及音乐表现形式的发展变革，更是我们这个多民族国家历史遗留下来的多种艺术形式的珍贵宝藏之一，而当一种艺术形式被评为国家级非物质文化遗产后，挖掘整理和传承弘扬的工作就更加重要了。

二、达斡尔族民歌发展特性中的“利与弊”

任何事物都具有两面性，有其存在的优势，也会受其弊端影响。民歌也是如此，各民族的民歌及其他艺术形式，都有其自身存在的特性，往往也正是因为这些特性，在某种程度上成了制约其发展、传承的“绊脚石”。

（一）达斡尔族民歌受民族族群性影响

国际人类学与民族学联合会民族关系委员会所采用的族群定义是：任何视自己的文化不同于其他社区， 并与社会政治层面根本相关的社区组织。对于我们这个多民族国家来讲，用来区分族群性的符号就是语言、音乐、民俗和神话、宗教信仰、服饰、民族节日、宗族姓氏以及饮食习惯等。在各民族内部，民族的族群性具有巨大的民族核心力、凝聚力，是这个民族能够抵御外来侵略、共同发展壮大的有力支撑。同时，也正是因为这种强大的民族族群性，无形之中将本民族的文化、艺术形态紧紧地禁锢在民族内部固守的区域内。

以黑龙江省内的达斡尔族居住地为例，他们主要居住在齐齐哈尔市梅里斯达斡尔族区、富拉尔基区、富裕县等地，人口聚居最集中的梅里斯达斡尔族区，达斡尔族人口约1.2万人，占全区人口总数的8%。根据以上数字显示，在达斡尔族人口相对集中的地区，达斡尔族与汉族及其他民族之间的人口比例相差也悬殊，相对集中，也就意味着相对孤立，这就使达斡尔族人民在经济发展和文化传播等方面受到族群性影响的制约。民歌也是如此，达斡尔族民歌目前传唱范围，还仅仅是在这个民族居住地域内， 无论是传统的艺术表现形式， 还是语言、音律等，都完整地保留了达斡尔族民歌的“原生态”，但正是由于达斡尔族的地域和语言限制，使其不能有效传播与汲取更多的其他民族或艺术表现形式的营养。

（二）达斡尔族民歌受本民族无文字影响

达斡尔族民歌是在达斡尔族人民生产劳作的过程中产生并流传下来的。现在的生产生活方式已经发生很大变化，生活工作的压力同样存在于各少数民族聚居地。唱的时间少了，会唱的人也少了，能够继承民族老歌并以新的内容加以创作的本民族歌手就更少了。

同时， 更令人担忧的就是达斡尔族是一个只有语言没有文字的民族，属阿尔泰语系。长久以来，对于达斡尔族民歌的传唱都是以口口相传、口传心授为主。据黑龙江省的调查，达斡尔语只在40岁以上的达斡尔人中使用频繁。40岁以下的中青年由于在学校多以汉语教学为主，对于达斡尔语言的使用较少， 包括电视、广播中听到的声音也是普通话居多， 长此下来，就造成了多数人只会听不会说的现状。而对于达斡尔族民歌来讲，达斡尔语的运用则是其灵魂所在。尤其是《乌春》这种长篇说唱形式，同蒙古族的《好来宝》相似。如果不会说达斡尔语，是没有办法演唱的，这是其一。

其二， 我们试想一下，即便是最为优秀的民歌手， 从父辈和师傅那里学来的也许只是师傅的七八分。因为民歌是一种艺术形式，她不同于数学、科研等科学严谨的理论知识，而是完全取决于师傅个人的喜好，如果这个师傅“偏爱”《扎恩达勒》，那么在他身边的人们就会多学一些《扎恩达勒》形式的民歌。再如《雅德根》，多为达斡尔人“神佛附体”来“驱鬼辟邪”“治病求安”时演唱的，一般只有“萨满师傅”会唱。而如今， 这种“神鬼说”渐渐退出迅速发展的历史舞台，《雅德根》的形式也就多成为一种文化形式，加以保留。会唱《雅德根》的民歌手更是屈指可数。中国的传统艺术形式中，最讲究的就是口传心授。像京剧、昆曲等戏曲舞台上的一招一式，都以口传心授为主。但是，他们也有大量的文献资料做依托。而达斡尔族民歌恰恰就缺少了文字的记录，文献的考据。这方面的“欠缺”不能不说是影响和制约达斡尔族民歌发展的一个重要原因。

（三）达斡尔族民歌受新时期多元化艺术形态的冲击性影响

从20世纪70—80年代起，“电视机”这个传播媒介逐渐走入寻常百姓家，到每年的春节联欢晚会的热烈场面，人们渐渐地把属于自己的具有民族性、代表性的娱乐庆祝活动“放在一边”，更多地去接受大众化的新鲜事物。直至今日，各种传播媒介层出不穷， 各种新鲜的文化产品以及艺术形态也丰富多样，这就更加体现了新时期多元化的艺术形态带给人们的强大的视觉冲击力。这自然是好的，不仅丰富了人们的文化生活，更加开阔了人们的眼界，增大了知识的存储量，提升了人们的文化品位。但是，这样的多元文化时代，对于达斡尔族民歌来说，他的冲击性就显得尤为巨大。这种冲击源自东西方各种艺术形式， 如西方传来的流行音乐、摇滚音乐、交响音乐，以及中国本土的其他民族音乐和博大精深的戏曲艺术等等。这些艺术形式，在中国大地上真正形成了“百花齐放、百家争鸣”的局面。人们根据个人喜好，来选择欣赏不同的艺术门类。相对保守的原生态达斡尔族民歌就显得“门庭冷落”。此时，我们更要正视传统文化、原生态民歌艺术的传承与发展；要思考如何利用多元化的文化平台和传播媒介，来发展我们自己的传统文化，来推广属于本民族的民歌艺术。2008年，第十一届全国冬季运动会在黑龙江省齐齐哈尔市举办，在开幕式上，由姜云龙作曲、李晓达作词、黑鸭子组合演唱的《扎龙湖》，就是结合达斡尔族民歌的音乐元素，运用达斡尔族特有的衬字“呐依耶”，加入现代流行音乐的风格，采用多声部的演唱形式进行创作的。这就很好地借冬运会的大舞台，展示民族音乐风采。其二，当今社会，网络已经成为人们不可或缺的媒介平台，在“百度”等大的门户网站上都可以搜索到达斡尔族民歌的MTV和音频资料，如《忠实的心那想念你》《农夫打兔》等歌曲。这就是很好的借多元化的媒介平台来宣传我们自己的艺术作品，来推动达斡尔族民歌的传播与发展。只是我们现在发展和传播的力度还不够，还不能给太多的人带去达斡尔族特有的艺术作品。

三、结语

各民族文化需要传承，民族歌曲需要传唱。面对新时期新时代多元化艺术门类的蓬勃发展，面对一些制约达斡尔族民歌发展的客观因素，如何化被动为主动，推动达斡尔族民歌的发展，是我们要认真思考的问题。如同《扎龙湖》这首歌的“闪亮登场”就给观众留下很深的印象。利用好现代资源和高速发展的传播媒介，抢救与保护达斡尔族民歌，为弘扬和完整保存中华优秀文化做出贡献。

（本文原载《内蒙古民族大学学报（社会科学版）》2012年第2期）

满族服饰文化发展简析

蒋　京

服饰既是人们御寒蔽体的必需物品，也是人类文明的重要载体，其样式、选材、色彩等，不但有着一定的实用价值，也彰显着一个地区、一个民族的文化特征。服饰的产生与演变，通常与一个地区的经济、政治、地理、思想、文化、艺术、宗教、信仰、生活习俗等息息相关。而服饰文化，则常常与民族文化、地域文化等相互作用，相生相成。

满族是清代的统治民族，在中国历史上扮演着重要的角色，其服饰也在近300年的时间几经变化，历经入关前典型的游牧服饰文化的积淀，到入关后多民族服饰文化的融合，再到近现代时期服饰文化的演变过程。目前，国内外学界关于满族的研究领域中，对其历史、政治、文化、经济、语言、民族关系等方面的研究成果相对丰富，而对满族服饰的研究成果甚少，尚未形成完善的理论体系，尤其是从文化变迁、民族学角度对满族服饰的研究成果十分少见。而服饰的变迁与文化、政治、经济的变迁相互影响，存在一定的互动关系，因此对满族服饰进行研究，对于完善满族研究体系有着重要的意义。

一、入关前满族服饰文化的初步发展

兴起于白山黑水的满族，历史悠久。它与肃慎、挹娄、勿吉、靺鞨、女真等中国古代民族有密切的渊源关系。明万历年间，努尔哈赤统一女真各部；1635年，皇太极改族名“女真”为“满洲”；第二年称帝，改国号为清。1644年，清军入关，统一中国，形成满汉杂居的局面。1911年辛亥革命后，“满洲族”改称

“满族”；中华人民共和国成立以后，将其族称确定为满族。

入关前的满族先民——满洲人，是一个以狩猎为主，兼顾耕种和饲养牲畜的民族。与其经济生活和生产方式相适应，“马蹄袖”的袍褂即旗袍和马褂等具有浓郁狩猎民族生活特点的服饰是他们主要的服饰种类；萨满教等宗教信仰对满洲人服饰的影响则在服装的款式、佩饰及装饰纹样等方面得以体现。

这一时期，旗袍的主要特征是袖口狭窄、四面开禊、束腰，因其上长下短的袖头形似马蹄而被称为“马蹄袖”。这种衣袖穿着方便，功能性强。可随时挽起和放下，既能够放下覆盖手臂保暖，又便于挽起进行骑射活动。这种旗袍四面开禊，方便双腿灵活上下马和进行其他劳作；束腰的设计增强了保暖性能。旗袍分为单、夹、皮、棉四种，男女老少依据一年四季气候的变更选择穿着。同一时期，满洲人的短衫马褂，袖短至胳膊肘，肥大宽松，能保证骑手在马上活动舒适自如。另外，还有一种前襟下摆分开的短襟袍，这种袍子右侧比左侧略短一尺，骑马时不系扣方便行动，平时可扣合，此时可做常服袍用。

入关前满洲人男女的发式均为半剃半留，在脑后编结成辮。女子成年后抓起发髻，这样的发式整齐利落，十分便于上马和劳作。而满洲妇女对头饰多十分讲究，加之其崇尚自然，因此常在头上戴一些花朵。

萨满教作为满族宗教的重要组成部分，也对满族先人的服饰产生深远影响。远古时期，满族先民面对神秘莫测的大自然，难以对自然万物的生长变化作出合理的解释，因此产生了“万物有灵”信仰，而萨满被满族先民认为是自身与神明沟通的中介，因此对萨满充满着敬畏和寄托。萨满教赋予了满族服饰特有的文化内涵，从满族服饰中的一个吉祥图案到衣服的造型、款式无不透露出满族萨满神寓和图腾崇拜的美好象征。

首先，受萨满文化的影响，满族的鞋、帽、首饰等都具有一定的辟邪免灾的功能和以物求福的美好寓意。由于满族远古的萨满摇铃是用石制的，因此石被萨满视为神物。为使打猎能满载而归，满族先民多在外出打猎时腰间配挂锥形石器，久而久之，满族男子有了在腰间配挂宝石、吉祥物等习俗。宝石和各种吉祥图案，也被逐渐运用到满族服饰配件的各个领域，形成了具有满族特有的服饰文化。

其次，崇尚自然，敬畏神明，是萨满文化的重要内涵之一。图案作为服饰中最直观的表现形式，自然成为满族人民寄托对自然的敬畏之情，和祈福求祥的载体。满族服饰中的图案多用织、绣、拼、绘的手段把自然界中所崇拜的花鸟鱼虫、风云、雷电等组织成赋有吉祥寓意的图案，这些纹样不仅有装饰效果，使服饰绚丽多姿；同时这些纹样各自蕴含不同的吉祥意义，使服饰具有了特殊的文化意义。

二、入关后多民族服饰文化相互融合发展

满族入关以后，满族人民与汉族等其他各族人民历经了一个从相互隔阂、仇视或畏惧，再到相互了解、接受、学习和相互影响乃至融洽相处的过程，在这个漫长、曲折的过程中，满族服饰文化在得到传承的同时，也发生了一定的演变。

一方面，清统治者与中原历代封建王朝一样，十分重视服饰等级制度，另一方面，他们强迫汉人剃发易服，与满族形成“一道同风之义”。因为服饰在礼制中占据着十分特殊的地位，所以清统治者对衣冠之制作出了具体而详尽的规定，以此作为树立政治权威与影响的有力手段，以期达到施礼教驭民心、据条规约下俗的政治效果。

清代皇帝冠服，头戴皇冠有凉、暖帽之分，皆顶饰东珠大宝石。服饰为黄锦袍，饰以龙补，带以金镶玉，版嵌东珠，胸前挂念珠，足蹬软靴。清代皇帝服饰正是以满族传统旗服为主，结合汉制龙补而形成。清代帝服的龙补，是胸前绣一正龙，即绣龙头正面，龙身则盘旋成团，似乎是稳坐江山的象征，其形象与意义要比历代升龙图案显得尊贵。

清代官服在努尔哈赤统治时期，为了方便扩大统治范围，便效仿明朝官服，于天命六年（1621）初步制定了能标志身份和等级的补服制，规定“贝子穿四爪蟒子之补服，督堂、总兵官、副将穿麒麟补服，参将、游击穿狮补服，备御、千总穿带彪之补服”。[①]并对各级官吏服饰的颜色、花纹等作出了详细的规定。后来，皇太极又对这一官服规制进行了更定和补充，天聪六年（1632）皇太极下谕

①《满文老档》太祖卷。

“国家服式之制，所以辨等威，定民志，朝野各有遵守”，并以此“永为定制”。[①]在清代官吏服中，又以满族的长衫、大褂，马蹄袖口、锦袍为主，同时还有独具特色的品级标志：顶戴花翎、披领、挂珠等，这些又与汉制的补子相结合，形成等级森严、内容丰富的清代官吏新服饰制度。

随着清朝在全国统治的建立和巩固，满族服饰在民间也进一步得到推行。入关后，清统治者为巩固权力和提升地位，大力推行“剃发易服”“凡投诚官吏军民皆著剃发，衣冠悉遵本朝制度”，且提出“遵依者，为我国之民；迟疑者，同逆命之寇，必置重罪。若规避惜发，巧辞争辩，决不轻贷”的强制性政策。汉族人历来有着“身体发肤，受之父母，不可毁伤”的意识，因此清统治者在推行剃发政策的过程中导致了不少流血冲突，社会矛盾空前激化，破坏了汉族比较进步的生产关系。清统治者只得在不成文的“十从十不从”“男从女不从”的条例下缓和了满族和汉族之间的激烈矛盾，使生产力得到恢复和发展。

同时满族民间服饰吸收其他民族的优点，并融于自己的服饰中，如六合帽、庶眉勒、百褶短裙等，但并不因吸收外民族的服饰因素而淡化自己的特色，清代满族从不改变其本来的服制。虽然制度未改，但随时间推移，随着生活环境的改变，生产方式、生活方式也有所变更，清初服饰那种适于骑射、形制窄瘦的风气至清末已荡然无存。

满族在与汉族的杂居相处中，潜移默化地改变本民族原有的文化习俗，诸如语言、婚姻等方面逐渐地吸收汉民族文化习俗。这种仿效汉俗的风气在满族妇女中更为明显。在满族妇女服饰方面，汉族文化的影响总体是这样一种情况：清初，妇女的服饰风俗显现出满、汉分流异帜的特有格局，但是到康熙、乾隆朝以后，满、汉妇女由于长期的杂居相处，在服饰上的相互效仿、彼此影响日益加强。以旗袍为例，满族原有旗袍特点为领口低平，袖口较窄，下摆宽大，四面开叉，便于马上活动。但是随着生活环境的改变，随着与汉族交往的增多，旗袍的款式在渐渐地发生改变：低平领式转而逐渐加高，至清末时已高至2寸许；四面开叉变为两面开叉；袍面的绣饰和镶边亦日益精致和花哨。最为突出的是旗袍袖口逐渐趋向宽肥。清初的箭衣窄袖到清中叶以后，已逐渐为人所弃，宽衣博袖慢

①《清太宗实录》卷12。

慢成为清代服饰风格与审美趋向的一个重要特点。满族妇女因其民族擅长骑射的特点，本无穿裙的传统。裙装是汉族妇女中流行的一种下裳服式。然而，由于受汉族服饰风俗的影响与吸引，满族妇女也逐渐喜欢并接受了裙装。为此，康熙、乾隆、嘉庆等帝均曾明令禁止，但是，不同民族之间服饰风俗的融合已是大势所趋,越到后来，仿效之风越盛，甚至出现“大半旗装改汉装，宫袍裁作汉衣裳”的状况。

在长期共处中，服饰文化更多的是互为影响、互为学习、共同演进和繁荣，服饰上的很多特色是难以明确判断其根本的归属的。如“镶滚”这一装饰特色，不仅流行于满族妇女的旗袍上，也盛行于汉族妇女衫、袄上。嘉庆年间，汉族女子的衣饰镶滚者渐多，至咸丰、同治时期，京师汉族妇女服饰镶滚之风更盛，为趋时尚，人们不惜费时费力费材一道又一道地在衫、袄上加镶，以至于竟有镶十几道者，号称“十八镶”。

再如马夹，本是源自汉族，在唐代称为“半臂”，唐代妇女喜欢在衫之外加半臂，再在肩上搭一条长长的帔帛，十分美妙。这种服饰经宋代到明代，至清代，汉族妇女仍喜欢穿着。而且满族妇女也喜欢在其袍服的外面罩上一件或短、或长至腰际的外衣，叫“坎肩”，也即马夹，或马甲、背心。

三、近现代时期满族服饰文化的演变

至清朝后期一切都预示着清王朝已经开始衰败，同样也标志着一个革命时代的开始。19世纪末，民族资产阶级开始作为新的政治力量登上历史舞台，掀起了一场具有一定群众性的救亡图存的维新变法运动。1911年的辛亥革命，推翻两千多年的封建专制政体，而清代服饰也在向民国服饰演变。清朝末年人们服饰文化的变化，不仅是清王朝走向没落的象征，也是西方文化冲击产生的结果。西洋服饰传入中国，传统服饰受到冲击，但满族的旗袍、马褂等以穿戴习惯、美观实用，且民族性突出的特点，仍得到长时间的普及和流行。

穿长袍、马褂，头戴瓜皮帽或罗宋帽，下身穿中式裤子，登布鞋，这是中年男子及公务人员交际时的装束；西服革履，戴礼帽这是青年男子或从事洋务者所喜好的装束；还有极少数的开明男子的服装中西结合，长袍，西裤，礼帽，皮鞋。而女性旗袍向着多种多样形式发展变化，清末时体宽大，腰平直，衣长至足，制作细腻精巧，色彩讲究层次变化。服装造型基本上采用直线，胸、肩、腰、臀呈平直状态，没有明显的曲折变化，掩盖了女子的身材形体，也就谈不上女性的人体美了。后来有了长短袖之分，甚至干脆无袖，且两侧开衩，收紧腰身，衣领紧扣，曲线鲜明，或大襟或斜襟的旗袍为一些女性所青睐，边缘处镶滚花边或刺绣纹饰，从而衬托出端庄、典雅、娴静、含蓄的东方女性之美。值得一提的是，旗袍演变到今天，已成为中国女子服饰的代言，以它量体裁衣的优美典雅款式，在国际上享有极高声誉。

在探寻满族服饰发展的过程中，我们可以看到满族服饰在自身经济、生产生活方式、居住环境、宗教信仰等影响下，与外民族服饰文化不断交流融合，不断发展演变，形成了独特的民族服饰特点，成为中华服饰文化中的一道亮丽风景。

参考文献

[1] 满族简史编写组. 满族简史 [M]. 北京：中华书局，1974：1.

[2] 金毓黻. 东北通史 [M]. 北京：五十年代出版社，1981.

[3]《满文老档》太祖卷。

[4]《清太宗实录》卷12。

[5] 满懿. 旗装奕服——满族服饰艺术 [M]. 北京：人民美术出版社，2013.

[6] 沈从文. 中国古代服饰史研究 [M]. 上海：上海书画出版社，2012.

（本文原载《中国民族文博（第六辑）》 辽宁民族出版社 2017年5月）

浅谈满族历史文化的传承与发展

刘文丽

满族历史悠久，其先人可以追溯到上千多年前生活在长白山以北、黑龙江中上游及乌苏里江流域的肃慎人。1644年，满族入主中原，建立了中国最后一代封建王朝——清朝。辛亥革命后，满洲族改称满族。其人口约1068.23万人，仅次于汉族和壮族，在全国56个民族中列第三位。主要分布在中国的东三省，以辽宁省居多，另外，在内蒙古、河北、山东、新疆以及北京、成都、西安等地也有少数散居满族。而现如今的北京城里依然保持着满族许多的风俗习惯，这也是满族历史文化的延续与发展。

满族作为中国北方主要民族之一，为中华文化的发展做出了重要的贡献，也给后人留下了许多宝贵的文化遗产。其历史、习俗、生活方式和文学艺术，蕴含着中华民族特有的精神价值，值得研究和挖掘。随着现代社会不断推进，许多民俗文化日益萎缩并逐渐淡出人们的生活，保存现有的民族文化变成了我们的新使命。

一、满族的语言文字、宗教信仰和风俗

满族有自己的民族语言，属阿尔泰语系满-通古斯语族满语支。民国以来，满族民族教育废弛，满语中落。至今已被联合国教科文组织列为“极度濒危语言”，只在黑龙江省部分满族村屯中存在母语人。

满族先世渤海人使用文字情况，尚难考订。而12世纪初，满族的先世女真人即创制了女真文，分为大女真字和小女真字。女真文字在明代失传，万历二十

七年（1599），由于努尔哈赤在其政治统治与军事外交中，对文字的迫切要求，召见额尔德尼、噶盖二人，以蒙古文为参照创制“无圈儿点儿老满文”。1632年，皇太极命达海将其改进为“新满文”。满文在记载中华民族的历史上有着不可磨灭的贡献。满文在清代被奉为“国语”，满族使用满文创作、翻译了众多作品，也以满文记录了大量的历史文献。至今中国第一历史档案馆收藏着大量满文档案文献，记录了清代政治、经济、民族、边疆、外交等诸多历史财富。在对外文化交流中，满文也曾起到独特的历史作用，很多中国传统文化典籍，最早由西方传教士通过满文译本，被再度翻译介绍到世界。

满族信仰萨满教、佛教，其中萨满教最具有代表性。萨满教是一种崇拜自然和祖先的原始宗教。崇拜的神灵包括附身的神灵和不附身的神灵，不附身的神灵即祖先家神，附身的神灵又包含大神、野神两大类。所以萨满教所崇拜的神灵实际上可分为家神、大神和野神三大类。萨满教崇拜的对象同当时的狩猎、采集经济活动密切相关。在各种宗教仪式上，萨满法师具有超人的神力，所谓“戴上面具是神，摘下面具是人”。在清代，不论是皇宫、王府，还是平民中都保留着较为完整的萨满祭仪。他们的宗教信仰体现了积极向上，勤劳勇敢的民族精神，展示了丰富多彩的民间文化。随着现代文明步伐加快“现代化”的冲击，造成了满族传统信仰的断裂与遗失。因此，关注满族宗教信仰，保护民族优秀文化，已非常必要了。

满族十分注重礼节，其礼法有着较深的历史根源，金代的女真人讲求礼仪，注重礼貌，崇敬先人、尊重长辈已经成为社会的普遍现象。满族民间见面或拜见客人有各种礼节，包括请安礼、跪拜礼、抱腰接面礼、抚鬓礼等。现如今，这些礼仪早已被简化。满族人尊卑分明，非常注重礼数，晚辈每日早晚要向父母祖辈请安，途中遇长辈人要让路，吃饭时长辈先坐先吃。满族恪守信义，对宾朋真诚相待，有客人必设宴招待，许诺的事情必全力去做。这些常用的风俗礼仪对中国传统文化有着根深蒂固的影响，现如今一些礼仪虽然被简化，但也是满族不可磨灭的民族精神。

满族不许亵渎神灵和祖宗。比如满族以西为贵，祖宗匣放在西炕上，西炕不住人和堆放杂物，不能有各种不敬的行为。不许打狗，更禁忌杀狗、吃狗肉、戴狗皮帽子，也不许有外族人带狗皮帽子进家。许多人不喜欢乌鸦，但是满族人例外，满族人不仅不哄打乌鸦而且还不吃乌鸦的肉，还有饲喂乌鸦，祭祀乌鸦的习俗。据说这是因为满族的先人长期从事狩猎，狗对人们的经济生活起到过重要的帮助，后来人们就不忍心杀食其肉，逐渐形成了忌食狗肉的习俗。另外，忌食狗肉和乌鸦的习俗也不排除满族受宗教礼仪的影响。

满族的服饰高雅华丽，在中国民族服饰文化中独树一帜，并对中国服饰文化的发展产生过很大的影响。

满族妇女不缠脚，所穿的鞋子都绣有漂亮花饰，鞋底中央垫有10厘米高的木质鞋跟，满族的妇女穿着这样的鞋子走起路来便可以保持昂首挺胸的身姿和腰肢摇曳的步态，而男子多穿戴着马蹄袖的袍褂，夏季头戴凉帽，冬季则佩戴皮质马虎帽，服装大都是由各种色彩和图案的丝绸、花缎、罗沙或棉麻衣料制成，有的还将旗袍面上绣成一组图案或是在衣襟、袖口、领口、下摆处镶上多层精细的花边，脚着白袜，穿花盆底绣花鞋，裤腿扎青、红、粉红等各色腿带。一些满族的服饰文化，也给旧日京城其他民族以影响。

旗袍就是从满族古老的服装演变过来的，在国际服饰橱窗里都享有很高的盛誉。旗袍，满语称为“衣介”，泛指满洲、蒙古、汉军八旗男女穿的衣袍。由于旗袍非常适合中国妇女的体型和贤淑的个性、民族的气质，后来这一源于满族的传统服装渐渐成为中华民族文化宝库中的一朵奇葩，很快就被汉族等民族的女性所喜爱，并通过京师传到祖国南北各地。“唐装”也由清代满族的服饰的演变而来，只是通过“唐人街”展示出去以后，被传颂为“唐装”。另外，还有现在人们习惯穿的“坎肩儿”，也叫“马甲”，旧时是八旗兵中“马队甲兵”时常身着的无袖外套。

满族在饮食文化上非常讲究，这对如今的老北京饮食文化也奉献很多。他们喜爱“甜食”和“黏食”，过节时吃饺子，满族以干鲜果品、蜜饯为主要配料的菜肴，必不可少，除此之外还保留了饽饽、酸汤子、萨其马、火锅等民族特色的

食品。由于长期从事渔猎生产，于是养成了喜食野味儿的传统，这类食品在劳累寒冷之际十分经饿。

满族还是世界上最早饲养家猪的民族之一，对这个长期生活在高寒地带的民族来说，嗜好厚油脂的肉食曾是他们的饮食特点，也为该民族擅长烤制猪肉等肉食打下了基础。昔日满族下层的日常餐饮以面食为主，故面食花样繁多。菜肴中最喜好的是氽白肉、煮血肠、炖酸菜、什锦火锅和黄酱等等。说到小吃，人们会先想起“萨其马”，它是一种典型的满洲饽饽，至今仍然堪称风靡全国的“京味儿”糕点之一。此外，豌豆黄、豆面糕（“驴打滚儿”）、炒肝儿、灌肠、油炒面、麻豆腐、豆汁儿、“温朴”（炒红果）等小吃或蜜饯食品，也都一直受着京城百姓的钟爱。

二、满族文化传承与思考

随着经济的发展，民族文化的传承与保护得到了更多人的关注。因此，发展利用、保护传承繁荣发展少数民族文化，对社会和谐稳定、经济健康发展、国家

繁荣昌盛有着重要的促进和推动作用。

伴随社会“现代化”进程，许多原生态的文化也濒临消失，如何使民族传统文化获得永续发展是我们需要面对的挑战与问题。由于历史和时代发展等原因，少数民族文化的传承和发展大规模缺乏，保护意识十分淡薄。许多资源处于封闭式保护状态，没有加以合理地开发利用。民族文化的传承与发展需要大量的人力物力实施保护，需要形成一系列的法规与机制等等，来确保民族文化的传承和发展。

中国政府对少数民族优秀文化一直采取积极的态度，大力保护和弘扬民族文化与传承，对民族的基础设施建设也相当的重视，包括建立了相应的组织，建立起规章制度，加强管理，对濒临消失的文化进行保护，对少数民族文物和古籍的修复工作等，与此同时，民族院校和民族自治地区还大量培养少数民族人才，为保护和弘扬少数民族优秀文化提供了人才保障，在组织上，国家有关部门都建立了专门的民族文化机构，负责组织协调少数民族文化。

近年来，中国乃至世界都掀起了“非遗”的热潮，它需要我们在保护原有文化的同时不断地创造。这不是单一的静态保护，而是要维护其生命力可持续发展，满族的悠久文化在长期的进化过程中积累了很多资源，是宝贵的文化遗产。

满族的文化，只不过是我国辽阔众多文化中的其中一例，想更深层次地了解满族文化精髓，还需要我们后人不断地研究、探讨和学习。挖掘、传承满族文化和民族特色，将推动中华文化实现多维发展、繁荣。

参考文献

[1] 赵志忠．满族文化概论．中央大学出版社，2008：1.

[2] 赵展．满族文化与宗教研究．辽宁民族出版社，1997：262.

（本文原载《北方民族》 2016年第5期）

展开少数民族美术多彩画卷

马米娜

新年来临之际，由中国文学艺术界联合会、中国美术家协会、中国文学艺术基金会、中央民族大学、首都师范大学联合主办的第五届西部少数民族青年美术家创作展，在中国美术馆与参观者见面，展览展出了19位西部少数民族青年美术家最新创作的中国画、油画、版画作品60件。作品题材广泛、构思新颖、形式多样，吸引了来自全国各地的观众观看中国当代西部少数民族青年美术家带来的精品力作，了解少数民族的优秀文化与传统。

第五届西部少数民族青年美术家创作展是“西部少数民族美术人才培训发展计划”中的一项内容。该计划旨在培养国内西部及少数民族地区青年美术创作人才，倡导民族题材创作的创新与实践，通过公开招生、举办高研班的方式，汇聚了一批有志向、有艺术追求的青年美术新生力量，至今已经举办了五届高研班。

此次展览的参展画家是第五届西部少数民族青年美术家精品创作班的19位优秀学员，来自西部八个省区九个民族，是从前几届高研班的学员中挑选出来的优秀学员。在培训过程中，学员们先后赴山东、江苏、河北、内蒙古等地进行参观学习和写生创作，亲身体会了最自然、淳朴的人文风情，也获得了与众多著名美术家面对面学习和交流的机会。此次展览充分展示了本届高研班的培训成果，是对“西部少数民族美术人才培训发展计划”五年五期的一次总结。

展览分中国画、油画、版画三大板块，画家们运用不同艺术媒介描绘出了一幅幅丰富多彩、绚丽多姿的少数民族画卷，有对西部民族地区生态环境的思考，有体现勇敢、力量、坚韧的少数民族典型形象，有对民族原生态盛大节日的描绘，有对民族风俗中神秘幻境的营造，也有表现少数民族人民的淳朴、深沉和他们的生活智慧及人生哲思。

中国画板块展示了蒙古族青年画家白嘎力、柯尔克孜族青年画家赛力克江·沙提、东乡族画家马米娜等少数民族青年美术家的作品，画面中传统与创新的融合相得益彰，工笔画的细致入微和水墨画的酣畅淋漓交织在一起，将观众带入一个丰富多彩、形式多样的视觉空间。

白嘎力的《博克雄风》，以兼工带写的方式，着力表现和刻画出摔跤手那种彪悍与勇敢、力量与智慧，犹如草原石人般的雄厚和坚实；赛力克江·沙提的《狩猎间隙的史诗演唱》，以绢本工笔描绘出柯尔克孜族斑斓多姿的民俗生活、淳朴的民风和充满异域情调的民族文化；马米娜的《她们的二十三岁》系列，以女性独特的视角，运用中国画当代艺术的表现形式，加入了综合材料的制作方法，通过对东乡族妇女头像系列的刻画，反映出当下少数民族女性神秘的内心世界；布依族画家朱瑞的花鸟画《瑞秋》，以传统笔墨入手，画面清雅唯美、韵味深长。

油画板块呈现了维吾尔族画家阿布都如苏力·阿布都热依木、回族画家白岩、蒙古族画家胡日查、藏族画家晋米扎西、蒙古族画家王圆明、侗族画家韦明思、蒙古族画家文胜、蒙古族画家都仁毕力格等人的作品。这几位画家注重从宗教文化和民间美术、工艺美术形式中汲取营养，同时将其装饰性色彩语言和独特的表现形式以及民间图案等，巧妙地运用到自己的艺术创作中，创造出新的造型样式和色彩语言，深层次反映出对民族传统文化和艺术趣味的认知和感悟。

阿布都如苏力·阿布都热依木的《生生不息》描绘了故乡新疆原始的自然风景，具有中国传统文人写意画的意境;白岩的《城》从个人视角来感受生命形态，刻画了被重新解构的意象化风景，画面汲取了现代构成的表现形式，呈现出质朴的力量感;缪远洋的《茶马古道风云录》塑造和呈现出茶马古道那段恢弘、惊心动魄的历史场面，营造出古意之美和荒寒之境，传达出坚忍不拔的马帮精神。文胜的《草原盛会系列——吉祥十月大聚会》采用夸张和变形的手法表现客观对象，以俯瞰式的视角来观察和表现民族地区的生活。

版画板块展出了蒙古族画家胡日查、彝族画家吴新林等人的参展作品，虽然展出的版画作品在数量上相对少一些，但其独具一格的材质和画面所指的精神意义同样引人关注。

胡日查的《听见草原》，运用现实主义手法表现出后工业时代背景下被遗弃的游牧文明，画面笼罩着不安和伤感的情绪；吴新林的《山花烂漫》运用东方水墨画和西方的表现主义手法，展现出浓郁的云贵高原地域特色，色彩强烈鲜明、质朴率真。

高研班的参观学习和写生创作经历，不仅给参展画家提供了大量的创作素材，激发了他们的创作灵感，而且使他们对提炼个性化的艺术语言，形成自己的艺术观，有了更加清晰的认识。维吾尔族的青年画家阿布都如苏力·阿布都热依木说自己对新疆的风土人情感兴趣，从小到大看到的那些故乡原始的自然风景如胡杨林等，以前都不知道自己为什么不画这些风景，可能是因为以前每天都看到的缘故。几年前来北京学习以后，开始画这些风景，觉得这些风景慢慢靠近了自己内心的想法，同时也找到自己想画的东西，从此画面也开始变了，而且一直想努力画出自己理想的画面，就是尽量表达最感动自己并带有感情的风景，很期望用眼睛去观察，用心灵去感知，从内心深处去挖掘这些风景本来就存在的美。

蒙古族青年画家王圆明说他近期的创作内容主要有两个方面，一方面是关注故乡内蒙古自然环境发生的变化给人们生活和心理所带来的影响，如草原退化、煤矿开采、地下水下降等，另一方面是歌颂蒙古族优秀的文化传统，如人最本真的善良、无造作的真诚和人与自然的和谐。

藏族青年画家晋米扎西说，在为期一年的学习中，他始终在突破自我原有的对艺术的理解和认知，在实践中努力探索新的表达方式。他认为，无论表现手法的尝试，还是画面试图传达的理性与感性的碰撞，都需要在酝酿的过程中建立一个新的秩序；一方面从内心的审视中挖掘自身情感的基点，另一方面从客观的物象世界中提炼精神的共鸣，对精神世界的敏感度是支撑一幅作品从立意、构思、采集、完成等过程中最重要的条件，也是他一直努力寻找和体会艺术本质的不竭源泉。

东乡族青年画家马米娜的作品中有很多都是家乡题材，她说因为我的老家在甘肃省东乡县的一个小村庄，那里的人们有坚定虔诚的宗教信仰，有豁达淳朴的民族性格，有顽强不屈的精神意志。哪怕是闭着眼睛，我都能看到故乡贫瘠的黄土地，弯弯曲曲的泥土小路，歪歪扭扭错落在光秃秃的山与川之间的土房子，秋后金黄色的麦草垛，赶着羊去吃草的牧童，听见夕阳下清真寺传来的邦克声……这些对家乡的眷恋时刻萦绕在她心头，久久挥散不去。马米娜想回归于自己构建的精神家园中，去表达萦绕在我心头的那些关乎记忆、关乎信仰的图式。她认为自己的作品里呈现的是一种特有的叙事方式，这种新形式的表现方式和审美语言更接近于情感生活的诉求，是一种拙拙的、笨笨的、无法与自身脱离的质朴的泥土语言。

此次画展得到了美术界专家的高度赞扬。著名国画家张道兴说，此次展览具有深远意义，对少数民族地区的美术起到了非常好的示范作用；每位艺术家都具有自己的风格，而且在画面上保留了每个人的个性特征并体现了他们的多样性和包容性。著名油画家刘秉江先生评价说，画展中油画作品的水平不相上下，每个人都有自己独到的绘画语言，也相对成熟，作品都带有个人特性的语言，既有生活又有形式感，而这种形式感并不是为形式而形式，它是跟生活感受结合在一起的，这种形式感才是有价值的。

展览还吸引了不少画家及艺术爱好者。一名来自瑞典的观众说，此次画展呈现出的主题非常有意义，作品都充满了爱与和谐，部分作品可能源于中国民族地区的文化和独特的风景，强烈的色彩对比和表现形式，在视觉上给人一种无限的力量感。一位艺术爱好者赞叹道，作品构思精巧、技艺精湛，代表着不同民族人民的生活状态，表现了各个少数民族各自的艺术特色。一位来自少数民族地区的女画家认为，相比前几届，这一届展览突出了少数民族特色，能够代表西部各地美术创作的较高水平，是对五届少数民族高研班的一次很好的总结。

（本文原载《中华文化画报》 2017年第2期）

后 记

岁月如歌一甲子，春华秋实60载。为庆贺民族文化宫建宫60周年，我们编辑出版《思与行——民族文化宫60年论文集》，回望60年来民族文化宫的科研之路。

60年来，民族文化宫各族职工认真履行自己的职责，在社会主义精神文明建设的广阔领域，在统一的多民族国家政治生活和社会发展进程中，在铸牢中华民族共同体意识等方面发挥了显著的作用，做出了突出的贡献。

60年栉风沐雨，不同时代的民族文化宫各族职工躬行求真、研精竭虑、笔耕不辍。《文集》中既有他们对学术问题的探索，也有他们对相关的学科建设和理论构建等的思考，更融入了他们热爱民族工作、民族文化的炙热情怀。

由于文章原载于不同的期刊、报纸、文集，体例不一，本文集统一收录：论文题目、作者姓名、正文、脚注尾注、参考文献，注明论文原载刊物的刊名刊期、图书的书名出版社出版时间。

感谢民族文化宫党委对文集编辑出版工作的高度重视，感谢为本书出版付出辛劳的每一位领导和职工！感谢辽宁民族出版社为本书出版付出的辛勤努力！对张磊、严墨、辛宇玲、季涛、蒋京、赵文、田惠、许雁妮、王佳媛等同志为本书征文的收集、扫描、校对、编辑等付出辛劳表示感谢！

我们期待未来的民族文化宫研究者不忘初心，牢记使命，继续前行，在学术研究领域再创佳绩！

编　者

2019年5月30日